中國文學의 理解

서설/시/사부/산문/사/산곡/희곡/강창/소설/평론/현대문학

중국문학의 이해

김학주 저

신아사

머리말

이 『중국문학의 이해』는 중국문학의 기본적인 사항들을 종합적으로 독자들이 보다 쉽게 읽고 이해하여 중국고전문학 공부에 보다 쉽게 입문하도록 하려는 뜻에서 쓴 것이다. 그리고 이것은 이미 나와 있는 『중국문학개론(中國文學概論)』에 어려운 한자들이 너무 많이 쓰여 있어 읽기가 어려우니 책의 글을 읽기 쉽도록 고쳐 달라는 중국문학계 여러 분들의 요구에 응하려는 뜻에서 착수한 것이다.

필자의 『중국문학개론』은 1976년에 초판본이 나왔다. 그 사이 공부를 하면서 중국문학사 및 여러 가지 문학에 대한 필자 자신의 견해에도 많은 변화가 생겨 새로 중국문학을 개설한 책을 쓸 필요성을 절실히 느끼고 있었다. 이러한 바깥으로부터의 요구와 필자 스스로의 필요성이 어우러져 이룩된 것이 이 책이다. 다만 아직도 학문이 부족한데다가 시간에 쫓기어 책을 완전히 다시 쓰지 못한 것을 유감으로 생각한다.

책의 기본 구성은 서설·시·사부·산문·사·산곡·희곡·강창·소설·평론·현대문학의 11장으로 이루어지는 『중국문학개론』의 모양을 그대로 따랐다. 옛날에는 서민적이고 속된 성격 때문에 보다 경시되어 오던 사·산곡·희곡·강창·소설 등의 해설에 시·사부·산문 같은 전통문학 못지않게 큰 힘을 준 점도 이전의 책과 다를 바가 없다.

그러나 중국문학의 전체적인 특징과 그 발전과정 등을 종합적으로 해설한 서설(제1장)과, 사부(제3장)에 있어서의 초사와 관련된 부분, 산문(제4장)에 있어서의 고대부분, 현대문학(제11장)에 있어서의 근대부분 등은 거의 새로 썼다고 할 수 있을 정도이다. 그 밖에도 전체적으로 내용을 고쳐 쓰고 한자를 부득이한 경우에만 괄호 안에 넣으면서 글을 쉽게 풀어쓰려 노력하였다.

아직도 부족한 점이 많으나 필자의 『중국문학사』(신아사)·『중국문학서설』(신아사)·『중국고대문학사』(명문당) 등과 함께 읽으면 어느 정도 그것이 보충될 것으로 믿는다. 그러나 이 책이 더욱 훌륭하고 충실한 내용으로 발전하기 위해서는 이 책에 대한 독자 여러분들의 거리낌 없는 고견과 가르침이 있어야 할 것이다.

끝으로 어려운 여건 아래에서도 평생을 힘든 학술서의 출판에만 몸 바쳐 오며, 이 책의 출판을 흔쾌히 맡아 주신 신아사 정석균 사장에게 깊은 감사를 드리는 한편 신아사의 무궁한 발전을 빈다.

1992년 섣달 그믐
김 학 주 씀

제2판 서문

필자는 정년퇴직 후 이제까지 엮어온 적지 않은 저서와 번역서의 정정작업에 많은 시간을 바쳐왔다. 자신이 쓴 책이고 다시 한두 번의 교정을 거친 것이라 하더라도 뒤에 또 읽어보면 언제나 잘못 된 곳이나 만족스럽지 못한 곳이 발견된다. 영원히 완전히 만족할 수 있는 책은 남기지 못할 것만 같다.

『중국문학사』나 『중국문학의 이해』 같은 책들은 문제가 더욱 심각하다. 필자 자신의 옛날 문학작품이나 작가에 대한 견해가 계속 변하고 있기 때문이다. 중국의 고시나 고문에 대한 기본적인 이해부터 계속 달라지고 있다. 심지어 문학 전반에 대한 생각부터 그대로 지속되지 못한다. 따라서 이런 책들은 잘못된 글자나 글귀 및 부적절한 표현의 교정뿐 만이 아니라 근본적으로 한 단락의 내용을 다시 써야 할 곳조차도 생기게 된다.

책을 교정한다는 일은 쉽지 않은 일이다. 그러나 이 작업은 평생을 두고 능력이 있는 한 최선을 다하여 계속하는 수밖에 없을 것이다. 틀린 글자와 잘못된 곳은 끊임없이 발견되기 때문이다. 특히 틀린 글자의 정정에는 독자 여러분들의 지적도 큰 도움이 되었다. 독자 여러분의 거리낌 없는 고견과 협조가 있기를 간절히 빈다. 끝으로 어려운 여건 아래에서도 좋은 책을 내기에 온 힘을 다하는 신아사 정현걸 사장 이하 직원 여러분께도 깊은 감사를 드린다.

2008년 2월 20일

김학주 인헌서실에서

목 차

제1장 서설(序說)

제1절 중국문학 발전의 배경 …… 13
1. 중국문화의 복합적(複合的)인 성격 / 13
2. 유가와 도가사상 / 18
제2절 한자(漢字)와 중국문학 …… 24
1. 한자의 기원 / 24
2. 한자의 발달 / 28
3. 한자와 중국문장의 특징 / 32
4. 한자와 중국문학 / 35
제3절 중국문학 발전의 여러 가지 모양 …… 39
1. 전통문학 / 39
2. 미문의식 / 41
3. 속문학 / 42
참고문헌 / 47

제2장 시(詩)

제1절 『시경(詩經)』 …… 51
1. 『시경』의 내용 / 52
2. 시의 형식 / 55
3. 한대 학자들의 『시경』 해설 / 58
제2절 고체시(古體詩) …… 61
1. 악부시(樂府詩) / 62
2. 오언고시(五言古詩) / 67
(1) 오언고시의 발생 / 67
(2) 오언고시의 발전 / 72
3. 칠언고시(七言古詩) / 74
(1) 칠언고시의 발생 / 74
(2) 칠언고시의 유행과 발전 / 75
4. 고체시의 시운과 격식 / 77

제3절 근체시(近體詩) ······ 80

1. 근체시의 성립과 발전 / 80
2. 율시(律詩) / 85
   (1) 오언율시 / 87
   (2) 칠언율시 / 88

[附] 배률(排律) / 90

3. 절구(絶句) / 91
4. 시운의 표준 / 92

제4절 당시(唐詩)에 대한 송시(宋詩)의 특징 ······ 93

1. 성리학과 시 / 93
2. 서술의 섬세화(纖細化) / 96
3. 자기생활에의 밀착 / 99
4. 산문화(散文化) 경향 / 101
5. 시의 평담화(平淡化) / 105
6. 당시와 송시 / 108

▪ 참고문헌 / 110

제3장 사부(辭賦)

제1절 사부의 특징 ······ 115

제2절 『초사(楚辭)』 ······ 116

1. 『초사』와 굴원(屈原) / 116
2. 『초사』의 내용과 특징 / 119
3. 『초사』의 구법과 형식 / 122

제3절 한부(漢賦) ······ 123

1. 한(漢)왕실과 초사 / 123
2. 한부의 특징 / 126
3. 한부의 구성 / 129
4. 한부의 종류 / 130

제4절 부(賦)의 발전과 영향 ······ 131

▪ 참고문헌 / 133

제4장 산문(散文)

제1절 중국 고대의 산문 …… 137
1. 고대 산문의 발전 / 137
2. 고대 산문의 특징 / 141
제2절 변려문(騈儷文) …… 146
1. 변려문의 발생 / 146
2. 변려문의 조건 / 147
3. 변려문의 특징 / 150
4. 변려문의 발전 / 152
제3절 고문(古文) …… 153
1. 고문운동의 발생 / 153
2. 한유의 고문운동 / 155
3. 고문의 성격 / 159
4. 고문의 내용 / 161
5. 고문의 발전 / 164
[附] 팔고문(八股文) / 167
참고문헌 / 171

제5장 사(詞)

제1절 사(詞)의 발생과 완성 …… 175
1. 사의 발생 / 175
2. 당 · 오대 · 송나라 초기의 사 / 178
제2절 사의 발전 …… 181
1. 만사(慢詞)의 발달 / 181
2. 사풍의 변화 / 183
3. 악부사파(樂府詞派) / 184
4. 남송사의 발전 / 185
5. 송나라 이후의 사 / 186
제3절 사의 형식 …… 188
1. 사형(詞形) / 188
2. 음악과 사조 / 191
3. 사운(詞韻)과 평측(平仄) / 195

4. 사의 구법(句法) / 198
5. 사보(詞譜) / 199
▪ 참고문헌 / 200

제6장 산곡(散曲)

제1절 곡(曲)의 발생 ········· 203
1. 시대의 배경 / 203
2. 사와 곡 / 205
제2절 산곡의 형식 ········· 210
1. 적조(摘調) / 215
2. 집곡(集曲) / 215
3. 중두(重頭) / 215
제3절 산곡의 특징 ········· 218
제4절 산곡의 발달 ········· 221
1. 원나라 때의 산곡 / 221
2. 명나라 때의 산곡 / 223
3. 명나라의 속곡(俗曲) / 225
4. 청나라의 산곡 / 228
▪ 참고문헌 / 231

제7장 희곡(戲曲)

제1절 희곡의 발생과 발전 ········· 235
1. 고대의 가무 / 235
2. 가무희 / 240
3. 희극(戲劇)의 발전 / 242
제2절 중국희곡의 조직 ········· 246
1. 잡극의 조직 / 246
(1) 구 조 / 246
(2) 악곡(樂曲) / 247
(3) 백(白) / 248
(4) 과(科)와 체말(砌末) / 249
(5) 제목(題目)·정명(正名) / 250
(6) 각색(脚色) / 250

2. 전기(희문) / 251
(1) 결구(結構) / 251
(2) 음 악 / 252
(3) 문 장 / 253
(4) 개(介) / 254
(5) 각색(脚色) / 254

제3절 희곡작가와 그들의 활동 …… 255

1. 원잡극 / 255
(1) 몽고시대 / 256
(2) 일통시대 / 258
(3) 지정시대 / 258
2. 명 전기(傳奇) / 259
3. 청대 희곡 / 262
참고문헌 / 264

제8장 강창(講唱)

제1절 강창의 발생－당대의 변문(變文) …… 269
제2절 강창의 구성 …… 272
제3절 송나라・원나라의 강창 …… 276

1. 애사(涯詞)와 도진(陶眞) / 276
2. 복잠(覆賺)과 고자사(鼓子詞) / 278
3. 제궁조 / 280
4. 소설(小說)과 사화(詞話) / 283
5. 가무곡과 강창 / 288

제4절 명나라와 청나라의 강창 …… 289

1. 보권(寶卷) / 289
2. 탄 사 / 292
3. 고 사 / 294
참고문헌 / 296

제9장 소설(小說)

제1절 소설의 개념과 특징 …… 299

1. 소설의 개념 / 299
2. 소설의 특징 / 303
3. 소설의 문학적인 각성 / 305

제2절 지괴(志怪)와 전기(傳奇) …… 308
1. 소설의 기원 / 308
2. 위·진·남북조의 지괴(志怪) / 310
3. 당나라의 전기(傳奇) / 313
(1) 전기의 뜻과 그 형성 / 313
(2) 전기의 작가와 작품 / 314
(3) 전기의 특징 / 316
(4) 전기의 발전과 문학사상의 의의 / 317
제3절 화본(話本)과 연의(演義)소설(백화소설) …… 319
1. 백화소설의 발생과 발전 / 319
2. 명나라의 연의소설(演義小說) / 322
3. 청나라의 연의소설 / 326
참고문헌 / 330

제10장 평론(評論)

제1절 문학평론의 성립 …… 335
제2절 위·진·남북조의 문학평론 …… 337
제3절 당나라와 송나라의 문학평론 …… 341
1. 산문론 / 341
2. 시 론 / 343
3. 사곡론(詞曲論) / 346
4. 시문선집 / 347
제4절 명나라와 청나라의 문학평론 …… 348
1. 명나라의 시문론 / 348
2. 청나라의 시론 / 350
3. 청나라의 문론 / 352
4. 사곡론 / 353
5. 소설론 / 354
참고문헌 / 356

제11장 현대문학(現代文學)

제1절 현대문학의 성립(1918－1920) ········· 359

제2절 문학사단의 활동(1921－1927) ········· 362

1. 시 / 364
2. 소 설 / 365
3. 희 곡 / 367
4. 산 문 / 368

제3절 좌련(左聯)시기(1928－1936) ········· 369

1. 시 / 372
2. 소 설 / 373
3. 희 곡 / 376
4. 산 문 / 377

제4절 항전시기(1937－1949) ········· 378

1. 시 / 379
2. 소 설 / 380
3. 희 곡 / 380

제5절 대전 이후(1949년 이후) ········· 382

1. 대륙의 문학 / 382
   (1) 제1기(1949－1956)의 문학 / 384
   (2) 제2기(1957－1965)의 문학 / 387
   (3) 제3기(1966－1976)의 문학 / 394
   (4) 제4기(1977－1980)의 문학 / 397
2. 대만의 작가와 작품 / 401

참고문헌 / 405

찾아보기 / 407

제1장 서설(序說)

제1절 중국문학 발전의 배경 · 13
제2절 한자(漢字)와 중국문학 · 24
제3절 중국문학 발전의 여러 가지 모양 · 39
참고문헌 · 47

제1장

서설(序說)

제1절 중국문학 발전의 배경

1. 중국문화의 복합적(複合的)인 성격

중국문학을 얘기하기에 앞서 먼저 중국문화의 전체적인 성격을 더듬어 보고자 한다. 세계 다른 지역의 문화와 중국문화를 견주어 볼 때 가장 두드러지는 중국문화의 특징은 매우 복합적인 성격을 지니고 있다는 점이라 할 것이다. 그것은 중국이라는 나라의 영토나 그 민족을 역사적으로 살펴보기만 하더라도 쉽사리 알게 되는 특징이다. 요(堯)·순(舜)으로부터 하(夏, B.C. 21세기－B.C. 16세기)·상(商, B.C. 16세기－B.C. 1027)[1]에 이르는 시대에는 그 영토가 산동(山東) 서반부와 하남(河南)의 황하 중하류를 중심으로 하는 지역을 크게 벗어나지 못하였다. 그러나 서북쪽 섬서성(陝西省) 기산(岐山) 아래 자리를 잡고 세력을 늘여가던 주(周)나라(B.C. 1027－B.C. 256)의 무왕(武王)이 마침내 동쪽의 은(殷, 곧 商)나라를 쳐부수고 황하유역의 동서 지방을 합쳐 중원(中原)을 이룩하고 새로운 중국의 역사를 펴나가게 된다.

무왕은 천하를 통일한 뒤 2년 만에 병으로 죽어 어린 아들 성왕(成王)이 임금 자리를 계승하자 무왕의 아우인 주공(周公) 단(旦)이 임금 대신 나라 일을 맡아 처리하였다. 주나라가 안정되지 못한 기회를 이용하여 동쪽 은나라 땅에서는 은나라 주(紂) 임금의 아들 무경(武庚)이 주공을 반대하는 주공의 형제들과 연합하여 반란을 일으켰다. 이에 주공은 직접 군대를 이끌고 동쪽 정벌에 나서서 3년

1) 劉澤華 등 9인 공저『中國古代史』(人民出版社) 추정 연대 따름.

동안 싸워 반란을 일으킨 자들을 쳐서 평정한 이외에도 동이족의 50여 나라를 쳐 부수었다.

주공(周公)은 동쪽지방을 정벌하면서 한자를 비롯한 은나라의 발전한 문화제도를 드려와 이를 바탕으로 세상을 다스리는 데 쓰일 주나라의 새로운 여러 가지 정치사회제도를 마련한다. 주공이 마련한 주나라의 예악제도(禮樂制度)는 이후 중국의 봉건전제제도와 전통 학술문화의 바탕을 이룬다.

이후 주나라는 그들의 영향을 더욱 넓혀가기 시작했는데, 특히 선왕(宣王, B.C. 827－B.C. 782 재위)의 동남쪽 회이(淮夷), 남쪽의 형만(荊蠻), 서북쪽의 험윤(玁狁), 서쪽의 서융(西戎) 등의 정벌 업적이 두드러진다.[2] 그리고 동주(東周 B.C. 770－B.C. 256)의 이른바 춘추전국(春秋戰國)시대는 약육강식(弱肉强食)의 혼란을 극한 시대였으나, 세력이 강한 제후(諸侯)들이 제각기 작고 약한 나라들을 쳐서 합병시키며[3] 자기 영토를 다투어 넓혀 나갔기 때문에, 전체적인 중국의 영토는 오히려 크게 넓어져 북쪽은 하북(河北)지방에서[4], 남쪽은 장강(長江)유역[5], 동쪽은 바닷가에서[6] 서쪽은 섬서와 사천(四川)의 일부지역[7]에까지 이르게 되었다.

다시 진(秦)나라 시황(始皇)에 의하여 천하가 통일되면서(B.C. 221) 영토는 더욱 넓어져 남쪽으로는 복건(福建)·광동(廣東)지방, 서쪽으로는 감숙(甘肅)의 일부, 북쪽으로는 요녕(遼寧)지방까지도 포함하게 되었다. 그 뒤로도 중국의 영토는 시대마다 변하였으나 특히 한(漢, B.C. 206－A.D. 219)나라와 당(唐, 618－906)나라 때에는 영토가 남쪽과 서쪽으로 더욱 확장되었다. 북송(北宋, 906－1127) 때에는 여진족(女眞族)인 금(金)나라가 일어나 강성해지면서 중원(中原)으로 진출하여 한족을 강남지역으로 몰아내어 남송(南宋, 1127－1279)으로 명맥만 부지하게 한다. 거란족(契丹族)인 요(遼)와 서하(西夏)도 중원에 영향을 미치면서 모두 중국문화권으로 흡수되어 중국의 영토를 결과적으로 크게 넓혀 주게 된다.

특히 남송 때에 일어나기 시작한 몽고족인 원(元, 1206－1368)나라는 아시아 여러 나라들뿐만이 아니라 유럽까지 원정하여 마침내는 유라시아 대륙에 걸친

2) 『詩經』에는 이와 관련이 있다고 믿어지는 시들이 여러 편 실려 있다.
3) 춘추시대 초기만 하더라도 전국에 일백 수십의 제후국이 있던 것이, 전국시대에 와서는 일곱 나라로 줄어들었다.
4) 연(燕)나라
5) 월(越)·초(楚)나라
6) 월(越)·제(齊)나라
7) 진(秦)나라

대제국을 건설하여, 중국영토가 크게 확장되는 결정적인 계기를 이룬다. 그리고 뒤의 만주족의 청(淸, 1644－1911)나라에 이르러는 강희(康熙, 1662－1722 재위)·건륭(乾隆, 1736－1795 재위) 두 황제 때에 원정을 거듭하여 신강(新疆)·서장(西藏)·청해(靑海)·운남(雲南)·몽고(蒙古)·만주(滿洲)·대만(臺灣) 등 이전 중원 땅의 2.5배나 되는 변경지역을 병합시켜 중국 영토로 확정지어 놓게 된다.

이상 본 바와 같이 중국의 영토는 본시 황하 유역에서 비롯되었으나, 시대의 흐름에 따라 커지고 변화하였다. 그리하여 지금은, 동쪽은 바다에서 시작하여 서쪽은 청장고원(靑藏高原)과 사막에 이르고, 남쪽은 열대에서 시작되어 북쪽은 고비사막 북부의 한대에 이르는 다양하고 광대한 땅을 차지하게 된 것이다. 그리고 그 영토의 확장은 대체로 사방의 이민족들이 하나하나 중원(中原)으로 진출하면서, 그 종족과 함께 그들이 차지하고 있던 지역까지도 중국으로 합쳐지는 데서 이룩된 것이었다.

따라서 중국은 영토 못지않게 그 민족까지도 매우 복합적인 양상을 띠고 있다. 본시 중국문화를 이룩한 한족이란 황하 유역에 살면서 주(周)나라를 건설했던 종족을 가리키는 말이었다. 그러나 서주(西周)말엽에서 시작하여 춘추전국에 이르는 시대에, 산동(山東)지방과 회수유역의 동이족(東夷族)과 장강(長江) 중·하류에 살고 있던 형(荊)·오(吳)족 및 절강(浙江)·복건(福建)·광동(廣東)·광서(廣西)일대의 월(越)족[8] 등이 중원으로 진출하여 한족에 합쳐졌다. 그리고 진나라와 한나라 때에는 다시 서쪽과 서북·동북 지방의 여러 소수민족들이 한족에 합병되었다.

이민족 중에서도 중국 역사상 한족에 가장 큰 영향을 끼친 것은 만주족과 몽고족일 것이다. 만주족은 본시 숙신(肅愼)이라 불리던 중국의 동북지방에 살던 종족이었다. 주(周)나라 때에는 동호(東胡)·산융(山戎)·북적(北狄)이라 불리었고, 한나라 때에는 오환(烏丸)과 선비(鮮卑)로 나뉘었다. 오환은 대체로 중원으로 진출하여 한족에 동화되었으나, 선비는 중원이 혼란한 동진(東晋, 317－419)을 전후하여, 오호십육국(五胡十六國) 때에 남량(南凉)·서진(西晋)·전연(前燕)·후연(後燕)·남연(南燕) 등의 나라를 세워 중원에 군림했다. 이어서 남북조(南北朝, 420－588)시대에는 북조의 북위(北魏)·북주(北周)를 세웠다. 당(唐)나라 때에는 거란(契丹)·여진(女眞)이라 불리다가, 송(宋)나라 때에는 요(遼)·금(金)을 세워 중국 땅을 반 정도 지배하였고, 마침내 청(淸)나라 때에는 이백수십년 동안 온 천하를

8) 형(荊), 오(吳), 월(越) 족은 남만(南蠻)이라고도 불리고 있었다.

지배하였다. 흔히들 만주족은 한족에 동화되었다고 하지만 반대로 한족을 만주족화 시켜 크게 변질시킨 점도 간과해서는 안 될 것이다.

몽고족은 옛날에는 훈육(獯鬻)·험윤(玁狁) 등으로 불리며 중국 서북지방에 살던 유목민족이었다. 진·한대에는 흉노(匈奴)라 불리며, 기회만 있으면 중원으로 쳐들어와 중국을 괴롭히던 종족이었다. 결국 오호십육국(五胡十六國)시대에는 중원으로 들어와 북량(北涼)·전조(前趙)·후조(後趙)·하(夏)나라를 세웠다. 송나라 때에는 다시 원(元)나라를 세워 아시아는 물론 유럽까지 정복하여 국세를 온 세계에 떨친 끝에 상당히 많은 수가 한족에 합쳐졌다. 그 뒤로 명(明)나라 때에는 달달(韃靼)·와라(瓦剌) 등으로 불리었고, 한족에 동화되지 않고 지금까지도 자기의 문화를 보존하고 있다.

중국에는 지금도 한족 이외에 아직 동화되지 않은 몽고족·만주족을 비롯하여 서장(西藏)족·위구르족·묘(苗)족·이(彝)족·장(壯)족·포의(布依)족·조선족 등 50여 갈래의 소수 민족이 총 인구의 7% 가까이 살고 있다.[9)]

따라서 중국에는 여러 가지 방언과 함께 여러 갈래의 언어들이 지금도 쓰이고 있다. 중국어의 방언은 크게 관화(官話)와 비관화(非官話)의 두 가지로 나누어진다. 관화는 중국 영토의 4분의 3에 해당하는 지역에서 전인구의 3분의 2에 해당되는 사람들에게 널리 사용되고 있다.[10)] 관화는 다시 북방관화·강회(江淮)관화·서남관화(西南官話) 등으로 나누어진다.

비관화 방언은 강소(江蘇)·절강(浙江)지방의 오(吳)방언, 강서(江西)지방의 공(贛)방언, 호남(湖南) 및 광서(廣西) 일부지방의 월(粵)방언, 복건(福建) 및 대만(臺灣)·광동 일부 지방의 민(閩)방언, 광동·복건·강서·대만 등 일부 지방의 객가(客家)방언 등이 있다. 이 비관화의 방언들은 서로 외국어처럼 의사를 소통시킬 수가 없으며, 심지어 같은 방언 속에서도 서로 대화하기가 어려운 곳들이 있다.

중국에서 쓰이고 있는 언어는 크게 한장어계(漢藏語系, Sino-Tibetan Family)·알타이어계(阿爾泰語系, Altai Family)·남도어계(南島語系, Austronesian Family)·남아어계(南亞語系, Austro-Asiatic Family)·인구어계(印歐語系, Indo-European Family)의 다섯 가지로 나누어진다. 다시 각 어계에는 여러 어족(語族)으로 나누어지는 여러 가지 말들이 있다.[11)]

9) 1982년 7월 1일 0시에 실시한 인구조사에 관한 中國人口統計局의 발표에 의거.
10) 『中國大百科全書』 言語文字(1988년 北京 中國大百科全書出版社 編印) 참조

따라서 중국은 지역에 따라 풍속 습관이 다르고 다양하며, 사람들의 기질조차도 크게 다르다. 그 때문에 중국문화는 전체적으로도 매우 복합적인 양상을 띠고 있다. 그 중에서도 남북의 차이는 유럽에 있어서의 남구(南歐)와 북구(北歐)정도의 차이를 보이며, 문학이나 예술 전반에 걸쳐 큰 영향을 끼쳐 왔다. 중국에서의 북방은 황하유역을 중심으로 하여 그 이북 지방을 가리키며, 남방은 장강유역을 중심으로 하여 그 이남 지방을 가리킨다. 북방은 날씨가 춥고 초목이 잘 자라지 않으며 사람들이 살아가는 데 필요한 물자의 생산이 넉넉하지 못하다. 그러나 남방은 날씨가 따스하고 초목이 무성하며 여러 가지 물자의 생산이 풍부하다. 따라서 북방 사람들은 어려운 자연환경을 극복하며 애써 살아가야 하기 때문에 기질이 억세고 거칠며 성격이 현실적일 수밖에 없다. 그러나 남방 사람들은 따스하고 풍성한 자연환경 속에 안락 하고 여유 있는 생활을 하기 때문에 기질이 부드럽고 고우며 성격은 낭만적인 경향을 띠게 된다. 그래서 대체로 북방 사람들이 이지적이고 투쟁적이며 현실적이고 산문적이라 한다면 남방 사람들은 정서적이고 평화적이며 낭만적이고 시적이라 할 수 있게 된다.

이러한 기질은 일찍부터 문학에도 반영되어 북방을 중심으로 하여는 현실 생활에서 우러나온 감정 같은 것을 소박한 언어로 읊은 『시경(詩經)』을 생성하였고, 남방을 중심으로 하여는 초현실적이고 환상적인 생각을 화사한 언어로 노래한 『초사(楚辭)』를 생성케 하였다. 그리고 이후로도 직접적으로 남북조(南北朝)시대의 남조의 오성(吳聲)과 서곡(西曲) 및 북조의 민가, 송원(宋元) 희곡(戲曲)에 있어서의 남곡(南曲)과 북곡(北曲)의 차이 등을 보여 주고, 간접적으로는 역대 중국문학 전반에 걸쳐 다양하게 그 특성을 발휘하여 문학발전에 공헌하고 있다.

이상 이야기한 중국이라는 나라 또는 중국문화의 복합적인 성격은 그 문학발전에도 남북의 차이뿐만이 아니라 여러 가지로 영향을 끼치고 있음에 주의하여야 한다. 그것은 중국문학도 상당히 복합적인 성격을 띠고 있음을 뜻한다. 따라서 문학작품이나 작가 또는 한 시대의 문학적인 특징을 이해하는 데 있어서도 단순한 근거에 의한 판단은 착오를 범하기 쉽다는 것을 알아야 한다. 보기를 들면 『시경』 첫머리의 「관저(關雎)」시의 해석 하나를 놓고 보더라도 『모시(毛詩)』에서는 "후비(后妃)의 덕(德)을 노래한 것이다"고 하였고, 『노시(魯詩)』에서는 "강왕(康王)이 늦게 일어나 조회에 참여치 않자 필공(畢公)이 그것을 풍자한 것이

11) 이상 『中國大百科全書』 言語文字(1988년 北京 中國大百科全書出版社印) 참조.

다"고 하였으며, 지금도 "축혼시(祝婚詩)"로 보는 이가 있는가 하면, "이성을 그리는 시"로 보는 이도 있다. 한 작가의 경우를 보더라도 백거이(白居易, 772－846)는 자신의 시를 풍유(諷諭)·한적(閑適)·감상(感傷)·잡률(雜律)의 네 가지로 분류하고, 자신의 시를 짓는 목표는 <풍유>에 있음을 스스로 강조하고 있다.[12] 그러나 그의 시를 대표할 만한 좋은 작품들은 오히려 <한적>이나 <감상>쪽에 더 많다고도 할 수 있다. 한 시대를 두고 보더라도 건안문단(建安文壇)의 영수격이었던 조조(曹操, 155－220)의 둘째 아들 조비(曹丕, 187－226)는 "문장이란 나라를 다스리는 위대한 사업이요, 영원히 썩지 않는 굉장한 일이다"[13] 라고 선언하고 있는 반면, 셋째 아들 조식(曹植, 192－232)은 "사부(辭賦)는 소도(小道)여서 본시 대의(大義)를 드러내어 후세에 밝게 보여 주기에는 부족한 것"이어서 "장부로서는 하지 않을 일"[14]이라 말하고 있다. 한 가지 말만 믿고 한 작품의 뜻이나 어느 작가의 문학관 또는 한 시대의 문예사조를 판단하면 모두 잘못되기 쉽다. 중국의 문화는 복합적인 성격을 지니고 있어 그 문학도 단순할 수 없는 것임을 명심하여야 한다.

2. 유가와 도가사상

중국에서는 일찍이 동주(東周, B.C. 77－249)의 춘추전국(春秋戰國)이라는 시대에 이른바 제자백가(諸子百家)라 부르는 여러 사상가들이 나와 활약하였다. 유가(儒家)를 비롯하여 묵가(墨家)·도가(道家)·법가(法家)·명가(名家)·종횡가(縱橫家)·음양가(陰陽家)·농가(農家)·잡가(雜家)[15] 등이 바로 그것이다. 그러나 이들 중에서도 후세까지 중국문학 발전에 가장 큰 영향을 끼친 것은 유가와 도가사상이다.

한(漢)무제(武帝)가 건원(建元) 5년(B.C. 134)에 오경박사(五經博士)를 둔 이래로 공자의 유학은 2000여 년의 중국역사를 통하여 그 사회윤리의 바탕을 이루어왔고 또 정치이념의 뿌리가 되어 왔다. 따라서 한대 이후로 발달한 중국의 전통문학도 유가사상에 의하여 지탱되어 왔다고 할 수 있다. 흔히 유가의 경전인 『시경』

---

12) 白居易「與元九書」등 참조

13)『典論』論文 : "蓋文章, 經國之大業, 不朽之盛事".

14) 曹植「與楊德祖書」: "辭賦小道, 固未足以揄揚大義, 彰示來世也. 昔揚子雲先朝執戟之臣, 猶稱壯夫不爲也."

15) 班固『漢書』, 藝文志 諸子略에 의거(단 小說家는 제외).

을 중국문학의 시조라 하고, 실제로 거의 모든 중국문학사가 『시경』에서 문학사의 논술을 시작하고 있는 것도 이를 증명한다. 오경 중에서도 『시경』은 가장 문학적인 성격이 두드러진 것이어서, 한대 학자들의 경전으로서의 『시경』 연구는 바로 중국 전통문학발전의 방향을 제시해 주었다. 이 때문에 이후 중국 문인들의 문학론은 기본적으로는 한대 학자들의 시경론에 근거를 두게 되고, 시가 전통문학의 중심을 이루며 발전 하게 되었던 것이다.

지금 우리에게 전하는 가장 오래된 『시경』 주석으로는 서한(西漢) 초엽에 이루어진 『모전(毛傳)』과[16] 동한(東漢)의 정현(鄭玄, 127－200)이 이를 모아 보충한 『전(箋)』이 있는데,[17] 이들은 모두 『시경』이 단순한 옛 시가를 모아 놓은 작품집이 아니라 유가경전의 하나라고 해석한 것 들이다. 곧 『시경』도 다른 경전이나 마찬가지로 사람이 올바르게 살아가고 세상을 평화롭게 다스리는 원리가 쓰여 있는 성인의 글이란 입장에서 이를 읽고 연구하였던 것이다.

그들의 『시경」 해석은 공자(B.C. 551－B.C. 479)가 예악(禮樂)을 중시한 데에 근거를 두었다. 공자는 예로써 사람의 외면인 몸가짐과 인간관계를 다스리어 세상에 질서를 확립하고, 악으로써 사람의 내면인 성정(性情)을 다스리어 사람들을 올바르게 이끌고 세상의 조화를 이룩하려 하였다. 특히 덕(德)으로 천하를 다스려야 한다는 왕도정치(王道政治)를 이상으로 삼았던 공자로서는 사람들을 교화하는 방법으로 음악보다 더 좋은 수단은 생각할 수도 없었던 것 같다. 『논어(論語)」만 보더라도 여러 곳에서 예악을 강조하고 있거니와 위령공(衛靈公)편을 보면 제자인 안연(顔淵)이 공자에게 '나라 다스리는 법'을 질문하였을 때

> 음악은 소무(舜임금의 음악)를 쓰고, 정나라 노래는 물리치고, 간사한 자들을 멀리해야 한다.[18]

고 대답하고 있다. 공자는 좋은 음악의 보급은 바로 정치의 올바른 방법이라 생각하였던 것이다. 『예기(禮記)』 악기(樂記)에서

16) 『모전』은 흔히 『毛詩』라고도 부르며, 『모전』의 작자를 毛亨이라고도 하나(陸璣 『毛詩草木鳥獸蟲魚疏』), 근거 없는 말이어서 그저 毛氏가 지은 것이라 하는 수밖에 없다. 班固의 『漢書』 藝文志에 의하면 西漢 때에는 『毛詩』 이외에도 『齊詩』·『魯詩』·『韓詩』의 이른바 三家詩가 성행하였으나, 후세에 전하지 않고 그 일부분만이 남아 있다.

17) 실제로 지금 우리에게 전하는 가장 오래된 『시경』 판본은 孔穎達(574－648)의 『毛詩正義』인데(『十三經注疏』本), 이는 『毛傳』과 『鄭箋』을 바탕으로 하여 공영달이 이를 보완하는 『疏』(또는 『正義』)를 쓴 것임.

18) 樂則韶舞, 放鄭聲, 遠佞人.

> 악이란 것은 천지의 조화이고, 예라는 것은 천지의 질서이다.[19]

하고, 『효경(孝經)』 광요도(廣要道)장에서

> 풍속을 올바로 이끄는 데에는 악보다 더 좋은 게 없다.[20]

고 한 것은 모두 공자의 가르침을 근거로 한 말이다.

『시경』의 시란 본시 노래의 가사였기 때문에, 한대의 학자들은 이러한 공자의 악본(樂論)을 그대로 『시경』 해석에 응용하고 있다. 『모전』의 앞머리에 붙어 있는 시서(詩序)를 보면 음악론에 시론을 뒤섞어 다음과 같이 쓰고 있다.

> 세상이 잘 다스려지는 때의 음악은 편안하면서도 즐겁고 그 정치는 조화를 이루며, 어지러운 세상의 음악은 원망스러우면서도 노엽고 그 정치는 도리에 어긋나며, 망해 가는 나라의 음악은 슬프면서도 애틋하고 그 백성들은 곤경에 빠진다. 그러므로 정치의 득실을 바로잡고 천지를 움직이고 귀신을 감동시키는 데에는 시보다 더 좋은 것이 없다. 선왕들은 그것으로써 부부 사이를 다스리고 효도와 공경을 이룩하였고, 인륜을 두터이 하고 교화를 아름답게 하였으며 풍속을 잘 이끌었던 것이다.[21]

또 『시경』의 15국 민요를 모아 놓은 부분을 풍(風) 또는 국풍(國風)이라 하는데, 시서에서는 <풍>에 대하여 이렇게 설명하고 있다.

> <풍>이란 풍자한다는 뜻이요, 교화한다는 뜻이다. 풍자함으로써 백성을 움직이고, 교화함으로써 백성을 변화시킨다는 것이다.[22]

다시

> 임금은 <풍>으로써 백성을 교화하고, 백성은 <풍>으로써 임금을 풍자하는데, 수사를 주로 하여 간접적으로 간하는 것이므로, 말한 사람은 죄가 없게 되고 듣는 사람은 훈계로 삼을 수 있는 것이다. 그래서 <풍>이라 한다.[23]

고도 하였다. 그러기에 민간가요인 여기의 시들은 결국 "시작을 올바로 하는 도

---

19) 樂者天地之和, 禮者天地之序.
20) 移風易俗, 莫善於樂.
21) "治世之音, 安以樂, 其政和 ; 亂世之音, 怨以怒, 其政乖 ; 亡國之音, 哀以思, 其民困, 故正得失, 動天地, 感鬼神, 莫近於詩. 先王以是經夫婦, 成孝敬, 厚人倫, 美教化, 移風俗."
22) "風, 風也, 教也 ; 風以動之, 教以化之."
23) "上以風化下, 下以風刺上, 主文而譎諫, 言之者無罪, 聞之者足以戒, 故曰風."

요, 임금이 교화를 하는 기초"[24]라는 거창한 것으로 풀이하게 된 것이다. 곧 시는 풍유(諷諭)의 작용을 통하여 사람들의 성정에 영향을 미침으로써 직접 정치에도 큰 효용을 발휘한다는 것이다.

이 시론은 한나라 때부터 그대로 문학론의 바탕을 이루어 중국 전통문학을 지배하게 된다. 사마천(司馬遷, B.C. 145－B.C. 86?)은 『사기(史記)』 사마상여전(司馬相如傳)에서 형식적인 화려한 수사로 임금의 비위나 맞추려던 사마상여(B.C. 179－B.C. 118)의 부를 "풍간(諷諫)의 뜻"을 내세워 그 가치를 높이 평가하였다.[25] 위(魏)나라 문제(文帝) 조비(曹丕)가 『전론(典論)』 논문(論文)에서

> 문장이란 나라를 다스리는 위대한 일이요, 영원히 썩지 않을 성대한 일이다.[26]

라고 한 것도 그 때문이다. 그 뒤로도 당대 백거이(白居易)가 자신의 시를 쓰는 목표는 온 세상 사람들을 위하여 사회의 부정을 고발하는 풍유에 있다고 선언하고,[27] 한유(韓愈, 768－824)를 비롯한 고문가(古文家)들이 글은 올바른 도의 구현이어야 함을 주장하고,[28] 후세의 소설이나 희곡이 모두 권선징악(勸善懲惡)의 테두리를 벗어나지 않았던 것도 그 때문이다. 청나라 때의 고염무(顧炎武, 1613－1682)도 『일지록(日知錄)』에서

> 문장이 천지 사이에서 없어져서는 안 될 이유는, 그것이 도를 밝히기 때문이며, 정사를 바로잡기 때문이며, 민정을 살피게 하기 때문이며, 사람들의 착함을 말하길 즐기기 때문이다.[29]

라고 하였다. 심지어 어리석은 국민을 깨우치기 위하여 쓴 현대의 노신(魯迅, 1881－1936)의 소설이나, 그 뒤의 혁명문학과 항전문학 등까지도 그러한 중국문학 전통의 맥락을 무시할 수는 없을 듯하다.

---

24) "周南召南, 正始之道, 王化之基."

25) 이러한 賦의 평가는 後漢 班固의 『漢書』와 梁 劉勰의 『文心雕龍』 등으로 그대로 계승된다.

26) "蓋文章, 經國之大業, 不朽之盛事." (蕭統 『文選』 卷 52)

27) 白居易 「與元九書」 참조.

28) 韓愈 「題歐陽生哀辭後」: "愈之爲古文, 豈獨取其句讀不類于今者耶? 思古人而不得見, 學古道則欲兼通其辭, 通其辭者, 本志乎古道者也."
宋 歐陽修 「答吳充秀才書」: "聖人之文雖不可及, 然大抵道勝者, 文不難而自至也.…… 後之惑者, 徒見前世之文傳, 以爲學者文而已, 故用力愈勤而愈不至. 若道之充焉, 雖行乎天地, 入乎淵泉, 無不之也."
清 姚鼐, 「與汪輝祖書」: "夫古人之文, 豈第文焉而已? 明道義, 維風俗, 以詔世者, 君子之志, 而辭足以盡其志者, 君子之文也."

29) 『日知錄』 卷 19 : "文之不可絶於天地間者, 曰明道也, 紀政事也, 察民隱也, 樂道人之善也."

그 밖에 유가의 복고주의나 예교주의 같은 것도 문학에 적지 않은 영향을 미치고 있다. 중국의 문인들이 문학창작에 있어 시대성이나 개성의 발휘보다도 옛 사람들의 문학양식의 계승을 더 중시하고 모든 개혁의 규범도 언제나 옛 것을 내세워 왔던 것도 유가의 복고주의 영향이라고 말할 수 있을 것이다. 또 일반적으로 시나 산문을 막론하고 문학의 내용보다도 형식이나 격률(格律) 같은 것을 중시하는 경향이 짙었던 것은 예교주의의 영향 때문이라고 할 수 있을 것이다.

만약 중국문학을 정치적인 효용이나 풍유를 내세우고, 복고주의와 형식주의 경향을 지녔던 유가사상 만이 지배하였다면, 그 문학은 일찍이 발전의 한계에 부딪쳤을지도 모른다. 그러나 중국에는 유가와 전혀 성격이 다른 현실적인 모든 가치판단을 부정하고 무위자연(無爲自然)을 주장하는 도가(道家)사상도 있어, 메말라가는 중국문학에 끊임없이 맑고 새로운 바람을 불어넣어 주었다.

도가사상은 유가 못지않게 일찍이 생겨나 전국시대에는 상당히 성행하였고, 한나라 때에 와서는 신선사상 등과 결합되면서 도교(道敎)로도 발전하였으며, 한편 민간신앙과 엇섞이면서 중국인들의 일상생활 바닥 깊숙이 파고들었다. 그 결과 유교윤리의 지배를 받는 중국인들의 의식 구조나 가치관 뒷면에는 도가적인 요소도 적지 않은 부분을 차지하게 되었다. 그것은 중국문학사를 통하여 도가의 무위사상이나 도교의 신선사상이 유가의 현실주의가 지니는 한계를 극복하게 해준 것을 보아도 알 수가 있게 된다.

도가사상은 문학에 있어 유가적인 공용(功用)주의나 형식주의 같은 인위적인 문학의식을 초극케 한다. 곧 도가는 순수한 인간본연의 자세에서 온갖 문학의 가능성을 추구할 수 있게 한다. 무엇보다도 도가의 상대적인 가치평가와 그 절대성의 부정은 그들의 미의식에도 그대로 원용되어 그들의 예술관의 바탕을 이루며 새로운 창작정신을 이룬다. 도가의 창시자라는 노자(老子)[30]의 『도덕경(道德經)』을 보면 이렇게 말하고 있다.

> 오색(五色)은 사람의 눈을 멀게 하고, 오음(五音)은 사람들의 귀를 먹게 하고, 말 달리며 사냥하는 것은 사람들의 마음을 발광케 한다.[31]
> 크게 교묘한 것은 졸한 듯이 보이고, 크게 말 잘하는 것은 말더듬이처럼 보인다.[32]

---

30) 司馬遷의 『史記』 老莊申韓列傳에는 老子가 孔子보다 약간 선배인 듯이 말하면서도 많은 의문을 남기고 있어, 그의 시대나 실존여부가 문제되고 있다.

31) "五色令人目盲, 五音令人耳聾, 馳騁畋獵, 令人心發狂."

32) "大巧若拙, 大辯若訥".

곧 그는 보통 사람들이 생각하는 인위적인 아름다움과 멋을 부정하고, 모든 기교를 졸한 것이라 하여 반대한 것이다.

뒤를 이은 장자(莊子, B.C. 306?－B.C. 280?)는 노자의 말을 더욱 자세히 설명하고 있는데, 보기를 하나만 든다.

> 음률을 어지럽히고 악기를 태워 없애고, 음악가의 귀를 막아야 세상 사람들은 비로소 귀가 밝게 될 것이다. 무늬를 없애고 오색을 흐트러뜨리고, 이주(離朱)처럼 눈 밝은 사람의 눈을 붙여 놓아야 세상 사람들은 비로소 눈이 밝게 될 것이다. 연장을 부숴버리고 자를 내버리고 명장의 손을 비틀어 버려야만 세상 사람들은 비로소 기교를 지니게 될 것이다. 그러므로 크게 교묘한 것은 졸한 듯이 보인다고 한 것이다.[33]

이러한 기교의 부정과 순박의 존중은 결국 예술에 있어서도 인위적인 창작보다는 자연스러운 만물의 양상이나 인간 본연의 자태의 추구를 중 시하게 된다. 이 때문에 이미 한나라 때에 유교적인 도덕이나 예교의 한계를 넘어선 문학의 의의를 깨닫기 시작하여, 위(魏)·진(晉) 시대에 와서는 조비(曹丕, 187－229)의 기론(氣論)이 나오고,[34] 도연명(陶淵明, 365－427) 같은 전원시인이 나오는 소지가 마련되었던 것이다.

그 위에 도교의 신선사상과 불로장생술의 추구는 유가에 결여되고 있는 환상과 허구를 가능케 하였다. 한나라 때부터 『목천자전(穆天子傳)』·『한무고사(漢武故事)』 같은 소설이 나올 수 있었던 것도 그 때문이며, 시가의 내용도 현실을 넘어서서 더욱 풍부하게 해 주었다.

이 밖에 동한 때 들어온 불교도 도가사상과 함께 중국문학 발전에 큰 영향을 끼쳤다. 『문심조룡(文心雕龍)』을 쓴 양(梁)나라 유협(劉勰, 465?－520?)도 불교와 관계가 밀접하였고, 『이십사시품(二十四詩品)』을 쓴 당나라 사공도(司空圖, 837－908)의 추상적인 경계론(境界論)에서 시작하여 『창랑시화(滄浪詩話)』를 쓴 엄우(嚴羽, 1200 전후)의 묘오론(妙悟論)은 바로 선리(禪理)를 시에 적용한 것이다.

후세 청나라 원매(袁枚, 1716－1797)의 성령설(性靈說),[35] 왕사정(王士禎, 1634－

---

33) 『莊子』 胠篋 : "擢亂六律, 鑠絶竽瑟, 塞瞽曠之耳, 而天下始人含其聰矣. 滅文章, 散五采, 膠離朱之目, 而天下始人含其明矣. 毁絶鉤繩. 而棄規矩, 攦工倕之指, 而天下始人有其巧矣. 故曰 ; 大巧若拙."

34) 『典論』 論文 : "文以氣爲主. 氣之淸獨有體, 不可力强而致. 譬諸音樂, 曲度雖均, 節奏同檢, 至于引氣不齊, 巧拙有素, 雖在父兄, 不能以移子弟."

35) 明 袁宏道 「敍小修詩」 : "足跡所至, 幾半天下, 而詩文亦因之以日進. 大都獨抒性靈, 不拘格套, 非從自己胸臆流出, 不肯下筆."(『袁中郎全集』 卷 1)이라 한 것을 계승한 것임.

1711)의 신운설(神韻說)[36] 따위는 모두 도가사상과 불가사상의 영향이 종합되어 이루어진 것이라 할 것이다. 공자 스스로 "현명한 사람은 어지러운 세상을 피하고, 그 다음 사람은 어지러운 지역을 피한다'[37]고 말했듯이, 유가에는 현실문제를 대함에 있어 소극적인 면도 있어서, 도교나 불교 같은 이질적인 사상과도 잘 융화될 수 있었던 듯하다. 어떻든 전국시대에는 제자백가란 다양한 사상가들이 나왔지만, 후세 중국 문학 발전의 배경으로서 적어도 유가・도가와 불교사상에 대한 이해는 꼭 필요한 것이다.

제2절 한자(漢字)와 중국문학

1. 한자의 기원

중국문학은 이른바 한자로 기록된 문학이다. 따라서 중국문학은 한자의 조성과 함께 시작되었다고 말할 수 있겠으나, 실상 한자가 언제 어떻게 만들어진 것인지는 확실히 말할 수가 없다. 중국의 옛 글에는 옛날에 창힐(蒼頡)이라는 사람이 한자를 창제하였다는 기록이 여러 곳에 보이고 있어,[38] 옛날부터 창힐이 한자를 만들었다는 전설이 가장 널리 전해져 왔다. 창힐의 '蒼'은 '倉'으로 쓰기도 하며, 상고시대의 제왕이었다고도 하나[39] 대체로 허신(許愼, 98 전후)의 『설문해자(說文解字)』 서문과 반고(班固, 32－92)의 『한서(漢書)』 고금인표(古今人表) 등의 기록을 따라 "황제의 사관(史官)"이었다고 믿는 이가 많다. 그 밖에 옛날에 한자를 만들었다는 사람으로 복희(伏羲)・주양(朱襄)・저송(沮誦) 등의 이름도 전하나[40] 모두 믿기 어려운 일이다.

---

36) 王士禎은 "格謂之品格, 韻謂之風神"(『師友詩傳續錄』) 정도의 말만 하였지 神韻이 무엇인가 정의한 일은 없다.

37) 『論語』 憲問 : "子曰, 賢者避世, 其次避地."

38) 『呂氏春秋』 審分覽 郡守 : "蒼頡作書." 『韓非子』 五蠹 : "古者蒼題之作書也, 自環謂之ㅿ(지금의 私자), 背私謂之公." 『淮南子』 修務訓・本經訓 ; "蒼頡作書."

39) 『尙書』 序의 孔穎達의 『疏』에서는 "司馬遷・班固・韋誕・宋忠・傅玄 등은 모두 蒼頡은 皇帝의 史官이라 하였으나, 崔瑗・曹植・蔡邕・索靖 등은 모두 다만 옛날의 王이라 하였고, 徐整은 神農과 黃帝의 사이, 譙周는 炎帝의 시대, 衛氏는…"라 설명하고 있다.

40) 『尙書』 序 (僞孔安國) : "古者庖羲氏之王天下也, 始畵八卦, 造書契, 以代結繩之政, 由是文籍生焉." 『三墳』(晋 阮咸注) : "伏羲始畵八卦, 命臣飛龍氏造六書." 『帝王世紀』 : 伏羲命朱襄爲飛龍氏." 『世本』 作篇 : "沮誦・蒼頡作書."

완전한 문자가 만들어지기 전에 중국에는 결승(結繩)과 서계(書契)가 있었다고 한다.41) 『주역정의(周易正義)』 계사(繫辭)에서 정현(鄭玄, 127－200)을 인용하여 결승은 "일이 크면 새끼줄의 매듭을 크게 지어 놓고, 일이 작으면 새끼줄의 매듭을 작게 지어 놓았던 것"42)이라 설명하고 있으니, 이는 문자가 아니라 새끼줄을 이용한 일종의 기억을 보조하는 수단이었던 듯하다. 이 새끼줄을 이용한 기억의 보조나 어떤 약속의 표시방법은 세계 여러 지방의 미개한 종족들 사이에 최근까지지도 흔히 쓰이는 것으로 문자라 할 수는 없는 것이다.43)

서계도 나무에 칼로 표시를 하여 기억을 보조하거나 약속을 기록하는 수단이었다. "契"는 "栔"로 씀이 옳으며44) 동한 허신의 『설문해자』나 유희(劉熙)의 『석명(釋名)』에서 모두 그것을 "나무에 새긴다(刻)"는 뜻으로 풀이하고 있다. 『묵자(墨子)』 공맹(公孟)편에 "이것이 남의 치수 (齒數)를 세어보고 부자가 되었다고 하는 것이다"45)고 한 말을 유월(兪樾, 1821－1906)은 다음과 같이 설명하고 있다.

> 치(齒)라는 것은 계(契)의 치이다. 옛날에는 대와 나무에 새기어 수를 기록했는데, 그 새긴 곳이 이빨과 같아서 그것을 치라 한 것이다. 『역림(易林)』에서 말한 "부(符)는 왼편의 것이고 계는 오른편의 것인데, 서로 치가 들어맞는다"고 한 것도 이것이다. 『열자(列子)』 설부(說符) 편에서 "송(宋)나라 사람이 길을 가다가 남이 잃은 계를 주은 사람이 있었는데, 돌아와 그것을 감추어 두고 몰래 그 치수를 세어 보고는, 내가 부자가 되는 건 시간문제라고 말하였다" 하였는데, 이것도 바로 남의 치수를 세어 보고 부자가 되었다고 생각한 것이다.46)

이것은 무엇보다도 서계를 잘 설명해 주는 말이다. 서계란 칼로 나무쪽이나 대쪽에 숫자 같은 것을 나타낼 수 있는 이빨 같은 기호를 새겨 놓은 것이다. 간혹 어떤 계약의 표시로 새긴 나무쪽을 둘로 쪼개어 두 사람이 각각 보관하고 있다가 필요할 때 맞추어 봄으로써 계약을 확인하는데 쓰이기도 하였던 듯하다. 위(魏)나라 왕숙(王肅, 195－256)은 『상서(尙書)』 서(序)의 서계를 해설하면서 정현(鄭玄)

---

41) 『周易』 繫辭 下 : "上古結繩而治, 後世聖人易之以書契." 『史記』 三皇本紀 : "造書契以代結繩之政." 許愼 『說文解字』 序 : "古者庖羲氏之王天下也, …始作易八卦, 以垂憲象. 及神農氏, 結繩爲治, 而統其事."

42) "事大, 大結其繩 ; 事小, 小結其繩."

43) 杜學知 『文字學綱目』, E. Clodd, *The Story of the Alphabets*, 韓國 李敦柱 『漢字學總論』(博英社 刊) 등에 설명이 자세함.

44) 蔣伯潛 『文字學纂要』, 杜學知, 『文字學綱目』 등 참조.

45) "是數人之齒而以爲富."

46) 兪樾 『諸子平議』 "齒者, 契之齒也. 古者刻竹木以記數, 其刻處如齒, 故謂之齒. 易林所謂 ; 符左契右, 相與合齒, 是也. 列子說符篇 ; 宋人有遊於道, 得人遺契者, 歸而藏之, 密數其齒, 曰 ; 吾富可待矣. 止正數人之齒, 以爲富者."

의 말을 인용하여 "나무에 글을 쓰고 그 곁을 새기고 계를 만들어 각각 그 한쪽을 갖고 있다가 뒤에 그것을 서로 맞추어 보았다"[47] (『尙書正義』 孔穎達 『疏』 인용) 하였으니, 후세에는 글을 나무쪽에 쓰고 곁에 특수한 표시를 칼로 새겨 놓은 것이 서계라고 여기는 사람들도 있었다.

그러나 서계도 본시는 문자가 아니었다고 보는 게 옳은 것이다. 이 밖에 중국문자의 근원으로 팔괘(八卦) 와 하도(河圖)·낙서(洛書)를 들기도 한다.[48] 팔괘는 『주역(周易)』 육십사괘(六十四卦)의 기본이 되는 건(乾)☰·곤(坤)☷·진(震)☳·간(艮)☶·리(離)☲·감(坎)☵·태(兌)☱·손(巽)☴의 여덟 가지 괘로, ☰은 옛 천(天)자이고 ☷은 옛 지(地)자라는 등의 주장을 하기도 하나[49] 아직 문자라 볼 수 없는 것이다. 하도는 복희(伏羲) 때에 황하에서 용마(龍馬)가 등에 지고 나온 도표이고, 낙서는 우(禹)가 홍수를 다스릴 적에 낙수 (洛水)에서 신귀(神龜)가 등에 지고 나왔다는 문서인데, 하도는 팔괘를 만드는 바탕이 되고 낙서는 홍범구주(洪範九疇)의 바탕이 된 것이라 한다.[50] 이와 다른 해설도 있으나 대체로 몇 개의 점과 선으로 이루어진 도표라 생각되니, 모두 문자라 할 수 없는 것이다.

다시 근년에 섬서성(陝西省) 서안(西安) 반파(半坡), 임동(臨潼) 강채(姜寨) 및 산동성(山東省) 거현(莒縣) 능양하(陵陽河)와 제성(諸城)의 전채(前寨) 등의 선사 유적지에서 발견된 도기(陶器)에 보이는 간단한 무늬를 놓고 어떤 학자들은 이를 원시문자라 주장하기도 한다.[51] 이는 대략 기원 전 4000여 년의 유물로 추측되는데, 그 중 서안 반파 유물의 I·八·X·+ 같은 무늬는 초기 한자의 十·八·五·七 또는 甲자 등과 비슷하며, 또 각지 유물의 무늬가 서로 같은 것들도 있어 주의를 끈다. 그러나 이것들이 문자라는 확실한 증거는 없다.

지금 우리에게 전해지고 있는 가장 오래된 한자는 상(商)대의 것으로 동기(銅器) 등에 새겨진 이른바 금문(金文)도 있으나 가장 중요한 것은 거북 껍질과 소의 어깨 죽지 뼈에 새겨진 갑골문(甲骨文)이다. 갑골문은 하남성(河南省) 안양현(安陽縣) 소둔촌(小屯村)의 이른바 은허(殷墟)에서 발견된 것인데, 옛날에 점을 칠 때

47) "書之於木, 刻其側爲契, 各持其一, 後以相考合."

48) 八卦는 앞 註 3) 『尙書』 序, 註 4) 『說文解字』 序 참조. 『周易』 繫辭 上 : "河出圖, 洛出書, 聖人則之"

49) 鄭樵 『六書略』, 劉師培 『中國文學敎科書』.

50) 『尙書』 顧命 孔傳 : "河圖八卦者, 伏羲氏王天下, 龍馬出河, 遂則其文, 以畫八卦, 謂之河圖." 『尙書』 洪範 孔傳 : "天與禹, 洛書出, 神龜負文而出, 列於背有數至於九. 禹遂因第之, 以成九類, 常道所以次敘."

51) 李孝定 「再論史前陶文和漢字起源問題」(『中央硏究院歷史語言硏究所集刊』 第五十本 第三分).

사용한 것이어서 복사(卜辭) 또는 정복문(貞卜文)이라고도 불렸다. 은허는 상나라 후기의 반경(盤庚) 임금이 도읍을 은(殷)이라 불리던 그 곳으로 옮긴 뒤 제신(帝辛, 紂王)이 주 무왕에게 멸망당하기까지(B.C. 14세기-B.C. 1027)[52]의 은나라 도읍지였다. 옛날에는 점을 칠 때 거북껍질이나 소뼈에 구멍을 뚫거나 불로 지져 거기에 생기는 균열(龜裂, 곧 卜兆)을 보고 길흉을 판단했는데, 점을 친 뒤에는 점을 친 내용을 복조 곁에 쓴 다음 그것을 새겨 놓았다. 이 갑골은 오래 전부터 소둔촌의 밭에서 수시로 발견되었으나 처음에는 그것을 용골(龍骨)이라 하여 부수어 가루를 내어 약재로 썼다 한다. 그러나 광서(光緖) 25년(1899) 갑골문이 왕의영(王懿榮)이란 사람에게 발견된 뒤로 여러 학자들의 관심을 끌어 마침내 발굴하고 수집하게 되었고, 민국 17년(1928)에 이르러서야 정부가 관심을 갖고 중앙연구원(中央硏究院)에서 민국 26년(1937)에 이르기까지 15차에 걸쳐 철저한 발굴과 함께 연구를 진행하게 되었다. 그 사이에 발굴된 갑골문은 국내외에 수장된 것을 모두 합쳐 10만여 편이나 된다.[53] 그리고 이 갑골문은 중국 옛날 한자 연구에 다시없는 자료가 되었음을 말할 것도 없고 상나라 왕실의 세계(世系)를 바로잡는 등 고대사의 새로운 사실을 밝혀주는 귀중한 자료가 되었다.

현재 문자학자들의 일반적인 견해는 인류의 문자는 그림에서 출발하였다는 것이다. 그런데 한자는 특히 상형문자라 불리는 그림의 수법을 그대로 발전시킨 문자이다. 기원전 3500년 무렵 이집트에도 그림에 가까운 상형문자가 있어서, 한자가 이집트에서 나왔다고 주장하는 학자들도 있었으나,[54] 같은 물건을 그린 그림은 서로 비슷하게 마련이니, 글자의 모양만을 근거로 한 그런 주장은 믿기 어려운 일이다.

중국의 가장 오래된 한자인 갑골문자의 경우만 보더라도 그것은 이미 "그린 것"이 아니라 "쓴 것"이다. 곧 그림의 경지를 훨씬 뛰어넘어선 문자인 것이다. 그뿐 아니라 후세 한자의 조자(造字)원리처럼 받아들여지는 육서(六書)[55]가 다 갖

52) 劉澤華 등 9인 공저 『中國古代史』(人民出版社) 의거.

53) 董作賓 『甲骨學六十年』.

54) 日人 板津七三郞.

55) 六書는 『周禮』·『漢書』 藝文志·『說文解字』 序 등에 보이는데, 日·月처럼 물건의 모양을 그린 象形, 上·下처럼 어떤 뜻을 나타내는 기호인 指事, 技·材처럼 뜻을 나타내는 글자와 음을 나타내는 글자가 합쳐진 形聲, 明·信처럼 두 글자의 뜻이 합쳐져 다른 글자를 이룬 會意, 號令이란 말의 令자와 길다는 뜻의 長자를 縣令·里長처럼 "우두머리"의 뜻으로 빌려 쓰는 假借, 考·老처럼 子音은 다르나 母音을 따라 뜻은 같은 轉注의 여섯 가지.

추어져 있고, 특히 한자가 만들어지고 난 뒤 상당한 기간이 흐른 뒤에 생겨났다고 생각되는 형성자 (形聲字)와 전주자(轉注字)도 상당량 포함되어 있다. 따라서 대부분의 문자 학자들은 그림에서 출발한 문자가 갑골문 정도로 발전하자면 적어도 3000년 이상의 세월이 소요될 것으로 추산하고 있다.

갑골문자 정도로 발전하기 위해서도 몇 천 년이 소요되는 한자를 놓고, 어느 때 어떤 사람에 의하여 창제된 것이라 보려던 태도는 처음부터 잘못된 것이라 할 것이다. 근래 용우순(龍宇純)은 『중국문자학(中國文字學)』(臺灣 學生書局, 1982 再訂本)에서 황제의 시대는 대략 기원전 2800년에 해당되니 창힐의 조자전설은 어떤 근거가 있을지도 모른다고 말한 것도 문자발달에 소요되는 시대의 추산을 바탕으로 한 것이다. 그러나 창힐이 실존했던 인물이라 하더라도 개인으로서는 한자의 창조 또는 발전에 크게 공헌한 사람들 중의 특출한 "한 사람"일 수밖에 없을 것이다.

2. 한자의 발달

한자는 크게 고문자(古文字)와 근대문자(近代文字)로 구분되는데, 소전(小篆)이전의 옛 자체의 한자들을 고문자, 예서(隸書) 이후 자체의 한자를 근대문자라 부른다.[56] 소전은 진전(秦篆)이라고도 부르며 진시황(秦始皇)때 승상(丞相) 이사(李斯, B.C. 248?－B.C. 208)가 이전의 한자의 자체를 간단하게 개량하여 통일한 자체이다. 따라서 소전은 이전의 고문자와 성격이 다르나, 당란(唐蘭) 같은 학자들은 역시 고문자에 속하는 자체이며, 꼭 구별하려 한다면 근고문자(近古文字)라 부르는 수밖에 없다 하였다.[57]

예서는 역시 진시황 때 정막(程邈)이란 사람이 실용을 위주로 하여 한자의 자체를 쓰기에 간편하도록 개혁한 것으로,[58] 낮은 관리들의 편의를 위하여 만든 것이다. 이 예서는 한대에 널리 통용되면서 자체가 더욱 정비되어 한례(漢隸)라 부르게 되었고, 동한 장제(章帝, 76－88 재위)때 지금 우리가 쓰는 해서(楷書) 곧 정서(正書)가 나오기 전까지 널리 쓰였다.[59] 대체로 고문자란 자체가 복잡하고 통

---

56) 唐蘭『古文字學導論』 의거. 蔣伯潛의『文字學纂要』처럼 古文時代・篆文時代・隸書草書時代로 나누기도 한다(第3章).

57) 唐蘭『古文字學導論』.

58)『說文解字』序 段玉裁 注, 蔡邕『聖皇篇』, 江式『進文字源流表』등.

일되지 않았던 시대의 한자를 가리킨다.

고문자는 그 글이 쓰이거나 새겨진 기물에 따라 갑골문(甲骨文)·금문(金文 또는 鐘鼎文)·도문(陶文)·고인운(古印文)·화포문(貨布文) 등으로 나눌 수 있고, 자체에 따라 갑골문·금문·과두문(蝌蚪文, 올챙이 모양의 글자)·조충서(鳥蟲書)·대전(大篆 또는 籀書)·소전(小篆) 등으로 나눌 수 있다. 그런데 이 중에서도 특히 대전은 일반적으로 주(周) 선왕(宣王, B.C. 827－B.C. 782 재위)때의 태사(太史) 주(籀)가 만든 것이어서 주문(籀文)이라고도 부르며, 소전 이전의 대표적인 자체로 알려져 왔다.[60] 그러나 근래에 와서 왕국유(王國維, 1877－1927)는 옛날에 주(籀)자와 독(讀)자는 동음동의(同音同義)여서 "太史籀書"는 "太史讀書"란 말이며, 『사주(史籀)』라는 책은 진(秦)나라 사람들이 학동들을 가르치기 위해 지었던 것일 거라 하였다(『觀堂集林』 권 5 史籀篇疏證序). 그리고 나진옥(羅振玉, 1866－1940)도 『사주』 15편은 진나라 때에 나온 창힐(倉頡)·원력(爰歷)·범장(凡將)·급취(急就) 같은 책들[61]처럼 그 당시의 문자로 글을 지어 읽고 익힐 적에 편리하도록 했던 책 이름이지 서체의 이명(異名)이 아니라고 하였다(『殷商貞卜文字考』). 물론 여기에는 다른 의견들도 적지 않다. 그러나 적어도 대전이라는 고문체를 만든 주 선왕 때의 사주란 존재하지 않았던 인물일 가능성이 많다. 그리고 전에는 당나라 초기에 발견된 석고문(石鼓文)[62]을 주 선왕 때의 글자인 대전의 대표적인 실물이라 하였으나, 근래에 와서 여러 학자들에 의해 진나라 때에 만든 것임이 고증되었다. 따라서 대전은 서주의 자체가 아니며, 소전보다는 자체가 번잡하면서도 비슷한 점이 많은 것으로 보아 소전 이전에 진 나라에서 쓰던 자체의 일종이었음이 분명하다.

『설문해자(說文解字)』 서문에는 진서팔체(秦書八體)라 하여 진대에 통용되던 자체로 대전·소전·각부(刻符)·충서(蟲書)·모인(摹印)·서서(署書)·수서(殳書)·예서(隷書)의 여덟 가지를 들고 있다. 그러나 이러한 글자들을 증명할 수 있는 실물이 남아 있지 않은 것이 대부분이어서 확실한 이들의 자체는 알 수가 없다.

이상에서 본 바와 같이 중국문자의 발전을 이해하는 데 있어서 고문자는 글씨가 쓰인 그릇이나 자체에 따른 분류는 별 의미가 없다. 오히려 고문자는 당란의

---

59) 張懷瓘『書斷』 등엔 東漢 章帝 때 王次仲이 隷草를 근거로 楷書를 만들었다 하였다.

60) 『漢書』 藝文志 小學類 『史籀』 十五篇의 注에 "周宣王時太史作『大篆』 十五篇, 建武時亡六篇矣." 『說文解字』 序에 "及宣王太史籀, 著『大篆』 十五篇, 與古文或異."라 한 기록에 근거.

61) 『漢書』 藝文志 小學類.

62) 石鼓는 열 개의 북 모양으로 조각한 큰 돌로 그 위에 大篆으로 보이는 글자가 새겨져 있는데, 지금은 北京 故宮博物院에 소장되어 있다.

『고문자학도론』에서처럼 시대적인 구분에 지역적인 차이를 고려하여 다음과 같은 네 단계로 나누어 보는 게 좋을 것이다. 곧 ① 은상계(殷商系)문자, ② 서주계(西周系)문자, ③ 육국계(六國系)문자, ④ 진계(秦系)문자이다.

① 은상계문자 : 지금 우리에게 알려진 한자 중에서는 가장 오래된 계열의 글자로, 은허에서 발굴된 갑골문자가 그 중심을 이루며, 다음으로 동기(銅器)에 새겨진 글이 있다. 이 밖에 안양(安陽)에서 발굴된 글자가 새겨진 도기(陶器) 두 조각과 천진(天津)의 방씨(方氏)소장인 소옥(小玉)에 새겨진 문자 등이 있다 한다.[63] 이때의 문자는 가장 원시적인 자체라고는 하지만 앞에서도 말했듯이 많은 형성자(形聲字)와 전주자(轉注字)가 이미 보이고 있다. 그리고 자체가 통일되지 않았으면서도 여러 가지 필획의 간화나 편의에 따른 와변현상(訛變現象) 같은 것도 두드러져, 이 성도의 발전을 이루기 위해서도 문자가 처음 생겨난 뒤로 수천 년의 시일이 소요되는 것으로 문자 학자들이 믿고 있다.

② 서주계문자 : 동기의 명문인 금문(金文)이 주류를 이루며, 이 밖에 석경(石磬)이나 토훈(土塤)에 새겨진 문자 같은 것도 있으나 유물이 그다지 많지 않다. 이 시기에 와서는 형성자가 두드러지게 늘어나 상형(象形)・지사자(指事字)의 비율이 감소되었다. 자체의 와변(訛變)도 더욱 심해지고 외형은 갈수록 정돈되는 현상을 보여 주고 있다.

③ 육국계문자 : 글자의 와변도 더욱 심해지고 자체의 혼란도 매우 심해진 시기이다. 허신(許慎)도 『설문해자』 서에서

> 공자에 이르러 육경(六經)을 쓰고 좌구명(左丘明)이 『춘추(春秋)』의 전(傳)을 저술함에 모두 고문(古文)으로 하였으나, 그들의 뜻은 해설할 수 있었다. 그 뒤에 제후들이 힘으로 정치를 하여 왕에 의하여 통솔되지 않게 되자, 예악(禮樂)이 자신을 해침을 싫어하여 모두 그에 관한 책을 없애 버렸고, 칠국(七國)으로 나누어져 밭은 천제(田制)가 서로 달라지고 수레는 바퀴의 폭이 서로 달라지고 법령은 법도가 서로 달라지고, 의관(衣冠)제도가 서로 달라지고, 말은 독음이 서로 달라지고 문자는 형체가 서로 달라졌다.[64]

고 말하고 있다. 이에 따르면 전국시대에 와서는 일곱 나라가 한자의 독음도 제각기 달랐고, 자체도 서로 달랐음을 알 수 있다.

전국시대는 한자의 혼란이 심하기는 하였으나 조충서(鳥蟲書) 같은 새로운 자

---

63) 唐蘭『古文字學導論』.

64) "至孔子書六經, 左丘明述春秋傳, 皆以古文, 厥意可得而說. 其後諸侯力政, 不統於王, 惡禮樂之害己而皆去其典籍, 分爲七國, 田疇異畮, 車涂異軌, 律令異法, 衣冠異制, 言語異聲, 文字異形."

체가 나오기도 하였고, 또 제자백가를 비롯하여 여러 사람들에 의한 저술이 지역마다 성행하여, 진나라 때에 이르러 한자의 자체가 통일될 수 있는 터전을 마련하였던 시기이다.

④ 진계문자 : 전국시대 일곱 나라 중에서 진나라를 따로 떼어 놓은 것은, 육국의 혼란에도 불구하고 진나라는 대체로 서주문자를 계승 발전시켜 천하통일 후에 문자의 통일도 이룩하였기 때문이다. 앞에서 얘기했듯이 진나라에는 이른바 진서팔체(秦書八體)가 있었다고는 하지만 그 중 예서(隷書)는 근세문자에 속하고, 나머지 7체 중 진계문자의 주류를 이루는 것은 대전(大篆)과 소전(小篆)이다. 그 밖에 각부(刻符)·충서(蟲書)·모인(摹印)·서서(署書)·수서(殳書)는 특수한 용도에 따른 구별이어서, 다른 시대나 지역의 자체와도 중복된다고 보아야 할 것이다. 이 계통의 문자자료는 동기(銅器) 이외에 여러 곳에서 발견된 비석에 새긴 글이 가장 중요하며 그 밖의 화폐나 도장도 있다. 그리고 한대 이후의 동기나 비석·도장 같은 것 중에서 소전 같은 자체가 새겨져 있는 것은 역시 진계문자의 자료로도 볼 수 있을 것이다.

동한(東漢) 허신(許愼)의 『설문해자』는 한자를 해설함에 있어 소전을 위주로 하면서 고문과 주문(籒文)을 참고로 간혹 인용하고 있다. 그는 소전이 중국에 있어 최초로 통일된 자체여서, 상당한 와변(訛變)이 있기는 해도 한자구성의 근본원류를 탐구하기에는 가장 적합한 자체라 생각했기 때문일 것이다. 소전체의 글자는 있지만 고문이나 주문에는 없는 자체가 많은 것도 이 자전에 소전을 주로 쓴 이유일 것이다. 주문체는 있지만 소전체는 없는 글자는 없다. 허신의 시대에는 예서가 통용되고 있었지만 그것을 쓰지 않은 것은 말할 것도 없이 소전이 예서보다는 오래된 것이어서 한자의 본원에는 좀 더 근접되어 있다고 생각되었기 때문일 것이다.

근세문자는 한대에 통용된 예서(隷書)와 동한 중엽에 나온 해서(楷書)이다. 지금은 서한대의 죽간(竹簡)과 백서(帛書)조차도 적지 않게 출토되어 이들을 연구하는 데 필요한 자료를 얻기에 불편이 없다. 이밖에 초서(草書)와 행서(行書) 같은 것은 자체가 근본적으로 다르기보다는 서법의 차이에서 파생되는 것이므로 여기에서는 문제 삼을 필요가 없을 것이다. 한자는 우리에게 지금 알려진 가장 오래된 갑골문자가 이미 형성자와 전주자를 갖춘 상당히 발달한 문자임에도 불구하고, 그로부터 우리가 지금 쓰는 해서체가 나오기까지도 1,500년의 세월이 소요되었던 것이다.

3. 한자와 중국문장의 특징

고문자 중 가장 자료가 풍부한 갑골문은 중국을 비롯한 전 세계의 공공기관과 개인의 소장품을 합치면 10만 조각이 넘는 수량인데, 거기에 쓰인 글자는 모두 2,000자를 약간 넘는 수(자체가 통일되지 않은 등의 이유로 학자에 따라 합계가 다름)인데, 그 중 독해가 가능한 것은 그 절반 정도이다.[65] 한자가 표의(表意)문자임을 생각할 때, 우리가 나타내고자 하는 명사만을 놓고 생각해 보더라도 그러한 글자 수로는 사람들의 뜻의 표현에 크게 제한이 있었을 것은 당연하다. 옛날 주 선왕의 태사 주(籀)가 지었다는 자서(字書)인 『사주(史籀)』 15편은 동한 광무제(光武帝, 25－27 재위) 때에 없어지고, 한대로 들어와 진시황(秦始皇) 때의 이사(李斯)가 지은 『창힐(倉頡)』과 조고(趙高)가 지은 『원력(爰歷)』과 호모경(胡母敬)이 지은 『박학(博學)』의 세 책을 합쳐 『창힐(倉頡)』이란 이름으로 다시 편찬한 자전의 글자 수가 3,300자였다 하니,[66] 후세에 들어오면서 자수가 불어났을 것으로 짐작된다.

한대에 와서는 양웅(揚雄, B.C. 53－A.D. 18)이 『훈찬(訓纂)』이란 자서를 지었는데 5,340자였고, 동한 허신(98 전후)의 『설문해자』에서는 9,353자로 늘어났으며, 그 뒤로도 시대의 흐름에 따라 계속 불어나, 청(淸)나라 때에 나온 『강희자전(康熙字典)』은 49,000여 자, 민국(民國)에 나온 중문대사전(中文大辭典)』은 약 5만 자로 늘어났다. 우리나라 명문당(明文堂) 『한한대자전(漢韓大字典)』에 51,853자라는 세계에서 가장 많은 한자가 실려 있다. 그러나 세상의 수없는 사물을 두고 볼 때 뜻글자인 한자 5만 자로도 우리가 표현하고자 하는 뜻을 다 표현할 길이 없음이 분명하다. 이에 본시는 단음절어(單音節語)였던 중국 글이 이런 부족을 메우기 위하여 두 개 이상의 글자가 합쳐져 한 개의 단어를 이루는 복합사(複合詞)를 발전시켰다. 일(日)·월(月)·마(馬)·우(牛) 등은 단음절로 된 단음사이고, 부용(芙蓉)·호접(蝴蝶)·전동차(電動車)·민주주의(民主主義) 등은 복합사인데 중국어나 그 문장의 복음화는 현대로 올수록 두드러진다.

한자는 표의문자라 하지만 문장은 언어와 완전히 떨어져 발전할 수는 없는 것이므로 표음의 기능도 무시할 수는 없는 일이었다. 한자의 형성자는 이미 표음의 기능도 상당히 발전하였음을 보여 주는 보기인데, 특히 복합사의 발달은 표음기

65) 董作賓『甲骨學六十年』 一. 解題和概說, 三. 甲骨文的字數和片數 참조.
66) 이상 『漢書』 藝文志 六藝略 참조.

능을 더욱 중시하게 하였다. 현대로 오면서 이러한 현상은 더욱 두드러져 결국 1917년에 호적(胡適 1891－1962)이 이른바 "백화문학(白話文學)"을 제창하면서 구어체(口語體)인 백화로 문장을 쓸 것을 주장하게 되었다. 그의 백화문학운동은 중국에 신문학을 도입하는 계기가 되기는 하였지만, 그의 주장은 중국문자의 성격을 놓고 볼 때 모순되는 일이라 하지 않을 수 없다. 복잡하고 쓰기 어려운 표의문자인 한자로 사람들의 말을 소리대로 적는다는 것은 문자 본래의 기능과도 어긋날 뿐 아니라 매우 비경제적인 짓이다. 사람의 말을 소리 나는 대로 적는다는 면에 있어서는 한자처럼 거추장스럽고 불편한 문자도 드물 것이다.

그 때문에 근세에 들어와서는 여러 사람들에 의하여 한자개혁운동이 추진되었고 중국대륙에서는 한때 그것을 적극적으로 실시하려고도 하였다. 그럼에도 불구하고 아직도 한자가 건재한 것은 표음문자들이 도저히 따를 수 없는 여러 가지 특성도 지니고 있기 때문이다. 한자는 다른 어떤 문자보다도 글자마다 개성이 있고 생명력이 있으며 예술적이다. 한자는 어떤 의미에 있어서는 언어에 앞선 것이라고도 볼 수 있는 것이어서, 그 독음을 모르더라도 잘 살펴보면 뜻을 알 수 있는 글자 들이 많다. 한자가 그림을 바탕으로 한 상형문자라는 이유도 있지만, 그 밖의 복잡한 글자들도 모두가 일정한 원리를 따라 이루어져 있기 때문이다. 日·月·山 같은 글자는 말할 것도 없고 '明'은 日·月이 합쳐져 있으니 밝다는 뜻일 것이고, 林은 木이 모인 것이니 숲이라는 뜻일 것임을 짐작할 수 있다. 그 밖에 柏은 나무(木)와 관계있는 글자이고 자음은 백(白)일 거라 짐작할 수 있고(技·狂·梨·柱 등도 같음), 淸은 물(水)과 관계가 있는 글자이며 자음은 청(靑)일 거라 짐작할 수 있다(注·汪·浥·渡 등도 같음). 심지어 枯 같은 글자는 나무와 관계가 있고 자음은 고(古)인데, 나무가 오래되었다면 "말랐다"는 뜻일 거라는 것까지도 짐작할 수 있고, 汐은 물과 관계가 있고 자음은 석(夕)인데, 물과 저녁(夕)이 관계되는 것이니 "썰물"의 뜻일 거라는 것까지도 짐작할 수 있게 된다. 물론 글자의 본뜻과 본음이 변한 것이 많아 이런 방법대로 모든 글자를 알아볼 수 있는 것은 아니나, 이러한 통각성(統覺性)은 여전히 한자의 매력으로 존재한다.

또 다른 한자의 특성은 형(形)·음(音)·의(義)의 세 요소가 있다는 것이다. 눈에 보이는 형은 미술적인 조형미가 있어 일찍이 서도라는 예술을 발전시켰다. 귀로 듣는 음은 성조(聲調)의 어울리는 조화를 통한 음악성이 두드러져, 일찍부터 중국에 성운(聲韻)의 조화를 추구하는 시(詩)를 발달시켰다. 한자는 본디 단음절의 독음을 지니어, 한 독음에는 수많은 다른 글자들이 있게 된다. 보기를 들면 '가'음만 하더라도 加·架·可·柯·歌·家 등 근 백 개의 글자가 있고, 경우에 따라서는 백 개가 훨씬 넘는 글자가 있는 독음도 있다. 이런 동음의 혼란을 완화시키기 위하여 생겨난 것이 성조(聲調)이다. 옛날(唐나라 전후)에는 평성(平聲, 약간 높으면서도 변화가 없게 나는 소리)·상성(上聲, 낮은 데서 위로 올라가는 소리)·거성(去聲, 높은 데서 아래로 처지는 소리)·입성(入聲, P·T·K 받침이 붙은 "앞·끝·곡"처럼 딱 끊어지는 소리)의 사성(四聲)이 있었으나, 지금의 북경(北京)지방 말에서는 입성이 없어지고 대신 평성이 상평성(上平聲)·하평성(下平聲)의 두 가지로 나누어져 있다. 당대 초기에 이루어진 근체시(近體詩)는 이러한 사성을 바탕으로 문장의 음악성을 극도로 추구한 결과 이루어진 시체(詩體)이다. 끝으로 의는 앞에서 얘기한 한자의 통각성(統覺性)의 바탕을 이루기도 하지만, 또 옛 사람들의 생활풍습이나 철학과 지혜 등을 보여 주기도 한다. 남자는 밭(田)에서 힘(力)들여 일한다는 뜻의 남(男), 사람(人)은 말(言)에 신의가 있어야 한다는 뜻의 신(信)자, 전쟁(戈=창)을 중지(止)시키는 것이 무력이란 뜻의 무(武)자 등이 그 보기이다.

한자의 세 요소 가운데 음은 지역에 따라 다르고 시대를 따라 변하지만 형과 의는 크게 달라지거나 변하지 않는다. 이 때문에 한자를 사용한 중국문장은 시간과 공간을 초월하여 발전할 수 있었다. 그 결과 한나라 때의 글이나 청나라 때의 글이 2000년의 세월이 지났음에도 불구하고 크게 차이가 없고, 수많은 언어를 달리하는 종족들이 모여 말로는 서로 뜻이 통하지 않으면서도 글로는 서로 뜻이 통하여 중국이라는 거대한 나라를 수천 년 동안이나 한 나라로 지탱하여 온 것이다. 심지어 우리나라와 일본·베트남까지도 중국문장을 썼다. 이것은 인류문화사상 가장 위대한 기적이라 말해도 과언이 아닐 것이다.

한자가 예술적이고 이상과 같은 특성이 있기는 하지만, 그것으로 글을 썼을 때 뜻의 표현이 정확하지 못하다는 결함은 면할 길이 없다. 더구나 복잡하고 미묘한 현대적인 상황을 표현하기에는 더욱 많은 문제를 안고 있다. 그래서 중국어는 더욱 복음화하고 있고, 또 표의보다는 표음의 기능이 중시되는 방향으로 발전하고 있다. 그런데 이것은 한자의 특성과는 모순되는 방향이어서 이제 와서는 한자가 거추장스럽게 느껴지고 있다. 자획이 복잡하여 익히고 쓰기에 불편하고, 타자나 전신을 비롯한 여러 가지 현대적인 쓰임에는 더욱 부적합하다. 이 때문에 중국에서는 한자를 크게 간화하여 사용하고 있고, 결국은 한자를 개혁한다는 방향의 정책을 쓰고 있는 것이다. 그러나 아무리 한자를 개혁하고 없애려 한다 하더라도 이미 수천 년의 역사를 두고 쓰인 한자로 된 중국문장은 인류의 가장 소중한 문화유산으로 영원히 남을 것임을 잊지 말아야 한다.

4. 한자와 중국문학

중국문학은 한자를 사용하여 기술한 문장으로 이루어진다. 따라서 이상 얘기한 여러 가지 한자의 특징은 그대로 중국문학의 성격형성에도 큰 영향을 미치고 있다. 더구나 중국문학은 근세까지도 보통 중국어와는 다른 문언(文言)을 사용하여 왔기 때문에 서양이나 다른 외국의 경우보다도 그 문장의 영향을 더욱 크게 받고 있다.

특히 고대문학의 경우 그 시대가 대체로 한자의 자체가 통일되지 않았던 시대 또는 지금은 상용하지 않는 옛 자체의 한자를 사용하던 시대(東漢 중엽 이전)와 합치되므로 더욱이 한자의 특성을 먼저 생각하지 않으면 안 된다.[67] 한자의 자체가 통일되기 이전에는 한자의 모양이 복잡하여 쓰기 어려웠을 뿐만 아니라 글씨 쓰는 데 쓰이는 용구도 매우 불편하여 사관(史官)과 같은 전문가가 아니면 글을 쓸 수가 없었다. 그리고 글을 쓰는 목적도 본시는 천자(天子)가 정치를 하는 데 필요한 기록이 주를 이루어, 서주(西周) 시대의 글의 독자는 천자와 제후 뿐이었다 해도 과언이 아닐 것이다.

춘추전국(春秋戰國)시대에 와서는 글을 쓰는 사람들의 범위도 넓어지고 독자도 천자와 제후 뿐만 아니라 귀족으로까지 확대되기는 하였지만 문장의 쓰임이 보편화되었던 것은 아니다. 이 시대의 백성들은 그들 사이의 중요한 계약의 표시로 간단한 문장을 사용하는 정도에 그쳤을 것이다. 진한(秦漢) 시대에는 한자의 자체가 통일이 되기는 하였지만, 역시 문장은 황제와 귀족들의 전유물이었다. 한대문학을 대표하는 부(賦)도 모두가 천자나 귀족 밑에서 글 쓰는 재주를 가지고 붙어살던 사람들이, 천자나 귀족의 뜻에 따라 써 올린 글들이다. 만약 이러한 시대에 개성적인 글이 있었다면 글의 습작이나 소일을 위하여 쓴 간단한 것에서 벗어날 수 없었을 것이다.

한자는 상형문자인데다가 자체가 번잡하고 쓰기 힘든 글씨였기 때문에 그 문장

---

67) 金學主『中國古代文學史』(명문당, 2003 수정판)참조.

은 되도록 축약되고 간략한 것이 되지 않을 수 없었다. 이때의 가장 값싸고 간단한 문장을 쓸 수 있는 재료가 대쪽이나 나무쪽 같은 것이었는데, 이것들은 너비와 길이가 일정한 여러 개를 사용했을 것이므로 결국 이러한 지면의 제약은 문구의 정형화를 강요하였을 것이다. 곧 이러한 축약되고 간략한 뜻의 표현과 글귀의 정형화는 그 글을 쓰는 사람들의 일상 언어와는 다른 시적인 문장의 발달을 가져오게 된다.

한자는 자체가 복잡하여 전문가가 한 글자씩 공들여 썼기 때문에, 옛날부터 이미 글씨를 쓰는 일 자체에서 예술적인 감각을 느꼈던 것 같다. 따라서 문장은 사람들의 뜻을 기록하는 수단일 뿐만 아니라 그 자체가 아름다운 예술에 가까운 것이었다. 그것은 옛 중국 사람들의 "文"이란 글자의 뜻을 통하여서도 알 수 있는 것이다.

한나라 때의 허신은 『설문해자』에서

> 文이란 획이 엇섞인 것으로 무늬가 서로 마주치는 모양을 나타낸 것이다.68)

고 글자를 풀이하였고, 『역경(易經)』의 계사전(繫辭傳)에선

> 물건이 서로 엇섞이어 있기 때문에 文이라 하는 것이다.69)

『예기(禮記)』 악기(樂記)에선

> 다섯 가지 빛깔이 文을 이루어 어지러워지지 않는다.70)

하였다. 곧 "文"이란 글자는 본시 "무늬(紋)"의 뜻을 지니고 있었다. 따라서 이 "文"이 글을 뜻하게 된 것은, 문장이란 일종의 무늬와 같은 것이라는 생각을 지녔기 때문이다. 한나라 유희(劉熙)의 『석명(釋名)』에 보이는 文이란 글자의 설명은 이를 잘 설명해 준다.

> 文이란 여러 가지 채색을 모아가지고 비단의 수를 이룬 것이며, 여러 글자들을 모아가지고 말뜻을 이룬 것인데 수놓은 무늬나 같다는 것이다.71)

중국 사람들의 의식 속에 처음부터 문장이란 아름답게 이루어져야 한다는 생각이 있었던 것이다.

---

68) "文, 錯劃也, 交文之象也."

69) "物相雜, 故曰文."

70) "五色成文而不亂."

71) 卷4 言語 : "文者, 會集衆綵, 如成錦繡, 會集衆字, 以成辭義, 如文繡然也."

그리고 한자는 모든 글자의 독음이 단음절(單音節)로 이루어지고, 그 단음절의 독음에는 모두 성조(聲調)의 변화가 따른다. 그래서 두 글자 이상이 결합하여 문장을 이룰 적에는 뜻의 표현뿐만이 아니라 글자들의 독음과 성조에도 신경을 쓰지 않을 수 없게 된다. "黃鳳凰逢紅鳳凰"(Huang Feng Huang Feng Hung Feng Huang) 처럼 읽기 거북하거나 "視時始詩"(ShiShiShiShi)처럼 같은 음이 계속되어도 안 되고, 한 구절이 낮은 성조의 글자로만 이루어지거나 높은 성조의 글자로만 이루어져도 안 된다.[72] 곧 문장은 한자들의 성조의 높고 낮은 변화가 적절한 조화를 이루어야 한다. 이에 중국문장의 수사에서는 형식상의 문제뿐만이 아니라 성음상의 조화문제도 일찍부터 중시되었던 것이다.

지금 우리에게 전하는 가장 오래된 문장인 『시경』이나 『서경』을 보더라도 뜻의 표현이나 언어와는 거리가 먼 수사가 얼마나 중시되었는가를 쉽사리 알 수 있다. 먼저 『시경』 첫머리 관저시를 보기로 든다.

關關雎鳩, 在河之洲. 窈窕淑女, 君子好逑.
參差荇菜, 左右流之, 窈窕淑女, 寤寐求之.
求之不得, 寤寐思服. 悠哉悠哉, 輾轉反側.
參差荇菜, 左右采之. 窈窕淑女, 琴瑟友之.
參差荇菜, 左右芼之, 窈窕淑女, 鐘鼓樂之.

구욱구욱 물수리는 황하 섬 속에서 우는데,
아리따운 고운 아가씨는 대장부의 좋은 배필.
올망졸망 마름풀을 이리저리 헤치며 뜯노라니,
아리따운 고운 아가씨, 자나깨나 그리웁네.
그리어도 얻지 못해 자나 깨나 생각노니,
그리움은 가이 없어, 밤새 이리 뒤척 저리 뒤척.
올망졸망 마름풀을 여기저기 가려 뜯노라니.
아리따운 고운 아가씨와 금슬 즐기며 함께하고 싶네.
올망졸망 마름풀을 여기저기 뜯노라니,
아리따운 고운 아가씨와 풍악 울리며 즐기고 싶네.

이 시를 보면

1) 모든 구절이 사언(四言)으로 이루어져 있고,

2) 한 구절씩 띄어 압운(押韻, ・표)을 하고 있고,

---

72) 聲調의 높고 낮은 것은 詩에 있어서의 平聲과 仄聲의 차이 같은 것으로 보아도 된다. 上平聲・下平聲을 平聲, 변화 많은 上聲・去聲・入聲은 仄聲이라 부른다.

3) 수사학에서 말하는 첩자(疊字)·첩운(疊韻)·쌍성(雙聲) 및 같은 말의 반복 등의 기교가 다 동원되어 있으며(밑줄 — 친 부분),

4) 비슷한 모양의 글자를 연이어 써서 시각적 수사효과를 꾀하고 있고(밑줄 = 친 부분),

5) 둘째·넷째·다섯째 줄은 모두 대구(對句)를 이루고 있다.

이 정도의 특징만 들어도 『시경』의 문장은 수사기교를 다한 무척 닦여진 글임을 알 것이다.

다음에는 『서경』 첫머리 요전(堯典)의 첫 대목을 읽어 보기로 한다.

> 日若稽古帝堯, 曰放勳, 欽明文思, 安安, 允恭克讓, 光被四表, 格于上下. 克明俊德, 以親九族 ; 九族旣睦, 平章百姓 ; 百姓昭明, 協和萬邦, 黎民於變時雍.
>
> 옛 요임금에 대하여 상고하여 보건대, 이름은 방훈이라 하셨는데, 공경스럽고 총명하고 우아하고 신중하시어 온유함을 느끼게 하셨고, 진실로 공손하고 겸양하시어 감화의 빛은 온 세상에 퍼져 하늘과 땅에 가득 찼다.
> 큰 덕을 밝히시어 온 친족들을 화목케 하셨고, 온 친족을 화목하게 하심으로써 백성을 밝게 다스리시고, 백성을 밝게 다스림으로써 온 세상을 평화롭게 하셨다. 백성들은 이런 감화를 받아 화평을 누리게 되었다.

거의 모든 구절이 사언이라 산문이라기보다는 운문인 듯이 느껴지며, 더욱이 압운도 하면서 독음에 어울리어 조화가 되는 일에 까지 많은 신경을 쓴 것이다. 누가 보아도 쉽사리 수사에 노력한 글임을 알 것이다. 그리고 이것은 모두가 한자의 특성으로 말미암아 이루어 진 문장의 특성인 것이다. 한문은 모두가 운문이라고도 할 수 있을 정도이다.

이러한 한자로 말미암은 미의식은 중국문학에 큰 영향을 끼쳤기 때문에 중국문학의 발전을 논함에 있어 한자의 변화를 소홀히 해서는 안 된다. 중국문학사의 시대구분을 놓고 보더라도, 그 시대를 고대(古代)·중세(中世)·근대(近代)로 나눈다면, 고대는 한자의 자체가 통일되지 않았던 시대(小篆 이전의 시대)이거나 지금 우리가 쓰지 않는 자체가 쓰이던 시대(隸書시대까지 포함)이고, 중세는 지금 우리가 쓰고 있는 한자체로 중국고전문학을 본격적으로 발전시킨 시대이며, 근대는 한자로 중국 사람들의 의식과 언어를 그대로 기록하려는 노력이 행해진 시대이다. 따라서 중국문학에 있어서의 근대는 희곡과 소설을 중심으로 하여 백화(白話)로 쓰인 글이 문학창작의 주류를 이룬 시대임을 뜻한다.

제3절 중국문학 발전의 여러 가지 모양

중국문학사를 살펴보면 그 문학의 여러 가지 형식의 발전이 대략 다음과 같은 세 가지 흐름에 의하여 이루어지고 있다. 그것은 첫째 ; 시와 산문을 중심으로 하는 전통문학의 흐름과, 둘째 ; 『초사(楚辭)』와 부(賦)로부터 시작된 미문의식의 흐름과, 셋째 ; 소설 · 희곡 · 강창(講唱) 등을 중심으로 하는 속문학의 흐름이다. 물론 이 세 가지 흐름에 의하여 각각 다른 장르의 문학이 발전했다는 것은 아니며, 이 세 가지 흐름을 확연히 구별할 수 있다는 것도 아니다. 특히 미문의식은 전통문학에 함께 붙여 생각해도 좋을 것이다. 시대에 따라 시나 산문 같은 전통문학도 미문의식이나 속문학의 영향을 받았고, 크게 볼 때 미문의식이나 속문학에 의하여 발전한 형식의 문학도 전통의 테두리를 뛰어넘지 못하는 것이라고도 할 수 있다. 다만 여기서는 여러 가지 형식의 문학이 대체로 세 가지 흐름 중 어느 편의 지배를 더 크게 받고 발전하였느냐에 따라, 이를 분별하여 역사적인 문학의 여러 가지 형식의 발전을 약술하려는 것이다.

1. 전통문학

중국의 전통문학은 시와 산문을 중심으로 하며, 그것은 각각 『시경』과 『서경』으로부터 발전하고 있다.

『시경』은 중국 운문의 조상이라 할 수가 있으며, 대략 서기 기원 전 1100년부터 500년에 걸친 기간에 유행한 각 지방의 민요를 위주로 하고, 조정에서 연회나 의식에 부르던 노래의 가사와 조상들을 제사지낼 때 부르던 송가(頌歌)의 가사 등을 모아 놓은 책이다. 중국의 문장은 처음부터 일상용어와는 다른 일정한 격식과 아름다운 수사를 추구한 언어로 이루어졌다. 그 점에 대하여는 이미 앞 절에서 설명한 바 있다.

『시경』의 민요와 조정의 노래는 한나라 때에 이르도록 전승되었다. 한 무제(武帝)는 악부(樂府)란 관서를 두어 각 지방의 민요를 수집 정리하고 조정에서 쓰는 노래들을 작곡하게 하였는데 여기에 모아진 시들을 후세에 악부 또는 악부시(樂

府詩)라 부르게 되었다. 악부의 시들은 원칙적으로 자유형의 것들이었고, 이를 본받아 문인들이 새로운 시를 짓기도 하였다. 그러나 외국음악의 영향과 시의 형식상의 아름다움을 추구한 끝에 서한(西漢) 말엽부터 동한(東漢) 초엽에 걸치는 사이에 시가 정형화(定形化)되어가던 끝에 오언시(五言詩)가 이루어진다. 동한 말엽에는 칠언시(七言詩)도 이루어져 중국시는 오언과 칠언으로 정형화 한다. 그러나 위진남북조(魏晋南北朝)를 통해서 그러한 시형의 시가 성행되면서, 모든 글자의 성운(聲韻)과 시형의 조화를 극도로 추구한 끝에 당(唐)나라 초기에 이르러는 율시(律詩)와 절구(絶句)가 이루어진다.

이전의 시들을 고체시(古體詩)라 부르는 반면, 이 율시와 절구를 근체시(近體詩)라 부른다. 근체시가 이룩된 이후 성당(盛唐)시기에 중국시는 큰 발달을 이룬다. 그리고 청나라 시대에 이르기까지 시는 중국 전통문학의 중심 자리를 계속 차지한다.

『서경』은 요순(堯舜)부터 하(夏)·은(殷)·주(周) 삼대(三代)에 이르는 고대 사관(史官)의 기록을 모아 놓은 책이다. 이러한 사실의 기록은 뒤에 『춘추(春秋)』와 『좌전(左傳)』·『국어(國語)』 등을 낳게 하고, 한나라 때에 이르러는 사마천(司馬遷, B.C. 145－B.C. 86?)에 의하여 『사기(史記)』라는 위대한 저술이 이루어지게 한다. 이것들을 흔히 기사(紀事)의 글[73]이라 말한다. 그 뒤 동주(東周)의 춘추전국시대에는 제자백가라 불리는 사상가들이 나와 어지러운 세상을 올바로 다스릴 자기의 뜻을 글로 적어 세상에 선전하였다. 『맹자(孟子)』·『순자(荀子)』·『노자(老子)』·『장자(莊子)』·『묵자(墨子)』·『한비자(韓非子)』 등의 책이 그 대표적인 것들이다. 이들처럼 자신의 사상을 체계화한 글을 입언(立言)의 글[74]이라 말한다. 사실의 기록인 <기사>와 사상의 기록인 <입언>은 중국의 전통적인 산문정신을 이룬다. 그리고 후세에까지도 산문은 시와 함께 가장 중요한 전통문학으로 행세한다.

이러한 시와 산문을 중심으로 하는 중국의 전통문학은 당(唐)나라를 거쳐 북송(北宋, 96－1126)에 이르러 발전을 극하게 된다. 남송(南宋, 1127－1276) 때 외족의 금(金)나라가 중원을 지배하게 되면서부터는, 원(元)·명(明)·청(淸)을 거치도록 전통문학은 더 이상 창조적인 작품을 생산하지 못하게 된다. 그리고 다시 얘기의

73) 明 徐師曾 『文體明辯』 紀事 : "按紀事者, 記志之別名, 而野史之流也."

74) 『左傳』 襄公 24년 : "其次有立言." 『疏』 : "立言, 謂言得其要, 理足可傳, 其身旣沒, 其言尙存. ……乃是立言也."

표현을 위주로 하는 희곡(戱曲)·소설(小說) 등이 성행하여 중국문학 창작의 주류를 이루게 된다. 다음에 얘기할 미문의식의 조류의 발전은 이 전통문학의 조류에 합쳐서 이해해도 좋다.

한편 동한(東漢) 말엽부터는 산문의 문장 형식을 중시하기 시작하여, 남북조(南北朝)시대에 이르러서는 이른바 변문(騈文) 또는 변려문(騈儷文)이 유행한다. 변문이란 구식(句式)이 일정하고 대구(對句)와 전고(典故)를 사용하여 문장의 형식미를 극도로 추구한 글이다. 당(唐)나라 초기에 사륙문(四六文)이란 말이 생겨난 것도 변문의 글귀가 모두 사언(四言) 또는 육언(六言)으로 대구를 이루고 있기 때문이다. 이 변문은 당(唐)나라 중엽에 이르러 한유(韓愈, 768-824)가 나와 고운운동(古文運動)을 일으키기 까지 중국의 대표적인 산문형식으로 행세한다. 그러나 고문까지도 앞의 「제 2절 4. 한자와 중국문학」에서 얘기했듯이 한자의 독음과 성조의 조화를 중시해야 함으로 다른 나라 글에 비하여 상당히 운문적인 특징을 지니게 된다. 따라서 중국의 전통문학은 "시와 산문"이 아니라 "시"가 그 중심을 이루며 발전해 왔다고 할 수 있다. 그리고 앞에서 얘기한 근체시(近體詩)와 이 변문은, 다음에 얘기할 미문의식과도 깊은 관련이 있음을 유의해야 한다.

2. 미문의식

전국(戰國)말엽 초(楚)나라에 굴원(屈原, B.C. 343?-B.C. 290?)이란 사람이 나와 후세에 초사(楚辭)라 불리게 된 새로운 형식의 시를 지어냈다고 한다. 초사는 초나라의 민가형식을 본 딴 것이어서 『시경』의 시들과는 내용이나 형식이 판이하다. 『시경』의 시가 작자를 알 수 없는 노래의 가사임에 비하여, 초사는 부(賦)로 발전하여 노래하기 보다는 읊는 성격이 강하고 굴원 이하 송옥(宋玉)·가의(賈誼) 등 작자들의 이름이 전해지고 있다. 그리고 『시경』이 황하유역을 중심으로 한 북방의 노래 가사인 데 비하여, 초사는 장강유역을 중심으로 한 남방의 노래 가사이다. 『시경』이 현실적인 일들을 착실한 형식으로 노래한 북방의 기질을 반영하는 시인 데 비하여, 초사는 환상적인 내용을 변화 많은 형식에 담아 노래한 남방적인 기질을 들어내는 시이다.

이 초사가 세상에 알려지고 읽히기 시작한 것은 한나라 때부터이다. 초사라는 새로운 시가 한대의 가의(賈誼, B.C. 201-B.C. 169)·유향(劉向, B.C. 77-B.C. 6)

등에 의하여 계승되면서 부(賦)로 발전하게 된다. 따라서 초사와 한나라 때의 부는 실제로는 같은 형식의 문학이며, 흔히 이들을 합쳐 사부(辭賦)라고도 부른다. 지금 우리에게 전하는 『초사』에 실린 작품들을 보더라도 굴원 이외에 송옥(宋玉)·가의(賈誼)·회남소산(淮南小山)·동방삭(東方朔)·왕포(王褒)·엄기(嚴忌)·유향(劉向)·왕일(王逸)의 작품들이 실려 있는데 거의 모두 한나라 때 작가들이며 화려한 필치로 문장의 수사를 추구하는 데에 온 힘을 기울이고 있는 작품들이다.

한나라로 들어와서는 그 형식을 더욱 산문화시키고 화려한 사물들의 표현을 과장하여 늘여놓는 부를 발전시킨다. 제왕의 사냥을 주제로 한 사마상여(司馬相如, B.C. 179?－B.C. 117)의 「자허부(子虛賦)」·「상림부(上林賦)」 및 왕성(王城)의 대관(臺觀)과 풍물(風物)을 주제로 한 반고(班固, 32－92)의 「양도부(兩都賦)」 등이 그 대표적인 것이다. 한편 한나라 사람들은 이러한 문장의 아름다움의 추구를 통해서 본격적으로 문학의 가능성을 발견하게 된다.

한나라에 이르러 본격화된 부에 의한 미문의식은 동한(東漢)에 이르러서는 다른 형식의 문학에까지도 전반적으로 영향을 끼치게 된다. 동한에 이르러 시가 오언(五言)·칠언(七言)으로 정형화되기 시작하여 마침내는 후세에 근체시(近體詩)까지 만들어내게 된 것도 이 부에서 시작된 미문의식의 발전으로 말미암은 것이다. 산문에 있어서도 동한에 들어오면서 형식적인 수사에 힘쓰는 경향이 뚜렷해져서, 마침내는 후세에 변문이란 운문에 가까운 산문체를 이룩하게 되는 것이다. 그리고 이 미문의식으로 말미암은 수사의 추구는 후세에 이르기까지도 중국문학의 가장 중요한 문학창작의 조건의 한 가지로 남아 작용하게 된다.

3. 속문학

속문학이란 용어는 애매하다. 『시경』에 국풍(國風)이 있고, 악부(樂府)에도 민가가 있고, 초사(楚辭)도 초나라 지방의 민가로부터 발전한 것이기 때문이다. 본시 모든 중국문학은 민중 사이에서 발생한 속된 것이다. 사대부들이 그것을 이어받아 형식화시키는 사이에도 민중들은 언제나 자기 나름대로의 속문학을 지니고 있었다. 결국 문학이 사대부들 손에서 생기를 잃어 가면 그들은 다시 속되지만 발랄하고 생기 있는 새로운 문학을 사대부들에게 개발해 주었다.

시가 당나라 초기에 근체시를 발전시키면서 극도로 규식화(規式化) 하자 당나라 중엽에 와서는 민중으로부터 문인들이 새로운 형식의 사(詞)를 취하게 된다. 사는 본시 속된 민중들의 가요형식을 본뜬 것으로 유우석(劉禹錫, 772－842)·백거이(白居易, 772－846) 같은 시인들에 의하여 지어지기 시작하다가, 오대(五代)를 거쳐 송(宋)대에 이르러서는 새로운 운문으로 크게 유행한다. 사는 곡자(曲子)·악부(樂府)·장단구(長短句)·시여(詩餘) 등 다른 이름으로도 불리었는데, 민간가요로부터 나온 속된 것이라 그 내용도 가볍고 야한 서정이 주류를 이루었다. 그러나 본격적으로 문인들에 의하여 사가 창작되면서, 소식(蘇軾, 1036－1101) 같은 사람은 호방(豪放)한 내용까지도 노래함으로써 사의 내용을 넓히고 격을 높여 놓았다. 사의 이러한 시로의 변화는 한 편 사를 노래와 완전히 떼어 놓으면서 사의 율식(律式)을 엄격히 따지도록 만든다. 그 결과 남송(南宋)에 이르러는 사률(詞律)에 얽매여 작가로 하여금 창의를 발휘할 여지가 없게 만든다.

이민족이 중국을 지배하게 되자 그들 음악의 영향으로 원(元)나라에는 다시 새로운 형식의 운문이 민간으로부터 생겨나는데, 그것이 곡(曲)이다. 곡에는 산곡(散曲)으로 소령(小令)과 투곡(套曲)이 있고 다시 희곡(戲曲)이 있다. 소령은 소사(小詞)와 비슷한 모양의 가사이고, 투곡은 투수(套數)·산투(散套)·대령(大令)으로도 불리는데, 같은 궁조(宮調)의 여러 개의 소령을 한데 모아 이룬 조곡(組曲) 같은 것이다. 희곡은 노래 이외에 등장인물들의 동작과 대화가 있지만, 서양의 오페라처럼 노래가 극정(劇情)표현의 중심을 이룬다. 원(元)나라 때의 희곡을 잡극(雜劇)이라 부르는데, 잡극은 한 작 품이 사절(四折)로 이루어지는 게 보통이고, 그 한 절(折)은 음악상으로는 한 개의 투곡이다. 본시 이러한 희곡은 남송 초기 온주(溫州) 지방에 희문(戲文)이라 하여 먼저 생겨났지만 국한된 지역에 짧은 동안 유행하여 온전한 작품이 하나도 전하는 게 없다.

이러한 원나라의 곡은 역시 원나라 후기에 이르러 국세가 약해지자 잡극 대신 희문(戲文)이 다시 고개를 들기 시작 했다. 명대에 와서는 그것이 전기(傳奇)란 이름 아래 계승되어 크게 성행하기 시작한다. 그러나 이미 명대 중엽부터 전기는 내용이나 문장이 너무 우아해져서 이를 무대에 상연하기 편치 않게 된다. 그래서 청대에 와서는 다시 각 지방의 토속적인 노래를 바탕으로 한 화부희(花部戲)가 각지에 유행하게 된다. 화부희는 난탄(亂彈)이라고도 부르는데, 아직도 토속적인 색채를 벗지 못한 채 각 지방에 유행하고 있으며, 그 중에서도 북경(北京)을 중심으로 발달한 경희(京戲)가 전국에 가장 성행되고 있다.

이상 설명한 사와 곡은 비록 민중 사이에서 발생한 것이기는 하지만 뒤에는 완전히 한 장르의 문학으로 문인들에 의하여 창작되었으므로 전통문학 속에 넣어 이해하여도 괜찮을 것이다. 이들 밖에도 좀 더 순수한 속문학들이 여러 가지 존재하였다.

앞에서 원대에 곡의 일종으로 잡극이 생겨났다고 했지만, 그것은 하루아침에 이루어질 수는 없는 일이다. 중국에는 옛날부터 민간에 춤과 노래로 간단한 정절(情節)을 연출하는 가무희(歌舞戲)가 잡희(雜戲)와 함께 유행하였다.[75] 『주례(周禮)』 춘관종백하(春官宗伯下)에 보이는 산악(散樂)에서 시작하여 진한(秦漢) 시대 이후 당송(唐宋) 시대에 이르기까지 가무희는 더욱 발전하였다. 당나라에만도 답요랑(踏搖娘)·난릉왕(蘭陵王)·소중랑(蘇中郎)·서량기(西凉伎)·번쾌배군난(樊噲排君難)·참군희(參軍戲)·괴뢰희(傀儡戲) 등의 가무희 종류의 이름이 최령흠(崔令欽)의 『교방기(敎坊記)』와 단안절(段安節)의 『악부잡록(樂府雜錄)』 등에 보인다. 여기에는 이미 초보적이나마 중국고극의 세 가지 요소라고 하는 창(唱)·과(科)·백(白)이 다 갖추어져 있었다. 이 가무희는 송나라에 와서는 대곡(大曲)·곡파(曲破)·전답(轉踏) 등으로 발전하고, 다시 고자사(鼓子詞)·제궁조(諸宮調)·잠사(賺詞)·설화(說話) 같은 강창(講唱)도 크게 유행시킨다. 이들 가무희나 강창의 대본(臺本)은 지금 훌륭한 문학작품으로 우리에게 전해지고 있다. 특히 제궁조 같은 것은 음악에 있어서나 문학적으로나 희곡과 매우 가까운 성격의 것이었다. 여기에 골계희(滑稽戲)도 크게 유행하여, 남송에 이르러는 잡극(雜劇, 원대의 雜劇과는 다른 것임)을 이루고 금(金)나라에서는 원본(院本)으로 바뀌어진다. 그러는 사이에 남송 초엽에는 본격적인 희곡이라 할 희문(戲文)이 이루어지고, 원나라로 들어와서는 새로 북곡(北曲)인 잡극(雜劇)이 이루어져 크게 성행하였던 것이다. 그리고 송나라 때의 여러 가지 강창은 근래 돈황(敦煌)의 문건 속에서 발견된 당대의 변문(變文)으로부터 발전한 것이다. 변문은 본시 불경(佛經)을 일반인에게 쉽게 이해시키기 위하여 강설(講說)과 가창(歌唱)을 엇섞어가며 불경 내용을 쉽게 풀어 사람들에게 들려주던 인도로부터 들어온 일종의 불곡(佛曲)이었다. 그러나 뒤에는 그 수법으로 불경과는 전혀 관계가 없는 얘기들도 연출하게 되어 속강(俗講)이라고도 부르게 되었다.

당나라 때의 속강은 송나라 때의 강창으로 이어지고, 명(明)나라와 청(淸)나라

75) 김학주 『중국 고대의 가무희』(명문당), 『한·중 두 나라의 가무와 잡희』(서울대 출판부) 참조.

에서는 가장 중요한 강창으로 우리나라 판소리와 비슷한 고사(鼓詞)와 탄사(彈詞)로 압축되어 지금까지도 각 지방에 다양한 형식으로 유행하고 있다. 고사소설(鼓詞小說) 또는 탄사소설(彈詞小說)이라고 하는 그 대본들은 한 사람이 긴 얘기를 강창하는 것이어서 청중들의 흥미를 계속 이끌어 갈 필요가 있었으므로 얘기의 정절이 보통 소설보다도 많은 곡절과 기복을 지니고 있다.

본격적인 중국소설도 속문학에서 생겨나 발전하고 있다. 한나라 때에 문인들이 진귀한 전문을 소일삼아 적어 놓은 지괴(志怪)소설이 생겨나 위진(魏晋)을 거쳐 남북조(南北朝)시대에 매우 성행하였는데, 그러한 기풍은 필기소설(筆記小說)로 청나라 때에까지 계승되지만 이것은 본격적인 소설이라 보기 어려운 것이다. 문언(文言)으로 쓰인 단편소설에 가까운 형식과 내용을 갖춘 것으로는 당(唐)나라 중엽에 속강(俗講)과 설화(說話)의 영향으로 이루어졌다고 생각되는 전기(傳奇, 명대 희곡인 傳奇와 다르며, 전기소설이라고도 부른다)가 있다.

본격적인 중국소설은 송나라에 성행하였던 설화인(說話人)들의 설화대본인 화본(話本)에서 시작된다. 이미 당(唐)나라 중엽에도 민간에 설화(說話)가 유행했던 것은 확실한 일이지만 그 때의 화본은 전하는 것이 없다. 송나라 때의 화본은 크게 비교적 짧은 얘기를 다룬 소설(小說)과 역사적인 얘기를 다룬 장편의 평화(平話)로 구분할 수가 있다.

송나라 때의 화본인 소설에서 비로소 우리는 본격적인 단편소설을 발견하게 된다. 평화는 원나라에 와서는 연의(演義)소설로 발전하게 되는데 그것이 곧 명(明)나라와 청(淸)나라를 통하여 크게 유행하였던 장편의 장회(章回)소설로 이어지는 것이다. 당나라 때의 문언(文言)으로 쓰인 전기(傳奇)와 백화(白話)로 쓰인 송나라 때의 소설 같은 단편들이 있기는 하지만, 중국소설은 백화로 쓰인 이 명나라와 청나라의 장회소설이 대표적인 것이다.

이상 중국문학 여러 가지 형식의 발전을 알기 쉽게 도표로 만들어 보기로 한다.

중국문학 발전의 여러 가지 모양

분류 \ 시대		周(秦) B.C. 1027~ B.C. 207	漢 B.C. 206~ A.D. 189	魏晋南北朝 A.D. 190~ A.D. 588	(隋)唐(五代) 盛唐以前 589~765	(隋)唐(五代) 中唐以後 766~959	宋(金) 北宋 960~1126	宋(金) 南宋 1127~1233	元 1234~1367	明 1368~1643	清 1644~1912
전통문학	시 詩	詩經	樂府 五言 七言	古體詩	近體詩	律詩 絕句					
전통문학	산문 散文	書經	文	騈文	四六文	古文					
미문의식	사부 辭賦	楚辭	賦								
민중문학	사곡 詞曲	歌舞戲				詞	雜劇	戲文(南曲) 院本	雜劇(北曲) 散曲	傳奇	花部戲
민중문학	강창 講唱					變文	講唱		寶卷	鼓詞 彈詞	
민중문학	소설 小說		志怪(文言)			說話(白話) 傳奇	小說(短篇) 平話(長篇)		演義小說		

참고문헌

韓國『中國文學史』車相轅 明文堂 서울 1958
韓國『中國文學序說』改訂版 金學主 新雅社 서울 1992
韓國『中國古代文學史』金學主 明文堂 서울 1983
韓國『中國文學史』金學主 新雅社 서울 1989
韓國『中國文學概論』金學主 新雅社 서울 1977
韓國『한자는 중국을 어떻게 지배했는가』김근 민음사 1999
韓國『중국문학사론』금학주 서울대학교출판부 2001
韓國『중국문학의 발상과 그 변화의 궤적』서경호 문학과지성사 2003
中國『中國大文學史』謝无量 中華書局 上海 1918
中國『中國文學史大綱』顧實 商務印書館 上海 1926
中國『中國文學史』胡雲翼 北新書局 1932
中國『插圖本中國文學史』鄭振鐸 文學古籍刊行社 北京 1932
中國『中國文學史』四冊 北京大學 中文系 人民文學 北京 1960
中國『中國文學史』三冊 中國科學院 文學研究所 人民文學 北京 1962
中國『中國文學史』四冊 游國恩 外 4名 人民文學 北京 1964
中國『中國文學史』葉慶炳 廣文書局 臺北 1966.
中國『中國文學發展史』劉大杰 北京 人民文學出版社
中國『中國文學史』三冊 章培恒 駱玉銘 主編 上海 復旦大學出版社 1996
日本『中國文學概論』中國文化叢書 ④, 大修館書店
日本『中國文學史』中國文化叢書 ⑤, 大修館書店
日本『支那文學思想史』青木正兒 岩波書店 東京 1943
日本『中國文學史』前野直彬 東京大學出版部 1975
西洋 *History of Chinese Literature*, H. A. Giles, London, 1901.
西洋 *La Littérature Chinoise*, Odile Kaltenmark－Ghéquier, Presses Universitaires de Frances, Paris, 1948.
西洋 *Topics in Chinese Literature ; Outlines and Bibliographies*, James Robert Hightower, Harvard University Press, 1971.

제2장 시(詩)

제1절 『시경(詩經)』 • 51

제2절 고체시(古體詩) • 61

제3절 근체시(近體詩) • 80

제4절 당시(唐詩)에 대한 송시(宋詩)의 특징 • 93

참고문헌 • 110

제2장

시(詩)

제1절 『시경(詩經)』

중국문학은 『시경』으로부터 시작된다고 할 만큼, 『시경』은 중국에서 가장 오래된 시가집이며, 후세 중국문학에 큰 영향을 끼친 책이다.

『시경』에는 대략 지금으로부터 2500년 내지 3000여 년 전의 시가들이 실려 있다. 사마천(司馬遷, B.C. 145－B.C. 86?)은 『사기(史記)』 공자세가(孔子世家)에서, 옛날부터 전해오는 시가 3,000여 편 있었는데 공자가 그 중에서 예의에 합당한 것 305편만을 골라 『시경』을 편찬하였다고 주창하고 있다.[1] 이 공자가 『시경』을 편찬했다는 주장은 이미 한(漢)대의 정현(鄭玄, 127－200), 당(唐)대의 공영달(孔穎達, 574－648) 같은 전통적인 유학자들로부터도 의심을 받아 왔다. 그러나 『논어(論語)』 자한(子罕)편에서 공자 자신이 "내가 위(衛)나라로부터 노(魯)나라로 돌아온 뒤에야 악(樂)을 바로잡아 아송(雅頌)이 각각 제자리를 찾았다"[2]고 말하고 있고, 송(頌)에는 천자의 악가(樂歌)인 주송(周頌)과 함께 노송(魯頌)과 상송(商頌)이 들어 있는 것으로 보아(공자는 魯나라 사람이며, 商頌은 商의 후손인 宋나라 악가인데 공자의 조상은 宋나라 사람이다) 일단 『시경』이 공자의 손에 의하여 정리되었던 것임은 의심할 여지가 없는 듯하다. 그뿐 아니라 『시경』은 공자에 의하여 오경(五經)의 하나로 확정되어 후세까지도 존중되고 널리 읽혀지게 되었던 것이다.

1) 『史記』 卷 47 孔子世家 : "古者詩三千餘篇, 及至孔子, 去其重, 取可施於禮義… 三百五篇. 孔子皆弦歌之, 以求合韶武雅頌之音."
2) 子曰 : "吾自衛返魯, 然後樂正, 雅頌各得其所."

1.『시경』의 내용

『시경』에는 도합 305편의 시가 실려 있는데, 이들은 풍(風, 또는 國風)·소아(小雅)·대아(大雅)·송(頌)의 네 부분으로 크게 나누어져 있다. 이 밖에 『모시(毛詩)』 속에는 그 가사가 없어진 것이라고도 하고 본시 가사가 없는 금곡(琴曲)이라고도 하는 6편의 제목만이 더 남아 있다. 이것까지 합치면 311편이 된다. 어쨌든 옛날에는 흔히 그 개수(概數)를 들어 <시삼백(詩三百)>이란 말로 『시경』의 호칭을 대신하기도 하였다.

풍에는 주남(周南)·소남(召南)·패(邶)·용(鄘)·위(衛)·왕(王)·정(鄭)·제(齊)·위(魏)·당(唐)·진(秦)·진(陳)·회(檜)·조(曹)·빈(豳)의 열다섯 나라의 민요들이 실려 있다. 그 지역은 대체로 황하(黃河)와 위수(渭水) 유역을 중심으로 한 중국의 북방이지만 남방의 한수(漢水)와 장강(長江)근처의 가요까지도 약간 섞여 있다. 이것은 아마도 춘추(春秋)이전 주나라 왕실의 세력이 마치고 있던 지역과 합치될 것이다.

이 중에서도 주남과 소남은 옛날부터 주(周)나라 초기의 시로, 정풍(正風)이라 하여 존중되어 왔다. 옛날에는 주남과 소남은 주공단(周公旦)과 소공석(召公奭)이 다스리던 기(岐)땅(陝西省 岐山縣 부근)에서부터 그 교화가 마친 남부지방에 이르는 곳에서 채집한 민요라 하였다.[3)]

그러나 근래 부사년(傅斯年)이 「주송설(周頌說)」에서 주장한 것처럼, 주남은 주왕조 직할(直轄)의 남부지역, 소남은 주선왕(周宣王, B.C. 827－782)의 명으로 회남(淮南)지방을 개척한 소공호(召公虎)와 관련된 남부 지역으로 보는 게 좋을 것 같다. 시의 본문을 보더라도 주남 「여분(汝墳)」에는 "왕실여회(王室如燬)"라는 난세의 모습을 읊은 대목이 있고, 소남 「하피농의(何彼襛矣)」에는 "평왕지손(平王之孫)"이란 구절이 보인다. "왕실여회"란 '왕실이 불타는 듯하다'는 뜻이니 서주(西周) 말엽이나 동주(東周) 초기의 현상인 듯하며, 평왕(平王, B.C. 770－720)이란 주나라를 동쪽으로 옮긴 동주의 첫째 임금인 것이다.[4)] 따라서 주남·소남에는 서주 말엽에서 동주 초기에 이르는 시대의 노래들이 들어 있다고 보는 게 좋을 것이다.

---

3) 『毛傳』 및 朱熹의 『詩集傳』 등의 해설.

4) 『毛傳』에서는 平王의 "平"을 "正의 뜻"이라 하고, 세상을 平正한 왕인 武王을 가리킨다고 풀이하고 있다.

'풍'의 뜻에 대해서도 「모시서(毛詩序)」를 비롯하여 옛날 사람들은 거의 모두 풍자(諷刺)또는 풍간(諷諫)의 뜻을 지닌 풍(諷)자와 통 하는 것으로 풀이하였다.[5] 이는 시가 사회실정을 잘 대표하고 있고, 또 시를 통하여 사회의 교화를 이룩할 수 있다고 주장한 옛 사람들의 공용적(功用的)인 시를 보는 태도에서 나온 것이었다. 그러나 대아의 「숭고(崧高)」 시 끝머리에 이런 구절이 있다.

길보가 노래를 지으니, 그 가사 매우 위대하네.
이 풍(노래) 매우 훌륭하여, 신백에게 바치는 바이네.

吉甫作誦, 其詩孔碩 其風肆好, 以贈申伯.

'풍'은 옛날부터 후세의 풍요(風謠)와 같은 뜻으로 시 또는 노래를 뜻하는 말이었던 것 같다.

국풍 시의 보기로 위풍(魏風)에서 「큰 쥐(碩鼠)」시를 한 수 읽어보기로 한다.

큰 쥐야 큰 쥐야 우리 기장 먹지 마라.
삼년 너를 섬겼건만 날 아니 돌보긴가.
이제란 너를 떠나 저 즐거운 땅으로 가련다.
즐거운 땅 즐거운 땅, 거기 가면 내 편히 살리라.

큰 쥐야 큰 쥐야 우리 보리 먹지 마라.
삼년 너를 섬겼건만 날 아니 봐주긴가.
이제란 너를 떠나 저 즐거운 나라로 가련다.
즐거운 나라 즐거운 나라, 거기 가면 내 곧게 살리라.

큰 쥐야 큰 쥐야 우리 곡식 먹지 마라.
삼년 너를 섬겼거늘 날 아니 위해 주나.
이제란 너를 떠나 저 즐거운 들로 가련다.
즐거운 들 즐거운 들, 거기엔 긴 한숨 없으리라.

碩鼠碩鼠, 無食我黍. 三歲貫女, 莫我肯顧.
逝將去女, 適彼樂土. 樂土樂土, 爰得我所.

碩鼠碩鼠, 無食我麥. 三歲貫女, 莫我肯德.
逝將去女, 適彼樂國. 樂國樂國, 爰得我直.

碩鼠碩鼠, 無食我苗. 三歲貫女, 莫我肯勞.
逝將去女, 適彼樂郊. 樂郊樂郊, 誰之永號!

---

5) 「毛詩序」; "上以風化下, 下以風刺上, 主文而譎諫, 言之者無罪, 聽之者足以戒."

이곳의 '큰 쥐'는 백성들을 못살게 구는 탐관오리이다. 이런 고약한 관리는 옛날부터 있어 온 것 같다.

다음에 소아와 대아가 있지만 그 구별은 분명치 않다. 내용으로 보아 이것들은 모두 왕정(王政)과 관계있는 것들인데, 정치에 대소의 구별이 있어 그렇게 나누어진 것이라고도 하고(「毛詩序」), 그 음악의 성격으로 보아 정소아(正小雅)는 잔치를 벌일 때 쓰던 음악이고 정대아(正大雅)는 회조(會朝)에 쓰던 음악이라고도 하였다(朱熹 『詩集傳』). 대아에는 주나라 왕실에 관계되는 시가 많고 소아에는 여러 신하들과 관계되는 시가 많아, 그 차이를 정사의 크고 작은 것과 무겁고 가벼운 정도에서 파악해도 좋을 것 같지만 꼭 그런 것은 아니다. 그리고 문체도 소아에 비하여 대아가 더 장중하고 우아한 것은 사실이지만, 소아는 물론 대아 속에도 '풍'의 문체에 가까운 여인을 그리워하는 시와 세상을 원망하는 내용의 노래가 끼어 있으니 꼭 그렇다고 할 수는 없다. 때문에 주희는 이 시들을 정(正)·변(變)으로 구분한 다음 소아와 대아의 성격을 논한 것이다.

옛날에는 '아'는 하(夏)와 독음이 비슷했고 가끔 통용되었다. 『순자(荀子)』 영욕(榮辱)편에 "월나라 사람은 월나라에 편히 살고, 초나라 사람은 초나라에 편히 살며, 군자는 중원 땅에서 편히 산다(越人安越, 楚人安楚, 君子安雅.)"고 하였는데, 유효(儒效)편에서는 같은 내용의 말을 바꾸어 "초나라에 살면 초나라 풍습을 따르고, 월나라에 살면 월나라 풍습을 따르며, 중원 땅에 살면 중원 풍습을 따른다.(居楚而楚, 居越而越, 居夏而夏.)"라고 말하고 있으니, 앞의 아(雅)는 바로 하(夏)임을 알 수 있다. 또 『묵자(墨子)』 천지(天志) 하편에는 대아 「황의(皇矣)」의 "제위문왕(帝謂文王), …….."의 여섯 구절을 인용하면서 '대하(大夏)'라고 부르고 있으니, 대아를 가끔 '대하'라 하였음을 알겠다. '하'는 황하유역의 한문화의 중심지역을 지칭한다. 여러 나라의 국풍들이 각 지방에 유행하였던 토속적인 악조임에 비추어, '아'는 '하' 또는 중하(中夏)라 부르던 중원(中原)일대에 유행한 왕조에서 숭상하던 정성(正聲)의 노래였음이 확실하다. 그렇기 때문에 대아와 소아는 풍보다 내용도 장중하고 형식도 바르고 우아한 것이다. 그리고 대아와 소아에는 「황조(皇鳥)」·「아행기야(我行其野)」·「하초 불황(何草不黃)」 등 글로 보아서는 풍이라 할 수밖에 없는 것들도 있는데 음악상의 차이 때문에 '아' 속에 끼게 된 것이다.

'송'은 본시 제사를 지낼 때 신의 덕을 칭송하거나 조상의 공덕을 기리던 악가이다. 청나라 때 완원(阮元, 1764－1849)은 「석송(釋頌)」이란 글 (『揅經室一集』)에서 '송'은 곧 용(容)의 뜻이어서 노래와 함께 형용으로 표현하는 무용까지도 겸하였음을 뜻한다고 풀이하였다. '송'은 다시 주송(周頌) · 노송(魯頌) · 상송(商頌)의 세 부분으로 나누어진다. 주송에는 천자가 자기의 직분을 올바로 감당치 못할까 두려워하며 선조에게 도움을 요청하는 내용의 노래가 1, 2편 있기는 하나, 전혀 자신의 처지를 슬퍼하고 탄식하거나 나라의 혼란과 자신의 잘못을 드러내는 노래는 없다. 전편이 기쁨과 존경을 드러내거나 풍년이나 승리를 노래하는 내용들이다. 그리고 시운(詩韻)의 사용도 다른 부분의 시보다 일정치 않고 심지어는 전혀 운을 밟지 않고 지은 작품까지도 있다. 이러한 내용이나 문체로 보아 주송은 『시경』 중에서도 가장 오래된 주나라 초기의 작품인 듯하다. 그러나 노송 4편은 모두가 살아있는 희공(僖公)을 칭송하는 작품이며,[6] 상송은 은(殷)나라 후손인 송(宋)나라의 노래인데[7] 송나라의 그 당시 임금에게 아부하는 내용을 담은 「은무(殷武)」와 같은 작품이 섞여 있다. 이러한 노송과 상송이 주송과 자리를 함께 하게 된 데에는 『시경』 편집자 또는 정리자의 특수한 입장(앞에서 얘기한 공자)에 원인이 있을 것이다.

이를 편수로 보면 풍에 160편, 소아에 74편, 대아에 31편, 송에 40편의 시들이 실려 있다. 편수로 보나 그 다양한 내용으로 보나 가장 중요한 것은 역시 풍이라 할 것이다. 풍에는 애정시 · 사회시를 비롯하여 사회생활 전반에 관계되는 서정시들이 들어 있는데, 후세 중국시의 발전과 성격형성에 큰 영향을 끼치고 있다.

2. 시의 형식

『시경』의 시들은 매 구절이 사언(四言)인 것이 원칙이다. 중간에 비록 이언 · 삼언 · 육언 · 칠언 · 팔언의 구절을 섞어 쓰고 있는 것이 있으나, 전편이 모두 사언 이외의 구들로 이루어졌다거나 완전한 자유형의 장단구(長短句)로 이루어진 것은 매우 드물다. 진풍(陳風) 「월출(月出)」이 전편 삼언이고, 소남(召南) 「강유사(江有汜)」 · 노송(魯頌) 「유필(有駜)」의 대부분이 삼언이며, 소남(召南) 「항로(行露)」의 대부분이 오언으로 되어 있는 것 같은 것은 예외라 할 것이다. 그리고 진풍(秦風)

6) 「毛詩序」 참조.
7) 『毛詩』에서는 모두 商나라 노래로 보았으나, 王國維 「說商頌」(『王觀堂先生全集』)과 傅斯年 「魯頌商頌述」(『傅孟眞先生集』) 등에서 이것이 宋나라 노래임을 증명하였다.

「권여(權輿)」처럼 삼·사·육·삼·사의 구법으로 두 장이 모두 이루어져 있는 것이 장단의 변화가 가장 많은 시라 할 것이다.

시의 구법이나 장수는 일정치 않지만, 시 한 편의 각 장의 구수가 같은 것들이 많다. 제 1장이 사언사구로 이루어진 1편 5장의 주남(周南) 「관저(關雎)」를 비롯하여 『시경』 대다수의 시들이 그러하다. 심지어는 주남 「규목(樛木)」처럼 모든 장의 압운한 글자만을 바꾼 것도 많다.

(압운은 °표)
南有樛木, 葛藟纍之, 樂只君子, 福履綏之.

南有樛木, 葛藟荒之, 樂只君子, 福履將之.

南有樛木, 葛藟縈之, 樂只君子, 福履成之.

남쪽 가지 늘어진 나무에, 칡덩굴이 얽혔네.
즐겁다 우리 님이여, 복록 누리며 편안하시네.

남쪽 가지 늘어진 나무에, 칡덩굴이 덮였네.
즐겁다 우리 님이여, 복록이 그분 도와 드리네.

남쪽 가지 늘어진 나무에, 칡덩굴이 감겼네.
즐겁다 우리 님이여, 복록을 이룩하셨네.

청 요제항(姚際恒)은 『시경통론(詩經通論)』 논지(論旨)에서 이런 것을 첩영(疊詠)이라 부르고 있다. 물론 첩영체(疊詠體)라 하더라도 각 장의 용어의 변화가 많은 것과 첩영이 아닌 장이 끼어 있는 것들도 있기는 하다. 어떻든 첩영체는 국풍은 대부분이고 소아는 과반수이고, 대아에는 5편, 송에는 2편이 있다. 『시경』의 시들은 노래의 가사였으므로, 한 편의 시는 각 장 같은 곡조로 노래했을 것이니 첩영체가 많은 것은 당연하다 할 것이다. 그리고 첩영체야말로 가장 원시적이고 기본적인 시의 형식이라 할 것이다. 국풍으로부터 소아·대아·송으로 갈수록 첩영체가 줄어들고 있는 것은, 그만큼 뒤로 갈수록 사대부들의 의식에 의하여 시의 형식이 다듬어진 때문일 것이다.

주송(周頌)을 보면 31편 모두가 길고 짧고 간에 1장으로 이루어져 있다. 상송(商頌)에서는 3편만이 그러하고, 노송(魯頌)은 모두 여러 장으로 나누어져 있다. 이것은 국풍과는 다른 성격의 악곡이 쓰였기 때문에 생긴 현상일 것이다. 위원

(魏源, 1714－1856)의 『시고미(詩古微)』 시서집의(詩序集義) 및 왕국유(王國維, 1877－1927)의 『관당집림(觀堂集林)』 주대무악장고(周大武樂章考)의 연구에 의하면 주송의 「호천유성명(昊天有成命)」·「무(武)」·「작(酌)」·「반(般)」·「환(桓)」·「뢰(賚)」의 6편은 본시 대무(大武)라는 일조의 무곡(舞曲)이었는데, 뒤에 각각 한 편씩 독립한 것이라 한다. 위원은 「청묘(淸廟)」·「유천지명(維天之命)」·「유청(維淸)」 3편도 일조의 악장으로 보고 있다.

『시경』의 시의 서술방법에도 독특한 점이 있다. 『주례(周禮)』 춘관종백(春官宗伯) 및 「모시서」에는 이른바 <시의 육의(詩之六義)>라는 것이 보이는데 풍(風)·아(雅)·송(頌)·부(賦)·비(比)·흥(興)의 여섯 가지를 뜻한다. 이 중 풍·아·송은 시의 분류이고 부·비·흥은 시의 서술방법이라는 게 통설이다. 그런데 부는 직서법(直敍法)을 말하고, 비는 비유법(比喩法)을 가리킨다는 데에는 아무런 이의가 없다. 다만 옛날부터 가장 문제가 되어 온 것은 '흥'이다. 당나라 공영달(孔穎達, 574－648)의 『모시정의(毛詩正義)』와 송나라 주희(朱熹, 1130－1200)의 『시집전(詩集傳)』에는 '흥'의 부분을 표시하고 있고, 한나라 때부터 수많은 학자들이 '흥'에 대하여 설명을 가하고 있지만 모두 의견이 구구하다. 많은 학자들이 '흥'을 비유의 일종으로 보고 있으나(예를 들면 비는 直喩이고 흥은 隱喩), 공영달과 주희가 다 같이 '흥'이라고 표시한 시를 놓고 보더라도 문제가 많다. 그 때문에 굴만리(屈萬里)는 『시경석의(詩經釋義)』에서 흥은 전혀 시의 본뜻과 관계없는 표현이라고까지 주장하고 있다.

모두가 '흥'으로 보고 있는 『시경』의 첫머리 「관저(關雎)」 첫 장의 앞 네 구절의 해석을 보기로 들어 본다.

> 구욱 구욱 물수리는
> 황하 섬 속에서 울고 있네.
> 아리따운 고운 아가씨
> 군자의 좋은 배필일세.
>
> 關關雎鳩, 在河之洲. 窈窕淑女, 君子好逑.

이 시의 본뜻은 뒤 두 구절이 나타내고 있다. 옛 사람들은 앞 두 구절과 뒤 두 구절의 뜻을 연결시키기 위하여 무척 고심했다. 공영달은 "관저는 암 수컷의 구별이 엄한 새"라 하고, 주희는 "저구는 나면서 정해진 짝이 있어 언제나 짝을 바꾸지 않고 함께 다닌다"고 전제하면서 억지로 "관저"라는 새를 숙녀와 군자에 비유한 것으로 해설하였다. 굴만리는 이들의 억지를 통감한 나머지 이 앞뒤의 두 구절은 전혀 실제적인 뜻에 있어서는 관계가 없는 것이라고 하였다. 그러나 시로 노래한 어느 부분이 시의 본뜻과 전혀 상관이 없다는 해석도 문제이다. 아마도 '흥'이란 작자의 주관적 연상을 읊은 것일 것이다. 주관적인 연상이란 객관적인 설명이 불가능한 것이다. 똑같은 강물을 본다 하더라도, 어떤 이는 덧없는 인생을, 어떤 이는 지난날의 사랑을, 어떤 이는 떠나온 고향을, 어떤 이는 자애로운 어머니를 생각할 수 있을 것이기 때문이다. 이미 앞 장 제 2절에서 설명한 바와 같이 『시경』은 수사에 있어서도 상당히 높은 수준의 기교를 이룩한 시를 모아놓은 책인 것이다.

3. 한대 학자들의 『시경』 해설

『시경』은 공자에 의하여 일찍부터 오경의 하나로 확정되어 세상에서 존중받는 경전으로 널리 읽혀져 왔다. 그러나 실제로 『시경』에는 신성해야 할 경전으로서의 글이라고는 보기 힘든 작품들이 퍽 많이 들어 있다. 그 때문에 정현(鄭玄, 127－200) 같은 학자는 「시보서(詩譜序)」에서 문왕(文王)·무왕(武王)시대의 작품인 국풍의 주남(周南)·소남(召南)과 아의 「녹명(鹿鳴)」·「문왕(文王)」 등과, 성왕(成王)때 주공(周公)이 제례작악(制禮作樂)하여 생겨난 송을 정경(正經)이라 하고, 그 밖의 사회가 어지러워진 다음에 나온 시들을 변시(變詩, 變風과 變雅)라 주장하였다. 후세의 학자들은 『시경』에 들어 있는 수많은 연애시나 사회의 모순을 고발한 작품들을 그대로 두고 경전이라 이해하기가 어려웠기 때문이다. 이 시의 정변설(正變說)은 학자에 따라 내용에 약간의 차이가 있지만, 청나라 때에까지도 계속 응용되었다. 변시는 정식 경전이 아니며, 공자가 후인들의 참고를 위하여 그대로 남겨두었다는 설명을 하기 위해서이다.

그러나 『시경』 중의 주요한 부분들을 변시로 처리하고도 문제는 완전히 해결되지 않았다. 그들은 수많은 시의 뜻을 경전에 걸맞도록 왜곡하여 해석하지 않으면 안 되었다. 우선 첫머리의 「관저」만 하더라도 젊은 남자(군자)가 이상적인 이성(숙녀)을 그리는 시가 분명한데, 서한 때의 『모전』에서는 이를 "후비(后妃)의 덕을 읊은 시" 로 해석하였다. 정현(鄭玄)은 또 『모시』에서 말하는 '후비'란 문왕

(文王)의 비(妃)인 태사(太姒)를 뜻하고, 시에서의 '군자'는 문왕을 가리킨다 하였다. 이러한 해설은 모두 서로 입장은 다르지만 송나라 때 주희(朱熹)의 『시접전(詩集傳)』에 이르기까지 그대로 지속되고 있다. 「관저」 뿐만 아니라『시경』해석의 방향에 전체적으로 이러한 문제가 있다.

정경(正經)인 국풍의 주남과 소남의 시들은 "문왕이 자기 부인의 덕을 본받아 형제들을 거느리고 나라를 다스리게 되는" 일관된 뜻을 담고 있는 것으로 보고 있다. 주남의 「모시서」만 보더라도 첫머리의 「관저」는 "후비의 덕", 다음 「갈담(葛覃)」은 "후비의 근본", 「권이(卷耳)」는 "후비의 뜻", 「규목(樛木)」은 "후비가 첩들을 잘 다스리는 것"을 읊은 것이고, 「종사(螽斯)」는 이러한 후비와 문왕 사이에 "자손들이 많은 것", 「도요(桃夭)」는 "후비의 덕화(德化)로 남녀들이 제때에 결혼하는 것", 「토저(兎罝)」는 "후비의 덕화", 「부이(芣苜)」는 "후비의 아름다움", 「한광(漢廣)」은 후비에게서 계발된 "문왕의 덕이 널리 미치는 것", 「여분(汝墳)」은 "문왕의 도에 의한 교화가 행하여지는 것"을 읊은 것이고, 맨 뒤 「인지지(麟之趾)」는 「관저」에서 시작된 후비의 덕의 효험을 결론한 "관저지응(關雎之應)"이라는 것이다. 소남의 시들의 해설은 "부인의 덕"을 읊은 「작소(鵲巢)」에서 시작하여, 여러 가지 부인의 덕화가 행하여지는 것을 노래한 시들이 놓인 끝에, 그 총괄로 「추우(騶虞)」가 끝머리에 놓여 있다는 것이다. 그러나 실제로는 「관저」 뿐만 아니라 「권이」·「한광」·「여분」과 소남의 「초충(草蟲)」·「항로(行露)」·「은기뢰(殷其靁)」·「표유매(摽有梅)」·「강유사(江有汜)」·「야유사균(野有死麕)」 등이 모두 임 그리움이나 연정 같은 것을 바탕으로 한 시들임이 분명하다.

변시(變詩)라고 해서 있는 그대로 읽고 해석한 것은 아니다. 아무리 어지러운 세상의 노래라 하더라도 성인 공자께서 편집한 이상 거기에는 적어도 어떤 교훈적인 의의가 담겨 있지 않으면 안 된다고 생각되었다. 그 때문에 변시의 뜻도 대부분의 당시의 어지러운 사회습속을 "풍자한 것"이라 풀이하였다. 제풍(齊風)을 보기로 들면 11편의 시들 중 첫머리 것만을 "현비(賢妃)를 생각하는" 내용으로 풀이하고, 나머지 10편은 모두 "…을 풍자한 것"이라 설명하고 있다.

따라서 현대 학자들은 일반적으로 한나라 때 학자들의 『시경』 해설은 시교(詩敎)의 개념을 바탕으로 하고 있어 그릇되었다고 여기고 있다[8]. 그러나 실상은 지

8) 屈萬里 「先秦說詩的風尙和漢儒以詩敎說詩的迂曲」 같은 논문이 대표적인 보기이다.

금 우리가 옛 학자들의『시경』해설의 바탕을 제대로 이해하지 못하고 있는 것인지도 모른다. 앞에서 얘기한대로『모시』를 보면 주남의 시는 모두 후비와 관련시켜 그 뜻을 해설하고, 소남의 시는 모두 부인들과의 관련 아래 그 뜻을 해설하고 있다. 그 밖의 시들을 해설함에 있어서도 대부분 복잡한 여러 사람들과 관련된 역사적인 얘기를 근거로 하고 있다. 보기를 들면 빈풍(豳風)의 시 7편은 모두 주공(周公)과의 관련 아래 해설하고 있다. 이는 그 시들이 모두 후비나 부인 또는 주공과 관련된 얘기를 설서(說書)하거나 연극으로 연출할 때 창하던 가사였을 가능성을 알려주는 것이다. 지금도 중국의 민간연예인 앙가(秧歌)·연화락(蓮花落)·도정(道情) 등을 보면, 모두 청창(淸唱)인 노래도 있고, 얘기를 설창(說唱)하거나 몇 명의 각색(脚色)이 등장하여 희곡(戱曲) 형식으로 연창하는 것도 있다. 중국에서는 옛날부터 얘기도 창(唱)을 위주로 하여 연출되었음에 유념하여야 할 것이다.[9]

그러나 옛날 학자들이『시경』을 경전으로 존중하여 읽고 해석하였다는 것만은 사실이다. 옛 학자들의『시경』해설을 보면 앞에서 잠깐 인용한 것 같은 시지육의(詩之六義)·정변설(正變說)을 비롯하여 사시설(四始說)[10]·오정육제설(五情六際說)[11] 같은 시의 이해 자체와는 무관하다고 여겨지는 알쏭달쏭한 이론들이 동원되고 있다. 이러한 옛 학자들의『시경』해석은 후세 중국문학 이념의 바탕이 되고, 중국문학 창작의 방향을 제시해 주게 되어 중국문학 발전에 큰 영향을 끼치게 된다.

---

9) 김학주『중국문학사론』(서울대출판부, 2001) I. 고대문학사의 문제들「3. 서한(西漢) 학자들의『시경』해설에 대한 새로운 이해」참조 바람.

10)『毛詩』大序:"是謂四始, 詩之至也." 孔穎達『正義』:"四始者,…風也, 小雅也, 大雅也, 頌也." 司馬遷 『史記』 孔子世家;"關雎之亂, 以爲風始;鹿鳴爲小雅始;文王爲大雅始;淸廟爲頌始."

11)『春秋緯演孔圖』:"詩含五際六情者, 鄭以汎歷樞云;午亥之際爲革命, 卯酉之際爲改正… 然則亥爲革命, 一際也;亥又爲天門, 出入候聽, 二際也, 卯爲陰陽交際, 三際也;午爲陽謝陰興, 四際也;酉爲陰盛陽微, 五際也. 其六情者, 則春秋云, 喜·怒·哀·樂·好·惡, 是也."(『毛詩』大序 孔穎達『正義』引)

제2절 고체시(古體詩)

중국에서는 일찍부터 『시경』이라는 시집이 널리 읽혀지고 또 존중되어 왔지만, 주(周)나라 이후 한(漢)나라에 이르는 사이에는 이렇다 할 시 작품을 별로 남기지 못하고 있다. 중국시는 한나라 때에 이르러 다시 고개를 들고 많은 작품을 내놓기 시작한다.

한나라 초기에는 두 가지 계통의 음악이 전해지고 있었다. 그 하나는 주악(周樂)이요, 다른 하나는 초성(楚聲)이다. 『한서(漢書)』 예문지(藝文志)에는

> 한나라가 일어나자 악가(樂家)에 제씨(制氏)가 있어서 아악(雅樂)의 성률(聲律)로 대대로 태악관(太樂官)의 벼슬을 누리었다.[12]

고 말하고 있는데, 동한(東漢)의 복건(服虔, 1168 전후)은 "제씨는 노(魯)나라 사람"이라 주를 달고 있고, 청나라 하작(何焯, 1661－1722)은 "주악은 노(魯)나라에 전해지고 있었기 때문에 제씨는 그 성률을 전할 수 있었다"(『漢書補註』)고 추정하고 있다. 그러나 제씨의 악가는 한 편도 전해지는 게 없어 지금 와서는 그 실상을 아는 수가 없다.

같은 『한서』 예악지(禮樂志)에는 또 "고조(高祖)는 초성(楚聲)을 즐기었다"라고 말하고 있는데, 초성의 노래는 『초사(楚辭)』와 자구의 모양이 비슷한 삼언(三言)이 바탕을 이루고 있다. 다만 그 길이가 짧은 것이 보통이고 초가(楚歌)라고도 흔히 부른다. 한고조(漢高祖) 유방(劉邦, B.C. 247－B.C. 195)의 「대풍가(大風歌)」와 항우(項羽, B.C. 232－B.C. 202)의 「해하가(垓下歌)」를 비롯하여 당산부인(唐山夫人) 등이 작품을 남기고 있고, 무제(武帝) 때(B.C. 140－B.C. 87)에도 여러 편의 작품을 남겼다. 다만 고조의 「홍혹가(鴻鵠歌)」가 사언(四言)이고, 당산부인의 「방중사악(房中祠樂)」 17수 중에도 많은 사언 구절이 섞여 있는데, 이것은 노(魯)나라의 주악(周樂)의 영향 때문에 변형된 것이 아닌가 한다.

---

12) 漢興, 樂家有制氏, 以雅樂聲律, 世世在太樂官.

다만 이 초가는 후세 작가들이 직접 이를 계승하여 발전시키지 못하고 있다. 본격적인 중국시는 무제가 악부(樂府)라는 음악을 관장하는 관청을 두어, 당시의 민간가요를 채집케 하는 한편 새로운 악가들을 작곡토록 한 데서 비롯된다. 이른바 고체시는 이로부터 발전하여, 당(唐)나라 때에 완성된 근체시(近體詩)와 대조를 이루게 되는 것이다.

고체시는 고체(古體) 또는 고풍(古風)이라고도 부르는데, 그 말의 뜻은 일정치 않다. 첫째로는 『시경』·『초사』까지도 포함하여 근체시 성립 이전의 모든 시가를 고체라 부른다. 둘째로는 『시경』과 『초사』를 제외한 옛날 가요와 한(漢)·위진남북조(魏晋南北朝)·수(隋)의 모든 악부시체(樂府詩體)를 지칭한다. 여기에는 근체시의 조상 벌이 되는 근체풍의 시들도 모두 포함된다. 셋째로는 근체시 성립 이후의 근체의 규식에 들어맞지 않는 모든 시들을 가리킨다. 근체는 당나라 초기에 이루어졌다고 봄으로, 당나라 초기 이전의 시체들은 고체에 포함되지 않는다.

이 중에서 일반적으로 둘째의 정의가 문학사의 정리를 위해서 가장 많이 쓰인다. 명나라 풍유눌(馮惟訥, 1550 전후)의 『고시기(古詩紀)』, 청나라 심덕잠(沈德潛, 1673－1769)의 『고시원(古詩源)』 등이 모두 그런 뜻에서 고체시를 다루고 있다. 여기에서도 대체로 이를 따르기로 한다.

1. 악부시(樂府詩)

악부는 서한의 무제(B.C. 140－B.C. 87 재위)가 창설한 음악을 관장하는 관서였다. 『한서』 예악지(禮樂志)에는 이에 대하여 다음과 같이 쓰여 있다.

> 무제에 이르러 교사(郊祀)의 예를 정하고… 그리고는 악부를 세워 시를 채집케 하고 밤늦도록 읊조리게 하였다. 그래서 조(趙)·대(代)·진(秦)·초(楚)지방의 노래가 있게 되었다. 이연년(李延年)을 협률도위(協律都尉)로 삼고, 사마상여(司馬相如) 등 수십 명의 많은 사람들을 동원시켜, 시부(詩賦)를 짓게 하고, 율려(律呂)를 따져서 악기들의 가락에 들어맞게 하고, 십구장(十九章)의 노래를 짓게 하였다.[13]

여기의 협률도위란 악부의 우두머리이다. 끝머리에 보이는 십구장의 노래란

13) 至武帝定郊祀之禮… 乃立樂府, 采詩夜誦, 有趙代秦楚之謳. 以李延年爲協律都尉, 多擧司馬相如等數十人, 造爲詩賦, 略論律呂, 以合八音之調, 作十九章之歌.

같은 책 예악지에 보이는 교사가(郊祀歌) 십구장임이 틀림없다. 이 기록 중에서 가장 중요한 것은 악부에서 각 지방의 민가를 채집 연주하였다는 사실이다. 무제 이전 한나라 초기에도 음악을 관장하는 태악(太樂)이란 부서가 있었다. 그러나 이들은 조정의 의식에 쓰이는 음악을 제작하고 연주하는 데 그쳤다. 『시경』의 뒤를 이어 또다시 민요를 채집하고 그것을 널리 보급시킨 것이 무제의 악부였던 것이다.

『한서』 예문지(藝文志)를 보면 무제 때 악부에서 채집한 민가로 다음과 같은 것들이 있다 한다.

> 오초요남가시(吳楚汝南歌詩) 15편, 연대구안문운중농서가시(燕代謳雁門雲中隴西歌詩) 9편, 한단하간가시(邯鄲河間歌詩) 4편, 제정가시(齊鄭歌詩) 4편, 회남가시(淮南歌詩) 4편, 좌풍익진가시(左馮翊秦歌詩) 3편, 경조윤진가시(京兆尹秦歌詩) 5편, 하동포반가시(河東蒲反歌詩) 1편, 낙양가시(雒陽歌詩) 4편, 하남주가시(河南周歌詩) 7편, 주요가시(周謠歌詩) 75편, 주가시(周歌詩) 2편, 남군가시(南郡歌詩) 5편. 합계 138편.

이러한 민가의 가사는 거의 모두 없어져 버리고 전하지 않지만, 이것들은 조정의 아악(雅樂)에까지도 큰 영향을 미치었다. 그 결과 조정뿐만이 아니라 귀족 대가 집안에까지도 속악(俗樂)이 유행하여, 권세가들은 황제와 여악(女樂)을 다투는 지경에까지 이르렀다.[14] 이리하여 애제(哀帝, B.C. 7－B.C. 1 재위)는 속악이 사회의 기강을 어지럽힘을 통감한 나머지 악부의 829명의 관원 중 속악을 전문으로 하는 441명을 정리하고 다시 그 기관을 태악(太樂)으로 만든다.[15] 이에서 만가의 채집과 보존은 일단 정지된 것이다.

악부는 이처럼 대략 100년 동안 존속하였으나 이것이 중국문학사상에 남긴 공헌은 매우 크다. 이전에는 잊고 있던 민가를 발굴하여 상류사회에 크게 보급시켰을 뿐만 아니라, 후세에까지도 민가형식의 새로운 시가를 창작케 하여 중국시 발전에 새로운 전기가 되게 한 것이다. 이 때문에 후세에는 이 악부에서 채집되고 제작된 시가 또는 그것들을 본떠서 만든 작품을 악부시라고 부르게 된 것이다.

이처럼 악부시는 조정에서 사용된 악가와 당시의 민가 및 이들의 모방작품의 총칭이다. 따라서 간단히 악부의 정의를 내리거나 특징을 얘기하기는 매우 곤란

---

14) 『漢書』 禮樂志 : 是時(成帝・哀帝時)鄭聲尤甚, 黃門名倡丙僵・景武之屬, 富顯於世, 貴戚五侯, 定陵・富平外戚之家, 淫侈過度, 至與人主爭女樂."

15) 『漢書』 禮樂志 참조.

하다. 시체(詩體)만 보더라도 『시경』·『초사』 또는 초사 계통의 것들이 있는가 하면 고체시의 가행(歌行)과 구분이 뚜렷하지 않은 것들도 있다. 그리고 그것들을 본떠 지은 작품은 위진남북조 뿐만 아니라 당나라 때까지 성행하여 그 시대적인 한계도 분명치 않다. 또 이연년(李延年)이 호악(胡樂)을 근거로 하여 신성이십팔해(新聲二十八解)를 지었다 하니,16) 장건(張騫)이 서역을 개척한 이래로 외국음악도 상당히 들어와 있었던 것 같다.

악부시의 범위는 분명치 않지만 이 중에서도 가장 중요한 것은 그 시대의 민가이다. 그러나 악부민가와 일반 민가의 한계도 뚜렷한 것은 아니다. 지금 전하는 악부민가는 민가 그대로의 형식을 보존하고 있는 것은 아니다. 민가는 채집 보존되는 동안에 그에 관한 작업을 한 사람들에 의하여 다듬어졌고, 또 문인들이 민가를 본떠 지은 민요풍의 작품도 함께 섞여 있는 것이다. 문인들이 본떠 지은 작품 중에는 유명한 문인이 드러내놓고 본뜬 것도 있지만, 본뜬 것임을 드러내지 않은 무명 문인이 본떠 지은 작품도 상당히 많은 듯하다. 서한대의 작품이라고 전해진 『문선(文選)』의 「고시십구수(古詩十九首)」 같은 것이 후자의 보기라 할 것이다.

악부시에 관한 가장 종합적인 책으로는 송나라 곽무천(郭茂倩, 1084 전후)의 『악부시집(樂府詩集)』 100권이 있다. 여기에는 고대로부터 오대(五代)에 이르는 동안의 악부시가 거의 망라되어 있고, 악부제(樂府題)와 작품에 관한 해설이 상세하다. 『악부시집』에서는 악부시를 다음과 같은 12종으로 분류하고 있다.

① 교묘가사(郊廟歌辭) 12권 ② 연사가사(燕射歌辭) 3권 ③ 고취곡사(鼓吹曲辭) 5권
④ 횡취곡사(橫吹曲辭) 5권 ⑤ 상화가사(相和歌辭) 18권 ⑥ 청상곡사(淸商曲辭) 8권
⑦ 무곡가사(舞曲歌辭) 5권 ⑧ 금곡가사(琴曲歌辭) 4권 ⑨ 잡곡가사(雜曲歌辭) 18권
⑩ 근대곡사(近代曲辭) 4권 ⑪ 잡가요사(雜歌謠辭) 7권 ⑫ 신악부사(新樂府辭) 11권

이 중에서도 문학적인 엽장에서 볼 때 가장 중요한 것은 ③ 고취곡사, ④ 횡취곡사, ⑤ 상화가사, ⑥ 청상곡사, ⑦ 잡곡가사의 5종이며, 이 속에 한나라 때의 민요로 생각되는 악부고사(樂府古辭)와 민가풍의 작품들이 가장 많이 들어 있기 때문이다.

어느 시대나 그러하겠지만 한대의 민가는 비교적 자유로운 형식을 지니고 있

16) 崔豹 『古今注』 의거. 新聲은 新變聲·新聲曲·新聲變曲이라고도 하였다(『漢書』 佞幸傳 및 外戚傳 참고).

었다. 보기로『송서(宋書)』악지(樂志)에 단소뇨가(短簫鐃歌)라 하여 실려 있는 고취곡사 중의 한나라 때의 고사(古辭) 18수 중의 한 수를 읽어 보자.

하늘이여! (上邪!)

하늘이여! 내 임과 서로 사랑하여, 오래도록 끊임없기를!
산언덕 닳아 없어지고, 강물 말라붙고,
겨울에 벼락치고, 여름에 눈 내리고,
하늘땅이 합쳐진대도, 어찌 감히 임과 떠러지리!

上邪! 我欲與君相知, 長命無絶衰.
山無陵, 江水爲竭,
冬雷震震, 夏雨雪, 天地合, 乃敢與君絶!

본시 고취곡(鼓吹曲)은 군악이라 하지만(『악부시집』해제, 蔡邕『禮樂志』) 18곡 중 전쟁과 관계가 있는 것은「전성남(戰城南)」한 편 뿐이다. 이들은 모두 군대 사회에 유행하던 민가였다고 생각된다. 상화가사를 비롯하여 그 밖의 악부고사들 중에도 이처럼 자유로운 형식의 시가들이 들어 있다.

동문행(東門行)

동문을 나가서는 돌아오지 않기로 작정하고,
집으로 돌아와서는 설움에 잠기네.
독 안에는 남은 쌀이란 없고,
둘러보아도 벽에는 걸려 있는 옷이라곤 없네.
칼 빼 들고 동운으로 나서려니
집의 아이어미 옷자락 부여잡고 우네.
"남들은 부귀만을 바란다지만
저는 당신과 죽이라도 먹으며 함께 살래요.
위로는 푸른 하늘 내려 보고 계시고
아래로는 이 어린애들 있는 것 생각하셔야지요. 지금은 안 돼요!
"닥쳐! 가야지! 내 이미 나서는 게 늦었소!
흰머리 되도록 함께 잘 살긴 글렀소!"

出東門, 不顧歸, 來入門, 悵欲悲.
盎中無斗米儲, 還視架上無懸衣
拔劍東門去, 舍中兒母牽衣啼.
他家但願富貴, 賤妾與君共餔糜.
上用倉浪天故, 下當用此黃口兒. 今非!
咄! 行! 吾去爲遲! 白髮時下難久居. <상화가사>

이것은 아마도 먹고 살 수가 없어서 도둑질하러 나서는 남자의 처경을 노래한 것인 듯하다.

그러나 서한 무제 때의 이연년(李延年)의 「가인가(佳人歌)」(『玉臺新詠』 권 1)를 비롯하여 서한대의 작품으로 알려진 많은 작품들이 이미 오언으로 정형화하는 경향을 뚜렷이 보여 주고 있다. 그 결과 악부고사는 많은 경우 고시와 혼동을 일으키게 되었다. 양(梁) 소명태자(昭明太子) 소통(蕭統, 501－531)의 『문선(文選)』이나 서릉(徐陵, 507－583)의 『옥대신영(玉臺新詠)』의 경우처럼, 한대의 노래의 가사였다고 생각되는 것을 악부고사, 이미 노래와 관계없게 된 시들을 고시라 한다고 볼 수도 있다. 그러나 실제로 『문선』 권 29 「고시십구수(古詩十九首)」 중의 「염염고생죽(冉冉孤生竹)」과 「구거상동문(驅車上東門)」이 『악부시집』 잡곡가사(雜曲歌辭) 속에 고사(古辭)라 하여 들어 있고, 『문선』 권 27 및 『악부시집』 권 38에서 악부고사로 다룬 『음마장성굴행(飮馬長城窟行)』이 『옥대신영』 권 1에는 채옹(蔡邕, 133－192)의 시로 수록되어 있다. 이 밖에도 『악부시집』 권 30의 고사 『장가행(長歌行)』 중의 "초초산하정(岧岧山下亭)" 이하 여섯 구를 『예문류취(藝文類聚)』 권 27에선 「위문제어명진작시(魏文帝於明津作詩)」라 하였고, 『악부시집』 권 36의 고사 「선재행(善哉行)」을 『예문류취』 권 41에서는 조식(曹植, 192－232)의 시로 인용하고 있다. 이러한 고사와 고시를 혼동한 보기는 이 밖에도 일일이 열거할 수 없을 정도로 많다.

이것은 자유로웠던 형식의 악부시가 시대의 흐름에 따라 점차 오언으로 정형화하여, 마침내는 악부시가 고시와 구별하기 어려운 지경에 이르게 되었음을 뜻한다. 『악부시집』에는 제사(題辭)에 인용된 것까지를 합치면 한나라 때의 악부고사가 50여 수 실려 있고, 그 밖에 풍유눌(馮惟訥, 155 전후)의 『고시기(古詩紀)』에 10여 수, 기타 유서(類書)들에 이것과는 다른 작품이라고 생각되는 악부고사의 구절들이 20여 종이 인용되어 있다. 그런데 이들의 시형을 보면 『악부시집』의 경우 그 중 30여 수가 오언이고, 나머지 20수도 삼언 · 사언 · 육언 · 칠언이 섞여 있기는 하지만 대부분이 오언구로 이루어져 있다. 따라서 한나라 때에 이미 악부로부터 오언 고체가 생겨나 상당한 발달을 이루었음은 부인할 수 없는 사실이다.

그렇다고 해서 악부시가 한나라 때에 오언 고체시로 발전하고 끝나 버린 것은 아니다. 악부시는 이미 한나라 때부터 옛 것을 본떠 만드는 습성이 성행하여 지금 전하는 서한의 작품들은 거의 모두 동한의 옛 것을 본떠 지은 작품이거나 후세 사람들의 손에 의하여 다듬어진 것들이다. 악부시의 옛 것을 본떠 지은 작품은 제명(題名, 곡조명)·악곡·가사의 세 가지 방향에서 생각할 수 있다. 이 세 가지 중 한 가지 또는 두 가지 또는 세 가지 전부에 걸쳐 옛 것을 본뜨는 것인데, 물론 옛 것을 본떠 작품을 짓는 성격이나 정도는 작품에 따라 크게 다르다. 특히 한나라 말엽 건안(建安) 연간(196－219)과 서진(西晋)의 태강(太康) 연간(280－289)은 옛 것을 본떠 작품을 짓는 기풍이 크게 유행하였다. 한편 그 시기는 중국시의 창작이 본격적으로 전개되며 큰 발전을 이루는 시기이기도 하다. 따라서 악부시는 중국시 발전의 바탕이 되었다고도 할 수 있다. 중국문학에 있어서의 창작과 옛 것을 본뜨는 관계는 서양문학에 있어서의 그것과는 다른 면에서 이해하여야 한다. 특히 악부시의 민가풍의 작품이 보여 준 여러 가지 서정과 사회시는 후세 중국문학 창작에 매우 큰 영향을 미치고 있다.

2. 오언고시(五言古詩)

(1) 오언고시의 발생

앞에서 이미 지적한 바와 같이 비교적 자유로운 형식의 민요풍의 악부시가 차츰 정형화(定形化)하여 오언의 고체시가 생겨났음은 의심할 여지가 없는 사실이다. 다만 그것이 언제부터 생겨나기 시작하여 언제 완성되었는가 하는 것은 큰 문제가 되고 있다.

한나라 때의 고시로는 『문선』 권 29의 「고시십구수(古詩十九首)」가 대표적인 것이다. 『옥대신영』 권 1에는 「고시팔수(古詩八首)」와 매승(枚乘, ?－B.C. 141)의 「잡시구수(雜詩九首)」가 실려 있는데, 이 중에는 「고시십구수」와 다른 시들이 각각 4수와 1수씩 들어 있다. 따라서 작자와 관계없이 고시는 도합 24수가 된다. 이 밖에 『문선』 권 29에는 이릉(李陵, ?－B.C. 74)의 「여소무시삼수(與蘇武詩三首)」와 소무(蘇武, B.C. 143?－B.C. 60)의 「시이수(詩二首)」가 들어 있다. 이들은 모두 한나라 초기의 작품이라 여겨지고 있다. 그리고 옛날에는 많은 학자들이 여기에서 오언고시가 생겨난 것이라 믿었다.

그러나 이미 풍유눌(馮惟訥, 155 전후)이 『고시기(古詩紀)』에서 『고문원(古文苑)』에 실린 「소리시십수(蘇李詩十首)」는 「의소리시십수(擬蘇李詩十首)」로 취급하고 있거니와, 그 나머지도 많은 학자들의 의심을 받았다. 유협(劉勰, ?－473)이 『문심조룡(文心雕龍)』 명시(明詩)편에서 이릉의 작품이라는 시들은 의심스럽다는 논조를 펴고 있고[17], 송나라 소식(蘇軾, 1036－1101)의 「답유면도조서(答劉沔都曹書)」에서 시작하여 홍매(洪邁, 『容齋隨筆』 권 14) · 고염무(顧炎武, 『日知錄』 권 23) · 옹방강(翁方綱, 梁章鉅 『文選旁證』 권 25 引) · 전대흔(錢大昕, 『十駕齋養新錄』 권 16) · 양계초(梁啓超, 『中國之美文及其歷史』) 등과 현대의 많은 학자들이 이를 위진(魏晋) 이후에 나온 가짜 작품이라 주장하고 있다.

그리고 『옥대신영』의 매승의 시도 이미 『문심조룡』 명시 편에서

> 고시의 가려(佳麗)한 것은 혹 매승이 지은 것이라 하고, 그 중 「염염고생죽(冉冉孤生竹)」 한 편은 부의(傅毅)의 시라고도 한다. 그러나 문채를 견주어 미루어 보면 양한(兩漢)의 작이라 할 것이다.[18]

고 하며 의심을 표시하고 있다. 『문선』에서는 그것들을 고시로 다루고 있고, 『문선』 권 29 「고시십구수」의 이선(李善) 주에서는

> 다 같이 고시라 한 것은 작자를 모르기 때문이다. 혹 매승이 지은 것이라고도 하나 아마도 밝힐 수 없는 일일 것이다. 시 속에 "구거상동문(驅車上東門)"이라 했고, 또 "유희완여락(遊戲宛與洛"이라 했으니, 이 표현은 동도(東都)에 관한 것이어서 모두 매승의 작이 아님이 분명하다.[19]

고 설명하고 있다. 이는 남북조(南北朝)시대에도 거의 모두 매승의 작품이라는 고시를 후세의 의작으로 보았음을 알려 준다.

「고시십구수」에 대하여도 『문심조룡』과 『시품(詩品)』에서 모두 서한(西漢) 사람의 작품으로서는 의심스러운 것 같은 말을 하고 있고, 이후로도 앞에 인용한 이선(李善)을 비롯하여 양계초(梁啓超, 『中國之美文及其歷史』) · 마무원(馬茂元, 『古詩十九首探索』) · 유대걸(劉大杰, 『中國文學發展史』) 등이 모두 서한 사람의 작품임을 부정하여, 지금은 거의 그것이 정설로 되어가고 있다. 그러나 근인 수수삼(隋樹森, 『古詩十九首集釋』)을 비롯하여 많은 학자들이 『고시십구수』가 지니는 동한과는 다른 내용의 기색 때문에 그것들 전부가 완전히 동한 이후에 이루어진 것이라는

---

17) 『文心雕龍』 明詩 : "至成帝品錄, 三百餘篇, 朝章國采, 亦云周備, 而辭人遺翰, 莫見五言, 所以李陵 · 班婕好, 見疑於後代也."

18) "古詩佳麗, 或稱枚叔. 其孤竹一篇, 則傅毅之詞. 比采而推, 兩漢之作乎."

19) "並云古詩, 蓋不知作者. 或云枚乘, 疑不能明也. 詩云 ; 驅車上東門, 又云 ; 遊戲宛與洛. 此則辭兼東都, 非盡是乘明矣."

주장에는 동조하려 들지 않고 있다.

또 『사기』와 『한서』 등에 보이는 서한 때의 오언으로 된 요언(謠諺)을 근거로 서한 초부터 이미 오언고시가 존재하였다고 보는 이도 있다. 『사기』 진기세가(陳杞世家)에는 "견우경인전, 전주탈지우(牽牛徑人田, 田主奪之牛)", 골계전(滑稽傳)에는 "상마실지수, 상사실지빈(相馬失之瘦, 相士失之貧)", 화식전(貨殖傳)에는 "백리불판초, 천리불판적(百里不販樵, 千里不販糴"이라는 요언(謠諺)이 인용되고 있다. 『한서』 오행지(五行志)에는 성제(成帝) 때의 가요로 다음과 같은 오언시가 있다.

> 邪徑敗良田, 讒口亂善人. 桂樹華不實, 黃爵巢其巓. 故爲人所羨, 今爲人所憐.
>
> 그릇된 길은 좋은 밭을 망치고
> 남을 모함하는 입은 착한 사람을 어지럽힌다.
> 계수나무에 꽃만 피고 열매는 맺지 않으니
> 새가 그 꼭대기에 둥지를 튼다.
> 본시 사람들에게 훌륭하다 여겨지던 것이
> 지금은 사람들이 가련하게 여기는 것이 되었다.

공우전(貢禹傳)에는 무제(武帝) 말엽의 속요로 다음과 같은 오언시가 있다.

> 何以孝弟爲, 財多而光榮. 何以禮義爲, 史書而仕宦. 何以謹愼爲, 勇猛而臨官.
>
> 어찌하여 효도와 우애를 다하는가?
> 재물이 많아지고 영광스러워지기 때문일세.
> 어찌하여 예의를 잘 지키는가?
> 글 공부를 잘하여 벼슬하게 되기 때문일세.
> 어찌하여 삼가고 신중해야 하는가?
> 용맹스럽게 맡은 일을 잘할 것이기 때문일세.

윤상전(尹賞傳)에는 성제(成帝) 때의 가요로 다음과 같은 오언시가 있다.

> 安所求子死, 桓東少年場, 生時諒不謹, 枯骨後何葬?
>
> 어디에서 죽은 것을 찾으면 되나?
> 화표(華表) 동쪽의 젊은이들 마당이지.
> 살았을 적에 진실로 근신하지 않았으니
> 유골인들 뒤에 어찌 제대로 장사지내겠는가?

그러나 이것들을 읽어 보면 형식이 오언일 따름이지 고시가 지니는 경쾌하면서도 응축(凝縮)된 리듬의 기분이나 비애를 기저로 하는 서정의 내용은 전혀 갖고 있지 않다. 더구나 『사기』의 "견우경인전, 전주탈지우(牽牛徑人田, 田主奪之牛)"라는 요언이 『좌전(左傳)』 선공(宣公) 11년에 인용된 신숙시(申叔時)의 말 중에 인용한 "견우이혜인지전, 이탈지우(牽牛以蹊人之田, 而奪之牛)"를 오언으로 개작한 것이고, 같은 유후세가(留侯世家)의 여후(呂后)의 말에 인용된 "인생일세간, 여백구과극(人生一世間, 如白駒過隙)"이 『장자(莊子)』 지북유(知北遊)의 "인생천지지간, 약백락지과극(人生天地之間, 若白駱之過郤)"을 오언으로 고쳐 쓴 것이다.

따라서 여기에 적힌 오언의 요언들은 그 시대 민간에 유행되던 것 을 그대로 적어 놓은 것이 아니라 후세의 기록자나 그것을 전한 사람들이 이를 자기들 문장 의식에 의하여 오언으로 고쳐 써 놓은 것일 가능성이 많다. 동한은 옛 것을 본뜨는 기풍이 성행한 시대이므로 이들이 전하는 고사(古辭)나 고시를 모두 이전의 순수한 상태대로 보존된 것이라 보는 것은 매우 위험하다.

서한 시대에 악부고사가 존재하였다 하더라도 그것은 「고시십구수」와 같은 완정한 오언시가 아니라, 「한뇨가십팔수(漢鐃歌十八首)」나 「동광(東光)」·「동문행(東門行)」·「부병행(婦病行)」 같은 잡언(雜言)에 가까운 형식의 것들이었다고 생각된다. 그러나 호악(胡樂)이나 이연년(李延年)의 신성(新聲) 같은 것으로 말미암아 이미 서한 무제 시대부터 중국시가들이 오언으로 발전하는 경향을 지녔던 것 같다. 그것은 시 뿐만이 아니라 초가(楚歌)나 부(賦) 또는 산문에서까지도 보이기 시작하는 경향이다. 따라서 이때부터 잡언의 악부가 오언으로 발전하는 경향이 생겨 옛날 형식을 본뜨는 기풍이 성행한 동한 말엽에는 이들이 완전한 오언시로 발전했던 것이다. 이미 주이존(朱彝尊, 1629－1709)이 『포서정집(曝書亭集)』 권 52 서옥대신영후(書玉臺新詠後)에서 예를 든 것처럼 「서문행(西門行)」 고사(古辭)가 「고시십구수」의 제 15수로 개작된 것일 것이다. 곧 고사의 "부위락, 위락당급시, 하능좌수불울, 당부대래자?(夫爲樂, 爲樂當及時, 何能坐愁怫鬱, 當復待來玆?)"가 고시에서는 "위락당급시, 하능대래자?(爲樂當及時, 何能待來玆?)"로 고쳐졌고, 고사의 "탐재애석비, 단위후세치.(貪財愛惜費, 但爲後世嗤.)"는 고시에서 "우자애석비, 단위후세치(愚者愛惜費, 但爲後世嗤.)"로 고쳐졌고, 고사의 "자비선인왕자교, 계회수명난여기.(自非仙人王子喬, 計會壽命難與期.)"를 고시에선 "선인왕자교, 난가여등기.(仙人王子喬, 難可與等期.)"의 오언으로 고쳐졌다는 것이다. 그리고 고시 첫머리의 "생년불만백, 상회천세우. 주단고야장, 하불병촉유?(生年不滿百, 常懷千歲憂. 晝短苦

夜長, 何不秉燭遊?)"는 「서문행(西門行)」 본사 속에 들어 있다(위에 인용한 「서문행」 고사는 晉樂에서 노래되던 구절임). 서한의 고악부는 지금까지 전해지고 있는 고악부 중에서도 가장 거칠고 세련되지 못한 형식과 내용의 작품들이었을 것이다. 그것들이 황실이나 귀족들과 문인 사이에 전해지면서 그것을 전한 사람들에 의하여 다듬어지고 개작되고 한 것이 지금 우리가 보는 고악부일 것이다. 그리고 그 중에서도 세련되고 정형화된 고시와 같은 내용의 악부들은 적어도 동한 때에 이루어진 것이라 보아야 할 것이다. 곧 오언고시는 서한의 무제시기에 생겨나기 시작했지만 그 완성은 빨라도 동한 중엽 이후로 보아야 할 것이다. 동한 때에는 악부시가 「고시십구수」는 물론 「초초견우성(迢迢牽牛星)」·「비가(悲歌)」·「십오종군정(十五從軍征)」·「상산채미무(上山採蘼蕪)」 같은 오언고시로 발전되어 있었다. 보기로 시를 한 수 든다.

십오종군정(十五從軍征)

열다섯 살에 군대 따라 출정(出征)했다
여든 살 되어 겨우 돌아왔네.
길거리에서 마을 사람 만나
우리 집엔 누가 있는가 물어보니
저기 보이는 게 영감님 집이라 대답하는데
소나무 잣나무 사이에 무덤만 대글대글하네.
산토끼가 개구멍으로 뛰어 들어오고
꿩이 들보 위에서 날며
마당 가운데엔 돌 곡식 자라고
우물가엔 돌 아욱 자라 있네.
돌 곡식 빻아 밥 짓고
돌 아욱 뜯어 국 끓이니
곧 밥 익고 국 끓었지만
누구에게 주어야 할지 알 수가 없네.
대문 나서 동편을 바라보니
눈물 흐르며 내 옷 적시네.

十五從軍征, 八十始得歸. 道逢鄉里人, 家中有阿誰?
遙看是君家, 松栢冢纍纍. 兎從狗竇入, 雉從梁上飛,
中庭生旅穀, 井上生旅葵. 舂穀持作飯, 採葵持作羹.
羹飯一時熟, 不知貽阿誰. 出門東向看, 淚落沾我衣.

(2) 오언고시의 발전

한대의 본격적인 오연고시는 반고(班固, 32－92)의 「영사시(詠史詩)」에서 비롯되며, 그를 이어 장형(張衡, 78－139)의 「동성가(同聲歌)」, 채옹(蔡邕, 133－192)의 「취조(翠鳥)」, 진가(秦嘉, 157 전후)의 「증부시(贈婦詩)」, 역염(酈炎, 150－177)의 「현지시(見志詩)」, 조일(趙壹, 178 전후)의 「질사시(疾邪詩)」 등이 나온다. 양(梁) 종영(鍾嶸)이 『시품(詩品)』에서 "반고의 「영사시」는 질박(質朴)하지만 문채(文彩)는 없다"고 평하고 있듯이, 리듬이 오언으로서는 부자연스럽고 내용도 어색하다. 「고시십구수」 또는 「매승시(枚乘詩)」·「소무시(蘇武詩)」 같은 무명씨의 작품처럼 청신한 리듬과 비애를 기저로 한 아름다운 서정의 문장을 이루고 있지 않다. 따라서 후자와 같은 고시들은 모두 앞의 유명작가들보다는 뒤진 건안(建安) 이후의 작품으로 보아야 할 것이다. 이름이 알려지지 않은 무명씨의 작품들 중에는 오언시는 아니지만 「부병행(婦病行)」·「동문행(東門行)」·「고아행(孤兒行)」과 오언시인 「맥상상(陌上桑)」 같은 서사적인 작품들도 있다. 특히 한나라 말엽에 나온 「초중경처(焦仲卿妻)」 같은 장편 서사시(일명 「孔雀東南飛」)는 그 중에서도 걸작품이라 할 것이다. 한나라 말엽 신연년(辛延年)의 「우림랑(羽林郎)」, 송자후(宋子侯)의 「동교요(董嬌嬈)」도 서사적인 작품이다. 여기에 후세 두보(杜甫)나 백거이(白居易)의 사회시의 싹이 보이고 있는 것이다. 이 서사시들은 모두 사회적인 여러 가지 문제들을 주제로 삼고 있기 때문이다. 이름이 뚜렷한 작가로는 신연년과 송자후가 비교적 청신한 작품을 남기고 있으나, 이들은 실상 한나라 말엽의 무명인들이다. 따라서 본격적인 작가들에 의한 오언고시는 중국문학사에서 새로운 시의 세계를 연 건안(建安)시기 (196－220)에 시작 된다.

이른바 건안문학(建安文學)은 조조(曹操, 155－220)와 그의 아들 조비(曹丕, 187－229)·조식(曹植, 192－232)의 삼조(三曹)와 공융(孔融, 153－208)·진림(陳琳, ?－217)·왕찬(王粲, 177－217)·서간(徐幹, 170－217)·완우(阮瑀, ?－212)·응창(應瑒, ?－217)·유정(劉楨, ?－217)의 칠자(七子)를 중심으로 이루어진다. 이들은 한나라 악부의 형식을 본뜨는 데에서 시작하여 오언이란 새로운 시체를 일거에 꽃피워 그것을 중국시의 대표적인 시체로 발전시킨다. 이들은 새로운 기풍을 시에 도입하면서도 그들이 살고 있는 시대와 시의 풍격도 아울러 중시함으로써 중국시를 크게 발전시킨다. 특히 이 중에서도 조식의 작품이 가장 뛰어나다.

위나라 말엽 서진(西晋)으로 들어오면서 오언시는 더욱 성행하여 완적(阮籍, 210－263)・혜강(嵇康, 223－262) 등 일곱 명을 일컫는 죽림칠현(竹林七賢)이란 작가들이 나오고, 연이어 장협(張協, 295 전후)・육기(陸機, 261－303)・반악(潘岳, ?－300)・좌사(左思, ?－306?) 등 수많은 시인들이 등장한다. 특히 완적은 「영회시(詠懷詩)」같은 데서 자기의 내심을 표백하려 애씀으로써 오언시에 한층 갚은 경지를 열어 주고, 장협은 새로 자연에 대하여 눈을 돌리며 시에 사상적인 깊이를 더해 준다.

진(晋)나라 때에 중국문학사상 누구보다도 빼어나는 시인이 나왔으니 그가 도연명(陶淵明, 372－427)이다. 그는 귀족문학이 성행하던 시대조류로부터 벗어나 벼슬을 내던지고 전원으로 돌아와 자연 속의 인간의 진실한 모습을 요로지 시를 통해 추구하였다.

그는 아름다우면서도 졸렬하고 소박한 풍취가 담긴 시를 통하여 자연에서의 인간의 가능성을 성실히 찾아냄으로써 중국시의 새로운 경지를 개척한 것이다.

도연명을 뒤이어 송(宋)대로 들어가서는 산수의 아름다움을 시로 재현시키려고 애썼던 사령운(謝靈運, 385－433)을 비롯하여 안연지(顔延之, 384－456)・포조(鮑照, 421?－465) 등이 나와 활약한다. 이들에 의하여 시의 협률(協律)과 수사가 크게 발달하다가 제(齊)나라로 들어오면서 사조(謝朓, 464－499)・왕융(王融, 467－493)・ 심약(沈約, 441－513) 등이 나와 수사와 성률을 통한 형식미를 추구하는 이른바 영명체(永明體)[20]를 이룩한다. 특히 심약의 사성론(四聲論)과 팔병설(八病說)은 시작에 극단적인 기교를 도입하여 시률(詩律)을 확립시키고 근체시(近體詩)를 발생케 하는 계기가 된다. 사성론이란 중국어의 네 가지 성조를 시를 짓는 데 응용하는 이론이며, 팔병설이란 시구의 음운(音韻)의 조화와 용어의 배열을 균형 있게 함으로써 시의 형식을 미화시키려는 규칙이다.

당(唐)나라 때에 가서는 근체시가 생겨나기는 하지만, 역시 이백(李白)・두보(杜甫)・왕유(王維)・맹호연(孟浩然)・백거이(白居易) 같은 대가들은 고체시에 있어서도 중국시를 대표할 만한 빼어난 작품을 남긴다. 특히 두보와 백거이의 사회시는 거의 모두 고체시이다. 그리고 고체시는 송(宋)나라 이후로도 청(淸)나라에 이르기까지 근체시와 짝을 이루는 시체로 계속 시인들에 의해 창작된다.

---

20) 永明은 齊 武帝의 연호로 483－493년임.

3. 칠언고시(七言古詩)

(1) 칠언고시의 발생

오언은 다시 2·3자로 나누어지면서 경쾌한 리듬을 지니고 있지만, 칠언은 여기에 2자가 더 보태어져 2·2·3자로 구성되어 있으므로 리듬이 장중하다. 따라서 그 문장도 오언은 맑고 깨끗한 데 비하여 칠언은 수식적인 경향을 띠게 마련이다. 이것은 오언과 칠언이 제각기 다른 계통의 발생과 발전과정을 거쳤음을 뜻한다.

곧 오언은 악부(樂府)로부터 발전되어 온 것이지만 칠언은 사부(辭賦) 또는 초가(楚歌)로부터 발생하였음이 분명하다. 고조(高祖)의 「대풍가(大風歌)」의 "위가해내혜귀고향, 안득맹사혜수사방?(威加海內兮歸故鄉, 安得猛士兮守四方.)"에서는 조사 "兮"자만을 빼면 바로 칠언이 되고, 항우(項羽)의 「해하가(垓下歌)」의 "역발산혜기개세, 시불리혜추불서(力拔山兮氣蓋世, 時不利兮騅不逝.)"에서는 "兮"자를 실자(實字)로 바꾸기만 하면 칠언이 된다. 그리고 당산부인(唐山夫人)의 「안세방중가(安世房中歌)」 제 6장에는 "대해탕탕수소귀, 고현유유민소회(大海蕩蕩水所歸, 高賢愉愉民所懷.)"란 구절이 보이고, 무제(武帝) 때의 「교사가십구장(郊祀歌十九章)」의 제팔(第八) 천지(天地)와 제십이(第十二) 경성(景星)은 거의 반수가 완전한 칠언으로 이루어져 있으며, 제구(第九) 일출입(日出入)·제십일(第十一) 천문(天門)에도 완전한 칠언구가 보인다.

그뿐 아니라 한나라 때의 초가와 칠언은 숫제 호칭에 있어서도 가끔 혼동되기도 하였다. 『한서』 권 65 동방삭전(東方朔傳)에 "동방삭의 글로는 … 평락관부렵과 팔언과 칠언의 상하편이 각각 있고 …(朔之文辭… 平樂觀賦獵, 八言七言上下…)"라고 한 팔언과 칠언은 초가임에 틀림없다. 『문선』 권 22 위문제(魏文帝) 『부용지작(芙蓉池作)』시 이선(李善)의 주에는 "동박삭의 칠언에 '절우익혜마창천'이라 하였다(東方朔七言曰 ; 折羽翼兮摩蒼天.)"라고 하여 그의 초가를 칠언으로 부르고 있다. 또 『문선』 권 28에는 잡가(雜歌)로서 형가(荊軻)의 「가일수(歌一首)」와 고조(高祖)의 「대풍가(大風歌)」가 실려 있는데 모두 시제(詩題) 밑에 "칠언"이라 주를 달고 있다. 『문선』 권 93 공치규(孔稚珪)의 「북산이문(北山移文)」 이선(李善)의 주에도 "동중서 문집에 칠언금가 2수가 있다(董仲舒集, 七言琴歌二首.)"라 적고 있는데, 이것도 초가를 칠언이라 부른 보기이다.

한나라 때에는 부(賦)나 초가에서 뒤에 "兮"자를 빼 버리고 구절을 간화하는 경향도 생겨났다. 『사기』에 적혀 있는 무제 때의 「태일지가(太一之歌)」·「천마가(天馬歌)」와 가의(賈誼)의 「복조부(服鳥賦)」 등은 『한서』에도 수록되어 있지만, 『한서』에서는 전 작품의 "兮"자를 빼 버리고 적고 있다. 이 경우에는 "兮"자를 빼도 칠언이 되고 있지 않지만 칠언이 되는 경우가 더 많다. 『옥대신영(玉臺新詠)』 권 9 사마상여(司馬相如)의 「금가이수(琴歌二首)」도 보통 판본은 "시미통우무소장, 하오금석승사당(時未通遇無所將, 何悟今夕升斯堂.)" 식의 칠언인데, 오조의(吳兆宜, 1672 전후)가 주에서 지적했듯이 "시미통우혜무소장, 하오금석혜승사당(時未通遇兮無所將, 何悟今夕兮升斯堂.)" 식 초가로 되어 있는 판본도 있다. 이것은 본시는 초가였는데 "兮"자를 빼버려 칠언체가 된 것일 것이다. 왕일(王逸, 89?－158?)에게는 「금사초가(琴思楚歌)」라는 제목이 붙은 완정한 칠언시가 있는데, 이것은 작자 자신이 초가를 지으면서 "兮"자를 빼버려 결과적으로 칠언시를 이루어 놓은 것일 가능성이 많다. 장형(張衡, 78－139)의 「사현부(思玄賦)」와 마융(馬融, 79－166)의 「장적부(長笛賦)」 같은 데서 "난(亂)"의 부분을 모두 칠언으로 쓰고 있는 것을 보면, 왕일 때에는 초가에서 "兮"를 빼는 것이 유행했을 법하다. 그리고 한나라 최초의 본격적인 칠언시라 할 만한 장형의 「사수시(四愁詩)」 첫 구가 "아소사혜재태산(我所思兮在太山)"으로 되어 있는 것은, 칠언이 사부(辭賦)나 초가에서 발전한 것임을 시사해 준다.

이렇게 보면, 초가는 한나라 초기부터 성행했기 때문에 칠언의 발생은 오언보다도 빨랐을 것이다. 『한서』에 인용된 서한의 요언(謠諺)을 보더라도 칠언구로 된 것들이 적지 않게 발견된다. 따라서 많은 사람들이 의심하는 무제 때에 여러 사람들이 연구(聯句)로 지었다는 「백량대시(柏梁臺詩)」 같은 칠언시도 실제로 지어졌을 가능성이 많다. 그러나 서한 때의 일부 칠언이나 요언은 칠언고시라고 할 수는 없다. 칠언고시는 동한의 장형(「四愁詩」)·이우(李尤, 「九曲歌」)·왕일(「琴思楚歌」) 등에서 비로소 시작되고 있다.

(2) 칠언고시의 유행과 발전

칠언은 오언보다 일찍 생겨나기는 했지만 그 유행 발전은 오언에 비하여 무척 더디다. 그것은 칠언이 갖는 무거운 리듬과 수식적인 성격이 문인들에게 바로 받아들여지기 어려웠기 때문일 것이다.

중국시에 획기적인 발전을 이룩한 건안시기에 들어와서도 칠언시는 습작 정도에 그치고 있다. 보기를 들면 조비(曹丕, 187－226)의 「연가행(燕歌行)」 같은 것은 상당히 세련된 내용과 형식을 갖추고 있지만, 백량체(柏梁體)의 수준을 크게 벗어난 것은 아니다. 그 뒤로도 무명씨의 「백저무가시(白紵舞歌詩)」, 송(宋) 포조(鮑照)의 「대백저무가시(代白紵舞歌詩)」, 양(梁) 무제(武帝, 502－549 재위)의 「동비백로가(東飛伯勞歌)」 등 뛰어난 칠언시들이 나오기는 하였으나 이것들도 완전한 칠언고시체를 이룬 것이라 할 수는 없다.

칠언고시의 정체(正體)라 할 작품은 양(梁) 간문제(簡文帝, 550－551 재위)의 「오야제(烏夜啼)」가 나온 무렵부터 시작된다. 그의 뒤를 이어 진(陳)나라의 유신(庾信, 513－582)·강총(江總, 519－594)과 수(隋)나라의 노사도(盧思道, 531?－582?)·설도형(薛道衡, 540－609) 등이 훌륭한 칠언시를 쓰고 있다. 칠언시는 남북조 말엽에 시의 수사를 통한 유미주의적인 풍조의 유행을 타고서 급격한 발전을 이룬다. 칠언은 오언보다도 수사의 기교를 발휘하기 좋은 시체이기 때문일 것이다. 당대의 근체시는 양 간문제의 「오야제」로부터 싹이 트고 있다고도 말할 수 있을 것이다.

당(唐)나라 초기에도 칠언고시는 진(陳)·수(隋)의 여풍(餘風)을 이어받아 화려한 형식을 추구하고 있지만, 그런 중에도 어느덧 당나라 나름대로의 시풍을 갖추어 갔다.

초당사걸(初唐四傑) 중의 한 사람인 왕발(王勃, 647－675)의 「등왕각(滕王閣)」 같은 작품은 그 중에서도 뛰어나다. 화려한 형식의 표현 속에 무한한 감개가 깃들여 있어 우아한 시의 정취를 느끼게 하는 작품이다.

그 뒤로 칠언고시도 두보(杜甫, 712－770)와 이백(李白, 701－762) 같은 대가들에 의하여 더욱 높은 차원의 세계로 발전한다. 두보는 칠언에 있어서도 고시로는 서사적인 작품을 많이 쓰고 있다. 다만 오언고시에는 악부의 정신을 이어받은 사회시가 많은데 비하여, 칠언고시에는 영물적(詠物的)인 작품이 많다. 「고백행(古柏行)」·「관공손대낭제자무검기행(觀公孫大娘弟子舞劍器行)」·「고도호총마행(高都護驄馬行)」 등이 그 대표작이다. 칠언고시는 그 수식적인 속성 때문에 아무래도 부(賦)에 가까운 성격을 지니게 되는 것 같다.

이백에게는 「행로난(行路難)」·「양보음(梁甫吟)」·「장진주(將進酒)」 같은 삼언·오언·팔언·구언 등이 섞인 악부체의 칠언고시가 많다. 이백의 자유분방한 시정신은 리듬이 무겁고 수식적인 칠언고시와는 들어맞기 어려운 것이었을 것이다. 그리고 당(唐)나라 중엽에 가서는 백거이(白居易, 772−846)에게서 「장한가(長恨歌)」·「비파행(琵琶行)」 같은 대작이 나온다.

오언과 칠언 이외에도 고시에는 삼언·사언·육언·팔언·구언 등의 작품도 지어졌다. 그 중에서도 삼·사·육언이 비교적 많이 눈에 띄지만 역시 예외에 속하는 것이라고 하겠다.

4. 고체시의 시운과 격식

고체시에는 근체시에 비하여 일정한 시의 격률(格律)이 없다. 시의 길이도 자유롭고 각 장의 구절 수도 다 같지 않은 작품들이 많다. 압운(押韻)에 있어서만은 근체시보다는 자유롭지만 여러 가지 법식이 있다. 대체로 고시의 압운법은 크게 일운도저격(一韻到底格)과 환운격(換韻格)의 두 가지로 구별되는데, 근체시와 비교할 때 그 특징으로 다음과 같은 몇 가지를 들 수 있다.

1) 근체는 엄격히 일수(一首) 일운(一韻)을 사용하는 일운도저격인데 비하여, 고체는 중도에 다른 운으로 바꿀 수(換韻·轉韻) 있다.
2) 근체는 언제나 평성(平聲)만을 가지고 압운하고 있는 데 비하여, 고체는 측성(仄聲, 곧 上聲·去聲·入聲)으로도 압운한다.
3) 서로 비슷한 몇 가지 운들을 섞어 통운(通韻)하기도 한다.
4) 매 구절 압운하는 경우도 있다(柏梁體).

그리고 환운하는 방법을 보면, 시의 뜻을 따라 운을 바꾸는 경우, 시의 단락을 따라 바꾸는 경우, 이구(二句)마다 운을 바꾸는 경우, 삼구(三句)마다 운을 바꾸는 경우, 운을 바꾸는 구절 수가 일정치 않은 경우, 처음의 제 2구나 제 4구 뒤에 운을 바꾸는 경우, 끝머리 제 2구나 제 4구에서 운을 바꾸는 경우 등 여러 가지가 있다. 다음에 압운의 보기를 들겠다.

<일운도저>

강상음(江上吟) 이백(李白)

木蘭之枻沙棠舟, 玉簫金管坐兩頭.
美酒樽中置千斛, 載妓隨波任去留.
仙人有待乘黃鶴, 海客無心隨白鷗.
屈平詞賦懸日月, 楚王臺榭空山丘.
興酣落筆搖五嶽, 詩成笑傲凌滄洲.
功名富貴若長在, 漢水亦應西北流. (平聲尤韻)

목란의 상앗대 달린 사당나무 배 타고
양편에는 옥퉁소 금피리로 풍악 울리며,
좋은 술 통 안에 넘치게 부어 싣고
기녀 태운 채 물결 따라 떠다니며 노네.
신선은 황학을 탔으니 의지하는 데가 있었지만
바닷가의 사람은 무심하여 흰 갈매기가 따랐네.
굴원의 사부는 해와 달처럼 영원히 빛을 발하고 있으나
굴원을 추방한 초나라 임금의 누각은 빈 산 언덕만 남기고 있네.
흥에 겨워 붓을 들면 오악(五嶽)을 뒤흔들고
시가 이루어져 의젓이 읊노라면 선경(仙境)이 부럽지 않네.
공명과 부귀가 만약 언제까지나 있게 되는 것이라면
한수(漢水)도 역시 서북쪽으로 흐르게 되리라.

<환 운>

문곡자(聞哭者) 백거이(白居易)

昨日南鄰哭, 哭聲一何苦? 云是妻哭夫, 夫年二十五.
今朝此里哭, 哭聲又何切? 云是母哭兒, 兒年十七八.
四鄰尚如此, 天下多夭折. 乃知浮世人, 少得垂白髮.
余今過四十, 念彼聊自悅. 從此明鏡中, 不嫌頭似雪. (上聲麌韻→入聲屑韻)

어제는 남쪽 이웃에서 곡을 하였는데
곡소리 얼마나 애달프던지?
마누라가 죽은 남편 곡하는 거라는데
남편 나이 스물다섯이라네.
오늘 아침엔 우리 마을에서 곡을 하는데
곡소리 얼마나 애절하던지?
어미가 죽은 자식 곡하는 거라는데
아들 나이 십칠팔 세라네.
사방의 이웃이 이 모양이니
세상엔 일찍 죽은 자가 많을 수밖에!

이제야 이 세상 사람들
머리 희어지도록 가는 이 적음을 알았네.
나는 지금 마흔이 넘었으니
그걸 생각하니 저절로 기뻐지네.
이제부턴 거울 드려다 보면서
머리 눈처럼 흰 것 탓하지 않으리라.

여기서 일운도저 보기로 칠언시를 들고 있지만 실은 칠언시에 환운이 많다. 평성에 의한 일운도저는 성당(盛唐) 이후에 유행한 새로운 시체라고 할 수 있다. 거기에 비하여 오언시는 평성(平聲)과 측성(仄聲)의 차이는 있지만 당나라 이전에도 거의 모두 일운도저의 격식을 따르고 있다. 환운에는 이미 앞에서 얘기한 여러 가지 방법 이외에도 평운과 측운을 엇섞어 사용하는 경우와, 같은 평성이나 측성의 운 중에서 다른 운으로 바꾸는 경우 등이 있다. 이를 일일이 모두 예시할 수 없어 같은 측성으로 환운 하는 보기 하나만을 들었다.

고시의 한 구절의 음독(音讀)을 자세히 따져 보면 근체와 마찬 가지로 오언은 위 2자와 아래 3자, 칠언은 위 4자(또는 2자와 2자)와 아래 3자로 나누어지는 것이 통례이다. 그러나 간혹 백거이(白居易)의 시 "대옥첨 · 다장안치, 소항선 · 역진용두(大屋簷 · 多裝雁齒, 小航船 · 亦盡龍頭)"처럼 위 3자 아래 4자로 된 예외도 있다.

고체시는 본시 평측에 관한 율식(律式)이 없는 것이었지만 근래에 와서는 근체시와는 다른 율식이어야 한다는 생각이 반대로 율식을 이루는 경향을 만들었던 것 같다. 청나라 왕사정(王士禎, 1634－1711)은 「고시평측론(古詩平仄論)」에서 고시에도 평측이 있음을 주장하였다. 그의 뒤를 이어 조집신(趙執信, 1662－1744)의 『성조보(聲調譜)』, 옹방강(翁方綱, 1733－1818)의 「오칠언시평측거우(五七言詩平仄擧隅)」 등에서 그것을 논하고 있다. 그러나 근체시와는 달라 고체시에는 뚜렷한 평측에 관한 율식이 정해져 있다고 보는 것은 잘못일 것이다.

제3절 근체시(近體詩)

근체시란 고체시에 비하여 시의 구절을 구성하는 음절의 억양장단(抑揚長短)의 배열방법인 운률(韻律)을 비롯하여, 전 시의 구수와 각 구절의 격식이 일정해진 시이다. 다시 말하면 시에 있어서의 성운의 조화와 형식의 아름다움을 극도로 추구한 나머지 이루어진, 일정한 성운과 형식상의 규칙을 따라 짓는 시이다. 근체시에는 율시(律詩)와 절구(絶句)가 있는데 금체(今體)라고도 부른다.

1. 근체시의 성립과 발전

근체시라는 중국시의 형식상의 완전한 수사를 위한 첫 걸음은 남북조 말엽 심약(沈約, 441－513)의 『사성보(四聲譜)』에서 제기된 사성론(四聲論)에서 출발되었다. 중국어는 기본적으로 한 개의 단어가 한 음절로 이루어지는 단음절어인데, 그 음절들은 모두 서로 다른 몇 가지 성조(tone)를 가지고 있다. 성조란 한 음절의 억양장단을 뜻하는데, 그것은 위진(魏晋)이래 불경(佛經)의 번역으로 말미암은 범어학(梵語學)의 영향으로 인식되기 시작했다. 위(魏)나라 이등(李登)이 『성류(聲類)』 10권을 지어서 궁(宮)·상(商)·각(角)·치(徵)·우(羽)의 오음(五音)으로 성조의 분류를 시도했고, 그를 본받아 진(晋)나라 여정(呂靜)이 『운집(韻集)』 6권을 짓기도 하였다. 그러나 그것은 모두 불완전한 것이었고, 심약의 사성론이 본격적인 중국어의 성조론이었다고 할 것이다.

그는 중국어의 성조를 평성(平聲)·상성(上聲)·거성(去聲)·입성(入聲)의 사성으로 분류하였다. 그 뒤로 시대의 흐름과 지방의 차이에 따라 중국어의 성조에 적지 않은 변화가 있기는 하였으나 지금껏 이 사성론은 중국어 성조분류의 기본이 되고 있다. 그리고 이 사성론은 제(齊)나라 왕융(王融)을 비롯하여 심약(沈約)·사조(謝朓) 등에 의하여 시와 문장의 음성을 정비하여 음악적인 수사효과를 증진시키는 방향으로 응용되었다. 그리고 시에 있어서는 그 사성이 크게 평성(平聲)과 측성(仄聲)으로 구분되었다. 평성이란 처음부터 끝까지 변화 없게 약간 높고 길게 발음되는 소리이고, 측성이란 상성(낮은 데서 위로 올라가는 소리)·거성(높은 데서 낮게 내려오는 소리)·입성(끝머리에 T·P·K의 받침이 붙어 소리가 딱 짧게 끊어지게 나오는 것) 같은 곡절이 많은 소리들을 가리킨다. 그리고 심약은 더 나아가 오언시를 중심으로 한 글자의 독음이 잘 조화를 이루는 법칙을 발견하여 이른바 팔병설(八病說)이라는 것을 내놓았다.

'팔병'이란 음성의 조화를 위하여 반드시 피하여야만 할 성운에 있어서의 여덟 가지 규칙을 뜻한다. '팔병'에 대한 해설은 일본 사람 공해(空海)의 『문경비부론(文鏡秘府論)』 권 5에 가장 자세한데,[21] 거기에 의하면 다음과 같은 여덟 가지를 말한다.

① 평두(平頭) : 오언시에 있어서 첫머리 구절 10자 중에서 첫째 자와 여섯째 자 및 둘째 자와 일곱째 자의 성조가 같은 것. 보기를 들면 고시의 "금일양연회, 환락난구진.(今日良宴會, 歡樂難具陳.)" 같은 것이다. 今·歡은 같은 평성(平聲), 日·樂은 같은 입성(入聲)이어서 조화가 잘 되지 않는다는 것이다.

② 상미(上尾) : 오언시에 있어서 두 구절 10자의 다섯째 자와 열 번째 자가 같은 성조인 것. 보기를 들면 고시 "서북유고루, 하여부운제(西北有高樓, 下與浮雲齊.)" 같은 것이다. 樓·齊는 모두 평성(平聲)이어서 좋지 않다는 것이다.

③ 봉요(峰腰) : 오언시에 있어서 한 구절의 제 2자와 제 5자가 같은 성조인 것. 보기를 들면 "절독자조식(竊獨自彫飾)"처럼 獨·飾이 모두 입성이어서 어울리지 않는다는 것이다.

④ 학슬(鶴膝) : 오언시에 있어서 압운을 않아도 되는 제 1구와 제 3구의 끝 글자가 같은 성조인 것. 보기로 "발도금릉저, 준류배성궐. 낭축비선영, 산괘수륜월.(撥棹金陵渚, 遵流背城闕. 浪蹙飛船影, 山掛垂輪月.)"의 渚·影은 모두 상성이어서 조화가 잘 되지 않는다는 것이다.

⑤ 대운(大韻) : 오언시에 있어서 운자(韻字)를 제외한 두 구절의 다른 아홉 자 중에 운자와 같은 운의 글자를 한 자 이상 쓰는 것. 보기를 들면 "자핵불화수, 황리개록지(紫翮拂花樹, 黃鸝開綠枝)"에서 鸝·枝가 같은 운이라서 좋지 않다는 것이다.

⑥ 소운(小韻) : 운자를 제외한 다른 자 중에 한 자 이상 같은 운의 글자를 쓰는 것. 보기를 들면 "건렴출호망, 상화조양일.(搴簾出戶望, 霜花朝瀁日.)"에서 望·瀁이

21) 空海의 『文鏡秘府論』 卷五는 「論病」·「文二十八種病」·「文筆十病得失」의 題下에 詩文을 짓는 데 있어서의 病이 되는 문제들을 자세히 논하고 있다. 곧 沈約의 八病說의 주장은 그 일부분에 지나지 않는 셈이다.

같은 운이라 조화가 잘 되지 않는다는 것이다. 그러나 앞의 <대운>보다는 가벼운 편이어서 <소운>이라 한다는 것이다.

⑦ 정뉴(正紐) : 오언시의 두 구절 중에 성조가 다르다 해도 성과 운 이 같은 글자, 곧 독음이 같은 글자를 겹쳐 쓰는 것. 보기를 들면 "아본한가자, 내가선우정.(我本漢家子, 來嫁單于庭.)"에서 家는 평성, 嫁는 거성이지만 성(K)과 운(A)이 같아서 어색하다는 것이다.

⑧ 방뉴(傍紐) : 오언시의 한 구절 중에 성(聲)이 같은 글자를 한 자 이상 건너 쓰는 것. 보기를 들면 "원생애호월, 완씨원청풍(元生愛皓月, 阮氏願淸風.)"에서 元·月·阮·願은 성이 모두 g(우리 음은 ㅇ)이다.

이상 '팔병'에 대한 해설에는 여러 가지 다른 견해가 있기는 하나, 모두 오언시에 있어 가장 성운의 해화를 해치는 경우라고 생각되는 것이다. 그 중에서도 대운·소운은 시운에 관한 것이고, 정뉴·방뉴는 한자의 독음과 관계되는 것이며, 앞의 네 가지만이 사성과 직접 관계 되는 것이다. 『남사(南史)』 육궐전(陸厥傳)에 "평두·상미·봉요·학슬"에 관한 기록이 보이고, 종영(鍾嶸)의 『시품(詩品)』에는 "봉요·학슬"의 기록이 보이는 것도 이 앞의 네 가지가 특히 성조의 해화와 깊은 관계가 있기 때문일 것이다.

어떻든 심약(沈約)·왕융(王融)·사조(謝朓) 같은 시인들의 시는 이미 이 시대에 근체시의 격률에 가까워지고 있었다. 중국문학사에서 이때의 새로운 시체를 그 시대 제(齊) 무왕(武王)의 연호인 영명(永明, 483−493)을 따서 영명체(永明體)라 부르고 있는데 근체시는 여기에서 출발하고 있는 것이다. 그리고 다음 세기 양(梁)나라로 들어가면서 문학은 정치사회와 분리되는 현상을 보이며 더욱 형식적인 아름다움을 좇는 유미주의적 방향으로 기울어져 갔다. 따라서 시인들은 현실적인 문제는 도외시하며 시작에 있어 더욱 성음의 해화를 통한 시의 음악적 수사효과를 추구하였다. 그들의 시는 여러 가지 형식의 평측 자의 배치를 시도하는 중에 가장 성음이 잘 어울리는 한 가지 형식, 곧 근체시의 형식으로 점차 집약되어 가고 있었다. 다음에 그 시대 작가의 작품 중 근체로 가까워진 것들을 보기로 들어 본다.

임금의 명을 따라 손잡고 황하 다리에 올라 시를 지음(賦得携手上河梁應詔)

강총(江總, 519-594)

이른 가을 날씨 서늘한데
이별하려니 산천만 아득하네.
여기저기 검은 구름 시름 일게 하고,
나무 몇 가지에선 누런 잎이 떨어지네.
새도 돌아갈 길을 알고 있는데,
떠나가는 사람의 향방도 알지 못하네.
진천은 애간장 끊어지게 하니,
여기가 황하의 다리 위인줄 어이 깨닫겠는가?

早秋天氣凉, 分手關山長. 雲愁數處黑, 木落幾枝黃.
鳥歸猶識路, 流去不知鄕. 秦川心斷絶, 何悟是河梁?

얇은 장막을 통해 밝은 달을 바라보며(薄帷鑒明月)

장정견(張正見, ?-575?)

긴 황하 위에 밝은 달 떠올라
맑은 빛이 높은 누각 비치네.
발 사이로 조각나 옥돌이 부서진 듯하고,
장막 저쪽에 반달이 떠 있네.
창 밖에는 빛으로 언제나 가득하고,
장막 안에는 그림자가 잠시 흘러가네.
어찌 옛 양효왕(梁孝王)의 화려한 정원의 밤에 견주랴?
언제나 날아다니는 달 따라 놀기만 하면 그 뿐이지.

長河上桂月, 澄彩照高樓. 分簾疑碎璧, 隔幔似垂鉤.
牕外光恒滿, 帷中影暫流. 豈及梁園夜? 長隨飛蓋遊.

배 안에서 달을 바라보며(舟中望月)

유신(庾信, 513-581)

뱃사람 밤에 집 떠나와
배 창문 열고 달빛 바라보네.
산이 밝으니 눈이 내린 듯 하고
강 언덕 흰 것도 모래 때문이 아닐세.
은하수에는 진주조개가 보이는 듯하고
은하 다리에는 계수나무 꽃이 핀 듯하네.

얇은 구름 날아오자 달무리 겹으로 지고
적막하게 외로운 둥근 달 만이 비겨 있네.

舟子夜離家, 開舲望月華. 山明疑有雪, 岸白不關沙.
天漢看珠蚌, 星橋似桂花. 灰飛重暈闕, 蓂落獨輪斜.

이것들은 모두 그 형식이 율시(律詩)에 가까워진 작품들이다. 첫째 강총의 시는 평측의 배치를 각 연(聯)마다 똑같이 되풀이하고 있고, 둘째 장정견의 시는 전반 2연은 평측의 배치를 같게 하고 후반 2연은 그 배치를 반대로 한 것이다. 끝머리 유신의 시는 앞 연의 평측 배치가 다음 연에서는 모두 그 반대로 되어 있는 형식이다. 이들은 이처럼 여러 가지로 운률의 조화를 위하여 평측의 배열에 신경을 썼지만, 그 때에는 아직 정형화되지는 못한 상태였다.

그 중에도 차츰 평측의 배치를 끝머리 유신과 같은 형식으로 하는 예가 늘어가고 있었다. 양(梁) 오균(吳均, 469－520)의 「영류(詠柳)」, 유견오(庾肩吾, 520 전후)의 「시연(侍宴)」·「화죽재(和竹齋)」, 진(陳) 서릉(徐陵, 507－583)의 「절양류(折揚柳)」·「별모영가(別毛永嘉)」·「내원축량(內園逐凉)」·「산재(山齋)」, 강총의 「춘야산정(春夜山庭)」·「삼선전야망산등(三善殿夜望山灯)」, 장정견(張正見)의 「관산월(關山月)」·「대주(對酒)」·「화형양왕추야(和衡陽王秋夜)」, 북주(北周) 유신(庾信)의 「영화병풍시(詠畵屛風詩)」 등이 모두 끝머리 형식을 따른 대표적인 작품들이다. 따라서 이 시기에 근체시를 향한 형식과 운률의 규식화의 경향이 뚜렷하였음을 알 수 있다. 그러나 근체시의 완성은 다음 시대를 기다리지 않으면 안 되었다.

수(隋)를 거쳐 당(唐)으로 들어오면서 그러한 형식적 유미주의 풍조는 더욱 성행하였다. 특히 당 고종(高宗) 때의 상관의(上官儀, ?－664) 같은 사람은 성음뿐만 아니라 시의 각 구절의 구성미 같은 것도 크게 개발하여 육대(六對)·팔대(八對)의 이론을 제시함으로써 더욱 근체시 완성을 촌보 직전으로 몰고 갔다(이미 유협의 『문심조룡』에도 言對·事對·正對·反對 등 四對說이 보인다). '육대'란 첫째, 정명대(正名對)로서 "천(天)·지(地)·일(日)·월(月)" 같은 것. 둘째, 동수대(同數對)로서 "화엽(花葉)·초아(草芽)" 같은 것. 셋째, 연주대(連珠對)로서 "소소(蕭蕭)·혁혁(赫赫)" 같은 것. 넷째, 쌍성대(雙聲對)로서 "황화(黃樺)·녹류(綠柳)" 같은 것. 다섯째, 첩운대(疊韻對)로서 "방황(彷徨)·방광(放曠)" 같은 것. 여섯째, 쌍의대(雙擬對)로서 "춘수(春樹)·추지(秋池)" 같은 것이다. '팔대'란 첫째, 적정대(的正對)로서 "송주동남거, 영금서북래(送酒東南去 迎琴西北來.)" 같은 것. 둘째, 이류대(異類對)로서 "풍직지변수, 충천엽상문(風織池邊樹, 蟲穿葉上文.)" 같은 것. 셋째, 쌍성대(雙聲對)로서 "추로향가국, 춘풍복려란(秋露香佳菊, 春風馥麗蘭.)" 같은 것. 넷째, 첩운대(疊韻對)로서 "방탕천반의, 소요일개심(放蕩千般意 逍遙一介心.)" 같은 것. 다섯째, 연면대(聯綿對)로서 "망일일이만, 회인인불귀(望日日已晚, 懷人人不歸.)" 같은 것. 여섯째, 쌍의대(雙擬對)로서 "의월미기월, 논화협승화(議月眉欺月, 論花頰勝花.)" 같은 것. 일곱째, 회문대(回文對)로서 "정친유득의, 득의수정친(情親由得意, 得意遂情親)" 같은 것. 여덟째, 격구대(隔句對)로서 "상사부상억, 야야루첨의. 공비역공탄, 조조군미귀.(相思復相憶, 夜夜淚沾衣. 空悲亦空歎, 朝朝君未歸.)" 같은 것이다. 이로써 율시의 대구이론(對句理論)은 이미 완비된 셈이었다.

그와 동시에 초당사걸(初唐四傑)이라 일컬어지던 왕발(王勃, 647－675)·양형(楊炯, ?－692)·노조린(盧照鄰, 641?－680?)·낙빈왕(駱賓王, 680 전후) 등의 시는 성조(聲調)와 대우(對偶) 모든 면에서 거의 근체시에 접근하고 있다. 그러나 본격적인 율시로 근체시의 율법을 확립시킨 것은 송지문(宋之問, ?－713?)과 심전기(沈佺期, ?－713?)의 두 사람이라고 알려져 있다.

근체시도 초기에는 오언시를 중심으로 성행한다. 칠언은 오언에 비하여 리듬은 무거우면서도 가요적인 성격을 벗어나지 못하여 문인들이 별로 좋아하지 않았던 것 같다. 그러나 측천무후(則天武后, 684－701) 때 어연(御宴)에서 여러 신하들이 응제(應制)한 작품들에 비로소 칠언이 많이 보이며, 이를 통해 칠언근체도 확정되었다고 할 수 있다. 칠언은 리듬은 무겁지만 장중하여 응제의 형식으로 알맞은 시형이었기 때문이다.

이 뒤로 성당(盛唐)에 들어와 두보(杜甫, 712－770) 같은 위대한 시인들이 속출하면서, 극도로 다듬어진 새로운 시형에 개성과 창의를 담아서 근체시의 불후의 대작을 남기게 된다. 이로부터 중국의 시에 있어서는 고체시보다도 근체시가 전형적인 시형으로 자리를 잡게 된다.

2. 율시(律詩)

율시는 한 편이 사운팔구(四韻八句)로 이루어져 있고, 각 구절의 운율에 일정한 규칙이 있으며, 각 구절의 내용 전개에도 대구를 비롯하여 일정한 원칙이 있는 시형이다. 넓은 뜻으로는 절구(絶句)까지도 율시에 포함되지만 여기서는 좁은 뜻의 율시를 얘기하고 있다. 율시에는 오언율시와 칠언율시가 있다.

율시는 두 구가 한 연(聯)을 이루며, 첫째 연을 수련(首聯), 둘째 연을 함련(頷聯), 셋째 연을 경련(頸聯), 끝의 넷째 연을 미련(尾聯)이라 부른다.

먼저 오언율시의 수련을 두고 평측(平仄)의 배치원칙을 설명하면, 평측의 배열은 대체로 2자를 한 단위로 하고(오언이므로 앞 또는 뒤의 한 자는 따로 남는다), 평성과 측성을 교대로 사용한다. 그리고 둘째 구는 첫째 구와 정반대의 것을 사용한다. 이를 도표로 나타내면 아래와 같다(○은 평성, ●은 측성, ◐은 평측 어느 편이든 괜찮은 경우).

(A) (●● ○○●
○○ ●●○(韻)

(a) (○○ ●●○
●● ○○●(韻)

(B) (◐○ ○●●
◐● ●○○(韻)

(b) (◐● ●○○
◐○ ○●●(韻)

다만 근체시에서는 평성운(平聲韻)의 사용을 원칙으로 하고 있으므로, 운자가 측성이 되는 (a)와 (b)의 형식은 별로 쓰이지 않는다. 따라서 오언율시의 수련(首聯)의 평측 배치는 (A)와 (B)가 정격인 것이다. 칠언율시도 평측 결합의 원칙이 같다. 다만 칠언시에서는 첫째 구에도 압운하는 게 원칙이므로 그 평측은 아래와 같은 두 가지 정격이 있게 된다.

(A) (●●○○ ●●○
◐○○● ●○○(韻)

(B) (◐○○● ●○○
●●○○ ●●○(韻)

여기에서 첫 구의 둘째 글자가 평성인 것을 평기식(平起式), 반대로 그것이 측성인 것을 측기식(仄起式)이라 부른다. 그런데 대체로 오언시에는 측기식이 많이 사용되고 있어 그것을 정격이라 부르며, 칠언시에는 평기식이 많이 사용되어 반대로 그것을 정격이라 한다.

이상은 수련에 대한 설명이었고, 다음엔 이것을 근거로 전편의 평측 배열을 도표로 표시하고 보기로 작품을 한 수씩 든다.

(1) 오언율시

(A) 측기식

춘망(春望) 두보(杜甫)

首聯	●● ○○●	國破山河在,
	○○ ●●○(韻)	城春草木深.
頷聯	◐○ ○●●	感時花濺淚,
	◐● ●○○(韻)	恨別鳥驚心.
頸聯	●● ○○●	烽火連三月,
	○○ ●●○(韻)	家書抵萬金.
尾聯	◐○ ○●●	白頭搔更短,
	◐● ●○○(韻)	渾欲不勝簪. (平聲侵韻)

나라는 깨어졌어도 산천은 그대로 있어
성에도 봄이 돌아와 초목 우거지니,
시절이 가슴 아파 꽃을 보고도 눈물 뿌리고
이별이 한스러워 새를 두고도 가슴 철렁이네.
봉화가 석 달이나 연이어지니
집의 편지는 만금의 값이 되네.
흰 머리는 긁을수록 더욱 짧아져
거의 비녀도 이기지 못할 지경되었네.

(B) 평기식

등악양루(登岳陽樓) 두보(杜甫)

首聯	◐○ ○●●	昔聞洞庭水,
	◐● ●○○(韻)	今上岳陽樓.
頷聯	●● ○○●	吳楚東南坼,
	○○ ●●○(韻)	乾坤日夜浮.
頸聯	◐○ ○●●	親朋無一字,
	◐● ●○○(韻)	老病有孤舟.
尾聯	●● ○○●	戎馬關山北,
	○○ ●●○(韻)	憑軒涕泗流. (平聲尤韻)

옛날에 동정호 얘기 듣고
오늘에야 악양루 올라와 보니,
오나라와 초나라가 동남으로 갈라져 있고
하늘과 땅은 밤낮으로 위에 떠 있네.
친지와 벗들은 소식 전혀 없는데

늙고 병든 이 몸 외로이 배 한 척 의지하고 있네.
이 땅 북쪽은 아직도 내란 중이니
난간에 기대어 눈물 줄줄 흘리네.

(2) 칠언율시

(A) 평기식(정격)

망야(望野) 두보(杜甫)

首聯	○○◐●	●○○(韻)	西山白雪三城戍,
	●●○○	●●○(韻)	南浦淸江萬里橋.
頷聯	◐●◐○	○●●	海內風塵諸弟隔,
	◐○◐●	●○○(韻)	天涯涕淚一身遙.
頸聯	○○●●	○○●	惟將遲暮供多病,
	●●○○	●●○(韻)	未有涓埃答聖朝.
尾聯	◐●◐○	○●●	跨馬出郊時極目,
	◐○◐●	●○○(韻)	不堪人事日蕭條.

(平聲蕭韻)

흰 눈 덮인 서산에는 세 곳의 수자리 서는 성이 있고
강물 맑은 남포에는 만리교가 걸쳐 있네.
나라 안 전쟁 바람에 여러 아우들과 떨어져
하늘 끝에서 눈물 흘리며 이 한 몸 멀리 있네.
오직 뇌쇠해가며 병만 많아지니
조금도 나라에 보답하지 못하였네.
말 타고 교외로 나가 마침 멀리 바라보고 있지만
세상 일 날로 쓸쓸해짐을 견디지 못하겠네.

(B) 측기식

촉상(蜀相) 두보(杜甫)

首聯	●●○○	●●○(韻)	丞相祠堂何處尋,
	◐○◐●	●○○(韻)	錦官城外柏森森.
頷聯	○○●●	○○●	映階碧草自春色,
	●●○○	●●○(韻)	隔葉黃鸝空好音.
頸聯	◐●◐○	○●●	三顧頻煩天下計,
	◐○○●	●○○(韻)	兩朝開濟老臣心.
尾聯	○○●●	○○●	出師未捷身先死,
	●●○○	●●○(韻)	長使英雄淚滿襟.

(平聲侵韻)

승상의 사당을 어디에서 찾을까?
금관성 밖 백수(柏樹) 우거진 곳이지.
섬돌 햇빛 아래 푸른 풀은 봄빛을 스르로 드러내고 있고
나뭇잎 사이 꾀꼬리는 부질없이 고운 소리로 우네.
세 번이나 찾아와 천하의 큰 일 의논하니
두 왕조 섬기며 나라 위해 늙은 신하의 마음 바쳤네.
출정하여 승리하기 전에 자신이 먼저 죽으니
길이 후세 영웅들로 하여금 눈물로 옷깃 적시게 하네.

이 밖에 율시에 적용되는 몇 가지 중요한 규률로 다음과 같은 것들이 있다.

① 이사부동(二四不同)·이륙대(二六對) : 율시에 있어서는 매구의 둘째 자와 넷째 자의 평측이 달라야 한다. 이것이 '이사부동'이다. 이밖에 칠언율시에 있어서는 반드시 둘째 자와 여섯째 자의 평측이 같아야 한다. 이것이 '이륙대'이다. 이것은 율시에 있어 대개 둘째·넷째·여섯째 글자가 중요한 뜻을 지니고 있어 읽을 때의 평측도 특별히 다루어지고 있는 것이다.

② 반법(反法)·점법(粘法) : 오언율시에 있어서는 각 구의 둘째 자와 넷째 자, 칠언율시에 있어서는 둘째·넷째·여섯째 자가, 각 연마다 평측이 서로 달라야 한다. 이것을 '반법'이라 한다. 또 둘째 구와 셋째 구, 넷째 구와 다섯째 구, 여섯째 구와 일곱째 구에 있어서는, 둘째·넷째 및 여섯째 자들은 모두 같은 평측의 글자를 써야 한다. 이것을 '점법'이라 부르며, 이 규률에 어긋나는 것을 실점(失粘)이라 한다.

③ 압운(押韻) : 오언·칠언 모두 각 연의 끝 글자에 압운하는데, 칠언 율시의 경우 첫 구의 끝 글자에도 압운하는 게 원칙이다. 오언의 첫 구에 압운하거나 칠언의 첫 구에 압운하지 않은 것은 변조(變調)이다. 운자는 평성운을 사용하는 것이 원칙이며, 다만 오언절구(五言絶句)에서 만은 측성을 사용하는 경우도 적지 않다.

④ 기승전결(起承轉結) : 수련에서는 한 편의 뜻을 제기시키고(起), 함련에서는 그 뜻을 받들어 드러내며(承), 경련에서는 다시 그 뜻을 굴리어 드러내고(轉), 끝미련에서는 결말을 짓는다(結)는 것이 근체시 구성의 기본원칙이다. 그리고 함련과 경련은 반드시 대구를 이루어야만 한다.

⑤ 같은 자를 거듭 쓰지 않는다 : 오언 40자 칠언 56자 중 같은 자가 거듭 나와서는 안 된다는 것이다. 그러나 이백(李白)의 「봉황대(鳳凰臺)」의 "봉황대상봉황유, 봉거대공강자류(鳳凰臺上鳳凰遊, 鳳去臺空江自流.)" 경우처럼 같은 글자를 거듭 씀으로써 더욱 묘미를 살린 예외도 있기는 하다.

⑥ **고평(孤平)·고측(孤仄)·하삼련(下三連)** : 평측의 운용에 있어 측성자 중간에 평성자가 끼어 있어서는 안 된다. 이것을 '고평'이라 한다. 반대로 평성자 중간에 측성자 한 자가 끼어 있는 것을 '고측'이라 한다. 다만 고측은 고평만큼 심한 규률위반으로 여겨지지 않는다. 또 한 구의 끝 세 글자를 같은 성의 글자로 채워서는 안 된다. 이것을 '하삼련'이라고 한다. '하삼련'에서도 측성자를 세 자 연이어 사용한 것을 측삼련(仄三連), 평성자를 연이어 사용한 것을 평삼련(平三連)이라 하는데 후자를 더욱 심한 규률위반으로 여기고 있다.

이상의 규칙들은 모두 절대적인 것일 수는 없다. 근체시가 생겨날 때만 해도 이러한 규칙에 어긋나는 작품이 적지 않았다. 규칙이란 후인들이 따지고 정한 것이라서 성당(盛唐)으로 가면 규칙위반이 줄어드는 정도이지만 중당(中唐) 이후로는 퍽 엄하게 규칙이 지켜지고 있다.

[附] 배률(排律)

배률은 장률(長律)이라고도 한다. 보통 율시가 팔구인 데 비하여, 배률은 율시와 같은 평측과 대우법 등을 갖추어 십구 이상의 장편으로 이루어진 것이다. 곧 율시와 같은 율법에 의하여 지은 것이지만 구수의 제한은 없다는 점만이 다르다.

당대 과거(科擧)의 진사과(進士科)에 시부(詩賦)의 과목이 있었는데, 거기에서는 12구의 오언배률(五言排律)로 작품을 짓게 되어 있었다. 이것을 특히 시률(試律)또는 시첩시(試帖詩)라고 부르며, 이것들은 율시의 정격을 엄격히 지킨 전형적인 당대의 배률들이다(淸 徐松의『登科記考』). 이 시률 이외의 작품들도 초당부터 성당에 이르는 초기에는 배률이라면 거의 12구가 표준이었고, 길어야 20구 정도였다. 그러나 중당의 두보에 이르러 그러한 관례가 깨어지고, 40구서부터 200구에 이르는 장편의 배률들이 나왔다. 「상위좌상이십운(上韋左相二十韻)」·「증이팔비서별삼십운(贈李八秘書別三十韻)」·「기부서회일백운(夔府書懷一百韻)」 등이 배률의 새로운 경지를 보여 주는 그의 작품들이다.

그 뒤로 백거이(白居易)와 원진(元稹)에게서 그러한 장편이 더욱 발전하였다. 백거이의 「위촌퇴거일백운(渭村退居一百韻)」·「동남행일백운(東南行一百韻)」·「대서시일백운기미지(代書詩一百韻寄微之)」·「화몽유춘일백운(和夢遊春一百韻)」 등과 원진의 「수낙천동남행일백운(酬樂天東南行一百韻)」·「대곡강노인일백운(代曲江老人一百韻)」 등이 그 대표적 작품이다.

한편 이들 배률은 오언이 통례였다. 칠언으로 쓰인 배률은 두보·백거이·원진 등의 시집에도 서너 편이 눈에 뜨일 따름이다.

간혹 배률과는 반대로 6구로 이루어진 삼운소률(三韻小律)도 지어졌다. 이는 율시와 절구의 중간형인데, 이백·한유(韓愈)·백거이 등이 몇 수의 작품을 남기고 있을 따름이다. 송(宋)나라 이후의 시인들은 이 시체의 작품을 거의 짓지 않고 있으므로 예외적인 시체라 할 것이다.

3. 절구(絶句)

중국시 중에서도 네 구로 압축된 가장 단편의 시형이며, 여기에도 오언절구와 칠언절구가 있다. 오언사구의 시형은 이미 악부고사(樂府古辭)에도 가끔 보이고 있으며, 남북조시시대 진(陳)·송(宋) 무렵부터는 「자야가(子夜歌)」를 비롯한 오성곡(吳聲曲)·서곡(西曲) 등 남조(南朝)의 민가(民歌)에 그런 형식의 시가가 크게 유행하였다.

곧 이어 남북조 말엽 제(齊)·량(梁) 무렵에는 이러한 짧은 시체를 절구(絶句, 『玉臺新詠』 권 10) 또는 단구(斷句, 『南史』 劉昶傳)라고 불렀다. 이것은 물론 성률의 규식이 엄격하지 않은 민가조의 작품들이어서 후세에는 근체로서의 절구와 구별하기 위하여 고체절구(古體絶句) 또는 고절(古絶)이라고도 부르게 되었다. 그러나 그 중에는 근체의 절구와 평측이 완전히 같은 작품들도 적지 아니 눈에 띄고 있다.

그러나 칠언절구의 완정한 작품은 초당(初唐)에 이르러서야 나타난다. 따라서 근체로서의 절구는 오·칠언을 막론하고 초당에 들어와서야 율시의 완성에 뒤이어 이루어진 것으로 보아야 할 것이다. 절구의 평측은 오언 칠언 모두 율시의 전반 혹은 후반 부분과 완전히 같다.

절구는 형식이 매우 짧으므로 순간적인 감정을 응축시켜 노래 부르기에 알맞은 시형이어서 당대의 많은 시인들이 이 시체를 좋아하였다. 특히 당대의 대시인들은 후세의 작가들이 따르지 못할 빼어난 절구들을 많이 남기고 있다. 따라서 중국시를 성당시가 대표하고 있다면 절구야말로 당대에 창작된 중국시의 정화라고까지 할 수 있는 것이다.

절구의 구성은 율시에서와 같이 '기승전결'의 형식을 따른다. 첫 구에서는 시의 뜻을 제기하고, 둘째 구에서는 그 뜻을 계승 발전시키고, 셋째 구에서는 다시 그 뜻을 전환시켜 노래하고, 끝구에서는 그것을 결말짓는다. 다만 시의 뜻에 있어서는 결말을 짓고 난 뒤에도 많은 여운을 남겨 독자의 상상을 자극 유발하는 것을 좋은 작품이라 여겼다.

절구도 율시와 같이 평성으로 압운하는 것이 원칙이다. 다만 오언절구는 둘째와 넷째 구에만 압운하는 데 비하여 칠언절구는 첫째 구에도 압운하는 게 보통이다. 그리고 예외인 측성으로 압운한 경우는 칠언보다도 오언 쪽에 많다.

4. 시운의 표준

심약(沈約)이 사성론(四聲論)을 내세우기는 하였지만 남북조시대에는 학자에 따라 성운에 대한 견해가 달랐고, 지방에 따라서도 큰 차이가 있었다. 이에 수(隋)나라 육법언(陸法言)은 십여 년을 두고 유진(劉臻)·안지추(顔之推)·설도형(薛道衡) 등 8명의 학자들과 진(晋)나라 여정(呂靜) 이하 육가(六家)의 운서(韻書)들을 종합 교정한 끝에 인수(仁壽)원년(601)『절운(切韻)』5권을 완성하였다. 이로부터 당대에 들어와서도 이 책은 시운의 표준서로 사용되었다.『절운』에는 평성 57운, 상성 55운, 거성 60운, 입성 34운, 도합 206운으로 나누어져 있다.

그러나 7세기 이후 중국어 성운에는 많은 변화가 생기어, 당나라 의봉(儀鳳) 2년(677)에는 장손눌언(長孫訥言)이 자수를 늘이고 전주(箋注)를 가하여 그 잘못을 바로 잡았고, 왕인후(王仁煦)·곽지현(郭知玄) 등이 여기에 더욱 수정과 보충을 가하였으며, 천보(天寶) 13년(754)에는 손면(孫愐)이 다시 이를 증수하여『당운(唐韻)』이라는 이름을 붙였다.

송나라로 들어와서는 진종(眞宗, 998－1022) 때 진팽년(陳彭年)·구옹(邱雍) 등에게 명하여 다시 보충 수정케 하고 거기에『광운(廣韻)』이라 이름붙였다.『광운』은 14,036자를 더 추가하고 있지만 성운의 분류는『절운』을 그대로 따른 것이다.

그러나 실제에 있어 206운 중에는 함께 서로 통하는 운이 많았다.

그래서 송나라 순우(淳佑)년간(1141－1152)에 강북(江北) 평수(平水)사람 유연(劉淵)이 통용되는 운을 합쳐 107운으로 정리한『예부운략(禮部韻略)』이란 책을 간행하였다. 이것을 간행지의 이름을 따 평수운(平水韻)이라 부르는데, 원(元)나라 초기에 황공소(黃公紹)가 지은『고금운회(古今韻會)』는 이를 바탕으로 한 것이다. 이 뒤로 명·청을 거쳐 지금에 이르기까지 '평수운'은 중국시의 성운의 표준서로 쓰여져 왔다.

제4절 당시(唐詩)에 대한 송시(宋詩)의 특징

보통 중국시는 당시가 대표하고, 당시는 다시 이백(李白)·두보(杜甫)22) 등이 활약했던 성당시(盛唐詩)가 대표한다고 생각하고 있다. 그리하여 명(明)대의 전후칠자(前後七子)들은 "시는 반드시 성당을 본떠야 한다"고 주장하였다. 그것은 곧 중국시의 발달이 성당을 정점으로 하고 있고, 성당 이후의 시대는 그 발달곡선이 하향하고 있음을 뜻하는 것이다.

그러나 송시를 검토해 보면 당시보다도 여러 면에서 그 시대적인 성격을 따라 더 한층 새로운 발달을 이룩하고 있다. 송나라 때의 시대적인 성격이란 중국문학의 윤리적인 바탕이 성리학(性理學)이라 불리는 새로운 차원의 유학으로 발전하고, 서민세력이 크게 신장되어 이를 반영하는 강창(講唱)·잡극(雜劇)·소설(小說) 등 민중예술이 성행했던 것을 가리킨다. 특히 북송 시대는 중국시가 발전의 정점에 이르렀던 시기라 할 수 있다. 여기에서는 남송의 경우도 약간 인용하고 있지만 실제로 여기의 송시라는 말은 북송의 시라고 이해해도 무방하다. 중국시는 북송에 이르러 그 내용이 더욱 다양화하고 표현방법에 있어서도 그 깊이가 더해지고 있는 것이다.

그러면 이러한 시대적인 성격을 바탕으로 발전한 송시는 구체적으로 어떤 새로운 특징을 지니고 있는가?

1. 성리학과 시

송나라 때에 발전한 성리학은 이학(理學) 또는 신유학(新儒學)이라고도 부르며, 유가의 경전에 대한 새로운 해석과 평가를 바탕으로 유학을 새로이 체계화한 것이다. 그들은 이전의 학자들처럼 현실적인 문제만을 다루지 않고, 다시 공자의 이상을 비롯하여 우주를 생성 존재케 한 기본원리까지도 추구하기 시작한 것이다. 곧 유학은 성리학에 이르러 철학사상이 보태지고, 진리추구를 위한 그 학문

22) 김학주 『중국문학사』(신아사)에서는 두보를 중당의 시인으로 돌리고 있다. 여기서는 중국의 일반론을 그대로 따른 것이다.

방법도 형이상학적인 방법을 보태어 새로워진 것이다.

그런데 송나라를 대표하는 대시인들, 구양수(歐陽修, 1007－1072)・왕안석(王安石, 1021－1086)・소식(蘇軾, 1036－1101)・양만리(楊萬里, 1127－1206) 같은 사람들이 모두 적지 않은 유가경전에 관한 저술을 남기고 있고, 반면 성리학을 집대성(集大成)한 주희(朱熹, 1130－1200)를 비롯한 모든 학자들이 모두 적지 않은 시 작품을 남기고 있다. 이것은 성리학이라는 새로운 유학이 그 시대 시에 많은 영향을 미치지 않을 수가 없었음을 뜻하는 것이다.

중국의 옛 평론가들이 송시를 두고 흔히 "논리(論理)로써 시를 지었다"고 하였는데, 이것은 성리학의 시에의 영향을 단적으로 지적한 말이다. 이미 송나라 때에 염우(嚴羽, 1200 전후)가 『창랑시화(滄浪詩話)』에서 "송나라에서는 이(理)를 숭상하였다.(本朝崇理)"하였고, 명(明)나라 하대복(何大復)은 『한위시서(漢魏詩序)』에서 "송시는 이를 표현한다.(宋詩言理)"하였으며, 진자룡(陳子龍, 1608－1647)은 「여인론시(與人論詩)」란 글에서 송시는 "이(理)를 말하고 정은 말하지 않았다.(言理而不言情)"고 하였는데, 모두 송시의 성리학의 발달로 말미암은 논리화를 지적한 것이다.

송나라의 대문호 소식의 경우를 보면 인생에 대한 자각을 바탕으로 한 적극적인 인간의 가능성에 대한 철학적인 추구가 그의 시에 두드러진다. 따라서 그러한 시들은 이전에는 볼 수 없었던 철학적 논리적인 특성을 드러내게 마련이다. 보기로 그가 45세 되던 해 황주(黃州)로 귀양 가서 지은 「천거임고정(遷居臨皐亭)」이란 작품을 읽어 보자.

내가 천지 사이에 살고 있다는 것은
한 마리 개미가 큰 맷돌에 붙어 있는 것이나 같은 것,
애써 오른 편으로 가려 해도
풍륜(風輪) 같은 맷돌은 왼편으로 돎을 어찌하랴 !
비록 인의의 길 간다 해도
헐벗음 굶주림 당하는 건 면할 수 없네.
칼끝에 앉아서 밥 짓는 것 같이 위태롭기도 하고
바늘방석에는 앉아 있듯 편히 지내지 못하네.
어찌 아름다운 산수 없으랴만
눈으로 대하기를 비바람 지나가듯 하네.
전원으로 돌아감에 늙기를 기다리지 않는
용단을 내리는 이 몇이나 있는가?
다행히도 버려진 찌꺼기 같은 나는

지친 말의 안장과 짐을 푼 것 같이,
온 집안 강가 역사를 차지하니
절경을 하늘이 날 위해 깨어내 준 듯하네.
굶주리고 가난하지만 이걸 합쳐 생각하니
슬퍼해야 할지 축하해야 할지 알 수 없네.
담담히 근심도 즐거움도 없고 보니
괴로운 말 전혀 나오지 않네.

我生天地間, 一蟻寄大磨；區區欲右行, 不救風輪左.
雖云走仁義, 未免逢寒餓；劍米有危炊, 鍼氈無穩坐.
豈無佳山水? 借眼風雨過；歸田不待老, 勇決凡幾個?
幸玆廢棄餘, 疲馬解鞍馱；全家占江驛, 絕境天爲破.
飢貧相乘除, 未見可弔賀；澹然無憂樂, 苦語不成些.

이 시에 보이는 "풍륜(風輪)"은 『능엄경(楞嚴經)』에 보이는 세계의 운동을 뜻하는 불교의 용어이다. 그의 인생에 대한 자각에는 불가의 초탈도 적지 않은 영향을 준 것 같다. 어떻든 보수파의 지도자로서 황주에 귀양 온 자신의 처지를 인식하는 그의 태도가 거시적이다. 이처럼 자기의 인생철학을 설명하려니 그 시가 논리적이지 않을 수 없고, 또 편폭은 길어지기 일쑤였을 것이다. 그러나 짧은 율시나 절구에서도 철학적인 성향은 흔히 발견된다. 「제서림벽(題西林壁)」 시를 보기로 든다.

옆에서 보면 고개를 이루고 곁에서 보면 봉우리 이루어지니,
원근과 고저가 하나도 같은 게 없네.
여산의 참 면목을 알지 못함은
다만 이 몸이 이 산 속에 있기 때문일세.

橫看成嶺側成峯, 遠近高低無一同.
不識廬山眞面目, 只緣身在此山中.

이것은 여산을 빌린 소식의 인식론인 것이다. 이러한 철학적 논리적 경향은 송시에서 발견되는 일반적인 특징이다. 심지어 이백(李白)과 같은 거리낌 없는 서정과 두보(杜甫) 같은 정열을 바탕으로, 황정견(黃庭堅, 1045－1105) 등의 강서시파(江西詩派) 같이 시를 딱딱하고 건조하게 만들기를 반대하던 육유(陸游, 1125－1210) 같은 시인에게서도 철학적인 작품이 발견된다. 철학적이고 논리적인 경향이란 시를 딱딱하고 건조하게 만드는 결과를 가져오기 때문에 육유는 그런 시를 짓기를 꺼리었을 것이다. 「폐호(閉戶)」란 그의 시를 읽어 보자.

가난한 살림이라 공연히 근심 감당 못하겠다지만
문 닫고 홀로 오묘한 자연의 섭리 따라 노닌다.
안락은 본시 무사함으로써 얻어지는 것이요,
공명은 언제나 추구하는 마음 지니는 데서 탈이 난다.
원수에 대한 원한 씻고 자기만의 이익추구 잊고,
번쩍이는 칼 거둬들이니 보검의 정기 잠잠해진다.
아이 아뢰기를 침상 머리의 봄 술독 익었다 하니
인간만사 끝없이 전변함을 느낀다.

簞瓢虛道不堪憂, 閉戶方從造物遊.
安樂本因無事得, 功名常忌有心求.
洗除仇怨忘蠻觸, 收斂光芒靜斗牛.
兒報牀頭春甕熟, 人間萬事轉悠悠.

어지러운 세상사를 미뤄놓고 정적 속에 참된 자아를 추구하는 그의 인생철학이 잘 나타난 시이다.

그 밖에 소옹(邵雍, 1011－1077)이나 주희 같은 성리학자의 시집에는 본격적인 철학시가 작품의 대부분을 차지하고 있다. 이처럼 송시가 성리학으로 말미암아 논리화하였다는 것은 중국시가 내용뿐만 아니라 그 문장구성에 있어서까지도 큰 변혁과 발전을 이루었음을 뜻한다. 다음에 얘기하는 여러 가지 송시의 특징들도 모두 이 시의 철학화·논리화와도 관계가 깊은 것들이다.

2. 서술의 섬세화(纖細化)

걸상 옮기면서 맑은 햇빛 즐기노라니
어언 듯 세상 근심 스러진다.
벌레는 줄에 매달리어 내려왔다 다시 올라가고
참새들은 싸우면서 떨어졌다 날아간다.
참새들은 어울리어 찬 대숲으로 들어가고
벌레는 줄 거두고 해 기운 대문 아래 매달렸다.
아무도 고요한 이 경치 알아주는 이 없는데
이끼 빛만이 내 옷에 되비치고 있다.

移榻愛淸暉, 翛然世慮微.
懸蟲低復上, 鬪雀墮還飛.
相趁入寒竹, 自收當晚闈.
無人知靜景, 苔色照人衣.

「추일가거(秋日家居)」란 제목의 매요신(梅堯臣, 1002－1060)의 시이다. 당시에서는 볼 수 없었던 섬세한 관찰과 서술이 산뜻한 시정을 안겨 준다. 이전 시인들이 크고 깊은 정서를 중점적으로 표현하여 독자들의 큰 감흥을 일으키려 애썼던 데 비하여, 이 시는 분석적이고 이지적인 감각을 꾸밈없이 섬세하게 서술하고 있다. 같은 정경을 당대 시인이 읊었더라면, 줄에 매달린 거미나 멋대로 날아다니는 참새들의 묘사가 시의 중심을 이루지는 않았을 것이다. 당대 시인들이 강물 또는 구름이나 꽃을 노래하기는 하였지만, 그것은 언제나 깊은 감정이나 자연의 위대한 섭리 또는 인간의 숙명 같은 큰 주제와의 관계를 전제로 한 것이었다. 이처럼 거미줄이나 참새들의 모습 같은 자질구레한 물건들은 시로써 노래할 대상이 되지 못하는 것이라 생각했던 것이다.

송시의 이러한 섬세한 감각의 표현은 문장의 성격에까지도 큰 영향을 보여 준다. 이백이나 두보를 비롯한 당대의 시인들은 내용뿐만 아니라 그것을 표현하는 문장에 있어서도 화려한 멋과 묘미를 살리려고 노력하였다. 다시 말하면 같은 내용이라면 되도록 아름답고 멋있는 표현을 하려고 애썼다는 것이다. 그것은 당나라가 남북조의 유미주의적인 시풍을 계승 발전시켰다는 이유에서뿐만 아니라, 중국문장이 전통적으로 지녀온 특징의 하나라고 할 수 있다. 당시에 있어서는 한유(韓愈)의 개성적인 풍격이나 백거이(白居易)의 평이성 같은 것은 오히려 예외라고 할 수 있는 것이다.

그러나 송시의 문장은 아름다움이나 멋보다도 실질적으로 자기의 감각이나 눈앞의 현상을 빠짐없이 표현하는 데 주력하였다. 그들은 쓸데없는 수식을 피하면서 확실하고 정확한 표현을 추구하였다. 그들은 이전 사람들은 시어(詩語)로 쓰지 않았던 말들도 서슴지 않고 발굴하여 사용하였다. 송나라 문인을 포함하여 송시를 평한 많은 사람들이 송시를 "떫다(澁)"또는 "딱딱하다(硬)"는 말로 표현한 것도 그러한 문장의식으로 말미암은 것이다. 독특한 음절과 단련된 구법으로 강서시파(江西詩派)를 이룩했던 황정견의 시를 한 수 보기로 든다. 「지구풍우류삼일(池口風雨留三日)」이란 시이다.

> 외로운 성에 사흘간 비바람 날리니
> 작은 고을 사람들은 오직 채소밖에 먹을 게 없게 됐다.
> 물 멀고 산 깊으니 날아가는 한 쌍의 들오리도 같고
> 몸 한가로운데 마음은 괴로우니 한 마리 황새 모습과도 같다.

영감이 옆집에서 나와 고기 그물 걷는데
나는 물 곁에 있기는 하지만 물고기 탐나지는 않는다.
서성대는 동안 어느덧 모두 지난 얼 되어 버리고
저녁 창 앞으로 돌아와 앉아 읽다 둔 책을 읽는다.

孤城三日風吹雨, 小市人家只菜蔬.
水遠山長雙屬玉, 身閒心苦一舂鉏.
翁從傍舍來收網, 我適臨淵不羡魚.
俛仰之間已陳迹, 暮窓歸了讀殘書.

당시에 비하여 "딱딱하고" "떫다"는 것은 한 번 읽어 보면 누구나 바로 느끼는 기분일 것이다. 우선 동사가 한 자도 들어 있지 않은 구절이 세 곳이나 있어서 해석에 당황하지 않을 수 없다. "소시인가지채소(小市人家只菜蔬)" · "수원산장쌍촉옥(水遠山長雙屬玉)" · "신한심고일용서(身閒心苦一舂鉏)"가 그것이다. 앞의 번역은 문맥을 살피며 최선을 다한 것이지만, 올바른 대의를 파악했다고 자신을 가질 수가 없다. 시구의 문법적인 성격 때문에 누가 읽어도 마찬가지인 것이다. 이 구절들은 문법적으로 문장을 이루지 못하고 있는 것이다.

술부로 보이는 "지채소(只菜蔬)" · "쌍촉옥(雙屬玉)" · "일용서(一舂鉏)"가 모두 명사구이니 읽는 사람에 따라 여러 가지 해석이 가능할 수밖에 없는 것이다. 거기에다 화려한 수식은 전혀 눈에 띄지 않으면서도 적지 않은 전고(典故)가 쓰이고 있어 문장의 떫은 맛을 더해 주고 있다. 송인의 전고 사용은 이전의 문인들처럼 멋있고 함축 있는 뜻의 표현을 위해서가 아니라 확실한 시의 뜻의 표현을 위한 단련(鍛鍊)에서 온 것이다. 첫째 둘째 구절은 두보(杜甫)시의 표현을 빌린 것이고, 다섯째 여섯째 구절은 한나라 동중서(董仲舒)의 글에서, 일곱째 구절은 왕희지(王羲之)의 글에서 따온 것이다. 이 밖의 구절들도 모두 전고가 있을지도 모른다. 이러한 전고의 사용은 개성적인 새로운 조어의 노력으로 말미암은 것이다.

송대 사람들의 개성적인 시의 조어노력은 한편 그 시대에 흔히 쓰이던 속어나 구어의 사용까지도 사양치 않게 만들었다. 옛날 비평가들에게는 이러한 속어나 구어까지도 "딱딱하고" "떫은"맛을 느끼게 하였을 것이다. 속어나 구어는 오히려 문장을 부드럽고 평이하게 해 주리라고 생각하기 쉽지만, 중국의 시어의 상식으로는 역시 어울리지 않는 "떫은" 표현이 되고 마는 것이다. 그러한 경향의 작품은 양만리(楊萬里, 1124−1206) 같은 시인에게서 흔히 발견된다. 당나라 때에도 이미 백거이(白居易)와 원진(元稹) 같은 시인들이 그들의 작품에 구어체를 많이 사용하였고, 한유(韓愈)와 맹교(孟郊)는 "딱딱하고" "떫은" 맛이 나는 시를 지었으니 이들의 선구자가 된 셈이다. 그러니 이들은 모두 당나라에 있어서는 특출한 시풍을 지닌 독특한 작가들이었다. 송나라 때의 시인들은 일반적으로 아름다운 표현이나 묘한 글을 이루기를 거부하였기 때문에 결국 "딱딱하고" "떫은"기분을 주는 시를 이룩하고 만 것이다.

3. 자기생활에의 밀착

송시는 당시에 비하여 작가의 개인생활과 더욱 밀착된 내용을 담고 있다. 송나라 사람들은 특별한 감정이나 아름다운 풍경뿐만 아니라 작가가 일상생활을 통하여 보고 느끼는 조그만 일들까지도 빠짐없이 자세히 노래하고 있다. 그들이 추구하는 이(理)란 하늘이나 땅에도 있지만 한 가닥 지푸라기나 풀잎에도 깃들여 있는 것이라고 생각했기 때문일 것이다.

이러한 경향은 송시의 새로운 성격을 개척한 구양수(歐陽修)·매요신(梅堯臣)·소순흠(蘇舜欽, 1008－1048) 같은 초기 작가들의 작품에도 뚜렷이 나타나고 있다. 보기로 소순흠의 「하중(夏中)」이라는 시를 한 수 든다.

> 집 외지고 발 깊숙이 쳐져 낮 경치 텅 빈 듯하고
> 가벼운 바람에 때때로 장대 위 까마귀 움직인다.
> 연못 가운데엔 푸른 빛 가득한데 물고기 새끼들 놀고
> 뜰아래엔 그늘 넓으니 제비가 새끼 데리고 놀고 있다.
> 비 온 뒤라 아이들이 떨어진 과일 다투어 줍는 것 보다가
> 날 개이니 손님 힘 빌려 나머지 책을 볕에 말린다.
> 그윽히 살려 해도 티끌세상 일에 끌려감을 면치 못하니
> 자기 몸과 세상을 술병으로 잊어 본다.
>
> 院僻簾深晝景虛, 輕風時見動竿烏.
> 池中綠滿魚留子, 庭下陰多燕引雛.
> 雨後看兒爭墜果, 天晴因客曝殘書.
> 幽棲未免牽塵事, 身世相忘在酒壺.

바람에 조금씩 움직이는 장대 위의 까마귀, 수초 아래 우글거리는 물고기 새끼, 새끼를 이끌고 다니는 제비들, 비바람에 떨어진 풋과일을 줍는 아이들, 이러한 작가의 생활주변에 일어나고 있는 자질구레한 일들은 당나라 시인들만 해도

시의 제재가 될 수 없는 것들이었다. 송나라에 이르러 이러한 생활주변의 일이 섬세한 시인들의 감각에 의하여 시로써 재현되었던 것이다. 곧 그것은 송시가 이전의 시들보다도 작가의 개인생활에 밀착한 내용을 담고 있다는 것을 뜻한다. 그것은 왕안석(王安石, 1021－1086)의 「죽리(竹裏)」란 시처럼 순간적인 감흥을 노래하는 게 보통인 짧은 절구에서조차도 발견되는 경향이다.

대 숲 속에 초가를 바위 뿌리에 기대어 엮었으니
성근 대줄기 사이로 앞마을이 보이네.
한가히 잠자도 하루 종일 찾아오는 이 없고
스스로 봄바람 얼어 문 앞을 쓸어 주네.

竹裏編茅倚石根, 竹莖疎處見前村.
閒眠盡日無人到, 自有春風爲掃門.

송시가 이처럼 생활과 밀착되어 자기생활을 토대로 인간에 대한 깊은 흥미를 보여 주고 있다는 것은, 한편으로는 논리적이고 섬세하고 서술적이라는 특징을 지니게도 하였다. 그리고 다시 인간을 둘러싸고 있는 자연에 대하여는 이전의 시인들에 비하여 냉담하여지기도 하였다. 그래서 송나라 때에는 남북조시대의 사령운(謝靈運), 당나라의 왕유(王維)·맹호연(孟浩然)·위응물(韋應物) 같은 자연의 아름다움을 전문적으로 노래한 산수시인(山水詩人)이 나오지 않았다. 자연을 읊는다 하더라도 옛 사람들처럼 인간의 약점이나 불행 때문에 자신을 잊고 자연에 동화되어 버리려는 태도는 보기 힘들다. 송나라 때의 시인은 절대적인 자연을 부정하고 인간본위의 생활주변 현상으로서의 자연을 노래했다. 왕안석의 「살구 꽃(杏花)」 시를 보기로 든다.

돌다리 넓은 공중에 걸쳐 있고
초가집 맑고 빛나는 강물 가에 있네.
몸 굽히어 아리땁고 풍성한 살구 꽃 보니
진짜 꽃이 물에 비친 그림자만 못한 듯하네.
아름답기 진나라의 경양비(景陽妃)[23]가
웃음 머금고 궁중 우물에 빠져 있는 듯하네.
가슴 아프게도 잔물결 일어
흐려진 화장 무너뜨리어 어지럽게 만드네.
石梁度空曠, 茅屋臨淸炯.

23) 陳後主의 后妃 張麗華와 孔貴嬪. 隋나라 군대가 쳐들어 왔을 때 이들은 陳後主와 함께 景陽宮 우물 속에 숨었다고 한다.

俯窺嬌饒杏，未覺身勝影.
嫣如景陽妃，含笑墮宮井.
怊悵有微波，殘妝壞難整.

이처럼 송나라 시인은 살구꽃을 노래한다 하더라도 언제나 사람 본위의 관점에서 그 아름다움을 추구하였다. 「송양걸(送楊傑)」이란 소식의 시에는 하늘의 해를 묘사한 다음과 같은 한 대목이 있다.

천문에서 밤새우고 뜨는 해 맞이하니
만리 붉은 물결에 하늘 반쪽이 빨갛다.
평지로 돌아와 공 같은 해 보니
한 점 황금으로 부어낸 가을 귤 같다.

天門夜上賓出日，萬里紅波半天赤.
歸來平地看跳丸，一點黃金鑄秋橘.

그들은 웅장한 해 뜨는 광경에도 압도당하지 않고 자기본위의 해학적인 기분을 그대로 유지하고 있다. 그들의 눈에는 하늘에 떠 있는 해가 사람의 손에 닿을 수 없는 위대한 존재가 아니라 사람들이 갖고 노는 공이나 즐겨 먹는 가을 귤이나 비슷한 존재의 하나였던 것이다. 송시에 농촌풍경을 노래한 작품들이 많은 것도 모든 작가들이 적어도 한 동안은 농촌에 생활할 기회를 가졌음을 생각할 때, 자기의 생활주변을 담담한 마음으로 세밀히 관찰했던 송인들로서는 당연한 일이라 할 것이다. 범성대(范成大, 1126－1193) 같은 시인이 그런 시를 많이 썼다.

그리고 그러한 송나라 시인의 농촌시도 생활에의 밀착과 자연시의 부정이란 면에서 설명될 수가 있을 것이다.

4. 산문화(散文化) 경향

이상 예기한 송시의 여러 가지 특징들은 송시의 문장을 서술적인 특색을 지니게 하였다. 서술적인 표현은 또 산문적이란 말로도 표현될 수가 있는 것이다. 미문이나 묘문을 추구하지 않고 섬세한 감각으로 자기의 생활경험을 토대로 하여 논리적인 문장을 전개하다 보면 아무리 시라 하더라도 그 문체가 산문적인 경향을 띠지 않을 수가 없을 것이다. 청나라의 오교(吳喬)도 『위로시화(圍爐詩話)』에서 이미 송시를 논하여 "송나라 사람들은 산문으로 시를 지었다(宋人以文爲詩)"고 말하고 있다. 소식의 「살고 있는 정혜원 동쪽은 잡꽃이 산에 가득한데 오직 해당화는 한 그루가 있는데도 그곳 사람들은 귀한 줄을 모르더라(寓居定惠院之東, 雜花滿山, 有海棠一株, 土人不知貴也)」라는 제목부터 서술적인 시는 그 좋은 보기가 될 것이다.

강을 낀 황주 땅은 무더운 기운 있어 초목 무성한데
오직 명화 한 그루 있어 적적하고 외로움을 괴로워한다.
생긋 한번 웃는 것 같은 모습 대울타리 사이로 보이는데
복숭아 오얏 꽃은 산에 질펀해도 모두 거칠고 속되기만 하다.
역시 조물주께 깊은 뜻 있으심 알겠으니
일부러 미인을 텅 빈 골짜기로 보내신 거로다.
자연스럽게 부하고 귀한 모습은 타고난 바탕에서 나오는 것이니
금 쟁반에 담아 화려한 집에 모셔 놓을 것도 없다.
붉은 입술로 술 마시어 발그레 양볼 상기되고
파란 소매의 짧은 비단 말아 올리니 붉은 살이 비친다.
숲은 깊고 안개 자욱하여 새벽빛 더디게 비치는데
날 따스하고 바람 가벼워 봄 잠 실컷 잔다.
비속엔 눈물 있어 또한 슬픔 느끼게 하고
달빛 아래 아무도 없으면 더욱 맑고 깨끗하다.
선생은 배부르게 먹고 할 일 하나도 없어
왔다갔다 거닐면서 자기 배를 문지른다.
남의 집이건 절간이건 물어 보지도 않고
지팡이 짚고 가 문 두드리고 길게 자란 대를 구경한다.
갑자기 다시없는 아름다움 만나 쇠하고 시든 몸 비추니
탄식하며 말없이 병든 눈만 닦는다.
천한 고장에 어디로부터 이 꽃을 얻어 왔을까?
호사가가 서촉 땅으로부터 옮겨 온 게 아닐까?
한 치의 뿌리라도 천리 길 가져오기 쉽지 않으리니
씨를 물고 날아온 건 틀림없이 따오기일 게다.
하늘가에 흘러 떨어졌으니 다 같이 외로운 처지라
한 잔의 술을 마시며 이 노래를 부른다.
내일 아침 술 깨어 다시 홀로 와 보면
눈 내리듯 펄펄 떨어질 꽃잎을 어찌 차마 대하랴!

江城地瘴蕃草木, 只有名花苦幽獨.
嫣然一笑竹籬間, 桃李漫山總麤俗.
也知造物有深意, 故遣佳人在空谷.
自然富貴出天姿, 不待金盤薦華屋.
朱脣得酒暈生臉, 翠袖卷紗紅映肉.
林深霧暗曉光遲, 日暖風輕春睡足.
雨中有淚亦悽愴, 月下無人更淸淑.
先生食飽無一事, 散步逍遙自捫腹.

不問人家與僧舍, 拄杖敲門看修竹.
忽逢絶艶照衰朽, 歎息無言揩病目.
陋邦何處得此花? 無乃好事移西蜀?
寸根千里不易致, 銜子飛來定鴻鵠.
天涯流落俱可念, 爲飮一樽歌此曲.
明朝酒醒還獨來, 雪落紛紛那忍觸!

송나라 시인들은 이전 사람들은 산문으로나 써야 할 내용들을 시처럼 서술적으로 노래하였다. 당시에 비하여 이 점에서도 시의 내용이나 형식이 더욱 확대되었다고 할 것이다. 당시처럼 감정이 압축되어 있는 묘하고 멋진 표현은 찾아보기 어렵게 되었지만, 더욱 성실하고 섬세한 인간에 대한 관심과 여러 가지 문제에 대한 추구가 이루어지고 있는 것이다.

이러한 작가의 생활을 바탕으로 한 시의 서술적이고 산문적인 표현은 그 내용으로 많은 그 시대의 사회적 정치적인 문제를 담게 만든다. 곧 자기 생활을 통하여 느끼는 사회의 모순이나 민중의 생활상도 그들의 시의 중요한 대상이 되기 때문이다. 그것은 중국시의 전통적인 공용성과도 통하는 것이다. 당대의 사회시인들은 풍유(諷諭)를 통한 사회교화라는 의식적인 노력으로 사회시를 썼으나, 송나라 시인들은 일상적인 생활을 토대로 한 인간에의 관심과 여러 가지 문제의 추구가 자연히 사회적인 문제까지도 다루게 하였던 듯하다. 어떻든 송나라 때에는 두보나 백거이처럼 사회시인이라 부를 만한 전문적인 작가는 없었지만, 거의 모든 시인들이 사회적 정치적인 문제를 시로 노래하고 있다. 곧 시의 공용성은 송나라에 이르러 더욱 일반화되었다. 서술적이고 산문적인 문장형식이나 논리적인 생활과 밀착된 시의 내용은 이른바 사회시를 짓기에 알맞은 조건들이기 때문에 공용적인 시 짓기가 일반화되었는지도 모른다.

특히 매요신(梅堯臣) 같은 작가는 「답배송서의(答裵送序意)」라는 시에서 『시경』의 소아(小雅)와 대아(大雅)처럼 사회를 깨우치는 시를 지을 것을 밝히고 있다.[24] 더구나 송 일대는 금(金)나라를 비롯한 외족에게 끊임없는 압박을 받은 시대라 지식인들로서는 한민족의 자각을 시로 촉구하지 않을 수가 없었을 것이다. 남송 초기는 더욱이 금나라에게 조국 땅을 거의 모두 빼앗기고 남쪽으로 쫓기어 내려갔던 때라 많은 시인들이 우국적인 울분을 시로 읊었다. 육유(陸游)의 「춘야독서감회(春夜讀書感懷)」란 시는 그러한 보기의 하나이다.

24) "我於詩言豈徒爾, 因事激風成小篇. 辭雖淺陋頗剋苦, 未到二雅未忍捐.…"

거친 숲에서 올빼미 외로이 울고
들 물에선 거위 떼가 우는데.
나는 봉창에 앉아
책 읽는 소리로 이에 답한다.
슬프다, 흰머리 늙은이여!
세상 일 이미 실컷 겪고도,
한 몸 스스로 걱정할 줄 모르고
나라 걱정에 눈물 줄줄 흘린다.
옛날 당나라 천보(天寶) 말년을 생각해 봐도
이광필(李光弼)과 곽자의(郭子儀)가 나와 군사를 다스림에,
하북(河北)땅까진 비록 빼앗지 못했어도
그래도 동경(東京)과 서경(西京)은 되찾았지 않았나!
삼천의 뜻과 행동을 같이 하는 선비가 있고
백만의 금군(禁軍)이 있는데,
세월이 육십년이나 흐르도록
오랑캐 먼지 맑아짐을 보지 못하다니!
적의 두목은 실로 유약한 임금이요
적의 장수는 사람이 영명하지 못한데
어찌하여 이때를 놓치고 앉아서
간웅(奸雄)이 나오기를 기다리려는가?
나 죽으면 뼈조차 썩어 버리고
청사(靑史)엔 이름조차 남지 않으리니,
이 시도 만약 짓지 않는다면
붉은 마음 또한 누가 밝혀 주리!

荒林梟獨嘯, 野水鵝羣鳴, 我坐蓬窗下, 答以讀書聲.
悲哉白髮翁, 世事已飽更, 一身不自恤, 憂國涕縱橫.
永懷天寶末, 李郭出治兵, 河北雖未下, 要是復兩京.
三千同德士, 百萬羽林營, 歲月一甲子, 不見胡塵淸.
賊酋實孱主, 賊將非人英, 如何失此時, 坐待姦雄生?
我死骨即朽, 靑史亦無名, 此詩倘不作, 丹心尙誰明?

밤중에 일어나 앉아 나라를 걱정하는 늙은 시인의 마음이 뜨겁다. 송시의 사회에의 관심이 당시와 다른 점은 육유의 경우에서 볼 수 있듯이 자기의 일상생활 속에서 포착된 사회에의 관심이라는 것이다. 두보의 전쟁을 배경으로 한 사회시나 백거이의 평민생활을 노래한 시들은 작가의 일상생활과 직접적인 관련이 짙은 것은 아니지만, 송나라 시인들의 것은 훨씬 작가들의 생활에 밀착되어 있다. 왕안석(王安石)의 「강기(强起)」란 시를 읽어 보면 더욱더 그러한 경향을 느낄 수 있을 것이다.

싸늘한 방은 말똥말똥 잠 못 이루게 하는데
덜컹덜컹 수레 지나는 소리 들린다.
어느 집 사람인지 알 수 없지만
나보다 먼저 서리 위를 가는구나.
탄식해도 밤은 다 새지 않아
등불을 가져와 앞 기둥에 걸게 하고,
베개 밀치고 억지로 일어나려고
물어보니 별이 방금도 밝게 빛나고 있단다.
새벽은 성인이 힘쓰던 시각이니
『시경』 제풍(齊風)엔 계명(鷄鳴)시가 있었지.
아아, 나는 훔쳐 먹고 사는 거나 같으니
더욱 평생을 그르쳤다 느껴진다.

寒堂耿不寐, 轆轆聞車聲. 不知誰家兒, 先我行霜上.
歎息夜未央, 呼燈置前楹. 推枕欲强起, 問知星正明.
昧旦聖所勉, 齊詩有鷄鳴. 嗟予以竊食, 更覺負平生.

5. 시의 평담화(平淡化)

송시의 개척자 중의 한 사람인 매요신은 자신의 시 가운데에서 다음과 같은 선언을 하고 있다.

읊는 게 성정(性情)에 들어맞도록
되도록 평담(平淡)해지려 하고 있다.

因吟適情性, 稍欲到平淡. (「和晏相公」)

작시에는 고금 없이
오직 평담하게 짓기가 어렵다.

作詩無古今, 惟造平淡難. (「讀邵學士詩卷」)

매요신은 이처럼 시작에 있어서의 '평담'을 중시하였다. 시에 있어서의 평담이란 작시자의 마음가짐이나 시의 내용은 물론 시의 문장에까지도 적용되는 말이다. 따라서 그의 시는 미문이나 묘구는 물론 격한 감정의 기복이나 변화가 없는 평담한 작품을 이루고 있다. 「노산 산길을 가면서(魯山山行)」라는 그의 시를 다음에 보기로 든다.

마침 들의 정취 상쾌한데
여러 산들은 높았다 낮았다 한다.
좋은 봉우리 곳곳이 모양 바뀌고
그윽한 오솔길 홀로 가다 잃겠다.
서리 내렸는데 곰은 나무에 오르고
숲은 공적(空寂)한데 사슴은 시냇물 마신다.
인가는 어디에 있는고?
구름 저 멀리서 외마디 닭 울음소리 들려온다.

適與野情愜, 千山高復低. 好峯隨處改, 幽徑獨行迷.
霜落熊升樹, 林空鹿飮溪. 人家在何許? 雲外一鷄聲.

그는 노산의 산길을 가면서 보고 느낀 일들을 담담하고 고요한 자세로 서술하고 있다. 시인의 감정이 당시처럼 겉으로 드러나지 않고 바닷물처럼 그 기복을 표면 밑에 감추고 있다. 이렇게 매요신이 강조한 평담은 결국 송시의 전체적인 특징으로 발전하고 만다. 미문이나 묘문을 피하면서 서술적이고 산문적인 문장으로 철학적이고 논리적인 시를 쓰기 위하여 평담은 불가피한 요건이 될 것 같다. 생활과 밀착된 작품이나 섬세한 표현도 평담한 자세나 평담한 태도 없이는 이루어지지 않을 것이다.

송시가 이룩한 또 하나의 특징은 당시 이전의 시들에 흔히 보이던 "세월의 흐름"과 "늙어 죽어야만 할 인간의 숙명"에서 오는 비애를 극복하였다는 것이다. 옛 시인들은 무궁한 대자연 앞에서는 언제나 순간적이고 초라한 인간의 모습을 절감하며 슬퍼하였다. 한나라 때의 악부고사(樂府古辭)에서는 "인생은 백년도 채우지 못하는데, 늘 천년의 걱정 품고 지내네.(人生不滿百, 常懷千歲憂.)"(「西門行」)하고 통탄하였고, 조식(曹植, 192－232)은 "천지는 끝이 없고, 음양은 서로 뒤바뀌는데, 사람의 일평생은 빠르기 바람에 불리는 먼지 같네.(天地無窮極, 陰陽轉相因. 人居一世間, 忽若風吹塵.)"(「薤露行」)하고 인생을 슬퍼하였다. 당나라에 와서도 이백의 "지금 사람은 옛날의 달 못 보았으되, 지금 달은 옛 사람들 비추었겠지.(今人不見古時月, 今月曾經照古人.)"(「把酒問月」), "천고의 시름 씻어내려고, 연이어 백 병의 술 마시네.(滌蕩千古愁, 留連百壺飮.)"(「友人會宿」), "세상살이 거대한 꿈같네.(處世若大夢.)"(「春日醉起言志」)하고 연이어 인생의 숙명을 슬퍼하였다.

그러나 송나라 시인에 이르러는 세부적으로 인간생활을 파고들어 사람과 사람의 주변을 관찰하면서 인간의 무한한 가능성을 개발하기 시작하였다. 그들은 한 순간도 쉬지 않고 흐르는 시간 앞에 굴복하기보다는, 인간을 뜻있는 생활을 창조해 나갈 수 있는 영속적인 존재로 파악하기 시작한 것이다. 소식(蘇軾)이 우주의 만물이란 "그 변화하는 입장에서 보면 천지가 한 순간도 그대로 존재하지 않지만, 그 불변하는 입장에서 보면 만물이나 우리가 모두 무궁한 것이다"(「赤壁賦」)라고 말한 것처럼 거시적(巨視的)인 인생철학의 터전을 터득했던 것이다.

그러기에 그들은 아무런 슬픔 없이 밝은 달과 물이 흐르는 대자연을 즐길 수가 있었다. 소식의 「권태로운 밤(倦夜)」이란 오언율시를 읽어 보라.

베개가 권태로워 긴 밤이 싫은데
조그만 창은 끝내 밝을 줄을 모른다.
외로운 마을에 개 한 마리 짖는데
그믐달 아래 누가 가고 있는 걸까?
쇠한 머리 이미 흰 지 오래인데
나그네 정은 부질없이 스스로 맑다.
거친 정원엔 베짱이가 있어
공연히 베 짜는 소리 내지만 결국 무엇이 이루어지는가?

倦枕厭長夜, 小窗終未明. 孤村一犬吠, 殘月幾人行?
衰鬢久已白, 旅懷空自淸. 荒園有絡緯, 虛織竟何成?

적막한 밤, 멀리서 개 짖는 소리가 들려오고 문 앞에선 베짱이가 시끄럽게 울 때 늙은 자신을 생각했다면 으레 슬픔이 우러나왔을 터이지만, 소식은 "나그네 정은 부질없이 스스로 맑다" 하였다. 그리고 공연히 울고 있는 베짱이를 오히려 탓한다. 소식이 간직한 인간은 밤의 적막이나 벌레소리에 눌려 버리거나, 늙은 자신을 서러워하는 미소한 인간이 아니다. 적막 속에 "맑은 마음"을 지닐 줄 아는 자신을 갖고 생활하는 가능성이 무한한 인간인 것이다. 왕안석의 『젊은 눈으로 청춘을 보라(少年見青春)』라는 시는 송나라 시인들의 시간의 흐름을 대하는 태도를 잘 나타내고 있다.

젊은이가 한 봄을 보면
만물이 모두 아름답다.
자신이 비록 술 마시지 않는다 하더라도
즐겨 손님들과 취한다.
한 번 머리가 희어지기만 하면
아무것을 보아도 기뻐할 것이 없어진다.
마음이 옛날과 같지 아니하고

더욱 세월의 흐름이 느껴진다.
기쁜 일을 들어도 이미 가기 싫어지고
배부르고 나면 또 잠잘 생각만 한다.
봄이 간대도 다만 꿈만 같아
다시는 슬픔에 초췌해지지 않는다.
젊은이들에게 말 전하노니
힘써 봄 일을 하라.
그리고 노쇠한 노인을 이상히 여기지 말 것이니
쇠약함과 강건함은 자연 다른 법이니라.

少年見青春, 萬物皆嫵媚. 身雖不飮酒, 樂與賓客醉.
一從鬢上白, 百不見可喜. 心腸非故時, 更覺日月駛.
聞歡已倦往, 得飽還思睡. 春歸只如夢, 不復悲憔悴.
寄言少年子, 努力作春事. 亦勿怪衰翁, 衰强自然異.

젊었을 때는 세월 흐르는 게 안타깝지만, 오히려 늙고 보면 봄이 가버리는 것도 꿈만 같다고 한다. 이것은 늙어 죽어야만 하는 사람의 숙명을 슬퍼하기 보다는 뜻있는 일을 하려는 생활인으로서의 정열이 그렇게 만드는 것이다. 경학(經學)·정치·문학 등 모든 방면에서 눈부신 업적을 남긴 왕안석이라면 당연한 일이지만, 그 밖의 송나라 사람들 무두가 이런 생각을 가졌던 것 같다. 여기에서 젊은이들에게 "봄 일"에 노력하라고 하는 것은 "뜻있고 보람 있는 일"을 많이 하라는 말로 받아들여진다. 선(善)한 것으로 이해되는 사람의 본성을 찾고, 우주의 기본원리인 이를 추구하려는 성리학은 그 출발부터가 인생을 바라볼 때, 그것은 순간적인 것이 아니라 영속적인 무한한 가능성을 지닌 존재였던 것이다.

6. 당시와 송시

이상 논한 것 같은 송시의 특성을 통해서 우리는 송시가 당시와 다른 풍격의 문학을 발전시켰음을 알았다. 그 때문에 이후의 문학사에 있어서는 시의 방법이나 풍격을 두고 송시와 당시로 구분하여도 좋을 것이다. 여기에 유월(繆鉞)이 「논송시(論宋詩)」란 글(『詩詞散論』 소재)에서 쓴 당시와 송시의 대비를 소개한다.

"당시는 운(韻)에 있어 뛰어나다. 그러므로 혼아(渾雅)하며 온자(醞藉)와 공령(空靈)을 숭상한다. 송시는 뜻에 있어 뛰어나다. 그러므로 정능(精能)하며 심절(深折)과 투벽(透闢)을 숭상한다. 당시의 아름다움은 정사(情辭)에 있으니 그래서 풍성하고 살쪄 있다. 송시의 아름다움은 기골(氣骨)에 있으니 그래서 여위었으나 힘이 있다.

당시는 작약(芍藥)이나 해당(海棠)처럼 짙은 아름다움과 화려한 채색이 있다. 송시는 겨울의 매화나 가을의 국화처럼 그윽한 운치와 차거운 향기가 있다. 당시는 여지(荔枝)를 씹는 것처럼 한 알을 입 안에 넣으면 단맛과 향기가 양 볼에 가득 찬다. 송시는 감람(橄欖)을 먹는 것처럼 처음엔 떠름한 맛을 느끼지만 뒷맛이 빼어나고 오래 간다.

이것을 정원을 꾸미는 데 비유를 하면, 당시는 곧 돌을 쌓고 연못을 파고서 정자를 짓고 별관(別館)을 만드는 것 같다. 송시는 곧 정자와 별관 안을 비단장막과 조각한 나무 틀로 장식을 하고 수석(水石) 곁에 아름답고 특이한 나무와 화초를 심은 것과 같다.

이것을 산수에 노는 것에 비유를 하면, 당시는 곧 높은 봉우리에서 멀리 바라보아 의기(意氣)가 호연(浩然)한 것과 같고, 송시는 곧 그윽한 골짜기 냇물을 찾아 정경(情境)이 냉초(冷峭)함과 같다.

"당시의 단점은 부곽(膚廓)하고 평활(平滑)하다는 것이고, 송시의 단점은 생삽(生澁)하고 고담(枯淡)하다는 것이다."

대체로 당시는 정감이 풍부하고 미려하고 멋진 데 비하여, 송시는 보다 이지적이고 떫은 맛이 있지만 심원한 데가 있는 것이다. 보통 중국시는 당시가 대표한다고 생각하기 쉽다. 그러나 송나라 때에 이르러 특히 북송 시대에 중국시는 또 다른 면의 여러 가지 발전을 이룩했음을 유념해야 한다. 흔히 중국시는 당시, 그것도 성당시가 발전의 정점에 도달한 작품을 대표한다고 여기고 있으나, 중당시대부터 일기 시작한 문학혁신운동은 고문에 있어서 뿐만 아니라 시에 있어서도 북송에서 보다 높은 차원의 발전을 이룩하고 있는 것이다.

참고문헌

韓國『詩經』(註譯)金學主 明文堂 서울 1971
韓國『詩經選』(註譯)金學主 明文堂 서울 2003
韓國『中國詩論』車柱環 서울大出版部 1989
韓國『漢詩批評의 體例研究』李炳漢 通文館 서울 1974
韓國『漢代의 文人과 詩』金學主 明文堂 서울 2002
韓國『漢代의 文學과 賦』金學主 明文堂 서울 2002
韓國『杜詩의 比較文學的研究』李丙疇 亞細亞文化社 서울 1976
韓國『王維詩與李朝申緯詩之比較研究』柳晟俊 亞細亞文化社 서울 1978
韓國『李太白과 道教』李錫浩 集文堂 서울 1981
韓國『韓愈의 古詩用韻』李章佑 嶺南大出版部 1981
韓國『白樂天詩研究』金在乘 明文堂 서울 1985
韓國『王陽明詩研究』崔完植 台灣師大 台北 1988
韓國『明代前後七子의 詩論研究』元鍾禮 서울大 1989
韓國『黃庭堅詩研究』吳台錫 서울大 1990
韓國『樂府詩選』金學主 明文堂 서울 2002
韓國『陶淵明詩選』金學主 明文堂 서울 2002
韓國『唐詩選』金學主 明文堂 서울 2003
韓國『宋詩選』金學主 明文堂 서울 2003
韓國『明代詩選』金學主 明文堂 서울 2005
韓國『清代詩選』金學主 明文堂 서울 2006
韓國『중국고대시에 관한 담론』金學主 明文堂 서울 2006
韓國『李白樂府詩研究』陳玉卿 서울大 1971
韓國『庾信詩研究』盧曉熙 서울大 1992
韓國『謝靈運詩研究』金萬源 서울大 1992
韓國『王安石詩歌文學研究』柳瑩杓 法仁文化社 1993
韓國『阮籍詠懷詩研究』邊成圭 서울大 1992
韓國『陳子昂의 詩論 및 詩 研究』金泰鳳 서울大 1992.
韓國『歐陽修詩研究』權鎬鍾 서울大 1992
韓國『中國唐詩研究』上·下 柳晟俊 國學資料院 1994
韓國『두보초기시역해』이영주·박석·이석형·김만원·김성곤 솔 1999
韓國『宋詩選』柳種睦·宋龍準 서울대출판부 2001
韓國『宋詩史』송용준·오태석·이치수 亦樂 2004
韓國『杜甫律詩』이영주·강성위·홍상훈 明文堂 2005
中國『毛詩正義』孔穎達 十三經注疏本 唐
中國『詩集傳』朱熹 宋
中國『詩輯』嚴粲 宋
中國『毛詩稽古篇』陳啓源 清
中國『毛詩後箋』胡承珙 清
中國『毛詩傳箋通釋』馬瑞辰 清
中國『詩經釋義』屈萬里 中華文化出版委員會 1952
中國『樂府詩集』郭茂倩 宋
中國『樂府詩選』余冠英 香港世界出版社 1954

中國『樂府文學史』羅根澤 1931
中國『全漢三國南北朝詩』丁福保 臺灣藝文印書館 淸
中國『古詩紀』馮惟訥 明
中國『古詩源』沈德潛 淸
中國『玉臺新詠』徐陵 陳
中國『全唐詩』康熙帝 勅撰 淸
中國『全五代詩』李調元 淸
中國『全宋詩醇』乾隆帝 勅撰 淸
中國『五朝詩別裁集』沈德潛 淸
中國『御定全金詩』康熙帝 勅撰 淸
中國『宋詩鈔』吳之振 淸
中國『御定四朝詩』康熙帝 勅撰 淸
中國『宋詩百一鈔』張景星 外 2名 淸
中國『中國詩詞演進史』嵇哲 香港 開源書店 1956
中國『漢語詩律學』王力 1958
中國『中國韻文通論』陳鍾凡 上海 中華書局 民國
中國『中國詩史』陸侃如・馮沅君 作家出版社 1931
中國『中國詩歌發展史』梁石 經氏出版社 香港 1962
中國『中國中古詩歌史』王鍾陵 江蘇 教育出版社 1988
日本『樂府詩集の研究』中津濱 及古書院 昭和 35年
日本『古體詩作法』前川三郎 漢詩大講座 三卷
日本『中國詩史』吉川幸次郎 筑摩書店 昭和 42年
日本『宋詩概說』吉川幸次郎 岩波書店 昭和 37年
日本『支那詩論史』鈴木虎雄 弘文堂 東京 1925
西洋 *The She-King*, James Legge, London, Oxford University Press, 1935.
西洋 *The Book of Odes,* Bernard Karlgren, Stocholm, Museum of Far Eastern Antiquities, 1950.
西洋 *The Book of Songs*, Arther Waley, London, Allen & Urwin, 1937.
西洋 *The Bell and the Drum*, C. H. Wang, University of Calif. Press, 1974.
西洋 *Chinese Lyricism*, Burton Watson, Columbia University Press, 1971.
西洋 *Les Dix-Neuf Poémes Anciennes*, Jean-Pierre Dieny, Presses Universitaires de France, 1963.
西洋 *Aux Origines de la Poésie Classique en Chine*, Jean Pierre Diény, Monographies de Tóung Pao, 1968.
西洋 *Anthology of Chinese Literature*, Cyril Birch, Grove Press, 1967.
西洋 *The Art of Chinese Poetry*, James J. Y. Liu, The University of Chicago Press, 1962.
西洋 *The Poetry of Li Shang-Yin*, James J. Y. Liu, The University of Chicago Press, 1969.
西洋 *Poems of the Hundred Names ; A Short Introduction to Chinese Poetry*, Together with 208 Original Translations, Comp. and Tr. by Henry Hersch Hart, 3rd Edition 1954, Stanford.
西洋 *Poems of the Late T'ang*, Tr. & Int, by A. C. Graham, Penguin Books, New York, 1978.
西洋 *The Poetry of the Early T'ang*, Tr. by Stephen Owen, Yale Univ. Press, 1977.
西洋 *The Flowering Plum and the Palace Lady, Interpretation of Chinese Poetry*, by Hans H. Frankel, Yale Univ. Press, 1977.
西洋 *Chinese Poetry and Poetics* ; Vol-1, ed. by Ronard C. Miao, Chinese Material Center, InC. San Francisco, CA. 1977.
西洋 *Chinese Poetry ; Major Models and Genres*, Ed. and Tr. by Wai-Lin Yip, Berkely ; Univ. of California Press, 1976.

제3장 사부(辭賦)

제1절 사부(辭賦)의 특징 • 115
제2절 초사(楚辭) • 116
제3절 한부(漢賦) • 123
제4절 부(賦)의 발전과 영향 • 131
참고문헌 • 133

제3장

사부(辭賦)

제1절 사부(辭賦)의 특징

<사부>란 전국시대에 중국의 남방 초(楚)나라에서 지어졌다는 초사(楚辭)와 한나라 때에 성행한 부(賦)계통의 운문을 전체적으로 가리키는 말이다.『사기(史記)』사마상여전(司馬相如傳)에서 "경제(景帝)는 사부를 좋아하지 않았다",『한서(漢書)』양웅전(揚雄傳)에서 "일찍부터 사부를 좋아하였다", 위(魏)나라 조비(曹丕, 187－226)가『전론(典論)』논문(論文)에서 "왕찬(王粲)은 사부를 잘 하였다"고 한 <사부>라는 말이 모두 그런 뜻으로 쓰인 보기이다.

간혹 <사>와 <부>를 따로 떼어 사용할 적에도 본시 거기에는 구별이 없었다.『한서』양웅전에서 "부에는「이소(離騷)」보다 깊은 게 없고, 사에는 상여(相如)보다 아름다운 게 없다"라고 하였고,『한서』예문지(藝文志) 시부략(詩賦略)을 보면 "「굴원부(屈原賦)」20가(家),「육가부(陸賈賦)」21가,「손경부(孫卿賦)」25가,「잡부(雜賦)」12가." 등이 수록되어 있는데, 굴원의 초사계열의 작품이나 한나라의 부를 모두 아무 구분 없이 <부>라 부르고 있는 것이다.『사기』굴원전(屈原傳)에는 "초나라에 송옥(宋玉)·경차(景差) 같은 무리가 있었는데 모두 <사>를 좋아하여 <부>로써 유명 했다"는 말도 있다.

그러나 후세에 오면서 굴원을 우국시인으로 존경하는 나머지 초사계열의 작품들과 한부계열의 작품들을 <사>와 <부> 또는 <소>와 <부>로 구분하기 시작하였다. <소>는 굴원의 대표작이라는「이소(離騷)」에서 따온 말이다. 유협(劉勰)이『문심조룡(文心雕龍)』에서「변소(辨騷)」편과「전부(詮賦)」편으로 이들을 나누어 논설한 것이 그 대표적인 보기이다. 이들은 대체로 <사> 또는 <소>는 우수(憂愁)나

격정 같은 개인의 감정을 표현한 서정적인 작품들인 데 비하여, <부>는 웅대하거나 독특한 사물들을 아름답게 표현하려고 노력한 서사적 또는 영물적인 작품들이라 구분하려 한다.

그러나 『초사』에도 서사적인 작품들이 있고 한부(漢賦)에도 서정적인 작품이 많다는 것은 이미 많은 학자들이 지적한 바이다. 그 위에 초사나 부는 다 같이 한나라에 들어와 성행하기 시작하였으며, 작품의 내용은 말할 것도 없고 문장형식에 있어서도 서로 구분할 수가 없는 것들이다. 따라서 이들을 전혀 구분하지 않았던 한나라 때의 학자들의 태도가 옳았다고 보아야 할 것이다.

사부는 한나라에 와서 발달하였을 뿐만 아니라, 한나라 사람들로 하여금 사부를 통해서 문학의 가능성을 발견하고 본격적인 문학창작을 추구하게 하였다. 『사기』·『한서』 등을 보면 한나라에 와서야 비로소 학문 또는 학술을 뜻하는 문학(文學)이란 말과 문학을 뜻하는 문(文) 또는 문장(文章)이란 말을 분별하여 사용하기 시작하였다.[1] 그리고 한나라 때의 <문>이나 <문장>은 바로 사부를 가리키기도 하였다. 따라서 중국 문학사상 본격적인 문학창작은 사부에서 시작되고 있다고도 할 수 있는 것이다. 한편 이들이 발견한 문학의 가능성은 사부의 아름다운 표현의 추구를 통하여 이루어졌으므로, 이 사부의 창작은 중국문학의 수사(修辭) 발전에 있어서는 무엇보다도 큰 공헌을 하게 된다.

제2절 『초사(楚辭)』

1. 『초사』와 굴원(屈原)

중국의 가장 오래된 시가집인 『시경』에 실린 것 같은 시편들의 제작은 B.C. 6세기 중간 무렵에 거의 끝나고, 그 뒤로는 맹자(孟子)가 "왕자(王者)의 발자취 사라지자, 시도 없어졌다"(離婁 下)고 탄식한 중국 문학사상의 공백상태가 이어진다. 그러다가 전국(戰國)시대 말엽 초나라에 굴원(屈原, B.C. 343?－B.C. 290?)이란 시인이 나와 『시경』의 시들과는 내용이나 형식이 전혀 다른 새로운 시가를 만들

1) 『史記』 儒林傳 : "及今上卽位……延文學儒者數百人, 而公孫弘以春秋, 白衣爲天子三公." 여기의 文學은 학문의 뜻이다. 『漢書』 公孫弘卜式倪寬傳贊 : "文章則司馬遷·相如.……劉向·王褒以文章顯." 여기의 文章은 문학의 뜻이다.

어 냈다고 한다. 『시경』의 작품들은 거의 모두 작가를 알 수 없고, 그 내용은 중국사회의 일반적이고 보편적인 제재를 노래한 것들이다. 그러나 초사는 처음부터 특정된 개인에 의하여 창작되었고, 그 내용도 개인 사상과 감정을 바탕으로 하여 극도의 수사를 추구한 문학이다. 그래서 중국 문학사가들은 흔히 『시경』은 옛 북방을 대표하는 문학임에 비하여, 『초사』는 남방을 대표하는 문학이라 하면서 『초사』를 『시경』과 함께 중국 고대문학의 쌍벽을 이루는 시가집이라 내세우기도 하였다.

굴원이 지었다는 초사는 한나라 때에 편찬된 『초사』라는 책을 통하여 우리에게 전해지고 있다. 『초사』는 서한의 유향(劉向, B.C. 77－B.C. 6)이 편찬했다고도 하나,[2] 실제로 우리에게 전해지는 『초사』의 가장 오래된 책은 동한의 왕일(王逸, 89?－158?)이 지은 『초사장구(楚辭章句)』라는 책이다. 그런데 이 『초사』라는 책에는 굴원의 작품뿐만이 아니라, 그의 제자라는 송옥(宋玉)과 경차(景差)[3]의 작품을 비롯하여 한나라 때의 가의(賈誼)·회남소산(淮南小山)·동방삭(東方朔)·엄기(嚴忌)·왕포(王褒)·유향(劉向) 및 왕일 자신의 작품들이 각각 한 편씩 들어 있다. 한나라 작가의 작품도 적지 않게 들어 있어 『초사』라는 책의 성격을 가늠하기가 쉽지 않게 되어 있는 것이다.

그런데 왕일은 『초사장구』에서 굴원을 "충정(忠貞)한 바탕을 지니고 청결한 본성을 체득한 사람"이어서 「이소」는 그가 "충정하면서도 모함을 당하여 호소할 곳 없는 마음의 시름을 읊은 작품"이며 "오경(五經)을 근거로 뜻을 표현한"[4] 위대한 작품이라 해석하였다. 그 이후로 중국에서는 굴원과 『초사』를 높이어, 지금에 와서는 일반적으로 굴원을 "위대한 애국시인"이라 떠받드는 정도로 발전하였다.[5]

굴원의 전기는 『사기』의 굴원가생열전(屈原賈生列傳)과 유향의 『신서(新序)』 절사(節士)편의 기록이 전부이다. 그런데 이들 전기는 글의 앞뒤가 제대로 맞지 않고 모순되는 곳과 사실(史實)과 어긋나는 점들이 있는 이외에, 그의 생애에 대한 기록도 전체적으로 분명치 않아 여러 가지로 문제들이 많다. 그 위에 굴원의 대표작인 「이소」를 비롯하여 기타 모든 작품의 내용도 이를 우국이나 애국의 정을 읊은 것으로 보기는 어려운 것들이다. 이 때문에 굴원의 존재를 완전히 부정하는

2) 王逸『楚辭章句』 叙.
3) 第十『大招』 한 편이 屈原의 작품이 아니면 景差의 작품이라고 전해지고 있다.
4) 王逸『楚辭章句』 叙 참조.
5) 『楚辭研究論文集』(1957, 作家出版社) ; 郭沫若의 「偉大的愛國詩人－屈原」 이하 여러 논문 참조.

학자들도 나왔고,[6] 굴원의 존재를 긍정하는 학자라 할지라도「굴원전」의 기록이나 굴원의 작품 또는 왕일의 작품해석을 그대로 다 받아들이는 사람은 거의 없다. 특히 하천행(何天行)이『초사작어한대고(楚辭作於漢代考)』에서「이소」는 회남왕(淮南王) 유안(劉安, B.C. 178?－B.C. 122)이 지은 유선시(遊仙詩)이며, 그 밖의 굴원의 작품들이라는 것도 모두 한나라 때에 이루어진 것임을 밝힌 고증이 뛰어난다.

그러나 적어도 초사가 남쪽의 초나라 지방 민요를 바탕으로 발전 한 것임은 분명하다.『시경』에도 이미 국풍(國風)의 주남(周南)·소남(召南) 등에는 초나라 민요에서 나온 노래임이 분명한 작품들이 들어있고,『논어(論語)』·『맹자(孟子)』·『좌전(左傳)』·『장자(莊子)』같은 책에도 초나라의 노래가 여러 곳에 인용되어 있다.[7] 전국시대 말엽에는 초나라의 노래가 상당히 유행되어, 지식인들 중에도 이에 관심을 지녔던 사람들이 있었던 듯하다.『순자(荀子)』에는「성상(成相)」·「부(賦)」두 편이 들어 있는데 모두 민가의 형식을 따서 지은 것임이 분명하다. 문장은 삼언과 사언을 쓰며 비교적 자유로이 압운하고 있다.『한서』예문지 잡부(雜賦)에는「성상잡사(成相雜辭)」11편이 있고, 또「손경부(孫卿賦)」10편도 수록되어 있으니, 순자는 한나라 시대의 부와 시가 발전에 적지 않은 영향을 끼쳤을 것이다. 그러나 한나라 이전에는 이러한 초나라의 노래들을 <초사>라 부른 예를 찾아볼 수가 없다. 한나라 문제(文帝, B.C. 179－B.C. 157 재위) 무렵부터 <초사>란 말이 쓰이기 시작한 듯한데, 楚詞라고도 썼으며,[8] 한나라 초기부터 유행하였던 초가(楚歌) 또는 초성(楚聲)이나 마찬가지로[9] 단순히 "초나라 의 시가"란 뜻으로 쓰였던 듯하다. 어떻든 이 초기의 <초사>를 바탕으로 하여 한나라 초기에 육가(陸賈, B.C. 228?－B.C. 174?)·가의(賈誼, B.C. 201－B.C. 169)·매승(枚乘, ?－B.C. 141) 등에 의하여 한부가 이룩되고,[10] 무제(武帝)시대(B.C. 140－B.C. 87)에는 사마상여

---

6) 廖平『楚詞講義』(『六譯館叢書』1921, 四川 存古書局), 何天行『楚辭作於漢代考』(上海 中華書局, 1948), 衛聚賢『離辭的作者－屈原與劉安』, 丁迪豪「離騷的時代及其他」(並載『楚詞研究』1937, 吳越地史硏究會), 朱東潤「楚歌及楚辭」·「離騷的作者」·「淮南王安及其作品」·「離騷以外的屈賦」(『楚辭硏究論文集』作家出版社, 1957).

7)『論語』微子편의 楚狂 接輿의 노래,『孟子』離婁편의 孺子歌,『左傳』宣公 12年의 楚箴,『莊子』人間世편의 接輿歌 등.

8)『史記』張湯傳 : "(朱)買臣以楚辭, 與助俱幸, 侍中, 爲太中大夫, 用事."『漢書』朱買臣傳 : "會邑子嚴助貴幸, 薦買臣, 召見, 說春秋, 言楚詞, 帝甚說之."『漢書』王褒傳 : "宣帝時, 修武帝故事,… 徵能爲楚辭, 九江被公, 召見誦讀."

9)『史記』項羽本紀 : "夜聞漢軍皆楚歌." 同 留侯世家 : "上曰 ; 爲我楚舞, 吾爲若楚歌."『漢書』禮樂志 : "高祖樂楚聲." 同 韓延壽傳 : "望見延壽車, 噭咷楚歌."

10)『漢書』朱買臣傳·藝文志 詩賦略 참조.

(司馬相如, B.C. 179?－B.C. 117)・동방삭(東方朔, B.C. 161?－B.C. 87?)・매고(枚皐, B.C. 153－B.C. ?) 등이 가세하여 부가 크게 성행하기 시작한다.

2. 『초사』의 내용과 특징

『초사』라는 책에는 굴원과 그의 제자 송옥(宋玉)・경차(景差)의 작품을 비롯하여, 여러 한나라 작가들의 작품이 함께 실려 있다.

그 중에서도 중심을 이루는 것은 말할 것도 없이 굴원의 이름 아래 전하여지는 것들이다. 『한서』 예문지에는 "『굴원부』 25편"이라 기록되어 있는데, 옛 학자들은 대체로 『초사』에 실린 「이소(離騷)」・「구가(九歌)」(11편)・「천문(天問)」・「구장(九章)」(9편)・「원유(遠遊)」・「복거(卜居)」・「어부(漁父)」 등 도합 28편을 굴원의 작품이라고 믿어 왔다. 그런데 「원유」・「복거」・「어부」 세 편은 글의 모양으로 보거나 내용으로 보거나 굴원의 작품일 수 없다는 것이 일반적인 견해이다.[11] 「구장」에서는 「석왕일(惜往日)」・「비회풍(悲回風)」 등이 많은 사람들에 의하여 굴원의 작품이 아닐 것이라 여겨지고 있으며, 후세 사람들의 손길이 보태어진 것이라 믿는 이들이 많다. 따라서 어디서 어디까지가 굴원의 작품인지 지금까지도 중국문학자들 사이에 논의가 끊이지 않고 있다.

그 중에서도 「이소」는 왕일이 『초사장구』에서 경(經)자를 붙이어 「이소경(離騷經)」이라 높여 부르고, 굴원이 초나라를 위해 충성스럽게 일하다가 간신들의 모함을 받아 회왕(懷王)에게서 추방당한 뒤에 자신의 깊은 시름과 우국의 정을 노래한 작품이라 해설하였다. 그 뒤로 「이소」는 대체로 중국 고대의 가장 뛰어난 걸작으로, 그 상징적인 문장형식뿐만이 아니라 그 작품정신까지도 영원히 후인들이 본받아야만 할 고전으로 떠받들어져 왔다. 그러나 373개의 구절로 이루어진 장편의 「이소」를 읽어 보면 앞부분에서는 향초를 비유로 동원하며 자기의 깨끗한 수양 노력을 노래하는 한편, 세상이 더러워 자기 뜻이 제대로 이루어지지 않음을 원망하는 내용이 주조를 이루고 있다. 그리고 가장 많은 분량을 차지하는 뒷부분에서는 자기 이상을 추구하기 위하여 환상적으로 천지사방을 돌아다니면

11) 「遠遊」는 漢나라에 와서야 유행하기 시작한 遊仙思想을 중심으로 하고 있고 司馬相如의 「大人賦」를 모방한 것이 분명하며, 「卜居」・「漁父」는 "屈原既放"이란 말로 허두가 시작되고 있고 완전히 漢나라 때의 散文賦와 같은 형식의 글이라는 등, 屈原의 작품이 아니라는 많은 증거를 대고 있다.

서 노는 내용이다. 그 때문에 이를 유선시(遊仙詩)라 보는 이들도 있는 것이다. 이를 우국시라 보는 것은 아무래도 억지가 따르는 듯하다. 그러나 「이소」가 지닌 풍부한 상상과 아름다운 문채는 『시경』에서는 볼 수 없었던 새로운 세계를 중국 문학사상 열어 놓은 것이라 높이 평가해야 할 것이다.

그 중에서도 「구가」는 초나라 지방의 무가(巫歌)를 개작[12]한 「동황태일(東皇太一)」·「운중군(雲中君)」·「상군(湘君)」·「상부인(湘夫人)」·「대사명(大司命)」·「소사명(小司命)」·「동군(東君)」·「하백(河伯)」·「산귀(山鬼)」·「국상(國殤)」·「예혼(禮魂)」의 11편의 신을 제사지내는 노래들이다. 따라서 옛날 남방 민가의 색채를 가장 순수하게 지니고 있는 작품이다. 특히 무당은 신을 즐겁게 하기 위하여 성적인 즐거움도 동원하고 있기 때문에 이 중에는 아름다운 연가로 이루어진 작품들이 많으며, 전체적으로 문장이 아름다우면서도 생기가 발랄하다. 「구가」에서 「소사명(少司命)」의 한 대목을 읽어보기로 한다.

> 가을 난초 파릇파릇한데,
> 잎 푸르고 줄기 자주 빛일세.
> 방 가득히 미인들 찼는데,
> 문득 나와 한 사람 눈이 맞았네.
> 들어올 적에도 말없고 나갈 적에도 말없이,
> 회오리바람 타고 구름 깃발 꽂고 가버리네.
> 슬픔은 생이별보다 더한 슬픔이 없고,
> 즐거움은 새로 애인 사귈 때처럼 즐거운 게 없다네.
>
> 秋蘭兮青青, 綠葉兮紫莖.
> 滿堂兮美人, 忽獨與余兮目成.
> 入不言兮出不辭, 乘回風兮載雲旗.
> 悲莫悲兮生離別, 樂莫樂兮新相知.

「구장」은 「석송(惜誦)」·「섭강(涉江)」·「애영(哀郢)」·「추사(抽思)」·「회사(懷沙)」·「사미인(思美人)」·「석왕일(惜往日)」·「귤송(橘頌)」·「비회풍(悲回風)」의 9편으로 이루어져 있다. 이들은 제각기 내용의 성격도 다르고 문장수법도 달라서 한 사람의 작품이라 보기 어려운 점이 많다. 그 중에도 「이소」의 영향을 짙게 보여주는 것들이 주류를 이루며 구절의 표현조차도 「이소」를 본뜨거나 흉내를 낸 것들

12) 王逸 「九歌章句」 叙에서도 "昔楚國南郢之邑, 沅湘之間, 其俗信鬼而好祠, 其祠必作歌樂鼓舞以樂諸神. 屈原……其辭鄙陋, 因爲作九歌之曲."이라 하였다.

이 많다. 「천문」은 여러 가지 자연・종교・신화와 전설에 관한 의문을 제기한 글인데, 글도 사언체(四言體)로 남방 민가와 거리가 먼 듯하고, 내용도 앞뒤 연결조차 잘 되지 않는 곳이 많다. 그 밖의 작품들은 굴원 긍정론자들도 굴원의 작품이 아니라 한나라 때의 작품이라 보는 이들이 많으니 더 얘기할 필요가 없겠다.

그 밖에 『초사』에서 우리가 주의해야 할 작품은 송옥(宋玉)의 이름 아래 전하는 「구변(九辯)」과 「초혼(招魂)」[13]이다. 『초사』는 「구변」에 이르러 더욱 아름다운 표현과 음절을 추구하여 한부를 이루게 한다. 「구변」에서는 첫머리부터 주제와 관계도 없이 쓸쓸하고 적막한 가을의 정경을 30여 구의 긴 편폭을 들여 처절하고 아름답게 수사의 기교를 다하여 노래하고 있다. 여기에서 송옥비추(宋玉悲秋)란 말이 나오기도 하였지만, 한편 아름다움의 추구를 통한 문학의 가능성도 확인되고 있는 것이다. 「초혼」에서는 죽은 이를 슬퍼하면서, 저 세상의 여러 가지 위해로부터 벗어나 즐거움과 쾌적함으로 가득 찬 초나라로 혼백이라도 빨리 돌아와 쉬라고 거듭 "혼이여, 돌아오라 !"고 노래 부른다. 여기에서 저 세상의 갖가지 위해와 함께 초나라의 여러 가지 즐거움과 쾌적함을 늘어놓음으로써 한부의 멋진 표현을 늘어놓는 수법을 발전시키고 있는 것이다. 송옥의 작품은 이 밖에도 『문선(文選)』에 5편, 『고문원(古文苑)』에 6편 등이 전하나 모두 후세 사람들이 그의 이름을 빌어 지은 작품일 것으로 믿는다. 『초사』에 실린 두 편도 한나라 때에 이루어진 작품일 것이다. 이것들은 한나라에서 한부가 이루어지면서 함께 지어진 작품들일 것이다.

전체적으로 볼 때 초사를 필두로 하여 사부는, 「구가」처럼 초나라의 무가(巫歌)에서 출발하여[14] 개성적인 정서와 환상을 변화 많고 아름다운 문장으로 표현하는 새로운 문학으로 이루어진 것이다. 그리고 같은 운문이면서도 시와 크게 다른 점은 사부는 처음부터 노래의 가사이기보다는 읽고 읊는 글로 발전하였고, 민중의 손으로부터 벗어나 귀족적인 성격의 문학으로 전개되었다는 것이다.

---

13) 王逸의 『楚解章句』에서는 "招魂者宋玉之所作也."라고 하였으나, 司馬遷이 『史記』에서 "余讀「離騷」・「天問」・「招魂」・「哀郢」, 悲其志."라고 한 말을 근거로 屈原의 작품으로 보는 이들도 많다(林雲銘 『楚辭燈』・蔣驥 『山臺閣注楚辭』・梁啓超 『屈原硏究』 등).

14) David Hawkes ; Literature, An Introductory Note(*The Legacy of China*, ed. by Raymaond Dawson, Oxford Universuty Press, 1964) ; 『巫系文學論』(日本 藤野岩夫, 大學書房, 昭和 25年,) 金學主 「離騷의 性格」(『東亞文化』 第16輯, 1979). 「九歌」 뿐만이 아니라 『楚辭』의 모든 기타 작품에도 巫歌의 흔적은 많이 남아 있다.

3. 「초사」의 구법과 형식

「초사」에 굴원의 작품이라 전하는 대표적인 작품들에 사용된 구법에는 대체로 다음과 같은 네 가지가 있다.

Ⓐ ㄱ. □□□兮□□ : 五音紛兮繁會,
오 음 분 혜 번 회
君欣欣兮樂康. (「九歌」 東皇太一)
군 흔 흔 혜 낙 강

ㄴ. □□□兮□□□ : 悲莫悲兮生別離.
비 막 비 혜 생 별 리
樂莫樂兮新相知.(「九歌」 小司命)
낙 막 락 혜 신 상 지

Ⓑ □□□○□□兮 : 長太息以掩涕兮
장 태 식 이 엄 체 혜
□□□○□□ 哀民生之多艱.(「離騷」)
애 민 생 지 다 간

Ⓒ □□□□ □□□□ : 東西南北, 其脩孰多? (「天問」)
동 서 남 북 기 수 숙 다

Ⓓ □□□□ □□□些 : 天地四方, 多賊姦些. (「招魂」)
천 지 사 방 다 적 간 사

Ⓐ의 구법은 「구가」에서만 볼 수 있는 것이지만, 초나라 지방 민요의 원형을 가장 많이 간직한 형식인 것으로 생각된다. 구법이 삼언(三言)을 바탕으로 하는 남방의 가요 리듬에 가장 잘 들어맞는 것이다. 그것은 왕일이 『초사장구』의 구가서문(九歌敍文)에서 말하고 있듯이 초나라의 신을 제사지내는 무당의 노래와 춤을 보고 그것을 본떠서 지은 것이기 때문이다.

Ⓑ의 구법은 「이소」와 「구장」 중의 7편에서 볼 수 있는 것인데, 이는 Ⓐ의 구법에서 변화한 것인 듯하다. Ⓐ의 위 삼언과 아래 이언을 연결하는 "兮"자 대신 "以"·"之"·"而" 같은 접속사를 사용하고, 앞 구절의 끝에 "兮"자를 붙이어 앞뒤 두 구절을 연결하고 있다. Ⓐ의 구법에 비하여 시형상 발달한 것으로 생각되는 것은 이를 바탕으로 다양한 변화를 시도하고 있기 때문이다. 어떻든 Ⓐ Ⓑ는 남방민요의 고유한 구법의 형식을 잃지 않은 것이라 할 수 있다.

Ⓒ의 구법은 북방 『시경』계열과 같은 형식이니 북방가요의 영향을 받은 것일 것이다. 「천문」만이 전편 이 형식을 쓰고 있는데, 「천문」은 벽화에 써 넣은 도찬

(圖讚)이었다.[15] 후세의 찬(讚)들이 흔히 사언을 쓰고 있음을 생각할 때 이것은 작품의 성질상 어쩔 수 없이 전통적 수법을 따른 것이었다고 볼 수 있다.

Ⓓ의 구법은 북방의 사언의 구조와 남방의 삼언의 구조가 합쳐진 것이다. 「초혼」·「대초(大招)」 및 「구장」 중의 「귤송」이 이 구식을 쓰고 있는 데, 다만 구절 끝의 조사를 「초혼」은 "些"자를 쓰는 데 비하여 「대초」는 "只"자를, 「귤송」에서는 "兮"자를 쓰고 있는 것이 다르다. 그리고 후세의 부의 구법도 모두 이상의 네 가지 구법에서 나온 것이다.

장법은 주희(朱熹)의 『초사집주(楚辭集註)』에서 처음으로 밝히고 있는 데, 청(淸)나라 때에 와서는 진본례(陳本禮)의 『굴사정의(屈辭精義)』, 호준원(胡濬源)의 『초사신주구확(楚辭新註求確)』 등이 그를 따라 장을 나누고 있다. 이들에 의하면 한 장은 4구로 이루어지는 것이 보통이고, 가끔 6구로 일장을 이루는 것도 있다. 압운(押韻)은 한 장의 우수구(偶數句), 곧 제 2·제 4·제 6구에 하는 것이 원칙이나 간혹 첫 구 또는 전 구에 압운한 것도 있다. 그리고 각 장마다 운을 바꾸고 있어서, 주희는 주로 운을 따라 분장하였으나 가끔 장을 나는 곳과 운을 바꾼 곳이 일치하지 않는 곳도 있다. 『초사』에 쓰인 고운(古韻)의 연구로는 명(明) 진제(陳第)의 『굴송고음의(屈宋古音義)』와 청(淸) 장기(蔣驥)의 『산대각주초사(山臺閣註楚辭)』 부각(附刻) 「설운(說韻)」이 자세하다.

제3절 한부(漢賦)

1. 한(漢)왕실과 초사

한 왕조의 건설자인 고조(高祖) 유방(劉邦)과 그의 중요 신하들 대부분과 그와 싸운 항우(項羽)가 모두 초나라 사람들이어서 한나라 초기에는 초조(楚調)의 시가가 유행하였다. 고조의 「대풍가(大風歌)」·「홍혹가(鴻鵠歌)」를 비롯하여 항우의 「해하가(垓下歌)」, 당산부인(唐山夫人)의 「안세방중가(安世房中歌)」 등이 한나라 초기에 나온 초가(楚歌)라 부르는 초조의 시가이다. 항우의 「해하가」를 보기로 든다.

15) 王逸 「天問章句」 叙 의거.

> 힘은 산을 뽑을 만하고 기운은 세상을 덮을 만한데,
> 시국이 불리하니 명마 추(騅)도 달리지 않네.
> 추도 달리지 않거늘 어이하면 좋은가?
> 우(虞, 項羽의 夫人)여, 우여, 어이하면 좋은가?
>
> 力拔山兮氣蓋世, 時不利兮騅不逝.
> 騅不逝兮可奈何, 虞兮虞兮奈若何.

이 '초가'는 '초사'에 비하여 길이는 짧지만 구법은 서로 같다. 이러한 초조의 시가는 무제(武帝)에 이르기까지 왕실을 중심으로 성행한다. 무제는 주매신(朱買臣, ?－B.C. 115)을 불러 '초사'를 낭송케 하고[16], 회남왕(淮南王) 유안(劉安, B.C. 178?－B.C. 122)에게 「이소」의 주해를 쓰게 하였다고 하며,[17] 한편 자신이 「이부인가(李夫人歌)」·「추풍사(秋風辭)」 등을 짓고 있다. 한실의 왕족들인 오왕(吳王) 유비(劉濞)·양효왕(梁孝王) 유무(劉武)·회남왕(淮南王) 유안(劉安) 등도 모두 '초사'를 좋아하여, 그들 문하에 많은 문인들을 길렀다. 추양(鄒陽)·엄기(嚴忌)·매승(枚乘)·사마상여(司馬相如)·회남소산(淮南小山)·공손승(公孫勝)·한안국(韓安國) 등이 이들 문하에서 나온 사람들이며, 무제의 밑에는 엄조(嚴助)·오구수왕(吾丘壽王)·사마상여(司馬相如)·주보언(主父偃)·동방삭(東方朔)·매고(枚皐) 같은 문필가들이 시부(詩賦)를 지으면서 황제를 섬기고 있었다.

이러한 왕실의 초사애호로 말미암아 무제의 시대에는 새로운 부라는 문학형식이 완성되는 것이다. 문제(文帝) 때 활약한 가의(賈誼, B.C. 201－B.C. 169)의 「조굴원부(弔屈原賦)」나 「복조부(服鳥賦)」는 그래도 '초사'의 성향을 지니고 있다고 할 수 있지만, 무제 때의 사마상여(司馬相如, B.C. 179－B.C. 118)의 「자허부(子虛賦)」·「상림부(上林賦)」·「장문부(長門賦)」 등에 이르러는 그 내용과 형식이 '초사'에서 좀 더 발전한 '부'라는 새로운 문체를 이루게 된다. 그 형식을 보면 시라기보다는 산문적인 성분이 늘어났고 대화형식을 많이 쓰고 있으며, 내용에 있어서는 개성이나 개인의 감정보다도 일정한 일이나 물건을 거창하고 아름답게 서술 묘사하는 것으로 변하고 있다.

이처럼 한부의 형성과 발전이 황실과 귀족들의 초사 애호를 바탕으로 삼고 있으므로 부는 처음부터 귀족들의 전유물인 것 같은 성격을 띠었다. 한부의 대표적

---

16) 『漢書』 朱買臣傳 : "會邑子嚴助貴幸, 薦買臣, 召見說春秋, 言楚辭, 帝甚悅之".
17) 王逸 『楚辭章句』 敍에 보임.

인 작가로 알려진 사마상여를 보더라도 그의 「자허부」는 양효왕(梁孝王) 밑에 놀면서 왕실의 생활을 찬미하기 위하여 지은 것이고, 「상림부」는 다시 황제의 사냥놀이 하는 장관을 노래함으로써 무제에게 아부하기 위해 지은 것이다.[18] 부의 작가들은 자기의 글재주를 총동원하여 미사여구로 아름답고 멋진 문장을 엮음으로써 듣는 이의 귀를 즐겁게 하고 보는 이의 눈을 즐겁게 하는 것이었다. 그러나 초사나 마찬가지로 부에도 무가(巫歌)적인 성격이나 형식은 적지 않은 흔적이 그대로 간직되어 있다.

한편 황제들도 이들 부의 작가들을 광대처럼 궁정에 길러 두며 그들의 글재주를 필요에 따라 이용하며 즐겼던 것 같다. 『한서』의 엄조전(嚴助傳)을 보면 무제는 동방삭(東方朔)・매고(枚皐)・염조(嚴助)・오구수왕(吾丘壽王)・사마상여(司馬相如) 등 부의 작가들을 가까이 두고 있었는데, "황제는 이들을 배우나 마찬가지로 기르고 있었다"고 하였다.[19] 그 중에서도 사마상여는 자존심이 가장 강하여 "언제나 병을 핑계로 일을 피하였다"고 한 사람인데도, 그의 작품이 황실과 귀족에 대한 아부를 면치 못하고 있으니 다른 작가들의 작품은 볼 것도 없을 것이다. 같은 『한서』의 매고전(枚皐傳)에도 매고는 무제가 사방을 행행(幸行)할 적마다 따라 다니며 황제의 명에 따라 부를 지어 바쳤는데, 매고 스스로 "부를 짓는다는 것은 배우 노릇이나 같은 짓이어서 창우(倡優)와 같은 무리가 된 것을 스스로 뉘우친다"[20] 하고 말했다 한다.

무제시대(B.C. 140－B.C. 87)는 어떻든 부의 전성기였다. 그리고 뒤이어 양웅(揚雄, B.C. 53－A.D. 18)・반고(班固, 32－92)・장형(張衡, 78－139) 같은 부의 대가들이 나왔지만, 부는 형식주의적인 경향 때문에 옛 사람들의 것을 본뜨는 수법이 더해만 갔다. 양웅의 「감천부(甘泉賦)」・「우렵부(羽獵賦)」・「장양부(長楊賦)」・「하동부(河東賦)」는 사마상여의 「자허부」와 「상림부」를 본뜬 것이며, 「광소(廣騷)」・「반로수(畔牢愁)」 같은 것은 초사를 본뜬 것이다. 반고의 작품도 유명한 「양도부(兩都賦)」는 사마상여를 본뜬 것이며, 「유통부(幽通賦)」는 초사를 본뜬 것이다. 이렇게 하여 옛 사람들의 것을 본뜨는 모의(模擬)라는 부 창작의 방법은 공공연한 습성으

18) 『史記』 司馬相如傳 참조.

19) "其尤親幸者, 東方朔・枚皐・嚴助・吾丘壽王・司馬相如. 相如常稱疾避事, 朔皐不根持論, 上頗俳優畜之."

20) "從行至甘泉・雍・河東, 東巡狩… 上有所感, 輒使賦之… (皐) 又言, 爲賦乃俳, 見視如倡, 自悔類倡也."

로 발전한다. 장형의 대표작인 「이경부(二京賦)」라 불리는 「서경부(西京賦)」와 「동경부(東京賦)」는 반고의 「양도부」를 다시 본떠서 지은 것임은 말할 것도 없다.

이처럼 한나라 때의 부는 왕실의 애호 아래 생겨나 발전함으로써 귀족적 형식적 경향을 벗어나지 못한다.

2. 한부의 특징

이러한 한부의 특징을 몇 가지 조목별로 설명하겠다.

(1) 한부는 개성이나 개인의 감정을 부정하고 객관적인 사물을 아름다운 표현과 멋진 구절을 늘어놓으면서 아름답게 표현하는 데 힘쓴다. 부란 말은 본시 <시의 육의(六義)>에서 나온 것이지만, 유협(劉勰, 464?－520)이 『문심조룡(文心雕龍)』 전부(詮賦)편에서 "부란 포(鋪)의 뜻"이라 설명한 것도 한부의 그러한 특성에 말미암은 것이다. 부는 한자가 지니는 문자의 특성인 회화적인 형체상의 특성 및 음악적인 성운상의 특성을 다 살려 어떤 사물을 미사여구로 "포장서술(鋪張敍述)", 곧 아름다운 표현을 늘어놓고 있기 때문이다. 다만 이러한 부의 형식주의적인 노력이 중국문학의 수사 발전에 큰 공헌을 하였음에 주의하여야 한다.

(2) 부는 황제와 귀족들 아래에서 그들의 위력을 꾸며주면서 지배계급을 위하여 봉사하던 문학이다. 매승(枚乘, ?－B.C. 141)의 「칠발(七發)」과 사마상여의 「자허부」가 양효왕(梁孝王)을 위하여 지은 것이고, 사마상여의 「상림부」·「대인부(大人賦)」는 무제에게 바치기 위하여, 양웅의 「감천부」·「하동부」·「우렵부」·「장양부」 등은 성제(成帝)에게 바치기 위하여 지어졌다.

이 밖에 반고의 「양도부」, 장형의 「양경부」 등도 황제의 위세를 드높이기 위하여 지은 것임이 분명하다. 그들은 언제나 황제 바로 아래 부속된 상류 사족으로서의 자아만을 알고 있었고, 독자로서는 언제나 황제 귀족 등의 지배층만을 의식하고 있었다. 「상림부」 중에서 운몽(雲夢)의 모습을 묘사한 한 대목을 보기로 든다.

> 그곳의 산은 이리저리 꾸불꾸불하고, 높이 불쑥불쑥 이리 솟고 저리 솟아 해와 달을 가리며, 어지러이 뒤섞여 위로는 푸른 구름 위로 솟았고, 밑으로 널리 펼쳐지며 강물에 연이어 있다.
> 그곳의 흙은 단사(丹沙)·푸른 모래·붉은 흙·흰 흙이 있고, 노란 석영·흰 석영·주석·벽옥·금·은이 나는데, 여러 가지 색깔 찬란하여 용의 비늘이 반짝이는 듯하다.
> 그 곳의 돌은 붉은 옥·주옥·임(琳)·민(瑉)·곤오(昆吾)·함(瑊)·늑(玏)·검은 돌·연석(碝

石)・무부(碔砆)가 있다.
그곳 동쪽에는 혜초(蕙草)밭이 있고, 두형(杜蘅)・난초・백지(白芷)・두약(杜若)・사간(射干)・궁궁(芎藭)・창포(菖蒲)・강리(茳蘺)・미무(蘪蕪)・석류・파초가 자라고 있다.

其山則盤紆岪鬱, 隆崇嵂崒, 岑崟參差, 日月蔽虧, 交錯糾紛, 上干青雲, 羅池陂陁, 下屬江河.
其土則丹青赭堊, 雌黃白坿, 錫碧金銀, 衆色炫耀, 照爛龍鱗.
其石則赤玉玫瑰, 琳瑉昆吾, 瑊玏玄厲, 碝石碔砆.
其東則有蕙圃蘅蘭, 芷若射干, 芎藭菖蒲, 茳蘺蘪蕪, 諸柘巴苴

(3) 부의 작가들은 사물을 진지하게 관찰하고 생각한 것을 노래하지 않고, 자기의 글재주를 유희적으로 발휘하는 데 힘썼다. 따라서 이것을 읽고 듣는 군왕들도 오락적 태도로 부와 그 작가들을 대하였다. 『한서』 왕포전(王褒傳)을 보면 선제(宣帝) 때(B.C. 73－B.C. 49) 왕포(王褒)와 장자교(張子僑) 등이 대조(待詔)로 있었는데, 임금이 사냥을 나가거나 별궁에 놀러 나갈 때마다 이들도 따라다니면서 명에 따라 사부를 지었다. 그러면 왕은 이들의 작품의 잘 짓고 못 지은 정도를 따져 비단을 상으로 내렸다. 어떤 사람들이 이것은 유치하고 요긴한 일이 아니라고 간하자 왕은 "사부는 배우 짓이나 도박을 하는 것보다는 나은 것이다"라고 대답한다. 임금은 부를 연희나 도박보다는 약간 고급의 오락 정도로 생각하고 있었음이 분명하다.[21] 또 『한서』 엄조전(嚴助傳)을 보면 무제는 동방삭・매고・엄조・오구수왕・사마상여 같은 부의 작가들을 가까이 두고 있었는데, "황제는 이들을 배우처럼 길러 주었다"고 하였고, 『한서』 매고전에서는 매고 스스로가 "부를 짓는 것은 배우나 같은 짓이어서 부 작가들을 창우처럼 본다"고 하면서 "스스로 창우와 비슷함을 뉘우쳤다"고도 하였다. 부의 작가들은 스스로 황제 밑에서 창우나 같은 정도로 황제에게 아부하는 부를 지었고, 황제는 또 창우들의 우스갯짓을 구경하는 태도로 그들의 부를 대하였던 것이다. 또 『한서』 양웅전(揚雄傳)에서도 그는 부를 짓는다는 것이 "순우곤(淳于髡)・우맹(優孟) 같은 배우들의 무리와 아주 같은 짓이다"고 말하며 뒤에는 부 짓는 일을 그만두었다 한다.[22] 장형(張衡)도 「논공거소(論貢擧疏)」(『通典』 16)에서 "사부는 재지소자(才之小者)"이며 부를 짓는 사람들 중 하류의 작가들은 배우나 같은 짓임을 지적하고 있다.

---

21) "上令褒與張子僑等並待詔, 數從褒等放獵, 所幸宮館, 輒爲歌頌, 第其高下以差賜帛. 議者多以爲淫靡不急. 上曰 ; 不有博奕者乎? 爲之猶賢乎已. 辭賦大者, 與古詩同義, 小者辯麗可喜… 辭賦比之… 賢於倡優博奕遠矣."

22) "雄以爲賦者, 將以風也.… 賦勸而不止明矣. 又頗似俳優淳于髡・優孟之徒, 非法度所存, 賢人君子詩賦之正也. 於是輟不復爲."

(4) 부의 불성실한 창작태도는 결과적으로 이전 작품의 모방이라는 폐해를 가져온다. 『초사』의 경우에도 그러하였지만 한부에 이르러는 이전 작품을 본뜨는 풍조가 더욱 심해진다. 이미 사마상여의 「자허부」와 「상림부」도 송옥(宋玉)의 「고당부(高唐賦)」·「신녀부(神女賦)」를 본떠 지은 것이며, 양웅의 「감천부」·「우렵부」는 다시 사마상여 작품을 본떠 지은 것이다. 그리고 반고의 「양도부」는 다시 그들의 것을 본떠 지은 것이고, 장형의 「이경부」는 다시 반고를 본떠 지은 것이다. 매승이 「칠발(七發)」을 지은 뒤, 부의(傅毅)의 「칠격(七激)」, 최인(崔駰)의 「칠의(七依)」, 장형의 「칠변(七辯)」, 이우(李尤)의 「칠관(七款)」(또는 「七歎」), 최원(崔瑗)의 「칠소(七蘇)」, 최기(崔琦)의 「칠견(七蠲)」 등이 나왔는데 모두가 연이어 앞의 작품들을 본떠 지은 것이다. 또 동방삭의 「답객난(答客難)」을 보더라도 그 뒤로 양웅의 「헤조(解嘲)」, 반고의 「빈희(賓戲)」, 장형의 「응한(應閒)」 등 연이어 앞 작품을 본뜬 것들이 나온다. 특히 동한에 들어와서는 부에 있어서 이전 작품을 본뜨는 방법은 공공연한 창작수법의 하나로 인정되었다. 청나라 초기의 고염무(顧炎武, 1613－1682)는 "근대 문장의 병폐는 주로 모방함에 있다"(『日知錄』 권 19)고 논하고 있지만 그 병폐는 이미 한부에서 시작된 것이다.

(5) 많은 문인들은 『시경』의 이른바 '임금의 잘못을 풍자함으로써 간한다'는 풍간(諷諫)의 뜻을 끌어다 부의 창작의 의의를 설명하려 하였다. 반고(「離騷贊序」·『漢書』 藝文志 詩賦略)와 왕일(『楚辭章句』)은 이미 굴원의 작품 해석에도 풍간의 뜻을 강조하고 있다. 『사기』와 『한서』가 다 같이 사마상여의 「상림부」를 평하여 "그 끝 장에선 절약과 검소함으로 취지를 돌림으로써 풍간을 하고 있다"라고 하였다. 『한서』 양웅전에서도 그의 「감천부」·「하동부」·「교렵부」 등이 황제에게 풍간하기 위하여 지어진 것이라 하였다. 그러나 그는 만년에는 미려한 문사로 형식이나 크게 꾸미는 부는 결국 겉만 화사한 데 그치고 말아 풍간의 성과를 거둘 수는 없는 일이라고 단정하고 다시는 부를 짓지 않았다 한다. 이미 개인의 격정과 환상 등을 노래한 굴원의 작품에서도 풍간의 뜻을 찾으려 한다는 것이 잘못이라면 문장의 형식적인 아름다운 표현이나 늘어놓는 부에서 풍간의 뜻을 내세우려 한다는 것은 부질없는 일이라 할 것이다.

이러한 한인들의 의식적인 노력 때문에 뒤에 가서는 채옹(蔡邕, 133－192)의 「술행부(述行賦)」, 조일(趙壹, 178 전후)의 「자세질사부(刺世疾邪賦)」, 이형(禰衡, 173－

198)의 「앵무부(鸚鵡賦)」처럼 본격적으로 풍간을 목표로 사회의 모순을 고발한 작품이 나오기는 하였다. 그러나 이러한 작품들은 예외에 속하는 것이다. 정말로 작품의 목표를 풍간에 둔다면 거추장스럽고 거북한 형식의 부를 빌려 작품을 쓸 이유가 없을 것이다. 부는 내용이나 형식 모두 철저히 귀족화된 문학이어서 사회 문제를 들추어내고 풍간을 할 여유가 있을 수 없는 것이다.

3. 한부의 구성

부의 구성을 전체적으로 보면 직서체(直叙體)와 문답체(問答體)로 나누어진다. 『초사』에서 이마 이 두 가지 문체가 다 쓰였으나, 보다 뒤에 나온 작품이라 보이는 것들 중에 문답체가 더 많이 발견되고 있다. 그리고 문답체는 한나라 때의 부에 이르러 본격적으로 발전한 형식이라 할 것이다.

한 편의 부는 대체로 서(叙)와 본문과 맺는말의 세 단락으로 이루어지고 있다. '서'에서는 작품의 동기나 연유를 쓰고, '맺는말'은 보통 "난왈(亂曰)" 또는 "계왈(系曰)"·"중왈(重曰)"·"가왈(歌曰)"·"신왈(訊曰)" 등의 허두로 시작되는데 전편의 뜻을 요약하는 게 보통이다. 그러나 부는 꼭 이러한 세 단락으로 이루어져야 한다는 것은 아니다. 특히 『초사』 계통의 부라 할 수 있는 서정적인 부에는 '서'가 없이 본문과 "난왈"의 두 단락으로 이루어진 작품들이 많다.

부의 구법(句法)은 원칙적으로 초사를 따르고 있으나, 사마상여의 「상림부」·「자허부」 등에서는 더욱 산문화한 한부의 독특한 형식을 보여 주고 있다. 사마상여는 거기에서 한자의 '兮'자도 쓰지 않고, 4자 구절을 가장 많이 쓰면서 중간에 3자 구절과 6자 구절 등을 섞어 변화를 일으키고 있다. 4자 구절을 겹쳐 쓰는 것은 초사의 리듬으로부터 벗어난 것이라 할 수 있다. '兮'자가 들어 있지 않은 3자 구절이나 6자 구절이라 할지라도 그것들은 분명히 『초사』의 구법에서 나온 것이지만, 한 나라 때의 부는 『초사』와 다른 다양한 형식의 문장으로 발전하고 있는 것이다.

4. 한부의 종류

부의 분류는 양(梁)나라 소명태자(昭明太子) 소통(蕭統, 501—531)이 편찬한『문선(文選)』이 가장 상세하다. 거기에서는 부를 경도(京都)·교사(郊祀)·경적(耕籍)·전렵(畋獵)·기행(紀行)·유람(遊覽)·궁전(宮殿)·강해(江海)·물색(物色)·조수(鳥獸)·지(志)·애상(哀傷)·논문(論文)·음악(音樂)·정(情)의 15부로 자세히 나누고, 다시 그 밖에『초사』계통의 작품들을 소(騷), 매승(枚乘)의 칠발(七發) 형식의 작품들을 칠(七)이라 하여 따로 다루고 있다. 그밖에 사(辭)라 하여 한 무제의「추풍사(秋風辭)」와 도연명(陶淵明, 365—427)의「귀거래사(歸去來辭)」를 따로 분류하고 있다. 그러나 이는 지나친 자세한 분류라 하겠다.

한나라 때의 부는 초사의 소체(騷體)를 이어 받은 서정부와 한나라에 와서 크게 개발된 서사부(敘事賦) 또는 영물(詠物賦)의 두 가지로 크게 나눌 수 있을 것이다. 다시 서정부를 보면 첫째 작자가 직접 자신의 우수나 분만을 노래한 것과, 둘째 굴원 또는 죽은 이를 추모하면서 아울러 자신의 우수를 노래한 작품과, 셋째 작가의 철학이나 인생관을 노래한 작품들이 있다. 예를 들면 첫째 종류에는 가의(賈誼)의「복조부(服鳥賦)」, 장형(張衡)의「귀전부(歸田賦)」등이 있고, 둘째 부류에는 가의의「조굴원부(弔屈原賦)」를 비롯하여『초사』에 수록된 한나라 작가들의 작품이 있고, 셋째 부류로는 양웅(揚雄)의「태현부(太玄賦)」와 반고(班固)의「유통부(幽通賦)」등이 있다. 이 서정부들은 대체로『초사』의 문학형식을 따르고 있고, 서사부에 비하여 단편이면서도 개성적인 성격을 띠고 있다.

서사 또는 영물부들은 눈앞에 보이는 사물들을 매우 자세하고도 화려하게 묘사하는 데 온 힘을 기울이고 있다. 따라서 이들의 문체는 산문화하면서도 웅장해져서 장편을 이루는 경향을 띠게 된다. 이 사물을 읊는 부가 한나라 부의 주류를 이룬다. 한부의 대표적인 작가들의 대표적인 작품들이 거의 모두 이에 속한다. 그리고 이것들은 앞에서 이미 얘기한 바와 같이 거의 모두가 천자나 왕후들을 위하여 지은 작품들이다.

제4절 부(賦)의 발전과 영향

한나라 말엽 건안(建安)시대(196－219)에 와서는 시의 성행과 함께 사부도 잠시 시와 같은 취향을 되찾을 듯이 보였다. 이형(禰衡)의 「앵무부(鸚鵡賦)」, 조식(曹植)의 「낙신부(洛神賦)」에 이어 왕찬(王粲)의 「등루부(登樓賦)」라는 완곡한 정취를 읊은 작품이 나왔다. 그 뒤로도 반악(潘岳, ?－300)의 「서정부(西征賦)」·「추흥부(秋興賦)」·「한거부(閒居賦)」·「회구부(懷舊賦)」와 육기(陸機, 261－303)의 「탄서부(歎逝賦)」 같은 서정에 힘쓴 작품들이 나왔다. 그 뒤로도 도연명(陶淵明, 372－427)의 「한정부(閑情賦)」, 포조(鮑照, 421?－465)의 「무성부(蕪城賦)」 같은 빼어난 작품들이 몇 편 나왔다.

명(明)나라 서사증(徐師曾)은 『문체명변(文體明辯)』에서 한부는 모두 고부(古賦)로 일괄하여 처리하고 다시 후세의 부들은 문체에 따라 배부(排賦)·율부(律賦)·문부(文賦)로 분류하고 있다.

'배부'는 서진(西晋)의 반악(潘岳)과 육기(陸機) 등에게서 시작하여 송(宋)나라(420－479) 이후 남북조시대(420－589)에 성행하였던 부체이다. 반악·육기는 부의 수사에 더욱 공을 들여 대구를 많이 사용함으로써 변려문(騈儷文)의 선성(先聲)을 이룬다. 따라서 이를 변부(騈賦)라고 부른 학자도 있다.[23] 송(宋)나라 이후로는 시나 마찬가지로 부에 있어서도 더욱 형식적인 문장수식에 노력하여 부에 쓰는 글자의 음률의 해화(諧和) 효과 까지도 중시하게 된다. 그 결과 아름다운 대구를 늘어놓은 배부라는 더욱 형식주의적인 문체가 유행한 것이다.

'율부'는 당(唐)나라 때에 이르러 과거에 시부를 시험과목으로 함으로써 생겨난 더욱 규식화(規式化)한 부체이다. 율부에 있어서는 대구뿐만이 아니라 평측(平仄)의 음률의 해화까지도 중시하게 되었다. 이는 심약(沈約)의 사성(四聲)·팔병(八病)의 이론에서 시작된 것이어서, 시에 있어서는 근체에 해당되는 부체라 할 것이다. 다만 율부에 있어서는 부의 내용은 전혀 상관하지 않고 문장의 형식만을 중시했다는 점이 시와는 다른 특징이다. 이 율부는 그 뒤 송나라 초기의 과거에도 채용되었다.

---

23) 日人 鈴木虎雄『賦史大要』第四篇.

'문부'는 송(宋)나라 구양수(歐陽修, 1007－1072) 이후 산문에 있어 고문이 성행하면서 그 영향 아래 이루어진 부체이다. 이는 변려문의 배격으로 말미암아 산문화한 부로, 구양수의 「추성부(秋聲賦)」와 소식(蘇軾, 1036－1101)의 「적벽부(赤壁賦)」 같은 명작들을 남기고 있다.

이 배부 · 율부 · 문부의 세 가지 중 율부는 거의 언급할 가치도 없는 형식적인 작품이나 문부는 반대로 개성적인 창의가 담긴 새로운 부체로 발전하고 있다. 그러나 구양수와 소식 뒤에는 다시 그들의 작품을 뒤따를 만한 작품이 더 나오지 못했다.

부는 처음부터 형식주의적이고 귀족적인 성향을 띠고 있어 바로 부정적인 눈으로 보아 넘겨 버리기 쉽다. 그러나 실제로는 한자라는 독특한 상형문자를 사용하는 중국문장에 있어서 온갖 표현 가능성을 개발하는 데에는 큰 공헌을 한 것으로 보아야만 할 것이다. 부의 발달을 통하여 중국문장의 수사기교와 음운의 해화는 한층 더 발전할 수가 있었다.

특히 한나라 때에 이루어진 칠언시는 『초사』와 부를 바탕으로 하여 생성된 것임은 이미 앞에서 논한 바가 있다. 칠언시는 사부를 바탕으로 하여 발전한 것이기 때문에 오언시에 비하여 리듬이 장중하고 수식적이라고 할 수 있다.

부에서 발휘되기 시작한 문장의 형식주의는 산문과 시에도 큰 영향을 끼쳤다. 서한(西漢)의 문장보다 동한(東漢)의 문장이 더욱 형식화하고 마침내는 남북조에 변려문(騈儷文)이 크게 발달하고 근체시의 바탕이 이룩되는 것도 부의 영향이라 할 것이다. 배부나 율부는 변려문의 발달의 영향으로 이루어진 것이라 하지만 그 변려문 자체가 이미 부의 수사주의로부터 출발한 것이다. 곧 부를 바탕으로 하여 변려문이 발전하고 근체시도 이룩되었다고 할 수 있는 것이다. 그러니 중국문학사상 본격적인 문학작품의 창작은 비록 수사위주였다고는 하나 부에서 시작되었다고 보아도 좋을 것이다.

참고문헌

韓國『楚辭神話之分類及其相關神話研究』宣釘奎(臺大 碩士學位論文)
韓國『楚辭』柳晟俊 譯註 惠園出版社 1991
韓國『楚辭』(譯註) 金時俊 探求堂 서울 1985
韓國『漢代의 文學과 賦』金學主 明文堂 서울 2002
中國『楚辭章句補註』漢 王逸 章句 宋 洪興祖 補註 臺灣 藝文印書館 景印
中國『楚辭集註』宋 朱熹
中國『楚辭燈』清 林雲銘 臺灣 廣文書局 景印
中國『山臺閣註楚辭』清 蔣驥
中國『楚辭通釋』清 王夫之 臺灣廣文書局景印
中國『屈原賦註』清 戴震
中國『文選』梁 蕭統
中國『離騷纂義』遊國恩 中華書局 北京 1980
中國『天問纂義』遊國恩 中華書局 北京 1982
中國『西漢三國文集』中華叢書委員會 台北 1960
中國『九歌研究』張壽平 台北 廣文書局 1970
中國『九歌與沅湘民俗』林河 上海 三聯書店 1990
中國『楚辭的文化破譯』蕭兵 湖北人民出版社 1991
日本『楚辭研究』星川清孝 養德社 天里市 1961
日本『楚辭研究』竹治貞夫 風間書店 東京 昭和 53
日本『賦史大要』鈴木虎雄 1936
日本『巫系文學論』藤野岩友 大學書房 昭和 26
西洋 Ch'u Tz'u, *The Songs of the South*, David Hawkes, London, Oxford University Press, 1959.
西洋 *The Nine Songs : A Study of Shamanism in Ancient China*, Arthur Waley, London, Allen & Urwin, 1955.
西洋 *Two Chinese Poets*, Vignettes of Han Life and Thought, E. R. Hughs, Princeton University Press.
西洋 *The Han Rhapsody : A study of the Fu of Yang Hsiung*(53 B.C.－A.D.18), David R. Kneel1tges, Cambridge : Cambridge Univ. Press, 1976.

제4장 산문(散文)

제1절 중국 고대의 산문 • 137

제2절 변려문(騈儷文) • 146

제3절 고문(古文) • 153

참고문헌 • 171

제4장

산문(散文)

제1절 중국 고대의 산문

1. 고대 산문의 발전

중국의 시가 『시경』에서 출발하고 있다면 중국의 산문은 『서경』에서 출발하고 있다고 할 수 있다. 그리고 중국의 전통문학이 시와 산문을 중심으로 하고 있음은, 그 연원이 되는 『시경』과 『서경』이 후세에까지도 큰 영향을 끼쳤음을 뜻하는 것이다.

『서경』은 본시 <서>라고만 불렀는데, 그것은 『시경』을 <시>라고만 불렀던 사정과 같다. 또 『서경』은 흔히 『상서(尙書)』라고도 한다. 『상서』란 호칭은 한나라 문제(文帝, B.C. 179－B.C. 157 재위) 때의 복생(伏生)에 의하여 '상고(上古)시대의 글'이란 뜻에서 붙여진 말이라 한다.[1] 복생 이후로 사마천(司馬遷)의 『사기(史記)』, 동중서(董仲舒, B.C. 179－B.C. 93?)의 『춘추번로(春秋繁露)』 등에서 『상서』란 말을 사용하여 그 용어가 일반화되었다.

지금 우리에게 전해지는 『서경』은 『십삼경주소(十三經注疏)』 속에 들어 있는 『상서정의(尙書正義)』인데, 그 본문인 이른바 『고문상서(古文尙書)』는 후세 사람이 가짜로 지어낸 가짜 책이며, 거기에 붙어 있는 이른바 한나라 초기의 공안국(孔安國)이 지었다는 『공전(孔傳)』도 전부가 가짜로 지은 것이다. 그러나 이 가짜 『서경』은 진짜인 한나라 초기에 복생(伏生)이 전했다는 이른바 『금문상서(今文尙書)』 29편을 근거로 한 것이기 때문에, 다행히도 가짜 속에 진짜가 섞여 전해지고 있

1) 『僞孔傳』 序. 伏生은 그의 해설을 붙인 책 이름을 『尙書大傳』이라 하였다.

다. 지금 우리에게 전해지는 『서경』은 모두가 58편인데, 그것은 복생의 29편을 33편으로 늘인 다음 다시 25편의 가짜를 만들어 덧붙여 이루어진 것이다.

대체로 『서경』은 공자가 편찬하여 유가의 경전으로 확정시킨 것임에 틀림없다.[2] 그것은 그와 그의 제자들이 쓴 글 속에 여러 곳에서 『서경』을 인용하고 있는 것으로 보아도 그렇게 믿는 수밖에 없다.

『한서』 예문지(藝文志)에는 옛날부터 사관(史官)이 있었는데 "좌사(左史)는 말을 기록하고 우사(右史)는 일을 기록하였으며, 일의 기록이 『춘추(春秋)』이고 말의 기록이 『서경』이다"고 하였다. 그래서 옛날부터 『서경』은 옛날 사관의 기록을 정리 편찬한 역사서이며, 내용은 주로 옛 임금과 신하들의 말을 기록한 것이라 하였다. 그러나 『서경』은 역사적인 자료가 들어 있는 것은 사실이지만 엄격한 의미의 '역사시'는 아니며, 또 말뿐만이 아니라 일을 기록한 부분도 적지 않다. 그리고 지금의 『서경』은 우서(虞書)·하서(夏書)·상서(商書)·주서(周書)의 네 부분으로 크게 나누어져 있는데, 옛날에는 이것들은 각각 그 시대의 사관들의 기록이며, 그것을 공자가 시대 순으로 배열한 것이라 하였다. 그러나 고대의 문자와 문장의 성격이나 글자를 쓰는 방법 등을 생각하더라도 주나라 이전부터 이런 기록과 문장이 있을 수는 없었을 것이다. 비록 상(商)나라 이전부터 전해 오던 사관의 기록을 바탕으로 하였다손 치더라도 대부분이 전국시대에 이루어진 글들임에 틀림없다.

그 내용은 사관들의 기록이라고는 하지만 본격적인 역사서는 아니다. 일부 성왕(聖王)들의 사적을 객관적인 입장에서 서술한 부분도 있기는 하지만 크게 보면 임금과 신하들의 연설이나 대화의 형식을 빌려 나라를 다스리는 원리를 논하거나 성왕의 업적을 기리기도 하고, 본격적으로 특정한 임금이나 신하의 연설문이나 훈계를 베껴 놓기도 한 것이다. 따라서 중국 고대의 가장 소중한 역사자료의 하나임에는 틀림없다. 『서경』의 기록 중에서 가장 오랜 부분은 요(堯)임금에 관한 기록이고, 가장 늦은 것은 B.C. 626년 무렵 주(周) 양왕(襄王) 때 진(秦)나라 목공(穆公)이 진(晋)나라에 패하고 돌아온 뒤에 쓴 것이다.

『서경』의 내용은 모두가 사실의 기록 곧 기사(紀事)의 문장이다. 그리고 고대의 사관들이 이러한 기록을 남기고 또 공자가 이를 『서경』으로 편찬한 것은 모두 나라의 정치와 백성들의 교화를 올바로 하자는 데 목적이 있었다. 『서경』의 문장이 거의 전부가 직접화법으로 이루어져 있는 것도 되도록 사실을 올바로 기

---

2) 『史記』 孔子世家, 『漢書』 藝文志 등 참조.

록하자는 데서 말미암은 결과라 할 것이다. 어떻든 『서경』의 이와 같은 '기사'의 정신과 정치와 교화를 위한 것이어야 한다는 공용적인 이상은 후세까지도 중국 산문의 전통 형성에 큰 역할을 하였다. 허구를 바탕으로 하는 희곡과 소설이 발달하지 못한 것은 이러한 『서경』에서 비롯된 산문정신 때문이었을 것이다.

뒤이어 춘추시대 (B.C. 722－B.C. 481)에 편년체의 역사책인 『춘추(春秋)』가 공자에 의하여 지어졌다. 그는 어지러웠던 이 시대의 역사적인 기록을 가지고 세상의 정치와 교화를 올바로 하는 데 귀감이 되는 경전으로 삼으려 하였다. 뒤이어 춘추시대의 여러 가지 사적들을 더욱 상세히 기록한 『좌전(左傳)』과 『국어(國語)』가 나왔고, 전국시대 (B.C. 403－B.C. 222)의 여러 나라의 분쟁의 실상을 쓴 『전국책(戰國策)』이 나왔다.

한나라에 와서는 사전문학(史傳文學)의 걸작이라 할 사마천(司馬遷, B.C. 145?－B.C. 86)의 『사기』와 반고(班固, 32－92)의 『한서』가 나왔다. 『사기』는 단순한 편년체의 기술방식을 지양하고 그 내용을 본기(本紀)·표(表)·서(書)·세가(世家)·열전(列傳)의 5개 부분으로 나누었다. 반고는 사마천의 방법을 대체로 따랐으나 그 내용을 기(紀)·표(表)·지(志)·전(傳)의 네 부분으로 나누었다(세가를 전기 부분에 포함시킴). 어떻든 이러한 『사기』에서 시작된 역사의 기술방법은 시대에 따라 약간의 변화는 있었지만 이후 중국의 역사 기술의 전형으로 받들어졌다.

그뿐만 아니라 이러한 사전문의 발전을 통하여 <사>는 중국산문의 중심을 이루게 되었다. 따라서 중국전통문학의 이대주류는 <시>와 <사>라고 말할 수도 있을 것이다. 사전문보다 약간 뒤늦게 중국에서는 사상적 철학적인 내용을 쓴 입언문(立言文)이 나와 후세에까지도 산문발전에 큰 영향을 끼쳤다. 그러나 입언문은 사전문에 비하여 시대에 따른 성쇠의 기복이 컸다. 역사적인 저작처럼 풍부하고 지속적인 문장은 그 유례를 찾아보기 힘들 정도라 할 것이다.

본격적인 사상적 철학적 저작은 공자와 그의 제자들에 의하여 이루어진 『논어』에서 비롯된다. 이러한 글을 중국에서는 흔히 입언(立言)이라 불러 왔다(『左傳』 襄公 24年). 춘추전국시대를 통하여 세상이 극도로 어지러워지자 공자 이외에도 많은 사상가들이 나와 세상을 바로 잡을 자기의 경륜을 체계화하여 글로 써냄으로써 자기의 사상과 철학을 세상에 널리 선전하려 하였다. 『맹자(孟子)』·『순자(荀子)』를 비롯하여 『노자(老子)』·『장자(莊子)』·『묵자(墨子)』·『한비자(韓非子)』·『관자(管子)』·『안자춘추(晏子春秋)』·『여씨춘추(呂氏春秋)』 등 이른바 제자백가라 불리는 사상가들의 저서가 그것이다. 『역경(易經)』·『예기(禮記)』 같은 유가의 경전 중의 일부도 사상 또는 철학이 적힌 책으로, 보통 이것들보다 오랜 것이라 여겨져 왔지만 실상 그 중의 사상적 철학적 내용이 쓰인 중요한 부분은 제자백가들보다 결코 그 성립시대가 빠르지 않은 것이다.

사전문 정치와 교화를 위한 실제적인 필요성에서 생겨난 문장이라면 입언문은 정치와 교화의 방법이나 이상을 논한 것들이다. 따라서 근세에 이르러는 사전문보다도 입언 쪽이 더 중국사상의 진수 가 담긴 책으로 널리 읽히고 중시되는 경향을 보이고 있다. 그리고 이들은 자기의 사상을 남들에게 올바로 이해시키고 선전하기 위하여 묵자의 경우처럼 이론에 대하여도 많은 연구를 하였다. 특히 맹자와 장자·한비자 같은 사람들이 자기의 설득효과를 증대시키기 위하여 이용한 우언(寓言) 같은 것은 중국문장의 발전에 크게 이바지하였다.

이러한 제자백가에 의한 논리와 문장구성의 발전은 한대에 이르러 동중서(董仲舒, B.C. 179?－B.C. 93?)의 『춘추번로(春秋繁露)』, 양웅(揚雄, B.C. 53－A.D. 18)의 『법언(法言)』을 비롯하여 회남왕(淮南王) 유안(劉安, B.C. 178?－B.C. 122)의 『회남자(淮南子)』, 환관(桓寬, B.C. 73 전후)의 『염철론(鹽鐵論)』, 왕충(王充, A.D. 27－97?)의 『논형(論衡)』 등 더욱 전문적이고 체계적인 저서들을 나오게 하였다.

입언의 개념은 후세 문인들의 문장관이 이루어지는 데에 크게 기여하였다. 이미 한대 서간(徐幹, 171－218)이 그의 『중론(中論)』 예기(藝紀)편에서 "예(藝)란 덕의 지엽(技葉)이며, 덕이야말로 사람의 근간이다"라고 말하고 있다. 문장이란 형식에다 도덕적인 내용을 조화시키려는 생각을 지닌 사람들이 늘어난 것도 그 때문이다. 특히 당나라 한유(韓愈, 768－824)의 고문운동(古文運動) 이후로는 '글이란 도가 실려 있어야만 한다'는 문이재도(文以載道)의 생각이 크게 유행하였는데, 문이재도란 곧 입언의 사상이나 철학과 통하는 것이다. 그러한 생각은 청나라 고염무(顧炎武, 1613－1682)에게서는 더욱 극단화하여 그는 『일지록(日知錄)』 권 19에서 "문장이란 반드시 천하에 유익한 내용을 담아야 한다"라고 도덕적인 입장을 강조하게 된 것이다.

어떻든 중국의 고대 산문이 보여 준 이상과 같은 기사와 입언의 산문정신은 후세에까지도 중국산문의 전통으로 끊임없이 존속한다. 이것은 시를 교화를 위한 수단으로 높이 평가하고 존경하였던 고대인들의 시관과도 잘 조화가 되는 것이다.

2. 고대 산문의 특징

고대산문의 특징이라 하더라도 중국문학 발달의 지속성 때문에 이는 고문이나 산문 전체의 특징과도 연관이 있는 것이다.

첫째, 중국 산문으로 가장 두드러지는 특징은 그 수식성(修飾性)이다. 그것은 지금 우리에게 전해지고 있는 가장 오래된 중국의 시나 산문을 읽어 보아도 바로 느껴지게 된다. 이미 『시경』의 시의 수식성에 대하여는 앞에서 지적한 바 있거니와, 중국에서 가장 오래된 문장으로 알려진 『서경』을 보더라도 그것은 쉽사리 알 수 있는 일이다. 보기로 『서경』 첫머리의 요전(堯典)의 첫 대목을 읽어 보자.

> 曰若稽古帝堯, 曰放勳, 欽明文思, 安安. 允恭克讓, 光被四表, 格于上下. 克明俊德, 以親九族, 九族旣睦, 平章百姓, 百姓昭明, 協和萬邦, 黎民於變時雍.
>
> 옛 요임금에 대하여 살펴보건대 지극한 공을 쌓은 분이었다. 공경스럽고도 총명하고 우아하고도 사려 깊으시어 언제나 편안하셨다. 진실로 공손하고 퍽 겸양하셨으니, 빛이 사방을 덮고 하늘과 땅에 갔다. 큰 덕을 밝히심으로써 온 집안이 화친케 하셨고, 온 집안이 화목한 다음엔 백성을 평안하게 밝혀 주셨고, 백성을 밝게 다스림으로써 온 세상을 평화롭게 하셨으니, 백성들은 이에 감화되어 화평을 누리게 되었다.

이 글은 거의가 4자구(四字句)로 이루어진, 사람들의 일상용어와는 거리가 먼 글임을 알 수 있다. "윤공극양(允恭克讓)"의 '윤'과 '극'이나 "격우상하(格于上下)"의 '우' 같은 글자들은 이 문장을 사자구로 갖추어 놓으려는 의도에서 부가된 글자들이라고도 할 수 있다. 사자구 이외에는 6자구 2구와 3자구 2자구가 각각 한 구절씩 들어 있는데, 이미 후세에 발달할 사륙문(四六文)의 싹을 보는 듯하다.

구절의 형식에서뿐만 아니라 문장의 구성 자체에서도 그런 경향이 느껴진다. "구족기목, 평장백성, 백성소명, 협화만방.(九族旣睦, 平章百姓, 百姓昭明, 協和萬邦.)" 같은 데에서는 대구적(對句的)인 표현을 발견하게 되고, 덕(德)·족(族)·목(睦)과 성(姓)·명(明)·방(邦)·옹(雍)은 압운을 시도한 것으로 생각된다. 그뿐만 아니라 이들 구절의 성조도 후세의 평측(平仄)에 의하여 따져 볼 때, "윤공극양(允恭克讓)"·"격우상하(格于上下)"·"극명준덕(克明俊德)"·"이친구족(以親九族)"·"평장백성(平章百姓)"·"백성소명(百姓昭明)"처럼 사륙문(四六文)의 기본억양과 들어맞는 것들도 있다. 이렇게 보면 이미 『서경』의 문장에 있어서도 시각적 청각적 수사방법이 여러 가지로 시도되고 있음을 알겠다.

이러한 사람들의 일상용어와 동떨어진 산문이 처음부터 발달했던 것은 중국에서 사용한 문자가 표음문자가 아닌 상형문자라는 데 가장 큰 이유가 있을 것이다. 상형문자란 결국 회화적인 수법으로 이루어진 문자이므로 사람의 발음을 그대로 표기하기에는 부적합한 문자인 것이다. 그 때문에 중국인들은 문장이란 뜻의 "文"자를 무늬라는 뜻의 "紋"자와 서로 통하는 것으로 보았던 것 같다. 후한 허신(許愼)은 『설문(說文)』에서 "文은 획이 엇섞인 것으로 무늬가 서로 마주친 모양을 나타낸 글자"[3]라 설명하고 있고, 같은 시대 유희(劉熙)는 『석명(釋名)』에서 "文이란 여러 채색을 모아서 금수를 이룬 것인데, 여러 글자를 모아서 글 뜻을 이룩한 것도 수놓은 무늬나 같은 것이다"[4]라고 설명하고 있다. 이 때문에 문자는 아름다워야 한다는 관념이 처음부터 중국인들의 머리 속에 들어 있었던 것 같다.

『서경』의 앞에 든 예문 이외에도 그 내용은 거의 모두가 직접화법으로 이루어져 있는데, 문장의 성격은 이와 대동소이하다. 절대로 사람들의 대화를 그대로 적어 놓은 것이라 볼 수는 없는 글들이다. 그것은 훨씬 후대의 문장의 경우에 있어서도 마찬가지이다. 보기로 공자와 그의 제자들 사이의 대화를 적어 놓은 『논어』를 읽어 보자.

> 子曰 : 道之以政, 齊之以刑, 民免而無恥. 道之以德, 齊之以禮, 有恥且格.
>
> 공자께서 말씀하시기를 정령으로써 그들을 이끌어 주고 형벌로써 그들을 다스려 주면, 백성들은 형벌은 면하되 염치를 모르게 될 것이다. 덕으로써 그들을 이끌어 주고 예로써 그들을 다스려 주면 염치를 알게 되고 또 올바르게 될 것이다. (爲政)

아무래도 공자가 한 말을 그대로 옮겨 적어 놓은 것이라고는 볼 수가 없는 글이다. 이것은 한편 4언 또는 6언이 중국어의 기본 리듬이며, 멋진 낭송체로 문장을 이루는 경향이 있음을 뜻하기도 한다. 그리고 이것은 중국인들의 문장론에서도 발견되는 특징이다. 그중에서도 가장 이른 것은 『좌전(左傳)』에 보이는 유명한 공자의 말이다.

> 옛 기록에 이르기를 말은 뜻을 충족시키고, 글은 말을 충족시켜 준다 했다. 말하지 않으면 누가 그의 뜻을 알겠으며, 말로 표현한다 해도 글이 없다면 행하여진다 해도 멀리 가지 못한다.[5]

---

3) "文, 錯畫也, 象交文."

4) "文者, 會集衆綵, 以成錦繡 ; 會集衆字, 以成辭義, 如文繡然也."

5) 仲尼曰 : "志有之, 言以足志, 文以足言. 不言, 誰知其志? 言之無文, 行而不遠."(襄公二十五年)

이것은 말에 의한 사람의 생각의 표현과 문장에 의한 생각의 표현이 근본적으로 다른 것임을 전제로 한 말이다. 말과 다른 문장의 조건으로서 가장 두드러진 것은 말할 것도 없이 그 수식성인 것이다.

또 다른 중국 고대산문의 한 가지 특징은 간결하고도 암시적이라 는 것이다. 이것도 물론 중국문장이 뜻글인 상형문자를 사용한다는 데 연유한다. 『역경』 계사전(繫辭傳)에 공자의 말로서 "서부진언, 언부진의.(書不盡言, 言不盡意.)"란 구절이 인용되어 있는데, 이것은 "글은 말하는 모든 것을 다 표현할 수 있는 게 아니고, 말은 모든 뜻을 다 표현할 수 있는 게 아니다"란 뜻이다. 그것은 한대 양웅(揚雄, B.C. 53－A.D. 18)이 『법언(法言)』 문신(問神)편에서 "말은 그의 마음을 다 표현할 수 없고, 글은 그의 말을 다 표현할 수 없다"[6]라고 한 말과도 통한다. 이러한 생각은 문장이란 말보다는 간결하고 암시적일 수밖에 없다는 생각에 기반을 두고 있는 것이다. 중국의 옛날 전적들에 모두 본문의 몇 배가 넘는 주석들이 붙어 있게 된 것도, 시대변화에 따른 언어의 변화 이외에 이 간결성과 암시성도 크게 작용했을 것이다. 예를 들연 『춘추』에서 공자는 은공(隱公) 원년(元年)에 해당하는 사실들을 적음에 있어 다음과 같은 간략한 방법을 쓰고 있다.

> 春, 王正月. 三月, 公及朱儀父盟于蔑. 夏, 五月, 鄭伯克段于鄢. 秋, 七月, 天王使宰咺來歸惠公仲子之賵. 九月, 及宋人盟于宿. 冬, 十有二月, 祭伯來, 公子益師卒.
>
> 봄, 은공이 주왕(周王)의 정월에 국사를 맡다. 삼월, 공은 주의보와 멸에서 맹약을 맺다. 여름, 오월, 정백이 언에서 단을 쳐 이기다. 가을, 칠월, 천자가 재훤으로 하여금 혜공 중자의 조상물(助喪物)을 보내셨다. 구월, 송인들과 숙에서 맹약을 맺었다. 겨울, 십이월, 채백(祭伯)이 내방하였다. 공자 익사가 죽다.

문장이 간단할 뿐만 아니라 여기의 인명의 호칭이나 사건의 표현 방법 등에는 또 깊은 뜻이 담겨 있다는 것이다. 한나라 이후 이천년의 긴 세월을 두고 중국의 경학자들은 여기에 담긴 이른바 미언대의(微言大義)를 찾아내려고 피땀을 흘려왔다. 이는 간결성과 암시성의 극단적인 예일는지도 모른다. 이러한 기사의 문장뿐만이 아니라 명확한 논리가 뒤따라야 한다고 생각되는 입언의 문장도 마찬가지이다. 보기로 『장자』 제물론(齊物論)의 한 대목을 든다.

---

6) "言不能達其心、書不能達其言."

罔兩問景曰：曩子行，今子止。曩子坐，今子起。何其無特操與? 景曰：吾有待而然者耶? 吾所待，又有待而然者耶? 吾待蛇附蜩翼耶? 惡識所以然，惡識所以不然?

망량이 그림자에게 물었다. "당신은 조금 전에는 걷고 있더니 지금은 멈춰 있소. 조금 전에는 앉아 있더니 지금은 서 있소. 어째서 그처럼 지조가 없소?" 그림자가 말하였다. "나는 의지하는 데가 있어 그러한 것일까요? 내가 의지하는 것도 또 의지하는 데가 있어 그렇게 되는 것일까요? 내가 의지하는 것은 뱀껍질이나 매미 나래 같은 것일까요? 어떻게 그러한 까닭을 알겠으며, 어떻게 그렇지 않은 까닭을 알겠소?"

이 글은, 세상의 모든 존재와 변화에는 그 궁극적인 근원(도)이 있는데 보통 사람들로서는 아무도 올바로 그 실체를 알지 못한다는 얘기 인 듯하다. 그러나 이것도 필자의 추측일 뿐, 이 글의 다른 독자들은 여기에서 또 다른 문제의 제기를 생각할 것이다. 여기에는 이 이상 앞뒤로 아무런 설명이나 해설도 가하여져 있지 않기 때문이다. 그러나 이 간결하고도 암시적인 짧은 대화가 노장사상의 어떤 핵심문제를 생각토록 하는 것만은 사실이다.

한편 이러한 중국 고대산문의 수식성이나 간결성 또는 암시성 같은 것은 앞 대목에서 얘기한 기사와 입언의 전통과 어긋나는 일이 될 것만 같다. 그러나 문장에 대한 공용적인 의식에도 불구하고 그 문장이 지니는 본질적인 속성은 어찌하는 수가 없었던 것 같다. 한나라 시대로 들어오면서 문장가들은 문장의 형식상의 수식과 성운의 조화 같은 것에 관심을 가지고 글을 쓰기 시작했다. 그러한 문장의식이 운문에 있어서는 한부(漢賦)를 발전시켰던 것이다. 여기에 보기로 가의(賈誼, B.C. 201－B.C. 169)의 「과진론(過秦論)」이란 글의 첫 대목을 든다.

秦孝公，據殽函之固，擁雍州之地，君臣時守，以窺周室，有席卷天下，包擧宇內，囊括四海之意，幷呑八荒之心。當是時，商君佐之，內立法度，務耕織，修守戰之備，外連衡而鬪諸侯。於是秦人拱手而取西河之外。

진나라 효공은 효산(殽山)과 함곡관(函谷關)의 험고함을 근거로 하여, 옹주의 땅을 차지하고서, 임금과 신하가 굳게 그 곳을 지키면서 주나라 왕실을 엿보며, 천하를 석권하고 이 세상을 다 들어 올리고, 사해를 자기 주머니에 집어넣을 뜻과 온 세상을 다 삼켜 버릴 마음을 지니고 있었다. 이때에는 상앙(商鞅)이 그를 보좌하여, 안으로는 법도를 세우고 밭 갈고 길쌈하기에 힘쓰면서 적과 싸우고 나라를 지킬 대비를 해 나갔고, 밖으로는 연형책(連衡策)을 써가며 제후들과 싸워 나갔다. 이에 진나라 사람들은 팔짱을 낀 채 황하 서쪽의 땅을 차지하게 되었다.

여기에는 이전의 문장에서 볼 수 없었던 멋진 리듬이 살아 있고, 대구 등 수사의 기교가 더 한층 빛난다. 특히 그의 「진정사소(陳政事疏)」 같은 긴 글에서는 대구의 활용을 비롯한 수사기교가 더욱 뚜렷이 드러난다. 이러한 경향은 사마상여(司馬相如, B.C. 179?－B.C. 117)·조조(晁錯, B.C. ?－B.C. 154)·사마천(B.C. 145?－B.C. 86?) 등 서한의 문장가들에게서 다 같이 발견되는 현상이다. 여기에서 이미 뒤에 얘기할 변려문(騈儷文)의 싹이 터 있었다고 할 것이다.

동한으로 넘어가서는 문장의 형식화가 더욱 두드러진다. 구절이 넉자 또는 여섯 자로 더욱 다듬어지고 대우(對偶)와 성운의 해화(諧和)에 더욱 신경을 쓰게 된다. 그것은 기사와 입언 같은 공용주의를 넘어서 순수한 문학의식의 형성을 뜻하는 것도 같았다. 그러나 결과적으로 그것은 문장형식의 수식만을 극도로 추구하여 남북조(南北朝)시대에 이르러는 변려문이라는 운문에 가까워진 문장을 이룩하고 만다. 보기로 후한 말 공융(孔融, 153－208)의 「천이형표(薦禰衡表)」의 한 대목을 읽어보자.

> 如得龍躍天衢, 振翼雲漢, 揚聲紫微, 垂光虹蜺, 足以昭近署之多士, 增四門之穆穆, 鈞天廣樂, 必有奇麗之觀, 帝室皇居, 必畜非常之寶. 若衡等輩, 不可多得. 激楚陽阿, 至妙之容, 掌技者之所貪 ; 飛兎騕褭, 絶足奔放, 良樂之所急. 臣等區區, 敢不以聞? 陛下篤愼取士, 必須效試, 乞令衡以褐衣召見, 必無可觀采, 臣等受面欺之罪!
>
> 만약 하늘을 용처럼 달리고 은하에 나래 퍼덕이며, 자미궁에 소리 울리고 무지개 같은 빛을 드리울 수 있게 된다면, 여러 관청 사람들을 밝혀 주고 여러 나라와의 우호를 증진시킬 수 있을 것입니다. 균천(鈞天) 광악은 반드시 기려한 모습을 드러내게 되고, 제실황거엔 반드시 비상한 보배를 지니는 게 될 것입니다. 형 같은 무리의 사람은 쉽게 구하기 어렵습니다. 양아의 맑은 소리와 미묘한 용태는 기예를 닦는 자들이 탐내는 일이며, 비토나 요뇨 같은 준마의 잘 달리는 재빠른 말은 진실로 백락(伯樂) 같은 말의 전문가들이 찾는 대상입니다. 신의 진정을 감히 아뢰지 않을 수가 있겠습니까? 폐하께서는 선비를 등용하심에 성실하고 신중하시어 반드시 시험해 보아 효과가 있어야만 합니다. 바라건대 형으로 하여금 평복채로 불러 뵙도록 하십시오. 전혀 보잘것없는 자라면 신은 폐하를 속인 죄를 받겠습니다.

이 문장은 "여득(如得)"·"족이(足以)" 등의 허사와 끝 구절을 빼면 모두가 4자 또는 6자의 구절로 이루어지고, 또 그 내용은 모두가 대우(對偶)로 짜여 있다. 이쯤 되면 거의 뒤에 얘기할 변려문에 가까워진 글이라 하겠다.

제2절 변려문(騈儷文)

1. 변려문의 발생

이미 앞에서 애기한 바와 같이 중국문학은 기사(紀事)와 업언(立言)이라는 공용적인 글의 뜻과 함께, 이와는 모순되는 형식상의 수식이 중시되었다. 중국의 가장 오래된 문학작품인 『시경』이나 『서경』의 경우에도 벌써 상당한 수사상의 기교가 가해진 글이 쓰이고 있음을 이미 지적하였다. 흔히 기사와 입언 같은 뜻의 표현을 위주로 하는 문장은 수사의 문장과 따로 나누어 애기하는 것이 보통이다. 그러나 중국에 있어서는 처음부터 글이란 시처럼 아름다운 문장에 소중한 사실이나 고귀한 사상이 담겨 있어야만 한다고 생각했던 것 같다. 균형이 잡힌 아름다운 구식(句式)에 멋진 리듬이 실린 문장이어야만 그 속의 논리를 정서가 뒷받침해 주어 작자의 감정은 높은 격조를 지니게 되는 것이라 생각하였다. 때문에 『노자』나 『역』 계사전(繫辭傳) 같은 심오한 철리를 논하고 있는 사상서에 있어서까지도 그 문장은 대우(對偶)나 압운(押韻) 같은 수사기교를 다 쓰면서 그 형식을 꾸미고 있다.

같은 내용의 글이라면 형식이 아름다울수록 더욱 표현의 박진력과 설득력을 지니게 된다. 그러나 작가는 결국 달의나 수사 어느 한편으로 기울어지는 수밖에 없게 마련이다. 앞에서 이미 지적한 것처럼 한나라로 들어오면서 시대가 흐를수록 세련된 문장형식에 주의를 기울이게 된 다. 여기엔 한나라 초기부터 크게 유행하였던 부(賦)라는 형식 위주의 운문도 큰 영향을 끼쳤다. 그 때문에 동한으로 들어와서는 여러 가지 실용적인 문장에 있어서까지도 구절의 격식을 정제히 하고 대구(對句)를 중시하는 풍조가 유행하기 시작하였다. 산문의 구절 형식이 다듬어지고 대구가 중시되었다는 것은 그것이 운문에 매우 가까워진 형식을 이루게 되었음을 말한다. 그리고 구절의 격식과 대구 운률 등의 균제(均齊)가 극도로 추구된 끝에 남북조에 이르러서는 변려문이라는 형식의 산문을 완성하게 된다. 그 이후 이 변려문은 당의 중엽까지 중국의 대표적인 문체로 행세하게 된다. 그리고 변려문이 완성되기 시작한 동한의 중기 말기부터 위(魏)나라 진(晋)나라를 거쳐 변려문이 크게 성행한 남북조에서 당나라 중엽 에 이르는 시대는 보통 귀족 사회의 시대라고도 하는 기간이다. 따라서 변려문이란 귀족문학을 대표하는 산문이라고도 말할 수 있다.

변려문은 양(梁)나라 간문제(簡文帝, 549－551)가 「여상동왕논문서(與湘東王論文書)」에서 "만약 옛 현인들을 칭송할 만하다고 한다면, 곧 금체(今體)는 마땅히 버려야만 할 것이다"[7]라고 말하고 있듯이, 그것이 성행한 제(齊)·량(梁)시대엔 금체(今體)라고도 불렀다. 그것은 시에 있어서의 고체(古體)와 근체(近體)의 관계를 생각케 한다. 변려문은 흔히 '변문'이라고도 부르는데, 변(騈)이란 두 마리의 말이 나란히 수레를 끌며 달리는 것을 뜻하고, 려(儷)는 한 쌍의 남녀를 뜻한다. 그것은 이 문체가 거의 모두 대구로 구절들이 짝을 지어 이루어진 데서 생겨난 말이다. 또 당나라 때부터는 변려문이 거의 모두 4자와 6자구에 의하여 이루어지고 있다는 데서 사륙문(四六文)이라는 말도 생겨났다.

2. 변려문의 조건

먼저 변려문의 보기로 당나라 왕발(王勃, 648－675)의 「등왕각서(滕王閣序)」란 글의 한 대목을 든다.

> 時維九月, 序屬三秋. 潦水盡而寒潭淸, 煙光凝而暮山紫.
> 嚴驂騑於上路, 訪風景於崇阿; 臨帝子之長洲, 得天人之舊館. 層臺聳翠, 上出重霄; 飛閣翔丹, 下臨無地. 鶴汀鳧渚, 窮島嶼之縈廻, 桂殿蘭宮, 卽岡巒之體勢.
> 披繡闥, 俯雕甍. 山原曠其盈視, 川澤紆其駭矚. 閭閻撲地, 鍾鳴鼎食之家; 舸艦迷津, 靑雀黃龍之舳.
>
> 때는 구월, 철은 늦가을, 빗물 마르니 차가운 연못 맑아지고, 노을 엉기니 해 저무는 산은 자색이 된다.
> 수레 끄는 말들의 위엄을 갖추고 길을 나서, 멋진 풍경 찾아 높은 언덕으로 가니, 등왕(滕王)이 발견한 긴 섬을 면하여 천인(天人)이 놀았던 옛 각을 찾게 되었다.
> 겹친 누대는 푸른빛으로 솟아올라 위로 높은 하늘에 뻗쳐 나와 있고, 나는 것 같은 전각은 붉은 빛으로 떠올라 아래로 바닥없는 땅을 굽어보고 있다. 학이 노는 물가 오리 노는 강가는 섬들의 구불구불한 모양을 추궁하는 듯하고, 계수나무 전각 목란 궁전은 언덕과 산봉우리의 형세를 따라 지어져 있다.
> 수놓은 문 열고 조각된 기와지붕 굽어보니, 산과 들은 넓어서 두 눈에 가득 차고 냇물과 연못은 감돌아 보는 눈을 놀라게 한다. 민가들이 땅에 빽빽한데 모두 호화롭게 잘 먹고 사는 집들이고, 크고 작은 배들이 나루를 분간 못하게 떠 있는데 청작과 황룡으로 꾸며진 배꼬리를 달고 있다.

---

7) "若昔賢可稱, 則今體宜棄."

첫째, 이 글을 보면 거의 모두 4자 또는 6자 구절로 이루어져 있음을 알 것이다. 다만 예외로 "노수진이한수청, 청광응이모산자(潦水盡而寒水淸, 淸光凝而暮山紫)"라는 7자구와 "피수달, 부조맹(披繡闥, 俯雕甍)"이라는 3자구로 된 대구가 있을 뿐이다. 이것들은 단조로움을 무너뜨리기 위하여 일부러 마련한 변화에 불과하며, 4자 또는 6자로 이루어지는 변려문의 리듬을 깨뜨리는 것은 아니다. 그리고 각 구절의 구성을 보면 4자구는 모두 "시유 삼월(時維 三月)"처럼 다시 2자 2자로 떨어지고 있지만, 6자구는 변화가 있다. "엄 참비 어 상로(儼 驂騑 於 上路)" "임제자 지 장주(臨 帝子 之 長洲)" 같은 것은 대체로 3자 3자로 나눌 수 있고 다시 그 3자는 1자와 2자로 나누어진다. 그러나 "산원 광기 영시(山原 曠其 盈視)" "종명정식 지가(鍾鳴 鼎食 之家)" 같은 것은 2자와 4자, 또는 2자 2자 2자로 나누어진다. 곧 6자구에는 구성방법에 따라 리듬의 변화가 있는 것이다.

둘째, 이 글은 전체가 완전한 대우로 이루어져 있다. 그 짝을 찾아보면 다음과 같다.

時維九月 潦水盡而寒潭淸
序屬三秋 煙光凝而暮山紫

訪風景於上路 臨帝子之長洲
訪風景於崇阿 得天人之舊館

層臺聳翠, 上出重霄
飛閣翔丹, 下臨無地

鶴汀鳧渚, 窮島嶼之縈廻
桂殿蘭宮, 即岡巒之體勢

披繡闥, 山原曠其盈視
俯雕甍, 川澤紆其駭矚

閭閻撲地, 鍾鳴鼎食之家
舸艦迷津, 靑雀黃龍之舳

여기서는 한 구절은 물론 한 자도 대우에서 벗어나는 게 없다. 그 때문에 변려문 또는 변문이란 말이 생겨났다. 대우는 가장 중요한 변려문의 조건이라 할 것이다. 그 대우의 방법에도 당구대(當句對)와 쌍구대(雙句對) 또는 격구대(隔句對)의 여러 가지 방법이 동원되고 있다.

셋째, 이 글은 산문임에도 불구하고 구절마다 쓰인 글자의 음률에 일정한 규칙이 있다. 그 음률의 규칙이란 문장의 리듬의 아름다움과 음률의 조화를 꾀하기 위하여 이룩된 것이다. 그것은 대체로 모든 구절의 성조의 억양이 일양일억(一揚一抑)의 변화를 기초로 하고 있는데, 다음과 같은 세 가지 법칙이 있다.

첫째는 모든 구절의 평측(平仄) 배열상의 법칙이다. 4자구에 있어서 둘째 글자가 평성(平聲)이라면 넷째 글자는 측성(仄聲)으로 하고 반대로 둘째 글자가 측성이라면 넷째 글자는 평성으로 한다는 것이다. 보기를 들면 아래와 같다.

時維九月 序屬三秋

이것은 문장의 독음에 멋진 굴곡을 이루는 효과를 나타낸다. 이러한 음운상의 굴곡은 4자구 이외의 구절에서도 변화를 이루도록 평측이 배열되어 있다. 보기를 몇 가지 들어 본다.

鶴汀鳧渚, 窮島嶼之縈廻
桂殿蘭宮, 即岡巒之體勢

嚴驂騑於上路, 訪風景於崇阿
披繡闥, 俯雕甍

둘째 규칙은 쌍을 이루어 나가는 구절에 있어서 한쪽 구절의 음조가 위편이 평성, 아래편이 측성이라면, 다른 한쪽 구절의 음조는 그 반대로 위편이 측성, 아래편이 평성이 놓이도록 배열한다는 것이다. 곧 한 쌍의 대구들은 평측의 배열이 서로 정반대의 순서로 놓이도록 한다는 것이다. 그들은 위에 든 예문에 있어서 이마 뚜렷이 드러나고 있는 법칙임을 알았을 것이다.

셋째 규칙은 대구의 위편 억양을 그 앞에 놓인 대구의 아래 구절의 억양과 같도록 평측을 배열한다는 것이다. 보기를 들면 다음과 같다.

時維九月 序屬三秋
潦水盡而寒潭淸, 煙光凝而暮山紫

"서촉삼추(序屬三秋)"가 위편은 억누르고 아래편은 올려 주는 억양형태라면, "노수진이한담청(潦水盡而寒潭淸)"도 똑같이 위편은 억누르고 아래편은 올려 주는 억양 형태로 평측을 배열한다는 것이다. 그리고 이 예문의 바로 뒤에 오는 구절은 다시 "엄참비어상로(儼驂騑於上路)"인데 앞 "연광응이모산자(煙光凝而暮山紫)"와 같이 위편을 올려 주고 아래편을 억누르는 억양형태로 평측이 배열되어 있다. 이처럼 변려문은 올라갔다가는 내려오고 내려왔다가는 다시 올라가는 물결과 같은 음운의 억양을 이루고 있는 것이다.

변려문은 한 자도 놓치지 않고 문장의 미의 추구를 위하여 빈틈없는 신경이 쓰이고 있다. 그것은 문학적인 세련이라고 말할 수도 있을 것이다. 앞의 예문에 있어서도 작자 왕발이 등왕각에 올랐던 때인 "구월 달 늦가을"을 표현한 "시유구월, 서촉삼추(時維九月, 序屬三秋)"라는 첫 구에서부터 강물에 수많은 배들이 떠 있는 모양을 서술한 "가함미진, 청작황룡지축(舸艦迷津, 靑雀黃龍之舳)"에 이르기까지 수식의 공이 깃들이지 않은 한 구절이나 적당히 쓴 한 글자를 발견할 수가 없다.

그러한 노력은 무엇보다도 전고의 사용으로 두드러진 특징을 드러내고 있다. 모든 변려문은 거의 매구 매자가 전고와 무관한 것이라고는 없다고 할 정도이다. 첫 구 "시유구월(時維九月)"만 해도 뜻은 다르지만 『서경』의 "시유천명(時惟天命)" "시유건사(時惟建事)"나 『시경』의 "시유후직(時惟后稷)" "시유강원(時維姜嫄)" 등에서 배워 온 표현이며, "서촉삼추(序屬三秋)"도 『시경』의 "일일불견, 여삼추혜(一日不見, 如三秋兮)"라는 표현에서 나온 것이다. 공영달(孔穎達)의 소(疏)에 "일 년은 사계절인데 한 계절이 삼 개월이니 삼추는 구 개월을 뜻한다"고 설명하고 있다. 이 밖의 구절들도 모두가 옛 글에 근거가 있는 것이다.

이처럼 변려문이란 중국의 문장 중에서도 극도의 수식을 다하여 발전한 문체이다. 4자 또는 6자로 된 정제한 구절이나 대우의 중시, 평측 억양의 변화, 전고의 사용 등은 극도의 수식을 추구한 결과로 이루어진 성과이다.

3. 변려문의 특징

변려문이 매구가 4자 혹은 6자로 이루어져 있고, 또 대구라는 문법적 구조가 같은 구절들이 짝을 이루며 되풀이되고 있다는 것은 읽는 사람에게 구절을 끊어 읽는 일을 매우 간편하게 해 준다. 4자 혹은 6자로 이루어진 구절이나 대구는 옛날 중국의 지식인들로서는 가장 편리하고도 자연스러운 문장의 리듬을 뜻하는 것이다. 다만 후세인들에게는 거기에 쓰인 전고가 문장의 뜻을 해독하기 어려운 요건이 되고 있지만, 중국의 중세 귀족사회의 지식인으로서는 그러한 전고는 필수교양으로 쉽사리 이해할 수 있는 것들이었을 것이다. 전고를 잘 안다는 것을 전제로 한다면 변려문은 다른 어떤 양식의 문장보다도 함축과 멋을 지니게 될 것이다. 따라서 중세의 지식인들에게는 변려문은 형식적인 수식에만 치우친 문장이 아니라 자기의 생각이나 감정을 표현하는 문장 본래의 기능을 다하면서도 아름다움과 멋을 아울러 지닌 문장형식으로 이해되었을 것이다.

또 변려문은 대구에 의하여 문장이 이루어지고 있으므로 그것은 같은 내용의 말을 표현방법만 달리하면서 같은 형식으로 되풀이하고 있음을 뜻한다. 이처럼 같은 형식으로 두 번 되풀이하면서 뜻을 표현해 나간다는 것은 상대방에게 친절히 이해를 촉진시켜 나가는 효과적인 방법이 된다. 변려문의 대구는 같은 말의 되풀이가 아니라 같은 유형의 개념의 되풀이어서, 같은 방향의 뜻을 개념만을 약간 달리한 표현으로 되풀이하는 것이다. 이러한 표현방법은 같은 말을 되풀이 하는 것보다는 오히려 상대방에게 글 뜻을 이해시키는 효과가 큰 것이다. 따라서 그것은 무엇보다도 설득력이 있는 문장이 될 수 있는 것이다. 『노자』나 『역경』 계사전(繫辭傳) 같은 문장에서 변려문이전에 이미 대구의 수법을 많이 사용하고 있는 것도 어려운 사상을 독자들에게 설득시키려는 뜻에서였을 것이다. 그뿐 아니라 대구는 "층대용취, 상출중소 ; 비각상단, 하림무지.(層臺聳翠, 上出重霄 : 飛閣翔丹, 下臨無地.)"의 경우처럼 색깔에 있어서의 '취(翠)'와 '단(丹)', 방향에 있어서의 '상(上)'과 '하(下)' 등 대립되는 개념의 글자들을 대비시켜 보다 뚜렷한 인상을 심어 주기도 한다. 그리고 그것이 서정적인 경우에는 그 감정을 더욱 깊고 화려하게 표현하게 된다.

그러나 4자나 6자로 거의 정형화된 구절과 운문에 못지않은 음운의 변화는 변려문을 읽는 것이 아니라 '읊는 글'의 성격을 띠게 만든다. '읊는 글'이란 자유롭게 어떤 사건이나 사상 또는 감정을 표현해야 할 산문에 형식상 성운에 있어서 시와 같은 규제가 가해짐을 뜻한다. 곧 앞에서 변려문이 대단한 설득력이 있고 깊은 서정성이 있다고 했지만, 그 형식상의 규제나 수식에의 관심 때문에 설득의 내용을 흐리게 하고, 쓸데없는 감정까지도 깊게 표현하여 균형을 깨뜨리게 되는 폐단도 있다. 다시 말하면 변려문이 지닐 수 있는 설득성이나 서정성을 잘 살린 글은 중국 역대문학 중에도 몇 편 되지 않는 것이다.

그 때문에 변려문은 한나라 때의 부처럼 내용보다도 형식에 치우친 귀족취미의 문학이었다고 할 수 있다. 그래서 중세의 귀족사회가 흔들리자 변려문은 부자유스럽고도 쓸 데가 없는 글이라는 비판이 일었던 것이다. 실제로 변려문은 지나친 격식과 수식 때문에 문맥이 뚜렷하지 않고 글 뜻이 애매하며, 지나친 전고의 사용으로 이해하기 어려운 것이 대부분이다.

4. 변려문의 발전

변려문은 당나라에 들어와서도 크게 성행하여 사륙문(四六文)이란 말을 유행시켰다. 그러나 한편으로 지나친 수식성과 형식성에 반발을 느끼고 한나라 이전의 고대 산문을 주장하는 사람들도 생겨났다. 초당의 진자앙(陳子昂, 661－702)이 그 선구자이며, 뒤이어 오소미(吳少微, 705 전후), 부가모(富嘉謨, 705 전후)・곡의(谷倚, 705 전후)가 나와 경전을 바탕으로 한 산문을 지어 부오체(富吳體)라 일컬었고 또 북경삼걸(北京三傑)의 칭호가 있었다. 또 성당 말에서 중당 초에 이르는 동안에는 원결(元結, 723－772)과 독고급(獨孤及, 744－796) 등이 나와 고대 산문을 더욱 널리 퍼뜨렸고, 소영사(蕭穎士, 717－768)와 이화(李華, ?－766?) 등도 그러한 주장에 가담하였다. 그러다 중당의 한유(韓愈, 768－824)와 유종원(柳宗元, 773－819)을 중심으로 한 이른바 '고문운동'에 의하여 중국산문은 새로워지기 시작하였다. 만당에는 그 시대의 문학사조에 따라 다시 수사위주의 변려문이 유행하는 듯했으나, 송나라로 들어와 구양수(歐陽修)・소순(蘇洵)・증공(曾鞏)・왕안석(王安石)・소식(蘇軾)・소철(蘇轍) 등이 나와 고문을 쓰면서부터 고문이 다시 중국의 대표적인 산문의 자리를 굳히게 되었다. 그러나 조정의 조령(詔令)이나 관원들의 상주(上奏)를 비롯한 공식적인 문장 같은 전아한 성격을 필요로 하는 문장들은 여전히 변려문을 쓰는 것이 보통이었다. 그 이후 청나라에 이르기까지 중국산문의 주류는 고문이라 하겠으나 변려문도 끊이지 않고 쓰였다. 그리고 고문이라고는 하지만 실상은 서한 이전의 고문과는 달리 변려문의 영향을 많이 받아 이룩된 새로운 형식의 문장이었다.

제3절 고문(古文)

1. 고문운동의 발생

동한부터 위진남북조를 거쳐 초당에 이르는 시대는 문장의 성률(聲律)과 형식 및 사조(辭藻)의 아름다움을 추구한 유미주의적인 시대였다. 그 결과 시에 있어서는 근체시가 이룩되었고 산문에 있어서는 변려문이 유행하였다. 이것은 문장의 실용성은 외면한 귀족취미적인 문학사조였다.

그러나 이 수사편중의 시대에도 시대조류에 의문을 품고 저항을 한 사람들이 있었다. 양(梁)나라 배자야(裴子野, 468－530)와 수(隋)나라 문제(文帝) 때의 이악(李諤) 같은 이가 그 대표적인 인물이다. 배자야는 그의 「조충론(雕蟲論)」에서 시란 『시경』처럼 "세상을 올바로 이끌도록 하고 군자의 뜻을 밝히어 착한 행동을 권하고 나쁜 짓은 못하게 함으로써 백성을 다스리는 근본이 되는 것"이어야 한다고 하면서 지나친 형식수식에 치중하는 그 시대의 문학조류를 반대하였다.[9] 이악도 문제에게 올리는 글에서 화려한 형식만을 중시하는 경향을 내치면서 임금이 백성을 다스리는 데에 도움이 되는 사람들에게 착한 행동을 권하는 문장을 내세웠다(『隋書』 李諤傳). 물론 이들의 미문반대론은 변문전성시대의 대세에 밀려 그대로 묻히어 버렸다.

그러나 당나라에 들어와서는 누구보다도 먼저 이전 시대의 역사를 쓴 사학자들이 지나치게 아름다움만을 추구하는 문학풍조의 폐해를 깨닫고 그것을 지적하였다. 『북제서(北齊書)』를 쓴 이백약(李百藥, 565－648), 『수서』를 쓴 위징(魏徵, 580－643), 『양서(梁書)』와 『진서(陳書)』를 쓴 요사렴(姚思廉, ?－637), 『주서(周書)』를 쓴 영호덕분(令狐德棻, 583－666), 『남북사(南北史)』를 쓴 이연수(李延壽, ?) 같은 이들이다. 그들은 이전 시대의 흥망의 역사를 검토하면서 「문원전(文苑傳)」·「문학전(文學傳)」 등에서 남북조의 아름다운 글은 백성을 올바로 이끄는 일에 아무 소용도 되지 않는 글임을 지적하고 있다. 보기를 들면 『수서』 문학전서에 "양(梁)

9) 「雖蟲論」: "(詩)旣形四方之風, 且彰君子之志, 勸善懲惡, 王化本焉. 後之作者, 思存枝葉, 繁華蘊藻, 用以自通."

나라는 대동(大同, 535－545) 이후로 글을 쓰는 올바른 도리가 무너져 버리고 원칙으로부터 점차 어긋나 새롭고 교묘한 글만을 다투어 쓰게 되었다. 간문제(簡文帝)와 상동왕(湘東王)이 그 지나치게 방탕한 글을 짓기 시작했고, 서릉(徐陵)과 유신(庾信)이 그 길을 넓히면서 명성을 날렸다. 그 뜻은 얕으면서도 번거롭고, 그 글은 어두우면서도 문장의 아름다움만이 있으며, 글귀는 가볍고 거친 것을 숭상하고 감정에는 슬픔과 애틋함이 많다. 『시경』의 품격에서 판단을 하건대 망해가는 나라의 음악이라 할 것이다."[10)]

왕통(王通, 584－618)도 『중설(中說)』에서[11)] 형식적인 남북조 시대의 문장을 반대하고 도가 담긴 새로운 글을 주장하고 있다. 사학자 이외에 왕발(王勃, 647－679)을 비롯하여 진자앙(陳子昻)·부가모(富嘉謨)·오소미(吳少微)·이화(李華)·원결(元結)·독고급(獨孤及) 같은 문필가들도 형식적인 수식만을 중시하는 문학조류를 반대하였다. 이화가 "덕이 있는 문장은 진실한 것이고 덕이 없는 문장은 거짓된 것이다"[12)]고 말했듯이, 이들의 문장관은 거의 모두가 도덕과 세상을 올바로 이끄는 일을 바탕으로 하고 있다.

그러나 누구보다도 적극적으로 고문운동의 선봉에 섰던 이는 유면(柳冕, 730?－804?)이라 할 것이다. 그는 순문학적인 입장에서의 문장을 부정하고 교화와 윤리에 입각한 유가적인 문학이론을 내세웠다. 따라서 굴원(屈原)·송옥(宋玉) 이하의 사부(辭賦)와 수식 위주의 시문들을 모두 경시하고 있다.

"문장은 백성의 교화에 근본을 두고, 나라가 잘 다스려지고 어지러워 지는 일에 따라 형식을 이루며, 나라의 풍속과 관계가 있는 것이다. …굴원과 송옥 이래로 글을 짓는 사람들은 슬프고도 아름다움에 근본을 두고 지나친 수사에 힘써서 세상을 위하여는 뜻은 없어지고 옛 뜻을 잃게 된 것이다. 비록 양웅(揚雄)과 사마상여(司馬相如)의 사물의 묘사, 조식(曹植)과 유정(劉楨)의 뼈대있는 글, 반악(潘岳)과 육기(陸機)의 아름다운 표현 같은 것도 문장 수식에는 뛰어나지만 쓰일 곳은 적은 것이다. 곧 그것은 한 가지 재주에 불과한 것이니 군자로서는 하지 않을 일이다."[13)]

---

10) "梁自大同之後, 雅道淪缺, 漸乖典則, 爭馳新巧. 簡文湘東啓其淫放, 徐陵庾信分路揚鑣. 其意淺而繁, 其文匿而彩, 詞尙輕險, 情多哀思. 格以延陵之聽, 蓋亦亡國之音乎!"

11) 『中說』은 王通이 지은 것임을 의심하는 이가 많으나, 당나라 초기에 지어진 것임에는 틀림이 없다.

12) 「贈禮部尙書淸河孝公崔沔集序」

13) "文章本於敎化, 形於治亂, 繫於國風, …自屈宋以降, 爲文者本於哀豔, 務於恢誕, 亡於比興, 失古

“글과 가르침은 둘로 나누어진다. 가르침이 부족한 자가 억지로 글을 지으니 곧 군자의 도를 알지 못하는 것이다. 군자의 도를 아는 사람은 글을 짓는 것을 수치로 안다. 글을 지으면서도 도를 아는 두 가지 일을 겸하기는 어렵다.”[14)]

또 그는 글과 도를 겸한 작가로 요(堯)·순(舜)·주공(周公)·공자(孔子)에서 시작하여 자유(子遊)·자하(子夏)·순자(荀子)·맹자(孟子)와 한나라의 가의(賈誼)·동중서(董仲舒)를 들고 있다. 그에 의하면 요·순과 주공·공자가 문학가의 정통이며, 굴원(屈原)·조식(曹植)·도연명(陶淵明) 같은 사람들도 가의나 동중서에 비길 바가 못 된다는 것이다.

그것은 앞에서도 얘기했듯이 문장은 반드시 도를 담고 있어야만 한다는 윤리적 경세적인 문장관을 바탕으로 하기 때문이다. 그는 “군자의 문장에는 반드시 도가 있어야만 한다”(「答衢州鄭使君論文書」)고 밝히고 있는데, 이 ‘재도(載道)의 문장론’은 고문운동의 중심 이론으로 발전한다.

그는 이처럼 고문부흥의 이론을 철저하게 주장하였지만 고문운동에 있어서는 한유와 유종원의 그늘에 완전히 가리어져 있다. 그것은 자신이 고백하고 있듯이 그의 문장능력이 그의 이론을 뒤쫓을 수 없었기 때문일 것이다.

> “저는 비록 복고에 뜻을 두고 있기는 하지만 능력이 부족합니다. 말은 비록 도에 가깝다지만 문사(文辭)는 문장이 못 되고 있습니다. 비록 타락하려는 시대조류를 구하려 한다고 해도 어찌할 수가 없습니다.”[15)]

그는 이론과 창작이 부합되지 못했기 때문에 본격적인 고문운동은 한유와 유종원의 출현을 기다리지 않으면 안 되었다.

2. 한유의 고문운동

한유(768－824)는 이제까지의 고문가의 이론을 집대성하고 또 뛰어난 그의 문장력을 구사하면서 강력히 고문운동을 전개하였다. 그의 사위 이한(李漢)이 「창려선생집서(昌黎先生集序)」에서

義矣. 雖揚馬形似, 曹劉骨氣, 潘陸麗藻, 文多用寡, 則是一技, 君子不爲也.”(「與徐給事論文書」)

14) “文與敎分而爲二. 敎不足者强而爲文, 則不知君子之道, 知君子之道者. 則恥爲文. 文而知道. 二者兼難? (「答徐州張尙書論文書」)

15) “小子志雖復古, 力不足也. 言雖近道, 辭則不文. 雖欲拯其將墜, 末由也已.”(「答荊南裴尙書論文書」)

> "당시 사람들은 처음에는 놀랐다가 중간에는 비웃으며 배척하였으나 선생의 마음은 더욱 굳어졌다"16)

라고 말하고 있듯이 그의 고문운동은 맹렬한 저항을 받기도 하였다. 그러나 한유는 세상의 풍조를 깨끗이 바로잡겠다는 자부심을 가지고 세상 사람들의 비웃음과 배척을 물리치고 설득력 있는 운동을 전개 해 나갔다.

그의 고문이론은 무엇보다도 맹자(孟子) 이래로 단절되었던 유학의 도통(道統)을 계승한 사람이 바로 자신이라는 자부에 근거를 두고 있어서, 그의 고문의 주장은 바로 유가의 전통적인 도통에 바탕을 두고 있는 것이었다.

그는 「원도(原道)」란 글에서 다음과 같이 도통론을 내세우고 있다.

> "요(堯)는 그것(道)을 순(舜)에게 전하여 주었고, 순은 그것을 우(禹)에게 전하여 주었고, 우는 그것을 탕(湯)에게 전하여 주였고, 탕은 그것을 문무주공(文武周公)에게 전하여 주었고, 문무주공은 그것을 공자에게 전하였고, 공자는 그것을 맹자에게 전하였는데, 맹자가 죽은 뒤에는 그것이 전하여지지 않게 되었다."17)

그리고 다시 이런 주장을 하고 있다.

> "내가 옛 것에 뜻을 두는 것은 오직 그 문사를 좋아하는 것뿐만이 아니라 그 도를 좋아하기 때문이다."18)

> "내가 고문을 주장하는 것이 어찌 그 구두(句讀)가 지금 유행하는 문체와 같지 않음만을 취하는 것이겠는가? 고인을 사모해도 뵐 수가 없으니, 고도(古道)를 배움에 있어서 그 문사에까지도 통하고자 하는 것이다. 그 문사에 통하는 것은 본시 고도에 뜻을 두고 있다는 것이다."19)

곧 그의 고문운동은 문체개혁운동에 그치는 것이 아니라 사상운동이 바탕을 이루고 있는 것이다. 그는 유교의 잃어버린 도통을 되찾아 복고를 하여 도를 밝히기 위한 방법으로 고문을 주장했던 것이다. 그러기에 그는 도가나 불가 같은 이단을 극력 배척하고(「原道」·「論佛骨表」 등), 「진학해(進學解)」에서는 문장의 규범으로 오경(五經)과 자사(子史)에 속하는 책들을 들고 있는 것이다. 그 자신이 삼

16) "時人始爲驚, 中而笑且排, 先生心益堅."

17) "堯以是傳之舜, 舜以是傳之禹, 禹以是傳之湯, 湯以是傳之文武周公, 文武周公傳之孔子, 孔子傳之孟軻, 軻之死, 不得其傳焉."

18) "愈之所志於古者, 不惟其辭之好, 好其道焉爾."(「答李秀才書」)

19) "愈之爲古文, 豈獨取其句讀不類於今者耶? 思古人而不得見, 學古道則欲兼通其辭. 通其辭者, 本志乎古道者也."(「題歐陽生哀辭後」)

대(三代)와 양한(兩漢)의 책이 아니면 감히 보지도 않았다(「答李翊書」)고 말한 것도 그 때문이다.

같은 시대의 유종원(柳宗元, 773－819)은 문장에 대한 의견이 한유와 꼭 같지는 않았지만 변려문을 내치고 간결하고도 산뜻한 고문체의 글을 지어 한유의 고문운동의 유력한 협력자가 되었다. 한유가 문장의 도에 편중된 주장을 하고 있는데 비하여 유종원은 도와 함께 문장 자체도 중시하였다. 그는 「양평사문집후서(楊評事文集後序)」에서 다음과 같이 말하고 있다.

> "문장의 쓰임은 사령(辭令) 포폄(褒貶)과 도양(導揚) 풍유(諷諭)에 있을 따름이다. 비록 그 말이 비루하다고 해도 쓰임에 대비하기에는 족하기 때문이다. 그러나 문채가 없다면 본시 세상 사람들의 귀를 기울이게 하여 뒤에 공부하는 사람들에게 뜻을 드러내 보이는 수가 없어서 생각을 표현한 말이 썩어 없어져 버릴 것이기 때문에 군자들은 그렇게 하지 않는 것이다."[20]

곧 문장이란 문채가 있어야만 사람들을 감동시킬 수 있고, 그 효과도 오래 지속될 수가 있다는 것이다. 또 「보최암수재서(報崔黯秀才書)」에서는 이렇게 말하고 있다.

> "그러나 성인의 말은 도를 밝히는 것을 목표로 삼고 있어서, 학자들은 도를 추구하기에만 힘쓰고 그 문사는 소홀히 하고 있다. 문사가 세상에 전해지는 것은 반드시 서(書)로 말미암은 것이니, 도는 문사를 빌려서 밝혀지며 문사는 서를 빌어 전해지는 것이다."[21]

그는 "문장이란 도를 밝히는 것"(「答韋中立論師道書」)이라 선언하고 있지만, 도는 훌륭한 문사를 빌리지 않고는 밝혀질 수 없다는 것이다. 한유가 사상운동으로서 고문운동을 전개시키며 도를 근간으로 하는 일원론적인 문학론을 펴고 있는데 비하여 유종원은 문장의 내용으로서의 도와 문장의 형식으로서의 문채를 함께 소중히 여기는 이원론적인 문장론을 펴고 있는 것이다.

한편 도에 대한 개념에 있어서도 이들 두 사람 사이에는 큰 차이 가 있다. 한유는 성현이 치국평천하 하던 인륜 도덕에 입각한 도, 곧 엄격한 유가의 도를 뜻하는 데 비하여 유종원은 좀 더 광범한 의미의 도, 곧 성현의 도뿐만이 아니라 올바른 도리 또는 문예의 도를 모두 포괄한 도를 뜻하였다. 유종원이 불교를 본

20) "文之用, 辭令褒貶, 導揚諷諭而已. 雖其言鄙埜, 足以備於用, 然而闕其文采, 固不足以竦動時聽, 夸示後學, 立言而朽, 君子不由也."

21) "然聖人之言, 期以明道, 學者務求諸道而遺其辭. 辭之傳於世者, 必由於書, 道假辭而明, 辭假書而傳."

시 좋아했을 뿐만 아니라 노장(老莊)에 대하여도 배타적인 태도를 취하지 않은 것이 그러한 큰 차이를 낳았을 것이다. 한유가 성현을 자처하는 도학자적인 견해를 벗어나지 않았던 데 비하여 유종원은 끝내 문학자로서의 풍도만을 유지하였던 것이다. 그러기에 이들의 문장을 보더라도 한유의 문장은 완전히 산체(散體)로 변한 데 비하여 유종원의 문장은 변체(騈體)의 수사법을 여전히 적지 않게 응용하고 있다. 그러나 후세에 끼친 영향은 곧고 일관된 그의 주장 때문에 한유 쪽이 훨씬 크다.

어떻든 이들의 뒤를 이어 이고(李翶, ?-844?)·황보식(皇甫湜, 813 전후) 같은 사람들이 나와 고문을 계승했으므로 고문운동은 초보적인 성공을 거두었다. 그 뒤 만당의 유미주의적 문학풍조의 유행은 한동안 고문의 유행을 주춤하게 만드는 듯도 하였다. 그리나 송나라로 들어와 구양수(歐陽修)·증공(曾鞏)·왕안석(王安石)·소식(蘇軾)·소철(蘇轍) 등의 문호들이 고문을 계승함으로써 고문운동은 완전한 성공을 거두게 된다.

다만 고문운동은 단순한 남북조시대의 변려문에 대한 반발로 생겨나 성공 을 거둔 것은 아니다. 고문운동은 그러한 운동이 일어날 수밖에 없었던 시대적인 요건을 지니고 있었음에 주의를 기울일 필요가 있다.

고문운동이 일어났던 이른바 중당(中唐)시대(766-835)는 '안록산(安祿山)의 난, 755-763'이 성당과의 분계령을 이룬다. '안록산의 난'은 오랜 평화와 난숙한 문화에 젖은 당제국을 일시에 전란으로 뒤엎어 사회에 많은 변혁을 가져오게 하는 계기가 되었다. 오랜 동안 당제국의 정치와 경제를 주물러 온 대족(大族)들이 일시에 멸망하고 남방 도시들의 상인과 서민층의 일부가 상류로 떠오르기 시작하였다. 이 시기의 대표적인 문인인 한유나 백거이 등이 모두 중류 이하의 집안 출신이라는 것도 사회상황의 변화를 설명하기에 충분할 것이다. 당제국의 정치·경제·문화의 주역이 대족으로부터 새로 일어난 시민들과 중소지주들에게로 옮아갔던 것이다. 이것은 일부 서민계급들의 자각과 지배계층들의 서민에의 관심을 수반하였다.

이 때문에 백거이(772-846)·원진(元稹 765?-831)·장적(張籍, 765?-830) 같은 이 시대 시인들이 민요체의 악부시에 관심을 기울이며 누구나가 이해할 수 있는 쉽고 저속한 용어를 사용하여 작품을 썼다. 그리고 그 작품의 내용도 서민적인 유행가 같은 음란하고 야한 작품들이 있는가 하면, 서민 생활에의 관심도 크게 두드러지게 되었다. 한편 민중 오락으로는 불경을 풀이한 강창(講唱)형식의 변문(變文) 또는 속강(俗講)에서 시작하여 설화(說話)가 유행하기 시작했다. 이 시기에 생겨난 고문으로 쓰인 전기소설(傳奇小說)도 이러한 시대 여건의 소산이다.

그리고 근체시가 극도로 형식화한 데 대한 반발로 민간 가요체의 새로운 사(詞)라 불리는 시가도 대두하기 시작했다. 고문운동은 이러한 민중에로의 관심이라는 시대조류를 타고 일어난 것이었다. 그러므로 이 고문운동은 이러한 여러 가지 분야의 문학개혁운동과 합쳐 종합적으로 이해하여야만 한다. 이러한 시대상황 아래에서는 형식적인 수사만을 강조하는 변려문은 더 이상 받아들여질 수가 없는 것이다. 이상 얘기한 쉽고 속된 시풍을 비롯하여, 속강과 설화 및 사는 모두 고문과 함께 송나라로 계승되어 큰 발전을 이룩하게 된다. 한유가 고문운동의 바탕으로 유학적인 도를 내세웠던 것도, 이러한 사회변혁에 합치되는 새로운 윤리체계의 모색에 그 동기를 찾아야 할 것이다. 그 때문에 사상적인 측면에서는 한유의 도가 송나라 때의 성리학으로 발전했다고 말할 수도 있는 것이다.

3. 고문의 성격

한유와 유종원을 중심으로 한 고문운동은 중국산문을 진한(秦漢) 이전의 고대산문으로 완전히 복고시켰는가? 다시 말하면 한유와 유종원 이후의 고문은 바로 고대산문과 같은 것인가? 후대의 고문 작가들이 그들의 문장규범으로 진한 이전의 산문을 본뜨려 했던 것은 사실이지만, 그 문장의 내용은 물론 형식까지도 고문은 완전히 새로운 것이었다. 말로는 복고를 내걸고 있지만 그것은 당나라의 새로운 문학 운동의 대의명분에 불과하였다.

그러면 고문은 어떤 특징을 지닌 문체인가? 간단히 말하면 그 문장구조에 있어서는 한나라 이전의 고대 산문을 규범으로 삼지만 그 문장의 발상이나 어휘에는 시대의 흐름에 따른 문화의 발전을 반영하고, 또 변려문을 통하여 쌓여진 세련된 기교를 그대로 원용하여 새로운 시대에 알맞은 산문으로 발전시키고 있는 것이다. 곧 고대의 산문보다는 아름답고도 멋진 표현으로 집약된 내용을 체계적으로 담고 있어 자연스런 리듬에다 알찬 내용을 간직하고 있는 산문을 이룩하고 있는 것이다. 고문은 멋지면서도 자연스러운 리듬을 지녀야 했기 때문에 실상은 변려문 못지않게 단련(鍛鍊)을 요하는 글이었다. 보기로 한유의 편지를 한 장 읽어 보자.

某聞：木在山, 馬在肆, 遇之而不顧者, 雖日累千萬人, 未爲不材與下乘也. 及至匠石過之而不睨, 伯樂遇之而不顧, 然後知其非棟梁之材, 超逸之足也.
以某在公之宇下非一日, 而又辱居姻婭之後, 是生於匠石之園, 長於伯樂之廐者也. 於是而不得知, 假有見知者千萬人, 亦何足云?
今幸賴天子每歲詔公卿大夫貢士, 若某等比, 咸得以薦聞. 是以冒進其說, 以累於執事, 亦不自量已. 然執事其知某如何哉!
昔人有鬻馬不售於市者, 知伯樂之善相也, 從而求之. 伯樂一顧, 價增三倍. 某與其事頗相類, 是故終始言之耳. 愈再拜.

제가 듣건대, 나무가 산에 있고 말이 저자에 있어도, 그들 앞을 지나면서 거들떠보지도 않는 사람이 비록 하루 수천 수만 명에 이른다 하더라도 나쁜 재목이나 몰기 나쁜 말이 되지 않습니다. 그러나 유명한 목수 장석(匠石)이 그 앞을 지나면서도 거들떠보지 않고, 유명한 말 전문가 백락(伯樂)이 그것을 대하고도 본 체도 하지 않는다면, 그제서야 그것이 좋은 재목이 아니고 재빠른 발을 가진 말이 아님을 알게 됩니다.
저는 공의 문하에서 지낸 지 하루 이틀이 아니고 또 욕되이도 먼 친척관계에 있으니, 장석 같은 목공의 뜰에 나서 백락의 마구간에서 자라 난 거나 같습니다. 여기에서 인정을 받니 못한다면, 설사 나를 보고 알아주는 사람이 수천 수만 명이라 한들 또 어찌 족하다 할 수 있겠습니까?
지금은 다행히도 천자께서 해마다 공경대부들에게 명을 내리시어 선비들을 추천하도록 하시는 덕분에, 저와 비슷한 사람들도 모두가 천거를 받고 있습니다. 그래서 무례함을 무릅쓰고 이러한 말씀을 올리어 선생님께 누를 끼치게 된 것이나, 또한 자기 스스로를 헤아리지 못한 행위입니다. 그러나 선생님께서는 제가 어떤 자인가를 알고 계시는지요?
옛날 어떤 사람이 말을 저자에 내다 팔려고 해도 팔리지 않아, 백락이 말 관상을 잘 보는 것을 알고는 그에게 가서 보아 줄 것을 요청했습니다. 백락이 한번 보아 주자 말 값이 당장 세 배로 뛰었답니다. 제 경우와 그 일이 매우 비슷하므로 자세히 말씀드리는 바입니다. 유(愈)가 재배를 드립니다."

이 간단한 편지를 읽어 보아도 고문이란 고대산문과는 전혀 다른 것임을 알 것이다. 고문이 변려문의 수식성을 배격하면서도 거기에서 개발된 수식기교를 완전히 버리지는 않고 있는 것이다. 다만 변려문처럼 일정한 구형과 판에 박은 것 같은 대우법 등을 거부하고 자유로운 형식과 리듬을 추구하고 있기는 하다. 그러나 첫 대목만 보더라도 "목재산(木在山)"과 "마재사(馬在肆)", "장석과지이불예(匠石過之而不睨)"와 "백락우지이불고(伯樂遇之而不顧)", "동량지재(棟梁之材)"와 "초일지족(超逸之足)" 등이 자유로운 것 같은 형식 속에서도 대를 이루어 가고 있다. 평측(平仄)의 배열도 일정한 규칙이 없고 완전히 자유로워진 듯하면서도, 소리 내어 읽어서 잘 조화되고 어울리는 리듬을 이루고 있다. 이러한 자유로우면서도 잘 조화되는 리듬의 구성이란, 일정한 규칙을 따르기만 하면 되는 변려문보다도 더 큰 고심과 세련을 요할 것이다. 한유가 이러할진대 문채까지도 아울러 중시한 유종원의 경우는 그 수식성이 더 짙었을 것임은 쉽사리 알 수 있을 것이다.

그뿐 아니라 문장의 구성에 있어서도 변려문에서 다져진 암시성(暗示性)과 간결성(簡潔性)이 더욱 발휘되고 있다. 윗글은 어떤 고관에게 추천을 의뢰하는 편지인데, 직접 자기를 천거해 달라는 말은 한 마디도 보이지 않는다. 처음부터 끝까지 나무와 말과 그 전문가인 장석(匠石)과 백락(伯樂)을 비유로 인용하면서 자기 뜻을 암시하고 있다. 그리고 간결한 암시적인 문장은 청탁하는 한유의 저자세와 구구한 뜻을 잘 나타내 주고 있다.

물론 고문이라면 변려문과 대가 되는 모든 산문, 곧 진한(秦漢) 이전의 문장과 그것을 규식으로 삼은 한유 이후의 의고문(擬古文)을 총칭하는 것이 보통이다. 그러나 문학사상 고문은 한유와 유종원의 복고운동으로 말미암아 제기된 것이며, 또 이들의 복고운동은 단순한 고대 문체의 부활이 아니었다는 점에 주의하여야 할 것이다.

4. 고문의 내용

고문은 그것이 발달한 시대적인 배경과 자유로우면서도 아름답고 간결한 표현 등으로 이전보다 그 내용이 풍부해졌다. 특히 유종원의 주장에 힘입어 고대 산문의 기사(紀事)와 입언(立言)의 내용 이외에도 순수한 문학적인 동기에서 쓰인 고문도 많아졌다. 청나라의 요내(姚鼐, 1731－1815)는 그가 편찬한 『고문사류찬(古文辭類纂)』에서 고문을 다음과 같이 분류하고 있다. 이 책은 고문에 대한 명확한 정의를 제시하지는 못하고 있지만 건륭(乾隆) 말엽(1795) 이래로 고문의 모범문집으로 행세해 온 책이다.

(1) 논변류(論辯類)

요내가 "옛 제자(諸子)에게서 나온 것"이라 했으나 대표적인 입언의 글이다. 한유의 「원도(原道)」·「원성(原性)」·「사설(師說)」·「잡설(雜說)」, 유종원의 「봉건론(封建論)」·「동엽봉제변(桐葉封弟辯)」 등을 비롯하여 구양수(歐陽修)·증공(曾鞏)·소순(蘇洵)·소식(蘇軾)·소철(蘇轍)·왕안석(王安石) 등 이른바 당송팔대가(唐宋八大家)의 문장이 그 중심을 이루고 있다.

(2) 서발류(序跋類)

문장이나 책의 앞 또는 뒤에 쓰는 글로 그 글을 쓰게 된 근원을 추론하거나 그 뜻을 설명하는 게 보통이다. 따라서 글의 내용은 입언과 기사의 체재가 엇섞이는 게 보통이다. 사마천의 육편의 표서(表序), 구양수의 여러 문집 서문, 증공의 「전국책목록서(戰國策目錄序)」, 왕안석의 「주례의서(周禮義序)」 등이 그 대표적인 것들이다.

(3) 주의류(奏議類)

임금에게 올린 글로, 한나라 이래로 표(表)·주(奏)·소(疏)·의(議)·상서(上書)·봉사(封事) 등 여러 가지 호칭을 붙였으나 사실은 모두 같은 것들이다. 또 이것들과는 성질이 약간 다른 천자의 책문(策問)에 신하가 답한 대책(對策)도 있다. 제갈량(諸葛亮)의 「출사표(出師表)」, 한유의 「논불골표(論佛骨表)」, 동중서(董仲舒)의 「현량대책(賢良對策)」 등이 특히 유명하다.

(4) 서세류(書說類)

편지 종류의 글. 다만 세(說)는 다른 나라 임금에게 유세(遊說)하는 글이어서 주의류에 속한다고 볼 수 있다. 또 '서'는 고문 중에서도 큰 비중을 차지하는데, 지금 우리가 생각하는 서간문과는 성질이 약간 다른 것이다. 옛 사람들은 이 '서'가 다른 시문과 함께 문집 속에 정리되어 출간될 것을 전제로 하기 때문에 사적인 것이기보다는 공적인 성격을 더 많이 띠게 된다. 역대로, 유면(柳冕)의 「답양중승서(答楊中丞書)」, 한유의 「답이익서(答李翊書)」, 유종원의 「답위중립론사도서(答韋中立論師道書)」, 백거이의 「여원구서(與元九書)」, 구양수의 「답오충수재서(答吳充秀才書)」, 소식의 「답사민사서(答謝民師書)」 등 대표적인 글이 있다. 이 속에는 본격적인 논변류보다도 더 중요한 문학론이 전개되어 있는 것들이 많으니 후세의 편지보다도 훨씬 중요한 내용이 담긴 글임을 알 수 있다.

(5) 증서류(贈序類)

남에게 써 보내는 글, 특히 먼 곳으로 떠나는 사람에게 써 보낸 글이 많다. 한유의 「송맹동야서(送孟東野序)」·「송부도문창사서(送浮圖文暢序)」, 증공의 「송강임서(送江任序)」, 소순의 「명이자설(名二子說)」 등이 유명하며, 명나라의 귀유광(歸有光, 1506－1571)은 이 문체의 완성자라고 알려져 있다.

(6) 조령류(詔令類)

임금이 백성들을 깨우치기 위하여 발표하는 글. 『서경』의 서고(誓誥)에서 비롯되었다. 사마천의 「유파촉격(諭巴蜀檄)」과 한유의 「제악어문(祭鱷魚文)」처럼 백성들에게 왕조의 시책을 납득시키기 위하여 지은 글도 이 속에 포함된다.

(7) 전장류(傳狀類)

사람들의 전기, 요내(姚鼐)는 백성들을 위하여 지은 서민층의 특별한 사람의 전기를 전(傳)이라 하고, 이름이 알려진 명사의 전기는 행장(行狀)이라 하는데 그것은 써서 사관(史官)에게 제출되어야 하는 것이라 하였다. 이는 전기에 대한 올바른 생각이 못 되는 듯하다. 한유의 「오자왕승복전(圬者王承福傳)」, 유종원의 「종수곽탁타전(種樹郭橐駝傳)」, 귀유광의 「선비사략(先妣事略)」 등이 유명하며, 한유의 「모영전(毛穎傳)」처럼 어떤 사물을 의인화하여 지은 글도 있다.

(8) 비지류(碑誌類)

어떤 사람의 행적을 돌에 새기어 그 공덕을 칭송하는 글. 땅 위에 세우는 비석에 새긴 글을 비(碑)또는 표(表)라 하고, 돌에 새기어 땅 에 묻는 글을 지(誌)라 한다. 본시는 모두 '지'라 하였다. 혹 지명(誌銘)이라고 명자를 덧붙이는 것은 새긴 글이라는 뜻을 나타내기 위한 것이다. 한유의 「평회서비(平淮西碑)」·「유자후묘지명(柳子厚墓誌銘)」· 「전중소감마군묘지명(殿中少監馬君墓誌銘)」, 구양수의 「윤사로묘지명(尹師魯墓誌銘)」, 왕안석의 「태주해릉현주부허군묘지명(泰州海陵縣主簿許君墓誌銘)」, 귀유광의 「여여란광지(女如蘭壙志)」, 방포(方苞)의 「두창략선생묘지명(杜蒼略先生墓誌銘)」 등이 유명하다.

(9) 잡기류(雜記類)

어떤 견문을 기록한 기사체의 문장, 기행문 빛 견문록 등이 이에 속한다. 한유의 「신수등왕각기(新修滕王閣記)」, 유종원의 「시득서산연유기(始得西山宴遊記)」·「고무담기(鈷鉧潭記)」·「석간기(石澗記)」, 소식의 「석종산기(石鍾山記)」, 구양수의 「풍락정기(豐樂亭記)」 등이 유명하다. 증국번(曾國藩, 1811-1872)이 편찬한 『경사백가잡초(經史百家雜鈔)』에서는 대사건의 기록은 잡기로부터 독립시켜 서기(敍記)라 부르고 있다.

(10) 잠명류(箴銘類)

자신의 교훈을 삼기 위하여 지은 글, 이른바 좌우명(左右銘) 같은 글들이다. 특히 송 장재(張載)의 「서명(西銘)」이 유명하다.

(11) 찬송문(贊頌文)

어떤 이의 공덕이나 업적을 찬양하는 글.

(12) 사부류(辭賦類)

앞에 이미 논한 글의 형식이다. 본시는 운문이므로 여기에 포함시키는 것은 적합하지 않다. 그러나 특히 송나라의 문부(文賦)가 나온 뒤 중국에서는 사부를 흔히 산문체의 일종으로 보는 경향이 많았는데, 한부(漢賦) 이래의 두드러진 산문화 경향 때문일 것이다.

(13) 애제류(哀祭類)

죽은 이에 대한 조문(弔文) 또는 제문(祭文). 한유의 「조주제신문(潮州祭神文)」·「제유자후문(祭柳子厚文)」, 소식의 「제구양문충공문(祭歐陽文忠公文)」 등이 유명하다.

이상을 대강 보면 고문은 진한(秦漢) 이전의 문장처럼 기사와 입언을 그 중요한 산문정신으로 받들고 있음을 알 것이다. 다만 한유 이후의 고문에서는 시대의 흐름에 따른 다양한 발전된 문학의식을 담은 위에, 변려문에서 닦여진 수사기교도 버리지 않고 응용하고 있다. 사부까지도 고문에 포함시키고 있는 상황을 통하여, 한자의 성질상 중국문장에서 미문의식은 완전히 불식될 수가 없는 것임을 알게 된다.

5. 고문의 발전

중당시대에 일어난 한유와 유종원의 고문운동은 송나라로 와서 계승되어 완전한 성공을 거둔다. 송나라에서 가장 먼저 고문을 내세운 이는 유개(柳開, 948－1001)인데, 그는 한유와 유종원의 고문이론을 아울러 존중했다.

유개의 문하에선 윤수(尹洙, 1001－1047)가 나왔고, 다시 윤수의 문하에서는 송나라 고문의 대가 구양수(1007－1072)가 나왔다. 그리고 다시 구양수의 문하에서 증공(1019－1083)·왕안석(1021－1086)·소식(1036－1101)·소철(1039－1112) 등의 대가들이 나왔다. 여기에서 고문이 중국의 대표적인 산문으로 자리 잡게 된다. 이로부터 변려문은 조정의 조령(詔令)이나 관리의 상주(上奏) 같은 공식적인 글에만 남게 된다.

송나라에서는 고문을 흔히 산문이라고도 불렀다. 남송 왕응린(王應麟, 1223－1296)이 『사학지남(辭學指南)』에서 중국의 문체를 산문과 사륙(四六)으로 구분하고 있는 것이 그 보기이다. 곧 송나라 사람들은 우리가 운문의 대칭으로 산문이란 말을 쓰는 것과는 달리 변려문에 대한 대칭으로 산문이란 말을 썼던 것이다. 산문이란 말은 그 문체가 대우(對偶)와 일정한 구절의 형식에 억매이지 아니하고 자유로이 산어(散語)로써 문장을 이룬다는 뜻에서 붙여진 칭호이다.

그러나 변려문 이래로 문장의 수식은 중국인의 문장의식 속에 깊숙이 자리 잡아 고문가의 문장 중에서도 대구와 정제한 구절의 형식이 적지 않게 발견된다. 한유처럼 문장에 있어 도만을 내세운 작가의 글을 보아도 「진학해(進學解)」나 「송이원귀반곡서(送李愿歸盤谷序)」 같은 글은 대구도 많고 구절의 형식도 정제하여 변려문에 가까운 모양을 보여주고 있다. 이러한 경향은 유종원은 말할 것도 없고 송나라 때의 구양수 이하 모든 고문가들에게서 발견되는 현상이다. 고문은 변려문과 같은 고의적인 대구와 인위적인 구식만을 피한 것이지 문장의 아름다움까지도 도외시 하지는 않았기 때문이다.

고문가들은 대개 서한 이전의 글을 본뜨고 동한 이후의 글은 내쳤다. 소식이 「조주한문공묘비(潮州韓文公廟碑)」에서 "문기팔대지쇠(文起八代之衰)"란 말을 하고 있는데, "팔대"란 동한 이하 위(魏)와 남북조(南北朝)를 가리킨다. 변체의 문장은 동한부터 유행하기 시작했기 때문이다. 그러나 이른바 '당송팔대가'가 나온 뒤로는 고문가들이 대체로 팔가(八家)의 문장법을 배우면서 한편으로 서한 이전의 글을 존중했다. 그러한 경향은 대체로 명나라 이동양(李東陽, 1447－1516)에게까지 이어졌다.

그의 뒤로 이몽양(李夢陽, 1472－1529)·하경명(何景明, 1483－1521) 등 이른바 전칠자(前七子)가 나와 당송팔대가는 제쳐 놓고 문장은 진한의 것을 본뜰 것을 주장하여 그 이론이 일세를 휩쓸었다. 뒤이어 나온 이반룡(李攀龍, 1514－1570)·왕세정(王世貞, 1526－1590) 등 후칠자(後七子)도 문장은 서한 이후의 것은 볼 것도 없다고 주장했다. 이들의 주장은 그럴 듯했지만 실상 이들의 글은 이전 작가들을 흉내 내며 옛날 냄새만을 풍기는 의고(擬古)의 테두리로 빠져들기가 일쑤였다. 이들을 고문사파(古文辭派) 또는 진한파(秦漢派)라 부른다.

한편 왕신중(王愼中, 1509－1559)·당순지(唐順之, 1507－1560)와 귀유광(歸有光, 1506－1571) 같은 사람들은 당송팔가를 내세우면서 앞에 든 고문사파와 다른 입장을 취하였다. 명나라 중엽까지는 고문사파가 우세한 듯하였으나 차츰 당송파의 세력이 커져 청나라로 들어와서는 완전히 당송파의 천하로 변하였다.

청나라 중엽 건륭(乾隆) 연간(1736－1795)에는 동성파(桐城派)라 불리는 고문가들이 나왔다. 이들은 본시 당송파에서 나왔으나 주(周)·한(漢)의 문장도 아울러 배우려던 사람들이다. 건륭 초년 안휘성(安徽省) 동성(桐城)에 유대괴(劉大櫆)라는 사람이 나와, 『장자』·『초사』·『좌전』·『사기』와 한유·유종원·구양수·소식의 문장의 장점을 아울러 닦아 고문에 뛰어났다. 같은 고을의 요내(姚鼐, 1731－1815)가 그를 따라 고문을 공부하였는데, 표현이 고상하고 간결하며 뜻은 깊고 분명한 글을 지어 『사기』와 한유의 문장에 가까워졌다는 평판을 받았다. 다시 요씨 문하에서는 관동(管同, 1780－1831)·매증량(梅曾亮, 1786－1856)·방동수(方東樹, 1772－1851) 같은 사람들이 연이어 나와 이 뒤로 고문을 짓는다는 사람들은 모두 이들의 영향을 받게 되었다.

이 동성파에서는 다시 운경(惲敬, 1757－1817)·장혜언(張惠言, 1761－1802) 등이 변려문도 닦아 문장의 수식도 중시함으로써 양호파(陽湖派)라는 동성파의 방계가 생겨났다.

청나라 고문가들이 규범으로 받든 책으로 요내가 편찬한 『고문사류찬(古文辭類纂)』과 왕선겸(王先謙, 1842－1917)이 이어 편찬한 『속고문사류찬』이 있다. 요씨는 진한 이래로 청나라 유대괴에 이르는 문장을 선택하면서 남북조의 작품은 하나도 고르지 않았고, 왕씨는 동성파뿐만 아니라 양호파의 글까지도 뽑았다. 다시 청나라 말엽에 증국번(曾國藩, 1811－1872)은 동성파를 따르면서 요내를 사숙하였으나 『고문사류찬』의 선택 시야가 좁은 것에 불만을 품고 다시 경서(經書)와 사서(史書)의 문장까지도 뽑아 넣어 『경사백가잡초(經史百家雜鈔)』를 편찬하였다. 증국번의 문하에서는 오여륜(吳汝綸, 1840－1903)·여서창(黎庶昌, 1837－1897) 같은 고문가들이 나와 이들 일파의 노력은 청나라 말엽에 효과를 크게 떨쳐, 「경사백가잡초」와 이를 줄인 『경사백가간편(經史百家簡編)』은 『고문사류찬』과 함께 세상에 크게 유행하였다. 여서창도 『속고문사류찬』을 편찬했으나 왕선겸의 속편본 만큼 크게 유행하지는 못하였다.

이처럼 청나라에서는 고문이 크게 유행하였으나 변려문도 적지 아니 유행하여 언제나 고문과 겨루는 입장에 있었다.

[附] 팔고문(八股文)

(1) 명칭과 기원

팔고문은 명나라 초기 과거의 답안작성을 위한 문체로 제정되어 이후 명나라 청나라를 걸쳐 독특한 문체로 행세하였다. 팔고문이란 명칭은 그 내용의 중심이 여덟 갈래 모양으로 이루어지는 게 보통인 문장형식에서 붙여진 것인데, 고문에 대하여는 시문(時文)이라고도 부르고, 경서를 근거로 뜻을 이룬다는 뜻에서 제의(制義)라고도 하였는데, 그 중 사서(四書)를 근거로 한 것을 사서문(四書文)이라고도 불렀다. 그 밖에 제예(制藝)·경의(經義)·정문(程文)이란 칭호도 간혹 쓰였다.

청나라의 학자들 중에는 팔고문이 송나라 때에 시작되었다(梁章鉅『制義叢話』)고 보는 이가 많으며, 특히 왕안석에게서 비롯되었다고 주장하는 이들(보기 : 張希良「可儀堂一百二十名家制義序」)도 있다. 그러나 송나라 사람들의 작품은 경서의 의리(義理)를 논하면서 팔고문의 고법(股法)에 가까운 쌍관법(雙關法)을 많이 쓰고 있다는 점이 비슷할 따름이다.

팔고문의 기원은 당나라 명경과(明經科)의 '첩경(帖經)'에서부터 찾는 게 옳을 것이다. '첩경'은 경서의 앞뒤를 가리고서 중간의 일행만을 보여 주고, 종이 첩자(帖子)에 쓴 세 글자를 보여 주며 연결의 가부(可否)를 묻는 형식이었다. 경우에 따라 네 번 또는 다섯 번 여섯 번 맞추어야 합격이 되었는데, 뒤에는 응시자가 많아져 출제가 더욱 까다로워졌다. 그리고 묵의(墨義)라 하여 경서의 의리를 주소(注疏)에 의거하여 쓰게 하기도 하였다. 그러나 경서로 시험을 쳤다는 점만이 같지 형식은 팔고문과 크게 다른 것이었다. 글의 내용으로 보아서는 경서의 의리를 쓴다는 점에서 송나라의 경의가 팔고문에 한층 가까워진 것이다. 그러나 문장형식에서 보면 당나라 진사과(進士科)의 '첩시(貼詩)'에서 오언(五言) 십이구(十二句)로 된 배률(排律)을 파제(破題)·함비(頷比)·경비(頸比)·복비(腹比)·결미(結尾)로 구분하여 짓던 구성을 이어받은 것이라 하겠다. 곧 팔고문은 명나라 초기에 첩경(帖經)·경의(經義)의 내용에다 첩시(貼詩)의 형식을 계승하고 변려문에 고문을 가미하여 과거의 답안용으로 제정한 문체인 것이다.

(2) 팔고문의 구성

팔고문의 시험 제목은 사서·오경 중에서 1구나 1장 또는 1장 중의 1절을 내는 게 보통이었다. 혹은 위아래 구절을 떼어 버리어 완전한 뜻을 이루지 못하는 1구나 1절의 중간 몇 자를 빼 버리어 완전한 뜻을 이루지 못하는 1절을 시험 제목으로 내기도 하였다. 이 점은 당나라의 '첩경'과 흡사하다.

팔고문은 파제(破題)・승제(承題)・기강(起講)・입제(入題)・기고(起股)・허고(虛股)・중고(中股)・후고(後股)・속어결구(束語結句)로써 이루어진다. 중간의 '기고' '허고' '중고' '후고'는 반드시 대우(對偶)로 글을 이루지만, 나머지 부분은 산체(散體)인 것이 보통이다. '파제'에서는 제목의 뜻이나 의의를 설파하는데, 2구로 이루어지는 게 보통이다. '승제'는 '파제'를 받아 다시 3, 4구로 뜻을 부연한다. '기강'에서는 한편의 강령(綱領)을 서술하는데 원기(原起) 또는 소강(小講)이라고도 부른다. '입제'는 본론으로 들어가는 부분으로 1, 2구 또는 4, 5구로 이루어지며, 영제(領題) 또는 입수(入手)라고도 부른다. 중간의 사고(四股)는 팔고문의 중심을 이루는 부분으로 반드시 고법(股法) 또는 비법(比法)이라 부르는 특수한 대우의 문장을 사용한다. '기고'는 제비(提比) 또는 전비(前比)라고도 부르고, '허고'는 중비(中比), '중고'는 대비(大比), '후고'는 후비(後比) 또는 속비(束比)라고도 부른다. '기고'에서는 본론의 근거를 제시하고, '허고'에서는 다시 제의(題意)를 강조하며, '중고'에서는 본론의 핵심을 논술하고, '후고'에서는 '중고'의 미진한 점을 보충한다. '속어결구'는 낙하(落下) 또는 대결(大結)이라고도 부르며 한편의 결론부분이다.

그러면 팔고문의 중심부분을 이루는 '고법' 또는 '비법'이란 어떤 것인가? 왕양명(王陽明, 1472−1528)의 「하동흉역연(河東凶亦然)」(『孟子』 梁惠王上)이란 팔고문의 '후고'를 보기로 들어 설명한다.

> (若曰) 厚于河內, 而薄于河東, 則失之隘. 寡人之心, 固不若是之隘也. ………… (A)
> (약왈) 하내 지방에 대하여는 후하게 해주고 하동지방에 대하여는 박하게 해준다면 마음이 협소한 잘못을 저지르게 된다. 내 마음은 본시 그처럼 협소하지는 않다.
>
> 救于河東者如此, 救于河內者又如彼, 則失之私. 寡人之心, 又豈若是之私乎哉? (B)
> 하동지방은 이처럼 구원해 주고 하내지방은 또 저와 같이 구원해 준다면 곧 사사로운 잘못을 저지르는 것이다. 내 마음이 또 어찌 그처럼 사사롭겠는가?

이 글을 보면 (A)의 제 5구와 (B)의 제 5구가 각각 대칭을 이루도록 구성되어 있다. 이것이 마치 두 갈래의 다리와 같다고 해서 고(股)란 이름이 붙여진 것이다. 그리고 (A)와 (B)는 대비(對比)가 되므로 이를 '비법'이라고도 부르며, (A)(B)의 한 쪽을 선(扇)이라고 부른다. 물론 개중에는 한 선(扇)의 길이가 다른 한 선보다 더 긴 것과 짧은 것이 있다. 이것은 고문의 수사방법에 있어서의 쌍관법(雙關法)에 흡사하다. 한유의 「후십구일부상재상서(後十九日復上宰相書)」에서 그 보기를 든다.

> 蹈水火者之求免於人也, 不惟其父兄子弟之慈愛, 然後呼而望之也. 將有介於其側者, 雖其所憎怨, 苟不至乎欲其死者, 則將大其聲疾呼而望其仁之也. …………………… (A)
> 물이나 불에 떨어진 사람이 다른 사람들에게 구해 주기를 요청할 적에는 오직 그의 아버지와 형 또는 아들과 아우 같은 사랑하는 사람에게만 소리쳐서 구해주기 바라는 것은 아니다. 그의 곁에 있는 자라면 비록 그를 미워하고 원망하는 자라도 그가 죽기를 바라지는 않는 자라면 곧 소리를 높혀 부르짖으면서 그의 동정을 바랄 것이다.

彼介於其側者, 聞其聲而見其事, 不惟其父兄子弟之慈愛, 然後往而全之也. 雖有所憎怨, 苟不至乎欲其死者, 則將狂奔盡氣, 濡手足, 焦毛髮, 救之而不辭也.
.... (B)

그의 곁에 있던 사람으로 그의 소리를 듣고 그의 사정을 보고 있다면 그의 아버지와 형 또는 아들과 아우 같은 사랑하는 사람만이 달려가서 그를 구해주는 것은 아니다. 비록 그를 미워하고 원망하는 자라도 그가 죽기를 바라지 않는 자라면 곧 미친 듯이 달려가 기운을 다하여 손발을 적시고 머리카락을 그슬리면서도 그를 구해주는 일을 마다하지 않을 것이다.

위에서 (A)와 (B)는 뜻에 있어서 뿐만 아니라 구절들까지도 대부분이 대비를 이루고 있다. 팔고문은 이처럼 기고·허고·중고·후고의 네 부분이 팔고(八股)를 이루는 게 원칙이나, 간혹 육고·십고·십이고·십사고·십팔고·이십고에 이르는 작품들도 있다.

(3) 팔고문의 발전

팔고문은 명나라 초기에 생겨났다고 했지마는 그 때에는 아직 위와 같은 형식이 확정되지 못했고, 그 내용도 경전(經傳)의 주소(注疏)를 부연하는 것에 불과했다. 팔고문은 성화(成化) 연간(1465－1487)에 왕오(王鏊, 1450－1524)를 중심으로 하여 완성되었다. 이 뒤로 거의 모든 학자들과 고문가들이 팔고문을 지어 그 전성기를 이룩한다. 다만 가정(嘉靖) 연간(1522－1566) 이전까지는 그 내용이 주소(注疏)에 충실한 정체(正體)였으나 융경(隆慶) 연간(1567－1572) 이후로는 자유로운 자기 이론을 발휘하는 변체(變體)가 쏟아져 나온다. 그리고 문학적인 취향의 팔고문까지도 탕현조(湯顯祖, 1550－1617)·학경(郝敬, 1558－1639) 같은 작가들이 짓게 된다.

만력(萬曆) 연간(1573－1619) 각지의 서원이 폐쇄되자 과거준비에 일시 큰 혼란이 생긴다. 그러나 곧 각지에 생겨난 문사(文社)로 수험준비생들이 모여들어 경서를 공부하고 팔고문을 익히게 된다. 그 중에도 숭정(崇禎) 2년(1629)에 여러 문사들이 통합하여 이룩한 복사(復社)는 가장 유명한 것으로, 명말 팔고문의 총 본산을 이루었다. '복사'의 『국표(國表)』와 기사(幾社)의 『임신문선(壬申文選)』은 명나라 말엽 사인(社人)들의 팔고문집으로 두드러진 것이다.

명나라 때의 팔고문집으로는 청나라 방포(方苞)가 칙명으로 편찬한 『흠정사서문(欽定四書文)』과 유장성(兪長城)의 『가의당일백이십명가제의(可儀堂一百二十名家制義)』 등에 여러 선본(選本)들이 모아져 있다.

청나라는 고증학과 실학이 발달하여 여러 사학가와 경학가들에 의하여 새로운 팔고문이 지어졌다. 이들은 경서의 주소에만 의존하지 않고 해박한 다방면의 자기의 지식을 내용으로 하는 팔고문을 지은 것이다. 전대흔(錢大昕, 1728－1804)·노문초(盧文弨, 1717－1795)·옹방강(翁方綱, 1733－1818)·단옥재(段玉裁, 1735－1815) · 손성연(孫星衍, 1753－1818)·완원(阮元, 1764－1849) 및 왕염손(王念孫, 1744－1832)·왕인지(王引之, 1766－1834) 부자가 그러한 작가이다. 그리고 개중에는 최술(崔述, 1740－1816)·장학성(章學誠, 1738－1801)·유정섭(兪正燮, 1775－1840) 처럼 경서를 제쳐 놓고 역사상의 사실을 팔고문의 내용으로 삼는 작가도 생겨났고, 이광지(李光地, 1642-1718)·한염(韓菼, 1637-1704)·방포(方苞, 1668-1749)처럼 전주(傳注)의 불비한 점을 자설로 보충하고 바로잡거나, 주소(注疏)의 이론을 따르지 않는 내용의 팔고문 짓기를 일삼은 작가도 나왔다.

이처럼 청나라에 와서는 전주를 따라 경서의 의리를 부연함으로써 성인을 대신하여 입언한다는 팔고문 본래의 정신으로부터 일탈한 작품들이 나왔다. 그 중에서도 동성파 고문가의 대표적인 인물인 방포는 그의 고문에 팔고문의 방법을 응용하여 크게 성공을 거두고 있다는 평을 받고 있다. 어떻든 팔고문이 본시의 모습을 잃은 위에, 청나라 말엽에 와서는 이전 사람들의 글의 논지를 빌리거나 이전 사람들의 글을 흉내 낸 작품들이 늘어나 팔고문을 재검토하려는 기운이 생겨났다. 그러나 광서(光緒) 27년(1901) 과거가 폐지됨으로써 자연히 팔고문도 자취를 감추게 되었다.

(4) 팔고문의 문학적 의의

팔고문은 마치 운문에 있어서의 율시와 같은 산문상의 의의를 갖는 문체라고 할 수 있다. 율시가 시의 형식과 성운의 해화(諧和)를 오랜 세월을 두고 추구한 끝에 이루어진 결정이라면 팔고문은 문장의 아름다움을 추구한 끝에 이루어진 산문의 결정이라 할 것이다. 한편 이처럼 규율이 완비된 문체란 작가의 개성이나 창의의 발휘를 저해하는 것이어서, 중국문학사상 언제나 그 문학이 시들어 가는 시기에 나타나는 문체이다. 그리고 이러한 형식주의적인 문체는 자유로운 창의와 위배되는 것이어서 현대문학 초기에는 봉건문학의 대표적인 문장으로 매도되었다. 그뿐 아니라 명나라와 청나라에는 뛰어난 팔고문의 작가가 적지 않았지만, 이들은 모두 과거에 급제하여 벼슬을 하게 되면 곧 팔고문을 내던졌다. 그리고 문장으로 세상에 알려진 사람들도 팔고문의 작가로서가 아니라 고문의 작가로 알려지고 있다. 이것을 보면 문학가들 자신에게도 팔고문의 일정한 규칙이 작문의 욕을 불러일으키지 못했음이 분명하다.

그러나 한편으로 팔고문의 성행은 고문의 단련과 수사의 발전에 큰 영향을 주었다. 명나라 때의 고문가들은 진한파나 당송파를 막론하고 모두가 팔고문의 작가이기도 하였다. 명나라에는 문장의 수식이 극도로 집약된 팔고문이 성행했기 때문에 변려문이 행세를 못하였다. 청나라에 와서는 방포(方苞)처럼 고문에 바로 팔고문의 수법을 응용했다고 생각되는 고문대가가 나오게 된다.

현대의 눈으로 보면 팔고문은 지나치게 형식주의적인 문체라고 할 것이다. 그러나 중국의 전통문학의 입장에서 보면 팔고문은 산문의 구성과 수식 발전의 극치인 것이다. 팔고문을 통하여 중국의 산문은 더 한층 묘하고 아름다운 경지로 끌어올려졌던 것이다.

참고문헌

韓國『歐陽修散文論研究』郭魯鳳(외국어대) 1991
韓國『柳宗元散文研究』吳洙亨(서울大) 1992
韓國『古文眞寶』前・後集 金學主 譯注(明文堂) 1989
中國『駢體文鈔』清 李兆洛 編
中國『古文辭類纂』清 姚鼐 編
中國『文章研究法』民國 姚永樸 著 商務印書館
中國『六朝麗指』民國 孫德謙 著
中國『辭學指南』宋 王應麟 著
中國『文選』梁 蕭統 編
中國『中國散文史』民國 陳柱 著 商務印書館
中國『中國駢文史』民國 劉麟生 著 商務印書館
中國『唐宋八大家文鈔』明 茅坤 編 商務印書館
中國『經史百家雜鈔』清 曾國藩 編
中國『古今文鈔』清 吳曾祺 編
中國『文章軌範』宋 謝枋得 編
中國『文章正宗』宋 眞德秀 編
中國『中國散文概論』方孝岳 著 臺北 莊嚴出版社 1981
中國『中國文體通論』張榮輝 著 高雄 高職叢書出版社 1977
中國『駢文概論』民國 金炬香 著
中國『制義叢話』清 梁章鉅 編
中國『欽定四書文』清 方苞 編
中國『可儀堂一百二十一名家制義』清 兪長城 編
中國『八股文小史』民國 盧前 著
日本『駢文史序說』鈴木虎雄 著
日本『中國散文論』吉川幸次郎 著 筑摩書房
歐美 *The Chinese Classics*, Vol 5., James Legge. University of Hong Kong Press, 1960.

제5장 사(詞)

제1절 사(詞)의 발생과 완성 • 175
제2절 사(詞)의 발전 • 181
제3절 사의 형식 • 188
참고문헌 • 200

제5장

사(詞)

제1절 사(詞)의 발생과 완성

1. 사(詞)의 발생

사는 당나라 때에 발생하여 송나라 때에 성행하였던 시와는 다른 형식과 풍격을 지닌 운문이다. 사는 넓은 의미에서는 시라고도 할 수 있지만, 노래의 가사가 음악과 분리된 뒤에 가사만이 살아서 생겨난 것이 사이므로 곡자(曲子)라고도 불렀다(宋翊鳳『樂府餘論』). 또 한나라 때의 악부(樂府)와 같은 노래의 가사임으로 '악부'라고도 불렀고, 새로운 악곡 또는 특별한 노래의 가사라는 뜻에서 신성(新聲)·여음(餘音)·별조(別調) 등으로도 불렀다. 다시 그 구형이 자유롭다는 점에서 장단구(長短句)라고도 불렀고, 시의 변형이라는 점에서 시여(詩餘)라고 부르기도 하였다.

시와 사는 근원이 같은 운문이지만, 어떻게 하여 사는 시와 다른 형식과 풍격을 지니게 되었는가 설명되어야 할 것이다. 노래 가사로서의 시가 오칠언 정형으로 변하고 다시 당나라 때에는 한 자 한 자의 시률(詩律)이 엄격한 근체시로 발전하면서 시는 노래 가사로서의 성격을 벗어나 완전히 읽는 시로 변하였다. 당나라에 와서는 문인들이 노래와는 전혀 관계없이 시를 짓고 즐기었다. 그러나 한편 민간에는 옛날부터 변함없이 자유로운 형식의 노래가 유행하고 있었다. 그리고 남북조시대부터 수입되어 수나라 당나라를 거치는 동안 크게 유행한 서역(西域) 계통의 음악 영향으로 민간의 가요곡들은 더욱 다양하게 발전하였다. 한편 수나라와 당나라에서는 이러한 민간가요와 외국의 음악이 연악(燕樂)으로 궁중에 까지 유행되어 이것들은 사대부들에게도 적지 않은 영향을 주게 되었다.

『구당서(舊唐書)』 음악지(音樂志)에는

> "개원(開元, 713－741) 이래로 노래하는 사람들이 오랑캐와 민간의 악곡들을 뒤섞어 사용하였다."22)

라고 말하고 있다. 이것은 상류사회에서의 새로운 상황을 설명하고 있는 말 이라고 생각된다.

당나라로 들어오면서 황제들이 지었다는 민간가요 형식의 악곡들도 여러 가지가 전한다. 단안절(段安節, 890 전후)의 『악부잡록(樂府雜錄)』에 의하면 당 태종(太宗)은 악공으로 하여금 「황총첩(黃驄疊)」이란 노래를 작곡케 하였고, 최령흠(崔令欽, 749 전후)의 『교방기(教坊記)』에 의하면 고종(高宗)은 악공 백명달(白明達)로 하여금 꾀꼬리 울음을 본떠 「춘앵전(春鶯囀)」을 작곡케 하였다. 남탁(南卓, 850 전후)의 『갈고록(羯鼓錄)』에 의하면 현종(玄宗)은 봄빛에 감동하여 「춘광호(春光好)」를 작곡케 하였고, 『악부잡록』에 의하면 다시 서촉(西蜀)에서 돌아오는 피난길에서 「우림령(雨霖鈴)」을 작곡하였다고 한다. 이토록 황제들 자신이 민간가요에 흥미를 가졌다는 것은 시인을 비롯한 사대부들 사이에도 그러한 가곡이 상당히 유행하였다는 사실을 증명하고도 남음이 있다.

『구당서』 음악지에는 "개원(713－741) 이래로 노래하는 사람들이 오랑캐와 민간 악곡들을 뒤섞어 사용하였다" 하였지만, 이 무렵부터 시인들이 민간가요에 흥미를 보이기 시작하였다. 이때는 엄격한 규식을 지닌 근체시의 발달이 극을 이루어 시인들은 그 빈틈없는 규률에 저항을 느끼기 시작하였다. 곧 그들은 민간가요의 음악뿐만 아니라 그 가사의 자유로운 형식에도 흥미를 느끼게 되었던 것 같다. 이에 이백(李白, 701－762)·장지화(張志和, 730－810)·대숙륜(戴叔倫, 732－789)·위응물(韋應物, 735?－830?) 같은 시인들이 가요곡의 형식을 빌리어 새롭고 자유로운 모양의 시인 사의 창작을 시도하였다. 『전당시(全唐詩)』와 『준전집(尊前集)』에는 이백의 작품으로 「보살만(菩薩蠻)」·「억진아(憶秦娥)」 등 10여 수를 비롯하여, 장지화의 「어부사(漁父詞)」 5수, 대숙륜의 「조소령(調笑令)」, 위응물의 「삼대(三臺)」·「조소령(調笑令)」 등이 실려 있다. 이들 이전에도 심전기(沈佺期, 656－713) 등의 「회파악(回波樂)」이 전하지만(『全唐詩』), 모두가 육언시(六言詩)여서 사

22) "自開元以來, 歌者雜胡夷里巷之曲."

의 출발로 보기는 어렵다. 최령흠의 『교방기』에는 성당시대에 유행한 300여 종의 악곡명이 수록되어 있는데, 그 중에는 사조명(詞調名)과 같은 것이 상당수 있는 것으로 보아도 개원 무렵에는 사와 완전히 같은 형식의 노래가 유행하였고, 간혹 시인들 중에는 그러한 가사의 영향을 받은 이도 있었음이 분명하다.

이들 사의 시험삼아 짓기 시작한 작품들 중에서는 이백의 작품이 특히 빼어나다. 그의 「억진아」를 보기로 한 수 든다.

> 簫聲咽, 秦娥夢斷秦樓月. 秦樓月, 年年柳色, 灞陵傷別.
> 樂遊原上淸秋節, 咸陽古道音塵絶. 音塵絶, 西風殘照, 漢家陵闕.
>
> 퉁소 가락 흐느끼니
> 진나라 미녀 진루의 달빛 아래 님 그리는 꿈으로 애간장 끊기네.
> 진루의 달빛과
> 해마다 새로워지는 버들 빛은
> 패릉[23]의 가슴 아픈 이별을 되새겨 주네.
> 낙유원[24]엔 청추절이 다시 돌아왔건만
> 함양 옛길로 떠나간 임은 소식조차 끊기었네.
> 임 소식 끊기었는데
> 가을바람과 저무는 햇빛 아래
> 한나라 왕실의 옛 능궐[25]이 서 있네.

이백의 사는 이토록 완정(完整)하고 아름답기 때문에 그 작품을 의심한 학자들도 많았다(예로 胡適의 「詞的啓源」, 단 鄭振鐸은 「詞的啓源」이란 같은 제목의 논문에서 이를 반박하고 있다). 그러나 「억진아」와 같은 절실하고 빠른 음절에 애틋한 임 그리는 정이 담긴 작품들은 이백이 아니면 지을 수가 없는 것일 듯하다. 간혹 사의 시험삼아 지은 작품도 별로 나오지 않았던 시대에 이백과 같은 빼어난 작품이 갑자기 나올 수는 없는 것이라 하면서, 중당시대 시인들의 사까지도 후세 사람들이 가짜로 지은 것이 아닌가 의심하는 학자들이 있다. 그러나 근래 감숙성(甘肅省) 돈황(敦煌)에서 발견된 문서 가운데에서 많은 양의 당나라 때 가사들이 발견되었다. 그것은 왕중민(王重民)의 『돈황곡자사집(敦煌曲子詞集)』과 임이북(任二北)의 『돈황곡교록(敦煌曲校錄)』에 가장 잘 모아져 있다. 임이북의 연구에 의하면 이것들은 성당으로부터 오대에 걸쳐 유행한 민간의 사라 한다(『敦煌曲初探』). 이것은 성당시

23) 灞陵 : 長安 남쪽 灞水가의 지명. 이별의 장소로 유명하다.
24) 樂遊原 : 長安 남쪽에 있는 高原 이름.
25) 陵闕 : 樂遊原에는 漢宣帝가 세운 廟宇가 있다.

대에 이미 사와 같은 노래들이 퍽 유행하였고, 또 앞에서 지적한 황제들의 민간 가요에 대한 관심과 아울러 생각할 때, 이백이 그러한 좋은 작품을 지을 수 있는 여건이 갖추어져 있었음을 증명할 수 있을 것이다.

지금 전하고 있는 사조명(詞調名)을 보면, 외국의 음악에서 온 것으로 「보살만(菩薩蠻)」·「소막차(蘇莫遮)」·「파라문(婆羅門)」·「이주(伊州)」·「감주(甘州)」·「양주(梁州)」 등이 있고, 민간가요에서 온 것으로 「낭도사(浪淘沙)」·「어가자(漁歌子)」·「채련자(採蓮子)」·「채상자(採桑子)」·「조소령(調笑令)」·「죽지사(竹技詞)」·「양류지(楊柳枝)」·「삼대(三臺)」 등이 보인다. 그러나 지금 전하는 작품으로 민간인이 지은 것은 극소 부분에 속하는 것이고 사의 대부분은 사대부들에 의하여 작곡된 것들이다. 이것은 한편 사가 민간가요로부터 바로 문학작품으로 전신한 것이 아니라, 상당한 기간 사대부들의 손을 통하여 세련을 거친 다음 비로소 문학작품으로서의 사가 생겨난 것으로 보아야만 할 것이다.

2. 당·오대·송나라 초기의 사

성당시대는 사의 세련 기간이었고, 중당에 들어와서야 시인들이 본격적으로 사를 창작하게 된다. 유우석(劉禹錫, 772－842)·백거이(白居易, 772－846) 같은 작가가 그 중 대표적인 사를 짓기 시작한 시인이다. 『준전집(尊前集)』에만도 이들의 작품이 각각 37수와 26수가 들어 있는데, 이들은 모두가 세련된 영사(令詞) 작품들이다. 「억강남(憶江南)」이란 그들의 작품을 보기로 든다.

春去也, 多謝洛城人.
弱柳從風疑擧袂, 叢蘭挹露似沾巾, 獨坐亦含顰. (劉禹錫)

봄은 가 버렸네,
낙양 사람들 다 버리고.
바람에 나부끼는 가는 버들가지는 흔드는 손 소매 자락 같고,
난초 포기에 매달린 이슬은 수건 적시던 눈물 같으니,
홀로 앉아 있어도 시름 지울 길 없네.

江南好, 風景舊曾諳.
日出江花紅勝火, 春來江水綠如藍, 能不憶江南! (白居易)

강남은 좋을시고,
그 옛 풍경 눈에 선하네.

해 뜨면 강가의 꽃은 불보다 붉었고,
봄 되면 강물은 쪽처럼 푸르렀지.
그 어찌 강남 그립지 않으리!

유우석은 이 사에 "낙천(樂天)의 춘사(春詞)에 화하여 「억강남」 가락을 따라 구절을 만든 것이다"라고 스스로 주를 달고 있다. 곧 이 때의 사는 이미 유행하고 있는 가락에 맞추어 가사를 지은 것이어서, 사를 짓는 것을 전사(塡詞)라 부르는 것은 이 때문이 다. 따라서 사의 문장 내용이 백거이의 경우처럼 「억강남」이란 사조명 곧 사패(詞牌)와 딱 들어맞는 수도 있지만, 유우석의 경우처럼 사패의 뜻과 사의 문장 내용이 별개의 것이 되는 수도 있다.

이러한 '전사'의 기풍은 만당에 이르러 더욱 발전한다. 황보송(皇甫松, 859 전후)·사공도(司空圖, 837-908)·한악(韓渥, 901 전후)·이엽(李曄, 867-904) 같은 사람들이 그 대표적인 작가이다. 이들 이외에 또 온정균(溫庭筠, 820-870?) 이라는 대가가 나와 사를 운문의 한 종류로 확정 짓는데 크게 공헌하였다. 온정균은 화려한 필치와 풍부한 암시적 수법을 동원하여 염정(艶情)을 사에 담아 사의 수준을 가일층 높여 놓았다. 만당에 유행한 미문은 두목(杜牧, 803-852?)·이상은(李商隱, 813-856)·단성식(段成式, ?-863) 같은 작가들의 아름다운 시와 변문(騈文)에다 그의 화려한 염정이 실린 사가 보태어짐으로써 성황을 이루게 되는 것이다. 그의 사 「경루자(更漏子)」를 한 수 보기로 든다.

玉爐香, 紅蠟淚, 偏照畵堂秋思.
眉翠薄, 鬢雲殘, 夜長衾枕寒.
梧桐樹, 三更雨, 不道離情正苦?
一葉葉, 一聲聲, 空階滴到明

옥 향로에 향 피어오르고
붉은 촛불 눈물 흘리며
화당 두루 비추어 가을 시름 돋우네.
눈썹 화장 엷어지고
구름 같은 머리 헝클어뜨리고
긴 밤 싸늘한 금침을 겨워하네.

오동나무 잎에
한밤중 비오는 소리,
이별의 정 괴롭다 않던가?
한 잎 한 잎
후둑 후둑
적막한 섬돌 위에 밤새도록 떨어지네.

이러한 온정균의 사를 바탕으로 오대에는 더욱 본격적인 사의 창작이 행하여진다. 오대 후촉(後蜀)의 조숭조(趙崇祚)가 편찬한 『화간집(花間集)』에는 온정균 이하 이 시대 18명의 사가들의 작품 500수가 수록되어 있는데, 전촉(前蜀)의 위장(韋莊, 836－910)과 남당(南唐)의 중주(中主) 이경(李璟, 916－961)·후주(後主) 이욱(李煜, 937－978)·풍연사(馮延巳, 903?－960?) 등이 완약(婉約)하고 아름다운 서정을 사로써 노래하고 있다. 뒤에 이처럼 여리고 고운 서정을 담은 사를 짓는 이들을 완약파(婉約派) 또는 화간파(花間派)라 부르게 된 것도 그 때문이다.

이러한 당·오대의 사는 그대로 송나라로 전승된다. 구준(寇準, 961－1023)·범중엄(范仲淹, 989－1052)·송기(宋祁, 998－1061)·안수(晏殊, 991－1055)·구양수(歐陽修, 1007－1072)·안기도(晏幾道, 1030?－1106) 등이 송나라 초기 사를 장식한 대표적인 작가들이다. 그 때까지 사가 완약한 서정의 테두리를 벗어나지 못했던 것은 민간가요가 지니고 있었던 서민적 감상의 습성 때문일 것이다. 송나라 시와 산문의 건설자라고 할 만한 구양수만 보더라도 사에 있어서는 시와는 다른 여성적인 감상이나 부드럽고 염정이 실린 서정이 운문의 격조를 이루고 있다. 그의 「남가자(南歌子)」 한 수를 예로 든다.

鳳髻金泥帶, 龍紋玉掌梳.
走來窗下笑相扶, 愛道畫眉深淺入時無?
弄筆偎人久, 描花試手初.
等閒妨了繡工夫, 笑問雙鴛鴦字怎生書?

봉황새 머리 쪽에 금박한 띠 두르고
용무늬 옥비녀 꽂고서,
창가로 걸어와 웃음 띠고 소매 부여잡으며
"눈썹 화장 잘 어울려요?" 하고 귀엽게 묻네.
붓을 든 채 오랜 동안 몸 서로 기대고
처음으로 꽃수 놓는 솜씨인데,
한참 수놓던 일손 멈추고서
"쌍원앙이란 글자 어떻게 써요?" 하고 웃으며 묻네.

어떻든 송나라 초기의 이들 작가들로 말미암아 사는 송나라의 문학을 대표하는 새로운 시의 일종으로 확정된 것이다. 다만 이들은 이전 화간파(花間派)의 사풍과 형식을 대략 그대로 계승 발전시키고 있다.

제2절 사(詞)의 발전

1. 만사(慢詞)의 발달

당·오대·송나라 초기에 유행한 사는 거의가 길이가 짧고 간단한 소사(小詞)였다. 그러나 이들에 뒤이어 나온 장선(張先, 990－1078)과 유영(柳永, 990?－1050?)은 새로 편폭이 긴 '만사'를 유행시킨다. 만사는 이마 당과 오대에도 존재하였으나 소사보다도 내용이 더욱 저속한 게 보통이어서 문인들이 거들떠보지 않았던 것 같다. 송나라 초기의 사 작가들이 모두 고급관료였던 데 비하여, 만사를 유행시킨 장선은 낮은 벼슬밖에 못하였고, 유영은 벼슬자리에는 가까이 가 보지도 못하고 평생을 기생방 근처에서 방탕하게 보낸 사람이었다. 이들의 신분이 그들로 하여금 저속한 만사에 손을 대게 만들었던 것 같다. 이전의 소사들이 완약(婉約)한 서정을 노래한 귀족들의 오락문학의 성격이 짙은 데 비하여, 만사에서는 주로 도시 남녀들의 음란한 감정을 노래하고 있어서, 도시인들의 민중오락적인 성격을 많이 띠고 있다고 할 수 있다. 곧 만사는 소사보다 형식이 길어졌다는 차이뿐만이 아니라 내용에 있어서도 도시인들의 사랑과 그로 인한 애환을 더욱 섬세히 묘사하고 있고, 시정에서 쓰는 속어들도 거침없이 사의 용어로 쓰고 있는 것이다. 만사의 발달은 송나라 남부를 중심으로 한 도시경제의 발달이란 여건을 배경으로 하고 있는 것이다.

장선과 유영의 두 사람 중에서도 특히 옛날부터 유영이 만사의 창시자로 유명하였다. "우물물을 마시고 사는 사람들이 있는 곳이면 어디에서나 그의 사를 노래 불렀다"[26]고 할 만큼 전국에 크게 유행하였다. 또 그가 죽은 뒤에는 기녀들이 돈을 추렴하여 장사를 지내 줄 만큼 기녀들 사이에는 절대적으로 인기가 있었던 것 같다. 어떻든 도시인의 음란한 즐김과 감상은 유영과 장선에 의하여 만사로서 본격적으로 노래 불리어진다. 그 때문에 이들의 사를 저속하다고 평한 사람들도 많았다. 그러나 개중에는 풍격이 속되지 않은 아름답고 여린 서정이 담긴 만사들도 적지 않다. 이러한 높은 수준의 작품들 때문에 이후로 만사가 크게 유행하게

26) 葉夢得『避暑錄話』: "凡有井水飲處, 卽能歌柳詞".

되었을 것이다. 유영의 「우림령(雨霖鈴)」을 보기로 든다.

寒蟬凄切, 對長亭晩, 驟雨初歇.
都門帳飮無緖, 方留戀處, 蘭舟催發.
執手相看淚眼, 竟無語凝噎.
念去去千里烟波, 暮靄沈沈楚天闊.

多情自古傷離別, 更那堪, 冷落淸秋節!
今宵酒醒何處? 楊柳岸, 曉風殘月.
此去經年, 應是良辰好景虛設.
便縱有千種風情, 更與何人說?

가을 매미 처절히 우는데
장정(長亭)에는 해 저물고
소낙비 막 그치었다.
성문에서 마신 이별주로 마음 어수선하고
미련 때문에 머뭇거리고 있는데
임의 배는 떠나기를 재촉한다.
손잡고 눈물어린 눈 마주보며
끝내 말없이 목 메이기만 한다.
떠나가실 천리 파도길 생각하니
저녁노을 자욱한 속에 초(楚) 땅 하늘만 넓게 보인다.

다정한 이들 옛날부터 이별을 서러워했다지만,
더더욱이나 어찌 견디리,
낙엽 지는 맑은 가을철의 이별을!
오늘 밤은 어느 곳에서 술을 깨게 되시려나?
버드나무 늘어선 강 언덕,
새벽바람에 조각달 보며 깨겠지.
이번 떠나 해를 넘기면,
좋은 철 아름다운 경치도 헛것이 되고 말리라.
설사 천만 가지 멋과 사랑이 있다 해도
이제는 어느 누구에게 얘기하리?

유영의 이러한 만사는 송나라 사의 풍격과 형식을 새롭게 하였다. 뒤의 진관(秦觀)·하주(賀鑄)·주방언(周邦彦) 같은 작가들의 염정을 읊은 사는 모두 유영의 것을 본받은 것이고, 특히 황정견(黃庭堅)의 초기의 사는 유영을 철저히 본받으려고 애쓰고 있다.

2. 사풍의 변화

소식(蘇軾, 1036－1101)에 이르러 송사의 풍격은 다시 한 단계의 발전을 이룬다. 앞에서 장선과 유영이 도시인의 생활에 밀착된 정서를 노래한 '만사'를 발전시켰다고 하였는데, 소식은 이러한 새로운 사의 형식을 계승하면서 이전 사인들의 완약한 정서를 떨쳐 버리고 호방(豪放)한 기풍에 거시적인 인생관을 담은 작품을 사실적인 수법으로 지어 냈다. 사는 이제까지의 여성적이고 감상적인 여린 기풍을 벗어나 웅대하고 풍부한 내용의 시로 발전한 것이다. 이 때문에 사풍을 따져 이전의 여린 감정을 노래하던 사인들을 '완약파', 소식처럼 호쾌한 감정까지도 노래하던 시인들을 '호방파'라고도 부른다. 장선과 유영이 사의 형식을 해방시켰다면 소식은 사의 내용을 해방시킨 작가라 할 것이다.

이러한 소식에 의한 사의 풍격의 확대는 한편 사의 시화 및 사 창작 의 개성화라고도 말할 수 있을 것이다. 소식은 악곡에만 구애되지 않고 자신의 정감을 표출시켜 사가 음악과 분리되어 읽는 시로서의 성격을 지니게 하는 한편 개성적인 내용을 담게 하였던 것이다. 적벽회고(赤壁懷古)란 부제가 붙은 소식의 「염노교(念奴嬌)」사를 보기로 든다.

> 大江東去, 浪淘盡千古風流人物.
> 故壘西邊, 人道是三國周郎赤壁.
> 亂石崩雲, 驚濤裂岸, 捲起千堆雪.
> 江山如畫, 一時多少豪傑!
>
> 遙想公瑾當年, 小嬌初嫁了, 雄姿英發.
> 羽扇綸巾, 談笑間, 强虜灰飛烟滅.
> 故國神遊, 多情應笑, 我早生華髮.
> 人間如夢, 一樽還酹江月.
>
> 큰 강물 동편으로 흐르는데,
> 물결과 함께 천고의 뛰어난 인물들도 가 버렸는가!
> 옛 보루(堡壘)의 서편이
> 삼국(三國)시대 주유(周瑜)가 조조(曹操)의 대군을 쳐부순 적벽(赤壁)이라네.
> 어지러이 바위는 구름 위로 솟아 있고
> 놀란 파도는 강 언덕을 찢을 기세로
> 천 무더기 눈을 말아 올리듯 하네.

강산은 그럼만 같은데
옛날 한때에는 얼마나 많은 호걸들이 활약했던가!

멀리 주유(周瑜)가 활약했던 옛날 생각해 보니,
그에겐 미인 소교(小嬌)가 갓 시집 왔고
웅자(雄姿)는 영기(英氣)를 발했었지.
새 깃 부채 들고 윤건(綸巾) 쓰고
웃고 얘기하는 사이에
강적을 재 되어 날려 버리고 연기되어 사라지게 하였지.
옛 고장 생각하며 노니는데,
다정한 아들은 응당히
벌써 내게 흰 머리 났다고 비웃겠지.
인간 세상은 꿈같은 것
한잔 술을 강물에 비친 달 위해 따르네.

이처럼 소식은 사를 완전히 새로운 시체로 발전시켰다. 그를 따라 그의 제자인 황정견(黃庭堅, 1045－1105)·조보지(晁補之, 1053－1110) 등을 비롯하여 왕안석(王安石, 1021－1086)·모방(毛滂, 1055?－1120?) 등이 이처럼 새로운 풍격의 사를 지었다.

3. 악부사파(樂府詞派)

소식이 사의 풍격을 개량 발전시켰지만 그것은 음률에 맞지 않아 사 본래의 성격에 어긋나는 것이라 생각하는 작가들도 있었다. 따라서 그들은 사의 문장을 다져 씀으로써 완약한 서정을 위주로 하고 우아하고 단정한 품격을 유지하도록 힘쓰면서 음률에도 주의하였다. 그들은 화간파(花間派)의 풍격을 지니면서도 여리거나 단조롭기만 하지 않았고, 유영과 같은 섬세한 염정을 담은 만사를 썼지만 거칠고 속되지 않았으며, 소식과 같이 거침없는 태도로 개성적인 시를 썼지만 그처럼 악곡에 대하여 방자하지 않았다. 이들은 대체로 고악부(古樂府)와 같은 성격을 사로써 계승하려 한 것으로 볼 수 있기 때문에 여기서는 '악부사파'라 부른 것이다. 진관(秦觀, 1049－1100)·하주(賀鑄, 1052－1120)·주방언(周邦彦, 1057－1121)과 북송에서 남송에 걸쳐 활약한 여류사인 이청조(李淸照, 1081－1140?)가 대표적인 작가이다. 이들 밖에도 묵기영(万俟詠)·조단례(晁端禮)·전위(田爲)·조충지(晁冲之) 등 많은 작가들이 이 유파에 속한다.

이들 중에서도 위에서 말한 악부사(樂府詞)의 이상은 주방언에 의하여 완성되었다. 그 때문에 문학사가들은 흔히 주방언을 두고 송사를 집대성한 사람이라 말한다. 그의 사는 아름다운 서정을 담으면서도 우아하고, 섬세하면서도 속되지 아니하고, 개성적이면서도 음률이 살아 있다는 평을 받고 있다. 결국 유영이 개발한 만사는 소식을 거쳐 주방언에 이르러 완벽하고 훌륭한 형식을 갖추게 되는 것이다. 유영의 사를 보면 같은 조(調)의 사의 형식들이라 하더라도 장단이 일정치 않은 게 많지만 주방언에 이르러는 그런 것이 없어지고 완전한 형태로 정비된다. 그 때문에 이후 작가들은 그의 사를 음률의 교과서처럼 받들게 되었다. 곧 이후의 중국사는 주방언을 바탕으로 하여 발전하고 있다 하여도 과언이 아닐 것이다.

4. 남송사의 발전

남송 초기의 문인들에게는 조국의 태반을 외족 금(金)나라에게 빼앗긴 충격이 그들의 작품 속에 깃들여져 있다. 따라서 이때의 사인들은 음률이나 사의 형식을 자세히 따질 겨를도 없이 자신의 격정을 사에 쏟아 놓았기 때문에 문장이 산문화 또는 백화화하는 경향도 있기는 하였지만, 적지 않은 웅장한 구절을 지닌 사를 낳았다. 그러나 사의 내용은 애국적인 강개(慷慨)와 비통을 노래한 격정파(激情派)가 있는 반면 소극적인 감상과 한적(閒適)을 노래한 애상파(哀傷派)가 있다. 격정을 노래한 작가로는 신기질(辛棄疾, 1140-1207)·육유(陸游, 1125-1210)를 비롯하여 악비(岳飛)·장원간(張元幹)·장효상(張孝祥)·진량(陳亮)·유과(劉過) 같은 이들이 있고, 애상을 노래한 작가로는 주돈유(朱敦儒, 1080?-1175?)를 비롯하여 섭몽득(葉夢得)·향자인(向子諲)·양무구(楊旡咎)·소상(蘇庠) 같은 이들이 있다. 그러나 훨씬 뒤에도 유극장(劉克莊, 1187-1269) 같은 사 작가는 초기의 신기질과 같은 격정을 사에 담고 있다. 남송시대에는 뒤에 곧 소강(小康)을 누리면서 사의 형식을 중시하는 격률파(格律派)가 유행했던 것을 생각할 때 유극장 같은 작가는 높이 평가받을 만한 사의 작가라고 생각된다.

남송이 10여 년의 혼란을 넘긴 뒤엔 금나라와 내분이 일어나 더 이상 송나라를 침략할 수가 없게 되었다. 이에 송나라 사람들은 금나라와 화의(和議)를 맺고 소강을 누리게 된다. 그 결과 남부지방의 도시들은 상업이 발달하고 경제가 번영하여 안락한 생활을 즐기게 된다. 이에 남송 사람들은 조국을 외족에게 빼앗긴 치욕은 잊고 하루하루의 향락을 추구하게 되어, 남송의 항주(杭州)는 북송의 변경(汴京)을 능가하는 변화와 사치를 즐기게 된다. 이에 사인들도 나라 걱정은 잊고 기생 곁으로 돌아가 태평을 즐기며, 사의 음률과 형식만을 중시하는 작품 활동을 하게 된다. 그 때문에 이들을 격률파(格律派)라 부르기도 한다. 이들은 지나치게 음률 또는 격률을 따진 나머지 격률에 얽매이어 작가의 개성이나 창의는 발휘할 여지도 없게 만들었다. 옛 사람들이 보여 준 규범에 따라 거기에 알맞은 글자를 찾아 넣기만 하면 사가 된다고 생각했던 것이다. 이러한 지나친 형식주의로 말미암아 송사는 쇠퇴하기 시작한다. 이 격률파를 대표하는 작가로는 강기(姜夔, 1155?－1235?)·사달조(史達祖, 1195 전후)·오문영(吳文英, 1205?－1270?)을 비롯하여 장첩(蔣捷)·주밀(周密)·왕기손(王沂孫)·장염(張炎) 같은 이들이 있다. 어떻든 중국 사의 격률은 이들 손에 완비되어 우리에게 전해지고 있는 것이다.

다시 남송이 망해 갈 무렵에는 작가들이 현실에 뜻을 잃고 사의 형식만을 따져 각별한 물건을 노래한 작품들은 남기기도 하였다. 그러나 이것들은 더욱 이전 작가들의 작품을 흉내 낸 것이어서 송사는 이에서 더욱 생기를 잃은 느낌을 갖게 한다.

5. 송나라 이후의 사

송나라 때에 북방의 금나라에서도 사의 창작이 제법 유행하였다. 원호문(元好問, 1190－1257)이 편찬한 『중주악부(中州樂府)』에는 오격(吳激)·채송년(蔡松年) 이하 36가의 사가 모아져 있는데 남송 사람들과는 다른 풍취의 빼어난 작품들이 적지 않다. 중국문학사에서 금나라의 전기(前期)는 송나라 문학에 가리어지고 후기(後期)는 원대 문학에 가리어져 거의 무시당하고 있으나, 그 중에는 뛰어난 작가들도 있었다. 사에 있어서 조병문(趙秉文, 1159－1232)과 원호문(1190－1257) 같은 대가는 그 시대 송나라 작가들에 비하여 조금도 손색없는 작품들을 남기고 있다.

원나라와 명나라 시대에는 사에 대신하여 새로 생겨난 곡(曲)이 발달했던 시대라, 사는 문인들이 심심풀이로 그 명맥을 유지했을 뿐이며, 별로 이렇다 할 작가를 발견할 수가 없다. 대체로 원나라는 남송 말엽의 사풍을 계승하였고, 명나라는 이전 작가들 흉내만 내어 힘겹게 유지된 사의 명맥은 더욱 생기를 잃었다. 명나라 말엽의 진자룡(陳子龍, 1608－1647) 정도가 감상적인 소령(小令)으로 꽤 높은 수준의 작품을 남기고 있을 따름이다.

청나라의 문학은 이전 시대의 문학을 총정리하고 복고를 하려는 기풍이 성행한 시대라서, 사에 있어서도 한 때 수많은 작가와 다양한 유파를 낳았다. 그리고 이전 시대 사 작가들의 작품의 정리와 그들 사의 연구 성과에 있어서도 방대한 업적을 남기고 있다. 현재 우리에게 전해지고 있는 사에 관한 총집(總集)과 선집(選集) 및 평론서와 사보(詞譜)・운서(韻書)들의 대부분이 모두 청나라 때에 편찬된 것들이다. 청나라의 작가들이 사률(詞律)과 수사(修辭)에 세심하면서도 사를 창작하는 데에 성실성을 보여 주고 있는 것은 청나라 지식인들이 지녔던 학구적 분위기 탓일 것이다.

청초부터 왕사정(王士禎)・납란성덕(納蘭成德)・고정관(顧貞觀) 등 뛰어난 작가들이 나왔다. 특히 납란성덕(1654－1685)은 처절하면서도 아름다운 서정이 담긴 소령(小令)으로 청나라 사의 유행을 자극하였다.

그보다도 조용(曹溶)에게 사를 배워 절서파(浙西派)를 이룩한 주이존(朱彝尊, 1629－1709)이 더욱 중요하다. 그는 강기(姜夔)와 장염(張炎)의 사를 내세우며 맑고 깨끗하고도 우아한 사를 썼다. 같은 절강(浙江) 지방에 이량년(李良年)・이부(李符) 같은 이들이 나와 그의 이론에 동조하며 사를 지어 사의 창작이 성행하였다. 뒤이어 여악(厲鶚, 1730－1802), 항홍조(項鴻祚, 1798－1835) 등이 나오면서 절서파의 위세를 세상에 떨쳤다.

한편 강소(江蘇) 의흥(宜興)의 진유숭(陳維崧, 1625－1682)은 소식과 신기질의 사를 내세우며 창조적이고도 웅장한 사를 지어, 양선파(陽羨派)의 개조가 되었다. 조정길(曹貞吉)・오기(吳綺)・조량무(曹亮武) 등이 그를 따라 호방한 기풍의 작품을 지었던 사람들이다.

그러나 날이 갈수록 <절서파>는 옛날 작가의 작품을 본뜨는 경향으로 흘렀고 <양선파>는 곧 쇠미하였다. 이에 장혜언(張惠言, 1761－1802)이 나와 국풍(國風)과 「이소(離騷)」의 뜻을 사에 적용하여 함축성이 있고도 온유돈후(溫柔敦厚)한 사를 지을 것을 주장하였다. 북송 작가에서는 주방언의 깊고도 아름다우며 넓고도 간략한 사풍을 내세웠다. 이에 많은 작가들이 호응하여 상주사파(常州詞派)를 이루었다. 그의 아우 장기(張琦)와 동사석(董士錫)이 그와 동시에 활약하였지만 주제(周濟, 1781－1839)가 나옴으로써 상주사파의 세력이 크게 떨쳤다. 그리고 운경(惲

敬)·황경인(黃景仁)·이조락(李兆洛) 등이 뒤이어 상주사파가 절사파의 세력에 대신하게 되었으나, 이들도 차츰 의고적 방향으로 흘러갔다.

청나라 말엽으로 가면서는 주지기(周之琦, 1782－1862)·장춘림(蔣春霖, 1818－1868)·왕붕운(王鵬運, 1849－1904) 등 <상주사파>를 계승한 사람들이 계속 사단을 지배했다. 대체로 청나라는 사의 창작보다는 사의 연구와 정리에 큰 업적을 남긴 시대였다.

제3절 사(詞)의 형식

1. 사형(詞形)

만수(萬樹, 1625?~1688)가 『사률(詞律)』 발범(發凡)에서 지적하고 있듯이, 명나라 고종경(顧從敬)이 편찬한 『유편초당시여(類編草堂詩餘)』에서 사를 그 장단에 따라 소령(小令)·중조(中調)·장조(長調)로 구분한 이래로 많은 사람들이 그 방법을 따랐으나 별로 확정된 기준이나 근거가 있는 것은 아니다. 심지어 "58자 이내는 소령, 59자에서 90자에 이르는 것을 중조, 91자 이상을 장조라 한다"(錢塘 毛氏說)고 주장한 이도 있으나 이러한 것은 더욱 있을 수 없는 일이다.

다만 사에는 단조체(單調體)와 쌍조체(雙調體)가 있다. 당나라의 유명한 문인들의 사에는 단조체가 많지만 오대로부터는 거의 모두 쌍조체로 변한다. 앞에 이미 인용한 바와 같이 백거이나 유우석이 모두 3·3·7·7·5구형의 「억강남」 사를 짓고 있고, 황보송 등도 같은 형식의 「몽강남(夢江南)」 사를 짓고 있는데, 송나라 초기에 이르러는 한기(韓琦)·장선(張先)·구양수(歐陽修) 등이 이것을 두 개 포개어 쌍조로 변화시킨 같은 조(調)의 사를 짓고 있다는 것은 그러한 시대조류를 잘 반영한 것이다. 또 백거이·유우석·황보송 등이 7언 4구의 「낭도사(浪淘沙)」 사를 각각 짓고 있는데, 남당 이후주(李後主)는 5·4·7·7·4구형을 두 개 겹쳐 놓은 쌍조의 「낭도사」를 짓고 있고, 송나라 사람들은 또 다른 형식의 쌍조의 「낭도사」를 개발하고 있다.

또 다른 사형의 변화는 당나라의 사는 「낭도사」의 경우처럼 제언체(齊言體)나 제언체에 가까운 것들이 많고, 후대로 가면서 장단의 변화가 많이 생기고 있다는 것이다. 당 오대에 생겨나서 송나라를 통하여 계속 애용되었던 사조로서 다음과 같은 사조는 대표적인 것들이다.

보살만(菩薩蠻) 7 · 7 · 5 · 5 : 5 · 5 · 5 · 5
완계사(浣溪沙) 7 · 7 · 7 : 7 · 7 · 7
목란화(木蘭花) 7 · 7 · 7 · 7 : 7 · 7 · 7 · 7
청평악(淸平樂) 4 · 5 · 7 · 6 : 6 · 6 · 6 · 6
생사자(生査子) 5 · 5 · 5 · 5 : 5 · 5 · 5 · 5
남가자(南柯子) 5 · 5 · 7 · 9 : 5 · 5 · 7 · 9
남향자(南鄕子) 5 · 7 · 7 · 2 · 7 : 5 · 7 · 7 · 2 · 7
낭도사(浪淘沙) 5 · 4 · 7 · 7 · 4 : 5 · 4 · 7 · 7 · 4
임강선(臨江仙) 7 · 6 · 7 · 4 · 5 : 7 · 6 · 7 · 4 · 5
우미인(虞美人) 7 · 5 · 7 · 9 : 7 · 5 · 7 · 9 (숫자는 한 구절의 글자 수임.)

이처럼 사의 형식만을 보면 칠언율시나 오언율시와 같은 것들조차 있는 것이다. 그리고 이것들은 사를 소령 · 중조 · 장조로 구분한다면 모두 소령에 속하는 짧은 것들이다. 두목(杜牧, 803－852)의 「팔육자(八六子)」처럼 90자에 이르는 사도 있기는 하나 이것은 예외에 속하는 것이다.

그러나 북송에 들어와 장선과 유영이 만사를 유행시킨 뒤로 사의 형식은 편폭에 변화가 생긴다. 그것은 이전의 작가들이 모두 기존 악곡에 맞추어 가사로서 사를 짓기만 한 데 비하여, 유영 이후로는 작사뿐만 아니라 작곡까지도 겸하는 작가가 많이 생겨난 데 큰 원인이 있는 것 같다. 북송에서 크게 유행한 다음과 같은 사조들은 이전의 것들에 비하여 편폭에 있어서 큰 발전을 보여 주고 있다.

자고천(鷓鴣天) 7 · 7 · 7 · 7 : 3 · 3 · 7 · 7 · 7
접련화(蝶戀花) 7 · 4 · 5 · 7 · 7 : 7 · 4 · 5 · 7 · 7
점강순(點絳唇) 4 · 7 · 4 · 5 : 4 · 5 · 3 · 4 · 5
서강월(西江月) 6 · 6 · 7 · 6 : 6 · 6 · 7 · 6
호사근(好事近) 5 · 6 · 6 · 5 : 7 · 5 · 6 · 5
복산자(卜算子) 5 · 5 · 7 · 5 : 5 · 5 · 7 · 5

곧 이전의 사들 길이의 두 배 이상으로 늘어난 것들이 적지 않게 나왔다. 보기를 들면 아래와 같은 것들이 있다.

수조가두(水調歌頭) 5 · 5 · 6 · 5 · 6 · 6 · 5 · 5 · 5 : 3 · 3 · 3 · 4 · 7 · 6 · 6 · 5 · 5 · 5
염노교(念奴嬌) 4 · 3 · 6 · 7 · 6 · 4 · 4 · 5 · 4 · 6 : 6 · 5 · 4 · 7 · 6 · 4 · 4 · 5 · 4 · 6
만강홍(滿江紅) 4 · 7 · 7 · 4 · 7 · 7 · 8 · 3 : 3 · 3 · 3 · 3 · 5 · 4 · 7 · 7 · 8 · 3
하신랑(賀新郎) 5 · 7 · 4 · 7 · 6 · 7 · 7 · 8 · 3 · 3 : 7 · 7 · 4 · 7 · 6 · 7 · 7 · 8 · 3 · 3
만정방(滿庭芳) 4 · 4 · 6 · 4 · 5 · 6 · 7 · 7 · 5 : 5 · 4 · 4 · 5 · 4 · 6 · 7 · 3 · 4 · 5
심원춘(沁園春) 4 · 4 · 4 · 5 · 4 · 4 · 4 · 4 · 4 · 7 · 3 · 5 · 4 : 2 · 4 · 8 · 5 · 4 · 4 · 4 · 4 · 4 · 7 · 3 · 5 · 4
수룡음(水龍吟) 6 · 7 · 4 · 4 · 4 · 4 · 4 · 4 · 5 · 4 · 3 · 3 : 6 · 7 · 4 · 4 · 4 · 4 · 4 · 4 · 9 · 4
맥산계(驀山溪) 4 · 5 · 5 · 7 · 4 · 5 · 3 · 3 · 5 : 4 · 5 · 5 · 7 · 4 · 5 · 3 · 3 · 5

또한 쌍조체라고는 하지만 반드시 똑같은 형식의 것을 두 개 포개놓은 것은 아님을 알 수 있었을 것이다. 쌍조에 있어 전단(前段)과 후단(後段)의 구절 형식이 완전히 같은 것들도 많지만, 전단에 비기어 후단의 첫머리 한두 구절에 변화가 있는 것들도 많다. 이처럼 후단의 첫머리를 변화시키는 것을 환두(換頭)라 하고, 전단에서 후단으로 옮아가는 곳을 과편(過片)이라 부른다. 송나라 장염(張炎, 1248－1320?)은 『사원(詞源)』에서 "과편에서는 노래의 뜻이 끊겨서는 안 되며 반드시 위를 계승하여 아래로 연접시켜야만 한다"[27]고 말하고 있지만, 여기에서 뜻이 바뀌는 사를 짓는 사람도 있었다.

대체로 쌍조를 보면 당나라에서 송나라 초기에 이르는 동안에는 전단과 후단이 같거나 환두를 하더라도 첫머리 한 두 구절에 그치는 것이 보통이었다. 그러나 유영 이후 사의 편폭이 길어진 뒤로는 「수조가두(水調歌頭)」·「염노교(念奴嬌)」·「만강홍(滿江紅)」처럼 환두조차도 4·5구로 길어진 것들이 많고, 심지어는 「수룡음(水龍吟)」처럼 후단의 끝머리가 변화하거나 「만정방(滿庭芳)」처럼 전 후단이 완전히 서로 다른 형식의 사까지도 생겨났다. 이는 사의 작가들이 작곡까지도 겸한 뒤로 후단까지도 자유로운 악률(樂律)의 적용이 가능해진 데서 생겨난 경향 같다.

27) "過片不要斷了曲意, 須要承上接下."

그리고 뒤에는 「육주가두(六州歌頭)」·「십이시(十二時)」·「서룡음(瑞龍吟)」·「낭도사만(浪淘沙慢)」·「척씨(戚氏)」 같은 만사와 「삼대(三臺)」처럼 삼첩(三疊)의 형식을 지난 사도 생겨났고, 「앵제서(鶯啼序)」처럼 사첩(四疊)으로 이루어진 사까지 생겨났다.

2. 음악과 사조

사는 본시 노래의 가사였다. 그리고 당나라 이래 거의 모든 사들을 기존 악곡에 맞추어 그 가사로서 지은 것이어서 사를 의성(倚聲)이라 부르기도 하였다. 사는 이처럼 음악과 밀접한 관계 아래 발전해 온 것 이지만, 거의 모든 사의 작가들은 이미 유행하고 있는 악곡에 따라 가사를 지은, 이른바 의성전사(倚聲塡詞)한 사람들이었다. 말하자면 사는 처음부터 음악으로서보다도 문학작품으로 대두하고 있는 것이다. 송나라에 이르러서야 유영(990?－1050?)·주방언(1056－1121)·강기(1155?－1221?) 같은 몇몇 작가들이 작사와 함께 작곡까지 겸하고 있을 따름이다. 그러기에 사의 악보나 창법은 거의 전하지 않고 있다. 지금까지 전하는 사집 가운데 악보까지 붙어 있는 것은 강기의 『백석도인가곡(白石道人歌曲)』 속에 들어 있는 17편의 작품이 있을 따름이다.

그러나 사는 악곡에 따라 지은 것이기 때문에 그 제명(題名)은 언제나 악곡명을 쓴다. 악곡명을 따른 사의 제목을 보통 사패(詞牌)·패조(牌調) 또는 패(牌)라 부른다. 청 강희(康熙)연간에 편찬된 『흠정사보(欽定詞譜)』에는 약간의 산곡(散曲)도 섞여 있기는 하나 826종의 사패에 2,308종의 사체(詞體)가 수록되어 있다. 사조(詞調)인 패(牌)의 수와 사형인 체(體)의 수가 다른 것은 동일한 사의 악곡이라 하더라도 몇 가지 다른 형체의 사가 지어졌기 때문이다.

따라서 사조 중에는 그 원작자를 알 수 있는 것도 있으나, 후세사람이 이전 작가가 지은 사조를 따라 지은 작품만이 전하여 원작자가 누구인지 언제 지어진 노래인지 전혀 알 수 없는 것들이 많다. 그러므로 당나라 이후의 모작이 대부분인 사들 중에는 원작의 악곡의 뜻을 나타낸 사패의 뜻과 사의 문장 내용이 같은 것들도 있지만 사패의 뜻과는 무관한 내용의 사도 적지 않다. 사패의 뜻과 사의 뜻이 합치되는 것을 본의(本意)라 한다. 그러기에 강기(姜夔) 이후로는 사조의 이름인 사패 아래 다시 사의 제명을 하나 더 붙이는 습관이 유행하였다. 보기로 『백석도인가곡』을 보면 「소중산령(小重山令)」 아래 "부담주홍매(賦潭州紅梅)", 「우미인(虞美人)」 아래 "부모란(賦牡丹)", 「자고천(鷓鴣天)」 아래 "기유지추초계기소견(己酉之秋苕溪記所見)" 등등으로 사패 아래 또 하나의 사의 제목이 달려 있는 것이다. 이것은 물론 사가 후세에 악곡과 멀어진 데서 생겨난 변칙으로, 사 본래의 성격에 어긋나는 것이다. 악곡과 가사는 서로 합치되어야만 완전한 작품을 이룰 수 있는 것임은 말할 것도 없지만, 후세 사람들은 악곡의 형식만을 따라 사를 지었기 때문에 이런 결과가 초래된 것이다.

그런데 한 가지 사조라 하더라도 여러 가지 호칭이 있다. 보기를 들면 백거이의 「억강남(憶江南)」 3수를 보면 "이 곡은 또 「사추낭(謝秋娘)」이라고도 부르는데 매 수 다섯 구절이다"고 스스로 주를 달고 있듯이, 이미 당나라 때부터 사패는 여러 가지 호칭이 있었다. 「억강남」은 그 밖에도 「몽강남(夢江南)」·「망강남(望江南)」·「강남호(江南好)」·「몽강구(夢江口)」·「귀새북(歸塞北)」·「춘거야(春去也)」 등등 여러 가지 다른 패명이 있었다.28)

이러한 명칭은 송나라에 와서 특히 많아진다. 송나라 사람들은 「하신랑(賀新郎)」을 「유연비(乳燕飛)」라 하고, 「수룡음(水龍吟)」을 「소루연원(小樓連苑)」이라 이름 붙인 것처럼 사중의 몇 글자를 따서 새로운 사패를 붙이기 좋아했기 때문이다. 이 경우에는 제목 아래에 본조(本調)의 이름을 자주(自注)하는 게 보통이다. 하주(賀鑄, 1063－1120)의 『동산사(東山詞)』 1권과 『하방회사(賀方回詞)』 2권은 『우성악부(寓聲樂府)』라고도 부르는데, 이러한 새로운 패명을 많이 쓰고 있다. 특히 장즙(張輯, 1216 전후)의 『동택기어채(東澤綺語債)』 1권은 전혀 본조(本調)의 명칭을 밝히지 않고 있다. 구처기(丘處機, 1148－1227)의 『반계사(磻溪詞)』 1권에서도 태반이 새로운 조명을 지어 쓰고 있다.

반대로 한 가지 사조의 패명 아래 여러 가지 다른 체의 사가 있는 것, 곧 다른 여러 가지 사체가 한 패명으로 불리는 것도 있다. 그 이유를 살펴보면 대체로 다음과 같은 세 가지 경우가 있다. 첫째는 「장상사(長相思)」와 「서강월(西江月)」처럼 원래는 소령(小令)이었는데 뒤에 다시 만사로도 발전하여 편폭의 길이에 큰 차이가 생겼는데도 여전히 같은 사패를 쓰고 있는 경우이다. 둘째는 「상견환(相見歡)」과 「금당춘(錦堂春)」에 다 같이 「오야제(烏夜啼)」란 별명의 사패가 생겨나고, 또

28) 이상 萬樹의 『詞律』 의거. 단 吳藕汀 편 『詞名索引』에 의하면 16종에 달하는 서로 다른 牌名이 쓰였다.

「낭도사(浪淘沙)」와 「사지춘(謝池春)」에 다같이 「매화성(賣花聲)」이란 별명이 생겨나, 「오야제」와 「매화성」에는 각각 다른 형식의 사체가 있게 된 경우이다. 셋째는 「신안과장루(新雁過將樓)」에는 「팔보장(八寶妝)」이란 별명이 생겨났는데 본래부터 「팔보장」이란 정식 패명도 있었고, 「보살만(菩薩蠻)」에는 「자야가(子夜歌)」란 별명이 붙었는데 「자야가」란 정식 패명도 본래부터 있어서 「팔보장」과 「자야가」에 두 가지 다른 사체가 있게 된 경우이다. 따라서 만수(萬樹)의 『사률(詞律)』만 보더라도 「남가자(南歌子)」에는 4종의 사체가 있고 「낭도사(浪淘沙)」는 영(令)·만(慢)의 변체까지 합치면 7종의 사체가 있고, 「소충정(訴衷情)」에는 근(近)의 변체까지 합치면 8종의 사체가 있고, 「강성자(江城子)」에는 5종의 사체가 있는 것 등이 그 보기이다.

일단 생겨난 사조는 여러 가지 수법에 의하여 여러 가지 다른 사체를 형성하기도 하였다. 그 두드러진 몇 가지 보기를 들면 다음과 같은 것이 있다.

첫째 : 사조에 약간의 자구의 가감을 통하여 변화를 일으키는 경우이다. 거기에도 몇 가지 다른 방법이 있다.

1) 탄파(攤破)라 하여 원래의 사조에 몇 자를 더 가하여 변화를 일으키는 것이다. 「탄파완계사(攤破浣溪沙)」는 「완계사」 전후단의 끝 구 7자를 10자(3·7)로 늘인 것이고, 「탄파추노아(攤破醜奴兒)」는 「추노아」 전후단의 끝구 아래 "야라(也囉)"라는 감탄사가 든 8자의 화성(和聲)을 더 붙여 변화시킨 것이고, 「탄파남향자(攤破南鄉子)」는 「남향자」의 구법을 약간 변화시키면서 자구를 늘인 것이다.

2) 감자(減字)는 반대로 본래의 사의 자구를 줄인 것이다. 「목란화(木蘭花)」가 7언 8구의 쌍조인데 「감자목란화」는 제 1·3·5·7구의 7자구를 4자구로 줄인 것이다. 또 「투성목란화(偸聲木蘭花)」처럼 전후단의 앞 2구는 원래의 사조를 따르고, 뒤 2구만이 「감자」를 따른 것도 있다.

3) 그 밖에 전조(轉調)라 하여 원래의 사조의 전 후단 후반부에 몇 자를 더 보태어 그 구법을 약간 변화시킨 것(보기 : 「踏莎行」→ 「轉調踏莎行」), 한 사조의 첫 구를 중첩(重疊)시키어 다른 사조로 변화시킨 것(보기 : 「憶江南」→「法駕導引」), 한 사조의 전 후단 끝머리에 두 개의 첩자(疊字)나 세 개의 첩자를 더 보태어 다른 사조로 변화시킨 것(보기 : 「摘紅英」→「惜分釵」…두 개의 첩자를 보탬, 「摘紅英」→「釵頭鳳」…세 개의 첩자를 보탬), 한 사조의 한두 구를 변화시켜 다른 사조로 만든 것(보기 : 「瑞鷓鴣」→「鷓鴣天」, 「沁園春」→「洞庭春色」, 「水龍吟」→「鼓笛慢」) 등이 있다.

둘째 : 한 사조를 중첩시켜 다른 사조로 변화시킨 게 있다. 보기로 「억고인(憶故人)」을 중첩시킨 것이 「촉영요홍(燭影搖紅)」이고, 「양주령(梁州令)」을 겹쳐 놓은 것이 「양주령첩운(梁州令疊韻)」이고, 「매화인(梅花引)」을 겹쳐 놓은 것이 「소매화(小梅花)」이고, 「접현빈(接賢賓)」을 겹쳐 놓은 것이 「집현빈(集賢賓)」이다.

셋째 : 범조(犯調)에 의한 변화가 있다. <범조>란 다른 몇 개의 사조를 합쳐 한 개의 사조를 이루는 것을 말한다. 보기를 들면 「서강월(西江月)」의 반쪽과 「소금산(小金山)」의 반쪽을 합친 것이 「강월황중산(江月晃重山)」이고, 「암향(暗香)」과 「소영(疏影)」을 합쳐 「암향소영(暗香疏影)」이라는 새 사조를 이룬 것이다. 그 밖에 「사범전매화(四犯剪梅花)」처럼 전 후단 각각 「해련환(解連環)」·「취봉래(醉蓬萊)」·「설사아(雪獅兒)」·「취봉래(醉蓬萊)」의 순서로 사조의 구절을 모아 한 개의 다른 사조를 이룬 것, 「육추(六醜)」처럼 다른 여섯 가지 사조를 합쳐 만든 것, 「팔음해(八音諧)」와 「팔범옥교지(八犯玉交枝)」처럼 각각 다른 여덟 가지 사조를 합쳐 한 개의 다른 사조를 이룬 것 등이 있다.

넷째 : 과강(過腔)이라 하여 한 사조의 궁조(宮調)를 다른 궁조의 노래로 바꿈으로써 새로운 사조를 만들어 내는 것이다. 보기를 들면 조보지(晁補之, 1053－1110)가 헐지조(歇指調)에 속하는 「영우락(永遇樂)」을 월조(越調)로 변화시킴으로써 「소식(消息)」이란 사조를 만들어 내고, 강기(姜夔, 1155?－1235?)가 대석조(大石調)에 속하는 「염노교(念奴嬌)」를 쌍조(雙調)로 변화시킴으로써 「상월(湘月)」이란 사패를 만들어 낸 것 같은 것들이다. 이러한 궁조의 변화가 사체의 변화와 어떻게 구체적으로 연관이 되는 것인지는 알 수 없다.

다섯째 : 적조(摘調)라 하여 여러 개의 악곡을 한데 묶어 이루어진 대곡(大曲)이나 법곡(法曲) 중에서 가장 아름다운 일부의 곡을 떼어 내어 독립된 한 개의 사조로 만드는 것이다. 「범청파적편(泛淸波摘徧)」·「박미적편(薄媚摘徧)」·「희주만(熙州慢)」·「저주제일(氐州第一)」·「검기근(劍器近)」·「법곡제이(法曲第二)」·「법곡헌선음(法曲獻仙音)」·「예상중서제일(霓裳中序第一)」·「육요령(六幺令)」·「육요화십팔(六幺花十八)」 등이 모두 그렇게 하여 이루어진 사조이다.

사는 노래의 가사이므로 사조와 궁조는 밀접한 관계가 있었을 것 이지만 지금 와서는 그 내용을 알 길이 없다. 다만 유영의 『악장집(樂章集)』을 보면 작품을 궁조별로 배열하고 있어 그 관계를 짐작할 수 있을 따름이다. 『악장집』을 보면 같은 「학충천(鶴冲天)」이라 하더라도 대석조(大石調)와 황종궁(黃鐘宮)의 것이 서로 다르고, 같은 「망원행(望遠行)」이라 하더라도 중려조(中呂調)와 선려조(仙呂調)의 것이 서로 다르며, 그 밖에도 「안공자(安公子)」·「귀거래(歸去來)」·「서자고(瑞鷓鴣)」·「미범(尾犯)」·「동선가(洞仙歌)」·「정풍파(定風波)」·「봉귀운(鳳歸雲)」·「여관자(女冠子)」·「경배악(傾杯樂)」 등에 모두 궁조의 차이에 따라 서로 다른 사체가 있다. 그러므로 사조는 궁조와 밀접한 관계가 있음이 분명하다.

3. 사운(詞韻)과 평측(平仄)

사도 중국의 다른 운문들과 마찬가지로 압운을 하고 있다. 그러나 사는 당시의 시부(詩賦)에 통용되던 운법과 같지 않으며, 시부보다는 관대한 방법으로 압운되었다. 다만 송나라까지도 사의 운법(韻法)에 일정한 기준이 없어 작자나 사조에 따라 압운에 차이가 있다. 그리고 시부보다는 통운(通韻)이나 전운(轉韻)도 퍽 자유롭게 적용하였다. 과재(戈載, 1821 전후)의 『사림정운(詞林正韻)』 서(序)에 의하면 남송의 주돈유(朱敦儒, 1080?－1175?)는 평상거(平上去)의 3성(聲)을 16부(部)로, 입성을 4부로 분류했다고 했지만, 그러한 운서(韻書)는 전하지 않는다. 그러나 남송 사람들이 사률(詞律)을 중시하면서부터 운법에도 주의하기 시작했을 것은 짐작이 가는 일이다. 본격적인 사운서(詞韻書)로 명나라 때에 호문환(胡文煥)의 『문회당사운(文會堂詞韻)』이 나왔으나 곡운(曲韻)과 시운(詩韻)을 가지고 얼버무린 것에 불과하고, 청나라에 들어와서는 심겸(沈謙)의 『사운략(詞韻略)』이 나왔고 뒤에 조약(趙鑰)과 조량무(曹亮武)가 각각 그것을 따라 『사운』을 지었으나 모두 문제가 많은 내용이다. 또 이환(李渙)의 『사운』, 오랑(吳烺)과 정명세(程名世)가 합작한 『학송재사운(學宋齋詞韻)』, 정춘파(鄭春波)의 『녹의정사운(綠漪亭詞韻)』, 섭신향(葉申薌)의 『천뢰헌사운(天籟軒詞韻)』 등등이 쏟아져 나왔으나, 모두 기준이 구구하여 혼란을 더해 줄 뿐이었다. 그러나 약간 뒤에 나온 중항(仲恒)의 『사운』과 오응화(吳應和)의 『용원사운(榕園詞韻)』은 『광운(廣韻)』을 근거로 하여 어느 정도 계통을 세운 것들이다. 그러나 일반적인 평가를 공인받는 운서는 과재(戈載, 1821 전후)가 지은 『사림정운』이라 할 것이다. 그는 평상거(平上去)의 3성을 14부로, 입성(入聲)을 5부로 정리하고 있다. 그 밖에 근인 오매(吳梅, 1884－1939)는 『사학통론(詞學通論)』에서 심겸의 『사운략』과 『사림정운』을 참작하여, 평상거 3성을 14부, 입성을 8부로 분류하고 있다. 그렇다고 사운의 문제가 완전히 해결된 것은 아니다.

이들 운서들은 여타의 운서와 송나라 사람들의 사를 참작하여 이루어 놓은 것들이지만 송나라 작가의 사를 보면 이들의 범위를 벗어나는 압운을 한 작품들이 상당히 많다.

사에는 전편을 한 운으로 압운(押韻)한 작품도 있기는 하다. 이를 복당독목교체(福唐獨木橋體)라 하는데, "복당"이 무슨 말인지 알 수는 없다. 황정견의 「서학선(瑞鶴仙)」이 전편 야자(也字)운을 쓰고 있고, 유극장(劉克莊)의 「전조이랑신(轉調二郎神)」은 전편 성자(省字)운을 쓰고 있고, 신기질의 「수룡음(水龍吟)」 표천(瓢泉)에서 전편 사자(些字)운을 쓰고 있는 것 등이 그 보기이다. 그러나 당 오대의 사일수록 운(韻)을 많이 바꾸고 있다. 「조소(調笑)」는 세 번 운을 바꾸고 있고, 「보살만(菩薩蠻)」·「우미인(虞美人)」·「남향자(南鄉子)」·「경루자(更漏子)」 등은 네 번 운을 바꾸고 있다. 「주천자(酒泉子)」·「하엽배(荷葉杯)」처럼 단구(短句)에서 갑자기 운을 바꾸는 경우와 「정풍파(定風波)」·「이별난(離別難)」처럼 중간에 다른 운을 끼어 넣는 경우 등도 있다. 그리고 만사(慢詞)에 있어서도 「소매화(小梅花)」처럼 평측(平仄)을 서로 바꿔가며 여덟가지 운을 엇섞는 경우, 한원길(韓元吉, 1118－?)의 「육주가두(六州歌頭)」처럼 다섯 번이나 운을 바꾸는 경우조차 있다. 이 밖에도 사에 있어서는 유영의 「곡옥관(曲玉管)」, 황정견의 「고적령(鼓笛令)」·「함정죽(撼庭竹)」·이청조(李淸照)의 「사원죽(四園竹)」처럼 평운과 측운을 구분하지 않고 압운한 작품들도 있고, 본시는 평운을 써야 할 사조인데 측운을 썼거나, 반대로 측운을 써야 할 자리인데 평운을 쓴 작품들도 있다. 이렇게 볼 때 송나라 이전의 사의 압운은 시부에 비하여 매우 자유로운 변화가 가능 하였던 것 같다.

후세에 지어진 『흠정사보(欽定詞譜)』를 보면 사의 한 글자 한 글자마다 평측이 표시되어 있다. 곧 사도 근체시나 마찬가지로 일정한 평측의 법칙이 있었던 것 같다. 평측이 성조의 자연스런 조화를 위한 것이고, 한편 사가 노래의 가사였다면, 사에도 반드시 악곡에 어울리는 성조에 대한 고려가 있었을 것이다. 악조가 높이 올라가는 곳에 성조가 아래로 처지는 글자를 놓거나, 또는 그 반대가 되어서는 안 될 것이다. 그러나 사는 장단이 고르지 않고 악곡의 변화가 많아서 일률적인 평측의 원칙을 따지기는 어려울 것이다. 오히려 창법을 모르는 후인들이 이전 작자들의 예를 따져 평측의 규칙을 정한 사보(詞譜)에 무리가 있는 지도 모른다. 「난릉왕(蘭陵王)」과 「처량범(淒凉犯)」의 끝 구절과 「앵제서(鶯啼序)」의 차첩(次疊) 제2구는 모두가 측성자를 쓰고 있고, 「취옹조(醉翁操)」·「수루춘(樹樓春)」 같은 사에는 모두 평성자만을 쓴 구가 많지마는 어색하기는커녕 특별한 풍미를 느끼게 해 준다.

그렇다고 평측에 법칙이 없다는 것은 아니다. 지금의 우리로서는 사보에서 보여 주고 있는 평측의 규정을 최선의 것으로 믿는 수밖에 없을 것이다. 평측에 대하여 만수(萬樹)는 『사률(詞律)』의 발범(發凡)에서 다음과 같이 쓰고 있다.

> "평측은 본시부터 일정한 규률이 있는 것이다. 그러나 평성은 오직 하나의 성조이지만, 측성에는 상(上)·거(去)·입(入)의 삼성이 들어 있으니, 측성이라고 해서 이 삼성을 아무것이나 써도 되는 것은 아니다. 대체로 일조(調)중에서 삼성 아무거나 써도 좋은 경우는 10분의 6, 7 정도이고, 아무거나 써서는 안 되는 경우도 10분의 3, 4 정도가 있다. …… 만약 상성과 거성을 서로 바꾸면 사조는 떨치지 못하고 낙강(落腔)이 되고 마는데, 끝구가 더욱 중요하다. 보기를 들면 「영우락(永遇樂)」의 '상능반부(尙能飯否)'와 「서학선(瑞鶴仙)」의 '우성수손(又成瘦損)'에 있어서는 '尙'·'又'는 반드시 측성, '能'·'成'은 반드시 평성, '飯'·'瘦'는 반드시 거성, '否'·'損'은 반드시 상성이어야 한다. 이래야만 사조가 살아나는 것이다. 조말(調末)의 2자를 만약 평상(平上)이나 평거(平去) 또는 거거(去去)·상상(上上)·상거(上去)로 만든다면 모두 맞지 않는다. …… 대체로 상성은 더디고 부드러우며 그 강조가 낮은데, 거성은 격렬하고 힘 있게 멀리 뻗치며 그 강조가 높다. 이것을 서로 잘 배합해서 써야만 비로소 억양에 운치가 있게 된다. 그러니 두 상성자나 두 거성자의 운용은 되도록 피해야 한다. …… 유명한 사의 변화가 많은 곳에는 거성을 많이 쓰는데 어째서인가? 삼성 가운데 상성과 입성 두 가지는 평성과 같은 것으로 볼 수도 있으나 거성만은 다르다. …… 거성을 써야 할 곳에는 거성이 아니면 제 맛이 생기지 않는다. 거성 대신 입성을 써도 안 되니, 평성이나 상성은 절대로 써서는 안 된다. ……지금 사 가운데는 입성을 평성으로 대신한 곳이 많으니 상성을 평성으로 대신한 것보다 더욱 많아 일일이 예를 들 수도 없다. 작자들은 입성을 측성이라고 해서 거기에 상성이나 거성을 써서는 안 된다. 또한 입성과 상성을 통협한 곳에 거성을 써서는 안 되며, 입성과 거성을 통협한 곳에 상성을 써서도 안 된다.[8]

만수에 의하면 사에 있어서는 평측 뿐만 아니라 사성을 모두 따져야만 한다. 그러나 앞에서도 이마 말했듯이 음악을 모르는 후세인들이 따져 놓은 이러한 규칙들은 절대적인 것이 될 수 없음은 물론이다.

---

8) "平仄固有定律矣. 然平止一途, 仄兼上去入三種, 不可遇仄而以三聲概塡. 蓋一調之中, 可概者十之六七, 不可概者十之三四. ……若上去互易, 則調不振起, 便成落腔, 尾句尤爲喫緊. 如永遇樂之尙能飯否, 瑞鶴仙之又成瘦損, 尙又必仄, 能成必平, 飯瘦必去, 否損必上, 如此然後發調. 末二字若用平上, 或平去, 或去去, 上上, 上去, 皆爲不合. ……蓋上聲舒徐如軟, 其腔低, 去聲激厲勁遠, 其腔高. 相配用之, 方能抑揚有致. 大抵兩上兩去, 在所當避. ……名詞轉折跌蕩處, 多用去聲, 何也? 三聲之中, 上入二者可以作平, 去則獨異. ……當用去者, 非去則激不起, 用入且不可, 斷斷勿用平上也. ……今詞之中入之作平者比比, 而是比上作平者更多, 難以條擧. 作者不可因其用入是仄聲, 而塡作上去也. 且有以入叶上者, 不可用去, 以入叶去者, 不可用上."

4. 사의 구법(句法)

사는 한 구의 장단이 들쑥날쑥하여 <장단구>라고도 부른다. 한 구가 1자인 것에서부터 시작하여 9자인 것까지 있다. 1자구는 「십육자령(十六字令)」의 첫 구를 실자(實字)로 쓰고 있는 경우 이외에는 대개 "正"·"漸"·"又" 같은 측성자의 부사이다. 2자구는 후단 환두(換頭)의 첫째 구에 가장 많이 쓰인다. 그 밖에는 「여몽령(如夢令)」의 끝머리 제 3구처럼 감정이 굴절되는 상감(傷感)을 나타내는 곳에 쓰이는 게 보통이다. 평측·측평·평평·측측이 모두 쓰이지만 "평측"이 가장 많이 눈에 뜨인다.

삼·사·오·육·칠자의 구절이 사에 가장 흔히 쓰이는 구절이다. 3자구는 측평평이 가장 많이 쓰이며, 평평측·측평측·평평평·측측평·측측측도 모두 쓰이나 그것은 불완전한 영두구(領頭句)들이 대부분이다. 4자구는 평평측측 또는 측측평평으로 이루어지는 것이 보통이다(곧 두 자 두 자씩 나누어짐). 간혹 한 자와 세 자로 구성된 구, 예를 들면 장염(張炎)의 「수룡음(水龍吟)」 끝구 "권서풍거(卷西風去)"처럼 측평평측으로 된 경우도 있고, 평측측평·측평측측·평측평평 등의 변화도 있다. 5자구는 위 두 자, 아래 세 자로 나누어지는 게 보통인데 평평평측측·측측측평평·측측평평측·평평측측평 등으로 이루어진다. 그러나 간혹 위 한 자 아래 네 자의 결합으로 이루어진 구절도 있고, 「수루춘(壽樓春)」의 제 1구처럼 5자 모두 평성을 쓰는 예외도 있다. 6자구는 이 중 가장 적게 보이며, 평측도 일정치 않다. 7자는 위 네 자 아래 세 자, 위 세 자 아래 네 자의 결합 두 가지가 있으며, 앞의 것은 시의 구절과 비슷하다. 이 밖에 8자구와 9자구는 3자 5자 또는 4자 4자, 4자 5자의 결합으로 이루어지는 데 지나지 않는다.

자수야 어떻든 사에서 가장 중요한 구절은 첫째 구와 전 후단의 끝 구절이다. 그렇기 때문에 첫 구의 압운한 곳을 기조(起調), 전후단의 끝머리 운자를 필곡(畢曲)이라 부르는데, 이 세 군데 압운자의 평측은 원칙적으로 모두 같아야 한다.

5. 사보(詞譜)

송나라 때의 사의 악곡은 잘 알 수 없다 해도 사보는 전해지고 있다. 그래서 사의 작가들은 음악을 몰라도 사보를 따라 사를 지을 수가 있었다. 그러나 차츰 뒤에는 사만이 남고 사보는 없어져 버렸다. 그 때문에 후세 사람들은 사를 지으려 해도 보식(譜式)을 몰라 여러 가지로 곤란을 느끼게 되었다. 이에 많은 사람들이 당송작가들의 사의 법식을 귀납적으로 정리하여 사률을 확정지으려고 노력하였다.

사보를 가장 먼저 도보로 정리한 것은 명나라 장연(張綖, 1526 전후)의 『시여도보(詩餘圖譜)』이다. 그는 각 사조의 구법을 정리하고, 한자 한자의 평측을 ○(평)·●(측)·◒(평이나 측도 가)·◓(측이나 평도 가)의 부호로 도식화하였다.

그러나 사조의 정리에서부터 평측을 잘못 표시한 것까지 겹쳐 많은 잘못이 있다. 뒤에 사천서(謝天瑞)와 서사증(徐師曾)이 이에 다시 손을 대었고, 정명선(程明善, 1625 전후)은 이들을 한데 묶어 『소여보(嘯餘譜)』를 지었다. 여전히 적지 않은 오류가 있기는 하나 그 이래로 사를 지음에 있어 유일한 규범서로 통행되었다.

청나라 초기에 뢰이빈(賴以邠)이 다시 장연의 도(圖)와 정명선의 보(譜)를 참작하여 『전사도보(塡詞圖譜)』를 지었는데, 사조의 정리에서부터 분단(分段)·평측 등에 이르기까지 여전히 잘못이 적지 않다. 마침내 만수(1625?~1688)가 나와 『사률』을 지어 660조(調)에 1,180여 체로 정리하고 많은 사의 율법을 밝혀냄으로써 사의 법식(法式)이 어느 정도 명확해 졌다. 그 뒤로 서본립(徐本立)의 『사률습유(詞律拾遺)』에서는 495종의 사조와 사체가 보충되었고 몇 가지 오류가 정정되었다. 다시 두문란(杜文瀾, 1815－1881)은 『사률보유(詞律補遺)』에서 50조를 보충하고 많은 잘못을 바로 잡았다. 이 밖에 강희(康熙)연간에 칙령으로 왕혁청(王奕淸) 등이 『흠정사보(欽定詞譜)』를 편찬하였는데, 여기에는 826조와 2,306체의 사가 망라되고, 장연의 방식으로 평측이 표시되었으며, 그 밖에 사조의 원류, 구법의 차이 등 많은 설명이 붙어 있다.

지금 와서 우리는 사를 짓는 데 있어서는 말할 나위도 없고, 사를 읽는 데 있어서도 사조를 확인하고 구절을 제대로 끊는 일 등을 위하여 이 사보를 의지하는 수밖에 없게 되었다.

참고문헌

韓國『中國詞文學論稿』車柱環 서울大出版部 1982
韓國『辛棄疾詞研究』李東鄉 通文館 1984
韓國『周濟詞研究』李鍾振 臺灣 師範大學 1984
韓國『秦觀詞研究』宋龍準 嶺南大出版部 1989
韓國『淮海詞釋注』宋龍準 嶺南大出版部 1988
韓國『高麗史樂志唐樂考』車柱環 서울大出版部 1962
韓國『東坡詞研究』柳鍾睦 서울大 1991
韓國『唐宋詞通論』吳能和 著, 李鴻鎮 譯 啓明大出版部 1991
韓國『蘇軾詞研究』柳種睦 중문 1993.
韓國『唐宋詞史』楊海明 著, 宋龍準・柳種睦 譯 新雅社 1996
中國『全唐詞 附全唐詩後』臺灣 藝文印書館 景印
中國『宋六十名家詞』毛晋刻本
中國『全宋詞』唐圭璋 編 臺灣 世界書局
中國『全金元詞』唐圭璋 編 北京 中華書局
中國『彊邨叢書』朱祖謨 刻本 商務印書館 景印
中國『詞學叢書』秦恩復 臺灣 世界書局 景印
中國『詞話叢編』唐圭璋 編 臺北 慶文書局
中國『詞曲概論』宛敏灝 著 上海 古籍出版社
中國『詞學通論』吳梅 著 臺北 商務印書館
中國『詞曲研究』盧翼野 臺灣 中華書局
中國『詞曲史』王易 神州書局 1932
中國『詞學通論』吳梅 上海 商務印書館
中國『詞史』劉子庚 群衆圖書公司 1923
中國『欽定詞譜』王奕淸
中國『詞律』萬樹 臺灣 世界書局 景印
中國『白香詞譜』舒夢蘭 臺灣 世界書局 景印
中國『唐宋名家詞選』龍楡生 上海 古典文學
中國『淸代詞學概論』徐珂 大東書局
中國『詞選』鄭騫 臺灣 中華文物供應社
中國『敦煌雲謠集新書』潘重規 臺灣 石門圖書公司 1977
歐美 *The Evolution of Chinese Tz'u Poetly From Late Tang to Nothern Sung*, By Kang-l Sun Chang, Princeton Univ. Press 1980.
The Transformation of the Chinese Lyrical Tradition, Chiang K'uei and Southern Sung Tz'u Poetry, by Lin Shuen-Fu, Princeton University Press.

제6장 산곡(散曲)

제1절 곡(曲)의 발생 · *203*
제2절 산곡의 형식 · *210*
제3절 산곡의 특징 · *218*
제4절 산곡의 발달 · *221*
참고문헌 · *231*

제6장

산곡(散曲)

제1절 곡(曲)의 발생

1. 시대의 배경

곡은 원나라에서 발생하여 원나라 때에 성행한 문학이어서 흔히 원곡(元曲)이라고도 부른다. 이 원곡에는 산곡(散曲)과 잡극(雜劇)의 두 종류가 있는데, 산곡은 송사를 이어 발달했던 원대의 새로운 시가이고, 잡극은 원나라 때에 비로소 발달했던 중국의 연극이다. 다만 잡극은 서양의 가극처럼 노래의 성분을 중심으로 이루어지고 있는데, 그 노래의 성분은 완전히 산곡과 같은 형식과 성격의 시가이기 때문에 이들을 통틀어 <곡> 또는 <원곡>이라 부르는 것이다. 산곡과 잡극은 이처럼 음악상으로 볼 적에는 같은 성질의 것이지만, 문학상으로 볼 적에는 판연히 서로 다른 것이므로, 여기에서는 이들을 구분하여 논하고 있는 것이다.

원나라는 몽고족이 중원 땅을 무력으로 강점했던 시대이다. 원나라의 통치자들은 무력으로 한족의 재산을 약탈하고 토지를 강점할 줄 만 알았지 정신문화 같은 데에는 별로 관심이 없었다. 따라서 서생들의 공개적인 출세 길이던 과거제도도 오랜동안 폐지하였고, 사회인들의 신분을 순서에 따라 구분하여 "구유(九儒)·십개(十丐)"란 말이 있었을 만큼(『陔餘叢考』 권 42) 선비들은 거지 다음가는 천한 신분으로 전락되었다. 이것은 한편 한족 전체가 몽고인들의 노예나 같은 처지로 떨어졌음을 뜻하는 것이다.

거기에다 원 세조(世祖, 1260－1294 재위)는 잦은 원정에 필요한 경비를 조달하기 위하여 중통원보교초(中統元寶交鈔) 또는 지원교초(至元交鈔) 같은 교초(交鈔)를 함부로 찍어 내어 사회의 경제 질서까지도 크게 어지럽혀 놓았다. 이러한 정치적 경제적 혼란 아래 중국의 정통문학은 더 이상 발을 붙일 여지도 없게 되었다.

이에 지식인들도 종래와는 달리 민중 속에 완전히 섞이어 함께 억눌리고 함께 고난을 겪는 처지가 되었다. 여기에서 지식인들은 민중 사이에 유행하고 있는 생기 넘치는 새로운 시가인 곡을 발견하였던 것이다. 금나라와 원나라의 중원 땅 지배로 말미암아 중국의 음악이 그들 여진족과 몽고족 음악의 영향을 받아 급격히 변하여 이전의 사(詞)라는 형식의 민간가요가 곡(曲)으로 변하게 되었던 것이다. 이들은 이 새로운 곡으로 민중과 함께 즐기며 억눌리고 괴로움을 당하던 자신들의 분만(憤懣)을 발산시켰다. 이 때문에 원나라로 들어오면서 갑자기 곡이 생겨나 성행할 수가 있었던 것이다. 그리고 근래 임중민(任仲敏)의 『산곡개론(散曲概論)』에 의하면 원나라의 산곡작가로 22명과 그밖에 많은 이름이 전해지지 않는 사람들이 있지만, 그들 대부분이 어떤 사람인지 알 수 없는 사람들이라는 것도 이러한 시대적인 여건으로 말미암은 것이다.

산곡은 이처럼 이전의 전통문학과는 다른 새로운 성격의 시가로서 청신하고도 찬란한 꽃을 피웠다. 그러나 후세의 문인들은 이를 기녀(妓女)나 악공(樂工)들 사이에나 노래 불리어지던 형편없는 것이라 하여 업신여겼다. 심지어 고금의 전적을 망라하였다는 『사고전서(四庫全書)』에도 겨우 몇 가지 원대 작가의 소령(小令)과 투수집(套數集)이 들어 있을 뿐이다. 정통문학가들은 그 음악이 오랑캐 음악이라는 이유로 곡을 본격적인 시가로 보기를 꺼리었다.

산곡이 중국문학사상 중요한 자산으로 주의를 끈 것은 겨우 근 수십 년의 일이다. 오매(吳梅, 1884－1939)를 위시하여 임중민(任仲敏)·노전(盧前)·정진탁(鄭振鐸)·조만리(趙萬里)·양을진(楊乙眞)·정건(鄭騫) 같은 학자들의 연구에 힘입어, 산곡은 원대의 뛰어난 시가로 확인 되었고, 거기에 관한 자료도 그것을 뒷받침해 줄 만큼 수집 정리된 것이다. 전에는 보기 힘들었던 『양춘백설(陽春白雪)』·『악부군옥(樂府羣玉)』·『사림적염(詞林摘艷)』·『옹희악부(雍熙樂府)』 같은 곡집들이 이들에 의하여 발굴되었고, 임중민이 편찬한 『산곡총간(散曲叢刊)』과 노기야(盧冀野)가 편찬한 『음홍이총서(飮虹簃叢書)』 같은 풍부하고도 중요한 산곡에 관한 자료들이 정리 출판된 것이다.

2. 사와 곡

중국문학의 발전과 변화란 입장에서 보아 산곡은 사에 대신하여 얼어난 새로운 시가라 할 수 있다. 곧 송나라에 들어와 사가 문인들에 의하여 창작되기 시작하면서, 그 음률과 수사가 더욱 세련되고 그 내용도 더욱 풍부해 졌으며, 사의 격률이 매우 엄격해졌다. 곧 심의보(沈義父, 1247 전후)의 『악부지미(樂府指迷)』나 장염(張炎, 1248－1320?)의 『사원(詞源)』을 보면 느낄 수 있듯이, 사를 짓는다는 것은 음보(音譜)·박판(拍板)·제곡(製曲) 및 구법과 수사에 통달해야만 하는 일종의 전문적인 예술로 변해 버렸던 것이다. 이에 사는 민중가요의 성격을 벗어나 민중은 이해할 수도 없는 것이 되었을 뿐만 아니라, 문인들조차도 자기의 창의나 개성을 살리기 어려운 형식적인 것이 되고 말았다. 거기에 외족의 지배로 말미암아 음악이 갑자기 변하여 이전의 사는 새로운 악기로 반주하기도 어렵고 노래 부르기에도 불편한 성격의 것이 되어 버렸다. 이런 상황 아래 새로운 시가에 대한 갈망으로 대두된 것이 곡이다.

한편 곡은 여진족의 금(金)나라와 몽고족의 원(元)나라가 중국을 정복 지배하면서 민간에 유행한 그들의 음악에 의하여 변질된 노래의 가사이다. 왕세정(王世貞, 1526－1590)이 『곡조(曲藻)』 서문에서 곡의 발생에 대하여 다음과 같은 설명을 하고 있다.

> "곡이란 사가 변한 것이다. 금·원이 중국 땅을 침입하여 지배하게 되면서 쓰게 된 오랑캐 음악으로, 시끄럽고 잡되고 처량하면서도 빨라서 리듬이 더디고 빠른 것을 사로서는 따라갈 수가 없어서 다시 새로운 곡조로서 그들에게 잘 보이려 하여 이루어진 것이다."[9)]

곡은 본시 오랑캐 음악인 호곡(胡曲)에서 발전한 것이다.

곡도 사나 마찬가지로 민간가요로부터 발전한 악부계통의 가사인 데다가 그 가사는 모두 한인 지식인들이 쓴 것임으로, 초기의 산곡 소령 중에는 당오대의 소사(小詞)와 비슷한 작품들이 많다. 명대의 왕세정(王世貞)이 "곡이란 사가 변한 것이다"라고 하였고, 정진탁(鄭振鐸, 1898－1958)은 『중국속문학사(中國俗文學史)』에서 "산곡이란 원대 이래 민간에 유행한 가곡의 총칭이다. 당송 사는 원래 민간의 가곡이었는데, …남송에 이르러는 이미 죽어버린 물건이 되어버렸다. 이에 산

9) "曲者, 詞之變. 自金元入主中國, 所用胡樂, 嘈雜凄緊, 緩急之間, 詞不能按, 乃更爲新聲而媚之."

곡이 생겨나 그것을 대신하게 되어 원대에 크게 유행하였던 것이다"[10]고 하였다. 그러니 사와 곡은 비슷할 수밖에 없다. 다음에 보기를 든다.

장상사(長相思)

이욱(李煜, 937－978)

구름 같은 씨줄 걸린 베틀에서
옥으로 만든 북 잡고 있는데,
얇은 비단 가벼운 적삼 입고
화장한 두 눈썹 가볍게 찌푸리네.
가을바람 사납고 비 뿌리고 있는데
발 친 창문밖엔 두세 그루 파초 있으니
긴 밤을 어찌하라는 것인가!

雲一緺, 玉一梭, 淡淡衫兒薄薄羅, 輕顰雙黛螺.
秋風多, 雨相和, 簾外芭蕉三兩窠, 夜長人奈何!

대덕가(大德歌)

관한경(關漢卿, 1246 전후)

바람이 씽씽 불고
비는 부슬부슬 내리니
진단(陳摶)같은 도사라 하더라도 잠 이루지 못하리라!
슬픔과 번뇌가 가슴을 저리게 하여
후두두 눈물이 떨어지는데
가을매미 소리 그치자 귀뚜라미가 울고,
푸드덕푸드덕 눈물 같은 빗방울이 파초 잎을 치네.

風飄飄, 雨蕭蕭, 便做陳摶也睡不着. 懊惱傷懷抱,
撲簌簌淚點兒拋. 秋蟬兒噪罷寒蛩兒叫, 淅零零淚雨灑芭蕉.

「장상사」는 사이고 「대덕가」는 산곡이지만 이들의 형식뿐만 아니라 의경까지도 비슷하다. 전문가가 아니라면 사보(詞譜)나 곡보(曲譜) 없이는 이것이 사인지 곡인지 구별하기 어려울 정도이다. 그것은 사나 곡이 다같이 민간가요를 바탕으로 발전한 것이기 때문일 것이다.

송나라 때에는 민간연예가 매우 발달하여 도진(陶眞)・애사(涯詞)・고자사(鼓

---

10) 『中國俗文學史』下冊 第9章 元代的散曲.

子詞)·복잠(覆賺)·제궁조(諸宮調) 등 여러가지 강창(講唱)과 전답(轉踏, 일명 纏達)·대곡(大曲)·곡파(曲破) 같은 무곡(舞曲)이 유행하였다. 여기서 쓰인 노래들은 모두가 사조(詞調)였을 것이다. 다만 송(宋)나라 잡극(雜劇)과 금(金)나라 원본(院本)의 음악은 사로부터 곡으로 옮아가는 준비단계였을 것이다.

그러나 대희(大戲)인 남송의 희문(戲文)과 원 잡극(雜劇)이 나오면서 중국음악은 사로부터 곡으로 갑자기 바꾸어진다. 이는 노래의 가락뿐만이 아니라 거기에 반주로 쓰이던 악기며 창법까지도 모두 크게 변하였음을 뜻하는 것이다. 다만 사와 곡의 노래 가사의 형식에 있어서는 크게 달라지지 않은 듯이 보이는 것이다. 곧 송사와 원곡은 문학면에 있어서는 비슷한 계통의 것들로 보이지만 음악면에 있어서는 전혀 다른 성격의 것들이었다. 그러나 같은 한족의 지식인들이 쓴 가사이기 때문에 문학면으로는 비슷하게 보이는 것이다.

첫째 곡의 궁조(宮調)도 사에서 온 것이다. 송나라에서는 칠궁십이조(七宮十二調)가 있었지만 원나라 주덕청(周德淸)의 『중원음운(中原音韻)』에 의하면 오직 육궁십일조(六宮十一調)가 쓰이고 있어서 십칠궁조(十七宮調)라고 하였다. 그러나 원나라에 이르러서는 헐지조(歇指調)·각조(角調)·궁조(宮調)가 쓰이지 않게 되어 십사궁조로 변하였으며, 뒤에 남곡(南曲)에서는 상각조(商角調)가 없어져 십삼궁조로 변하였다. 어떻든 이 곡의 십사·십삼궁조는 모두가 사의 십칠궁조로부터 변화한 것임은 의심할 여지도 없는 일이다.

곡의 조명(調名), 이른바 곡패(曲牌)도 사와 같은 것이 퍽 많다. 『중원음운』에는 335장(章, 곧 調)의 곡조가 실려 있는데, 이 중 대략 삼분의 일에 해당하는 조명이 당송 사를 비롯하여 대곡(大曲)이나 제궁조(諸宮調)에 보이는 것이다. 조의 이름은 같다 해도 자구(字句)의 배합이나 편폭의 장단은 사와 곡이 모두 다르다. 그러나 남곡에 있어서는 「우미인(虞美人)」·「알금문(謁金門)」·「일전매(一剪梅)」 등은 완전히 사와 같다.

왕국유(王國維, 1877－1927)의 『송원희곡사(宋元戲曲史)』에 의하면 『중원음운』의 335장의 곡패 명 중, 대곡에 쓰이던 것이 11종, 당나라와 송나라 사에 쓰이던 것이 75종, 제궁조의 여러 곡명에 보이는 것이 28종이다. 이밖에 옛 사곡(詞曲)의 곡명 중에 보이지는 않지만 원나라 때에 창작된 것이 아닌 것이 분명한 것 10종 있는데, 이것들도 거의가 송나라의 옛 곡명이었을 가능성이 많다. 이것은 좀 더 구체적으로 송사와 원곡의 관계를 설명해 주는 것으로 볼 수 있다.

형식도 사와 곡이 비슷하다. 보통의 산사(散詞)들은 곡의 소령(小令)과 비슷하고, 대곡·법곡 같은 여러 곡이 한데 모여 투(套)를 이루는 사는, 곡에 있어서의 투수(套數)와 비슷하다. 그 밖에도 사의 대편(大遍)은 곡의 투수, 사의 적편(摘遍)은 곡의 적조(摘調)와 비슷하다. 사와 곡이 여러 모로 유사한 것은 이들이 다 같이 민간가요에서 발생한 것이기 때문이다. 그러나 그 내용을 보면 곡은 처음부터 완약(婉約)한 서정만을 노래하지 않고, 다양한 감정과 사물을 제재로 삼고 있다.

사와 곡은 겉모양은 비슷하면서도 실속은 전혀 다른 것이다. 그 음악이 다르고 반주로 쓰이던 악기도 전혀 다르다. 사와 곡을 대하는 중국문학자들의 태도도 달랐다. 『사고전서총목(四庫全書總目)』 사곡류(詞曲類)에서 "사곡의 체는 문장기법면에 있어서 그 품위가 매우 낮아서 작가들이 귀하게 여기지 않았다"하였으나, 사까지 곡에 합쳐 그렇게 말한 것은 지나치다. 정진탁은 "우리는 원곡(元曲)은 '속(俗)'되면 좋고 '아(雅)'해지면 비실비실 생기가 없어진다고 여기고 있다"(『中國俗文學史』)하였고, 왕계사(王季思)는 "금·원 이래로 연출할 때 창하는 것은 주로 곡사(曲詞)이고 시와 사는 모두 물러나서 염백(念白)으로 읽혀지기만 하였다. 그러나 문학사상의 지위에 있어서는 정반대가 된다"고 하였다. 그러한 경향은 모두 곡이 이루어져 발전한 시대적 사상적 배경 때문이다.

곡에는 음악상으로 남곡(南曲)과 북곡(北曲)의 차이가 있다. 남곡은 남방의 악곡, 북곡은 북방의 악곡을 뜻하는데, 원곡은 북곡에 속하는 것이다. 비록 원나라로 들어와 북곡이 성행하기는 하였지만 그 발생은 남곡 쪽이 빠르다. 명대 서위(徐渭, 1521－1593)는 『남사서록』에서 다음과 같이 말하고 있다.

> "남희(南戲 곧 남곡)는 송 광종조(光宗朝, 1190－1194)에 시작되었으니, 영가(永嘉)사람이 만든 「조정녀(趙貞女)」와 「왕괴(王魁)」의 두 가지가 첫 번째의 작품이었다. … 혹 말하기를 선화(宣和)년간(1119－1125)에 이미 시작되었고 그 성행이 나라가 남쪽으로 옮겨 온 뒤부터라고도 한다. 그것은 보통 영가잡극(永嘉雜劇) 또는 골령성수(鶻伶聲嗽)라 불렀다. 그 곡은 송인들의 사에다가 민간가요를 덧보탠 것이었다. 궁조가 잘 맞지 않았으므로 사대부 중에는 거기에 주의를 한 이가 드물었다. 원초에 북방의 잡극이 남방으로 유입되자 일시에 크게 유행하여, 송사(宋詞)는 마침내 끊어지고 남희(南戲)도 쇠퇴하게 되었다."[11]

서위는 희곡으로서의 남곡을 논하고 있지마는, 어떻든 이에 의하면 먼저 성행

11) 南戲始於宋光宗朝, 永嘉人所作趙貞女·王魁二種實首之.…或云宣和間已濫觴, 其盛行則自南渡. 號曰：永嘉雜劇, 又曰：鶻伶聲嗽. 其曲則宋人詞, 而益以里巷歌謠, 不叶宮調, 故士大夫罕有留意者. 元初北方雜劇流入南徼, 一時靡然向風, 宋詞遂絶, 而南戲亦衰.

한 북곡보다도 남곡의 발생이 빠름을 알 수 있다. 그러나 이 남곡도 주로 만주족인 금(金)나라의 음악의 영향 아래 이루어진 것임을 유념해야 한다. 남곡은 먼저 생겨나기는 하였지만 크게 발전할 겨를도 없이 북방의 몽고족이 중국을 차지하게 되어 그대로 쇠퇴하였던 것이다. 몽고인들은 중국 땅에 새로운 악기와 새로운 악곡들을 가지고 들어와 새로이 북곡을 발전케 하였다. 남곡과 북곡은 사용하는 악기도 달랐지만, 특히 악상이 판이했다. 서위는 『남사서록』에서 다음과 같이 남북곡의 차이를 논하고 있다.

> "북곡을 들으면 사람으로 하여금 정신과 기분이 앙양(昂揚)되고 모발이 산뜻해지는 느낌을 갖게 하여, 용왕매진할 뜻을 지니게 하기에 족하니 실로 오랑캐 족속들은 북으로 사기를 진작시키기를 잘 했던 것이다. 이른바 그 소리는 템포가 빠르고 거세어서 원한의 뜻을 굳힌다는 것이다. 남곡은 템포가 느리고 가냘프며 곱고도 아리따워 사람으로 하여 금 들떠서 자신도 깨닫지 못하는 사이에 자기 뜻을 잃게 하니, 실로 남방의 유미(柔靡)함인 것이다. 이른바 망국지음(亡國之音)은 슬프고도 애틋하다는 바로 그것이다."12)

곧 남곡과 북곡은 부드럽고 낭만적인 남방기질과 거세고도 현실적인 북방기질을 가장 잘 대표하고 있는 것이다.

사가 크게 발전하였던 북송은 국세는 약해도 중국의 전통문화 발전을 최고의 경지로 이끌었던 시대이다. 북송은 거란족의 요나라나 여진족의 금나라와 군사력이 아닌 화의(和議)로 평화를 유지하며 고도의 문화를 발전시켰다. 북송은 강한 이웃나라들과 군사적인 충돌을 비켜가면서 전통문화의 발전을 이룩하였던 시대이며, 사는 이처럼 화려한 문화적인 배경 아래 큰 발전을 이루었다.

이에 비하여 곡은 이민족의 지배 아래 중국문화가 변질되어 그 발전이 정체되었던 시기를 대표하는 문학이다. 곡은 금나라 원본(院本)에 뿌리를 둔 것 같은데 실제로는 정복왕조인 몽고의 원나라에서 성행하였다. 따라서 노래의 가락이나 곡조가 사와 완전히 다른, 문화가 저질이었던 금・원의 노래를 바탕으로 하여 그 가사를 중국의 문인들이 작품으로 다듬어 이룩된 것이다. 따라서 곡은 노래의 가사인 오랑캐 말을 한문으로 옮긴 것 같은 것들이 있다. 사가 중국의 전통문화의 발전이 최고조에 달했던 시기의 문학이라면 곡은 자기네 문학전통을 잃은 시기를 대표하는 시가이다.

---

12) 聽北曲, 使人神氣鷹揚, 毛髮灑淅, 足以作人勇往之志, 信胡人之善鼓怒也. 所謂其聲噍殺以立怨是已. 南曲則紆徐綿眇, 流麗婉轉, 使人飄飄然喪其所守而不自覺, 信南方之柔靡也. 所謂亡國之音哀以思是已.

제2절 산곡의 형식

산곡은 희곡처럼 과(科, 동작)와 백(白, 대화)이 없는 순수한 노래라는 뜻에서 간혹 청곡(淸曲)이라고도 부른다. 그리고 이 산곡의 구성 형식을 보면 크게 소령(小令)과 투수(套數)의 두 가지로 나누어진다.

소령이란 당오대의 소사(小詞)처럼 짧고도 청신한 민간에 유행하던 소곡(小曲)을 본뜬 새로운 시가로서, 산곡은 말할 것도 없이 소령에서 출발한 것이다. 그러나 뒤에는 짧은 소령만으로는 작자가 생각하는 내용을 다 노래할 수가 없어서 두세 조를 합쳐 한 곡의 노래로 만든 대과곡(帶過曲)이 생겨나고, 다시 같은 궁조(宮調)에 속하는 여러 곡을 모아 한 조곡(組曲)을 이룩한 투수가 생겨나기도 했던 것이다. 따라서 소령이 민간가요에 가장 가까운 형식이므로 문사나 내용에 있어 통속적인 작품이 많다. 다음에 초기의 소령에서 보기를 두 편 들기로 한다.

「사괴옥(四塊玉)」 별정(別情)

관한경(關漢卿, 1246 전후)

自送別, 心難捨, 一點相思幾時絶?
凭欄袖拂楊花雪. 溪又斜, 山又遮, 人去也!

이별한 뒤로도
마음은 떨어지지 않으니
이 사랑 언제나 끊이려나?
난간에 기대어 섰노라니
눈 같은 버들 솜 옷소매에 스치네.
시냇물 가로 놓이고
산이 막혀 있는 저편으로
임은 가버렸네.

「발부단(撥不斷)」

마치원(馬致遠, 1251 전후)

布衣中, 問英雄, 王圖霸業成何用?
禾黍高低六代宮, 楸梧遠近千官冢, 一場惡夢.
평민으로서
영웅에게 묻노니
왕이 되어 패업을 이룬다 한들 무슨 소용 있겠는가?
육대의 궁전 자리엔 벼와 기장 자라 있고
잡나무 사이엔 여러 관리들 무덤 흩어져 있으니,
일장의 악몽이 아닌가?

대과곡(帶過曲)이란 서로 비슷한 두세 곡의 노래들을 연결시켜 한 곡의 보다 긴 노래를 만든 것이다. 이는 소령의 형식이 너무나 짧아 읊고자 하는 내용을 다 읊을 수 없는 경우가 있어 생각해 낸 방법일 것이다. 이마 시에 있어서는 배률(排律), 사에 있어서는 인(引)으로서 그러한 방법이 응용되었다.

「십이월대요민가(十二月帶堯民歌)」 한식도중(寒食道中)

장양호(張養浩, 1269－1329)

清明禁烟, 雨過郊原.
三四株溪邊杏挑, 一兩處牆裏秋千.
穩穩的如聞管絃, 却原來是流水濺濺.

人家渾似武陵源, 煙靄濛濛淡春天.
遊人馬上裊金鞭, 野老田間話豐年.
山川都來杖履邊, 早子稱了閒居願.

청명날을 앞둔 한식날
교외 들판에 비 지나가고,
개울가엔 서너 그루 복숭아 살구나무 서 있고
집 담장 안으론 한두 곳에 매여 있는 그네 보이네.
아득한 풍악소리 들리는 듯하더니
알고 보니 졸졸 흐르는 시냇물 소리였구려.

인가들은 모두가 무릉도원만 같고
아지랑이 봄 하늘에 자욱한데,
나그네는 말 위에서 금 채찍 휘두르고 있고
농부는 밭이랑에서 풍년 얘기 하고 있네.
산천은 모두 내 지팡이와 신과 친근하니
벌써 한가히 살아가려는 소망 이룬 셈인가?

이것은 「십이월(十二月)」과 「요민가(堯民歌)」의 두 곡을 합친 것이다. 이처럼 두 곡뿐만 아니라 종사성(鍾嗣成, 1321 전후)의 「매옥랑대감황은채다가(罵玉郞帶感皇恩採茶歌)」처럼 「매옥랑」과 「감황은」·「채다가」의 세곡을 합친 대과곡도 있다. 대과곡은 반드시 음률이 비슷한 잘 어울리는 곡조를 합치는 것이므로 두 곡의 음조가 잘 연결되어 완전히 한 곡처럼 느껴지게 된다.

대과곡에서 더욱 일보 진보하여 같은 궁조에 속하는 여러 소령들을 모아 일조(一組)의 대곡(大曲)을 이룩한 것을 투수(套數)라 한다. 투수는 투곡(套曲) 또는 대령(大令)이라고도 부르는데, 곡에 있어서의 복조(複調)는 이 투수가 대표적인 것이다. 투수는 삼사조로 이루어지는 비교적 짧은 것도 있지만 유치(劉致)의 「상고감사정궁단정호(上高藍司正宮端正好)」처럼 34조가 결합된 긴 투곡도 있다. 투수는 편폭이 길기 때문에 서술적인 묘사방법을 많이 쓰며, 복잡한 내용이나 고사를 노래하기에 알맞은 형식이다.

그리고 북곡의 투수에는 여러 궁조에 따른 악조의 배열에 각각 몇 가지의 일정한 격식이 있었다. 그러나 남곡의 투수에는 일정한 격식이 없어 그 형식이 매우 복잡하다. 그러나 남북합투(南北合套)에는 또 궁조마다 일정한 배열의 격식이 있다.

투수의 보기로 관운석(貫雲石)의 작품을 하나 읽어 보기로 하자.

「월조 투암순(越調 鬪鵪鶉)」

良友曾題, 佳人所爲, 嬝嬝婷婷, 姿姿媚媚. 體態溫柔, 心腸老實.
件件習, 事事知. 妙舞偏宜, 淸歌更美.

친구가 일찍이 시를 지어
미인의 거동 노래했는데,
날씬하고 부드럽고
아름답고 어여쁘다고 했네.
몸매는 따사롭고 부드러우며
마음씨는 착실하고,
무슨 일이나 잘 하고
무슨 일이나 잘 안다네.
멋진 춤 잘 추고
맑은 노래 더욱 아름답네.

「자화아(紫花兒)」

一頭相見, 兩意相投, 百步相隨. 去秋同會, 重午別離.
傷悲, 和淚和愁飮酒盃. 後約何期? 擧目長亭, 執手臨岐.

한번 만나자
두 마음 들어맞아,
가는 곳마다 어울려 다녔는데,
지난 가을 만났다가
올해 단오에 이별하였네.
서러워서
눈물과 시름 섞어 술잔을 드니
뒷날 언제 다시 만나려나?
저 멀리 장정(長亭) 바라보며
손잡고 갈림길에 서 있네.

「금초엽(金蕉葉)」

一曲陽關未已, 兩字功名去急, 四海離愁去國. 半霎兒, 難忘恩德.

이별의 노래 한 곡조도 끝나기 전에
공명(功名)에 끌리어 떠나기를 서두르네.
저린 이별의 설움 두고 고향 떠나지만
잠시도, 내 은덕 못 잊을 거 네!

「조소령(調笑令)」

柳七, 樂章集, 把臂雙歌眞無味.
幽歡美愛成佳配, 效連理鶼鶼比翼.
雲窓共寢聞子規, 似繁華曉夢驚回.

송나라 유영(柳永)이 지은 노래들을
손잡고 둘이서 부를 적엔 정말 즐거웠었지.
몰래 즐가는 아름다운 사랑으로 좋은 짝 이루어
연리지(連理枝)나 비익조(比翼鳥)처럼 떨어지지 말자고 했지.
구름 떠나는 창 앞에 함께 자며 뻐꾹새 소리도 들었으니,
마치 번거로운 새벽 꿈에서 놀라 깬 듯하구나.

「독사아(禿廝兒)」

出郡城愁臨浙水, 寓錢塘悶度朝夕, 匆匆一鞭行色催.
灑梨花, 雨霏霏, 寒食.

성 밖으로 나서서는 시름 속에 절수(浙水)대하고
전당(錢塘)에 머무르며 근심 속에 아침저녁 보내면서,
총총히 채찍으로 가는 길 재촉하다 보니,
배꽃을 적시며
비 부슬부슬 내리는
한식날 되었구나.

「성약왕(聖藥王)」

風物熙, 麗日遲, 連天芳草正萋萋.
客萬里, 人九疑, 遙岑十二遠烟迷, 生隔斷武陵溪.

풍물은 빛나고
고운 날은 길어 좋은데
하늘가에까지 뻗은 방초 무성하네.
만 리 길 나그네 되어
구의산 다다르니
열두 봉우리 안개 속에 희미하고
무릉의 시냇물 앞을 가로질러 흐르네.

「미(尾)」

玉人別後空相憶, 古猶今之視昔.
暮雨楚臺雲, 桃花洞天水.

님 떠난 뒤엔 공연한 그리움 사무치니
옛날도 지금 우리가 옛날을 생각하듯 하였으리.
미인은 저녁엔 비가 되었다 아침엔 구름 되듯 변하고
복숭아꽃은 시냇물 위에 떨어져 흘러갔으리라.

이 투수는 모두가 월조(越調)에 속하는 노래들이며, 투수의 칭호는 대개 첫 곡의 패명(牌名)에 궁조명을 밑에 붙여 쓴다. 투수의 장단은 자유이나 각 조의 용운(用韻)은 모두가 같아야 한다.

산곡의 형식을 더 자세히 따지면 보통의 소령과 대과곡・투수에는 다시 몇 가지 또 다른 형식의 것들이 있다.

1. 적조(摘調)

투수 중에서 한두 조의 잘 된 곡만을 따로 뽑아내어 소령처럼 읽고 감상하는 경우가 있는데, 이것을 '적조'라 한다. 이러한 적조의 방법 은 이미 송사(宋詞)의 대곡(大曲) 중에서 몇 곡을 골라 노래하는 습관이 크게 유행했던 데서 연유하는 것이다.

2. 집곡(集曲)

대과곡이 두 세 곡의 완전한 소령을 연달아 쓴 것인 데 비하여 집곡은 각 조의 일부분만을 떼어내어 다른 조의 일부분과 결합시킴으로써 새로운 곡을 이룬 것이다. 보기를 들면 「나강원(羅江怨)」은 일명 「초강정(楚江情)」이라고도 부르는데, 「향라원(香羅怨)」·「조라포(皀羅袍)」·「일강풍(一江風)」 삼조 중에서 각각 몇 구를 떼어내서 결합시켜 만든 곡이다. 또 「칠범영롱조(七犯玲瓏調)」처럼 7조의 일부씩을 모아 한 곡을 결합시킨 게 있는가 하면, 「구의산(九疑山)」·「무산십이봉(巫山十二峯)」처럼 9조 또는 12조의 일부를 모은 것도 있고, 심지어는 「삼십강(三十腔)」처럼 30조를 뜯어 모은 것조차도 있다. 다만 대과곡은 북곡에서 유행했던 데 비하여, 집곡은 남곡에서 유행했다.

3. 중두(重頭)

완전히 같은 한 조(調)의 곡을 중복시켜 노래하면서 한 가지 연결되는 사물이나 같은 종류의 사물을 노래하는 방법이다. 두 수에서 시작하여 백수까지도 중복시킨 중두가 있다. 보기를 들어 장가구(張可久, 1317 전후)는 「매화성(賣花聲)」 소령에서 춘·하·추·동 사계절의 풍경을 각각 사곡으로 노래하고 있는 것 같은 것이다. 다만 압운은 봄을 노래 한 곡에서는 환환운(歡桓韻), 여름을 노래한 곡에서는 강양운(江陽韻), 가을을 노래한 곡에서는 경정운(庚亭韻), 겨울을 노래한 곡에서는 지시운(支時韻)으로 바꾸고 있다. 이것은 비교적 간단한 중두이며, 이개선(李開先, 1501－1568)이 백곡의 「방장대(傍妝臺)」를 짓고, 뒤에 왕구사(王九思, 1508 전후)가 이에 화하여 다시 일백 곡을 지은 것 같은 것은 그 대작(大作)의 보기이다.

이상은 모두 서정적인 산곡의 보기이며, 서사적인 고사를 서술한 중두에는 일백수로 한 작품을 이루고 있는 장편이 보통이다. 명나라 사람이 편찬한 『옹희악부(雍熙樂府)』 권 19에 실려 있는 「적취백영소춘추(摘翠百詠小春秋)」에서 「소도홍(小桃紅)」 일백 곡으로 『서상기(西廂記)』의 얘기를 노래하고 있는 것이 그 보기이다.

이 밖에 몇 가지 다른 조의 곡들을 써서 한 가지 고사를 서술한 작품도 있다. 명나라 사람이 편찬한 『악부군옥(樂府羣玉)』 권 2에 실려 있는 왕일화(王日華)와 주개(朱凱)가 합작한 「제쌍점소경문답(題雙漸小卿問答)」이 그 보기이다. 전체 곡조가 「경동원(慶東原)」·「천향인(天香引)·「봉인추(鳳引雛)」·「능파선(凌波仙)」의 네 가지에 속하는 도합 16수의 소령으로 이루어져 있다. 미성(尾聲)도 없거니와 곡마다 운도 다르니 투수라고 할 수도 없고, 다른 조(調)의 작품들이 뒤섞여 있으니 중두라고 할 수도 없다. 그 내용이 문답으로 이루어져 있으므로 '문답체'라 부르는 게 옳을 것이다. 그러나 체례에 있어서 여기서는 중두의 이체로 처리해 둔다.

끝으로 보통 투수는 다음과 같은 세 가지의 조건을 갖추어야 한다. 첫째 : 2수 이상의 같은 궁조의 소령이 연결되어 있어야 한다. 둘째 : 미성(尾聲)이 있어 전 작품의 끝머리를 나타내야 한다(단 뒤에 설명하듯 미성이 없는 것들도 있다). 셋째 : 길고 짧고 간에 처음부터 끝까지 한 가지 운이 사용되어야 한다. 북곡의 투수는 인자(引子)·과곡(過曲)·미성의 삼부분으로 이루어져 있다.

음악상으로 남곡과 북곡은 판연히 구분되지만 투수에 있어서는 남북곡을 결합시킨 남북합투(南北合套)도 나왔다. 그것은 대과곡에 있어서 남북곡을 결합시킨 남북겸대(南北兼帶)의 대과곡이 나왔던 것과 같다. 이러한 남곡과 북곡의 결합은 음악상의 변화를 위하여 일찍부터 시도되었다.

그리고 보통 투수 이외에 중두에 미성을 덧붙여 이루어진 작품도 있다. 다만 같은 곡을 중복시킬 때 곡의 수가 2·4·6수의 짝수인 것이 원칙 이다.

또 미성이 없는 투수도 있다. 미성을 쓰지 않을 때는 오직 다음과 같은 세 가지 경우에 한한다. 첫째 : 투곡을 사용한 곡조가 특수하여 미성을 붙이지 않아도 될 경우이다. 둘째 : 대과곡으로 끝맺는 경우에는 미성을 생략할 수 있다. 셋째 : 끝머리 곡조가 미성을 대신할 수 있는 곡일 때는 미성을 쓰지 않아도 된다.

끝으로 남곡에서만 볼 수 있는 일이지만 중두에 미성이 붙어 있지 않은 투수도 있다. 심경(沈璟, 1550?－1615)은 『남곡보(南曲譜)』에서 이를 "한 가지 곡패로 2곡·4곡·6곡 또는 8곡의 작품을 짓고, 거기에 두 가지 곡패를 각각 한 두 곡씩

붙이는 경우에는 미성을 붙이지 않는다"고 설명하고 있다. 그러나 가끔 세 개 또는 네 개의 곡패를 각각 2곡 또는 4곡 정도 써서 한 투곡을 만드는 경우에도 미성을 사용하지 않는 수가 있다. 또 두 가지 곡패를 엇섞어 가며 나열하여 투곡을 이루었을 경우에도 미성을 쓰지 않는 경우가 있다. 보기를 들면 「인(引)」·「백련서(白練序)」·「취태평(醉太平)」·「백련서(白練序)」·「취태평(醉太平)」·「백련서(白練序)」·「취태평(醉太平)」 식으로 결합되어 있을 적에도 미성 없이 투수를 이룩할 수가 있다.

이상 이야기한 체례를 도표로 정리하면 다음과 같다.

- 산곡(散曲)
  - 소령(小令)
    - 서정적인 작품
      - 보통 소령
      - 적조(摘調)
      - 대과곡(帶過曲) — 북곡에 많음
        - 북곡
        - 남곡
        - 남북겸대(南北兼帶)
      - 집곡(集曲) — 남곡에 많음
      - 중두(重頭) — 두 수(首)이상
    - 고사가 담긴 작품
      - 동조중두(同調重頭) — 백 수(首)정도가 보통
      - 이조간열(異調間列) — 문답체(問答體)
  - 투수(套數)
    - 미성(尾聲)이 있는 작품
      - 보통 투수
        - 남곡
        - 북곡
        - 남북합투(南北合套)
      - 중두(重頭)에 미성이 붙은 것
    - 미성이 없는 작품
      - 보통 투수로서 미성이 없는 것
      - 중두(重頭)에 미성이 없는 것

제3절 산곡의 특징

산곡은 악부와 시를 계승하여 생겨나 발전한 것이지만 다시 이것들과 다른 몇 가지 특정을 지니고 있다.

첫째 : 산곡은 조구(造句)가 새롭고도 변화가 많다. 곡은 사와 같은 장단구여서 가지런하지 않은 형식의 가사이면서도 일정한 규률을 지니고 있어 표현에 빈 틈이 없으면서도 여러 가지 모양의 형식을 보여 주고 있다.

먼저 한 자나 두 자로 된 구절은 시에서는 볼 수가 없고, 사에서도 특수한 조(調)나 환두(換頭)를 하는 곳 같은 데에서만 사용되고 있는 데 비하여, 곡에서는 1자・2자에서부터 수 10자에 이르는 구절들이 자유롭게 지어지고 있다. 곧 곡은 사보다도 더우 구절의 장단에 변화가 많은 것이다. 보기를 들면 관한경(關漢卿, 1246 전후)의 「불복로남려일지화(不伏老南呂一技花)」 투수 중의 「황종쇄(黃鐘煞)」조에는 다음과 같은 두 구가 있다.

> 나는 도리어 불에 쩌도 익지 않고 삶아도 익지 않고 두드려도 납작해지지 않고 볶아도 터지지 않으며, 땡그렁 땡그렁 울리는 한 알의 구리 완두일세.
>
> 我却是蒸不爛煮不熟搥不匾炒不曝響當當一粒銅豌豆.
>
> 너희 같은 젊은이들에게 누가 낫으로 잘라도 끊어지지 않고 도끼로 찍어지지도 않고 푸를 수도 없고 벗어날 수도 없는 천 겹 비단 올가미 속으로 어정어정 기어들어 가라고 하였더냐?
>
> 恁子弟每誰教你鑽入他鋤不斷砍不下解不開頓不脫慢騰騰千層錦套頭.

이런 긴 구절이란 중국문장 중 곡에서만 볼 수가 있는 것이다. 여기서의 대부분의 글자들은 친자(襯字)이며 밑줄 친 글자들만이 정자(正字)이다. 곧 정자란 『곡보(曲譜)』에 표시된 「황종쇄」 조에는 꼭 들어가야만 될 정격(正格)의 글자이며, 친자란 작자가 멋대로 더 보탠 글자들이다. 곡에 있어서는 이러한 친자의 활용이 자유로웠기 때문에 조구가 자유스럽고 많은 변화가 있었던 것이다. 친자를 이처럼 많이 덧붙이는 수도 있지마는, 한 구에 한두 자를 더 보탤 수도 있다.

친자는 조사나 부사 같은 별로 중요하지는 않은 글자들이 많은 것은 사실이지만 그렇다고 그것들을 빼 버리면 뜻이 잘 통하지 않거나 글귀의 맛이 완전히 달라지는 것이 보통이다.

또 첩자(疊字)를 많이 쓰고 있는 것도 곡의 문장이 새롭고 변화 많은 이유의 하나가 될 것이다. 첩자는 이미 시나 사에서도 효과적인 수사법으로서 많이 이용되었으나 곡에서처럼 일반화되지는 못했다. 보기로 원나라 때의 작가 이치원(李致遠, ?)의 소령 「천정사(天淨沙)」 이수(離愁)를 한 수 든다.

> 敲風修竹珊珊, 潤花小雨斑斑.
> 有恨心情嬾嬾.
> 一聲長嘆, 臨鸞不畫眉山.
>
> 부는 바람에 긴 대나무 사각사각
> 꽃 적시는 부슬비 부슬부슬,
> 한 맺힌 심정 답답해서
> 길게 한숨만 쉬며
> 거울 대하고도 눈썹 그리지 않네.

심지어 교길(喬吉, ?－1345)의 「천정사(天淨沙)」 같은 전편에 첩자를 쓴 작품까지도 있다.

둘째 : 곡에 있어서는 성운(聲韻)이 매우 자연스럽다. 먼저 곡에서는 협운(叶韻)이 더욱 진보하여 입성(入聲)은 없어지고, 평(平)・상(上)・거(去)의 삼성을 통압(通押)한다. 사에서는 용운(用韻)에 평측(平仄)을 따져 한 편의 작품이라면 평성이나 측성 한 가지만을 쓰고 있고, 간혹 평・측 두 운을 쓰고자 할 적에는 반드시 환운(換韻)을 하여야만 하였다. 그러나 곡에서는 평・상・거의 삼성을 통압함으로써 용운의 제약을 받지 않고 훨씬 자유로운 문장을 구성하여 작자의 창의나 개성을 더욱 잘 발휘하게 되는 것이다. 그리고 시와 사보다도 훨씬 구어(口語) 문학으로서의 특징을 살리고 있다. 또 곡에서는 한 편을 전부 한 가지 운으로 압운하여 환운하는 법이 없으며, 거의 매구를 압운하고 있어 사보다도 구절들을 끊어 읽기가 쉽다. 그러나 원대 후기부터는 곡에 있어서도 율법을 엄밀히 따지기 시작하여 뒤에는 성률이 까다로워진다. 운에 있어서도 평측 뿐만 아니라 음의 음양(陰陽)과 청탁(淸濁)까지도 따지게 된다.

셋째 : 통속적인 표현을 많이 사용하여 문장이 매우 자연스럽다. 왕국유(王國維, 1877－1927)가 『송원희곡고(宋元戲曲考)』에서 "원곡의 훌륭한 점은 어디에 있

는가? 한 마디로 말하면 자연스럽다는 것이다"라고 평하고 있는 것도 그 때문이다. 그러기 때문에 다른 운문들보다는 훨씬 묘사가 핍진하고 문장이 생동하고 있다.

넷째 : 제재가 다양하다. 초기의 사가 완약한 서정에만 흘렀고, 뒤에는 시처럼 우아하고 단정한 범위를 벗어나지 못했던 데 비하여, 곡은 아속을 겸하여 우리 생활주변의 사물이나 온갖 감정을 모두 작품의 대상으로 삼았다. 그것은 곡이 다른 어떤 문장보다도 성음이나 표현형식뿐만 아니라 그 내용에 있어서까지도 가장 자유스러웠던 운문임을 뜻한다. 산곡이 다른 운문보다도 더욱 생동하는 느낌을 주는 것은 이러한 제재의 자유로운 선택이 가능했던 데에도 원인이 있을 것이다.

이 밖에도 원 주덕청(周德淸, 1314 전후)의 『중원음운(中原音韻)』에는 작사십법(作詞十法)이 들어 있는데(『散曲叢刊』에는 任訥의 『作詞十法疏證』이 들어 있음), 여기서는 곡을 짓는 데 유의할 열 가지 사항에 대한 구체적인 설명이 실려 있어 곡의 여러 가지 특징을 파악하기에 편리하다. 거기에 쓰여 있는 열 가지 사항이란 1. 지운(知韻), 2. 조어(造語), 3. 용사(用事), 4. 용자(用字), 5. 입성작평성(入聲作平聲), 6. 음양(陰陽), 7. 무두(務頭), 8. 대우(對偶), 9. 말구(末句), 10. 정격(定格) 등이다.

이 중 <무두>란 소령에 있어서의 중심을 이루는 부분으로 거기에는 빼어난 표현을 써야만 한다는 것이다. 그러나 학자에 따라 무두에 대한 해설이 구구하여 이해하기 어렵다. 왕기덕(王驥德, ?－1623)은 『곡률(曲律)』에서 "곡 중에서 가장 요긴한 자구"로서 "일구 또는 이삼 구 또는 이삼 자가 무두라"고 하였고, 이어(李漁, 1611－1676)는 『한정우기(閒情偶寄)』에서 "일곡 중 가장 감동적인 곳"이라 하였고, 오매(吳梅, 1884－1939)는 『고곡주담(顧曲麈談)』에서 "곡중 평·상·거 삼음이 연결되어 있는 곳"이라 하며 음의 음양론을 보태어 무두를 설명하고 있다. 잘 알 수는 없지만 곡에는 또 그 중심이 되는 포인트가 있어야만 한다고 생각했던 것 같다.

제4절 산곡의 발달

1. 원나라 때의 산곡

원나라의 산곡작가로는 근인들의 연구결과에 의하면 대략 227명이 작품을 남고 있는데, 실제로는 이보다 훨씬 많은 작가와 작품이 있을 것이다. 나금당(羅錦堂)은 『중국산곡사(中國散曲史)』에서 이들이 활약했던 시기를 전기(대략 金 말에서 元 成宗 大德 연간에 이르는 1234－1300의 60여 년간)와 후기(대략 대덕 연간에서 원나라 말에 이르는 1300－1367의 60여 년간)로 나누고 있다. 이 전기는 종사성(鍾嗣成, 1321 전후)의 『녹귀부(錄鬼簿)』에서 말한 "전배명공(前輩名公)"들이 활약했던 시대에 해당하고, 후기는 바로 종사성이 활약했던 시대와 거의 같다.

그리고 그는 전후를 통하여 작가들의 작풍을 호방파(豪放派)와 청려파(淸麗派)로 구분하고 있는데, 전기는 호방파가 그 주류를 이룬 반면 후기는 청려파가 그 주류를 이루고 있다. 그리고 전기의 산곡은 민중문학으로서의 통속적이면서도 생기 있는 표현과 북방문학으로서의 솔직하고 질박한 성격을 유감없이 발휘하여 자연스러운 아름다움의 극치를 이루고 있다고 할 만하다. 그러나 후기로 들어와서는 민중문학으로서의 통속성과 생기는 없어지지만 시로써 크게 성행하며, 수사와 곡률을 연마하여 시로서는 훨씬 세련되나 형식적인 경향과 유미주의적인 현상을 보여 주고 있다.

전기의 청려파로는 관한경(關漢卿, 1246 전후)・왕실보(王實甫, 1234 전후)・두인걸(杜人傑, 1234 전후)・상정(商挺, 1209－1288)・양과(楊果, 1197－1269)・요수(姚燧, 1239－1314)・백박(白樸, 1226－?)・원호문(元好問, 1190－1257)・호지휼(胡祗遹, 1227－1293)・유병충(劉秉忠, 1216－1274)・왕정(王鼎, 1246 전후)・노지(盧摯, 1235－1300) 등이 있다. 이들은 아름다운 문장으로 남녀의 연정을 노래한 작품을 많이 남겼다. 다만 관한경・상정 같은 작가들은 통속적이면서도 생기 있는 작품을 쓴 데 비하여, 왕실보・백박・원호문 등의 작품은 훨씬 우아한 경향을 보여 준다.

전기의 호방파로는 마치원(馬致遠, 1251 전후)・풍자진(馮子振, 1257－1315)・장양호(張養浩, 1269－1329)・선우추(鮮于樞, 1257－1302)・관운석(貫雲石, 1286－1324)・백분(白賁, 1297 전후)・유치(劉致, 1280?－?)・등옥빈(鄧玉賓, 1294 전후) 등

이 있다. 이들에게는 이족의 통치와 불여의한 사회에 대한 분만과 비탄이 있어, 작품들을 호방한 방향으로 몰고 가게 되었을 것이다.

그러나 이들 중에서도 노지・요수・유병충・호지휼・장양호・관운석 같은 이들은 비교적 높은 벼슬까지 했던 정통파 문인들이어서 이들의 산곡은 문장이 세련되고 우아하여 시와 사에 가까운 경향을 보여 주고 있다. 원나라 후기의 산곡은 이들의 작품경향을 발판으로 더욱 다듬고 수식을 가하여 세련되고 잘 다듬어진 시와 비슷한 성격의 글로 발전하였다.

한편 원나라 전기는 호방파가 작풍의 주류를 이루고 후기는 청려파 가 그 주류를 이루었던 것은, 이 전후기 작가들의 출신지역의 차이도 크게 영향을 끼쳤을 것이다. 전기의 작가들은 대부분이 북방출신이었던데 비하여 후기의 작가들은 거의가 남방출신으로 바뀌어 진다. 북방인들의 실질적이고 투쟁적인 기질은 자연이 '호방'한 성격을 띠게 마련이고, 남방인들의 낭만적이고 부드러운 성격은 '청려'한 경향을 보이지 않을 수가 없는 것이다. 한편 이들의 단점은 호방파는 거칠고 저속하고 딱딱하고 운치가 적어지기 쉬운데 반하여, 청려파는 너무 기교적이고 섬세하고 여리고 뼈대가 없게 되기 쉬운 것이다. 따라서 산곡은 호방한 중에도 청려한 맛을 담고, 청려한 중에도 호방한 기풍이 담긴 작품에 빼어난 것들이 많다.

또한 전기의 작가들은 그들의 정력을 희곡인 잡극 창작에 쏟아, 산곡은 한 때의 서정이나 심심풀이로 시험 삼아 지어 본 것이라고도 할 수 있다. 관한경・마치원・왕실보・백박 같은 이들은 모두 원 잡극의 대표적인 작가들로 알려져 있다. 노지・풍자진・관운석처럼 잡극보다도 산곡에 더 많은 힘을 기울인 작가들이 있기는 하지만 역시 시험삼아 지어본 것인 듯한 낌새가 전혀 없다고 할 수는 없다. 산곡은 후기의 장가구(張可久, 1317 전후)・교길(喬吉, ?−1345) 등에 이르러 본격적인 새로운 시로서 성행하게 된다. 그리고 주덕청(周德淸)의 『중원음운(中原音韻)』 같은 본격적인 원곡의 곡운 연구도 이루어지게 된다. 그것은 한 편 후기에 있어서는 곡률의 강구로 인한 형식주의가 성행하기 시작했음을 뜻하는 것이기도 하다. 어떻든 전기는 원 잡극의 성행시대였고 산곡에 있어서는 시험삼아 짓기 시작하는 경향을 완전히 면치 못했지만, 후기에 비하여 보다 청신하고 진실한 성격을 느끼게 한다.

후기의 청려파로는 장가구・교길을 비롯하여 정광조(鄭光祖, 1294 전후)・증서(曾

瑞, 1294 전후)・수경신(睢景臣, 1302 전후)・서재사(徐再思, 1320 전후)・오인경(吳仁卿, 1320 전후)・주문질(周文質, ?－1334)・조선경(趙善慶, 1320 전후・조명선(趙明善, 1320 전후)・고극례(高克禮, 1331 전후)・왕중원(王仲元, 1331 전후)・주덕청(周德淸, 1314 전후)・임욱(任昱, 1331 전후)・전림(錢林, 1317 전후)・이치원(李致遠, 1354 전후)・왕엽(王曄, 1331 전후) 등이 있다. 이들은 수식과 격률을 중시하여 우아하고 화사한 작품들을 남기고 있는데, 이는 바로 후기의 풍조를 대표하는 것이다.

후기에도 호방파라 할 수 있는 작가로 양조영(楊朝英, 1326 전후)・종사성(鍾嗣成, 1321 전후)・ 유정신(劉庭信, 1368 전후) 등이 있기는 하다. 그러나 이 시기에는 곡률과 수사에 감정이 가리어 전기와 같은 호방한 맛을 느끼기는 어렵다.

후기에 와서 형식적인 유미주의로 흐르기 시작한 산곡은 원나라 말엽부터 명나라 초기에 이르는 시기에는 극도의 수사기교와 격률을 강구하여 잘 다듬어진 구절과 정제한 대우(對偶), 조화가 잘 되는 성운(聲韻)으로 작품을 지어 우아한 산곡을 완성시킨다. 문장의 기교에 있어서는 큰 발전이라 하겠지만, 한편 산곡이 지녔던 질박하고 청신한 맛과 생동하는 생명력은 완전히 찾아볼 수 없게 된다.

이러한 경향을 대표하는 작가로서 왕원형(王元亨, 1354 전후)・당복(唐復, 1368 전후)・탕식(湯式, 1383 전후)・유태(劉兌, 1383 전후)・고명(高明, 1354 전후) 등이 있는데, 이들을 원곡을 결말지운 작가라 하겠다. 주권(朱權, 1378－1448)・주유돈(朱有燉, 1379－1439) 같은 작가는 명곡의 개시자이다. 더구나 명나라의 두 주씨는 모두 명 태조(太祖)의 아들이니, 궁전에서 자란 이들의 작품은 더욱 우아하지 않을 수가 없을 것이다. 주권은 『태화정음보(太和正音譜)』에서 그와 동시대의 작가로서 왕자일(王子一) 이하 유태(劉兌)・탕식(湯式)・당복(唐復) 등 16명의 이름을 들고 이들의 작풍을 간단히 평하고 있다. 그러나 이들에게는 불과 몇 편의 작품밖에는 전하고 있지 않아 정확한 그들의 작품을 평가하기는 어려울 것 같다.

2. 명나라 때의 산곡

명나라 초기에는 왕실에 곡이 퍽 유행한 듯 하지만 많은 작품을 남기지는 못하고 있다. 그러나 주유돈 뒤로 홍치(弘治)・정덕(正德) 연간(1488－1521)에는 다시 수많은 작가들이 나와 활약하였다. 이들의 산곡은 완전히 우아해져서 원나라 작가들처럼 자유분방한 맛이나 통속적인 표현도 서슴지 않는 용기를 찾아보기

어렵게 되었다. 이 시기는 다시 곤곡(崑曲)의 유행 이전과 이후로 나누어 보는 것이 좋을 것이다.

곤곡 유행 이전의 산곡은 대체로 남북의 두 파로 나누어 볼 수가 있다. 북파로는 섬서(陝西)의 강해(康海, 1475－1540)·왕구사(王九思, 1468－1551)를 중심으로 하여 이개선(李開先, 1501－1568)·상륜(常倫, 1492－1525)·왕월(王越, 1423－1498)·한방정(韓邦靖, 1488－1523)·양순길(楊循吉, 1456－1544)·풍유민(馮惟敏, 1511－1580) 등이 있다. 이들은 북방의 호기(豪氣)와 본색(本色)을 담은 마치원(馬致遠) 같은 성격의 작품을 썼다. 남파로는 남경(南京)의 왕반(王磐, 1521 전후)·진탁(陳鐸, 1506 전후)을 중심으로 하여 왕전(王田, 1521 전후)·금란(金鑾, 1487－1582?)·양정화(楊廷和, 1459－1529)·양신(楊愼, 1488－1559)과 그의 부인 황아(黃娥)·당인(唐寅, 1470－1523)·축윤명(祝允明, 1460－1526)·심사(沈仕, 1550 전후) 등이 있다. 이들은 남방의 청려함과 아름답고 완약한 서정을 담은 장가구(張可久)와 같은 풍취의 산곡을 썼다. 이들의 작품을 읽어 보면 남북파를 막론하고 모두 시인으로서도 일가를 이루었던 사람들이라, 원나라 작가들에 비하여 작품의 풍격이나 내용이 훨씬 시에 가까워져 있음을 쉽사리 알 수 있다.

곡의 음악은 가정(嘉靖, 1522－1566) 초 곤산(崑山, 江蘇省 蘇州 동쪽)의 위량보(魏良甫)가 곤곡(崑曲)이란 새로운 강조(腔調)를 발전시킴으로써 일변한다. 곤곡은 곤강(崑腔) 또는 곤산강(崑山腔)이라고도 부르며 그때까지 각지에 유행하던 남곡의 장점을 종합한 것이어서, 곤곡의 유행에 따라 북곡은 자취를 감추게 된다. 그리고 곤곡은 산곡의 형식은 물론 그 문장에 있어서까지도 그 풍격을 일신케 한다.

곤곡을 작품에 응용한 첫 번째 대가는 양진어(梁辰魚, 1551 전후)이다. 그의 산곡집으로는 『강동백저(江東白苧)』가 있는데, 그의 작품은 곡률에도 완전을 기하면서 특히 미려한 문장과 완약한 서정을 추구하고 있다. 남방문학의 특성은 산곡에 있어서는 양진어가 가장 잘 발휘하고 있다 할 것이다. 그를 뒤이어 오강(吳江)의 심경(沈璟, 1553－1610)은 『남구궁보(南九宮譜)』와 『남사운선(南詞韻選)』을 지어 남곡의 곡률을 빈틈없이 구명하였다. 따라서 이들은 곡의 문사보다도 악곡에 더 신경을 써서 곡률에 얽매인 나머지 문학적으로 좋은 작품을 남기지 못하고 있다.

이 때문에 곤곡 유행 이후의 산곡작가들은 양진어의 작풍을 따른 곤산파(崑山派)와 심경의 이론을 추종한 오강파(吳江派) 또는 격률파(格律派)로 크게 나눌 수가 있다. 대체로 곤산파에는 정약용(鄭若庸, 1535 전후)·장봉익(張鳳翼, 1527－161

3)·주응진(朱應辰, 1506 전후)·도륭(屠隆, 1592 전후)·풍몽룡(馮夢龍, 1574－1646)·원진(袁晋, 1599－1647) 등이 이에 속한다. 그러나 이 파의 말류는 너무나 자구의 수식과 문장의 기교를 중시한 나머지 완전히 곡으로서의 생명을 잃게 된다. 오강파에는 왕기덕(王驥德, ?－1623)·사반(史槃, 1580－1630)·복세신(卜世臣, 1610 전후)·심자진(沈自晋, 1628 전후) 등이 이에 속한다. 그러나 이들은 처음부터 너무나 곡률에 얽매이어 좋은 작품을 써내기 어려운 처지에 있었다. 어떻든 모든 격률이란 한번 따져 놓으면 후인으로서는 어기기가 어려운 것이어서 오강파의 대두 이후로 산곡은 쇠멸 일로를 걷게 되었다.

이처럼 이 시대의 산곡이 곤산파의 우아한 형식이나 오강파의 엄격한 곡률에 얽매이어 있을 때, 이러한 시대조류를 벗어나 홀로 원나라 작가들과 같은 '호방'과 '청려'를 결합하여 산곡에 새로운 생기를 불어 넣으려는 작가가 있었다. 그가 바로 시소신(施紹莘, 1581－1640)이며, 명대의 산곡은 그에 의하여 집대성되었다고 할 수 있다. 그러나 혼자의 힘으로 쇠멸해 가는 산곡의 대세를 어찌할 수는 없었다.

3. 명나라의 속곡(俗曲)

명나라에 이르러, 특히 곤곡이 성행한 이후로 산곡은 완전히 전아한 작품으로 발전하고 형식화하여 생기 없는 귀족적인 물건이 되고 말았다. 그러나 민간에는 끊임없이 청신하고 생기 넘치는 가곡들이 그대로 유행하고 있었다. 그리하여 엄격해진 곡률과 형식화에 싫증이 난 문인들까지도 다시 이 민간의 속곡들의 형식을 본떠 새로운 가요의 창작을 시도하는 사람들이 생겨났다. 이들 속곡은 초기의 영사(令詞)나 소령(小令)들처럼 짧고 간단한 것들이 대부분이어서 흔히 소곡(小曲)이라고도 부른다.

정진탁(鄭振鐸)의 『중국속문학사(中國俗文學史)』에 의하면 가장 빠른 명대의 속곡으로 성화(成化) 7년(1471) 금대(金臺) 노씨(魯氏)가 간행한 다음과 같은 네 종류의 소책자의 곡집(曲集)이 있다.

① 『사계오경주운비(四季五更駐雲飛)』

② 『제서상기영십이월새주운비(題西廂記詠十二月賽駐雲飛)』

③ 『태평시새새주운비(太平時賽賽駐雲飛)』

④ 『신편과부열녀시곡(新編寡婦烈女時曲)』

이 속에는 별로 뛰어난 작품도 들어 있지 않고, 모두 「주운비」 한 곡조뿐이다. 그러나 저속하고 평범한 속에 형식화한 산곡에서는 볼 수 없는 생기를 느낄 수가 있다. 그 중의 한 곡을 보기로 든다.

側耳聽聲, 却是郎君手打門.
我這裏將言問, 他那裏低低應.
嗏! 不由我笑欣欣, 去相迎.
準備着萬語千言, 見了都無論.
今日相逢可意人!

귀 기울이어 들어 보니
임이 와서 문 두드리는 소리,
이편에서 누구냐고 물으니
저 편에서 나지막한 대답.
아아, 나도 모르게 기쁜 웃음 띠우고
나가서 마중하네.
천만가지 할 얘기 준비했건만
만나서는 할 말 없어지네.
오늘 또 정다운 임 만났네!

이 밖에 정덕(正德) 연간(1506－1521)에 나온 『성세신성(盛世新聲)』과 가정(嘉靖) 연간(1522－1566)에 간행된 『사림적염(詞林摘艶)』과 『옹희악부(雍熙樂府)』 등에도 얼마간의 속곡이 들어 있기는 하나, 여기에 실린 것들은 문인들의 개작을 거친 것들이어서 속곡으로서의 참된 면목을 느끼기 어렵게 되어 있다.

그보다 만력(萬歷) 연간(1573－1619)에 나온 진소문(陳所聞)의 『남궁사기(南宮詞紀)』와 『옥곡조황(玉谷調簧)』·『사림일지(詞林一枝)』 등에는 더 순수한 형태의 속곡들이 실려 있다. 여기서는 단순한 소곡뿐만이 아 니라 『비파기(琵琶記)』·『금인기(金印記)』 등의 전기(傳奇)의 내용을 여러 곡으로 노래한 작품과 문답체로 된 재미있는 구성의 작품들도 있다. 여기에서는 『사림일지』에 실려 있는 「나강원(羅江怨)」 한 수를 보기로 든다.

紗窓外, 月正高, 忽聽得誰家吹玉簫,
簫中吹的相思相思調, 訴出他離愁多少,
反添我許多煩腦. 待將心事從頭從頭告,
告蒼天不肯從人, 阻隔着水遠山遙.
忽聽得天外孤雁孤雁叫, 叫得奴好心焦.
進綉房泪點雙拋, 凄凉訴與誰知誰知道!

사창 밖에
달은 휘영청 밝은데
그 누가 부는지 옥피리 가락 들려오네.
피리 가락은 상사하는 상서곡,
애틋한 이별의 시름 호소하니
내게 더 많은 번뇌 보태 주네.
이내 심사를 모조리 남김없이
하느님께 고하노니 임 따라가지 못한 것은
물 멀고 산 험한 저편에 임 계신 때문이네.
문득 들려오는 하늘 저편 외로운 기러기 울음소리,
그 소리 더욱 이 마음 애태우네.
규방으로 들어오니 두 줄기 눈물 흐르는데
처량한 이 마음 누구에게 호소하며
그 누가 알아주리?

그러나 이 속곡이 문학적인 확호한 지위를 지니게 된 것은 풍몽룡(1574-1646) 같은 문인들이 이 방면에 관심을 갖게 된 때문이다. 그는 이때에 유행하던 속곡 「괘지아(掛枝兒)」와 「산가(山歌)」를 수집하여 『동치일롱(童痴一弄)』을 간행하였다. 이 책은 전하여지지 않고 있으나 『괘지아』는 다른 선본(選本)에 들어 있는 것들을 모아 민국(民國) 후에 단행본으로 출간되었으며, 『산가』는 10권으로 된 판본이 민국 후에 우연히 상해(上海)에서 발견되었다. 『괘지아』 속에는 풍몽룡 자신이 개작 또는 자작한 작품조차도 섞여 있는 듯하다. 개중에는 그 발상이나 내용이 꾸밈없고 솔직하면서도 퍽 세련된 면을 보여 주는 작품도 있기 때문이다. 『산가』는 소주(蘇州)지방의 방언으로 쓰여 있고, 짧은 간단한 작품뿐만이 아니라 장편의 작품도 들어 있다. 『괘지아』에서 「설몽(說夢)」이라 제한 작품을 한 수 보기로 든다.

我做的夢兒倒也做的好笑, 夢兒中夢見你與別人調,
醒來時依舊在我懷中抱. 也是我心兒裏丟不下,
待與你抱緊了睡一睡覺. 只莫要醒時在我身邊也, 夢兒裏又去了!

내가 꾼 꿈은 정말 우스운 꿈이지,
꿈속에서 네가 딴 사람과 놀아나는 꿈을 꾸었는데
깨어 보니 의연히 내 품 안에 안겨 있었네.
그래도 내 마음 놓이지 않아
너를 더 꼭 끼어 안고 자는 것은,
깨어 있을 적에는 내 곁에 있지만
꿈속에선 또 떠나 버릴까 두렵기 때문일세.

이 밖에도 나금당의 『중국산곡사』에 의하면 스페인의 마드리드에 있는 왕실 역사연구원(Royal Academia de la Historia)에 소장되어 있는 중국의 희곡 작품 중 『신간요목관장탁기풍월금낭정잡양과(新刊耀目冠場擢奇風月錦囊正雜兩科)』와 『신간적회기묘전가금낭속편(新刊摘滙奇妙全家錦囊續編)』에는 부록으로 170여 수의 명나라 속곡으로 생각되는 작품들이 실려 있다.

이러한 속곡은 풍몽룡 뿐만 아니라 금란(金鑾, 1487－1582?)·유효조(劉效祖, 1550 진사)·조남성(趙南星, 1550－1627)·주첨기(朱瞻基, 1398－1435, 明 宣宗) 같은 문인들에게도 영향을 주어 속곡을 본뜬 작품을 쓰게 하였다. 이들은 엄격한 곡률에서 벗어나 새롭고 자유로운 작품을 썼으므로, 거의 모두가 다른 시나 사보다 빼어난 좋은 작품을 이룩하고 있다.

4. 청나라의 산곡

청나라는 모든 면에서 복고의 기운이 짙었던 시대이니 산곡만이 예외일 수가 없다. 결국 명나라 때에 시들어 갔던 곡의 창작에 새로운 생기를 불어넣지는 못하고 옛날 산곡의 여러 가지 창작기법을 다시 한 번 추구하고, 다시 그 창작 이론을 정리하는 범위를 크게 벗어나지는 못하였다. 그 중에서도 어느 정도 뛰어난 업적을 이룩한 작가로는 다음과 같은 이들이 있다.

우동(尤侗, 1618－1704)의 『백말사여(百末詞餘)』, 심겸(沈謙, 1620－1670)의 『동강별집(東江別集)』, 유희재(劉熙載, 1814－1858)의 『작비집(昨非集)』 등은 호방파에 속한다고 할 성질의 작품들을 싣고 있다.

서석기(徐石麒, 1644 전후)의 『서향집(黍香集)』, 오기(吳綺, 1619－1694)의 『임혜당집(林惠堂集)』 부곡(附曲), 주이존(朱彝尊, 1629－1709)의 『엽아악부(葉兒樂府)』, 여악(厲鶚, 1692－1759)의 『북악부소령(北樂府小令)』, 오석기(吳錫麒, 1746－1818)의 『남북곡(南北曲)』, 장사전(蔣士銓, 1722－1784)의 『충아당집(忠雅堂集)』 부곡(附曲), 조경희(趙慶熺, 1790－1847)의 『향소주성곡(香消酒醒曲)』, 여류작가 오조(吳藻, 1840 전후)의 『향남설북사(香南雪北詞)』 부곡(附曲), 허광치(許光治, 1810－1855)의 『강산풍월보(江山風月譜)』, 양은수(楊恩壽, 1862 전후)의 『탄원사여(坦園詞餘)』 등에 실려 있는 작품들은 청려파에 속한다 할 것이다. 이들은 원나라의 장가구(張可久)나 교길(喬吉) 또는 명나라의 왕반(王磐)·금란(金鑾)·시소신(施紹莘) 등을 본뜨려 했지만

새로운 국면을 개척하지는 못하였다.

청나라의 산곡도 그 창조적이고도 청신한 맛은 명나라나 마찬가지로 민간에 유행하던 속곡과 그것들을 본뜬 작품에서 찾아야만 할 것 같다. 청나라의 속곡집으로는 건륭(乾隆) 9년(1744)에 낸 『시상남북아조만화소곡(時尙南北雅調萬花小曲)』, 건륭(乾隆) 60년(1795)에 간행한 『예상속보(霓裳續譜)』, 도광(道光) 8년(1828)에 간행한 『백설유음(白雪遺音)』 등이 있다. 개중에는 저속하고 유희적인 작품들도 있으나, 대체로 명나라의 속곡들과 체제나 내용이 비슷하다. 보기로 『백설유음』에서 「마두조(馬頭調)」를 한 수 든다.

事不關心, 關心者亂.
事到其間, 後悔也是枉然.
想當初, 見面不如不見面.
到而今, 欲待割腸割不斷,
阻隔咫尺, 如隔萬山.
想老天, 因何不與人行方便?
只落得傷心淚珠在腮邊獻.

일을 마음에 두지 말아야지
마음에 두면 어지러워지네.
일이 이루어진 다음엔
후회해도 소용없네.
그 옛날 생각해 보니
만난 것이 만나지 않은 것만 못 하네.
이제 와선
아픈 창자 잘라 내려 해도 잘라 내지지 않네.
가까운 곳에 떨어져 있건만
만산 저 너머에 있는 듯.
원망스런 하느님이여 !
어찌하여 이 사람을 돌봐 주지 않습니까?
오직 상심 때문에 눈물방울 볼가에 흐르네.

이러한 민간의 속곡 형식을 응용하여 창작을 한 작가로는 가경(嘉慶) 연간(1796－1820)에 활약한 대전덕(戴全德), 도광(道光) 연간 (1821－1850)에 살았던 초자용(招子庸), 청나라 말기의 이조원(李調元, 1778 전후)과 황준헌(黃遵憲, 1849－1905) 등이 있다. 이들은 모두 청나라의 고전주의에 휩쓸리지 아니하고 자유로운 창작과 정신적인 해방을 추구했던 사람들이다. 대전덕의 『심양시고(潯陽詩稿)』, 초자용의 『월구(粵謳)』, 이조원의 『월풍(粵風)』, 황준현의 『산가(山歌)』 등에 그러한 빼어난 작품들이 담겨 있다.

이 밖에 산곡의 한 지류인 「도정(道情)」이라 부르는 작품을 쓴 정섭(鄭燮, 1691－1764)과 서대춘(徐大椿, 1693－1717)도 속곡에 따른 자유로운 형식의 새로운 시의 창작을 시도한 작가들이다. 정섭에게는 「도정」 10수가 있고 서대춘에게는 『회계도정』 1권이 있는데, 모두가 자유로운 형식과 내용의 새로운 시를 시도한 작품들이다. 명나라와 청나라의 참된 문학의 면모는 옛 사람들의 글을 본뜨는 데에 힘을 기울였던 정통문학에서보다도 이러한 속문학의 발굴을 통하여 재평가되어야만 할 것이다. 끝으로 초자용의 『월구』에서 「조추희(弔秋喜)」 한 편을 보기로 들어 본다.

你名叫秋喜, 只望等到秋來還有喜意. 做乜才過冬至後就被雪霜欺?
今日個無力春風唔共你爭得啖氣, 落花無主敢就葬在春泥?
此後情思有夢你便頻須寄, 或者盡我呢點窮心慰吓故知.
泉路茫茫你雙脚又咁細, 黃泉無客店問你向乜誰棲?
青山白骨憑誰祭? 衰楊殘月空聽個隻杜鵑啼.

네 이름 추희(秋喜) 이니
가을 오면 기쁜 일 있기만 바랐었지.
그런데 어찌하여 동지(冬至)를 지나자마자 눈서리에 짓밟혔는가?
오늘 부드러운 봄바람도 네게 생기 불어넣어 주지 못하고,
주인 없는 낙화처럼 봄 진흙 속에 묻혀 버리고 마는가?
이 뒤로는 너의 정사(情思)를 꿈에라도 자주 보여다오.
그러면 내 저린 궁한 마음 위안이라도 받을 수 있을 거다.
황천길은 아득한데 네 고운 두 발로 어이 가며,
황천엔 여관도 없다는데 너는 어디에 머물고 있는가?
청산의 백골은 또 누가 제사라도 지내 주는지?
축 늘어진 버들가지에 걸린 조각달 바라보며 두견새 울음에 공연히 애태운다.

참고문헌

韓國『明代散曲研究』梁會錫 서울大 1988
中國『散曲叢刊』任仲敏 編 上海中華書局
中國『散曲集叢』任訥・盧前 商務印書舘
中國『飮虹簃所刻曲』盧前 編
中國『全元散曲』隋樹森 編 齊魯書社
中國『全淸散曲』凌景埏・謝伯陽 編 齊魯書社
中國『淸人散曲十七家』盧前 編
中國『作詞十法』元 周德淸 附中原音韻後
中國『錄鬼簿』元 鍾嗣成 楝亭十二種本
中國『續錄鬼簿』元 賈仲名 天一閣 抄本
中國『太和正音譜』明 朱權 洪武刊本
中國『散曲概論』任仲敏 散曲叢刊本
中國『散曲概論』賀昌群 1930年刊
中國『詞曲史』王易 臺灣 廣文書局
中國『詞曲研究』盧冀野 臺灣 中華書局
中國『元明散曲小史』梁乙眞 商務印書舘
中國『飮虹曲話』盧前 石印本
中國『中國散曲史』羅錦堂 中華文化出版事業委員會
中國『中國俗文學史』鄭振鐸 文學古籍刊行社
中國『南曲譜』明 沈璟
中國『南詞新譜』明 沈自晋
中國『南北九宮大成譜』淸 周祥鈺
中國『欽定曲譜』淸 王奕淸
中國『南北詞簡譜』淸 吳梅
中國『納書楹曲譜』淸 葉堂
中國『集成曲譜』淸 王季烈・劉富樑
中國『廣中原音韻小令定格』盧前 中華書局

제7장 희곡(戲曲)

제1절 희곡의 발생과 발전 • 235
제2절 중국희곡의 조직 • 246
제3절 희곡작가와 그들의 활동 • 255
참고문헌 • 264

제7장

희곡(戱曲)

제1절　희곡의 발생과 발전

중국의 고극(古劇)에서 쓰는 음악은 <산곡>과 같은 성격의 것이어서 흔히 희곡을 산곡과 합쳐 <곡>이라 불렀다. 그러나 희곡과 산곡은 근본적으로 그 표현 양식이나 구성이 서로 다른 것이기 때문에 그 발생 과정도 서로 다를 수밖에 없다. 간단히 말하면 산곡이 국풍(國風)·악부(樂府)·사(詞)를 계승한 순전한 민간 가요 계통의 시가라면, 희곡은 고대의 가무(歌舞)와 가무희(歌舞戱)·가무극(歌舞劇) 등을 이어 발전한 연극의 대본인 것이다. 그러면 중국 고대의 가무는 어떤 성격의 것이었으며 어떤 과정을 거쳐 희곡으로 발전하였는가?

1. 고대의 가무

중국의 고대 황제들은 모두 공성작악(功成作樂)하였으니, 옛날부터 악무(樂舞)가 성행했음을 알 수 있다. 두우(杜佑, 735－812)의 『통전(通典)』에 다음과 같은 말이 있다.

> "복희(伏羲)의 음악에는 부래(扶來)가 있는데 현본(玄本)이라고도 하며, 신농(神農)의 음악에는 부지(扶持)가 있는데 하모(下謨)라고도 하며, 황제(黃帝)의 음악에는 함지(咸池)가 있는데 운문(雲門) 또는 대권(大卷)이라고도 부른다. 소호(少皞)는 대연(大淵)을 지었고, 전욱(顓頊)은 육경(六莖)을 지었고, 제곡(帝嚳)은 오영(五英)을 지었고, 요(堯)는 대장(大章)을 지었고, 순(舜)은 대소(大韶)를 지였고, 우(禹)는 대하(大夏)를 지었고, 탕(湯)은 대호(大濩)를 지었고, 주무왕(周武王)은 대무(大武)를 지었다."[1]

1) 伏羲樂名扶來, 一曰玄本；神農樂名扶持, 亦曰下謨；黃帝樂名咸池, 又曰雲門大卷. 少皞作大淵,

이는 "대악은 천지와 함께 조화를 같이하는 것"[2](『禮記』 권 37 樂記)이라는 생각 아래 음악을 이용하여 백성들을 올바로 다스리려고 생각했기 때문이다. 그리고 이러한 삼황(三皇) 오제(五帝)들의 음악 가운데에서, 적어도 순의 <대소> 이하의 음악들은 주나라 때까지 전해지고 있었던 것 같다. <대소> 이하의 음악들에 관하여는 『예기(禮記)』·『논어(論語)』·『좌전(左傳)』 등에도 기록이 보이기 때문이다.

그런데 이들 옛 임금들의 음악은 단순한 음악이 아니라 수많은 악기의 반주와 함께 큰 규모의 가무까지 곁들여졌던 것이었다. 『예기』 권 39 악기에는 공자의 <대무>에 관한 다음과 같은 설명이 실려 있다.

> 모든 음악이란 것은 상징을 통하여 이루어지는 것이다. 방패를 들고 우뚝 서 있는 것은 무왕(武王)의 일을 상징한 것이며, 소매를 들고 휘두르며 발을 구르는 것은 태공(太公)의 뜻을 상징한 것이며, 춤추던 대열이 어지러워지면서 모두 앉는 것은 주공(周公)과 소공(召公)의 다스림을 상징하는 것이다.
> 또한 무무(武舞)는 처음 북쪽으로 나갔다가 재성(再成, 2장)에는 상(商)나라를 멸망시키고, 삼성(成, 3장)에는 남쪽으로 내려가고, 사성(4장)에는 남쪽 니리들이 평정되고, 오성(5장)에는 섬주(陜州)가 나눠져서 주공은 왼편을 다스리고 소공은 오른편을 다스리게 되며, 육성(6장)에는 제자리로 돌아와 자리를 채우게 되는 것이다. 천자와 대장이 방울을 흔들면서 춤을 지휘하여, 네 번 치고 찌르는 것은 중국에 위세가 극성함을 뜻하는 것이다. 부서에 따라 나누어져 나아가는 것은 일이 이미 다 끝났음을 뜻하는 것이다. 제자리에 오래 서 있는 것은 제후들의 내조(來朝)를 기다라는 것이다.[3]

이에 따르면 <대무>는 주 무왕이 은(殷)나라 주왕(紂王)을 쳐부수고 온 중국을 안정시킨 다음, 주의 옛 땅을 주공과 소공에게 나누어 다스리게 하여 천하를 화평케 한 과정을 음악과 가무로 표현한 것이다. 공자는 여기에서 <대무>의 춤의 모양을 간략히 설명하고 있지만 이미 이것은 상당히 구체적인 곡절을 연출한 가무임을 알 수 있다. 육성(六成)으로 된 <대무>가 이러할진대 순의 <대소>에 대하여는 『서경』에서는 "소소구성(簫韶九成)"이라 했으니, 그 곡절이 더 복잡했을 가능성이 많다. 그리고 옛날 엄금들의 음악은 단순한 음악이 아니라 극적인 요소를 갖춘 대규모의 가무였음을 짐작할 수 있다.

『예기』 권 31 명당위(明堂位)에는 묘당(廟堂)의 의식으로 <대무>와 <대하>를

顓項作六莖, 帝嚳作五英, 堯作大章, 舜作大韶, 禹作大夏, 湯作大濩, 周武王作大武.

2) "大樂, 與天地同和."

3) "夫樂者, 象成者也. 摠干而山立, 武王之事也. 發揚蹈厲, 太公之志也. 武亂皆坐, 周召之治也. 且夫武始而北出, 再成而滅商, 三成而南, 四成而南國是彊, 五成而分陜, 周公左, 召公右, 六成復綴以崇. 天子夾振之, 而駟伐, 盛威於中國也. 分夾而進, 事蚤濟也. 久立於綴, 以待諸侯之至也."

춤춘 다음에는 동쪽 오랑캐의 음악인 매(昧)와 남쪽 오랑캐의 음악인 임(任)을 춤추었다 하였다. 『주례(周禮)』 권 24 춘관종백하(春官宗伯下)에 모인(旄人)은 산악(散樂)과 이악(夷樂)의 춤을 관장하고 가르친다 하였다. <이악>은 사방의 오랑캐들, 곧 외족의 음악을 가리키며 <산악>은 정현(鄭玄, 127－200)의 주(注)에 "야인(野人)의 음악 가운데 훌륭한 것"이라 설명하고 있으니 민간 음악임에 틀림없다. 이러한 민간음악이나 오랑캐 음악은 더욱 그 형식이나 내용이 자유롭고 다양한 가무였을 것이니, 옛 임금들의 음악보다 더 연극적인 성격을 띤 것이 있었을 것이다. 불행히도 이러한 가무들에 대한 자세한 기록이 없어 그것들 중에 가무희 또는 가무극이라 부를 수 있는 성질의 음악 이 존재했었는지 확언할 길이 없다. 그러나 <대무>를 통하여 고대 가무들의 성격을 미루어 짐작컨대, 적어도 중국의 희곡이 이들 고대음악에서 출발하고 있다는 것만은 부인할 수 없는 사실이다. 왕국유(王國維, 1877－1927)는 『송원회곡사(宋元戲曲史)』 첫머리에서 중국 희곡의 기원을 무(巫)에서 찾고 있는데, 옛 <무>의 가무도 가장 중요한 고대의 만간 가무로서 주의를 기울일 만한 것이다. 『초사』의 「구가(九歌)」는 옛날 <무>의 가무를 추측할 수 있는 좋은 자료의 하나로 알려져 있으며, 가무희적인 성격의 것이다. 그리고 은나라는 무현(巫賢)·무함(巫咸) 같은 사람이 재상노릇을 할 정도로 무습(巫習)이 성행했던 나라이다.

특히 <산악>은 백희(百戲)의 정식명칭으로 한나라에 와서는 잡기(雜技)와 가무희가 이에 속하였다. 『한서(漢書)』 예악지(禮樂志)에는 조하치주(朝賀置酒) 때의 연원(演員)으로 "상종창(常從倡) 30인, 상종상인(常從象人) 4인, 조수상종창(詔隨常從倡) 16인, 진창원(秦倡員) 29인, 진창상인원(秦倡象人員) 3인, 조수진창(詔隨秦倡) 1인" 등이 기록되어 있다. 이들은 백희와 가무의 연원들이며, 특히 <상인>은 위소(韋昭)의 주(注)에서 "착가면자야(着假面者也)"라 설명하고 있으니 가면희의 연원임이 분명하다. 장형(張衡, 78－139)의 「서경부(西京賦)」를 보면 평악관(平樂觀)에서 연출되던 한나라 때의 백희를 서술한 대목에 오획강정(烏獲扛鼎)·도로심장(都盧尋橦)·충협(衝狹)·연탁(燕濯)·환검(丸劍)·줄타기(走索)·총회선창(總會仙倡)·가면희·거수만연지희(巨獸漫衍之戲)·마술·칼삼키기(呑刀)·불뿜어내기(吐火)·동해황공(東海黃公) 및 기타 가무가 연출되고 있다. 이 중 <동해황공> 같은 것은 장형이 "붉은 칼(赤刀)과 월나라 사람(越人)의 술법으로 흰 호랑이를 제어하려 하였으나 끝내 제대로 되지 않았는데, 사악한 마음을 품어 미혹되었기 때문에 효과를 보지 못했던 것이다”[4]고 간단한 설명을 하고 있지만, 오균(吳均, 469－520)의 『서경잡기(西京雜記)』에는 더 상세한 애기가 적혀 있다.

> 동해인(東海人) 황공(黃公)이란 사람은 젊었을 적에 술법을 익히어 뱀과 호랑이를 제어할 줄 알았다. 붉은 금 칼을 차고 다녔고 붉은 비단으로 머리를 묶었고, 당장에 구름과 안개를 일으키고 앉은 자리에서 산과 강물을 만들 수가 있었다. 그러나 쇠로하여 기력이 줄어들고 술을 지나치게 마시어 다시는 그의 술법을 행하지 못하게 되었다. 진(秦)나라 말엽에 동해에 흰 호랑이가 나타나자 황공은 곧 붉은 칼로 흰 호랑이를 물리치러 갔다. 그러나 술법에 효험이 없어 곧 호랑이에게 죽음을 당하였다. 민간에서는 그것을 놀이로 만들었고, 한나라 황제도 역시 그것으로 각저지희(角觝之戱)를 만들었다.[5]

이에 의하면 <동해황공>은 상당히 희극에 가까운 가무였을 것으로 생각된다. 또 『한서』 서역전찬(西域傳贊)에는

> 무제(武帝)는 주지육림(酒池肉林)을 베풀고 사방 오랑캐 손님을 대접하며, 파유(巴渝)・도로(都盧)・해중탕극(海中碭極)・만연어룡(漫衍魚龍)・각저지희(角觝之戱)를 구경시켰다.[6]

고 하였다. 그런데 『진서(晋書)』 악지(樂志)에는 다음과 같은 파유무(巴渝舞)에 대한 설명이 있다.

> <파유무>는 한나라 고조(高祖)가 만든 것이다. 고조가 촉한(蜀漢)으로부터 삼진관중(三秦關中)을 평정할 때, 범인(范因)이 종인(賨人)을 이끌고 와서 고조의 전봉(前鋒)이 되었다. 이들을 순판만(楯板蠻)이라 불렀는데, 용감하고도 싸움을 잘하여 진중(秦中)을 평정한 다음 범인을 랑중후(閬中侯)에 봉하고 종(賨)의 칠성(七姓)을 회복시켜 주었다. 그들의 풍속은 가무를 잘 하였는데, 고조는 그 사납고 날카로움을 좋아하여 그들의 춤을 자주 보면서 ‘무왕이 주(紂)를 정벌할 적의 음악이다’고 하였다. 뒤에 악인들로 하여금 그것을 배우게 하였는데, 랑중(閬中)에는 유수(渝水)가 있음으로 그들이 사는 고장을 근거로 파유무라 부르게 되었다.[7]

또 이와 비슷한 가무로 『진서』 악지에는 공막무(公莫舞)에 대한 기록이 보인다.

---

4) “赤刀粵祝, 冀厭白虎, 卒不能救. 挾邪作蠱, 於是不售.

5) “有東海人黃公, 少時爲術, 能制御蛇虎. 佩赤金刀, 以絳繒束髮, 立興雲霧, 坐成山河. 及衰老, 氣力羸憊, 飮酒過度, 不復能行其術. 秦末有白虎見於東海, 黃公乃以赤刀往厭之. 術旣不行, 乃爲虎所殺. 俗用以爲戲, 漢帝亦取以爲角觝之戲焉.”

6) “設酒池肉林, 以饗四夷之客. 作巴渝・都盧・海中碭極・漫衍魚龍・角觝之戲, 以觀視之.

7) 巴渝舞, 漢高帝所作也. 高帝自蜀漢將定三秦關中, 范因率賨人從帝爲前鋒, 號楯板蠻, 勇而善鬪. 及定秦中, 封因爲閬中侯, 復賨七姓. 其俗善歌舞, 高帝樂其猛銳, 數觀其舞, 曰武王伐紂歌也. 復使樂人習之. 閬中有渝水, 因其所居, 故曰巴渝舞.

> <공막무>는 진(晉)·송(宋)에서는 건무(巾舞)라고 불렀다. 전하는 말에 의하면 항장(項莊)이 칼춤을 출 때 항백(項伯)이 옷소매로 그를 막아 한 고조를 해치지 못하게 하면서 항장에게 말하기를 '공막(公莫)! '이라 한 데서 연유한다 한다. 공막이란, 옛날 사람들은 서로 상대방을 공이라 불렀으니, 공은 한왕을 해치지 말라는 말이다. 한나라 사람들은 그 덕을 기리어 춤을 출 때 건을 씀으로써 항백의 옛 방식을 상징한 것이다·"[8]

여기에 인용한 <동해황공>·<파유무>·<공막무> 같은 가무를 놓고 볼 때 중국의 희곡은 이미 여기에서 기본적인 모양새가 이루어지고 있음을 알 수 있다. 중국 고극의 삼 요소로 흔히 창(唱)·과(科)·백(白)을 들고 있지만, 이 노래와 동작·대화의 삼 요소는 이미 한나라 가무에 기초적으로 갖추어져 있었다. 그리고 『후한서(後漢書)』 예악지(禮樂志)에 보이는 연말의 행사인 대나(大儺)가 가면극적인 구성인 것으로 보아 민간에는 가무희가 더욱 발달했을 가능성이 있다.[9] 호남(湖南)·귀주(貴州) 등지에는 지금도 나희(儺戱)가 민간에 연출되고 있어 많은 연구가들의 관심을 끌고 있다.

희극의 구성에 큰 영향을 주었다고 생각되는 괴뢰희(傀儡戱)도 한나라 때에 이미 시작되었다. 응소(應劭, 178 전후)의 『풍속통(風俗通)』에는 동한 때 도성에서 손님을 대접하거나 결혼식을 할 때에 괴뢰희를 즐겼다는 얘기를 쓰고 있다. 그리고 당나라 단안절(段安節)의 『악부잡록(樂府雜錄)』 등에는 한 고조가 평성(平城)에서 묵특선우(冒頓單于)에게 포위당했을 때 진평(陳平)의 계책으로 나무인형을 만들어 춤을 추게 함으로써 위기를 벗어났던 일을 근거로 하여 괴뢰희가 그 때 생겨났다고 하였다. 이때의 괴뢰희의 구성이 어떠했는지 확실히 알 수 없지만 그 성격으로 보아 괴뢰희는 처음부터 희극적(喜劇的)인 구성이었으리라 짐작이 된다. 그 때문에 괴뢰 대신 사람이 직접 연출하면 바로 연극이 될 소지가 일찍부터 마련되어 있었던 것이다. 그러나 한나라 때까지 연극의 중심을 이루었던 것은 바로 가무희였다. 그러한 전통 때문에 중국에 보다 큰 규모의 희극이 완성된 뒤에도 그것들은 가무극적인 성격을 완전히 벗어나지 못했던 것이다.

---

8) 公莫舞, 晉宋謂之巾舞. 相傳云, 項莊舞劍, 項伯以袖隔之, 使不得害高祖, 且語項莊云；公莫！古人相呼曰公, 言公莫害漢王也. 漢人德之, 故舞用巾, 以像項伯之遺式.

9) 『後漢書 』卷 15 禮儀志；先臘一日, 大儺, 謂之逐疫. 其儀, 選中黃門子弟, 年十歲以上, 十二以下, 百二十人爲侲子, 皆赤幘皂帽, 執大鼗. 方相氏, 黃金四目, 蒙熊皮, 玄衣朱裳, 執戈揚盾. 十二獸, 有衣毛角, 中黃門行之, 冗從僕射將之, 以逐惡鬼于禁中.

2. 가무희

이상 얘기한 한나라의 산악(散樂)은 위(魏) 진(晉) 이후로 더욱 성행한다. 가무로써 간단한 고사를 연출하는 가무희는 남북조시대로 오면서 더욱 많은 뚜렷한 작품의 이름과 상연 실황 등을 우리에게 알려 주고 있다. 『삼국지(三國志)』 촉서(蜀書) 허자전(許慈傳)을 보면 허자(許慈)와 호잠(胡潛)은 유비(劉備)가 촉(蜀) 땅을 평정한 뒤에 다 같이 박사(博士)가 되었는데, 두 사람이 서로 뽐내며 상대방을 내놓고 헐뜯자, 유비는 여러 부하들이 모인 자리에서 창우(倡優)로 하여금 두 사람의 모습을 하고 그들이 서로 다투는 모양을 흉내 내게 하며 즐겼다는 기록이 있다.[10) 『위서(魏書)』 제왕기(齊王紀) 배송지(裵松之)의 주에서는 사마사(司馬師)의 「폐제주(廢帝奏)」를 인용하여, 광망관(廣望觀)에서 배우인 곽회(郭懷) · 원신(袁信) 등으로 하여금 요동요부(遼東妖婦)를 연출케 하였는데 지나치게 외설했다는 기록이 있고,[11) 또 『위서』 왕찬전(王粲傳)의 배송지(裵松之)의 주에서는 『오질별전(吳質別傳)』을 인용하여, 오질(吳質)은 조진(曹眞)과 주삭(朱鑠)의 몸이 한 사람은 뚱뚱하고 한 사람 은 깡마른 것을 조롱하기 위하여 배우들을 불러 설비수(說肥瘦)를 연출케 하였다 했다.[12) 이런 것들을 통해서 우리는 삼국시대가 한나라 때보다도 한층 연극적인 표현의 놀이가 유행했음을 알 수 있다. 그러나 구체적이고도 완전한 가무희는 남북조에 이르러서 작품을 남기기 시작하고 있다.

『진서(晋書)』 악지(樂志)에 양(梁)나라 「상운악(上雲樂)」에 관한 기록이 보인다. 그리고 양나라 주사(周捨, 469－524)와 무제(武帝, 502－549)에게는 각각 「상운악」이란 시가 있는데(郭茂倩 『樂府詩集』 권 51 淸商曲辭), 주사의 것은 「상운악」 가무회의 상연 정경을 노래한 것이고, 무제의 것은 「상운악」에서 부르는 악곡을 따라 지은 것인 듯하다. 주사의 작품에 의하면 눈이 파랗고 코가 높다란 서쪽에서 온 늙은 오랑캐가 중국으로 찾아와 술 마시고 춤추며 재주를 부린 다음, 중국 황제의 장수(長壽)를 빌며 가무를 끝맺는 복잡한 정절의 가무희이다. 이 「상운악」은 당대에까지 유행된다.

10) "許慈, 字仁篤……湖潛, 字公興.……先主定蜀, 慈潛並博士.……庶事草創, 動多疑義, 慈潛更相克伐, 謗讟忿爭, 形於聲色,……先主愍其若斯, 群僚大會, 使倡家假爲二子之容, 傚其訟鬩之狀, 酒酣作樂, 以爲嬉戲."

11) "日延小優郭懷 · 袁信等, 於建如芙蓉殿前, 裸袒游戲……又於廣望觀上, 使懷信等於觀下作遼東妖婦, 嬉褻過度, 道路行人掩目."

12) 質黃初五年朝京師, 詔上, 將軍及特進以下, 皆會質所. 太官供具, 酒酣, 質欲盡歡, 時上將軍曹眞性肥, 中領軍朱鑠性瘦, 質召優使說肥瘦."

최령흠(崔令欽, 749 전후)의 『교방기(敎坊記)』에는 북제(北齊) 때 시작되었다는 「답요랑(踏搖娘)」과 「난릉왕(蘭陵王)」이란 가무희에 대한 기록이 있고, 단안절(段安節, 890 전후)의 『악부잡록(樂府雜錄)』에는 「난릉왕」과 후주(後周)에서 비롯되었다는 「소중랑(蘇中郞)」과 「발두(撥頭)」에 관한 기록이 있다. 이 중에서 보기로 <발두>의 정절을 기록한 부분을 인용하면 아래와 같다.

> 발두(鉢頭 또는 撥頭)는 옛날 어떤 사람의 아버지가 호랑이에게 잡혀 먹혔는데, 그는 마침내 산에 올라가 자기 아버지의 시체를 찾는다. 그 산에는 여덟 굽이가 있었기 때문에 곡조에는 팔첩(八疊)이 있다. 놀이를 하는 자는 머리를 풀어 헝클어뜨리고 소복을 하였으며 우는 얼굴을 하고 있었는데, 상을 당한 모습인 것이다."[13]

이 남북조에 시작된 가무희들은 모두가 가면희였던 것 같다. 「상운악」에 나오는 "청안고비"나 「소중랑」의 "적면(赤面)"은 가면이 아니면 표현하기 어려운 얼굴 모양이며, 「난릉왕」은 「대면(代面)」 또는 「대면(大面)」이라고도 부르는 가면희였음을 밝히고 있다.

이러한 가무희들은 당대에 이르기까지 계승되며 더욱 성행한다. 앞에 든 「답요랑」·「난릉왕」·「소중랑」·「발두」가 모두 당대에도 유행하던 가무희로서, 당나라 사람들에 의하여 기록된 것들이다. 「상운악」도 이백(李白, 702－762)과 이하(李賀, 791－817) 등에 모두 같은 제목의 시가 있으나, 당나라 때까지도 유행되었음에 틀림없다. 이 밖에도 당나라에 유행했던 가무희로는 「서량기(西凉伎)」·「소막차(蘇莫遮)」·「번쾌배군난(樊噲排君難)」·「참군희(參軍戲)」 등 여러 가지 가무회가 옛 기록에 보인다. 특히 「번쾌배군난」은 한나라의 「공막무(公莫舞)」를 더욱 윤색한 고조의 이른바 홍문지회(鴻門之會)를 테마로 한 것이어서, 가무극이라 불러도 괜찮을 성질의 것으로 생각된다.

이처럼 중국 고대로부터 성행하던 가무는 시대의 흐름에 따라 더욱 복잡한 정절을 지니게 된다. 따라서 송나라 이전까지의 중국 연극은 그러한 가무희가 대표한다고 할 수 있다. 당나라 말엽 민간에 속강(俗講)이 유행하기 시작하여 송나라에는 이른바 강창(講唱) 형식의 여러 가지 연예도 더욱 발달하였다.

이러한 강창의 발달과 종래의 가무희를 바탕으로 북송 말엽에 희문(戲文) 같은 대희(大戲)가 발생했던 것이다.

---

13) "鉢頭, 昔有人父, 爲虎所傷, 遂上山尋其父屍. 山有八折, 故曲八疊. 戲者被髮素衣, 面作啼, 蓋遭喪之狀也."

3. 희극(戱劇)의 발전

송나라에 들어와 유행한 민간 기예(技藝) 중에서 이전 시대의 것을 계승 발전시킨 것으로 가무희·강창희(講唱戱)·골계희(滑稽戱)의 세 종류가 있다. 송나라에 유행한 <가무>로는 대곡(大曲)·곡파(曲破)·전답(轉踏 또는 轉達) 등이 있었고(劉永濟 『宋代歌舞劇曲錄要』 참조), <강창>으로는 고자사(鼓子詞)·제궁조(諸宮調)·복잠(覆賺)·도진(陶眞)·애사(涯詞)·설화(說話) 등이 있었다(葉德均 『宋元明講唱文學』 참조). <골계희>는 당나라 때의 참군희(參軍戱)를 계승한 것으로 흔히 잡극(雜劇)이라 불렀으며, 우스운 내용에 풍자를 섞은 오락적인 놀이였다. 맹원로(孟元老, 1126 전후)의 『동경몽화록(東京夢華錄)』, 오자목(吳自牧, 1270 전후)의 『몽량록(夢粱錄)』, 소식(蘇軾, 1036－1101)의 「흥룡절집영전연악어(興龍節集英殿宴樂語)」 등에 기록된 연회시의 가무 사이에 끼여 상연되었던 <잡극>은 모두가 골계를 위주로 한 간단한 놀이였다.

그러나 이 잡극도 남송 무렵으로 가서는 가무의 연출과 강창의 고사(故事)의 영향을 받아 더욱 발전하였다. 내득옹(耐得翁)의 『도성기승(都城紀勝)』 및 『몽량록』에 의하면 잡극은 구성이 염단(艶段, 1段)·정잡극(正雜劇, 2段)·잡반(雜扮, 1段)의 4단으로 이루어져 있었으니, 그 구조가 퍽 발달한 것이었음을 알 수 있다. 다시 잡극에 출연하는 각색명(脚色名)으로 『도성기승』에는 다음과 같은 다섯 종류(괄호 안 뒤의 것은 周密의 『武林舊事』에 보이는 명칭)가 보인다. 곧 말니(末泥, 戱頭)·인희(引戱)·차정(次淨, 副淨)·부말(副末)·장단(裝旦, 裝孤)이다. 이처럼 잡극이 적어도 5종류의 연출자와 출연자에 의하여 상연되었다는 것도, 이 잡극이 연극으로서 상당한 진보를 이루었음을 말해 준다.

이 잡극을 금나라에 들어와서는 흔히 원본(院本)이라 부르게 된다. 주권(朱權, 1378－1448)은 『태화정음보(太和正音譜)』에서 "잡극이란 잡희(雜戱)이며, 원본이란 행원지본(行院之本)이다"고 말하고 있는데, 북송의 잡극은 잡희로서 원본과는 판연히 다른 것이었는지 모르지만, 남송의 <잡극>은 <원본>과는 그 구성이나 성격이 비슷한 것이었다. 그러기에 도종의(陶宗儀, 1360 전후)는 『철경록(輟耕錄)』 권 25 에서 "<원본>과 <잡극>은 기실 같은 것이다"고 하였다. 그러나 <원본>은 <잡극>에 비하여 북방민족의 음악적 성격이 가미되고 더욱 희극으로서 발전된 것이었던 듯하다.

『무림구사』 권 10에는 「관본잡극단수(官本雜劇段數)」라는 명목 아래 남송 잡극의 목록이 실려 있다. 왕국유의 『송원희곡사』에는 280종의 <관본잡극>의 명목(名目)을 찾아 놓고 있는데, 그것이 대곡(大曲)과 합치되는 것 103종, 법곡(法曲)과 합치되는 것 4종, 제궁조(諸宮調)와 합치되는 것 2종, 보통 사조(詞調)와 합치되는 것 35종, 금원 곡조(曲調)와 합치되는 것 9종이라 하였다. 이에 따르면 남송의 잡극은 골계(滑稽)보다도 가무희의 계통으로 기울어져, 북송 잡극보다도 훨씬 연극적인 성격을 지닌 것임을 짐작할 수 있다.

한편 도종의의 『철경록』 권 25에는 「원본명목(院本名目)」이라 하여 690종의 금대 <원본>명목이 실려 있다. 그러나 이 중 대곡(大曲)계통의 것 16종, 법곡(法曲)계통의 것 7종, 제궁조(諸宮調)계통의 것 2종, 보통 사곡조(詞曲調)계통의 것 39종(葉玉華 『院本考』 의거)뿐이니, 그 비율로 보아 원본은 잡극에 비하여 훨씬 고유의 악무로부터 벗어난 것임을 알겠다. 그리고 <원본명목> 중에는 왕자단권렴기(王子端捲廉記)·여장원춘도기(女狀元春桃記)·두보유춘(杜甫遊春)·장생자해(張生煮海)·적벽오병(赤壁鏖兵)·장주몽(莊周夢)·당삼장(唐三藏)·진선성도기(晋宣成道記)·소무화번(蘇武和番) 등이 있는데 이런 것들은 모두 상당히 복잡하고 긴 고사를 연출했던 것으로 생각된다.

또 주유돈(朱有燉, 1379-1439)의 『여동빈화월신선회(呂洞賓花月神仙會)』 잡극의 제2절(折)에 「장수선헌향첨수(長壽仙獻香添壽)」 원본이 중간에 끼어 있는데, 일본 학자 청목정아(青木正兒)가 『원인잡극서설(元人雜劇序說)』의 「잡극의 연혁」에서 고증한 것처럼, 그것이 원본의 일부를 삽연한 것에 불과하다면, 원본은 이미 상당히 큰 규모의 연극으로 발전해 있었다고 보아야 할 것이다.

이런 바탕이 있었기 때문에 <제궁조> 같은 그 고사의 구성이나 곡백(曲白)의 운용이 원잡극과 아주 비슷한 강창도 나왔던 것이다. 제궁조가 한 사람이 연창하는 것인데 비하여, 잡극은 여러 각색(脚色)의 다수인이 제각기 다른 역할을 맡아 연출한다는 차이가 있을 뿐이다. 그러기에 금나라 동해원(董解元, 1190 전후)이 지은 제궁조(諸宮調) 『서상기(西廂記)』와 원잡극의 대표작이라 일컬어지는 왕실보(王實甫, 1234 전후)의 『서상기』를 두고, 명나라·청나라의 많은 학자들이 잡극 『서상기』는 바로 동해원의 제궁조 『서상기』에서 나온 것이라고까지 말하고 있다.[14)]

14) 明 胡應麟 『少室山房筆叢』, 淸 況周頤 『蕙風詞話』 卷 3, 焦循 『易餘籥錄』, 吳蘭修校 『西廂記』 敍文 등 참조.

남송의 이러한 여건 아래 본격적으로 큰 규모의 연극이 마침내 이루어지게 되는 것이다. 남송에 이루어진 최초의 대희(大戲)는 희문(戲文)이었다. 명초 섭자기(葉子奇)는 『초목자(草木子)』 권 4에서 이렇게 말하고 있다.

> 배우희문(俳優戲文)은 왕괴(王魁)에서 비롯되었는데, 영가(永嘉) 사람이 그것을 지었다. …그 뒤 원나라에 남희(南戲)가 성행하였으나, 혼란한 때에 북원본(北院本)이 특히 성해지면서 남희는 마침내 없어지고 말았다.[15]

또 축윤명(祝允明, 1460－1526)은 『외담(猥談)』에서

> 남희는 선화(宣和) 연간(1119－1125) 이후에 나왔다. 송나라가 남쪽으로 옮겨갈 무렵에는 그것을 온주잡극(溫州雜劇)이라 불렀다. 내가 구첩(舊牒)을 본 일이 있는데, 그 때 조굉부(趙閎夫)의 방금(榜禁)에는 그 명목이 적지 아니 눈에 띄었다. 거기에는 조정녀(趙貞女)·채이랑(蔡二郎) 등이 있었으나, 매우 많은 것은 못 되었다.[16]

다시 서위(徐渭, 1521－1593)의 『남사서록(南詞敍錄)』에는

> 남희는 송나라 광종(光宗) 때(1190－1194)에 시작되었는데, 영가(永嘉) 사람이 지은 조정녀(趙貞女)·왕괴(王魁) 2 종이 실은 그 첫 번째 작품이다.… 혹은 말하기를 선화(宣和) 연간에 이미 시작되었다고도 하나, 그것이 성행된 것은 남송(南宋) 이후로 영가잡극(永嘉雜劇) 또는 골령성수(鶻伶聲嗽)라 불렀다.[17]

여기에서 <희문>을 <남희>라고도 부르고 있는 것은 그것이 음악적으로는 남곡(南曲)에 속하는 것이기 때문이다. 그리고 영가(永嘉)란 온주(溫州, 浙江省)의 옛날 이름이다. 그리고 <희문>은 <영가잡극> 또는 <골령성수>라는 별칭도 있다. 어떻든 <희문>은 북송 말에 생겨나 온주지방을 중심으로 남송 이후 성행되었던 게 틀림없다.

위에 보인 <희문> 중 「채이랑」도 실은 「조정녀」와 같은 작품일 것이다. 지금은 일부분의 글 조차도 남아 있지 않으나 원 악백천(岳伯川, 1279 전후)의 『여동빈도철괴이악(呂洞賓度鐵拐李岳)』 잡극의 제2절 「쇄미(煞尾)」에서

15) "俳優戲文, 始於王魁, 永嘉人作之.…其後元朝南戲盛行, 及當亂, 北院本特盛, 南戲遂絶."

16) "南戲出於宣和之後. 南渡之際, 謂之溫州雜劇. 予見舊牒, 其時有趙閎夫榜禁, 頗述名目, 如趙貞女蔡二郎等, 亦不甚多."

17) "南戲始於宋光宗朝, 永嘉人所作趙貞女·王魁二種實首之.…或云；宣和間已濫觴, 其盛行則自南渡, 號曰永嘉雜劇, 又曰鶻伶聲嗽."

"너는 세 가지 정절을 지킨 조정녀가 치마폭에 흙을 담아 날라 시부모의 봉분을 만든 것을 본뜨거라."[18]

하고 노래하고 있는데, 그것은 바로 고명(高明, 1354 전후)의 『비파기(琵琶記)』 가운데의 조정녀의 얘기와 합치된다. 따라서 원나라 초기에는 조정녀를 모델로 한 남희가 유행하였으며, 『비파기』는 희문 「조정녀」를 개작한 것임에 틀림없다. 그리고 채이랑은 『비파기』의 조정녀의 남편 채옹(蔡邕)일 것이다. 「왕괴」의 일부분의 글로 심경(沈璟, 1550－1615)의 『남구궁십삼조곡보(南九宮十三調曲譜)』 등에 18곡의 창사가 전한다(錢南揚 『宋元戲文輯佚』 참조). 그리고 전남양의 연구에 의하면 송원대의 희문으로 총 167본(本)의 명목이 보이는데, 그 중 완전한 작품이 전해지고 있는 것이 15본, 완전히 전하지 않는 작품이 33본이고, 나머지는 다소의 일부분의 글이 전해지고 있다. 이 중 완전한 작품이 전해지고 있는 것들은 거의 모두가 원나라 말엽의 것으로 보이지만, 어떻든 남송 초기에 완전한 희극인 <희문>이 유행했다는 사실만은 확언할 수 있는 일이다.

한편 여기에서 얘기한 희문은 온주(溫州)지방에 생겨났던 일종의 연극을 가리킬 뿐이며, 실제로는 남송의 잡극과 비슷한 것이었다고 생각된다. 온주는 남송의 수도인 항주(杭州)와 가까운 곳이어서 각기 서로 다른 성질의 희극이 오래도록 유행할 수는 없었을 것이다. 「관본잡극단수(官本雜劇段數)」에도 「왕괴삼향제(王魁三鄕題)」라는 명목이 보이는데, 이는 희문인 「왕괴」와 같은 작품일 가능성이 많다. 원나라 때에 새로운 <잡극>이 생겨나면서, 이와 다른 성질의 음악을 사용하는 남송의 잡극을 구분하기 위하여 <희문> 또는 <남희>라고 부르기 시작한 것 같다. 명나라의 하량준(何良俊, 1566 전후)이 『사우재총설(四友齋叢說)』 권 37에서 "금 원에서는 북희(北戲)를 <잡극>이라 부르고, 남희(南戲)를 <희문>이라 하였다"고 말한 것은 바로 이러한 칭호의 변화를 지적한 것이다.

어떻든 <희문>은 남송 초엽에 생겨났으나 원대에 들어와서는 새로 생겨난 <잡극>에 압도당하여 명맥만을 겨우 유지한다. 남송의 잡극 또는 희문이 지금 별로 전하지 않는 것은 문장이 아직 세련되지 못하고 곡률이 일정치 않아 명나라 사람들로부터 무시당하였기 때문일 것이다. 그러나 원나라가 멸망기로 접어들면서 다시 성행한 남희는 흔히 전기(傳奇)라 부르는 극종으로 발전한다. <희문>과

18) "你學那守三貞趙貞女羅裙包土將墳臺建."

<전기>는 실상 같은 남희이지만 명나라에 와서는 내용이나 문사가 더욱 세련되어 우아해지고 곡률이 엄정해졌다는 데서 구분되는 칭호이다.

명나라의 <전기>는 가정(嘉靖, 1522－1566) 초기에 곤산(崑山, 江蘇省 蘇州 동쪽)에 위량보(魏良輔)라는 사람이 나와 희곡음악을 개량하여 곤곡(崑曲, 崑腔 또는 崑山腔이라고도 부름)을 유행시킴으로써, 북곡은 자취를 감추게 된다. 이후 청나라 초기에 이르기까지 <곤곡>은 희곡음악으로서 <전기>를 성행하게 한다.

청나라로 들어와서는 각 지방 마다 그 지방의 토속 음악을 이용한 새로운 희극인 지방희(地方戱)가 성행하게 된다. 그리고 건륭(乾隆) 연간(1736－1795)에 와서는 아부(雅部)라 부르는 곤곡(崑曲)과 화부(花部)라 부르는 지방희로 갈리어 경쟁하게 된다. 화부희(花部戱)는 난탄(亂彈)이라고도 불렀다. 지방희 중에서도 가장 전국적인 유행을 한 것은 북경을 중심으로 발달한 경희(京戱)였다. 다만 이 화부희는 연극면에서는 크게 성공하였지만 그 문장은 미쳐 세련될 겨를이 없어 문학적인 성취는 원 잡극이나 명 전기에 비하여 보잘 것 없다.

제2절 중국희곡의 조직

이상 논한 바와 같이 중국의 희곡은 원 잡극과 명 전기 및 청나라 경극과 지방희가 대표한다. 그리고 이것들은 고대 가무로부터 발달한 가극적(歌劇的)인 성격의 것이기 때문에 그 조직과 표현방식이 서양의 희곡과는 판연히 다르다. 먼저 잡극과 전기의 중요한 특징만을 설명하면 대략 다음과 같다.

1. 잡극의 조직

(1) 구 조

원 잡극의 가장 두드러진 특징은 한 작품이 사절(四折, 곧 四幕)로 이루어지는 게 통례라는 것이다. 이 밖에 설자(楔子)라는 짧은 한 단을 덧보태는 수가 있다. <설자>는 작품의 앞머리에 붙어 본제로 들어가기 전에 극정(劇情)을 설명해 주는 내용의 것이 보통이나, 가끔 절과 절 중간에 놓임으로써 앞 뒤 절의 극정을 연결해 주는 역할을 하기도 한다.

이러한 사절의 구성을 벗어나는 작품이란 극히 드문 예외에 속한다. 만약 극정을 사절로 다 소화시킬 수 없을 경우에는 사절의 일본(本)을 더 첨가하여 한 작품을 이룬다. 주권(朱權)의 『태화정음보(太和正音譜)』에서 "이본(二本)"이라 주기(注記)하고 있는 왕실보(王實甫, 1234 전후)의 『파요기(破窰記)』·『판다강(販茶舡)』·『여춘원(麗春園)』·『진매간(進梅諫)』·『우공고문(于公高門)』 등이 그 보기이다. 또 종사성(鍾嗣成)의 『녹귀부(錄鬼簿)』에 조자상(趙子祥, 1260 전후)의 『풍월해부인(風月害夫人)』·『태조야참석수신(太祖夜斬石守信)』과 조문은(趙文殷, 1279 전후)의 『환문자제착립신(宦門子弟錯立身)』 등에 "차본(次本)"이라 주를 달고 있는 것도, 그것이 속작(續作)에 의한 이본(二本)임을 표시한 것인 듯하다. 그리고 유명한 왕실보의 『서상기』가 오본(五本)으로 이루어져 있는 것은 두드러진 장편의 보기이다.

이들 각 절은 창(唱)·과(科)·백(白)의 삼 요소로 연극을 이룬다. <창>은 배우들의 노래, <과>는 동작, <백>은 대사를 뜻한다. 중국 고극에서는 이 가운데 <창>이 가장 중시된다. 그리고 잡극에 있어서는 그 극의 주인공, 곧 남자 주인공일 경우에는 정말(正末), 여주인공일 경우에는 정단(正旦)만이 시종 혼자서 노래를 하며 다른 연출자들은 모두 <백>으로써 응대를 한다. 한 절 중에서 <정말>과 <정단>이 대면하는 경우에도 어느 한 편만이 노래를 부른다. 따라서 <정말>이 노래하는 작품을 말본(末本), <정단>이 노래하는 작품을 단본(旦本)이라 부른다.

(2) 악곡(樂曲)

잡극의 일절은 악곡 면에 있어서는 한 개의 투곡(套曲)으로 이루어진다. 그리고 설자(楔子)는 한두 곡의 소령(小令)만을 사용하는데, 거기에서의 노래하는 사람은 주인공뿐만 아니라 부말(副末)을 비롯한 다른 각색일 경우가 많다. 사용된 악조는 수당(隋唐)대의 연악이십팔조(燕樂二十八調)를 근거로 하고 있으나, 원대에 실용된 악조는 정궁(正宮)·남려궁(南呂宮)·선려궁(仙呂宮)·황종궁(黃鐘宮)·중려궁(中呂宮)·월조(越調)·대석조(大石調)·쌍조(雙調)·소석조(小石調)·상조(商調)·상각(商角)·반섭조(般涉調)의 12개 궁조(宮調)이다. 그리고 주덕청(周德淸, 1314 전후)의 『중원음운(中原音韻)』에 의하면 이 때 유행한 곡조는 합계 335종이었다.

그리고 잡극에는 가장 흔히 쓰이는 악곡상의 관례가 있다. 곧 설자(楔子)에는 선려궁(仙呂宮) 「상화시(賞花時)」 한 곡이나 선려궁(仙呂宮) 「단정호(端正好)」 한 곡을 쓰는 게 보통이다. 그리고 제1절(折)에서는 선려궁이 가장 많이 쓰이고, 제2

절에서는 정궁(正宮)이나 남려궁(南呂宮), 제3절에서는 중려궁(中呂宮), 제4절에서는 쌍조(雙調)가 가장 흔히 쓰인다.

또 투곡 안의 소령의 배열 순서에도 개략적인 관례가 있다. 선려궁은 「점강순(點絳脣)」, 정궁은 「단정호(端正好)」, 남려궁은 「일지화(一枝花)」, 중려궁은 「분접아(紛蝶兒)」, 쌍조는 「신수령(新水令)」, 월조는 「투암순(鬪鵪鶉)」 같은 곡으로 투곡을 시작하는 것 보통이다. 중간에 쓰는 곡조도 두세 가지 흔히 연달아 사용하는 것들이 있다. 예를 들면 선려궁의 「유호로(油葫蘆)」와 「천하락(天下樂)」, 「취중천(醉中天)」과 「금잔아(金盞兒)」, 「촌리아고(村里迓鼓)」와 「원화령(元和令)」과 「상마교(上馬嬌)」, 남려궁의 「곡황천(哭皇天)」과 「오야제(烏夜啼)」, 「매옥랑(罵玉郞)」과 「감황은(感皇恩)」과 「채다가(采茶歌)」, 중려궁의 「십이월(十二月)」과 「요민가(堯民歌)」, 쌍조의 「안아락(雁兒落)」과 「득승령(得勝令)」, 「고미주(沽美酒)」와 「태평령(太平令)」 등이 두드러진 것들이다. 그리고 끝머리는 미성(尾聲)이나 쇄미(煞尾)로 맺는 것이 원칙이다.

일절은 한 투곡이기 때문에 처음부터 끝까지 거의 매 구절을 한 가지 운(韻)으로 압운한다. 그 운은 지금의 하남(河南)지방을 중심으로 한 중원의 음운을 사용했는데, 입성(入聲)은 없어지고 평상거(平上去)의 삼성만이 남았으며, 이 평상거 삼성을 구분하지 않고 쓰는 게 보통이었다. 그리고 곡사에는 정해진 수의 글자 이외에 친자(襯字)를 많이 덧붙여 사용하여 악곡의 형식이 매우 복잡하면서도 자유롭게 느껴진다.

(3) 백(白)

빈백(賓白)이라고도 하며, 연극에서의 대화와 독백을 총칭한 것이다. 잡극은 정장백(定場白)으로 시작을 한다. 잡극은 개막되자마자 등장인물이 먼저 몇 구의 시구(詩句)를 읊은 다음, 곧 독백으로 자기의 성명과 경력 및 자신의 심사(心事) 등을 얘기한 다음 대화로 들어간다.

여기에 쓰이는 개장시(開場詩)는 거의가 저속한 희장(戲場)에서 관습적으로 쓰는 것들이다. 그리고 제4절의 수장백(收場白)은 거의 모두 뒤에 사(詞)를 써서 끝맺으며, 간혹 사의 몇 구절을 사용하기도 한다. 그러나 이곳의 사란 저속한 칠언시 중에 약간의 장단구가 섞여 있는 형식의 것들이 보통이다.

또 <백>의 특수한 용법으로 명대 장무순(臧懋循, 1595 전후)의 『원곡선(元曲選)』을 보면 "배운(背云)", "대운(帶云)"하고 표기한 것이 있다. "배운"이란 대화할 때 자기 마음속을 상대방에게는 알리지 않고 몰래 관중에게만 알려는 방법이다. 그리고 "대운"이란 창곡 중간에 부대적으로 말을 하는 <백>이다.

서위(徐渭, 1521-1593)는 『남사서록(南詞敍錄)』에서 "<창>이 주(主)고 <백>은 변(賓)이나 같기에 백을 <빈백>이라 부른다"고 하였다. 어떻든 중국의 고극에 있어 <백>이 경시된 것은 사실이다. 심지어 장무순은 『원곡선』 서에서 "잡극의 작자가 지은 것은 오직 곡사 뿐이며, 빈백은 연극을 공연할 때에 배우 자신이 지어 하는 것이다"고도 하였다. 이것은 불합리한 이론이긴 하지만 『영락대전(永樂大典)』에 실려 있는 희문 『소손도(小孫屠)』와 『환문자제착립신(宦門子弟錯立身)』을 보면 일부분의 글만이 남아 있는 것이지만 곡사만이 많고 백은 극히 적으며, 가끔 "설관자개(說關子介)" 또는 "설관(說關)"이란 표기로 백을 생략한 곳조차 있다. 이로써 보면 잡극에 있어 백은 공연할 때 배우가 임의로 덧보태거나 바꾸는 경우도 있었을 것 같다. 그러나 연극에 있어 백의 중요성은 여기서 새삼 말할 필요조차 없을 것이다. 실제로 관한경(關漢卿, 1246 전후) 등의 작품을 보면 생동하는 <백>의 운용을 통하여 희곡의 성과를 크게 올리고 있다.

(4) 과(科)와 체말(砌末)

<과>는 배우들의 동작을 총칭한다. 서위는 『남사서록』에서 "서로 만나고, 인사를 하고, 나아가 절을 하고, 춤을 추고, 앉고, 무릎 꿇는 따위의 몸의 움직임을 모두 <과>라고 한다"[19]하였다.

그러나 잡극의 <과>가 어떤 성질의 것이었는지 확실히 알 수는 없다. 잡극이 가극적인 성격의 것이었고, 현재의 경희(京戲)의 <신단(身段)>이 상징적인 동작을 하고 있는 것으로 보아 잡극의 <과>도 매우 상징적인 동작이었다고 생각된다. 예를 들면 말을 탈 척에는 말채찍을 휘두르며 허리와 다리로 말을 타는 듯한 무용적인 동작을 할 따름이며, 배를 탄다거나 누각에 올라가는 것도 모두 그처럼 상징적이고 무용적인 동작을 할 따름이었을 것이다.

또 공연할 때 사용하는 도구를 <체말>이라 하는데, 간단한 무대장치와 배경 및 상징적인 동작에 어울리는 여러 가지 <체말>이 쓰였던 것 같다. 극본에 따라서는 <천관(穿關)>이라 하여 등장 각색들의 복식과 장속(裝束) 및 사용도구가 기입되어 있는 것도 있다.[20]

19) "相見, 作揖, 進拜, 舞蹈, 坐, 跪之類, 身之所行, 皆謂之科."

(5) 제목(題目) · 정명(正名)

잡극의 끝머리에는 <제목 · 정명>이라 하여, 이구 또는 사구 · 팔구의 대구(對句)가 붙어 있다. 이것은 잡극을 상연하던 극장의 앞 기둥에 써 붙여 놓던 잡극의 정식 제명이다. 예로 관한경의 작품들을 보면 끝머리에 다음과 같은 <제목>과 <정명>이 붙어 있다.

題目	孫中謀獨占江東地 請喬公言定三條計	
正名	曾子敬設宴索荊州 關大王獨赴單刀會	(脈望館鈔本)
題目	洞庭湖半夜賺金牌	
正名	望江亭中秋切鱠旦	(脈望館校息機子本)
題目	念彼觀音力 還着於本人	
正名	虛脾瞞俏倬 風月救風塵	(脈望館校古名家本)

그리고 이들 작품의 보통 제명은 <정명>의 끝구를 사용하며, 다시 <정명> 끝구의 끝머리 서너 자를 따서 그 작품의 약칭(略稱)으로 사용하는 게 보통이다. 곧 위 작품들의 정식 제명은 『관대왕독부단도회』 · 『망강정중추절회단』 · 『풍월구풍진』이며, 보통은 약칭으로 『단도회』 · 『절회단』 · 『구풍진』이라 부른다.

(6) 각색(脚色)

잡극에서는 등장인물의 성격에 따른 독특한 각색명(脚色名)을 쓴다. <각색>은 송잡극 · 금원본에서 시작하여, 현재 경극(京劇)에까지 쓰이고 있는 중국 고극의 전통적인 것이다. 잡극에서 쓰인 각색에는 다음과 같은 것들이 있다.

정말(正末)—남자 주인공, 모두가 공명정대한 사람들이다. 그리고 주인공 다음 가는 남자 조연으로는 부말(副末) · 외말(外末) · 충말(冲末) · 이말(二末) · 소말(小末) 등이 있다.

정단(正旦)—여자 주인공, 여자 조연자로서는 부단(副旦) · 외단(外旦) · 첩단(貼旦) · 대단(大旦) · 소단(小旦) · 노단(老旦) · 화단(花旦) · 색단(色旦) · 차단(搽旦) · 내단(倈旦) 등이 있다. 조연자들은 그 연령이나 성격 신분 등에 따라, 이 중에서 적당한 각색명이 주어졌다.

정(淨)—서위(徐渭)는 『남사서록(南詞敍錄)』에서 "옛날의 참군(參軍) 두 자가 합

20) 脈望館藏 『孤本元明雜劇』 內府本 같은 것이 그러하다.

쳐져 변한 말"이라 하였다. 곧 이 각색은 당대 참군희(參軍戲)의 "참군"에서 나왔다는 것이다. 백박(白樸, 1226-?)의 『오동우(梧桐雨)』에서는 안록산(安祿山), 마치원(馬致遠, 1251 전후)의 『한궁추(漢宮秋)』에서는 모연수(毛延壽), 강진지(康進之, 1279 전후)의 『이규부형(李逵負荊)』에서는 노지심(魯智深) 등이 <정>으로 나오고 있다. 특수한 성격의 남자주연 또는 조연급이 대체로 이 각색을 맡았다. <정>에도 또 부정(副淨)·이정(二淨) 등이 있다.

축(丑)-잡극에서 우스꽝스럽거나 바보스러운 인물들이 대체로 이 각색을 맡았다. <축>에도 이축(二丑)·삼축(三丑) 등이 있다.

이 밖에도 노인이 맡은 발로(孛老), 노파역인 복로(卜老), 살인자나 사기꾼이 맡는 방로(邦老), 아이 역인 내아(俫兒), 관원 역인 고(孤), 향시(鄕試)에 급제한 수재(秀才)인 세산(細酸), 하급관리 역할인 예랄(曳刺) 등이 있다.

이 중 <말>·<단>·<정>·<축>을 사대각색(四大脚色)이라고 한다. 이들은 등장인물에 알맞는 분장을 하는 이외에도 주연자들을 제외한 <정> 이하 대부분의 각색들은 얼굴에 진한 색깔과 무늬로 칠을 하여 등장인물의 성격을 상징적으로 표현했다.

2. 전기(희문)

(1) 결구(結構)

잡극이 일본 사절로 이루어지는 데 비하여, 전기는 <절>을 척(齣)이라 부르고 한 작품이 수십 척의 장편으로 이루어진다. 보기를 들면 고명(高明, 1354 전후)의 『비파기(琵琶記)』는 43척, 원말 명초 작가를 알 수 없는 『배월정(拜月亭)』은 40척, 주권(朱權, 1378-1448)의 『형차기(荊釵記)』는 48척, 탕현조(湯顯祖, 1550-1617)의 『환혼기(還魂記)』는 55척이다.

이 중 제1척은 개장(開場)·가문(家門)·제강(提綱) 등으로도 불리며, 대개 2편의 사(詞)를 부말(副末)이 등장하여 읊음으로써 작자의 이 희극에 대한 소견과 주장 및 극의 대의(大意)를 표명한다. 그리고 중간에 간단한 대화를 삽입하여 <부말>이 "오늘 상연할 연극이 무엇인가?"고 안쪽을 향해 물으면, 안에서는 그 연극의 제목을 대답하기도 한다. 또 후세의 극본에는 이 문답 대신 "상례대로 문답을 한다(問答照常)"고 표기한 작품도 많다. 이 <개장>에 쓰는 사는 작자가 마음대로 선택하여 일정치 않다. 그리고 이 <개장>을 비롯하여 매 척 끝머리는 잡극의 <제목·정명>과 비슷한 칠·팔언 4구절의 시로 끝맺는 것이 보통이다. 보기를 들면 다음과 같다.

> 極富極貴牛丞相, 施仁施義張廣才.
> 有貞有烈趙眞女, 全忠全孝蔡伯喈. ──────『琵琶記』第一齣
>
> 王狀元不就東牀壻, 万俟相改調潮陽地.
> 孫汝權套寫假書歸, 錢玉蓮守節荊釵記. ──────『荊釵記』第一齣

이것을 하장시(下場詩)라 부른다. 그러나 각본에 따라 이 네 구의 시가 없는 것들도 있다. 그러나 가장 일반적인 <개장>은 사 한수→문답조상→사 한수→시 네 구절로 이루어지는 것이다.

(2) 음 악

무엇보다도 <창>에 있어 전기는 그 방법이 잡극과 아주 다르다. 전기에서는 <정말>이나 <정단> 뿐만 아니라 등장하는 모든 각색이 노래를 부른다. 노래 방식도 독창뿐만이 아니라 합창·윤창 등 여러 가지 창법이 응용되었다.

또 한 척의 악곡은 여러 개의 투곡(套曲)으로 이루어지며, 대신 한 투곡은 두세 곡에서 여섯 일곱 곡을 넘지 않는 간단한 구성이다. 따라서 한 척 중간에서도 여러 번 궁조(宮調)가 바뀐다. 이는 잡극의 일절이 한 투곡으로 이루어지며 한 투곡은 같은 궁조의 10여 곡 또는 20여 곡의 소령(小令)으로 이루어지는 것과 크게 다르다. 예로『환혼기(還魂記)』제 10척 경몽(驚夢)을 보면 다음과 같은 구성으로 음악이 이루어지고 있다.

> 〔商調 引子〕遶地遊…〔仙呂入雙調 過曲〕步步嬌…〔仙呂 過曲〕醉扶歸… 皀羅袍…〔仙呂入雙調 過曲〕好姐姐… 隔尾…〔商調 過曲〕山坡羊…〔越調 過曲〕山桃紅…〔中呂 過曲〕鮑老催…〔越調 過曲〕 山桃紅… 綿搭絮… 尾聲

위 곡들은 다시 <인자(引子)>·<과곡(過曲)>·<미성(尾聲)>으로 대별된다. <인자>는 박자가 느린 곡으로, 배우가 등장하여 처음에 그 한 곡을 부르는 게 보통이다. <과곡>은 그 척의 중심을 이루는 곡들이며, <미성>은 일척을 끝맺는 곡이다. 그러나 <미성>은 생략되는 경우도 많다.

또 원 잡극에서는 십이궁조(十二宮調)가 쓰였으나, 원말 명초 무렵에는 구궁조(九宮調)로 줄어들었다. 그리고 그 음악은 잡극이 <북곡>인데 비하여 전기는 남방에 발달한 <남곡>을 사용하고 있다. 그러나 이미 원말 명초의 희문『소손도(小孫屠)』(『永樂大典』 殘本) 같은 데에서도 <남북합투(南北合套)>를 사용하고 있다.

압운(押韻)도 일척 중에서 여러 번 운을 바꾸는 것이 보통이다. 남곡에서 사용된 운은 남방 음으로 『중원음운(中原音韻)』과는 달리 평(平)・상(上)・거(去)・입(入)의 사성이 모두 있으나, 평・상・거의 삼성은 구분하지 않고 압운한다.

(3) 문 장

잡극에서는 극히 통속적인 구어(口語)에 가까운 문장을 사용하였으나, 전기의 문장은 훨씬 우아해진다. 첫째 곡사(曲辭)에 있어서는 전기에서는 친자(襯字)를 별로 사용하지 않는다. <친자>는 대개가 구어체에 많이 쓰는 허사(虛詞)이므로 전기에서는 별로 쓰기에 마땅치 않았을 것이다. 심지어 빈백(賓白)에 있어서도 전기에서는 문언(文言)에 가까운 문장을 많이 쓰며, 독백 같은 데에는 변문(駢文)까지도 흔히 눈에 뜨인다. 예를 들면 원말 명초의 『장협장원(張協狀元)』(『永樂大典』 殘本)에 보이는 행상의 말에도 다음과 같은 대목이 보인다.

> 小客肩擔五十秤, 背負五十斤. 通得諸路鄕談, 辨得川廣行貨, 衝烟披霧, 不辭千里之超遠, 帶雨冒風, 何惜此身之跋涉?
>
> 소인은 어깨에 오백 근의 짐을 지고 등에는 오십근의 짐을 지고 있소이다. 여러 고장의 얘기에 모두 통하고 넓은 고장의 상품을 분별할 줄 압니다. 안개 속을 뚫고 천리 먼 길을 마다 아니하고 비바람 속에서도 어찌 이 몸 멀리 가는 것 두려워 하겠나요?

사람들의 말, 더욱이 천민들의 말이 이런 식으로 나올 수는 절대로 없는 일이다. 이러한 문장이 우아해지는 경향은 명나라에서는 갈수록 더욱 두드러지게 된다.

다시 전기에서는 대화 대신 시나 사를 출연자들이 나누어 읊거나 함께 읊는 방법까지 쓰고 있다. 예를 들면 고명의 『비파기』 제 7척에서는 다음과 같이 생(生)・축(丑)・정(淨)・말(末)의 네 각색이 「완계사(浣溪沙)」 한 수를 대화 대신 읊고 있다.

> 〔浣溪沙〕〔生云〕千里鶯啼綠映紅, 〔丑云〕水村山郭酒旗風. 〔淨云〕行人如在畫圖中,
> 〔末云〕不煖不寒天氣好, 或來或往旅人逢. 〔合〕此時誰不嘆西東!

[완계사] [생] 천리 길을 두고 붉은 꽃 얼룩진 푸른 숲에 꾀꼬리 우는 소리 들리고, [축] 강물 굽이치는 산촌에는 바람에 술집 깃발 펄럭이네. [정] 길가는 사람들은 그림 속에 있는 것 같고, [말] 덥지도 춥지도 않고 날씨 좋으니, 왔다 갔다 하는 나그네들 길에서 마주치네. [모두 함께] 이런 시절 동쪽 서쪽으로 떠나가는 신세 그 누가 탄식 않으리오?

이러한 시사로 대화에 대신하는 방법도 명나라 만력(萬曆), 연간(1573－1619) 이후로는 더욱 두드러지게 눈에 뜨인다.

(4) 개(介)

전기에 있어서는 배우의 동작을 <개>라고 한다. 잡극의 <과>와 별다른 점은 없으나, 전기에는 <개>와 별도로 <무(舞)>가 많이 보인다는 것이 특색이다. 고본 『비파기』 제 3척에서 보기를 든다.

淨扮老姥姥, 丑扮惜春, 舞上, 唱.
〔雁兒舞〕……(창사생략)…… 唱舞介.

정이 할머니로 분장하고 축은 석춘으로 분장하고서 춤을 추면서 등장하여, 창을 한다.
〔안아무〕 …(창사 생략)… 창을 하면서 춤을 추는 동작을 한다.

전기에는 대체로 잡극에 비하여 훨씬 많은 무용이 응용되었다. 탕현조(1550－1617)의 『환혼기』의 유원(遊園), 홍승(洪昇, 1645－1704)의 『장생전(長生殿)』의 경변(驚變) 같은 척처럼 무용이 전반적으로 응용되고 있는 곳까지도 눈에 뜨인다.

(5) 각색(脚色)

전기에 사용된 각색은 잡극에 비하여 간단했다. 원말・명초의 희문들을 보면 생(生)・말(末)・외(外)・단(旦)・후(后)・파(婆, 또는 虔)・정(淨)・축(丑) 정도가 보일 뿐이다. 이 중 남자주연공이 잡극에서는 <정말>이었으나 <생>으로 변한 것이 가장 큰 변화이다. 앞의 <후>는 첩단(貼旦)과 같은 각색이며, <파>는 노단(老旦)과 같다. 명나라 전기에서는 극정이 복잡해지고 등장인물이 번잡하고 많아짐에 따라 각색명에도 변화가 많이 생겼으나 모두 앞에 든 8종에서 분화한 것일 따름이다. 전기에 나오는 주요한 각색을 설명하면 대략 다음과 같다.

남주인공 <생> 이외에 조연으로 소생(小生)이 있다. 여주인공 <단> 이외에 조연으로 소단(小旦)이 있는 것과 같다. <부말>은 <말>로도 약칭되며, 제 1척 개장

(開場)을 주관하는 주인공 보좌역에 해당하는 각색이다. 대개 중년 또는 노년의 남자가 맡는다. 그 밖에 <외>는 중노년의 남자 역할, <첩단>은 여자 각색 중의 <부말>이라 할 만한 지위의 각색이며, <노단>은 노부인으로 남자 각색의 <외>의 상대가 되는 것이다.

<정>은 억세거나 흉악한 성질의 각색이나 반드시 악인만은 아니며, 대부분이 남자들이지만 『형차기(荊釵記)』에서의 계모처럼 여자가 맡는 경우도 있다. <부정>은 <정>의 부차적 지위에 있는 각색, <축>은 우스갯짓을 전문으로 하는 각색, 잡(雜)은 글자 그대로 여러 잡된 사람들이어서 중(衆)이라 부르는 경우도 있다. 이상 12종 이외에 또 다른 각색명이 간혹 보이기는 하지만, 여기에서 크게 벗어나는 호칭은 드물다.

이 밖에도 전기는 장편이기 때문에 단조로움을 피하기 위하여 각 척의 배치에 변화를 일으키어, 문장(文場)과 무장(武場) 또는 냉장(冷場)과 열장(熱場) 등을 엇섞는 게 원칙이며, 전기의 결말은 대단원(大團圓)으로 맺는 것이 철칙이라고도 할 수 있을 정도이다. 그 밖에도 여러 가지 특징이 있으나 이 정도에서 체례의 설명을 끝맺기로 한다.

청대 경극과 지방희에서는 각색이며 여러 가지 규칙과 공연 방식이 다시 약간 변화하지만 그 변화를 일일이 설명할 수가 없어 설명을 생략한다. 전기와 큰 차이는 없다고 생각해도 무방할 것이다.

제3절 희곡작가와 그들의 활동

1. 원잡극

종사성(鍾嗣成, 1321 전후)의 『녹귀부(錄鬼簿)』에는 원나라 때의 극작가로 권상에 "선배 재사로 세상에 전기를 편찬하여 남긴 것이 있는 사람들(前輩才人, 有所編傳奇於世者)"로 관한경(關漢卿, 1246 전후) 이하 56명, 권하에 "조금 전에 죽은 재사로 내가 알고 있는 사람들(方今已亡才人, 余相知者)"로 궁대용(宮大用, 1294 전후) 이하 18명, "지금 살아있는 재사로 잘 알고 있는 사람들(方今才人, 相知者)"로 왕사순(王思順, 1302 전후) 이하 33명, 도합 107명을 수록하고 있다. 종사성이 이처럼 극작가를 대선배 · 선배 · 동기의 셋으로 구분한 것은 잡극발전의 시기구분으로서도 적절한 것이라 생각된다. 왕국유(王國維, 1877－1927)도 『송원희곡사(宋元戱曲史)』에서 원나라를 다음과 같이 세 시기로 구분하여 희곡의 발전을 논하고 있다.

① 몽고(蒙古)시대(약 1234－1279)

② 일통(一統)시대(약 1280－1340)

③ 지정(至正)시대(약 1341－1367)

(1) 몽고시대

원잡극의 가장 중요한 시기이다. 원잡극이 이 시기에 이루어지고, 그 대표적인 작가와 빼어난 작품들이 거의 모두 이 시기에 나왔기 때문이다. 이 시기의 작가들을 보면 관한경과 왕실보(王實甫, 1234 전후)가 대표하는 판연히 다른 두 가지 작품경향을 드러내고 있다.

관한경 일파의 작가들은 작품을 실지 상연할 연극의 대본으로 창작하면서 서민들의 현실생활과 그들의 감정을 작품에 잘 반영하였다. 따라서 이들의 문장은 당시 사회 여러 계층 사람들의 생동하는 구어(口語)로 이루어져 있고, 속어나 방언도 거침없이 사용하고 있다. 그리고 이들의 작품 소재는 당시 사회의 여러 가지 문제와 사건들이다. 따라서 이들의 작품 속에는 민중들의 애환이 그대로 담겨있어 당시 사람들의 생활과 호흡을 직접 느낄 수가 있다. 관한경 이외에도 양현지(楊顯之, 1246 전후)·무한신(武漢臣, 1251 전후)·기군상(紀君祥, 1246 전후)·고문수(高文秀, 1251 전후)·정정옥(鄭廷玉, 1251 전후)을 비롯한 많은 유명 무명의 작가들이 이에 속한다. 이들의 작품 중에서도 관한경의 『구풍진(救風塵)』·『두아원(竇娥寃)』, 무한신의 『노생아(老生兒)』, 기군상의 『조씨고아(趙氏孤兒)』 등이 뛰어난 작품들이다. 『구풍진』이 송인장(宋引章)이란 기생이 주인공이고, 『두아원』이 외로운 여인 두아(竇娥)의 수난이 주제라는 것만 보아도 이들의 문제의식을 알아볼 수 있을 것이다.

이들은 무대상연에 관심을 두고 작품을 썼기 때문에 창(唱)·백(白)이 알아듣기 쉬운 문장으로 이루어졌고, 극정의 표현에 생동하는 대화를 많이 사용하고 있다는 것도 특징으로 지적해야 할 것이다.

왕실보 일파의 작가들은 비교적 고전문학에 대한 소양이 풍부한사람들이다. 이들의 잡극은 문장의 수사에 많은 주의를 기울이며, 작품의 소재는 상류사회 남녀들의 애정이나 궁중생활 같은 것을 즐겨 쓴다. 이들의 작품에서도 이민족의 지배하에 시달리는 지식인들의 불만이나 현실에 대한 풍자가 발견되기는 하지만 민중의 숨결을 느끼기는 어렵다. 관한경 일파가 청중인 민중을 염두에 두고 상연을 위한 작품을 썼다면, 이들은 사대부의 입장에서 읽는 희곡을 썼다고 할 수 있을 것이다. 왕실보 이외에도 백박(白樸, 1226—?)·마치원(馬致遠, 1251 전후)을 필두로 하여, 오창령(吳昌齡, 1251 전후)·이수경(李壽卿, 1251 전후)·석자장(石子章, 1279 전후)·장수경(張壽卿, 1279 전후) 등이 이 파의 대표적 작가이다. 이 중 왕실보의 『서상기(西廂記)』, 백박의 『오동우(梧桐雨)』, 마치원의 『한궁추(漢宮秋)』 등이 특히 뛰어난 작품들이다. 『서상기』가 사대부 장군서(張君瑞)와 최앵앵(崔鶯鶯)의 사랑을 주제로 하고 있고, 『오동우』가 당나라 현종(玄宗)과 양귀비(楊貴妃)의 사랑, 『한궁추』가 한나라 원제(元帝)의 애희(愛姬) 왕소군(王昭君)의 사적을 주제로 하고 있다는 것만을 보아도 관한경 일파와 다른 이들의 성향을 짐작할 수 있을 것이다.

흔히 원곡사대가(元曲四大家)라 하여 관한경·왕실보·백박·마치원을 치고, 원곡육대가(元曲六大家)를 말할 적에는 다음 일통시대의 정광조(鄭光祖, 1294 전후)와 교길(喬吉, ?—1345)을 더 보탠다. 이는 옛 중국의 문학평론가들이 전통문학의 입장에서 작품의 문장을 중시한 데서 말미암은 것이다. 우리가 작품의 시대성이나 연극으로서의 잡극의 성격을 고려하여 이들의 창작을 논한다면 관한경 일파에 속하는 작가들이 좀 더 높이 평가되어야 할 것으로 믿는다.

이 밖에도 이들 두 파 중 어느 편에 붙여야 할지 성격이 뚜렷하지 않은 뛰어난 작가로 장국빈(張國賓, 1279 전후)·중문(王仲文, 1273 전후)·비당신(費唐臣, 1273 전후)·상중현(尙仲賢, 1260 전후)·대선보(戴善甫, 1260 전후)·이호고(李好古, 1279 전후)·왕백성(王伯成, 1279 전후)·이직부(李直夫, 1279 전후)·석군보(石君寶, 1260 전후)·적군후(狄君厚, 1279 전후)·악백천(岳伯川, 1279 전후)·맹한경(孟漢卿, 1279 전후)·사구경선(史九敬先, 1279 전후)·공문경(孔文卿, 1279 전후)·조명원(趙明遠, 1279 전후)·이취진(李取進, 1279 전후) 등이 좋은 작품을 남기고 있다.

이들 원나라 초기의 잡극작가들 거의 모두가 출신지역을 보면 대도(大都, 지금의 北京)를 중심으로 한 북방사람들이다. 이로써 대략 잡극 발흥의 지점도 그 근처임을 짐작케 한다.

(2) 일통시대

원제국의 위세가 유럽 천지까지도 뒤흔든 시대이다. 그러나 잡극은 이 시기에 와서는 이미 쇠퇴기로 접어든다. 『한림풍월(翰林風月)』·『천녀이혼(倩女離魂)』 등의 작자인 정광조와 『양주몽(楊州夢)』·『금전기(金錢記)』 등의 작자인 교길을 제외하면 이렇다 할 작가가 더 이상 눈에 띄지 않는다. 이들의 작품도 문장이 잘 다듬어지고, 희곡의 짜임새가 세련되었다는 점을 빼면 전기 작가들의 작품에 비하여 별로 나을 게 없는 것들이다. 이들 밖에도 궁천정(宮天挺, 1294 전후)·범강(范康, 1294 전후)·증서(曾瑞, 1924 전후)·김인걸(金人傑, ?－1329) 같은 작가가 이 시기에 활약하였으나 모두 대단치 않은 한두 개의 작품을 남기고 있을 뿐이다.

(3) 지정시대

잡극의 쇠멸기이다. 진간부(秦簡夫, 1320 전후)·소덕상(蕭德祥, 1331 전후)·주개(朱凱, 1331 전후)·왕엽(王曄, 1331 전후) 등이 겨우 명맥을 지탱했을 뿐이다.

일통시대 이후 잡극이 쇠퇴한 이유는, 첫째 이 무렵부터 곡률과 형식에 치중하여 작가들이 자유로운 창의를 발휘할 수 없었기 때문일 것이다. 다른 한편 이 원나라 후기의 작가들을 보면 거의 모두가 남방출신이거나 북방출신이라 하더라도 남방으로 옮겨와 살았던 사람들임을 생각할 때, 원제국의 홍성에 따라 희극을 비롯한 문화의 중심지도 남방으로 옮겨와 북방의 음악을 쓰는 잡극이 남방의 기절과 잘 부합되지 못하였다는 데도 쇠퇴의 원인이 있었을 것 같다.

이는 원나라 후기부터 남곡인 <희문>이 다시 대두되기 시작한 것으로 보아도 짐작이 가는 일이다. 『녹귀부(錄鬼簿)』에 의하면 일통시대의 작가인 범거중(范居中)과 섬화(沈和)가 남북합투(南北合套)의 작품을 짓기 시작하였다 하였고, 지정시대의 소덕상(蕭德祥)은 숫제 남곡 희문 작품도 몇 가지 지었다 하였다. 그리고 『영락대전(永樂大典)』 본 『환문자제착립신(宦門子第錯立身)』 희문의 곡사(曲辭) 중에는 당시 통행된 전기(傳奇)로서 20여 종의 작품제목이 보이고 『영락대전』에는 희문 30여 종이 수록되어 그 명목이 전하며, 서위의 『남사서록』에는 "송원구편(宋元舊編)"이라 하여 60여 종의 희문 명목이 실려 있다. 이들 중에는 원나라 후기 또는 원나라 말엽의 희문이 상당수 포함되어 있으리라고 생각된다.

원나라 말엽에 나온 희문으로는 『영락대전』에 일부분이 남아 전해지고 있는 고항서회편(古杭書會編) 『소손도(小孫屠)』, 구산서회편(九山書會編) 『장협장원(張協

狀元)』, 고항재인신편(古杭才人新編) 『환문자제착립신』의 세 가지가 있다. 그리고 원나라 말엽에 중국 고극의 대표작의 하나로 치는 희문 고명(高明, 1354 전후)의 『비파기(琵琶記)』와 시혜(施惠, 1295 전후)의 작이라고도 하나 확실치 않은 『배월정(拜月亭)』이 나왔다. 또 원나라 말엽에서 명나라 초기에 이르는 시기에는 『배월정』과 함께 남희고곡(南戲古曲)의 사대가(四大家)라 일컬어지는 주권(朱權, 1378－1448)의 작이라고도 하나 불확실한 『형차기(荊釵記)』와 작가미상의 『백토기(白兎記)』, 명나라 서희(徐㬢, 1377 전후)가 지은 것이라 전하는 『살구기(殺狗記)』가 나왔다. 이 밖에도 명나라 초기 소복지(蘇復之)의 『금인기(金印記)』, 원나라 때의 남희로 작자를 알 수 없는 『조씨고아기(趙氏孤兒記)』와 『목양기(牧羊記)』 등이 전한다.

여기에서 명나라 때의 남희인 <전기>의 성행은 확고한 터전이 마련되었고, 잡극은 남희에 눌리기 시작했던 것이다.

2. 명 전기(傳奇)

명나라 초기에도 잡극이 완전히 자취를 감추었던 것은 아니다. 다만 명나라로 오면서 잡극은 완전히 왕실 귀족들의 전유물로 변하다시피 되어 원잡극이 지녔던 진실하고 생동하던 맛은 완전히 사라진다. 태조(太祖)의 제 17자 주권(1378－1448)을 비롯하여, 태조의 제 5자의 아들인 주유돈(朱有燉, 1379－1439) 및 명나라 초기의 왕자일(王子一, 1368 전후)·곡자경(谷子敬, 1368 전후)·가중명(賈仲名, 1383 전후)·유태(劉兌, 1383 전후)와, 약간 뒤의 왕구사(王九思, 1508 전후)·강해(康海, 1475－1540) 등에 의하여 잡극의 명맥이 유지된다. 그러나 왕자일의 『오입도원(誤入桃源)』, 곡자경의 『성남류(城南柳)』, 가중명의 『금동옥녀(金童玉女)와 주유돈의 작품 중의 태반이 모두 신선고사를 주제로 한 것들이며, 여타의 작품들도 현실과는 동떨어진 내용임을 보더라도, 그것은 이미 원잡극과는 전혀 다른 성향으로 변해 버린 것임을 알 수가 있을 것이다.

명나라 희곡의 주류는 <전기>이다. 앞에서 얘기한 명나라 초기의 <희문>이란 홍무(洪武, 1368－1398) 이전의 것들을 말한다. 그 뒤로도 정덕(正德) 연간(1506－1521)에 이르기까지 구준(邱濬, 1420－1495)의 『오륜전비(五倫全備)』, 소찬(邵璨, 1475 전후)의 『향낭기(香囊記)』, 요무량(姚茂良, 1475 전후)의 『정충기(精忠記)』, 왕제(王濟, 1475 전후)의 『연환기(連環記)』, 심채(沈采, 1475 전후)의 『천금기(千金記)』를 비롯하여, 심수선(沈受先, 1475 전후) 의 『삼원기(三元記)』 등 본격적인 작품들이 나왔다. 이들은 제명만 보아도 알 수 있듯이 유교의 윤리에 입각한 근엄한 내용이나 충정한 역사상의 인물을 주제로 한 것이 거의 전부이다. 이것은 전기가 민중생활과는 완전히 멀어진 우아하고 점잖은 도학적인 사대부풍의 것으로 발전하였음을 뜻한다. 이러한 교조적인 윤리관 아래 전기에는 비극이 없게 되고 모든 작품이 대단원(大團圓)으로 끝머리를 장식하는 것으로 굳어져 버리게 되는 것이다.

그러나 전기의 극성은 가정(嘉靖) 연간(1522－1566) 초기 곤산(崑山, 江蘇省 蘇州 동쪽)에 위량보(魏良輔)라는 사람이 나와 전기의 음악을 개량하여 <곤곡>을 유행시킨 데서 비롯된다. <곤곡>은 <곤산강> 또는 <곤강>이라고도 부르며, 이제껏 유행하던 익양강(弋陽腔)·해염강(海鹽腔) 등의 강조를 근거로 하여 다시 만들어 낸 아름답고도 감동적인 새로운 강조였다.

이 무렵에도 이개선(李開先, 1501－1568)·육채(陸采, 1495－1540?)·정약용(鄭若庸, 1535 전후)·설근연(薛近兗, 1544 전후)·시위(徐渭, 1521－1593)·풍유민(馮惟敏, 1551 전후)·왕도곤(汪道昆, 1561 전후)·왕세정(王世貞, 1526－1590) 등이 전기와 잡극을 쓰고 있었다. 그러나 장봉익(張鳳翼, 1527－1613)의 『홍불기(紅拂記)』·『관원기(灌園記)』·『축발기(祝髮記)』, 양신어(梁辰魚, 1551 전후)의 『완사기(浣紗記)』, 도륭(屠隆, 1542－1605)의 『채호기(彩毫記)』·『담화기(曇花記)』 등이 나오면서 <곤곡>이 유행하기 시작하여 명나라 전기 성행의 터전이 이룩된다. 이들의 작품이 더욱 아름다운 문장표현에 힘쓰게 된 것은 아름다운 <곤곡>음악의 영향도 있었을 것으로 생각된다.

<곤곡>이 성행하면서 극작가들은 전기에 대하여 더욱 연극으로서의 구성보다도 음악을 중시하여 곡률을 따지게 된다. 그 대표적인 인물로는 『남구궁십삼조곡보(南九宮十三調曲譜)』의 작자 심경(沈璟, 1555?－1615?)을 비롯하여, 『곡품(曲品)』의 작자 여천성(呂天成, 1573?－1619?), 『곡률(曲律)』의 작자 왕기덕(王驥德, ?－1623) 등이 있다. 이들은 모두 여러 종류의 전기를 지었다고는 하나 전해지는 작품이 거의 없는 것을 보면, 음악이나 곡률에 대하여는 일가견이 있었는지 모르지만 희곡으로서는 보잘 것 없는 작품을 썼던 게 아닌가 생각된다. 이들 이외에도 고대전(顧大典, 1582 전후)·섭헌조(葉憲祖, 1566－1641)·복세신(卜世臣, 1610 전후) 등이 이들에 동조하며 전기를 지었다. 그리고 풍몽룡(馮夢龍, ?－1646)·범문약(范文若, ?－1643?)·심자진(沈自晋, 1628 전후)·원우령(袁于令, 1582 전후) 등에 의하여

곡률파의 이론은 명나라 말엽에 이르도록 전기창작에 계속 응용된다.

이런 문학조류 속에서도 창의와 개성을 구속하는 곡률을 반대하여 자유로이 작품에 자신의 개성과 감정을 발휘하여 명 일대를 대표할 훌륭한 전기 작품을 남긴 작가로 탕현조(湯顯祖, 1550－1617)가 나왔다. 그에게는 흔히 『사몽기(四夢記)』로도 총칭되는 『자차기(紫釵記)』·『환혼기(還魂記)』·『남가기(南柯記)』·『한단기(邯鄲記)』가 있는데, 이 중에서도 특히 『모란정(牡丹亭)』이라고도 부르는 『환혼기』가 뛰어나다. 많은 비평가들이 탕현조는 곡률도 모른다고 비웃었지만, 삶과 죽음을 초월하는 유몽매(柳夢梅)와 두려낭(杜麗娘)의 뜨거운 사랑 애기를 엮은 『환혼기』는 세상의 무수한 사람들에게 깊은 감명을 안겨 주며 널리 읽혀지고, 자주 상연되었다.

탕현조가 나오자 완대성(阮大鋮, ?－1646)·오병(吳炳, ?－1650) 등이 나와 곡률에 얽매여 있던 극단의 풍조를 벗어나 보려 하였다. 그러나 명작이란 노력 이외에도 뛰어난 재능 없이는 이루어지지 않는 것이어서, 오매(吳梅, 1884－1939) 같은 사람들은 이들의 작품을 "탕현조의 문장을 가지고 심경의 곡률에 맞추려던 사람들의 것"이라 평하였다.[21)]

이 밖에도 매정조(梅鼎祚, 1553－1619)·왕정눌(王廷訥, 1596 전후)·고렴(高濂, 1573 전후)·주조준(周朝俊, 1573 전후)·서복조(徐復祚, 1596 전후)·허자창(許自昌, 1596 전후)·왕형(王衡, 1564－1607)·허조(許潮, 1619 전후) 등이 전기 작가로 활약하였다.

명나라에 들어와서도 서위·풍유민·왕도곤·섭헌조·진여교(陳與郊)·매정조·서복조·허조·서석기(徐石麒)·내집지(來集之, 1644 전후)·탁인월(卓人月, 1644 전후) 등의 작가들은 전기와 함께 적지 않은 잡극을 쓰고 있다. 그러나 명나라의 잡극은 원나라의 잡극에 비하여 많은 변화가 있다.

첫째 : 원잡극은 1본 4절이 원칙이나, 명나라 이후로는 이 체례를 지키지 않고, 1절 짜리가 있는가 하면(예 : 진여교의 『昭君出塞』·『文姬入塞』, 허조의 『武陵春』·『蘭亭會』 등) 4절을 넘는 잡극(예 : 왕형의 『鬱輪袍』 7절, 왕정눌의 『廣陵月』 7절)도 있게 되었다.

둘째 : 한 잡극은 한 고사를 연출함이 원칙이나, 서위의 『사성원(四聲猿)』, 허조의 『태화기(泰和記)』처럼 여러 가지 고사의 연출을 모아놓은 작품도 생겨났다.

셋째 : 원잡극은 일인독창이 원칙이나, 명나라에 와서는 단(旦)·말(末)이 번갈

21) 『戱曲槪論』 卷中.

아 가면서 창하는 것은 보통이고 등장인물은 아무나 멋대로 노래 부르는 작품도 있다. 심지어 왕형의 『울륜포』 7절 중의 2절은 창 없이 대화만으로 이루어졌다. 창이 없는 잡극이란 이전엔 생각할 수도 없는 일이었다.

넷째 : 잡극은 음악상 <북곡>이지만, <남곡>을 사용하기도 하였다(예 : 서위 『사성원』 중 『여장원(女狀元)』, 왕도곤의 『대아당사종(大雅堂四種)』 중 『오호유(五湖遊)』를 제외한 나머지 전부).

그리고 명나라 때부터 극작가들은 모두 "문인재사"로 자처하여 그 제재도 "문단가화(文壇佳話)"에 치중하였으며, 오직 곡률에만 맞으면 되는 일종의 문체로 생각하고 전기나 잡극을 지었다. 따라서 희곡이긴 하지만 명대 이후로는 무대상연은 어려운 일종의 문장으로 점점 변하여 갔다.

3. 청대 희곡

<곤곡>의 유행은 청대에 이르기까지도 그대로 계속되었다. 잡극에 있어서는 『임춘각(臨春閣)』·『통천대(通天臺)』를 쓴 오위업(吳偉業, 1609－1671), 『독이소(讀離騷)』·『도화원(桃花源)』·『조비파(弔琵琶)』·『흑백위(黑白衛)』를 쓴 우동(尤侗, 1618－1704), 『일편석(一片石)』·『제이비(第二碑)』·『사현추(四絃秋)』를 쓴 장사전(蔣士銓, 1722－1784) 등이 청나라를 대표할 작가라 할 것이다. 특히 청나라에는 명나라 때에 시작된 일본일절(一本一折)의 단극이 크게 유행하였다. 계영인(嵇永仁, 1637－1676)·홍승(洪昇, 1645－1704)·장도(張韜, 1681 전후)·계복(桂馥, 1736－1805)·조석불(曹錫黻, 1729?－1757?)·양조관(楊潮觀, 1745 전후)·서위(舒位, 1765－1815)·석온옥(石韞玉, 1756－1837) 등을 통해 청나라 초기에서 청나라 말엽에 이르기까지 작가가 끊이지 않았다. 특히 32종의 단극을 남긴 양조관은 그 대표적인 작가라 할 것이다.

청나라에서 주류를 이룬 것은 전기였다. 이옥(李玉, 1591?－1671?) 같은 작가가 나와 『기린각(麒麟閣)』·『풍운회(風雲會)』 등 수많은 작품을 썼고, 특히 『내하천(奈何天)』·『비목어(比目魚)』·『신중루(蜃中樓)』 등 16종의 작품을 남긴 이어(李漁, 1611－1685)는 명나라의 고전적 전기의 개혁자라 할 수 있으며, 홍승(洪昇)의 『장생전(長生殿)』과 공상임(孔尙任, 1648－1718)의 『도화선(桃花扇)』은 탕현조의 『환혼기』에 비길 만한 뛰어난 작품으로 알려졌다. 이 밖에 잡극과 함께 『공곡음(空谷

音)』·『임천몽(臨川夢)』·『계림상(桂林霜)』 등의 전기를 쓴 장사전(蔣士銓, 1725－1785)도 청나라를 대표할 전기 작가라 할 것이다. 이들 이외에도 만수(萬樹, 1692 전후)·주치렴(周稚廉, 1662?－1701?)·장견(張堅, 1681－1771?)·하륜(夏倫, 1680－1753?)·황섭청(黃燮淸, 1850 전후) 등 무수한 작가들이 전기 작품을 남기고 있다.

그러나 앞에서도 지적한 바와 같이 <곤곡>은 그 음악이나 문장이 너무나 우아하여, 연극으로 공연한다 해도 알아듣기 어려운 성질의 것으로 변하고 있었다. 청나라에 들어와서는 황실과 귀족들이 연극을 좋아하여 결국 그 취향은 사대부를 비롯하여 백성들에게까지 미치어 각 지방마다 그곳의 토속 음악을 응용한 새로운 지방희(地方戲)가 전국에 유행하기 시작하였다. 건륭(乾隆) 연간(1736－1795)에 와서는 이전부터 전해오던 곤곡을 아부(雅部), 새로운 여러 지방의 희곡을 화부(花部)라 구분하여 부르게 된다. 이 <화부희>는 난탄(亂彈)이라고도 불렀다.

이 뒤로 <화부>가 성행하면서, 여러 지방의 연극의 성행에 적지 않은 각축(角逐)이 있었다. 그 중에도 호북(湖北)의 황강(黃岡)·황파(黃陂)에서 시작된 이황조(二黃調)가 안휘(安徽)의 극단에 의하여 북경(北京)으로 옮겨와 각 지방희의 장점을 받아들이며, 경희(京戲)라 부르게 되는 현재에 이르기까지 가장 성행하는 극종으로 발전하게 되었다. 그러나 지금도 진강(秦腔, 곧 陝西梆子·山西梆子·山東梆子·河北梆子·河南梆子)을 비롯하여, 호북희(湖北戲, 漢劇·楚劇)·호남희(湖南戲)·광동희(廣東戲, 粵劇·潮劇·瓊劇 등)·복건희(福建戲)·사희(四川戲)·운남희(雲南戲)·절강희(浙江戲, 亂彈·高腔 등)·토생희(土生戲) 등이 각지에 유행하고 있다.

대부분의 <화부희>의 극본은 거의 모두가 무명인사들이 만든 것이어서 문장이 저속하고 구성이 허술하다. 따라서 여기에는 문학작품으로서 읽을 만한 작품이 거의 없다. <화부희>는 민중을 위한 연극으로서는 크게 발전된 것이라 하겠지만, 문학으로 다룰 만한 수준에 이른 것은 발견할 수가 없다.

참고문헌

韓國『중국 고대의 가무희』(개정증보판) 김학주 명문당 2001
韓國『원잡극선』김학주 명문당 2001
韓國『중국의 희곡과 민간연예』김학주 명문당 2002
韓國『한·중 두 나라의 가무와 잡희』김학주 서울大出版部 1994
韓國『중국의 전통연극과 희곡문물·민간연예를 찾아서』김학주 명문당 2007
韓國『중국희곡』梁會錫 民音社 1994
韓國『元代公案劇研究』金光永 서울大學位論文 1992
韓國『王實甫雜劇研究』河在哲 成均館大學位論文 1993
韓國『元代神仙道化劇研究』鄭元祉 서울大學位論文 1994
韓國『元代公案劇研究』金明學 忠南大學位論文 1994
韓國『吳江派戲曲研究』姜啓哲 外大博士論文 1992
韓國『宋元南戲研究』吳秀卿 서울大學位論文 1992
韓國『徐渭文學論研究』權應相 서울大學位論文 1993
韓國『元雜劇의 틀과 원리』李昌淑 서울大學位論文 1995
韓國『馬致遠雜劇研究』林東春 全南大學位論文 1995
韓國『宋金代雜劇·院本研究』安祥復 서울大學位論文 1996
韓國『중국고전희곡 10선』박성훈·문성재 고려원 1995
韓國『중국희곡선집』한국중국희곡연구회 學古房 1995
韓國『서위희곡연구』권응상 연극과 인간 2000
韓國『중국공연예술』김학주·김영구·이창숙·김우석 한국방송통신대학출판부 2002
韓國『중국의 전통잡기』안상복 서울대출판부 2006
中國『元曲選』明 臧晉叔 編 臺灣 藝文印書館 景印
中國『全元雜劇』臺灣 世界書局 彙編 景印
中國『六十種曲』文學古籍刊行社 重印
中國『錄鬼簿』元 鍾嗣成 撰
中國『續錄鬼簿』明 賈仲明 撰
中國『太和正音譜』明 寧獻王 朱權 撰
中國『曲海總目提要』淸 無名氏 撰
中國『曲錄』王國維 撰
中國『元代雜劇全目』傅惜華 撰 作家出版社
中國『明代傳奇全目』傅惜華 撰 人民文學出版社
中國『明代雜劇全目』傅惜華 撰 作家出版社
中國『中國古典戲曲論著集成』中國戲劇出版社 1982
中國『曲苑』江蘇古籍出版社 1984
中國『新曲苑』任中敏 編 臺灣 中華書局 1969
中國『揚州畫舫錄』淸 李斗 撰
中國『優語錄』王國維 撰
中國『元明淸戲曲研究論文集』作家出版社 編刊
中國『關漢卿研究論文集』古典文學出版社
中國『國劇藝術彙考』齊如山 撰 重光文藝出版社
中國『現存元人雜劇本事考』羅錦堂 撰 中華文化事業公司

中國『宋金雜劇考』胡忌 撰 古典文學出版社
中國『戲曲考原』王國維 撰 藝文印書館 景印
中國『宋元戲曲考』王國維 撰 藝文印書館 景印
中國『中國戲曲概論』吳梅 撰 藝文印書館 景印
中國『中國戲曲史』盧前 撰 藝文印書館 景印
中國『中國戲曲史』周貽白 撰 上海古籍出版社
中國『中國戲曲史』孟瑤 撰 臺灣 傳奇文學出版社
中國『元明淸戲曲史』陳萬鼐 臺灣 商務印書館
中國『中國戲曲通史』張庚・郭漢城 撰 戲劇出版社
中國『戲曲詞語匯釋』陸澹安 撰 上海古籍出版社
中國『中國戲曲曲藝辭典』陸澹安 撰 上海古籍出版社
中國『中國戲曲發展史』4冊 廖奔·劉彥君 共著 山西教育出版社
中國『中國古代戲劇史初稿』唐文標 聯經出版事業公司
中國『中國古典戲劇論集』曾永義 聯經出版事業公司
中國『論說戲曲』曾永義 聯經出版事業公司
中國『詩歌與戲曲』曾永義 聯經出版事業公司
中國『參軍戲與元雜劇』曾永義 聯經出版事業公司
中國『明代戲曲五論』王安祈 大安出版社
中國『明代傳奇之劇場反其藝術』王安祈 大安出版社
中國『中國戲劇學史稿』上·下 葉長海 駱駝出版社
中國『中國戲曲文學史』許金榜 中國文學出版社
中國『中國戲曲發展史綱要』周貽白 上海古籍出版社
中國『昆曲與文人文化』劉禎·謝雍君 共著 春風文藝出版社
日本『支那近世戲曲史』青木正兒 弘文堂 刊
日本『元雜劇硏究』吉川幸次郞 岩波書店
日本『元人雜劇概說』青木正兒 岩波書店
美國 *Selected PIays of Kuan Han−ch'ing*, Tr. by Yang Hsien−yi and Gladys Yang, Peking, Foreign Languages Press, 1958.
美國 Hsi−hsiang Chi : *The Romance of the Western Chamber*, Tr. by S. I. Hsiung, London, Menthelln, 1935.
美國 *The West Chamber*, Tr. by Henry H. Hart, Stanford University Press, 1936.
美國 Ch'ang−sheng Tien : *The Palace of Eternal Youth*. Tr. by Yang Hsien−yi and Gladys Yang, Peking, Foreign Languages Press, 1955.
美國 *Famous Chinese Plays*, Tr. by L. C. Arlington and Harold Action, Peking, 1937.
美國 *Elizabethan and Yuan* (A Brief Comparison of Some Connections in Poetic Drama), James Lin, London, Chinese Society Occasional Papers, No. 8. 1955.
美國 *The Classical Theatre of China*, A. C. Scott, Allen & Unwin, 1957.
美國 *The Golden Age of Chinese* Drama : Yüan Tsa−Chü, Chung−wen Shin, Princeton University Press, 1976.

제8장 강창(講唱)

제1절 강창의 발생-당대의 변문(變文) ● 269
제2절 강창의 구성 ● 272
제3절 송나라 · 원나라의 강창 ● 276
제4절 명나라와 청나라의 강창 ● 289
참고문헌 ● 296

제8장

강창(講唱)

제1절　강창의 발생－당대의 변문(變文)

<강창>이란 운문과 산문을 엇섞은 서사시이다. 본시 이것은 강창하는 사람이 청중들에게 운문부분은 가창(歌唱), 산문부분은 강설(講說) 또는 사설(辭說)로 일정한 얘기를 들려주던 민간연예이며, 속강(俗講) 또는 설서(說書)라고도 부른다. 그리고 강창이 독립된 장르의 문학으로 취급되기 시작한 일은 최근에 비롯된 일이다.

중국문학사상 최초로 등장하여 문제가 된 강창은 당대의 <변문>이다. 변문은 영국의 슈타인(A. Steine)과 불란서의 뻬리오(Paul Pelliot)가 각각 1907년과 1908년에 중국의 감숙성(甘肅省) 돈황현(敦煌縣) 천불동(千佛洞)의 석설(石室)에서 가져간 문서들 속에서 발견되어 세상에 알려진 수많은 돈황문권(敦煌文卷) 중의 일종이다. 근인 나진옥(羅振玉)이 『돈황영습(敦煌零拾)』에서 불곡(佛曲) 삼종(三種)을 발표한 데 뒤이어 수많은 학자들이 여러 곳에서 그 전에는 들어 보지도 못했던 새로운 문체인 변문을 발견해 냄으로써 중국문학사를 다시 쓰지 않으면 안 될 처지로 만들었던 것이다.

변문은 본시 불경(佛經)을 알기 쉽게 해설하여 민중에게 들려줌으로써 불교를 선전하는 데 목적이 있었다. 그러나 앞에 든 것처럼 나진옥이 <불곡>이라 부른 것은 그 자신이 지어 낸 호칭이다. 변문은 창문(唱文)이라고도 불렀던 듯하며(파리 국립도서관 소장본 뻬리오의 목록에 『維摩唱文』殘卷, 『法華經唱文』 일권, 런던박물관 소장엔 『維摩唱文綱領』 일권이 보임), 강창문(講唱文, 런던박물관 소장 『溫室經講唱押座文』), 압좌문(押座文, 런던의 『維摩押座文』, 파리의 『降魔變押座文』·『破魔變押座文』), 연기(緣

起, 파리의『醜女緣起』·『大目連緣起』) 등으로도 불리었다. 그러나 대부분의 작품들에는 변문이란 호칭이 붙어 있다. 간혹『팔상성도변(八相成道變)』(北京도서관 소장)처럼 '변' 한 자만 붙어 있는 경우도 있다.

이 강설에 가창을 섞어 가면서 불경을 해설하는 새로운 방식의 변문은 인도로부터 들어온 것으로 보고 있다. 인도에서는 운문과 산문을 엇섞은 문체가 일찍부터 발달하여 보편화하였다. 그러나 필자는『시경』및『초사』중의「구가」와「순자」「성상(成相)」편·「부(賦)」편 등을 근거로, 중국에는 옛날부터 이러한 강창형식의 연예는 물론 창(唱)을 중심으로 하는 희곡(戲曲)까지도 민간에 유행하였다고 보고 있다.[22)]

변문의 운문부분은 칠언(七言)의 게찬(偈讚) 형식의 것이 가장 많다. 그러나 간혹 칠언 중에 3언이 섞여 있는 것도 있고(예 :『維摩詰經變文』제 20권), 6언이나 5언으로 되어 있는 것도 가끔 있다(예 :『八相變文』).

산문부분은 비교적 어색하고도 유치한 백화문으로 이루어진 것이 보통이다(예 :『八相變文』·『伍子胥變文』). 그러나『유마힐경변문(維摩詰經變文)』처럼 산문이 변려문으로 이루어진 것도 있다. 특히『항마변문(降魔變文)』이나『유마힐경변문(維摩詰經變文)』의 지세보살권(持世菩薩卷)처럼 매우 원숙하고 세련된 변려문을 구사하고 있는 작품들도 있다.

얘기의 서술방식은 첫째, 산문으로 자세히 강술한 다음 운문으로 다시 되풀이하여 노래하는 것(예 :『維摩詰經變文』持世菩薩卷), 둘째, 산문으로 얘기의 실마리를 끌어내고 운문으로 자세히 계속해서 설명하는 것(예 :『大目乾連冥間救母變文』)이 있다. 그리고『오자서변문(伍子胥變文)』처럼 산문과 운문이 일정한 역할의 구별 없이 번갈아 가며 얘기를 하고 있는 것도 있다. 그러나 간혹 운문만으로 창하고 강설은 없는 것도 있고, 반대로 산문으로 강설하기만 하고 창하는 운문은 없는 작품도 있다.

변문은 본시 불경을 해설하기 위한 것이었지만 뒤에는 전혀 불경과 관계없는 얘기를 연출하는 경우도 생겨났다. 이것은 변문이 차츰 불경과의 관계를 떠나 민중오락으로 발전했음을 뜻하는 것이다. 이 때문에 변문을 속강(俗講)이라 부르는 것이 더 적절하게 여겨지기도 한다.

---

22) 「서한(西漢) 학자들의『시경』해설에 대한 새로운 이해」및「중국에 있어서의 설창(說唱)의 전통과 판소리」(『중국문학사론』서울대출판부, 2001) 참조 바람.

불경이나 불교에 관한 얘기를 연출한 작품으로는 『유마힐경변문』·『항마변문』·『대목건련명간구모변문』 등이 대표적이다. 『유마힐경』은 삼국(三國)시대 지겸(支謙)이 번역 출간한 것을 다시 뒤에 구마라습(鳩摩羅什)이 거듭 번역한 것인데, 이미 경 자체가 문학적 취향이 풍부한 소설적인 내용의 불경이다. 여기에 상당한 문재를 지닌 작자가 이것을 변문으로 개작한지라 다른 곳에서는 볼 수 없는 정도의 일대 서사시로 변모하고 만 것이다. 여기에 사용된 문장을 보면 산문에는 보통 백화문이 있는가 하면 또 아주 세련된 변려문으로 된 곳도 있고, 운문에는 상당히 격식이 갖추어진 율시가 있는가 하면 또 통속적인 운문을 사용한 것도 있다. 지금 런던과 파리를 비롯하여 각지에 모두 10여 권의 『유마힐경변문』의 일부분이 남아 있는 것으로 알려져 있다.

『항마변문』은 편폭이 아주 짧지만 그 문장이 매우 훌륭하다. 그리고 『대목건련명간구모변문』은 그 소설적인 구성이 특히 볼 만하다. 이 밖에도 『지옥변문(地獄變文)』·『부모은중변문(父母恩重變文)』·『추녀연기(醜女緣起)』·『유상부인승천변문(有相夫人升天變文)』·『팔상성도변문(八相成道變文)』 등 불경에 관한 변문이 있다. 이 중 『지옥변문』과 『부모은중변문』은 경문만을 강술하고 그 속에 다른 얘기가 들어 있지 않아 오직 불경의 해설이나 불경을 창하는 성질만을 띠고 있는 것이다. 이런 변문은 순 종교적 목적의 것이어서 문학적인 성취는 다른 것들만 못하다.

불경과 무관한 변문으로는 『오자서변문(伍子胥變文)』·『왕소군변문(王昭君變文)』·『순자지효변문(舜子至孝變文)』 등이 있다. 불승들이 역사적인 얘기에 입각하여 사람들에게 선하고 올바른 일을 권하려는 뜻에서 불경을 떠난 이런 변문들을 만들어 냈던 것 같다. 이 밖에 특수한 것으로는 그 시대의 얘기를 쓴 『서정기(西征記)』가 있다. 근인 손해제(孫楷第)는 이를 『장의조변문(張義潮變文)』이라 부르고 있는데, 내용이 장의조의 공덕을 찬양하는 것이기 때문이다(『大公報』 圖書副刊 145期, 1936년 8월 27일판).

변문의 시대는 현재 고증된 것으로 가장 빠른 것은 성당 (713－765) 무렵이고, 가장 늦은 것은 양(梁)나라 정명(貞明) 7년(921)이다. 지금 우리가 알 수 있는 돈황사본의 연대는 가장 빠른 것은 406년, 가장 늦은 것은 995년이다(L. Giles, Dated chinese Manuscripts in the Stein Collection. The Bulletin of the School of Oriental Studies, London Institution, Vol. Ⅶ, part 4. 참조). 따라서 돈황사본과 변문의 시대

를 비교해 보면 가장 늦은 사본은 70여 년의 차밖에 나지 않는 데 비하여, 가장 빠른 사본은 최소한 300여 년의 차이가 난다. 이것은 틀림없이 성당 이전에는 변문이 존재하지 않았음을 증명해 주는 것이다.

변문은 당나라에 들어와 한동안 성행하여 이후 송나라에 이르러 강창(講唱)이라 총칭하는 여러 가지 민중문학이 생겨나 성행하게 하였다. 그리고 중국의 희곡은 이 강창의 영향을 크게 받고 형성된 것이며, 특히 중국문학사상 본격적인 소설은 여기에서 생겨났다고 말할 수 있다. 지금까지도 형태상의 변화는 있지만 변문의 적계라고 할 수 있는 보권(寶卷)·탄사(彈詞) 등이 중국 민간에 널리 유행하고 있다.

제2절 강창의 구성

변문에서 시작된 강창은 송나라에 들어와 크게 성행한다. 송나라 때에는 도진(陶眞)·애사(涯詞)·고자사(鼓子詞)·제궁조(諸宮調)·복잠(覆賺) 등이 생겨났고, 원나라 때에는 사설(詞說)·어설(馭說)·화랑아(貨郎兒) 등이 유행하였으며, 명나라·청나라 이후로도 탄사(彈詞)·고사(鼓詞)·보권(寶卷) 등이 유행하였다.

그러면 강창이라 총칭하는 이들 변문의 적계들은 어떠한 양식에 의하여 구성되어 있는가? 물론 같은 강창이라 하더라도 체제상 큰 차이가 있는 것도 있기는 하지만, 그 주류에 있어서는 대체적인 공통점을 지니고 있다.

첫째 : 강창에서 가창하는 운문의 문장을 따져 보면 우리는 그것을 악곡계(樂曲系)와 시찬계(詩讚系)의 두 종류로 대별할 수 있다.

악곡계의 강창은 그 시대의 보통 악곡을 사용하여 가창을 하는 것들이다. 이들의 특징은 매 편의 악곡이 각각 다른 악조(樂調) 또는 곡조(曲調)로 이루어지며, 구절의 형식은 그 악조(樂調, 곧 牌子)에 의하여 결정되는데 거의 대부분이 장단구(長短句)이다. 이 악조는 시대에 따라 다르게 마련이어서, 송나라 때에는 사조, 금나라·원나라 때에는 북곡, 명나라·청나라 때에는 남곡이 가장 많이 사용되었으며, 간혹 지방에 따라 그 시대에 새로 유행하던 민간가요를 사용하는 경우도 있다. 같은 종류의 강창이라 하더라도 시대에 따라 사용된 악곡은 다르게 마련이어서, 보기를 들면 제궁조는 송나라 때에는 사조를 사용하였고, 금나라·원나라 때에는 사곡의 중간형이나 또는 순수한 북곡을 사용하였다. 따라서 우리는 사용된 악곡에 따라 강창을 다시 두 종류로 나누어 볼 수 있다.

1) 당나라 · 송나라의 사조를 사용한 것. 이것은 송나라의 강창에서만 볼 수 있다. 송나라의 소설 · 제궁조 · 서사고자사(敍事鼓子詞) · 복잠이 이에 속한다.

2) 송나라 · 원나라 이래의 남북곡이나 민간악곡을 사용한 것. 금나라의 제궁조는 사곡의 중간형(금대의 『劉智遠諸宮調』와 『西廂記諸宮調』)을 사용하고 있으나, 원나라의 제궁조(원나라의 『天寶遺事諸宮調』)는 북곡을 주로 사용하고 있다. 사곡의 중간형이란 바로 북곡의 초기 형태라 할 수도 있다. 명나라의 서사도정(敍事道情)인 『장자탄고루(莊子嘆骷髏)』(『續金瓶梅』에 보임)와 『도진선수악부홍산집(陶眞選粹樂府紅珊集)』 중의 곡패는 남북곡을 사용하고 있고, 원나라의 『화랑아(貨郎兒)』, 명나라의 『서사연화락(敍事蓮花落)』, 청나라 포송령(蒲松齡, 1630－1715)의 『요재이곡(聊齋俚曲)』 중의 패자곡(牌子曲) 등은 모두 당시 그 지방에 유행하던 민간악곡과 악조를 사용한 것이다.

시찬계(詩讚系)의 강창은 당나라 변문의 게찬사(偈讚詞)를 계승한 것이다. 송나라 이래의 여러 가지 강창은 보권(寶卷) 이외에는 불교와 관계되는 것이 없으므로 '게찬'이란 말을 쓰지 않고 '시찬'이라 말하는 것이다. 이 시찬계의 운문은 대체로 시체의 절(絶) · 율(律) · 가(歌) · 행(行) 등과 비슷한 형식이기는 하지만, 시보다는 압운 방법이 자유롭고 평측의 구분도 엄하지 않으며 구어체에 가까운 문장을 많이 쓰고 있어 본격적인 시와는 다르다. 보기를 들면 송나라 · 원나라 · 명나라의 도진(陶眞), 원나라 · 명나라의 사화(詞話), 명나라 · 청나라의 탄사(彈詞) · 고사(鼓詞)와 현재까지 유행되고 있는 각종의 강창이 모두 그러하다.

변문의 게찬사는 7언이 대부분이었고, 송나라의 시찬게 강창도 역시 그러했다. 그러나 원나라의 사화에서 십언구(十言句)가 생겨나, 명나라 · 청나라의 고사와 보권에서도 많이 사용되었다. 십언이란 보통 삼 · 삼 · 사언으로 이루어지는 것이어서, 기본적으로는 7언의 변화형이라 할 것이다.

실제로 이들을 연창(演唱)할 적에는 시찬도 거의 모두 가창하였다(염송하는 것은 극소 부분). 이것들도 일정한 강조(腔調)와 창법이 있었으나, 당나라 변문만 보더라도 시찬에 대하여 평(平) · 측(側) · 음(吟) · 단(斷) 등의 강조가 주기(注記)되어 있다. 물론 이 가창법은 시대에 따라 변화하였다. 청대의 탄사를 보면 먼저 평호조(平湖調)가 있었고 뒤에 다시 유조(兪調)와 마조(馬調)가 생겨난다. 그러나 도진이나 사화처럼 지금까지 전하지 않는 강창들의 강조는 알 길이 없고, 악곡계와는 달리 시찬에는 악조나 강조가 기입되지 않는 게 보통이다.

강창 중에는 또 시찬과 악곡계의 두 가지 운문이 엇섞여 쓰인 것이 약간 있다. 보기를 들면 송나라의 전답(轉踏)은 <강>과 <창> 대신 시와 악곡으로 이루어져 있고, 명나라의 보권에는 시찬 이외에도 「괘금색(掛金索)」·「오공양(伍供養)」·「솨해아(耍孩兒)」 같은 곡조가 쓰이고 있으며, 사화도 시찬이 위주이지만 「서강월(西江月)」·「자고천(鷓鴣天)」 같은 사조가 혼용되고 있다. 청나라의 『진주탑(珍珠塔)』 같은 오음계(五音系)의 탄사에도 남북곡의 곡조가 혼용되고 있는 것이 적지 않다. 또 명나라 말엽의 '서사도정'은 같은 얘기를 주제로 한 작품으로 악곡계의 것과 시찬계의 것 두 가지가 동시에 유행되기도 하였다(보기 : 명나라 말엽 丁耀亢『續金瓶梅』 제46회 『莊子嘆骷髏』는 악곡계인데, 天啓 연간 1621－1627에 이미 杜蕙가 개편한 시찬본이 나왔다). 또 '도진'은 송나라에 있어서는 본시 시찬계의 운문을 사용했으나 명나라에서는 다시 악곡계의 것도 나왔다(萬曆, 1573－1620, 전후의 秦淮墨客편 『陶眞選粹樂府紅珊集』 소재 '도진'). 이로써 보면 시찬과 악곡이란 서로 완전히 독립된 것이 아니라 노래로서 함께 어울릴 수 있는 성질의 것이었음을 알겠다.

또 특수한 강창으로 운문만 있고 산문은 없는 것도 있다. 청나라의 자제서(子弟書)·대고(大鼓)·탄사(彈詞)의 개편(開篇)과 각종 서사창본(叙事唱本) 등이 그 보기이다. 이것들에는 앞머리에 해설을 위한 산설(散說)이 붙은 것도 있기는 하지만, 이 산설은 본격적인 고사를 얘기하는 것은 아니다. 결국 이것들은 강설은 없고 가창만 있는 것이기는 하지만, 그 내원을 따져 강창 속에 포함시키는 수밖에 없다. 이미 변문 가운데에도 『동영변(董永變)』과 『계포매진사문(季布罵陳詞文)』 같은 것은 전문이 시찬체로 이루어져 있다.

둘째 : 강창에 있어서 <강>과 <창> 곧 산문과 운문의 배합관계를 보면 이미 변문에서 설명했지만 다음과 같은 세 가지가 있다.

1) 복용체(複用體)－산문으로 고사를 한 토막 얘기한 다음 다시 운문으로 중복하여 같은 내용을 가창하는 것. 변문에도 이런 방식이 사용되었지만 고자사·제궁조·보권과 고사와 탄사의 일부 등 많은 강창에 이 방식을 사용하고 있다. 여기에도 대체로 산문보다 운문이 강창의 주체를 이룬다.

2) 연용체(連用體)－운문과 산문을 연이어가며 애기를 연출해 나가는 것. 여기에서는 운문과 산문의 고사내용이 중복되지 않고 연결된다. 변문에도 이 방식이

쓰였지만, 후세의 사화와 탄사・고사들이거의 모두 이 방법을 쓰고 있다.

3) 삽용체(揷用體)－강설의 앞뒤 또는 중간에 애기의 전개와는 꼭 필요한 관계 없이 운문을 삽입하여 변화를 도모하고 청중들의 흥취를 증가시키는 방법이다. 여기에서 작품의 앞머리에 놓인 운문은 입화(入話)의 기능을 발휘하고, 중간의 것은 애기와 관계가 있는 서정이나 주변 묘사의 역할을 하는 것이 보통이다. 가정(嘉靖)판본 『수호전(水滸傳)』의 매회 첫머리에 보이는 시찬(詩讚)이나 『경본통속소설(京本通俗小說)』의 『전옥관음(碾玉觀音)』에서 입화(入話) 때 사용한 시와 사 41수, 『서산일굴귀(西山一窟鬼)』의 입화에서 사용한 영춘사(詠春詞) 15수가 앞머리에 운문을 사용한 두드러진 예이다. 그리고 강창 본문 중의 중간 삽용도 흔히 눈에 뜨이는 일이다. 그러나 여기에서 운문은 불가결한 요소라 말할 수는 없다. 또 명・청 두 나라의 산설(散說)이나 소설 중에는 앞뒤나 중간에 시・사・시찬 또는 악곡을 사용한 것이 많은데, 이것은 강창의 영향이기는 하지만 역시 산문이 위주여서 강창이라 볼 수 없는 것들이다.

셋째 : 강창의 가창에는 악기의 반주가 있었다. 송나라의 소설은 은자아(銀字兒)라고도 불렀는데(宋 耐得翁 『都城紀勝』), 이는 강창할 때 반주악기로 은자생(銀子笙) 또는 은자필율(銀子觱篥)을 사용한 데서 얻어진 이름이다. 고자사에는 관현과 북의 반주가 있었고(趙令畤, 1110 전후의 『侯鯖錄』 권 5), 잠사(賺詞)에는 북・적(笛)・박판(拍板)이 사용되었고(元 陳元靚의 『羣書類要事林廣記』 戊集 권 2), 또 현색(絃索)이 사용되기도 하였다(周密, 1232－1308?의 『癸辛雜識』 別集 下). 제궁조는 송나라에 있어서는 '고판지기(鼓板之伎)'로서 여러 가지 악기가 반주로 쓰였고(吳自牧, 1270 전후, 『夢粱錄』 권 20), 창하는 사람 자신이 북을 쳤다 하나(洪邁, 1123－1202의 『夷堅志支志』 乙集 권 6), 금나라・원나라에서는 설창자가 스스로 징 또는 박판(拍板)으로 장단을 치며 강창을 하였고(石君寶, 1260 전후의 『諸宮調風月紫雲庭』 잡극 및 120 회본 『水滸傳』 제51회 揷翅虎枷打白秀英), 곁에 비파(琵琶)나 쟁(箏) 같은 현악 반주가 있는 경우도 있었다(楊立齋, 1330 전후의 『鷓鴣天詞』). 그 때문에 명나라와 청나라 사람들은 제궁조를 추탄사(搊彈詞)라고도 불렀다. 또 원나라의 강창인 화랑아(貨郞兒)는 북을 사용했고(원 무명씨 『風雨像生貨郞旦』 잡극), 어설(馭說)에서는 박판과 문추(門鎚)가 사용되었다(王惲, 1227－1304의 『秋澗先生大全文集』 권 76). 그리고 보통 사화의 연출에는 비파가 반주악기로 쓰였다(元好問, 1190－1257의 『遺山先生文集』 권 36). 명나라의 도진(陶眞)에도 비파가 사용되었으며(田汝成, 1540 전후의 『西湖遊覽志餘』 권

20), 사화와 탄사에는 소고(小鼓)와 박판이나 현색(絃索)이 사용되었고(臧懋循, 1595 전후의『負苞堂稿』권 3), 절의 중들은 강창 때 항발(響鈸)을 사용하였다(『金瓶梅詞話』 제15회). 이 이상 반주악기에 대한 자세한 기록은 없다. 강창이 민중의 기예임을 생각할 때 강창하던 때와 장소에 따라 반주악기에 차이가 있었을 것이다. 다만 한 가지 분명한 것은 대체로 창자가 한 가지의 타악기나 현악기로 반주하면서 홀로 강창하는 경우가 가장 많았을 것으로 생각된다.

그러나 여러 강창의 편폭에 있어서는 크게 차이가 난다. 제궁조와 사화·탄사·고사는 장편이 많고, 기타는 중편 또는 단편의 짜임새이다.

제3절 송나라·원나라의 강창

1. 애사(涯詞)와 도진(陶眞)

당나라 변문에서 시작된 강창은 송나라에 이르러 화려한 발전을 이룬다. 변문의 게찬(偈讚)의 형식을 곧바로 계승한 송나라의 강창으로는 애사와 도진이 있다. 그러나 이 두 가지는 모두 작품이 하나도 전하는 게 없어 문헌에 의한 간접적인 고찰을 할 수 있을 뿐이다. 서호노인(西湖老人)의『번승록(繁勝錄)』에는 임안(臨安)의 와시기예(瓦市伎藝)를 기록한 대목에 이렇게 쓰고 있다.

> "애사의 가창은 자제들을 끌어들일 뿐이고 도진을 듣는 것은 모두가 촌사람들이다."[23)]

여기에서 애사의 청중은 양가자제들이고 도진의 청중들은 촌인이라 했으나, 청중의 성질로 보아 애사는 남녀의 사랑 같은 것을 주제로 한 얘기의 내용이 어느 정도 품위가 있는 작품인데 비하여 도진은 그 주제나 얘기의 내용이 훨씬 통속적인 것이었을 걸로 생각된다.

애사는 崖詞로도 썼다. 내득옹(耐得翁)의『도성기승(都城紀勝)』과 오자목(吳自牧)의『몽량록(夢粱錄)』권 20에는 모두 괴뢰희조(傀儡戲條)에 괴뢰희의 화본(話本)은 애사와 비슷한 것도 있다고 쓰고 있다. 송나라의 영희(影戲)의 창사(戲文『張協狀元』중의 影戲詞, 張戒의『歲寒堂詩話』권 上의 弄影戲語라 한「中興碑詩」)나, 괴뢰희의

---

23) "唱涯詞只引子弟, 聽陶眞盡是村人."

창사(『西廂記諸宮調』 권 4 傀儡兒 二首)가 모두 7언 또는 6언(간혹 있음)의 시찬임을 미루어 애사도 시찬계의 강창이었음을 짐작할 수 있다.

도진에 관한 구체적인 보기는 모두 원나라·명나라 사람들의 기록에만 보인다. 고명(高明, 1354 전후)의 『비파기(琵琶記)』(『六十種曲』本) 제 17척의 창에는 도진을 노래하는 장면이 나오는데 연화락(蓮花落)의 화성(和聲)을 응용하고 있지만 7언의 시찬으로 되어 있다. 명 낭영(郎瑛)의 『칠수유고(七修類稿)』 권 22에는 도진이 북송 때부터 시작된 듯하고, 한 친구가 변경을 지나다 길거리에서 맹녀가 『비파기』 애기를 하는 것을 들은 일이 있다 하였다. 그리고 주집(周楫, 1619 전후)의 『서호이집(西湖二集)』 권 17에는 도진에서 상용되는 말로 칠언시찬을 인용하고 있다. 다시 전여성(田汝成, 1540 전후)은 『서호유람지여(西湖遊覽志餘)』 권 20에서 명나라 때의 도진에 관하여 다음과 같이 말하고 있다.

> "항주의 남녀 장님들은 대부분 비파를 배워 고금의 소설과 평화(平話)를 가창함으로써 의식을 충당했는데, 이것을 '도진'이라 부른다. 대체로 송나라 때의 일을 얘기하는데, 변경(汴京)의 유속인 것이다."24)

명나라 장일규(蔣一葵)의 『요산당외기(堯山堂外紀)』, 청나라 적호(翟灝)의 『통속편(通俗編)』 권 31, 저인호(褚人穫)의 『견호구집(堅瓠九集)』 권 1에도 같은 애기가 인용되어 있다. 이에 따르면 도진은 명나라에서는 항주지방에 크게 유행하였고, 소설이나 평화와 같은 고사를 연창했다.

명나라에 이르러 도진은 두 가지 방면으로 큰 변화를 일으켰다. 첫째는 기진륜(紀振倫)이 편집한 『도진선수악부홍산집(陶眞選粹樂府紅珊集)』처럼 창사의 시찬이 남북곡으로 바뀐 것이 나온 것이다. 이는 가창이 유행악곡의 영향 아래 단조로운 형식에서 다양한 형식으로 발전한 것이다. 둘째는 도진의 대본에서 시찬을 빼 버리어 완전한 산문소설을 이룩한 것이다. 전여성의 『서호유람지여』 권 20에는 앞에 인용한 글 뒤에 또 이런 말을 하고 있다.

> "홍련·유취·제전·뇌봉탑·쌍어선추 등의 작품들은 항주의 특이한 일들을 다룬 것이니 아마도 근세에 가짜로 쓴 것일 것이다."25)

여기에서는 남녀 장님이 강창한 도진 애기를 하고 있는 것이 틀림없으니, 위에

24) 杭州男女瞽者, 多學琵琶, 唱古今小說·平話, 以覓衣食, 謂之陶眞. 大抵說宋時事, 蓋汴京遺俗也."
25) "若紅蓮·柳翠·濟顚·雷峯塔·雙魚扇墜等記, 皆杭州異事, 或近世所擬作者也."

보이는 다섯 가지 작품은 도진의 대본일 것이다. 첫째 「제전」은 조율(晁瑮)의 『보문당서목(寶文堂書目)』 중에 보이는 『홍청난제전(鴻淸難濟巓)』인 듯한데, 지금은 전하지 않는다. 그 나머지는 『청평산당화본』과 『고금소설』 권 30의 「오계선사사홍련(五戒禪師私紅蓮)」, 『고금소설』 권 29의 「월명화상도유취(月明和尙度柳翠)」, 『경세통언(警世通言)』 권 28의 「백낭자영진뢰봉탑(白娘子永鎭雷峰塔)」, 웅용봉(熊龍峯) 간본인 『공숙방쌍어선추전(孔淑芳雙魚扇墜傳)』 등으로 전하여진다. 그러나 모두가 산문소설이며, 장님이 탄창하던 도진의 대본 그대로가 아니다. 따라서 전여성이 "근세에 가짜로 쓴 것(近世所擬作者)"이라 한 것은 통속적인 도진의 대본을 산문소설로 개작한 것을 뜻할 것이다. 이것은 사화 같은 다른 종류의 강창에서도 흔히 볼 수 있는 일이다.

이 도진은 지방에 따라 청나라에까지도 유행하였다. 이조원(李調元, 1778 전후)의 『동산시접(童山詩集)』 권 38 「농보백영(弄譜百詠, 1799년작)」의 제 13수에서 이렇게 읊고 있다.

> "일찍이 전당에서 비파 타는 것 들었는데
> 도진 한 곡조에 해가 저물데나."[26)]

그러나 이것은 탄사를 가리키는 호칭으로 도진이란 말을 쓴 것일 가능성이 많다. 송나라·명나라의 도진은 탄사의 전신이며, 명나라·청나라의 탄사는 도진을 계승 발전시킨 것이기 때문이다.

2. 복잠(覆賺)과 고자사(鼓子詞)

송나라에 들어와서는 강창에 그 시대에 유행한 가곡을 응용하기도 하였다. 북송에 가장 유행하였던 강창은 창잠(唱賺)인 듯하다. 오자목의 『몽량록(夢粱錄)』 권 20에 의하면 창잠에는 전령(纏令)과 전달(纏達)의 두 가지가 있다 하였고, 창잠은 만곡(慢曲)·대곡(大曲)·표창(嘌唱)·솨령(耍令)·번곡(番曲)·규성(叫聲) 등의 여러 가지 강조를 다 노래할 줄 알아야만 했기 때문에 가장 노래하기 어렵다고 하였다(『都城紀勝』에도 비슷한 기록이 있음). 이에 따르면 창잠은 가무희(歌舞戲)에 가까운 형식이었을 것 같다. 그러나 남송 소흥(紹興) 연간(1131-1162)에는 기예인(技藝人)

26) "曾向錢塘聽琵琶, 陶眞一曲日初斜."

장오우(張五牛)라는 사람이 고판(鼓板)을 응용하여 이것을 개조함으로써 남송에 더욱 유행하게 되었다고 한다(『夢粱錄』 의거). 창잠은 잠사(賺詞)라고도 불렀다. 그러나 창잠의 대본은 모두 없어져 버려 전하지 않는다. 근년에 왕국유(王國維 1877－1927)가 발견한 원나라 때의 진원정(陳元靚)의 『군서류요사림광기(羣書類要事林廣記)』 무집(戊集) 권 2에 수록된 「원사시어(圓社市語)」가 유일한 전본이다. 거기에는 알운요결(遏雲要訣)이라 하여 창잠의 규칙이 앞머리에 붙어 있고, 「자고천(鷓鴣天)」사를 이용한 치어(致語)가 있은 다음, 중려궁(中呂宮)에 속하는 「자소환(紫蘇丸)」·「누루금(縷縷金)」·「호녀아(好女兒)」·「대부낭(大夫娘)」·「호해아(好孩兒)」·「잠(賺)」·「월임호(越恁好)」·「골타토(鶻打兎)」·「미성(尾聲)」 등 아홉 수를 사용하여 축국(蹴踘)이란 놀이를 하는 것을 읊고 있다. 이것은 "연회용"이라 하였으니, 보통 와사(瓦舍)나 민간에서 연출되던 것보다는 우아해진 것이라 생각된다.

내득옹의 『도성기승』에는 이런 기록이 보인다.

> "지금은 복잠이 있는데, 남녀 사이의 정이나 말타고 전쟁하는 얘기를 연출하는 것으로 변하였다."[27)]

곧 창잠(唱賺)은 다시 남녀의 사랑이나 전쟁에 관한 얘기를 연창하는 복잠으로 변했다는 것이다. 복잠은 작품이 하나도 전하지 않아 확언을 하기는 어렵지만 내용이 길고 복잡한 얘기를 연출했다면 강창의 일종이었음이 틀림없는 일이다. 가창만으로 길고 복잡한 얘기를 연출하기는 곤란한 일이기 때문이다. 복참은 뒤에 얘기할 제궁조의 초기 형태의 강창이었을 가능성이 많다.

고자사도 사조를 응용한 송나라에 생겨난 강창의 하나이다. 고자사란 말은 연창 때 반주악기로 북을 사용한 데서 얻어진 명칭이다. 그러나 관악기와 현악기까지 반주악기로 동원되는 경우도 있었다. 이것은 민간에 유행한 다른 종류의 강창과는 달려 사대부들이 잔치자리에서 즐기는 간단한 형식의 오락적인 기예로 크게 유행한 듯하다. 그 때문에 오히려 다른 종류의 강창들보다도 그 작품이 많이 전하는 셈이다. 송나라 구양수(歐陽修, 1007－1072)의 『육일사(六一詞)』에 실린 「십이월고자사(十二月鼓子詞)」·「어가오(漁家傲)」 12수, 여위로(呂渭老, 1122 전후)의 『성구사(聖求詞)』에 실린 「성절고자사(聖節鼓子詞)」·「점강순(點絳唇)」 2수, 남송 후치(侯寘, 1147 전후)의 『인굴사(孏窟詞)』에 실린 「금릉부회고자사(金陵府會鼓子詞)」·「

---

27) "今又有覆賺, 又且變花前月下之情及鐵騎之類.

신하엽(新荷葉)」 1수, 장륜(張掄, 1162 전후)의 『연사사(蓮社詞)』에 실린「감자목란화(減字木蘭花)」 30수 등이 있다.

그러나 특히 긴 얘기를 연출한 대표적인 강창으로 조령치(趙令畤, 1110 전후)의 『후청록(侯鯖錄)』 권 5에 수록된「원미지최앵앵상조접련화(元微之崔鶯鶯商調蝶戀花)」 고자사가 있다. 이것은 당나라 원진(元稹, 779－831)의 전기소설『앵앵전(鶯鶯傳)』을 빌리고, 중간에「접련화(蝶戀花)」 12수를 지어 끼어 넣어 만든 강창이다. 이러한 고자사는 대부들의 잔치자리에서 뿐만 아니라 구란(勾欄)에서도 민간오락용으로 상연되었다.

또 명나라 때에 간행된『청평산당화본(淸平山堂話本)』 속에는「문경원앙회(刎頸鴛鴦會)」 한 편이 있는데(『警世通言』에는「蔣淑貞刎頸鴛鴦會」란 제명으로 수록됨), 역시 고자사의 형식이다. 이 작품은 매끄럽고 아름다운 구어체로 장숙진(蔣淑珍)과 주병중(朱秉中)의 사랑 얘기를 해 나가면서 중간 중간에「상조조호로(商調醋葫蘆)」 10수를 끼어 넣어 가창을 하는 형식으로 이루어져 있다. 그리고 제 1수 앞에는 "노래꾼의 수고를 빌어, 먼저 가락을 듣고 뒤에 사설을 들어 봅시다(奉勞歌伴, 先聽格律, 後聽蕪詞)." 뒤의 제 9수 앞에는 모두 "노래꾼의 수고를 빌어 앞 가락에 따라 다시 창을 합니다(奉勞歌伴, 再和前聲)."라고 하는 조령치의 고자사와 똑같은 상투어가 사용되고 있다. 그리고 고자사는 다른 서사적인 강창들이나 마찬가지로 뒤에는 소설이나 희곡으로도 발전했던 것이다.

고자사는 되풀이하여 똑같은 사조를 노래하였기 때문에 단조로움 을 면키 어려웠을 것이다. 그래서 복잡한 형식의 강창들이 발전한 뒤에는 새로운 강창에 눌리어 자취를 감추었던 것 같다. 남송 이후로는 이러한 고자사에 관한 기록이 보이지 않는다.

3. 제궁조

송나라에 발달한 다양한 강창들 중에서도 최고의 성취를 이룬 것은 제궁조였다. 여러 강창 중에서 편폭이 가장 길 뿐만 아니라 구성도 정밀하고 음악적으로도 다양한 발전을 이룬 것이다.

왕작(王灼 1162 전후)의『벽계만지(碧溪漫志)』에 의하면 제궁조는 송나라 신종(神宗)의 희녕(熙寧)·원풍(元豐) 연간(1068－1085)에 택주(澤州)의 공삼전(孔三傳)

이란 예인에 의하여 만들어 졌다 한다. 주밀(周密, 1232－1308)의 『무림구사(武林舊事)』 권 10 관본잡극단수(官本雜劇段數)의 280본(本) 중에는 「제궁조패왕(諸宮調霸王)」과 「제궁조괘포아(諸宮調卦鋪兒)」의 두 가지 작품 제목이 들어 있다. 그러나 이들 남송의 제궁조가 애기를 연출한 것인지 아닌지는 알 길이 없다. 그리고 『몽량록』 권 20과 『무림구사』 권 6에 수록된 각종 기예인들을 보면 제궁조의 전문가는 도합 5명에 불과하니 남송에서는 다른 강창에 비하여 유행이 대단치 않았던 것으로 보인다.

금(金)나라에서 작가를 알 수 없는 『유지원제궁조(劉智遠諸宮調)』와 동해원(董解元, 1190 전후)의 『서상기제궁조(西廂記諸宮調)』라는 두 가지 걸작이 나타났다. 이 금나라의 제궁조는 말할 것도 없이 송나라의 제궁조를 계승 발전시킨 것이다. 『유지원제궁조』는 『오대사(五代史)』에서, 『서상기제궁조』는 『앵앵전(鶯鶯傳)』에서 애기의 줄거리를 취한 것이지만, 산문이나 운문 모두 문장이 수려하고 규모가 방대하다. 산문은 빼고 운문만을 보더라도 『유지원』은 일부분이 남아 전해지는 것이지만 76개의 연투(聯套), 『서상기』는 188개의 연투로 이루어지고 있다. 이 연투는 일곡만을 사용하는 경우도 있지만, 일곡에 미성(尾聲)을 붙인 것, 이곡 또는 수곡에 미성을 붙인 것(15곡을 사용한 연투도 있다) 등 그 구성방식이 일정치 않다. 그러나 『서상기제궁조』를 『앵앵전』과 비교해 보면 쉽사리 그것이 얼마나 더 커진 규모의 작품인가를 알 수 있을 것이다.

이들 제궁조에서 사용한 악곡은 사곡(詞曲)의 과도적인 형태의 것이다. 여기에서 사용된 악곡이 후첩(後疊)을 사용하는 것(2 내지 4첩, 곡에서는 사용되지 않고 필요할 때는 前腔 또는 么篇으로 독립시켜 사용하였다)과 압운을 하는 방법은(寒間·鸞端·先元은 通押하면서도, 曲韻인 寒山·桓歡·先天은 通押하지 않음) 사와 비슷하다. 그러나 개중에는 후첩을 사용하지 않는 곡조도 많이 있다. 원나라 잡극의 대표작으로 치는 왕실보(王實甫 1234 전후)의 『서상기』는 그 구성과 문장에 있어 『서상기제궁조』에 크게 힘입고 있다는 것이 정평이다.

원나라에 들어와서는 왕백성(王伯成, 1279 전후)의 『천보유사제궁조(天寶遺事諸宮調)』가 나왔다. 이 작품은 오직 일부분의 글만이 여러 곳에 남아 전할 따름인데, 근래 조경심(趙景深)이 수집한 바에 의하면 지금 55개의 연투(聯套)가 전한다. 그 중 42투는 3곡 내지 6곡을 사용한 간단한 것이나 나머지는 규모가 보다 크며, 가장 큰 것으로는 18곡을 사용하여 만들어진 투수도 있다. 이것은 금대의 제궁조에 비하여 연투에 사용된 악곡의 수가 늘어났음을 뜻한다. 그리고 여기에 사용된 악곡들은 완전히 원곡(元曲)과 같은 것으로 변해 있다. 『태평악부(太平樂府)』 권9에 실린 양립재(楊立齋, 1330 전후)의 산곡 「초편(哨遍)」에 의하면, 원나라에 들어와 상도(商道, 1229 전후)가 송나라 장오우(張五牛)의 『쌍점소경제궁조(雙漸蘇卿諸宮調)』를 개편했다. 이러한 개편은 음악의 변화로 말미암아 불가피했던게 아닌가 싶다. 다만 장오우와 상도의 제궁조는 모두 완전히 없어져서 작품은 볼 수가 없다.

하백화(夏伯和, 1368 전후)의 『청루집(靑樓集)』에 의하면 원나라 말엽에도 제궁조를 전문적으로 설창하는 기예인으로 조진진(趙眞眞)·양옥아(楊玉娥)·진옥련(秦玉蓮)·진소련(秦小蓮) 같은 여자 연예인들이 있었다. 또 종사성(鍾嗣成, 1321 전후)의 『녹귀부(錄鬼簿)』에 의하면 호정신(胡正臣, 1294 전후)은 『서상기』 전 편을 노래할 수 있었다 한다. 그러나 원나라에는 잡극의 성행에 눌려 제궁조는 완성된 체제를 갖추고서도 빛을 내지 못하였던 것 같다.

이상 설명한 이외에도 금나라·원나라의 제궁조에는 더 많은 작품들이 있었으나 지금은 그 명목만을 남기고 있다. 동해원의 『서상기제궁조』 첫 권에는 그 때 유행했던 작품으로 『최도봉자호(崔韜逢雌虎)』·『정자우요호(鄭子遇妖狐)』·『정저인은병(井底引銀甁)』·『쌍녀탈부(雙女奪夫)』·『천녀이혼(倩女離魂)』·『최호알장(崔護謁漿)』·『쌍점간소경(雙漸趕蘇卿)』·『유의전서(柳毅傳書)』 등 8편의 작품 이름이 보인다. 또 석군보(石君寶, 1260 전후)의 잡극 『제궁조풍월자운정(諸宮調風月紫雲亭)』의 한초란(韓楚蘭)의 말 가운데에는 『삼국지(三國志)』·『오대사(五代史)』·『쌍점간소경』·『칠국지(七國志)』 등의 네 종류가 보인다. 여기에서 두 군데 모두 보이는 『쌍점간소경제궁조』는 장오우 또는 상도의 개작품일 것이다. 그 나머지 앞의 7종은 연정을 주제로 한 것이고, 뒤의 3종은 전쟁과 관련이 있는 내용인 것 같다.

이 밖에도 원나라에 유행했던 강창으로는 어설(馭說)과 화랑아(貨郞兒)가 있다. '어설'은 원나라 왕운(王惲, 1227－1304)의 『추간선생대전문집(秋澗先生大全文集)』 권 76에 「자고인증어설고수영사(鷓鴣引贈馭說高秀英詞)」라는 여자 기예인을 칭송한 작품에 보일 따름이다. 1·2구에서는 어설을 하는 여자 기예인의 옷차림과 모습을, 3·4구에서는 가창과 강설의 모양을, 5·6구에서는 어설의 강사적(講史的)인 내용을, 7·8구에서는 이 어설을 들은 작자의 감회와 함께 반주악기로 박판(拍板)과 문추(門鎚)를 쓰고 있음을 읊고 있다. 그러나 이보다 더 자세한 어설에 대한 기록이 없어 확실한 그 내용은 알 길이 없다.

'화랑아'는 송나라 때부터 향간에서 일용품을 팔고 다니는 행상인이 꽹과리나 뱀 가죽으로 메운 북을 두드리며 물건 사라고 외치는 소리에 가락이 붙어 이루어진 것이다.[28)]

120회본『수호전』제 74회에 연청(燕靑)이 산동화랑(山東貨郎)으로 분장하여 천고(串鼓)와 타판(打板)으로 장단을 맞추면서「화랑전조가(貨郎轉調歌)」와「화랑태평가(貨郎太平歌)」를 노래하는 대목이 있다. 그러나 여기에는 가사가 기록되지 않아 그 내용이 서사적인 것인지 서정적인 것인지조차도 알 수가 없다.

뒤에 이 화랑아는 정궁(正宮)에 속하는 한 가지 악조로 발전하여 산투(散套)와(『樂府新聲』 권 下에 보임) 잡극에(楊顯之『臨江驛瀟湘夜雨』, 蕭德祥『楊氏女殺狗勸夫』 제2절에는 1首, 明 朱有燉의『福祿壽仙官慶會』 제2절에는 3首, 同人의『關雲長義勇辭金』 제4절에는 9首가 쓰이고 있다) 사용되었다. 원나라 말엽에서 명나라 초기에 이르는 시기의 작가를 알 수 없는『풍우상생화랑단(風雨像生貨郞旦)』 제4절에는「남려일지화(南呂一枝花)」 투곡 중에 끼어 넣은 곡으로 운을 바꾸어 읊은 9수의 곡을 사용하여 화랑아의 강창 내용을 설명하고 있는데, 이것은 주유돈의 작품과는 전혀 다른 성질의 것이다. 화랑아는 악곡으로 고정된 뒤에 다음 두 가지 방향으로 발전했음이 분명하다. 첫째는 가무희와 융합되어 송나라·명나라의 대무(隊舞)나 사화(社火) 중의 화랑으로 변하거나,[29)] 잡희로서의 '화아(貨兒)'로 변한 것이다.[30)] 둘째는 화랑아라는 민간악곡이 사설(辭說)과 화합하여 일정한 얘기를 서술하는 강창으로서의 화랑아로 발전한 것이다. 강창으로서의 화랑아는『풍우상생화랑단』 잡극에 대체적인 형식과 내용이 간접적으로 묘사되어 있다.

4. 소설(小說)과 사화(詞話)

송나라에 유행한 여러 가지 강창의 대본은 앞에서 이미 얘기한 바와 같아 뒤에 소설로 변신한 것들이 적지 않다. 그러나 송나라의 강창에는 처음부터 설화 중에 '소설'이라는 것이 있었다.『도성기승』 와사중기(瓦舍衆伎)조와『몽량록』 권 20 소설강경사(小說講經史)조에는 설화사가(說話四家)가 보이는데, 학자에 따라 의

28) 宋 王明淸『揮麈三錄』 卷 2, 元 陶宗儀『輟耕錄』 卷 8, 吳自牧『夢粱錄』 卷 20 등 참조.
29)『武林舊事』 卷 2,『雍熙樂府』 卷 1·卷 13 참조.
30)『金瓶梅詞話』 제88회 참조.

견이 분분하나 그것은 ① 소설(일명 銀字兒), ② 설공안(說公案)과 설철기아(說鐵騎兒), ③ 설경(說經)과 설참청(說參請), ④ 강사서(講史書)의 네 가지를 가리킨다(근인 李嘯倉 『宋元伎藝雜考』 談宋人說話的四家 의거). 그러나 노신(魯迅)·왕국유(王國維)·손해제(孫楷第) 같은 학자들은 이 사가(四家)에 대한 의견이 이와 약간 다르다.

어떻든 송나라의 기예 중에 설화는 강창보다도 사설로 복잡하고 긴 애기를 애기해 주는 데 중점을 두었던 기예이다. 그리고 그 중의 일종을 소설이라 일컫기는 하였지만 틀림없는 강창이었다. 역사 애기인 강사는 사설과 염송(念誦)이 위주였던 듯하며, 불경 애기인 설경이나 도교 및 참선(參禪)과 관계된 애기인 설참청 또는 설원경(說諢經)은 변문(變文)의 전통을 계승한 강창이었을 것으로 여겨진다.

소설은 '은자아'라고도 불렀는데 강창에 반주로 은자생(銀字笙)과 은자필률(銀字觱篥)이 쓰인데서 생긴 별명이나. 소설은 연분(煙粉)·영괴(靈怪)·진기(傳奇) 등에 관한 애기를 했다 하니,31) 칼과 몽둥이를 들고 싸우는 애기와 일에 성공하고 실패하여 흥했다 망했다 하는 애기인 '설공안'과 군사들이 무기를 들고 싸우는 전쟁 애기인 '설철기아'도32) 모두 같은 방법으로 강창되었을 것이다. 『도성기승』에 또 "소설이란 일조일대의 애기를 경각간에 드러낼 수 있다"고 하면서, 그 때문에 "소설인이란 가장 두려운 것이다"라고도 하였다. 따라서 소설이란 '은자아' 뿐만 아니라 설공안과 설철기아까지도 총칭하는 말임에 틀림없다. 그리고 이 중 소설과 강사는 그 성격이 가장 비슷한 것이나, 소설은 모두 단편이고 강사는 모두 중편 또는 장편이라는 차이가 있다.

이러한 소설을 강창하던 설화인의 대본을 화본(話本)이라 하는데 송나라의 간본은 하나도 전하지 않는다. 현재 우리가 볼 수 있는 화본은 명나라에 나온 홍편(洪楩)의 『육십가소설(六十家小說)』, 풍몽룡(馮夢龍, 1574－1646)의 『고금소설(古今小說)』·『경세통언(警世通言)』·『성세항언(醒世恒言)』 등에 수록된 것이다. 이것은 명나라 사람의 교정과 개편을 거친 것이어서 그 중에는 일부분의 창사(唱詞)가 보존되고 있기는 하지만 거의 대부분의 운문은 생략되고 산문화된 것들이다. 『경본통속소설』의 『서산일굴귀(西山一窟鬼)』에는 「염노교(念奴嬌)」 등의 사 15수가 들어

---

31) 『都城紀勝』·『夢粱錄』 참조.
32) 『都城紀勝』 참조.

있고, 『전옥관음(碾玉觀音)』에는 「자고천(鷓鴣天)」 3수, 「접련화(蝶戀花)」 1수, 시 7수 등의 운문이 섞여 있는데, 이것이 창사가 남아 전하는 것들이다.

다시 말하면 송나라에는 강창이던 소설이 명나라에 와서는 본격적인 산문소설로 발전하였던 것이다.

소설과 관계가 깊은 강창으로 또 사화(詞話)라는 것이 있다. 명나라와 청나라 사람들의 기록에 의하면 송나라에 이미 사화가 있었다 한다. 명 나라 전희언(錢希言, 1612 전후)의 『동신(桐薪)』 권 3에 "송조(宋朝)의 사화 『등화파파(燈花婆婆)』" 얘기가 쓰여 있고(청나라 呂種玉의 『言鯖』 권상에도 보임), 또 그의 『회원(獪園)』 권 12 이랑묘(二郎廟)조에는 "송나라에 『자라개두(紫羅蓋頭)』 사화가 있었다"는 기록이 있다. 청나라 초기 전증(錢曾)의 『야시원서목(也是園書目)』 권 10에는 『등화파파(燈花婆婆)』 등 "송인사화" 12종이 수록되어 있다. 『자라개두』·『등화파파』 두 편의 화본이 송인의 화본으로 명나라 말엽에서 청나라 초기에 이르는 시기까지 전해지고 있었음이 확실하다(명나라 李日華의 『味水軒日記』, 楊定見의 120회본 『水滸傳』 發凡, 馮夢龍의 『新平妖傳』 앞머리에도 『등화파파』에 관해 언급되고 있음). 그러나 정말 송나라의 화본인지 또는 정말 사화인지, 믿을 수가 없다. 송나라의 기예에 관한 얘기를 쓴 여러 저서들 중에 사화라는 말은 한마디도 보이지 않기 때문이다.

사화라는 말은 송나라 이후로 쓰였다. 사화는 간혹 사설(詞說)이라고도 불렀다. 도종의(陶宗儀, 1360 전후)의 『철경록(輟耕錄)』 권 25에 "송에는 희곡(戲曲)·창원(唱諢)·사설(詞說)이 있었다" 하였고, 호응린(胡應麟, 1590 전후)의 『소실산방필총(少室山房筆叢)』 권 41에 "금인 사설(詞說)운운"의 기록이 보인다.

이 사화는 본시 강창 또는 설화 같은 기예를 지칭하는 말이었는데, 뒤에 기예 중의 한 종류를 가리키게 된 듯하다. 『원사(元史)』 권 105의 "연창사화(演唱詞話)", 서위(徐渭, 1521－1593)의 『 서문장일고(徐文長佚稿) 』 권 4의 " 탄창사화(彈唱詞話) "는 모두 널리 강창을 지칭한 예이고, 명나라 제성린(諸聖隣)의 『대당진왕사화(大唐秦王詞話)』 같은 것은 산설로 된 평화(評話)와 구별되는 강창의 한 종류를 가리킨다.

왕국유(王國維, 1877－1927)는 『관당별집보유(觀堂別集補遺)』의 「대당삼장취경시화발(大唐三藏取經詩話跋)」이란 글에서 "창사(唱詞)로서 시가 중간에 쓰이고 있는 것을 시화(詩話), 사가 중간에 쓰이고 있는 것을 사화(詞話)라 한다" 하였고, 많은 사람들이 그렇게 믿고 있다. 그러나 제성린의 『대당진왕사화』, 양신(楊愼, 1488－1559)이 써서 시대를 속였다는 『역대사략십단금사화(歷代史略十段錦詞話)』

등이 모두 7언 또는 10언의 시찬(詩讚)을 사용하고 있다. 따라서 사화 또는 사설의 사는 당나라와 오대의 변문 중의 『계포매진사문(季布罵陳詞文)』·『후토부인사문(后土夫人詞文)』 또는 명나라·청나라의 탄사와 고사에서의 사(詞)나 마찬가지로 장단구(長短句)가 아니라 보통 시찬까지도 포함한 운문 전체를 지칭한다. 따라서 '사화'는 원간 『대당삼장취경시화(大唐三藏取經詩話)』의 '시화'와 아무런 차이도 없는 것이다. 다만 이 경우의 예를 놓고 보면 '시화'란 강경류(講經類)에 속하는 것으로서, '사화'와는 강창의 내용에 의하여 구별된 것인 듯도 하다.

또 이와 비슷한 것으로 평화(評話) 또는 평화(平話)가 있다. 원나라 때 간행된 『무왕벌주평화(武王伐紂平話)』·『오대사평화(五代史平話)』 등이 그것인데, 이것들이 모두 강사류(講史類)인 것을 보면 이것도 그 내용에 의하여 구별된 호칭인 듯하다. 명나라 장대기(蔣大器)의 『삼국지연의(三國志演義)』 서(序)에는 "이전 시대에는 야사(野史)로써 평화를 지었다"는 말이 전한다는 기록이 있다. 그러나 평화는 가장 먼저 산문화하여 원나라 이래의 그 회본은 산문이라 하더라도 강창하지 않고 읊고 읽는 것이었다. 따라서 강창이라 말하기 곤란하다.

'사화'는 원나라 때에 비롯되었지만 완전한 원나라 작품은 하나도 전하지 않는다. 그러나 원나라 잡극 중에는 사화가 여러 곳에 인용되고 있다. 잡극 중에는 흔히 "사운(詞云)" 또는 "소사운(訴詞云)" "단운(斷云)" 하고 일단의 칠언 또는 십언(간혹 오언·팔언·구언 등도 있음) 시찬체(詩讚體)의 창사(唱詞)를 인용하고 있다. 현재 명나라 장무순(臧懋循)의 『원곡선(元曲選)』에 실린 100종의 잡극만을 보더라도 그 중 92종에 사화가 인용되고 있다. 빈백(賓白)에 인용된 경우는 분명히 극중에 "염운(念云)"이라 주기(注記)하고 있으니 읊던 것이겠으나, 창사에 인용된 경우는 모두가 가창하였던 것이다.

그 밖에 원나라 시내암(施耐庵)이 지었다는 『수호전사화(水滸傳詞話)』가 있으나, 현재 전해지고 있는 판본은 모두가 명나라 사람들의 수정을 거친 것이다. 손해제(孫楷第)는 「고양이씨 소장의 백회본 『수호전』을 통하여 구본 『수호전』을 추측해 봄(由高陽李氏藏百回本水滸傳推測舊本水滸傳)」이란 글(香港 『俗文學』 제25기)에서, 시내암의 원본은 사화본(詞話本) 이었으나, 명나라 사람들이 뒤에 산문화시켰음을 역설하였다. 그러나 여러 가지 현존본에도 많은 시찬(詩讚)이 중간에 쓰이고 있어, 원본의 본래 편모를 엿보게 하여 주고 있다. 그러나 서위(徐渭, 1521－1593)가 『서문장일고(徐文長佚稿)』 권 4 여포댁시서(呂布宅詩序)에서 이런 말을 하고 있다.

> "…처음부터 마을의 장님들은 극히 저속한 소설을 배워, 『삼국지』와 지금의 『수호전』의 일 철(轍)을 바탕으로 하여 사화를 악기로 반주를 하며 창하였다."[33)]

명나라 중엽 이후까지도 『수호전』이 사화로서 민간에는 강창되었음을 알겠다.

명나라 사화로는 일종의 단편과 이종의 장편이 전한다. 단편은 홍편(洪楩)이 편간한 『육십가소설(六十家小說)』 중의 「쾌취이취련기(快嘴李翠蓮記)」이며, 장편은 양신(楊愼 1488－1559)이 가짜로 지었다는 『역대사략십단금사화(歷代史略十段錦詞話)』와 천계(天啓) 연년(1621－1627) 간본인 제성린(諸聖隣)의 『대당진왕사화(大唐秦王詞話)』(일명 『秦王演義』)이다. 이 두 가지 중 앞의 것은 뒤에 탄사(彈詞)로 개작되며, 뒤의 것은 고사(鼓詞)와 완전히 같은 체재이다. 사화는 결국 명나라에 탄사와 고사라는 두 갈래 강창으로 발전하는 것이다.

사화는 그 성격이 송나라의 소설에 가장 가깝다. 송나라의 소설 및 강사가 원나라와 명나라의 사화로 발전했다고도 볼 수 있다. 따라서 소설이나 마찬가지로 사화도 명나라 사람들의 손을 거쳐 강창이 아닌 산문소설로 발전하기도 하였다. 앞에 든 『수호전』 이외에도 풍몽룡(馮夢龍)의 『고금소설(古今小說)』 권 28의 「이수경의결황정녀(李秀卿義結黃貞女)」는 본문에

> "당시에 호사가(好事家)가 있어 이 얘기를 설창(說唱)으로 편성하여 그 이름을 『판향기(販香記)』라 하였다."[34)]

고 말하고 있으니, 『판향기사화(販香記詞話)』를 개편한 것이다. 『경세통언(警世通言)』 제 11권의 「소지현라삼재합(蘇知縣羅衫再合)」도 편말에

> "지금도 항간에 유전되고 있는 「 소지현보원(蘇知縣報冤)」 창본 이다"[35)]

고 하였으니 사화의 개편일 듯하다.

그리고 명나라 중엽부터는 사화라는 말을 산문소설을 가리키는 말로도 썼던 것 같다. 『고금소설(古今小說)』 제일권 「장흥가중회진주삼(蔣興哥重會珍珠衫)」의 첫머리에

---

33) "…始村瞎子習極俚小說, 本三國志, 與今水滸傳一轍, 爲彈唱詞話耳."
34) "當時有好事者, 將此事編成說唱, 其名曰販香記."
35) "至今閭里中傳說蘇知縣報冤唱本."

"독자 여러분, 오늘은 내가 「진주삼(珍珠衫)」이란 사화를 얘기하는 걸 들으시오."[36)]

라고 말하고 있다. 여기에서 전 편 속에 「서강월(西江月)」 2수와 2단의 운문이 들어 있을 뿐이어서 사화와는 거리가 먼 순전한 산문소설인데도 사화라 부르고 있다. 『금병매사화(金甁梅詞話)』도 중간에 많은 사곡이 끼어 있기는 하지만 시찬계의 사화와는 구성이 전혀 다르며, 처음부터 강창은 할 수 없는 산문위주의 소설이었던 것 같다.

5. 가무곡과 강창

앞에서 강창의 체례(體例)를 얘기할 때 강창 중에는 예외로 청나라 때의 자제서(子弟書)·대고(大鼓)와 탄사(彈詞)의 첫째 편(篇) 및 각종 서사창본(敍事唱本)처럼 산설은 없는 운문만의 것도 있다 하였다. 이는 명나라 이후 강창이 산문소설로 발전했던 것과는 정반대의 현상이다. 그러나 이것은 이미 송나라 때부터 드러나던 현상이어서, 강창은 송나라에 유행했던 또 다른 기예인 가무 또는 가무희와도 관계가 밀접하다.

앞에서 이미 대부(大夫)들 잔치 때 쓰던 고자사(鼓子詞)와 잠사(賺詞) 등은 산설(散說)이 없는 창사만으로 이루어진 것들임을 설명하였다. 또 증조(曾慥, 1147 전후)의 『악부아사(樂府雅詞)』 권상에는 정근(鄭僅)·조보지(晁補之, 1053－1110)와 이름을 알 수 없는 사람이 각각 지은 「조소전답(調笑轉踏)」 3편이 실려 있고, 진관(秦觀, 1049－1101)의 『회해장단구(淮海長短句)』, 모방(毛滂, 1055?－1120?)의 『동당사(東堂詞)』, 홍괄(洪适, 1117－1184)의 『반주악장(盤洲樂章)』 등에도 「조소전답」이 한 편씩 실려 있다. 이것은 시와 사를 엇섞어 가며 여러 가지 얘기를 노래한 것을 모아 한 편을 이룬 것인데, 강창의 산설이 시로 변한 것인 듯하다. 그리고 이것은 앞에 입대(入隊), 뒤에 방대(放隊) 사(詞)가 있는 작품이 대부분이니 가무곡임에 틀림이 없다.

또 사호(史浩, 1106－1194)의 『무봉진은대곡(鄮峯眞隱大曲)』에는 권 1부터 권 2에 걸쳐 채련무(採蓮舞)·태청무(太淸舞)·자지무(柘枝舞)·화무(花舞)·검무(劍舞)·어부무(漁父舞) 등 6곡의 무곡이 실려 있다.

---

36) "看官, 則今日聽我說珍珠衫這套詞話."

이 무곡들은 모두가 대체로 염(念)과 악무(樂舞) 또는 염·악무·창 또는 염과 창의 배합이 되풀이되는 형식의 구성이다. 중간에 죽간자(竹竿子)와 무자(舞者)의 간단한 문답이 끼어있는 경우도 있다.

이러한 가무의 구성, 또는 여기에 응용된 염과 문답은 이 시대에 유행한 강창과 전혀 무관할 수는 없을 것이다. 이 강창은 가무 또는 가무희와의 밀접한 관계 아래 남송 무렵부터는 새로운 희극(戲劇)을 형성시켜, 희문(戲文)을 먼저 이룩한 다음 다시 원 잡극 발전의 기틀을 마련하는 것이다. 이처럼 송나라와 원나라의 강창은 강창자체로도 고도의 성취를 이룩하였지만, 소설·희곡 등 주변 문학의 발전에도 크게 기여하고 있는 것이다.

제4절 명나라와 청나라의 강창

1. 보권(寶卷)

이미 앞에서도 송나라와 원나라의 강창 중에서 도진(陶眞)·사화(詞話)·화랑아(貨郎兒) 등이 명나라 때까지도 계승되었음을 지적하였다. 그 밖에도 지방에 따라 여러 가지 강창이 더 있었을 것이다. 그러나 이것들은 명나라와 청나라의 강창의 주류를 이루지는 못한다. 명나라 이후의 강창의 주류는 '보권'과 '탄사'·'고사'의 세 가지로 집약할 수 있을 것이다.

'보권'은 당나라 변문(變文)의 직계이다. 송나라 진종(眞宗)시대(998－1022)에 승려들의 변문강창이 금지되면서 변문은 완전히 자취를 감추었다. 그러나 얼마 안 있어 승려들은 다시 와자(瓦子)로 진출하면서 강창을 하였다. 앞에서 얘기한 설경(說經)이 바로 불경에 관한 승려들의 강창이다. 그러나 명나라와 청나라를 통하여 크게 유행한 것은 보권이며, 이 보권의 강창은 보통 "선권(宣卷)한다"고 말하였다. 이 보권은 근년에 정진탁(鄭振鐸)에 의하여 발굴되었다.

지금 전하는 보권 중에서 가장 오래된 것은 송나라 숭녕(崇寧) 이년(1103)에 보명선사(普明禪師)가 신의 계시를 받고 지었다는 『향산보권(香山寶卷)』이다. 그러나 이것은 전설적인 애기여서 믿기 어렵다. 그밖에 송나라 사람 또는 원나라 사람의 초본(抄本)이라 생각되는 『소석인공실제보권(銷釋印空實際寶卷)』과 원나라 말엽 명나라 초기의 초본인『목련구모출리지옥승천보권(目連救母出離地獄升天寶卷)』의 일부분의 글이 남아 전해지고 있다. 그 밖의 지금 전하여지고 있는 보권들은 거의 모두가 명나라와 청나라의 간본이다. 송나라 강창에 '설경'이 있었으니, 송나라에 이미 보권이 생겨났을 가능성은 얼마든지 있기는 하다. 그러나 보권이란 이름의 강창이 성행된 것은 명나라 초기 이후로 보아야만 할 것이다.

보권도 변문이나 마찬가지로 불경에 관한 내용만을 강창하는 것은 아니었다. 정진탁은『중국속문학사(中國俗文學史)』하권에서 보권을 내용에 따라 다음과 같이 분류하고 있다.

1) 불교적인 보권

① 권세경문(勸世經文) ② 불교의 고사(故事)

2) 비불교적인 보권

① 신노(神道) 에 관한 고사 ② 민간고사 ③ 잡권(雜卷)

초기의 보권에는 권세경문이 가장 많았던 듯하다. 이러한 보권은 가끔 경(經)이라고도 불렀다. 보기를 들면『탄세무위보권(嘆世無爲寶卷)』은『탄세무위경(嘆世無爲經)』,『향산보권(香山寶卷)』은『관음제도본원진경(觀音濟度本願眞經)』으로 불리었다. 명나라에 간행된『약사본원공덕보권(藥師本願功德寶卷)』같은 것은 순전히『약사본원경(藥師本願經)』을 강창한 것이다. 이들 보권은 통속적이고 쉬운 강창문으로 경을 해설하면서 설교를 하는 것이어서, 송나라 때의 '설경'과 똑같은 성질의 것이다. 그리고 불경을 전문적으로 강창하지 않고 불교의 수행이나 선행을 권하는 내용의『입원보권(立願寶卷)』·『탄세보권(嘆世寶卷)』같은 것이 있다. 이 중 특수한 것으로는『혼원교홍양중화보경(混元教弘陽中華寶經)』과『혼원문원돈교홍양법(混元門元沌教弘陽法)』이 있는데, 이는 혼원교(混元教)를 선전하는 내용이다. 혼원교란 불교의 일파로 뒤에는 서홍유(徐鴻儒) 등의 백련교(白蓮教) 로 발전하여 사회에 큰 물의를 일으켰던 일파이다. 이 밖에도『불설원각보권(佛說圓覺寶卷)』·『소석금강과의(銷釋金剛科儀)』·『보명여래무위료의보권(普明如來無爲了義寶卷)』·『태음생광보조료의보권(太陰生光普照了義寶卷)』등이 이에 속하는 것들이다.

보권 중에서도 불교의 얘기를 강창한 것들이 가장 민간의 환영을 받았던 것 같다.『목련구모출리지옥승천보권』잔문은 가장 초기에 나온 우수한 작품이다.

이는『목련구모변문(目連救母變文)』과 함께 읽어 보면 더욱 재마있는 내용이며, 지금까지도 민간에 가장 널리 강창되는 보권의 하나이다. 이와 함께『향산보권』·『유향녀보권(劉香女寶卷)』·『어람관음보권(魚藍觀音寶卷)』·『묘영보권(妙英寶卷)』·『수녀보권(秀女寶卷)』·『방공보권(龐公寶卷)』 등이 이 종류의 보권 중에 지금까지도 가장 유행되는 작품들이다. 특히 이 중에는 부녀들의 수행에 관한 것들이 많아서 수많은 여자 청중들을 감동시켜 왔다.

비불교적 보권 중 "신도(神道)에 관한 고사"란 신선과 도교에 관한 얘기를 뜻한다. 이미 송나라 소설에도 참선하여 도를 깨달으려는 수련(修練)에 관한 설참청(說參請)이 '설경'과 함께 강창되었지만, 당나라와 송나라 이후로 중국의 민간에서는 불교와 도교가 거의 합류된 것 같은 양상을 보여준다. 중국의 불교사원은 어디를 가나 재신(財神) · 약왕(藥王) · 토지신(土地神) 등이 모셔져 있고, 관공(關公) 조차도 불사(佛寺)의 호법신(護法神)으로 변해 있다. 따라서 보권에 신도(神道)에 관한 애기가 들어 있는 것도 별로 이상할 게 없다.

관제(關帝)에 관한 애기를 쓴 청나라 초기의『소석만령호국료의지성가람보권(銷釋萬靈護國了意至聖伽藍寶卷)』, 수나라와 당나라 때의 명의로서 후세 약왕보살(藥王菩薩)로 받들어지게 된 손사막(孫思邈)의 애기를 쓴『약왕구고충효보권(藥王救苦忠孝寶卷)』을 비롯하여,『남관보권(藍關寶卷)』·『여조사도하선고인과권(呂祖師度何仙姑因果卷)』·『토지보권(土地寶卷)』 등이 그 중 대표적인 것이다. 보권의 창사는 변문처럼 게찬(偈讚)을 주로 사용하지만, 가끔(비불교적 보권에 더 많은 듯) 악곡을 중간에 넣어 창하기도 한다. 특히『토지보권』은 백발의 토지공공(土地公公)이 하늘의 옥황대제(玉皇大帝)와 다투는 내용으로,『화광천왕전(華光天王傳)』과『서유기』 같은 소설의 기상천외한 애기의 전개수법에 영향을 받은 듯하다.

보권에도 변문이나 마찬가지로 민간고사를 주제로 한 작품들이 상당히 많다. 일부는 민간고사이면서도 권선(勸善)의 뜻을 담은 것들이 있으나, 순전한 애기만을 강창하는 작품도 적지 않다. 맹강녀(孟姜女)의 애기를 쓴『맹강선녀보권(孟姜仙女寶卷)』을 비롯하여,『앵가보권(鸚哥寶卷)』·『진주탑(珍珠搭)』·『양산박보권(梁山泊寶卷)』·『환금득자보권(還金得子寶卷)』·『조씨현효보권(趙氏賢孝寶卷)』·『금소보권(金銷寶卷)』·『백사보권(白蛇寶卷)』·『희기보권(希奇寶卷)』·『현세보권(現世寶卷)』·『화가량원룡도보권(花枷良願龍圖寶卷)』·『하문수보권(何文秀寶卷)』 등이 있다. 이러한 민간의 애기들은 보권 이외에도 화본이나 희곡 · 소설 · 탄사로도 이미 그 얘기 내용이 민간에 널리 알려진 것들이 대부분이다.

끝으로 잡권(雜卷)이란 종류의 것이 있는데, 대부분이 유희적인 내용의 것으로, 『백조명(百鳥名)』·『백화명(百花名)』·『약명보권(藥名寶卷)』처럼 박식을 내세우거나 일소를 위해서 지어진 것들이다. 따라서 보권 중에서도 이것들은 문학으로 문제 삼기조차 어려운 순 오락적인 것들이 대부분이다.

2. 탄 사

탄사는 지금까지도 중국 남부지방에 널리 유행하고 있는 강창으로, 복건(福建)의 평화(評話), 광동(廣東)의 목어서(木魚書)도 모두 여기에 포함된다.

탄사에 관한 가장 빠른 기록은 전여성(田汝成)이 가정(嘉靖) 26년 (1547) 무렵에 쓴 『서호유람지여(西湖遊覽志餘)』 권 320에 당시의 "우인백희(優人百戲)"로 "격구(擊毬)·관박(關撲)·어고(魚鼓)"와 나란히 보이는 것이다. 이 뒤 만력(萬曆) 이후로는 남방에 이것이 널리 퍼져 유행하게 되는 것이다.

탄사는 도진(陶眞) 으로부터 발전한 것인 듯하다. 이들은 모두 반주악기로 비파(琵琶)를 사용하며 창사는 칠언시찬(七言詩讚)이 중심이다. 간혹 칠언에 삼언을 더 보태어 이루어진 10언구와 일언이 빠져 두 개의 3언구로 변한 경우가 있기는 하다. 이것은 고사(鼓詞)가 3언구 위주인 것과 크게 다른 일이다.

그리고 모든 강창이 그러하듯 제삼자의 입장에서 얘기를 서술하는 것이 원칙이나, 오음(吳音)의 탄사 중에는 희곡처럼 각색명까지 내세워 대화체로 이루어지는 것들이 있다. 보기를 들면 생백(生白) 또는 단백(旦白)·축백(丑白)하고 얘기 가운데의 인물들의 대화를 엮어 나가고, 생창 또는 단창·축창하고 등장인물들이 제각기 노래 부른다. 강창자의 서술부분은 "표백(表白)", 강창자의 입장에서 노래할 적에는 "표창(表唱)"이라 주기되고 있다. 그러나 이것들은 강창자 한 사람이 목소리를 바꿔 가며 얘기하고 노래한 것이다. 희곡의 영향으로 고사를 더욱 박진하게 서술하기 위하여 이런 방법을 썼을 것이다.

명나라 최초의 탄사 작품은 양신(楊愼, 1488－1559)의 『이십일사탄사(二十一史彈詞)』이다. 이것은 중국역대왕조의 흥망성쇠를 탄창한 것으로 그의 작 『역대사략십단금사화(歷代史略十段錦詞話)』가 강남으로 전해진 뒤 탄사로 탈바꿈한 것이다. 다시 양진어(梁辰魚, 1521?－1594?)가 개작한 『강동입일사탄사(江東廿一史彈詞)』가 있다. 그 뒤로 명말 청초의 진침(陳忱, 1630 전후)의 『속입일사탄사(續廿一史彈詞)』를 비롯하여, 고채(顧彩)의 『제십일단금탄사(第十一段錦彈詞)』, 김낙(金諾)의 『명사탄사(明史彈詞)』, 장삼이(張三異)의 『명사탄사(明史彈詞)』, 고목산언(古木散人)의 『명말탄사(明末彈詞)』 등 청나라에 와서도 속작이 계속되었다. 이 밖에 일반적인 얘기를 서술한 것으로는 숭정(崇禎)년간(1628－1644) 초본(抄本)인 『백사전(白蛇傳)』이 전한다.

명나라와 청나라 사람 중에는 탄사가 원나라 때에 시작되었다고 말한 사람들이 있다. 장무순(臧懋循, ?－1621)은 『부포당문집(負苞堂文集)』 권 3 탄사소기(彈詞小紀)에서 이름은 알 수 없는 원나라 사람의 탄사로 『선유록(仙遊錄)』·『몽유록(夢遊錄)』·『협유록(俠遊錄)』·『명유록(冥遊錄)』에 관한 기록을 하고 있고, 서복조(徐復祚, 1560－1630?)는 『삼가촌로위담(三家村老委談)』에서

> "탕현조(湯顯祖)의 전기인 남가(南柯)·한단(邯鄲) 두 가지 작품은 장무순(臧懋循)이 간행한 원인탄사(元人彈詞)에 근거를 둔 것이다."

고 말하고 있다. 장씨는 선유·몽유·협유의 3록을 간행했다 하나 현존본은 없다. 또 청 굴대균(屈大均, 1630－1696)의 『광동신어(廣東新語)』 권 12 월가(粵歌)조 같은 데도 "원인탄사운운"한 기록이 보인다. 그러나 이것은 원언의 다른 종류의 강창을 그 시대에 유행하던 탄사라는 말로 표현한 데 불과하다. 본격적인 탄사는 명대에도 앞에 든 세 작품에 불과하며, 청나라에 들어와서야 제대로 성행을 이룬다.

탄사는 국음(國音)과 토음(土音)으로 크게 나누어진다. 국음의 탄사로는 『안방지(安邦志)』·『정국지(定國志)』·『봉황산(鳳凰山)』의 삼부작이 가장 대규모의 것으로 도합 674회에 이르는 장편이다. 그 밖에도 『서한유문(西漢遺文)』·『동한유문(東漢遺文)』·『북사유문(北史遺文)』 등의 거작이 있는데, 이는 명나라의 역사물인 『이십일사탄사』의 영향을 받은 것이다. 이 밖에도 『수향낭(綉香囊)』·『천우화(天雨花)』·『필생화(筆生花)』·『봉쌍비(鳳雙飛)』 등 애정 얘기를 다룬 작품들이 많다.

토음의 탄사 중에는 오음(吳音)이 가장 두드러진다. 『옥청정(玉蜻蜓)』·『과보록(果報錄)』·『진주탑(珍珠塔)』·『삼소인연(三笑姻緣)』 등이 있는데 모두 애정물이다. 그리고 복건의 평화(評話)로 『유화몽평화(榴花夢評話)』가 있고, 양주(揚州)지방

의 현사(弦詞)(『揚州畫舫錄』 권 11), 양광(兩廣)지방의 모어가(摸魚歌) (『廣東新語』 권 12), 목어서(木魚書) (吳趼人 『小說叢話』) 등이 모두 토음의 탄사의 별명들이다.

이 탄사는 한가한 부인들 사이에 크게 파고들어 유행하였다. 그들은 유폐된 규방에서 긴 탄사를 지루한 줄 모르고 읽었으며, 문재가 있는 여인들은 한편 탄사를 직접 쓰기도 하였다. 『천우화(天雨花)』는 도정회(陶貞懷) 라는 여인이 쓴 것이며, 『재생연(再生緣)』은 진단생(陳端生) 이라는 여자가 쓰다 둔 것을 양덕승(梁德繩)이 완성시킨 것이고, 『필생화(筆生花)』·『몽영연(夢影緣)』·『봉쌍비(鳳雙飛)』·『정충전(精忠傳)』·『옥련환(玉連環)』 등이 모두 여인의 손에 의하여 쓰인 것들이다. 탄사소설이라 흔히 말하는 탄사의 창본은 감각이 섬세하고 정밀하며, 사회에서 억눌려 지내던 중국여인들의 애환이 담긴 작품이 많다.

3. 고 사

탄사가 남방의 강창을 대표한다면 고사는 북방의 강창을 대표한다. 따라서 내용도 말 타고 무기를 들고 싸우는 얘기를 주제로 한 거작들이 많으며, 풍월과 사랑을 노래한 소규모의 것들이라 하더라도 탄사와는 풍격이 다르다.

고사가 언제부터 시작되었는지는 확실치 않다. 다만 명나라의 『역대사략십단금사화(歷代史略十段錦詞話)』와 『대당진왕사화(大唐秦王詞話)』는 10언과 7언으로 된 시찬(詩讚)형식의 창사이며, 현악기의 반주와 고판(鼓板)에 의한 절박(節拍) 등 강창의 방법이 송나라의 '고사'와 거의 같다. 따라서 고사는 사화로부터 발전한 것임에 틀림없다. 그러나 가응총(賈應寵, 1589－1671)이 고사라는 이름 아래 『목피산객고사(木皮散客鼓詞)』(서사적인 내용은 아님)를 쓰고 있으니, 청나라 순치(順治) 연간(1645－1661) 이전에 고사라는 말이 널리 쓰이고 있었음에 틀림없다. 그러나 아직도 확실한 명나라 작품은 한 편도 발견되고 있지 않다.

전쟁과 국가흥망을 강창한 대규모의 것으로는 『대명흥륭전(大明興隆傳)』 102책을 비롯하여, 『북당전(北唐傳)』·『호가장(呼家將)』·『양가장(楊家將)』·『평요전(平妖傳)』·『삼국지(三國志)』·『충의수호전(忠義水滸傳)』·『서당전(西唐傳)』·『반오관(反五關)』 등이 있다. 그리고 풍월을 노래한 소규모의 강창으로는 『호접배(蝴蝶盃)』·『교련주(巧連珠)』·『봉황차(鳳凰釵)』·『자금탁(紫金鐲)』·『진주탑(珍珠塔)』·『홍등기(紅燈記)』 등 무수한 작품이 있는데, 2책에서 10책에 이르는 정도의 규모이다.

고사는 이처럼 규모가 큰 작품이 많아 일시에 전 작품을 강창하기 어려웠으므로 청나라 중엽부터는 그 중에서 정채 있는 일부분만을 골라 적창(摘唱)하는 방법이 유행하였다. 이는 전기의 적척(摘齣, 곧 折子戱)의 영향일 것이다.

근래까지도 유행된 고사로는 경음대고(京音大鼓, 北京)·봉천대고(奉天大鼓)·이화대고(梨花大鼓, 山東) 등이 유명하다. 고사 중에서 창을 위주로 하는 소형의 단아서(段兒書)가 명나라 말엽 산동지방에 유행했다. 가응총(1689－1671)의 『목피산객고사』와 공상임(孔尙任, 1648－1715?)의 『도화선(桃花扇)』 제 2척 청패(聽稗)에 보이는 「태사지적제(太師摯適齊)」 등은 모두 민간에 유행하던 '단아서'의 형식을 본떠 문인이 창작한 고사이다. 이 '단아서'가 뒤에는 북경과 하북(河北) 및 동북(東北) 각지의 대고서(大鼓書)로 발전하고, 다시 건륭(乾隆) 연간(1736－1795)에는 귀족인 팔기(八旗) 자제들에 의하여 자제서(子弟書)로 개조되기도 하였다.

'자제서'에는 서조(西調)와 동조(東調)의 두 종류가 있는데, 창사만이 남고 설강은 없어졌지만 문학적인 성취가 뛰어난다.

서조는 감상적인 내용이 주조를 이루며, 『대수요지(大庾腰肢) 』·『작교(鵲橋)』·『출새(出塞)』·『백화정(百花亭)』 등을 쓴 나송창(羅松窓 , 생졸미상)이 대표적인 작가이다. 자제서의 작자들은 모두 상당한 지식과 문재를 지닌 상류층 사람들이어서, 창사가 매우 아름답고 빼어나다. 동조는 격앙한 성격의 작품들이 주류를 이루며, 『탁고(托孤)』·『천종록(千鍾祿)』·『수라한(數羅漢)』·『주서파(周西坡)』 등을 쓴 한소창(韓小窓) , 생졸미상)이 대표적인 작가이다. 지금도 '대고서'를 연창하는 곳에서 가장 사람들의 애호를 받는 것이 이들 작품이라 한다.

참고문헌

韓國『敦煌講唱文學의 硏究』曹明和 서울大 1989
韓國『諸宮調硏究』金遇錫 1996
韓國『鼓詞系講唱硏究』李廷宰 1999
韓國『불교와 돈황의 강창문학』조명화 이회문화사 2003
韓國『중국의 희곡과 민관 연예』金學主 明文堂 2002
中國『變文及寶卷選』鄭振鐸 臺灣 商務印書館
中國『敦煌變文』上下 二册 臺灣 世界書局
中國『武林舊事』宋 周密
中國『夢粱錄』宋 吳自牧
中國『都城紀勝』宋 耐得翁
中國『東京夢華錄』宋 孟元老
中國『繁勝錄』宋 西湖老人
中國『彈詞選』趙景深 商務印書館
中國『木皮散客鼓詞』淸 賈應寵 正中書局 排印
中國『大鼓硏究』趙景深 商務印書館
中國『宋元伎藝雜考』李嘯倉 上雜出版社
中國『宋元明講唱文學』葉德均 古典文學出版社
中國『宋代歌舞劇曲錄要』劉永濟 古典文學出版社
中國『曲藝論叢』傅惜華 古典文學出版社
中國『曲藝論集』關德棟 中華書局
中國『彈詞寶卷書目』胡士瑩 古典文學出版社
中國『子弟書總目』傅惜華 古典文學出版社
中國『太和正音譜』明 寧獻王 朱權 撰
中國『散曲概論』任仲敏 散曲叢刊本
中國『散曲概論』賀昌群 1930年 刊
中國『詞曲史』王易 臺灣 廣文書局
中國『詞曲硏究』盧冀野 臺灣 中華書局
中國『元明散曲小史』梁乙眞 臺灣 商務印書館
中國『飮虹曲話』盧前 石印本
中國『中國散曲史』羅錦堂 臺灣 中華文化事業委員會 刊
中國『中國俗文學史』鄭振鐸 文學古籍刊行社
中國『中國曲藝史』倪鍾之 春風文藝出版社
中國『中國大百科全書』戲曲・曲藝卷 北京上海中國大百科全書出版社 1983
歐美 *Ballads and Stories from Tun-huang,* Tr. by Arther Wally 1960.
歐美 *Master Tung's Western Chamber Romance,* Tung Hsi Hsiang Chu-Kung-Tiao : *Chinese Chantefable,* Tr. by Li-li Ch'en, New York, Cambridge University Press, 1976.

제9장 소설(小說)

제1절 소설의 개념과 특징 · 299
제2절 지괴(志怪)와 전기(傳奇) · 308
제3절 화본(話本)과 연의(演義)소설(백화소설) · 319
참고문헌 · 330

제9장

소설(小說)

제1절 소설의 개념과 특징

1. 소설의 개념

중국의 소설에 대한 개념은 서양의 Fiction과는 처음부터 다르다. 중국에서 소설이란 말은 본시부터 문학과는 전혀 관계없는 용어였다. 소설이란 말을 가장 먼저 쓴 것은 장자(莊子)일 것이다. 『장자』 외물(外物) 편에는 이런 말이 있다.

> "소설을 꾸며 가지고 높은 벼슬을 구하는 것은 큰 도(道)에 통함과는 먼 짓이다."[1]

여기의 '소설'은 "쓸데없는 작은 말", "대도와는 거리가 먼 잔 이론" 정도의 뜻으로 문학과는 전혀 관계가 없는 말이다. 『순자(荀子)』 정명(正名) 편에는 이런 말이 보인다.

> "그러므로 지혜있는 사람은 도를 논할 따름이니, 소가진설(小家珍說)의 바라는 바는 모두 쇠미한다."[2]

'소가들의 진귀한 얘기'란 뜻의 "소가진설"이 준 말이 '소설'이라 하여도 좋을 것 이다. 또 『논어』 자장(子張) 편에는 이런 말이 보인다.

> "비록 소도(小道) 라 할지라도 반드시 볼 만한 것이 있다."[3]

---

1) "飾小說以干縣令, 其於大達亦遠矣."
2) "故智者論道而已矣, 小家珍說之所願, 皆衰矣."
3) "雖小道, 必有可觀者焉."

한(漢)나라 정현(鄭玄, 127－200)은 "소도는 지금의 제자서(諸子書)와 같은 것"이라 풀이하였으니, '소설'은 또 "소도"와도 같은 말이었다.

중국문학사를 보면 소설은 한나라 때부터 시작되고 있으나, 한나라 사람들의 소설개념은 별로 진보된 것 같지 않다. 한나라 환담(桓譚, B.C. ?－AD 25?)은 『신론(新論)』에서 이런 말을 하고 있다.

> "소설가 같은 것은 하찮은 소어(小語)들을 모아 가지고 가까이 비유를 취하여 짧은 글을 지은 것인데, 자기 자신을 다스리고 집안을 다스리는 데에는 볼 만한 말이 있다."4)

소설은 "하찮은 작은 말"이지만 그래도 "볼 만한 말이 있다"고 생각하였기 때문에 이것은 짓고 읽기 시작하였던 것 같다. 반고(班固) , 32－92)의 『한서』 예문지(藝文志)를 보면 제자략(諸子略)의 "십가(十家)" 중에 "소설가"가 끼어 있는데, "제가 십가 가운데 볼 만한 것은 구가(九家) 뿐"이라고 하면서, "소설가"는 보잘 것도 없는 것이라 제쳐 놓고 있다. 그리고 그는 소설가의 원류에 대하여 다음과 같이 상세한 설명을 가하고 있다.

> "소설가의 무리는 대개 낮은 관리들에게서 나왔으니, 길거리나 골목의 잡담이나 길거리에서 주워듣고 지껄이는 것으로서 만들어진 것이다. 공자께서 말씀하시기를 비록 소도(小道) 라 할지라도 반드시 볼 만한 것이 있으나, 멀리 가다가는 집착하게 될까 두렵다고 하였다. 그래서 군자들은 하지 않지만, 그러나 또한 없어지지도 않는 것이다. 마을의 작은 지혜를 지닌 자들이나 할 짓이나 그래도 적어 놓아 잊지 않도록 하려는 것이다. 혹 한 마디 취할 만한 게 있다 해도 이것 역시 나무꾼이나 건달들의 의론인 것이다."5)

그리고 예문지에는 『이윤설(伊尹說)』·『육자설(鬻子說)』 등 15종의 소설가의 책들을 수록하고 있는데, 그 제명으로 미루어 대개 야사나 전설을 바탕으로 한 잡된 얘기들을 기록해 놓은 책인 듯하다.

중국인들의 이러한 소설에 대한 태도는 후대에 이르기까지도 별로 개선되지 못하였던 것 같다. 당나라 위징(魏徵, 580－643)이 썼다는 『수서(隋書)』의 경적지(經籍志)에서도 소설에 대한 설명은 대략 『한서』 예문지의 것을 뒤따르고 있다.

---

4) 『昭明文選』 卷 31 李善(?－689) 注 所引. "若其小說家, 合叢殘小語, 近取譬喩, 以作短書, 治身理家有可觀之辭."

5) "小說家者流, 蓋出於稗官, 街談巷語, 道聽塗說者之所造也. 孔子曰 : 雖小道, 必有可觀者焉, 致遠恐泥. 是以君子弗爲也. 然亦弗滅也. 閭里小智者之所及, 亦使綴而不忘, 如或一言可采, 此亦芻蕘狂夫之議也."

명 호응린(胡應麟, 1590 전후)이 『소실산방필총(少室山房筆叢)』 권 29에서 소설을 지괴(志怪)·전기(傳奇)·잡록(雜錄)·총담(叢談)·변정(辯訂)·잠규(箴規)의 6종으로 분류하고, 청나라 기균(紀昀, 1724－1805)은 칙찬(勅撰)의 『사고전서총목제요(四庫全書總目提要)』에서 소설을 정리하여 잡사(雜事, 『西京雜紀』·『世說新語』 등), 이문(異聞, 『山海經』·『穆天子傳』·『搜神記』 등), 쇄어(瑣語, 『博物志』·『述異記』·『酉陽雜俎』 등)의 3종으로 분류하였다. 어떻든 이것은 중국인의 소설에 대한 개념이 전통적으로는 청나라에 이르기까지 큰 변혁이 없었음을 알려 주고 있다.

그러나 이러한 전통적인 소설과는 다른 소설이 강창(講唱)의 형식으로 민간에 생겨났다. 그 가장 두드러진 특징은 이것이 보고 읽는 것이 아니라 귀로 듣는 연예로 유행하였다는 것이다. 송나라 설화인(說話人)의 강창의 일종을 소설이라 부른 것은 역시 "작은 얘기" 또는 "하찮은 얘기"의 뜻이었을 것이다. 내득옹(耐得翁)의 『도성기승(都城紀勝)』과 오자목(吳自牧)의 『몽량록(夢粱錄)』에 보이는 설화사가(說話四家)는 학자들에 따라 사가에 대한 견해가 다르기는 하지만, 대체로 소설가 이외의 3가는 역사얘기인 강사(講史)나 경서(經書)얘기인 설경(說經) 또는 설참청(說參請) 등인 것으로 보아 소설은 설화 중에서도 "시시한 얘기"로 생각되었던 것 같다. 이 설화인의 설화의 대본인 화본(話本)이 뒤에는 다시 본격적인 소설로 남게 되는 것이다.

하와이대학의 나금당(羅錦堂)은 Changing Attitude Toward Chinese Fiction(Chinese Culture Vol. IX, No. 1, pp. 39－40)에서, 소설의 "소"자는 물론 "작은 것"이란 뜻에서 붙여졌지만, "설"자는 "열(悅)"자와도 서로 통용되어 "기쁨"의 뜻도 지니고 있다고 하였다. 그는 중국소설이 민중오락의 성질을 강하게 띠고 있다는 데 착안했던 것이다. 특히 송나라의 소설을 놓고 볼 때 그의 해석은 더욱 그럴싸하게 들린다.

다만 송나라의 소설은 은자아(銀字兒)라고도 부른 설화의 일종이다. 강창 중에서도 '설화사가'는 특히 가창(歌唱)보다는 고사의 강설(講說)에 중점을 두었던 듯 하지만 그것이 바로 우리가 얘기하려는 문학으로서의 소설은 아닌 것이다. 송나라의 소설도 그 시대의 다른 강창이나 설화와 함께 우리가 지금 논하는 소설로 발전한 일종의 강창이었을 따름이다.

따라서 이 경우에도 민중오락으로서의 "하찮은 얘기"란 개념 아래 소설이란 말이 쓰였던 것 같다. 그것은 중국소설이 가장 발전하였던 명나라·청나라에 이르기까지도 크게 변함이 없는 생각이었다. 명나라와 청나라 대에 소설이 크게 성행했던 것은 중국인들이 그 오락적인 재미를 깨닫기 시작하고, 한편 소설의 허구성(虛構性)이 중국인들로 하여금 그들의 생활과 행동을 얽매어 온 예교주의와 불만스런 현실을 벗어나 자유로운 딴 세계를 추구할 수 있게 하였기 때문일 것이다.

이처럼 "하찮은 얘기"인 소설이 성행하자 그에 대한 예교적인 반응은 조정과 사대부들 사이에 민감하게 나타나고 있다. 명나라 신종(神宗)의 만력(萬曆) 30년(1602) 12월에는 황제에게 상주하는 글에 "소설의 속된 말(小說俚語)"을 인용하면 안 된다는 금령(禁令)이 내려졌고(『大明神宗顯皇帝實錄』 권 376), 신종 15년(1642) 6월에는 『수호전(水滸傳)』의 민간 장서나 원판을 숨기지도 말고 모두 태워 버리라는 명령이 내려졌다(『明淸內閣史料』 上책). 청나라로 들어와서는 거의 황제마다 거듭 소설을 금하는 명령을 내리고 있다. 세종(世宗)의 옹정(雍正) 6년(1728)에 호군참령(護軍參領)이란 벼슬을 하던 낭곤(郎坤)이란 사람이 "밝기가 제갈량(諸葛亮) 같은 이도 마속(馬謖)을 잘못 썼거늘 신이 어찌 감히 함부로 천거하겠습니까?" 하는 말을 상주문 한 구절에 넣었다가 소설(곧 『三國志』) 얘기를 인용한 것이라 하여 파면까지 당하였다(『雍正上諭內閣』 옹정 6월 2일).

이러한 생각은 일부 사대부들의 글에도 잘 나타나 있다. 명나라 전여성(田汝成, 1540 전후)의 『서호유람지여(西湖遊覽志餘)』에 남송의 나관중(羅貫中)은 소설 수십 종을 편찬했는데, 특히 송강(宋江) 등의 얘기를 쓴 『수호전』은 온갖 거짓 변화를 통하여 사람들의 마음 쓰임을 무너뜨리었으므로 그의 자손은 3대가 모두 벙어리였으니, 하늘의 도에 따른 보답에 의하여 그렇게 되었다고 쓰고 있다.[6] 청나라 모경진(毛慶臻)은 『일정잡기(一亭雜記)』에서 『홍루몽(紅樓夢)』을 쓴 조설근(曹雪芹)은 죽어 지옥에 가 심한 고통을 받고 있고, 가경(嘉慶) 계유(癸酉, 1813)에는 그의 후손 조모(曹某)가 임청(林淸)의 반역사건에 연루되어 멸족을 당했는데, 이것 역시 하늘의 음보(陰報)라 말하고 있다.[7] 이것은 사대부들이 소설을 저주하는 나머지 지어낸 얘기일 것이며, 이런 예는 이 밖에도 무수히 있다.

따라서 도학자적인 사대부들 중에는 소설을 금할 것을 극력 주장 한 사람들이 많았다. 보기로 전대흔(錢大昕, 1728－1804)은 『잠연당문집(潛研堂文集)』 권 17 정

6) "錢塘羅貫中本者, 南宋時人, 編撰小說數十種, 而水滸傳叙宋江等事, 姦盜脫騙機械甚詳. 然變詐百端, 壞人心術, 其子孫三代皆啞, 天道好還之報如此." 明 王圻(1580 前後)의 『續文獻通考』에도 같은 기록이 보임.

7) "然入陰界者, 每傳地獄治雪芹甚苦, 人亦不恤, 蓋其誘壞身心性命者, 業力甚大, 與佛經之昇堂, 正作反對. 嘉慶癸酉, 以林淸逆案, 牽都司曹某, 淩遲覆族, 乃漢軍雪芹家也. 余始驚其叛逆隱情, 乃天報以陰律耳."

속(正俗)이란 글에서 이렇게 논하고 있다.

> "옛날에는 유·불·도의 세 가지 종교가 있었으나 명나라 이래로 또 한 가지 수가 많아졌으니 소설이란 것이다. …유·불·도는 사람들에게 선(善)을 권하지만 소설은 오로지 사람들을 악으로 인도한다."

그리고 정치가들은 반드시 소설을 모두 불태워 버리게 함으로써 세상에 유전되지 못하게 하여야 한다고 주장하고 있다. 소설만 금지되면 도적도 없어지고 형벌을 쓸 일도 줄어들 것이라는 것이다.[8] 이러한 소설 금지론은 명나라·청나라 사람들의 글 중에 정도의 차이는 있을지언정 흔히 발견된다. 청나라 여치(余治)의 『득일록(得一錄)』 권 11의 1 수훼음서국장정(收燬淫書局章程)에는 "소설 수장(收藏)의 사해(四害)"로 다음 네 가지를 들고 있다.

① 품행을 더럽힌다. ② 집안 여자들을 파멸시킨다.

③ 젊은이들을 해친다. ④ 나쁜 병에 잘 걸린다.

이것은 소설 중에서도 특히 "음서"를 중심으로 한 말이기는 하나 여타의 소설들도 괜찮은 것으로 본 것은 아닌 것 같다.

앞에서 대강 얘기한 바와 같이 중국의 소설에는 크게 볼 때 대략 사대부들이 기이한 소문과 잡된 애기를 적어 놓은 문언소설과, 민중오락으로 발생하여 명나라와 청나라 때의 장회소설(章回小說)로 크게 유행하였던 백화소설의 두 가지가 있다. 그러나 문언이나 백화를 막론하고 중국에서는 소설에 대한 문학으로서의 의식이 박약하였다고 볼 수밖에 없을 것이다.

2. 소설의 특징

소설이 비문학적이라는 말은 차라리 비문화적(非文化的)이라는 표현으로 바꾸는 것이 더 적절할 것 같다. 왜냐하면 그것은 끝내 중국문화의 주인공인 사대부들의 "대아지당(大雅之堂)"에는 오르지 못하고 말았기 때문이다. 사대부들의 손에 의하여 쓰인 이상한 애기와 특이한 사건을 적은 문언소설(文言小說)에 속하는 작

8) "古有儒釋道三敎, 自明以來, 又多一敎, 曰小說. 小說演義之書, 未嘗自以爲敎也. 而士大夫農工商賈, 無不習聞之, 以至兒童婦女不識字者, 亦皆聞而如見之, 是其敎較之儒釋道而更廣也. 釋道猶勸人以善, 小說專導人以惡, 姦邪淫盜之事, 儒釋道所不忍斥言者, 彼必盡相窮形, 津津樂道, 以殺人爲好漢, 以漁色爲風流, 喪心病狂, 無所忌憚. 子弟之逸居無敎者多矣, 而又有此等書以誘之, 曷怪其近於禽獸乎? 世人習而不察, 輒怪刑獄之日繁, 盜賊之日熾, 豈知小說之中於人心風俗者, 已非一朝一夕之故也? 有覺世牖民之貴者, 亟宜焚而棄之, 勿使流播. 內自京邑, 外達直省, 嚴察坊市, 有刷印鬻售者, 科以違制之罪行, 數十年必有弭盜省刑之效."

품들도 그들은 <글>로서 적고 읽었다기보다는 유희적인 소일거리로 대한 것이었다. 민간에서 나온 백화 소설에 대하여는 앞에서 얘기한 바와 같이 사대부들 중에는 경시에 그치지 않고 해로운 것이라고 하여 적극적으로 배척하는 이들까지도 있었다.

이 소설이 중국에서 이처럼 비문화적인 위치에 머물고 만 것은 그것이 중국의 전통문학의식과 상충되는 몇 가지 성격을 지니고 있기 때문이다.

그 첫째는 소설이 성실하지 못하고 오락적인 성격을 띠고 있다는 것이다. 문언(文言)으로 쓰인 잡기(雜記)나 지괴(志怪)가 문인들의 소일 거리였음은 이미 지적한 바 있거니와, 민간에서 생겨난 백화소설의 경우는 그 오락적인 성격이 더욱 두드러진다. 그 출발부터가 소설은 민간기예(民間技藝)인 강창(講唱)에서 비롯되었고, 그 대본이 소설로 정착한 뒤에도 오락적인 성격은 여전히 가시지 않았다. 그들은 소설을 오락위주로 썼기 때문에 언제나 그것은 재미있는 것이 아니면 안 되었다. 그리기에 중국소설에는 현실적으로는 경험하기 어려운 귀신얘기, 호걸들의 초인적인 활약, 재자가인(才子佳人)의 달콤한 사랑 등이 그 얘기 줄거리로 동원되고 있다. 흔히 사대기서(四大奇書)라 부르는 『서유기』·『삼국지』·『수호전』·『금병매』가 모두 그러하다. 그리고 비현실적인 고사를 엮으면서도 때와 장소와 등장인물의 내력 등을 정확히 대고 사실임을 강조하며, 한편 자상하고도 빈틈없는 서술을 전개한다. 이것은 소설의 재미를 늘리어 오락적인 효과를 크게 하려는 노력 때문이다.

둘째는 소설의 내용이란 가공적인 것 또는 비현실적인 것이 대부분인데, 이는 기사(紀事)와 입언(立言)이란 중국산문의 전통적인 정신에 어긋나는 것이다. 중국소설은 거의 모두 재미 위주여서 서양소설보다도 우연이나 기괴함 또는 초인적 요소가 더욱 많아질 수밖에 없다. 그러나 중국 사람들은 글이란 사실과 경험의 올바른 기록이어야 하고, 그 속에는 도(道)가 담겨져 있어야만 한다고 생각하였다. 따라서 소설은 이러한 전통전인 문장의식과도 크게 어긋나는 것이다.

셋째로 백화소설의 경우에는 그 내용이야 어떻든 문체 자체가 이미 대아지당엔 오를 수가 없는 것이다. 중국문장은 처음부터 일상용어와는 다른 더욱 다듬어지고 간략해진 아름다운 것이었다. 중국에서 가장 오래된 『시경』이나 『서경』의 문장을 보더라도 거기에는 형식적인 아름다운 표현과 음악적인 성음조화가 총동원된 아름다운 글들로 차 있다. 따라서 문장이란 바로 문언을 뜻했으며, 일상용어 또는 백화란 문장이 될 수 없는 것이었다. 더욱이 이러한 문언을 읽고 쓸 줄 아는 지식인이란 사회적으로는 바로 지배계급인 사대부에 속하는 사람들이다. 이들은 이 문언의 사용능력에 의하여 벼슬도 했고 또 사회적인 신분도 보장되었다. 한편 문언을 안다는 것은 성현(聖賢)의 경전(經傳)을 아는 것이 되며, 그것은 바로 사회를 올바로 이끌어 나갈 견식을 갖추었음을 뜻하게 된다. 이러한 문언에 벼하여 백화는 "하잘것없는 것"이 되는 수밖에 없는 것이다.

넷째로는 윤리적인 입장이다. 소설 중에는 권선징악의 내용이 담긴 작품도 적지는 않지만, 가공적이든 사실적이든 어떤 사건을 자세히 묘사하다 보면 그 중에는 도학자들의 눈살을 찌푸리게 하는 대목이 없을 수가 없게 된다. 더구나 도학자들이 볼 때 도적들이 판치는 얘기를 쓴 『수호전』이나, 음탕한 남녀관계를 주제로 한 『금병매』 같은 작품들은 입에 올리기조차도 어렵다고 생각되었다. 앞에서 얘기한 명나라와 청나라의 조정에서 내린 소설에 관한 금령이나 사대부들의 그것을 대하는 태도에서 이미 그것은 뚜렷이 들어난 사실이다. 이처럼 윤리적인 입장에서 보더라도 소설은 올바른 문학으로서의 대접을 받기 어려운 위치에 놓여 있던 것이다.

3. 소설의 문학적인 각성

소설은 이처럼 도학적인 권위와 전통의 위세 아래 끊임없이 업신여김을 당하였으나, 이러한 불리한 조건에 아랑곳없이 송나라의 민간 연예의 성행과 더불어 민간뿐만이 아니라 사대부 계층에까지도 날로 성행을 더해 갔다. 그리하여 마침내 명나라 말엽에는 소설을 전통문학의 윤리 속에 두드려 맞춤으로써 그 문학성을 인정하려는 문인들이 나왔다. 이들은 소설이 날로 중국사회에 널리 보급되고 있어, 그것이 사회에 마치는 큰 영향력을 중시하였던 것이다. 곧 공용성(功用性)의 면에 있어 소설은 시나 산문보다도 그 효용이 훨씬 크다는 각성이다. 다만 여기서는 소설에 있어서의 윤리적인 한계가 문제되기는 하나, 그것은 시나 산문의 경우에 있어서도 마찬가지로 제기되는 문제이다.

명나라 말엽에 소설과 희곡의 권위향상에 크게 공헌한 인물로 풍몽룡(馮夢龍, 1574－1646)이 있다. 그는 삼언소설(三言小說)이라 불리는 『유세명언(喩世明言)』·『경세통언(警世通言)』·『성세항언(醒世恒言)』이란 세 가지 단편소설집을 내었는데, 『성세항언』의 서문에서 이 삼언소설의 명칭에 대하여 다음과 같은 설명을 하고 있다.

> 명(明)이란 것은 그것이 어리석음을 인도할 수 있다는 데서 취한 것이고, 통(通)이란 것은 그것이 세속에 통용될 수 있다는 데서 취한 것이고, 항(恒)이란 그것을 익히어도 싫증이 나지 않고, 그것을 전하면 오래 갈 수 있다는 것이다. 세 가지 책이 이름은 다르지만 그 뜻은 한가지안 것이다.[9]

곧 그는 사람들이 "하찮은 작은 말"이라 생각하던 소설들을 모아 놓고 "세상을 깨우치어 어려석음을 밝혀 주는 말(유세명언)", "세상을 경계시키어 세속에 통용되는 말(경세통언)", "세상을 각성시키어 언제까지나 전해질 말(성세항언)"이란 거창한 제명을 붙였던 것이다. 이것만으로도 풍몽룡이 얼마나 소설의 공용성을 내세웠나 알 수 있을 것이다.

물론 소설・희곡의 인정에는 이지(李贄, 1527-1602)와 원굉도(袁宏道, 1568-1610)를 중심으로 한 공안파(公安派)의 사람들처럼 문학의 시대성(時代性)을 크게 내세운 이들의 공로도 있다.[10] 그러나 윤리적으로는 모두 세상에 유익한 작용을 하는 내용이어야 한다는 데로 집약된다. 청나라 초기의 고염무(顧炎武, 1613-1682)는 『일지록(日知錄)』 권 19에서 이렇게 말하고 있다.

> "글이 천지간에 끊어져서는 안 될 이유는 그것이 도(道)를 밝히고 정사(政事)를 기록하고 백성들의 숨은 사정을 살피게 하고 사람들의 선함을 얘기하기 즐기기 때문이다. 이와 같은 것은 천하에 유익하고 장래에 유익하여 한 편이 많으면 한 편이 많은 만큼 세상에 이익이 있다."[11]

따라서 그렇지 못한 글은 한 편이 많으면 한 편이 많은 만큼 세상에 해가 된다는 것이다. 이러한 전통적인 기준이 소설・희곡의 문학적인 각성에는 언제나 큰 제약이 된 것이다.

청나라에 들어와서도 김성탄(金聖歎, 1608-1661) 같은 이는 『수호전(水滸傳)』과 『서상기(西廂記)』를 『이소(離騷)』・『장자(莊子)』・『사기(史記)』・『두시(杜詩)』와 함께 육재자서(六才子書)라 하였다. 그는 「수호전』 서(序) 3에서

---

9) "明者取其可以導愚也, 通者取其可以通俗也, 恒則習之而不厭, 傳之而可久. 三刻殊名, 其義一也."

10) 袁宏道『雪濤閣集』序 : "文之不能不古而今也, 時使之也.…夫古有古之時, 今有今之時. 襲古人語言之迹, 而冒以爲古, 是處嚴冬而襲夏之葛者也.…"

李贄『童心說』; "無時不文, 無人不文, 無一樣創造體格文字而非文者. 詩何必古選, 文何必先秦, 降而爲六朝, 變而爲近體, 又變而爲傳奇, 變而爲院本, 爲雜劇, 爲西廂記, 爲水滸傳…皆古今至文, 不可得而時勢先後論也."

11) "文之不可絶於天地間者, 曰明道也, 紀政事也, 察民隱也, 樂道人之善也. 若此者, 有益於天下, 有益於將來, 多一篇, 多一篇之利益矣."

> "천하의 문장에는『수호전』보다 뛰어난 것이 없고, 천하의 사물의 이치를 추구하는 군자 중에는 시내암(施耐庵) 선생보다 뛰어나는 이가 없다."[12]

고 하면서『수호전』을 격찬하고 있다. 그러나 이들의 이론으로는 소설을 경시하는 대세를 어찌할 수 없었을 뿐만 아니라, 김성탄 자신이 소설과 함께 사대부들의 저주의 대상이 되었을 뿐이다.[13]

그러나 청나라 말엽에 와서는 외족의 지배 아래 있는 자기네 조국이 열강들의 침략으로 유린을 당하여 망해 가고 있는데도, 위정자들은 어지러운 기강 속에 자기의 이익만을 취하고 있는 꼴을 보자, 뜻있는 지식인들은 기울어져 가는 나라 꼴을 그대로 보고만 있을 수가 없게 되었다.

이 때 이들은 어떻게든 위정자와 백성들을 깨우치어 망해 가는 조국을 구하지 않으면 안 된다고 생각하였다. 이 때 이들이 발견한 한 가지 수단이 사회에 널리 유행하고 있는 소설의 공용성이다. 이들은 소설로써 사회의 어지러운 면을 풍자하고 모순을 고발하여 국민을 깨우치어 조국을 구하려 하였다. 그 첫 번째 작품이 오경재(吳敬梓, 1701－1754)의『유림외사(儒林外史)』였고, 뒤이어 노신(魯迅, 1881－1936)이 그의『중국소설사략(中國小說史略)』에서 견책소설(譴責小說)이라 부른 무수한 소설들이 쏟아져 나왔다.『함분루신서분류목록(函芬樓新書分類目錄)』에 의하면 청나라 말엽 최후의 20년 동안에 500여 종의 소설의 창작과 번역이 쏟아져 나왔다. 이 때 견책소설 유행의 기수 노릇을 한 양계초(梁啓超, 1873－1928)는 자신이 주간한『신소설(新小說)』창간호의「논소설여군치지관계(論小說與群治之關係)」란 글에서 다음과 같은 말을 하고 있다.

> 한 나라가 백성을 새롭게 하려면 먼저 그 나라의 소설을 새롭게 하지 않으면 안 된다. 그러므로 도덕을 새롭게 하려면 반드시 소설을 새롭게 하여야 하고, 종교를 새롭게 하려면 반드시 소설을 새롭게 해야 하고, 정치를 새롭게 하려면 반드시 소설을 새롭게 해야 하고, 풍속을 새롭게 하려면 반드시 소설을 새롭게 해야 하고, 학예를 새롭게 하려면 반드시 소설을 새롭게 해야만 한다. 그리고 인심을 새롭게 하려 하거나 인격을 새롭게 하려 하는 것까지도 반드시 소설을 새롭게 하여야만 한다. 어째서 그러한가? 소설에는 불가사의한 힘이 있어서 인도(人道)를 지배하기 때문이다.[14]

---

12) "天下之文章, 無有出水滸右者；天下之格物君子, 無有出施耐庵先生右者."

13) 淸 毛慶臻『一亭雜記』;"國初諸生金聖歎, 才雋不羈, 好評論奇書小說.…以有司不公, 哭文廟, 構成獄, …旋爲訪拏抵案, 陷辟.…其評書儇佻刻薄, 導淫誨盜, 足資笑謔, 而陰譴之重, 尙不止此."
이 밖에도 淸 陸文衡의『嗇庵隨筆』卷 5 鑒戒, 王宏撰의『華山志』卷 4 傳奇, 周思仁의『欲海回狂集』卷 1 法戒錄總勸 등에도 이와 비슷한 얘기가 실려 있다.

14) "欲新一國之民, 不可不先新一國之小說. 故欲新道德, 必新小說；欲新宗教, 必新小說；欲新政治, 必新小說；欲新風俗, 必新小說；欲新學藝, 必新小說. 乃至欲新人心, 欲新人格, 必新小說. 何

소설은 이처럼 절대적인 공용성에 힘입어 청나라 말엽에는 "대아지당"에 오를 번 하기도 했다. 그러나 중국문학사에는 큰 변혁이 일어나, 곧 현대문학으로 바꾸어지는 바람에 그것은 확언되지 못한 채 끝장난 셈이다. 그러나 어떻든 소설은 이러한 인식 때문에 본격적인 문학의 대우를 받아 보았다. 그리고 양계초의 그와 같은 노력은 중국현대문학에서도 노신(1881-1936)의 「광인일기」·「약」 같은 대표적인 소설들을 통해서 어느 정도 계승되었던 것으로 생각된다.

제2절 지괴(志怪)와 전기(傳奇)

1. 소설의 기원

흔히 중국소설의 기원을 세계각지의 통례를 따라 신화나 전설에서 찾는 이가 있다. 『열자(列子)』 탕문(湯問)편에도 여와보천(女媧補天)에 관한 신화가 있고,[15] 『한비자(韓非子)』 십과(十過)편에는 황제에 관한 신화가 기록되어 있다.[16] 이 밖에도 『회남자(淮南子)』 등에는 신화와 전설이 적지 않게 수록되어 있다. 『초사』의 「이소(離騷)」·「구가(九歌)」·「천문(天問)」·「초혼(招魂)」 같은 작품에도 무수한 신화와 전설이 동원되어 있다. 특히 주(周)나라에서 진(秦)나라에 이르는 무렵에 나온 『산해경(山海經)』 18권은 거의 전부가 신화와 전설로 차 있어 청나라 기균(紀昀, 1724-1805)의 『사고전서총목제요(四庫全書總目提要)』에서는 그것을 소설가류(小說家類)의 이문지속(異聞之屬)에 넣고 있다.

이러한 신화와 전설이 소설의 허구적 구성의 발전이나 제재(題材)로써 큰 영향을 줄 수 있는 것임에는 틀림없다. 그러나 중국의 경우 소설이 그 영향을 받았다는 것은 몰라도 직접 신화 전설에서 생겨나 발전하였다고 말하기는 어렵다.

『맹자(孟子)』·『장자(莊子)』·『한비자(韓非子)』 등 제자들의 저서에는 많은 우언(寓言)과 고사(故事)가 동원되고 있다. 『여씨춘추(呂氏春秋)』·『전국책(戰國策)』

以故? 小說有不可思議之力, 支配人道故也."

15) 『列子』 湯問篇 ; "天地, 亦物也. 物有不足, 故昔者女媧氏鍊五色石以補其闕, 斷鼇之足以立四極. 其後共工氏與顓頊爭爲帝, 怒而觸不周之山, 折天柱, 絶地維.. 故天傾西北, 日月星辰就焉 ; 地不滿東南, 故百川水潦歸焉."

16) 『韓非子』 十過篇 : "昔黃帝合鬼神於泰山之上, 駕象車而御蛟龍, 畢方並轄. 蚩尤居前, 風伯進掃雨師洒道 ; 虎狼在前, 鬼神在後, 騰蛇伏地, 鳳凰覆上 ; 大合鬼神, 作爲淸角."

같은 책에도 우언이 풍부하다. 이러한 우언이나 고사들도 소설 발전에 적지 않은 영향을 주었을 것이다.

우리가 지금 소설로서 다루고 있는 최초의 작품에는 진(秦)·한(漢)대부터 유행했던 신선사상도 큰 영향을 주었던 것 같다. 진시황을 비롯하여 한나라 문제·경제·무제 등이 모두 방사(方士)들을 믿고 신선술을 추구하였다. 그리고 『한서』 예문지(藝文志)에는 소설가로 15종이 수록되어 있다. 이 책들은 모두 전하지 않아 자세한 내용은 알 길이 없다. 어떻든 15종이란 『이윤설(伊尹說)』 27편·『육자설(鬻子說)』 19편·『주고(周考)』 76편·『청사자(青史子)』 57편·『사광(師曠)』 6편·『무성자(務成子)』 11편·『송자(宋子)』 18편·『천을(天乙』 3편·『황제설(黃帝說)』 40편·『봉선방설(封禪方說)』 18편·『대조신요심술(待詔臣饒心術)』 25편·『대조신안성미앙술(待詔臣安成未央術)』 1편·『신수주기(臣壽周紀)"』 7편·『우초주설(虞初周說)』 943편·『백가(百家)』 139권이다. 이 중 『봉선방설』 이하 6종이 한나라 사람의 작품이고, 그 밖의 것도 확실치는 않으나 모두 전국시대 이후의 작품일 듯하다. 그런데 한나라 사람이 지은 소설 6종 중 앞의 3종은 그 제명으로 미루어 보더라도 분명히 방사나 신선술에 관한 얘기를 쓴 작품임에 틀림없다. 『우초주설』도 한 무제 때 방사가 지은 것이라 하니 신선술에 관한 얘기였을 가능성이 많다. 『신수주기』는 "선제(宣帝) 때의 항국어인(項國圉人)"의 작이라 하나 그 내용은 알 길이 없고, 『백가』는 유향(劉向, B.C. 77－B.C. 6)이 지은 것이라고 하며 잡사의 기록을 모아 놓은 책인 듯하다.[17] 그리고 한나라 사람이 지은 작품 이외의 소설들이란 대체로 야사적인 얘기들을 수록한 것인 듯하다.

어떻든 한나라에 이르러 이러한 책들이 '소설'이란 이름 아래 쓰이고 읽혀졌는데, 신선사상의 영향을 가장 크게 받고 있는 것 같다. 여러 작품 아래 반고(班固) 자신이 "그 말들이 천박하니, 남의 이름을 빌려 가짜로 만든 것인 듯하다"는 따위의 주를 달고 있다. 초현실적인 신선세계의 추구가 새로운 환상적인 얘기들을 지어내게 함으로써 '소설'이란 책들을 이루었고, 다시 기이한 소문과 잡된 일들까지도 기록하는 새로운 형식의 글을 이루었을 것이다.

지금 『신이경(神異經)』 1권과 『십주기(十洲記)』 1권이 동방삭(東方朔, B.C. 161?－B.C. 87?)이 지은 것으로, 『한무고사(漢武故事)』 1권과 『한무내전(漢武內傳)』 1권이 반고(班固, 32－92)가 지은 것으로, 『한무명동기(漢武冥洞記)』 4권과 『동방삭전

17) 劉向 『說苑』 敍錄 의거.

(東方朔傳)』은 곽헌(郭憲, B.C. 26?－A.D. 55?)이 지은 것으로 전해지고 있는데, 모두 신선사상에 관계되는 작품이다. 이것들은 모두 실은 한나라 사람의 작품이 아니라 후세 사람이 가짜로 만든 책이라고 한다. 그러나 이처럼 한 무제를 중심으로 한 신선고사들이 후세 사람들에 의하여 소설형식으로 가짜로 옛날 사람 이름을 빌려 써졌다는 것은 신선사상이 소설발생에 얼마나 중요한 역할을 하고 있는가를 설명하기에 충분하다.

이처럼 신선 얘기를 쓰면서 한편 야사적인 풍문이나 잡사를 기록 하는 습관도 생겨났다. 유향(劉向, B.C. 77－B.C. 6)의 『열녀전(列女傳)』은 옛 부녀들의 여러 가지 뛰어난 얘기들을 주워 모아 기록한 책이며, 그의 『설원(說苑)』과 『신서(新序)』도 옛날의 주워들은 특별한 얘기를 풍류의 뜻을 깃들이며 기록한 책이다. 이것은 모두 후세 필기(筆記)소설에 큰 영향을 끼친 책들이라 할 것이다. 이 밖에도 옛날 여러 가지 얘기를 주워 모은 『서경잡기(西京雜記)』는 문장이 깨끗하고 빼어났다. 유흠(劉歆, B.C. 53－A.D. 23)이 지은 것이라 전해지고 있으나 이것도 후 세 사람이 쓴 가짜일 가능성이 많다.

이와는 또 다른 우스운 얘기를 주워 모은 『소림(笑林)』이 있다. 한단순(邯鄲淳, 132－?)이 지은 것으로 당시 세상에 유행하던 우스운 얘기들을 기록한 것이다. 이 뒤로 중국에는 소설류의 하나로 이와 같은 우스운 얘기 책도 크게 유행하게 된다. 그러나 소설이라고 부르는 앞에서 얘기한 책들보다도 오히려 사마천(司馬遷, B.C. 145－B.C. 86?)의 『사기(史記)』 열전(列傳)이나, 조엽(趙曄, 40 전후)의 『오월춘추(吳越春秋)』 같은 역사책 중에, 우리가 지금 생각하는 소설에 더 가까운 내용과 형식을 지닌 좋은 문장들이 있다는 점도 기억해야만 할 것이다.

2. 위·진·남북조의 지괴(志怪)

'지괴'란 "괴상한 얘기의 기록"을 뜻한다. 한나라 말엽부터는 도교뿐만 아니라 불교도 민간에 유행하기 시작하여, 세상의 기이한 일과 기특한 사건의 내용이 위나라·진나라로 와서는 더욱 다양해진다. 이들은 거의 모두 초현실적인 귀신과 관계되는 얘기들이어서 이들을 통틀어 '지괴'라 부르게 된 것이다.[18] 따라서 지

18) 서지학적인 문헌 중에서 <지괴>란 말이 처음으로 보이는 것은 당 貞觀년간(627－649) 長孫無忌 등이 편찬한 『隋書』 經籍志이다. 다만 <지괴서>는 여기서는 雜傳 속에 들어 있으며, 『新唐

괴서의 성격도 여러 가지이다. 여러 가지 잡다한 얘기를 망라한 진(晉)나라 간보(干寶, 317 전후)의 『수신기(搜神記)』, 도잠(陶潛, 372－427)이 지었다고 전해지는 『수신후기(搜神後記)』, 송(宋)나라 유의경(劉義慶, 403－444)의 『유명록(幽明錄)』, 양(梁)나라 오균(吳均, 469－520)의 『속제해기(續齊諧記)』 등이 있는가 하면, 산천이나 지리에 관한 특이한 견문을 모은 장화(張華, 232－300)의 『박물지(博物志)』, 도교적인 신선이나 신선술에 관한 얘기를 모은 갈홍(葛洪, 290－370)의 『신선전(神仙傳)』, 불교에 관한 얘기를 모은 제(齊)나라 왕염(王琰, 470 전후)의 『명상기(冥祥記)』, 후백(侯白, 581 전후)의 『정이기(旌異記)』 등이 있다.

이 밖에도 위·진·남북조에는 무수한 지괴소설들이 나왔으나 그 원형이 그대로 전하는 책은 하나도 없다. 모두 여러 가지 문헌 속에 단편적으로 보존된 자료에 의하여 그 내용을 알 수 있을 뿐이다. 그 중 지괴류에 관한 가장 중요한 문헌은 송(宋)나라 이방(李昉, 925－996) 등이 칙명으로 편찬한 『태평광기(太平廣記)』 500권이다. 『태평광기』에는 도교와 불교에 관한 설화를 비롯하여 정사(正史)에는 기재되지 않은 기록이나 소설류들이 수집 정리되어 있다. 이 책은 내용에 따라 신선(神仙)·보응(報應)·서(書)·화(畫)·주(酒)·몽(夢)·신(神)·귀(鬼)·재생(再生)·야차(夜叉)·요괴(妖怪)·초목(草木)·호(虎)·사(蛇) 등등 92항목으로 분류되었고, 343종의 고서가 인용되어 있다.[19] 이 중 인용서의 과반수가 지금은 전하지 않는 책들이어서 『태평광기』의 자료가치는 매우 크다. 그 밖에 불교에 관한 지괴서는 당대 석도세(釋道世)가 편찬한 『법원주림(法苑珠林)』 120권에 모아져 있어, 그것도 소중한 자료가 되고 있다. 『태평광기』와 거의 동시에 칙찬된 『태평어람(太平御覽)』 1000 권에도 많은 자료가 들어 있으나 『태평광기』보다는 기록이 단편적인 것이 많다.

명나라에 들어와 편찬된 총서들에는 단행본으로 그 속에 끼어 있는 지괴서가 여러 가지 있다. 정영(程榮)편 『한위총서(漢魏叢書)』, 모진(毛晋, 1598－1659)편 『진체비서(津逮秘書)』, 편자를 알 수 없는 『오조소설(五朝小說)』 등이 그러한 총서이다. 다만 이들 단행본도 원형을 그대로 전한 것이 아니라 『태평광기』 등의 기록을 모았거나, 그 밖의 자료들을 적당히 보완하여 엮어 놓은 것들이 많다. 따라서 명나라 사람들의 간본이 원형에 가까운 형식의 지괴소설로 느껴지기는 하지만, 실

書』 藝文志에 이르러서야 그것들이 비로소 小說類에 넣어져 있다.

19) 이는 『太平廣記』의 引用書目表에 의한 수. 실제로는 475종이 인용되어 있다.

은 당나라에 전해지던 책들을 근거로 엮어 놓은 『태평광기』나 『법원주림』 쪽이 자료로서 훨씬 값있는 것이다.

이 밖에 남북조의 소설류(지괴가 태반임)를 『태평광기』·『태평어람』 등에서 뽑아 정리해 놓은 노신(魯迅, 1881－1936)의 『고소설구침(古小說鉤沈)』(1938년간)은 내용의 교정까지 가해져 있어 남북조 소설에 관한 가장 편리한 자료가 되고 있다.

한나라 말엽부터 사회의 혼란이 계속되자 지식인들 사이에는 현실을 도피하여 숨어 사는 기풍이 유행하였다. 그리고 이들 숨어 사는 자들 사이에는 이른바 청담(淸談)이 성행되었다. <청담>은 본시 노장사상을 바탕으로 한 현실과는 거리가 먼 고상하고 오묘한 철리를 얘기하는 것이었지만, 사실은 광범한 화제가 <청담>으로 흡수되었다. 거기에서는 명사들의 지난 얘기나 교훈이 되는 얘기 및 어떤 일에 대한 간단한 비판을 비롯하여, 탈속적인 유머나 위트와 박식·박학이 상당히 존중되었나. 그리고 이 <청담>을 지괴와 같은 형식으로 기록한 소설들도 생겨났다.

동진(東晋) 배계(裴啓, 362 전후)의 『어림(語林)』이 아마도 그 첫 번째 작품일 것이며, 유의경(劉義慶, 403－444)의 『세설신어(世說新語)』는 그중 가장 뛰어난 문제작이라 할 것이다. 그 밖에도 심약(沈約, 441－512)의 『속설(俗說)』, 은운(殷芸, 471－529)의 『소설(小說)』 등도 여기에 속하는 작품들이다. 이 밖에 작자를 알 수 없는 『소원(笑苑)』, 양송분(楊松玢)이 지은 『해이(解頤)』, 후백(侯白, 581 전후)의 『계안록(啓顔錄)』 등[20] 『소림』을 이은 우스운 얘기 책 등이 유행한 것도 청담의 영향이라 할 것이다. 그뿐 아니라 지괴의 성행 자체도 청담에 크게 힘입고 있다고 보아야 할 것이다. 따라서 청담의 기록으로 보이는 이것들까지도 넓은 뜻의 지괴 속에 포함시켜 얘기해도 좋을 것이다.

지괴서는 중국문학사상 설화(說話)의 보고로서 당나라의 전기(傳奇)는 물론 후대의 소설과 희곡에 많은 소재를 제공하며, 문학에 있어서의 허구성의 의의를 증명해 주고 있다. 지괴는 대부분이 단순하고 소박한 기록이어서, 개인의 창작력이나 개성을 발휘하여 얘기를 전개시킨 작품은 아니다. 따라서 본격적인 소설이라 말하기는 어려운 내용과 형식의 것이다. 그러나 수많은 얘기들 중에는 퍽 세련된 서술로 독자적인 견해나 새로운 얘기의 구성을 한 창작에 가까운 것들도 있다.

---

20) 모두 『隋書』 經籍志에 보임. 원서는 다 전하지 않고 여러 類書 등에 殘文이 인용되어 있음.

따라서 허구를 통한 문학의 가능성, 또는 소설의 가능성은 충분히 증명되었다고 보아야만 할 것이다. 곧 당나라 전기소설은 이 지괴를 바탕으로 하여 발전하고 있는 것이다.

3. 당나라의 전기(傳奇)

(1) 전기의 뜻과 그 형성

<전기>란 "기이한 것을 전한다"는 뜻으로, 말뜻에 있어서는 육조의 지괴와 큰 차이가 없는 듯하다. <전기>란 본시 당나라 배형(裵鉶, 878 전후)의 작품 이름이었는데, 후세에는 당나라의 소설을 가리키는 말로 쓰이게 되었다. 원나라 도종의(陶宗儀, 1360 전후)의 『철경록(輟耕錄)』에 보이는 것이[21] 최초의 그러한 쓰임의 보기가 아닌가 싶다. 명나라와 청나라에 이르러는 전기라는 말이 그 시대의 희곡의 한 종류를 가리키는 말로 쓰인다. 전기란 말이 문학사상의 용어로 정착되어 당나라 사람의 소설을 가리키게 된 것은 근래의 일인 듯하다. 전기는 당나라 사람들이 문언으로 쓴 본격적인 현대의 단편소설에 가까운 형식의 소설을 가리킨다.

전기는 남북조시대 지괴의 발전의 결과로 생겨난 것이다. 당나라 초기의 작품으로 왕도(王度, 585?－625?)의 『고경기(古鏡記)』와 작자를 알 수 없는 『보강총백원전(補江總白猿傳)』, 장작(張鷟, 667－740)의 『유선굴(遊仙窟)』이 있기는 하지만, 그 문장이나 내용으로 볼 때 지괴에서 전기로 발전하는 과도기적인 작품으로 보아야만 할 것이다.

본격적인 전기소설은 안사지난(安史之亂, 755－763) 이후 중당(中唐) 무렵부터 성행된다. 문장이나 그 고사의 성격으로 보아 한유(韓愈, 768－824)의 <고문운동>이나 백거이(白居易, 772－846)의 사회시 및 변문(變文)의 유행 등과 같은 시대적인 배경에서 그 성격을 이해하여야만 할 것 같다. 평화롭던 당제국을 변란으로 갑자기 몰아넣은 <안사지난>은 당나라의 정치와 경제를 지배해 온 대족(大族)들을 하루아침에 멸망시켜 상인과 서민층을 경제적·정치적 면에서 크게 부상시킨다. 그리고 이전의 문벌귀족과는 다른 자기의 노력과 실력을 통하여 새로 상층으로 올라온 신흥 관료의 무리를 탄생시킨다. 백거이·한유를 비롯하여 대부분의

---

21) "唐有傳奇, 宋有戲曲·諢詞·小說, 金有院本·雜劇."

전기(傳奇) 작가들이 서민계층으로부터 상류로 새로이 발돋움한 사람들이다. 그 때문에 그들은 남북조의 귀족주의 시대처럼 초현실적인 기괴한 얘기들에만 관심을 갖지 않고 "기이한 일"을 전하면서도 현실적인 사회문제도 아울러 작품 속에 다루게 되었던 것이다. 이 때문에 <지괴>와 <전기>는 그 고사의 성격상 큰 차이를 보여 준다. 이것은 바로 백거이와 한유 등 중당시대의 문학개혁운동과도 상통하는 것이다.

<전기>의 고사가 <지괴>처럼 제재의 기괴함이나 재미에만 의존하지 않고, 작품의 구성과 고사의 전개를 통하여 인간 사회에 대한 작자의 관심도 발휘되고 있는 것은 당대 <변문>으로 말미암아 생겨난 속강(俗講) 또는 설화(說話)의 영향인 듯도 하다.

원진(元稹, 779－831)의 「수한림백학사대서일백운(酬翰林白學士代書一百韻)」 시의 "광음청화이(光陰聽話移)" 구절에 작자 스스로 다음과 같은 주를 달고 있다.

> "또 일찍이 신창리(新昌里) 집에서 일지화(一枝花) 얘기를 하는 것을 들었는데, 인시(寅時, 오후 4시)에서 사시(巳時, 오전 10시)에 이르도록 얘기가 다 끝나지 않았다.[22)]"

"일지화"는 기녀 이와(李娃)의 별명이며, 백거이의 아우 백행간(白行簡, 776?－826)에게는 『이와전(李娃傳)』이란 전기 작품이 있고, 원진에게는 「이와행(李娃行)」이란 시가 있다. 이에 의하면 당나라 때에 이미 강창 중에 강설을 위주로 하는 설화가 유행했던 것이 분명하며, 변문과 설화는 다같이 <전기>의 고사전개에 영향을 끼쳤을 것이다.

(2) 전기의 작가와 작품

중당 이후의 대표적인 전기 작가로는 『유의전(柳毅傳)』을 쓴 이조위(李朝威, 759 전후), 『침중기(枕中記)』와 『임씨전(任氏傳)』을 쓴 심기제(沈旣濟, 750?－800), 『이장무전(李章武傳)』과 『인호전(人虎傳)』을 쓴 이경량(李景亮, 804 전후), 『남가태수전(南柯太守傳)』·『노강풍온전(盧江馮媼傳)』·『사소아전(謝小娥傳)』 등을 남긴 이공좌(李公佐, 770?－850?), 『이와전(李娃傳)』을 쓴 백행간(白行簡, 776?－826), 『풍연전(馮燕傳)』·『상중원해(湘中怨解)』·『이몽록(異夢錄)』 등을 쓴 심아지(沈亞之, 829 전후), 『이

22) 『元氏長慶集』 卷 10 : "又嘗於新昌宅, 說一枝花話, 自寅至巳, 猶未畢詞也."

혼기(離魂記)』를 쓴 진현우(陳玄祐, 大曆 연간), 『유씨전(柳氏傳)』을 쓴 허요좌(許堯佐, 806 전후), 『곽소옥전(霍小玉傳)』을 쓴 장방(蔣防, 820 전후), 『장한가전(長恨歌傳)』과 『동성노부전(東城老父傳)』을 쓴 진홍(陳鴻, 813 전후), 『회진기(會眞記)』를 쓴 원진(元稹, 779－831), 『유무쌍전(劉無雙傳)』을 쓴 설조(薛調, 830－872), 『규염객전(虯髯客傳)』을 쓴 두광정(杜光庭, 850－933), 『양창전(楊娼傳)』을 쓴 방천리(房千里, 840 전후), 『감택요(甘澤謠)』를 쓴 원교(袁郊, 868 전후), 『섭은랑(聶隱娘)』·『곤륜노(崑崙奴)』를 쓴 배형(裴鉶, 878 전후), 『보비연전(步飛煙傳)』을 쓴 황보매(皇甫枚, 910 전후), 『원무유(元無有)』·『제추녀(齊推女)』 등을 쓴 우승유(牛僧孺, 780－848), 『이위공정(李衛公靖)』·『두자춘(杜子春)』을 쓴 이부언(李復言, 840 전후) 등이 있으며, 이 외에도 수많은 작가들이 작품을 남기고 있다.

이들 작품의 내용을 보면 <지괴>의 뒤를 이은 귀신과 괴이한 일에 관한 얘기를 주제로 한 작품들이 적지 않다. 그러나 귀신과 괴이한 일에 관한 얘기 중에도 이들은 적지 않은 인생 또는 사회의 문제를 다루고 있다. 『이혼기』·『임씨전』·『유의전』 등에서는 귀신과 괴이한 얘기와 함께 인간의 사랑의 문제를 다루고 있고, 『침중기』·『남가태수전』·『동성노부전』 같은 데서는 귀신과 괴이한 얘기 속에 작자의 인생관도 함께 담고 있다. 이 밖에도 심아지·이부언·이경량 등이 모두 귀신과 괴이한 일에 관한 얘기에 속하는 작품을 썼으나 모두 <지괴>의 범주를 넘어선 작품을 남기고 있다.

옛날이나 지금이나 사회문제 중에서 으뜸가는 것이 남녀의 애정관계여서, <전기>에는 그 애정을 다룬 작품이 많다. 특히 원진의 『회진기』(일명 『鶯鶯傳』), 이경량의 『이장무전』, 허요좌의 『유씨전』, 장방의 『곽소옥전』, 백행간의 『이와전』, 방천리의 『양창전』 등이 그 방면의 빼어난 작품이다. 그 중에도 뒤편에 든 세 작품은 기녀의 사랑 애기를 다룬 것으로 사회풍조의 변화를 느끼게 한다.

또 다른 <전기>의 특징은 의협(義俠)을 주제로 한 작품이 많다는 것이다. 이것은 부조리가 허다한 전제정치 사회에 대한 서민들의 욕구에서 생겨난 주제일 것이다. 원교의 『홍선(紅綫)』, 설조의 『유무쌍전』, 배형의 『섭은랑』과 『곤륜노』, 이공좌의 『사소아전』, 섬아지의 『풍연전』 같은 것이 그 대표적인 작품이다. 여기에는 『규염객전』과 『유씨전』·『곽소옥전』·『홍선』처럼 의협에 사랑까지 얽힌 작품도 있으며, 『사소아전』처럼 의협 속에 사회문제를 풍자한 작품도 있다.

이 밖에 야사(野史)적인 옛 일이나 잡사를 기록한 작품들이 적지 않다. 그 중에도『태평광기(太平廣記)』등에 인용된 당나라 때의 얘기는 특히 장사꾼에 관한 얘기가 많은데 도시가 발달하기 시작한 시대변화의 반영이라 할 것이다.『태평광기』권 495의 추봉치(鄒鳳熾) 얘기(『西京記』에서 인용), 같은 책 권 134의 유약시(劉鑰匙) 얘기(『玉堂閒話』에서 인용), 같은 책 권 165의 왕수(王叟) 얘기(『原化記』에서 인용), 같은 책 권 172의 최갈(崔碣) 얘기(『唐闕史』에서 인용), 같은 책 권 346의 맹씨(孟氏) 얘기(『瀟湘錄』에서 인용) 등이 그 보기이다. 유종원(柳宗元, 773－819) 같은 문호도 부자이면서도 의협적인 특수한 상인의 전기인『송청전(宋淸傳)』을 쓰고 있고, 그 밖에도 많은 그러한 작품이 있다. 이는 중당 이후의 도시의 번영과 상인 세력의 대두를 대변하는 것이라 할 것이다.

이들 작품은 작가 개인의 시문집이나 소설집 등에 들어 있는 것도 있지만 당나라의 작품이 본시 모습 그대로 전하는 것은 거의 없다. 이것들은 거의 모두『태평광기』와 역시 비슷한 시기에 이방(李昉) 등이 칙명으로 엮은『문원영화(文苑英華)』1000권 및 원나라 도종의(陶宗儀, 1360 선후) 편『실부(說郛)』100권, 고원경(顧元慶) 편『고씨문방소설(顧氏文房小說)』39종 등에 들어 있다. 그리고 근래 여러 판본을 대조하여 교정을 가한 책으로, 노신(魯迅)의『당송전기집(唐宋傳奇集)』, 왕벽강(王辟疆)의『당인소설(唐人小說)』등은 연구에 매우 편리한 책들이다.

(3) 전기의 특징

남북조의 <지괴>와 비교할 때 당나라의 <전기>는 어떤 특징을 지니고 있는가? 아래에 간단히 정리해 본다.

첫째 : <지괴>는 귀신이나 인간의 얘기를 간단하고 소박하게 기록한 것에 불과하며, 창작은 아니다. 그에 비하여 <전기>는 작자의 의식적인 창작이다. 다 같은 신괴한 얘기를 쓰더라도 <전기>의 작자는 거기에 자기의 개성과 사상을 깃들여 얘기를 전개한다.

둘째 : <전기>의 내용은 괴이한 얘기의 기록을 넘어, 현실적인 생활문제나 인간사회의 여러 가지 문제들을 함께 다룬다. 따라서 신괴한 얘기를 쓰더라도 거기에는 남녀의 애정이라든가 인생문제 같은 것이 깃들여져 있다.

셋째 : <지괴>는 대부분 농촌과 농민들의 얘기가 작품의 배경을 이루고 있지만, <전기>는 도시를 배경으로 한 얘기가 보다 많으며, 인물도 소박한 농민형보다는 소시민형이 많이 등장한다. <전기>의 등장인물 중 사대부 집안 사람들을

제외하고 보면 나머지는 상인·시정배·무뢰한·협객·강도·기녀·거지 등이 대부분이다.

넷째 : <지괴>는 오직 제재의 기괴함과 재미에만 의존하고 있는 데 비하여, <전기>는 얘기의 구성과 전개를 통하여 그 재미를 발휘하고 있다. 따라서 <전기>의 주인공들은 인물의 성격이나 행동이 사실적으로 그려지고, 얘기의 변화에는 많은 곡절을 지니면서도 그 묘사가 빈틈없다. <전기>의 작가들은 어떻게 하면 얘기를 변화 있게 전개시키고, 어떻게 그것을 생동하게 묘사하여, 어떻게 자신의 주제를 잘 살려낼 수 있는가에 노력을 기울였다.

다섯째 : <전기>는 단순히 지식인의 심심풀이를 위하여 쓰인 것이 아니다. <전기>의 작가들은 여러 가지 인생문제·사회문제를 두고 고심하였고, 의식적으로 어떤 일을 풍자하거나 권선(勸善)하려는 노력을 보여 주고 있다.

이 밖에도 여러 가지 특징을 더 지적할 수가 있을 것이다. 그러나 이것만으로도 <지괴>에서 한 단계 더 발전한 <전기>가 이루어졌음을 알았을 것이다. <전기>는 어느 정도 분명한 동기를 가지고 인간행위를 주제로 하여 쓴 단편소설(Short Stories)이라 할 수도 있는 것이다.

(4) 전기의 발전과 문학사상의 의의

만당의 <전기> 작가들은 개인의 전집을 많이 냈다. 우승유(牛僧孺)의 『현괴록(玄怪錄)』, 이부언(李復言)의 『속현괴록(續玄怪錄)』, 우숙(牛肅)의 『기문(紀聞)』, 배형(裵鉶)의 『전기(傳奇)』, 설용약(薛用弱)의 『집이기(集異記)』, 원교(袁郊)의 『감택요(甘澤謠)』 등이 그 보기이다. 이 중에는 <전기>로서 퍽 좋은 작품도 들어 있기는 하지만, 대체로 다시 지괴화하고 있다는 것이 그 특징이다.

그러한 경향은 송나라에 이르도록 계속된다. 서현(徐鉉, 916－991)의 『계신록(稽神錄)』, 오숙(吳淑, 947－1002)의 『강회이인록(江淮異人錄)』, 장군방(張君房, 1001 전후)의 『승이지(乘異志)』, 장사정(張思正)의 『괄이지(括異志)』, 진재사(秦再思, 1001 전후)의 『낙중기이(洛中紀異)』, 섭전(聶田, 1030 전후)의 『조이지(祖異志)』, 진팽년(陳彭年, 961－1017)의 『지이(志異)』, 홍매(洪邁, 1123－1202)의 『이견지(夷堅志)』 등이 모두 <전기>라기 보다는 <지괴>에 가까운 작품들이다. 다만 『녹주전(綠珠傳)』·『양태진외전(楊太眞外傳)』을 쓴 악사(樂史, 930－1007)와 『조비연별전(趙飛燕別傳)』·『여산기(驪山記)』·『온천기(溫泉記)』·『담의가전(譚意歌傳)』 등을 쓴 진순(秦

醇)은 예외에 속하는 <전기> 작가라 할 것이다.

또 송나라에는 민간에 백화체로 쓴 화본(話本)이 크게 유행하고, 명나라와 청나라에는 장회소설(章回小說)이 유행하여 <전기>는 완전히 그 그늘에 눌려 버린 감이 있다. 명나라에도 구우(瞿佑, 1341－1427)의 『김차봉전(金釵鳳傳)』, 이정(李禎, 1376－1452)의 『난란전(鸞鸞傳)』, 마중석(馬中錫, ?－1512?)의 『중산랑전(中山狼傳)』 등 <전기>작품이 얼마간 나오기는 하였다.

그러나 명나라 사람들은 도종의(陶宗儀)의 『설부(說郛)』, 육집(陸揖)의 『고금설해(古今說海)』, 고원경(顧元慶)의 『문방소설(文房小說)』 등 저명한 선집(選集)을 내고 있기는 하지마는 <전기>를 발전시키지는 못하고 있다. 명나라에서 청나라로 넘어가는 무렵까지도 장산래(張山來)가 엮은 『우초신지(虞初新志)』, 정성우(鄭醒愚)가 엮은 『우초속지(虞初續志)』 등이 나온 것을 보면, <전기>의 애호열 만은 계속 이어졌던 것 같다.

청나라에 이르러서는 <지괴>와 <전기>를 한데 묶은 것 같은 포송령(蒲松齡, 1630－1715)의 『요재지이(聊齋志異)』가 나왔고, 연이어 여러 가지 내용과 성격의 글로 이루어진 필기소설(筆記小說)이 무수히 나왔다. 기균(紀昀, 1724－1805)의 『열미초당필기(閱微草堂筆記)』, 왕사정(王士禎, 1634－1711)의 『향조필기(香祖筆記)』·『거이록(居易錄)』 등이 그 보기이다. 그러나 필기소설은 기이한 얘기와 잡된 일의 기록으로부터 학문 노트에 이르는 잡다한 내용의 것이어서 순수한 문학작품이라 할 수는 없는 것이다. 따라서 전기 종류의 소설은 중당을 정점으로 하여 이후로는 점차 쇠퇴한 느낌이다.

<전기> 중에 원진의 『회진기』, 백행간의 『이와전』처럼 허구적인 문학형식을 통하여 순수하게 현실적인 인간세계의 인간문제를 추구한 작품이 있다는 것은 특히 주의를 해야 할 일이다. 현실적이고 공리적인 전통을 뼈대로 삼고 있는 중국문학사의 흐름 속에서 이것은 획기적인 소설의 발전이라 할 것이다. 신괴에 관한 전설이나 역사적인 사실들도 모두 소설이나 희곡의 소재가 될 수 있는 것은 사실이지만, 이런 <전기>의 발전에서 중국인들은 좀 더 다른 차원의 문학의 가능성을 비로소 깨달았던 것이다. 후세 소설과 희곡의 발전은 이 점에서 <전기>에 크게 힘입고 있다고 해야만 할 것이다. 당나라 이후 <전기>가 쇠퇴한 것은 송나라·원나라 이후 소설 희곡의 새롭고 효과적인 표현방법으로 백화가 등장했고, 그것을 통하여 인간사회와 인간문제를 묘사하고 추구하는 것이 가능했기 때문일 것이다.

제3절 화본(話本)과 연의(演義)소설(백화소설)

1. 백화소설의 발생과 발전

백화소설은 앞 장에서 논한 강창(講唱)의 대본이 그 기원이다. 특히 강창 중에서도 가창(歌唱)보다 강설(講說)을 통한 얘기의 전달에 중점을 두었던 설화(說話)의 대본은 바로 소설로 변신할 수 있는 성질의 것이었다. 청나라 말엽의 연의소설에 이르기까지 매 회 첫머리를 "화설(話說)" 또는 "각설(却說)"로 시작하고 끝머리를 "결과가 어떻게 되는 가는 다음 회의 얘기를 읽어보시오(究竟如何, 且看下回分解)." 등의 상투어를 쓰며, 모든 작품의 끝머리에는 꼭 시구(詩句)를 쓰고 있는 것 같은 것은 모두 백화소설의 근원인 강창의 흔적이라 할 것이다.

변문(變文)이 성행했던 중당시대에도 이미 민간에는 직업적인 설화인이 있었다. 앞에서 이미 그것을 증명하기 위하여 원진의 『수한림백학사대서일백운』 시에 써 넣은 그 자신의 주를 인용하였다.[23] 그 밖에도 이상은(李商隱, 813－858)의 「교아시(驕兒詩)」에는

> "혹은 장비(張飛)의 야(野)함을 빈정대고, 혹은 등예(鄧艾)의 말더듬이를 비웃는다."[24]

하였다. 이것은 아이들이 설화인의 『삼국지』 얘기를 듣고 떠드는 모양을 읊은 것인 듯하다. 단성식(段成式, ?－863)의 『유양잡조(酉陽雜俎)』 폄오(貶誤) 편에는 이런 기록이 보인다.

> "나는 태화(太和) 말(835)의 아우 생일에 잡희(雜戲)를 구경했는데, 시인소설(市人小說)을 하는 자가 편작(扁鵲)을 얘기하는데 편작(褊鵲)과 같은 음의 상성(上聲)으로 발음했었다.[25]

여기의 "시인소설"도 잡회의 일종인 설화였던 것 같다.

송나라로 들어와서는 여러 가지 강창과 함께 설화가 널리 유행하였다. 앞 장에

---

23) 앞의 註 22 참조.

24) "或謔張飛胡, 或笑鄧艾吃."(『全唐詩』 卷 541). 張飛는 蜀나라 劉備의 장군, 鄧艾는 蜀을 평정한 魏나라 장군으로 모두 『三國志』에 보이는 인물임.

25) "予太和末, 因弟生日觀雜戲, 有市人小說, 呼扁鵲作褊鵲字, 上聲."

서 이미 지적한 것처럼 맹원로(孟元老)의 『동경몽화록(東京夢華錄)』에는 북송의 경와기예(京瓦伎藝)로 강사(講史)·소설(小說)·상미(商謎)·합생(合生)·설원화(說諢話)·설삼분(說三分)[26]·오대사(五代史)를 들고 그 밑에 전문기예인의 이름을 나열하고 있다. 오자목(吳自牧)의 『몽량록(夢粱錄)』 권 20에는 설화에는 사가(四家)[27]가 있다고 하면서, 소설(小說, 일명 銀字兒)·담경(談經)·설참청(說參請)·설원경(說諢經)·강사서(講史書)·상미(商謎) 등을 인용 설명하고, 그 아래에 전문가들의 이름을 기록하고 있다. 『번승록(繁勝錄)』·『도성기승(都城紀勝)』·『무림구사(武林舊事)』 등에도 그와 비슷한 기록이 보인다. 이 중 <상미>와 <합생>은 그 설명으로 보아 고사를 연출하는 강창이나 <설화>가 아니니 여기에서는 문제 삼을 것이 못 된다. 그리고 <설원화>는 간단한 소화(笑話)였던 것 같다. 그 나머지 얘기를 연출하는 설화를 정리하면 대체로 다음과 같은 세 종류로 크게 나누어진다.

① 소설(은자아) ② 담경 ③ 강사

이 중 <딤경>은 변문의 직계로 명나라와 청나라에서는 보권(寶卷)이란 이름 아래 그대로 강창으로 계승된다. 그리고 나머지 두 가지의 대본이 이곳에서 얘기할 백화소설로 발전하는데, 대체로 <소설>의 화본은 단편이고 <강사>의 화본은 장편이었다. <화본>이란 설화의 대본을 뜻한다.

<소설>의 화본으로는 지금 『경본통속소설(京本通俗小說)』이 전해지고 있다. 본시 몇 권이었는지 알 길이 없으나 지금은 10권에서 16권까지의 남아 전해지는 부분을 2책으로 간행하여 유행되고 있다.[28] 단 여기에는 명나라 사람이 더 보태어 쓴 글과 청나라 사람의 개정이 가해져 있어 송나라의 화본이 그대로 전해진 것이라 볼 수는 없는 것이다. 그러나 <소설> 화본의 면모를 알아보기에는 충분한 자료라 할 수 있다.

이 밖에 명나라 홍편(洪楩)이 간행한 『청평산당화본(淸平山堂話本)』을 비롯하여

---

26) "說三分"은 『三國志』에 관한 설화임.

27) 耐得翁의 『都城紀勝』에도 "說話에 四家가 있다"고 하면서 小說(一名 銀字兒)·說公案·說鐵騎兒·說經·說參請·講史書·合生·商謎 등을 引用 설명하고 있으나 "四家"가 무엇 무엇 네 가지를 가리키는지 분명치 않다. 따라서 학자에 따라 "四家"에 대한 견해가 각기 다르다.

28) 『京本通俗小說』은 근래 繆荃孫에 의하여 발견 간행되었는데, 跋文에 의하면 이 밖에 너무 헤어져 알기 힘든 『定州三怪』 一回와 너무 猥褻하여 간행을 보류했다는 『金主亮荒淫』 二卷이 있다 하였다. 다만 『定州三怪』는 馮夢龍의 『警世通言』 중에 『崔衙內白鷂招妖』라는 제목 아래 들어 있고, 『金主亮荒淫』은 뒤에 葉德輝에 의하여 『影宋京本通俗小說金虜海陵王荒淫』 一卷으로 간행되었다. 그리고 馮夢龍의 『醒世恆言』 중에도 『金海陵縱慾亡身』이란 제목 아래 그것이 들어 있음이 확인되었다. 따라서 繆荃孫이 발견한 9종이 전부 전해지는 셈이다.

풍몽룡(馮夢龍, 1574－1646)의 『경세통언(警世通言)』·『유세명언(喩世明言)』[29]·『성세항언(醒世恒言)』 등에도 적지 않은 송나라 <소설>의 화본이 들어 있다. 이것들 중에는 물론 명나라 사람들의 개정을 거친 것도 있고, 또 화본의 형식을 따라 명나라 사람이 지어낸 것들도 있다.

<소설> 화본의 특색은 무엇보다도 앞머리에 본 얘기와는 상관없는 개장(開場)이 한 대목 들어 있는 것이다. <개장>은 득승두회(得勝頭回)라고도 부르는데, 설화인이 본 얘기를 시작하기 전에 청중들의 관심을 미리 집중시키기 위하여 마련된 대목이다. 『경본통속소설』의 『전옥관음(碾玉觀音)』과 『서산일굴귀(西山一窟鬼)』는 <개장>이 창사(唱詞)인 시사(詩詞)로 되어 있고, 『풍옥매단원(馮玉梅團圓)』과 『착참최녕(錯斬崔寧)』은 짤막한 얘기로 <개장>이 이루어져 있다.

그리고 그 구성을 보면 대부분 얘기를 한꺼번에 다 얘기하지 않고, 얘기의 긴장도가 절정에 달했을 때 일단 쉬었다가 다음에 얘기를 다시 계속하도록 되어 있는데, 이것은 설화인이 청중들의 심리를 이용하여 돈을 좀 더 벌자는 뜻에서 그렇게 만든 것일 것이다. 보기를 들면 『전옥관음』은 상하 2회로 나누어져 있는데, 상회는 최녕의 비밀생활이 남에게 발견되는 순간에 칠언시 두 구절을 이용하여 끝맺고, 하회는 유양부(劉兩府)의 「자고천(鷓鴣天)」사 한 수로 시작하여 천천히 고조에 달했던 얘기 줄거리를 다시 이어간다.

또 이들 <소설>에서 백화문의 운용은 한층 빈틈없는 묘사와 생동하는 인물들의 성격을 드러내기에 편리하게 되었다. 이것은 우아하고 간결한 문언문(文言文)으로는 이루기 힘든 결과이다. 백화이어야만 사람들의 생태며 감각을 그대로 그려낼 수가 있는 것이다. 거기에 창사로서 남아 있는 시사(詩詞)들의 적절한 활용은 문장의 멋이나 고조된 감정의 표현 등을 위하여 매우 효과적이다. 당나라 때에 획기적인 <전기>가 생겨났다가 더 발전하지 못한 것은 송나라에 개발된 백화라는 용어 때문이었다고도 볼 수 있다. 그리고 송나라에서 세련된 백화라는 용어는 다시 원 잡극과 명나라 연의소설에서 그 기능을 마음껏 발휘하게 된다.

송나라 <강사>의 화본인 장편소설로는 청나라에 발견된 『신편오대사평화(新編五代史平話)』가 있다. 이 밖에 장편으로 『대당삼장취경시화(大唐三藏取經詩話)』 3권이 있는데, 이것은 강창인 사화(詞話)로부터 발전한 소설임을 이미 앞 장에서

29) 『喩世明言』은 『古今小說』이라 제목이 붙은 판본이 일본에서 처음으로 발견되어 세상에 다시 전해지게 된 것이다.

설명하였다. 또 앞뒤 2집(集)에 10절로 나누어져 있는 『대송선화유사(大宋宣和遺事)』가 있는데, 여러 가지 옛 책들을 베껴 모아 이루어진 내용이어서 우아한 문언으로 쓰인 부분이 있는가 하면 유려한 백화로 쓰인 부분도 있다. 중간에는 가창의 자취인 운문이 삽입되어 있다.

2. 명나라의 연의소설(演義小說)

강창의 대본을 비롯하여 소설의 대본이 송나라에 이미 읽는 소설로 변신하기 시작했지만, 그러한 변신이 확정된 것은 명나라 이후이다. 풍몽룡의 『삼언소설』 중에도 송나라 화본의 개작과 함께 화본 형식을 딴 적지 않은 자기 자신의 작품도 함께 들어 있다. 따라서 『삼언소설』은 화본이라기보다는 읽는 소설로 보아야만 할 것이다. 풍몽룡의 뒤를 이어 명나라 말기의 능몽초(凌濛初, 1580－1644)가 같은 체제로 『박안경기(拍案驚奇)』와 『이각박안경기(二刻拍案驚奇)』라는 단편소설집을 내었는데, 근 80편에 달하는 여기에 실린 작품들이 거의 모두 그의 창작이다. 그리고 세상에는 숭정(崇禎) 연간(1628－1644)에 포옹노인(抱甕老人)이 이상 『삼언(三言)』과 『양박(兩拍)』 중에서 40종을 골라 간행한 『금고기관(今古奇觀)』이란 선본(選本)이 널리 읽혀졌다. 명나라 말엽에는 이들 이외에도 여러 명의 작가들이 단편소설을 썼고, 청나라에 이르러는 이어(李漁, 1611－1685)의 『십이루(十二樓)』(일명 『覺世明言』) 등이 나왔다. 그러나 이들 단편은 장편인 연의소설의 성행에 눌리어 더 이상의 발전을 보지 못하였다. 따라서 명나라·청나라의 소설은 장편인 연의소설이 대표한다(또는 중국소설은 연의소설이 대표한다)고 하겠다.

연의소설은 모두 내용이 장회(章回)로 나뉘어져 있으므로 장회소설이라고도 부른다. 명나라 연의소설은 무엇보다도 사대기서(四大奇書)로 알려진 『삼국지연의(三國志演義)』·『수호전(水滸傳)』·『서유기(西遊記)』·『금병매(金瓶梅)』가 가장 두드러진다.

『삼국지』에 관한 얘기는 이미 당나라 때로부터 민간에 유행하였고,30) 송나라와 원나라에서는 여러 가지 강사(講史)와 잡극(雜劇)으로 널리 공연되어졌다. 그리고 근년에는 일본의 내각문고(內閣文庫)에서 원나라 지치(至治) 연간(1321－1323)에 신안(新安) 우씨(虞氏)가 간행한 『전상삼국지평화(全相三國志平話)』라는

30) 앞의 註 24와 그 本文 참조.

<강사>의 대본이 발견되었다.[31] 이것은 그 구성과 서툰 문장, 인명 지명의 오기, 사실과 어긋나는 고사 등으로 보아 원나라 민간의 강창의 대본 그대로임이 분명하다고 여기고 있다.

다시 원나라 말엽 명나라 초기에 나관중(羅貫中, 1367 전후)[32]이 나와 이전의 화본과 기타 작품들의 얘기들을 모아 엮어 가지고 『삼국지통속연의(三國志通俗演義)』라는 소설을 썼다. 이것이 지금 우리가 보는 소설 『삼국지』의 출발이다. 『삼국지통속연의』의 지금까지 전하는 가장 이른 판본은 홍치(弘治) 갑인(甲寅) 년(1494)에 간행된 것으로, 모두 24권으로 되어 있고, 매권은 다시 10절로 이루어졌으며, 매 절 7언 1구로 된 소목(小目)이 붙어 있다. 이것이 중국 연의소설의 최초의 형식이다.

그러나 우리가 보통 읽고 있는 『삼국지』는 명간본(明刊本)과 아주 다른 것이다. 청나라의 모종강(毛宗崗, 1661 전후)은 김성탄(金聖歎)의 재자서(才子書)를 본떠, 나관중의 『삼국지』를 개작한 뒤 다시 비평을 가하고 제일재자서(第一才子書)라 불렀는데, 이것이 오늘날 흔히 보는 120회본 『삼국지연의』이다. 『삼국지』를 보통 나관중이 지은 것으로 알고 있지만, 실은 우리가 읽고 있는 것은 모종강의 개작본인 것이다.

<모종강본>은 <나관중본>에 비하여 약간 발전된 점이 있기 때문에, 그 뒤로는 <모종강본>이 세상을 휩쓸게 된 것이다. 모종강이 개정한 중요한 내용은 다음 네 가지이다.

첫째 : 내용을 사실(史實)에 따라 바로잡았다.

둘째 : 매 회(回)의 제목을 정리하여 대우(對偶)로 만들었다.

셋째 : 시문(詩文)을 늘리거나 깎아 고치고 논찬(論贊)을 삭제하였다.

넷째 : 문장 표현을 중시하여 문장을 다듬고 고쳤다.

따라서 세상에 유행하는 『삼국지연의』는 한 때에 한 사람이 만든 작품이 아니라 300여 년에 걸쳐 이루어진 집체적인 작품이라 할 수 있는 것이다. 『삼국지』의 문학적인 가치를 크게 평가하기는 어렵다 치더라도 그 소설이 민간에 크게 유행

31) 동시에 『武王伐紂書』·『樂毅圖齊』·『七國春秋後集』·『秦併六國』·『呂后斬韓信前漢書續集』의 다섯 가지의 元나라 講史 또는 說鐵騎兒에 속할 講唱의 대본이 발견되었다. 이는 모두 演義小說의 前身이라 하겠다.

32) 羅貫中은 이름이 本(간혹 木으로 잘못 쓰기도 하고, 牧으로 잘못 쓰기 도 했다) 또는 貫이고, 字가 貫中이라 하나 모두 분명치 않다, 여기서는 가장 흔히 통용되는 이름을 썼다.

하여 그 애기는 온 세상에 널리 알려져, 그것이 중국 사회에 끼친 광범한 영향은 부인할 길이 없다.

나관중은 또 『수당양조지전(隋唐兩朝志傳)』·『잔당오대사연전(殘唐五代史演傳)』·『평요전(平妖傳)』 등을 지었다 하나 원본은 하나도 전하지 않는다.33) 어떻든 나관중의 『삼국지』가 세상에 크게 유행된 뒤로는 이를 본뜬 수많은 역사소설들이 쏟아져 나왔다. "오악산인주유앙지집(五岳山人周遊仰止集)"이라 제한 『개벽연역통속지전(開闢衍繹通俗志傳)』 6권, 종성(鍾惺, 1574－1624)의 편집이라 제한 『반고지당우전(盤古至唐虞傳)』 2권·『유하지전(有夏誌傳)』 4권·『유상지전(有商誌傳)』 4권·『대수지전(大隋誌傳)』 4권, 여소어(余邵魚, 1566 전후)의 『열국지전(列國志傳)』 8권(뒤에 馮夢龍이 『新列國志』 108회로 개편), 웅종곡(熊鍾谷, 1522－1566 전후)의 『전한지전(全漢志傳)』 12권·『당서지통속연의(唐書志通俗演義)』 8권·『남북송전(南北宋傳)』 20권 등이 쏟아져 나왔다. 그러나 모두 『삼국지』의 수준에는 훨씬 못 미치는 것들이다.

『수호전』은 『대송선화유사(大宋宣和遺事)』에 보이는 양산박(梁山泊) 애기를 바탕으로 한 것이다. 이 밖에 송나라 말엽 판본인 나엽(羅燁)의 『취옹담록(醉翁談錄)』 중의 남송화본목록(南宋話本目錄)에 「석두손립(石頭孫立)」·「청면수(青面獸)」·「무행자(武行者)」·「화화상(花和尙)」 등 『수호전』 애기를 주제로 한 작품들이 있는 것으로 보아 그 애기는 이며 남송 때에 널리 세상에 유행했음이 분명하다. 또 원잡극(雜劇)에도 『흑선풍(黑旋風)』 등 『수호전』 고사를 주제로 한 작품이 여러 편 있다.

여기에 원나라 말엽 시내암(施耐菴)이란 사람이 나와 『수호전』이란 장편소설을 집대성(集大成)한 것이다. 그리고 여기에 나관중(羅貫中)이 수정을 다시 가했다는 설이 있다. 그러나 현재 전해지고 있는 판본은 모두 이 사람들이 쓴 그대로가 아니다. 현재 전해지고 있는 『수호전』에는 115회본·110회본·124회본·100회본 등 무수한 각지 상인들의 간본들이 있으나, 그 중 이지(李贄, 1527－1602)의 서문과 비점(批點)이 붙은 『충의수호전(忠義水滸傳)』 100회본, 이지의 제자 양정견(楊定見)의 서문이 붙은 『충의수호전서(忠義水滸全書)』 120회본, 청나라 김성탄(金聖歎,

33) 지금 전해지고 있는 판본으로는 淸初 褚人穫(1681 전후)의 『隋唐演義』 100 回本이 있고, 日本 內閣文庫書目에는 『殘唐五代史演義』 2권 60회가 수록되어 있으나 羅貫中本은 아니라 하며, 현재 전해지고 있는 『三遂平妖傳』 4권 20회는 馮夢龍의 修補本이다.

?－1661) 비주(批註)의 『수호전』 70회본을 가장 선본(善本)으로 친다. 『수호전』은 문장이나 내용도 뛰어나거나와 세상에 널리 알려져 이처럼 수많은 여러 책장수들의 수정본(修訂本)이 나왔다. 그리고 이를 본뜬 『삼수평요전(三遂平妖傳)』과 『정충전(精忠傳)』 같은 퍽 좋은 소설도 나왔다.

『평요전』은 원래 나관중이 편찬했고, 4권 20회였다 하나, 풍몽룡(馮夢龍) 이 개수한 15회본이 지금까지도 민간에 널리 읽히고 있다. 『정충전』은 악비(岳飛)의 얘기를 바탕으로 한 것인데, 민간에 널리 읽히어 여러 가지 판본이 있다. 그러나 청나라 전채(錢彩)가 편하고 김풍(金豐)이 다시 수정한 『정충연의설본악왕전전(精忠演義說本岳王全傳)』(간명 『說岳全傳』)이 가장 좋은 판본이다.

남송의 『대당삼장취경시화(大唐三藏取經詩話)』라는 장편의 강창은 오승은(吳承恩, 1500－1582)[34]에 의하여 『서유기(西遊記)』란 신마소설(神魔小說)의 걸작으로 이루어진다. 『서유기』(100회)에는 명판(明版)·청판(淸版)이 각각 수종씩 있으나 판본에 따른 문제는 다른 소설처럼 그다지 심각하지 않다. 『서유기』도 민간에 널려 읽히어 이미 명나라 때에 속서(續書)가 나왔다. 작자를 알 수 없는 『속서유기(續西遊記)』 100회·『후서유기(後西遊記)』 40회 등이 있으나, 특히 동열(董說, 1620－1686)의 『서유보(西遊補)』 16회가 빼어난다는 정평이 있다.

『서유기』의 영향 아래 나온 작품으로는 오원대(吳元泰, 1566 전후)의 『동유기(東遊記)』(원명 『上洞八仙傳』) 2권 52회, 여상두(余象斗, 1596 전후)의 『남유기(南遊記)』(일명 『五顯靈官大帝華光天王傳』) 4권 18회, 『북유기(北遊記)』(일명 『北方眞武玄天上帝出身志傳』) 4권 24회, 양지화(楊志和) 편 『서유기전(西遊記傳)』 4권 41회의 4종을 합친 사유기(四遊記)가 있고, 허중림(許仲琳, 1566 전후) 편 『봉신전(封神傳)』, 만력(萬曆) 정유(丁酉, 1597)의 나무등(羅懋登) 서문이 붙은 이남리인(二南里人) 편 『서양기(西洋記)』(원명 『三寶太監西洋記通俗演義』) 등이 민간에 크게 유행하였다.

『금병매』는 작자가 난릉(蘭陵) 소소생(笑笑生)이란 별명을 쓰고 있어, 그가 누구인지 알 수 없다. 현재 전하는 가장 오래된 간본은 만력 정사(丁巳)년(1617)의 동오(東吳) 농주객(弄珠客)의 서문이 붙은 『금병매사화(金瓶梅詞話)』 100회본인데, 원작에 가까운 모습을 지닌 것으로 여겨진다. 『금병매』는 음란한 내용이라 해서

34) 明末 淸初의 사람(毛奇齡 등)들은 元初의 道士 邱處機의 작품으로 여겼다. 그러나 淸나라의 錢大昕·紀昀 같은 학자의 考證과 최근의 여러 학자들의 연구로 明나라 吳承恩의 작품임이 증명되었다.

사대부들이 내놓고 얘기하기 꺼려는 소설이었으나, 오히려 창작면에 있어서는 가장 주목할 만한 작품으로 인식되어 많은 학자들의 연구로 말미암아 금학(金學)이란 말까지 나왔을 정도이다.

속서(續書)로는 『옥교리(玉嬌李)』가 있다 하나[35] 만력본은 전하지 않고, 현재 볼 수 있는 것은 모두 후세 사람들의 손에 이루어진 책이다. 또 정요항(丁耀亢, 1620?－1691) 작 『속금병매(續金瓶梅)』 전후집 64회본도 있다.

이 밖에 이를 뒤이은 황당한 음서로 『수탑야사(繡榻野史)』·『변면차(弁面釵)』·『의춘향질(宜春香質)』 등이 나왔으나 얘기하기조차도 어려운 정도이다. 이 밖에 재자가인(才子佳人)의 순수한 애정을 그린 명교중인(名教中人)편의 『호구전(好逑傳)』 4권 18회, 청나라 초기의 적안산인(荻岸山人)편 『평산냉연(平山冷燕)』 20회, 운봉산인(雲封山人)편 『철화선사(鐵花仙史)』 26회 등이 나왔는데, 이것도 『금병매』의 간접적인 영향이라 할 것 이다. 이러한 애정소설은 청나라로 들어와 강희(康熙)·건륭(乾隆) 연간(1662－1795)에 한 때 극성하여 『옥지기(玉支磯)』·『화각연(畫閣緣)』·『호접매(蝴蝶媒)』·『오봉음(五鳳吟)』·『교련주(巧聯珠)』·『금백정(錦帛亭)』·『주춘원(駐春園)』 등 수십 종의 작품이 쏟아져 나왔다.

3. 청나라의 연의소설

청나라에 들어와서는 『유림외사(儒林外史)』와 『홍루몽(紅樓夢)』이라는 두 명작이 나왔다. 이것들은 명나라의 소설보다는 인간사회의 여러 면을 더욱 성실히 파고들고 있고, 얘기의 구성도 더욱 짜임새 있다는 점에서 소설로서 진일보한 것이라 할 것이다.

『유림외사』는 오경재(吳敬梓, 1701－1754)가 지은 것으로 당시 사대부들의 허위와 타락으로 찬 생활을 날카롭게 추구하며 풍자하고 있다. 오경재의 원본은 50권이었으나,[36] 동치(同治) 연간(1862－1874)에 60회본이 나 오고 그 뒤에 다시 56회본·55회본 등이 나왔는데 모두 후세 사람들이 다시 수정한 것이다. 그리고 이 작품은 너저분한 표현이 없는 깨끗한 백화문으로 쓰여 있어, 중고등학교의 국어

35) 沈德符(1578－1642)의 『野獲編』에 "문장이 『金瓶梅』보다 뛰어난 듯하다"고 했고, 『金瓶梅』의 작자가 續作한 것으로 추측하는 이가 많다.

36) 程晋芳(1718－1784)의 『勉行齋文』 所載 「吳敬梓傳」 및 『全椒志』(吳敬梓는 安徽 全椒人)에 보임.

독본으로 삼을 만한 문장으로 유명하다.

『홍루몽』은 조설근(曹雪芹, 1719－1864)의 작품으로 청나라 말엽의 몰락해 가는 대가의 젊은 남녀들의 생활 모양을 추구한 작품이다. 『홍루몽』은 본시 『석두기(石頭記)』라 불렀으며, 조설근은 80회까지 쓰고 죽어 버렸으나 고악(高顎, 1795 전후)이 뒤의 40회를 이어 써서 지금 유행하는 120회본을 완성하였다. 속작은 원작에 손색없는 문장으로 나머지 얘기를 잘 마무리 지었는데, 근인 호적(胡適)의 연구(『胡適文存』 제 1집 권 3 「紅樓夢考證」 改定稿)에 의하면 조설근은 이전부터 전서의 대강(大綱)이 되어 있었고 일부 미완성의 유고들을 써 놓았었다 한다. 고악은 그것을 근거로 나머지 40회를 완성시켰을 거라는 것이다.

실은 고악 이외에도 『홍루몽』의 속작자가 많다. 귀서자(歸鋤子)의 『홍루몽보(紅樓夢補)』 48회(81회부터 속작), 작자를 알 수 없는 『홍루환몽(紅樓幻夢)』 (97회부터 속작) 등이다. 120회에 대한 속작으로는 조설근의 이름을 빌려 쓴 『후홍루몽(後紅樓夢)』 30회, 작자를 알 수 없는 『홍루후몽(紅樓後夢)』, 진자침(秦子忱)의 『속홍루몽(續紅樓夢)』 30권, 소화산초(小和山樵)의 『홍루복몽(紅樓復夢)』 100회, 난고주인(蘭皐主人)의 『홍루중몽(紅樓重夢)』 48회, 낭현산초(瑯嬛山樵)의 『보홍루몽(補紅樓夢)』 48회, 운사외사(雲槎外史)의 『홍루몽영(紅樓夢影)』 24회, 임학산인(臨鶴山人)의 『홍루원몽(紅樓圓夢)』 등 무수하다.

이 밖에도 포송령(蒲松齡, 1630－1715)의 작품인 듯한 『성세인연전(醒世姻緣傳)』 100회가 사회의 생태를 주제로 한 대작이다. 다만 여기에서 지나치게 인과응보(因果應報)를 내세우고 있는 것이 흠이라 하겠다. 어떻든 청나라에 들어와 이처럼 소설들이 자신들이 살고 있는 사회의 여러 가지 문제들을 추구하기 시작했다는 것은 중국소설의 일대 발전이라 할 것이다.

또 청나라에는 의협소설(義俠小說)과 창우소설(倡優小說)이 크게 유행하였다. 이 중 의협소설은 대체로 민간에 유행하던 설화인들의 설화대본이 발전한 것이다. 반대로 창우소설은 유한 지식계급들의 심심풀이로 유행한 기녀(妓女)와 악공(樂工)들을 주제로 한 작품이다. 이는 어지러워진 청나라 말엽 사회에 대한 민중과 상류계급의 상이한 반응이라 할 것이다.

의협소설의 대표작은 옹정(雍正) 12년(1734)의 서문이 붙은 문강(文康)의 『아녀영웅전(兒女英雄傳)』[37] 53회(40회 만이 전함)와 광서(光緒) 5년(1879)에 나온 석옥곤

37) 처음엔 『金玉緣』·『日下新書』·『正眼法藏五十三參』 등으로 불리었고, 뒤에 東海吾了翁에 의

(石玉崑)의 『삼협오의(三俠五義)』[38] 120회이다. 이들은 『유림외사』나 『홍루몽』처럼 어두운 사회의 일면을 파헤치는데 만족하지 않고 초인적인 협객(俠客)을 내세워 그 어둡고 부정한 부분들을 하나하나 때려 부수었던 것이다. 『삼협오의』는 뒤에 유월(俞樾, 1821－1906)의 『칠협오의(七俠五義)』로 개작되어 크게 유행하였으며, 이 뒤를 이어 『소오의(小五義)』·『속소오의(續小五義)』를 비롯하여, 『영경승평(永慶昇平)』·『만년청(萬年青)』·『영웅대팔의(英雄大八義)』·『영웅소팔의(英雄小八義)』·『유공안(劉公案)』·『이공안(李公案)』·『시공안(施公案)』·『팽공안(彭公案)』 등 무수한 협의소설이 유행하였다.

창우소설은 상류 지식인들의 놀이를 소설화한 것으로, 함풍(咸豐) 2년(1852)에 간행된 진삼(陳森)의 『품화보감(品花寶鑑)』 60회, 위수인(魏秀仁, 1819－1874)의 『화월흔(花月痕)』 50회, 한방경(韓邦慶, 1856－1894)의 『해상화열전(海上花列傳)』 64회 등이 있다. 이 밖에도 『풍월몽(風月夢)』·『청루몽(青樓夢)』·『구미귀(九尾龜)』·『해상번화몽(海上繁華夢)』·『회방록(繪芳錄)』·『해상진천영(海上塵天影)』·『해천홍설기(海天鴻雪記)』 등 무수한 작품이 있는데, 모두 선비들과 기녀(妓女) 또는 악공(樂工)들 사이의 유희적이고 풍류적인 사랑의 얘기를 쓴 것이다.

청나라 최후의 10년간은 노신(魯迅, 1881－1936)이 『중국소설사략(中國小說史略)』에서 견책소설(譴責小說)이라 부른 수많은 문제소설들이 쏟아져 나와 중국소설사의 끝머리를 장식한 시기이다. 그 중 대표적인 작품으로는 이보가(李寶嘉, 1867－1906)의 『관장현형기(官場現形記)』와 『문명소사(文明小史)』, 오옥요(吳沃堯, 1867－1910)의 『이십년목도지괴현상(二十年目睹之怪現狀)』·『구명기원(九命奇冤)』, 유악(劉鶚, 1850?－1910)의 『노잔유기(老殘遊記)』, 증박(曾樸, 1871－1935)의 『얼해화(孽海花)』 등이 있다. 이때의 지식인들은 소설을 빌려 사회와 관계(官界)의 병폐나 부정을 드러내어 꾸짖음으로써 사람들을 각성시켜 망해 가는 조국을 구해 내자는 것이었다. 『함분루신서분류목록(涵芬樓新書分類目錄)』에는 이 시기에 나온 소설 작품과 서양소설 번역 작품이 도합 500여종이나 수록되어 있는데, 실제로는 이 숫자를 훨씬 넘는 작품들이 나왔다는 것이다. 근인 아영(阿英)은 『만청소설사(晚淸小說史)』에서 이 때 소설이 쏟아져 나왔던 원인으로 다음 세 가지를 들고 있다.

하여 『兒女英雄傳評話』라 제명이 붙여졌다.

38) 처음엔 『龍圖公案』 또는 『包公案』이라 불렀고, 뒤에는 『忠烈俠義傳』 또는 『大五義』라고도 흔히 불렀다.

첫째, 인쇄사업의 발달로 말미암아 책을 펴내기가 그전처럼 어렵지 않았고, 신문사업의 발달로 말미암아 각종 신문에서 다량의 소설을 필요로 하였기 때문이다.

둘째, 당시의 지식인들이 서양문화의 영향을 받아 사회적인 의의에서 소설의 중요성을 인식하였기 때문이다.

셋째, 청나라는 여러 번 외적에게 패전을 당하였고 정치는 극도로 부패하여 누구나 나라의 정치는 제대로 되지 않고 있다는 것을 알았기 때문에, 소설을 써서 그런 일들을 공격하는 한편 유신(維新)과 애국을 제창하였기 때문이다.

이 밖에 임서(林紓, 1852－1924)가 문언으로 번역 출판한 100수십 종의 서양소설들도 이들 소설의 성행에 자극제가 되었을 것으로 믿는다.

참고문헌

韓國『三國志演義의 比較文學的 硏究』李慶善 一志社 1976
韓國『魏晋南北朝志怪小說硏究』全寅初(臺灣師大學位論文) 1978
韓國『神仙說話硏究』鄭在書(서울大 學位論文) 1988
韓國『淸代紅學硏究』崔溶澈(臺大學位論文) 1990
韓國『話本小說果報觀硏究』咸恩仙(臺灣師大學位論文) 1989
韓國『中國古代小說硏究』全寅初 연세대출판부 1985
韓國『중국고대소설사』全寅初 신아사 1992
韓國『중국신화전설』Ⅰ·Ⅱ 袁珂著 全寅初역 민음사, 1998
韓國『三國演義硏究』洪淳孝(臺灣師大學位論文) 1983
韓國『山海經, 古代中國人의 變化하는 宇宙觀』徐敬浩 서울大출판부 1983
韓國『山海經』정재서 서울대출판부 1985
韓國『不死의 신화와 사상』鄭在書 민음사 1994
韓國『이야기 동양신화』중국편 1, 2책 정재서 황금부엉이 2006
韓國『宋元平話硏究』金震坤(서울大學位論文) 1996
韓國『중국신화연구』선정규 고려원 1996
韓國『唐代小說硏究』全寅初 연세대출판부 2000
韓國『중국소설사』서경호 서울대출판부 2004
中國『太平廣記』李昉 等編 新興書局 影印本
中國『太平御覽』李昉 等編 新興書局 影印本
中國『世說新語』劉義慶 藝文印書館 影印本
中國『新序』劉向 編 世界書局 影印本
中國『說苑』劉向 編 世界書局 影印本
中國『說郛』陶宗儀 編 商務印書館 影印本
中國『五朝小說大觀』四百名家 編 新興書局 影印本
中國『古小說鉤沈』魯迅 人民大學出版社
中國『古今說海』明刊本 , 影印本 等
中國『筆記小說大觀』齊愛生 編 新興書局 影印本
中國『大宋宣和遺事』商務印書館 影印本
中國『淸平山堂話本』洪楩 文學古籍刊行社 影印本
中國『京本通俗小說』古典文學出版社 排印本
中國『中國小說史略』魯迅 北新書局
中國『中國小說發達史』譚正璧 光明書局 1935
中國『唐代小說硏究』劉開榮 商務印書錯
中國『中國小說史』葛賢寧 中華文化事業出版委員會
中國『晩淸小說史』阿英 商務印書館
中國『中國小說史』范烟橋 蘇州秋葉社 1927
中國『中國小說史』郭箴一 商務(長沙) 1939
中國『中國小說史』李輝英 香港 東亞書局 1970
中國『中國小說史』孟瑤 臺北 文星書店 1966
日本『唐宋傳奇集』吉川幸次郎 弘文堂書房
日本『中國の小說』松枝茂夫 白日書院

日本『中國の八大小說』大阪市大 中國文學研究室 輯刊
日本『戲曲小說論』淸水茂 新朝社
日本『中國小說史研究』小川環樹 岩波書店 1968
日本『中國小說史考』前野直彬 秋山書店 1975
歐美 *The Coloquial Short Story in China*(A Study of the San－yen Collections). John L. Bishop, Cambridge, Mass. Harvard University Press, 1956.
歐美 *The Chinese Novel*(Nobel Lecture). Pearl S. Buck, London, Macmillian, 1939.
歐美 *Buddhist and Taoist Influences on Chinese Novel*. vol. 1, The Authorship of the Feng Shen Yen I , Liu Ts'un－yan, Wiesbaden, Otto Harrassowitz, 1962.
歐美 San－Kuo Chih : *Romance of the Three Kingdoms*, Tr. by C. H. Brewitt－Tay－lor, Shanghai, Kelly & Walsh, 1929. (Reprint : Vermont, Tuttle, 1959).
歐美 Shui－hu Chuan : *All Men Are Brothers*, 2 vols, Tr. by Pearl S. Buck, New York, John Days, 1933.
歐美 *Water Margin*, 2 vols, Tr. by J. H. Jackson, Shanghai, Commercial Press, 1937.
歐美 Shui－huchuan : *The Evolution of the Chinese Novel*, Richard G. Irwin, Cambridge, Mass. Harvard University Press, 1953.
歐美 Hsi－yu Chi : *Monkey*, Tr. by Arthur Waley, London, Allen & Unwin, 1942.
歐美 Chin P'ing Mei : *The Adventurous History of Hsi－Men and his Six Wives*, 2 vols., Tr. by B. Miall, from the German Version of F－Kuhn, New York, Putman, 1940.
歐美 *The Golden Lotus*, 4 vols. Tr. by Clement Egerton, London, Routledge 1939. (Reprint : New York, Grove Press, 1954).
歐美 Hung－lou Meng : *Dream of the Red－Chamber*, Tr. by Wang Chi－Chen, New York, Twayne Publishers 1958.(New abridged ed., New York, Doubleday, 1958).
歐美 Hung lou Meng : *On the Red Chamber Dream*. Wu Shih－Ch'ang, Oxford University Press, 1961.
歐美 Ju－lin Wai－shih : *The Scholars*. Tr. by Yang Hsien－yi and Gladys Yang, Peking, Foreign Languages Press, 1957.
歐美 Lao Ts'an Yu－Chi : *The Travels* of Lao Ts'an. Tr. by Harold Shadick, 1thaca, New York, Cornell University Press, 1952.

제10장 평론(評論)

제1절 문학평론의 성립 • 335
제2절 위·진·남북조의 문학평론 • 337
제3절 당나라와 송나라의 문학평론 • 341
제4절 명나라와 청나라의 문학평론 • 348
참고문헌 • 356

제10장

평론(評論)

제1절 문학평론의 성립

문학 비평이란 본시 작품에 대한 독자의 반응이었다. 이 반응을 바탕으로 하여 작가는 문학의 본질을 생각하게 되었고, 뒤에는 전문적인 평론가도 생겨났던 것이다. 따라서 문학평론은 이미 우리에게 전해지는 최고의 작품집인 『시경』이나 『서경』이 씌어질 무렵에 싹트고 있다. 『서경』 순전(舜典)에는 "시란 뜻을 말한 것이고, 노래란 그 말을 길게 늘인 것(詩言志, 歌永言)"이라는 초보적인 시론이 보이고, 『논어(論語)』에는 위정(爲政)·팔일(八佾)편 등에 공자(孔子, B.C. 551－B.C. 479)의 시평이 보인다. 더욱이 공자의 『시경』 편찬 또는 정리는 그의 문학론을 바탕으로 행해진 작업이라 보아도 될 것이다. 그 밖에 『맹자(孟子)』·『순자(荀子)』 등에도 단편적인 문학에 관한 평론이 보인다.

한나라로 들어와서는 왕일(王逸, 126 전후)의 『초사장구(楚辭章句)』, 정현(鄭玄, 127－200)의 『모시정전(毛詩鄭箋)』 등에는 모두 문학비평의 기능을 발휘하고 있는 부분이 많다. 특히 반고(班固, 32－92)의 『한서(漢書)』 예문지(藝文志)의 소설가(小說家)와 시부(詩賦)를 논한 부분, 양웅(揚雄, B.C. 53－A.D. 18)의 『법언(法言)』 오자(吾子) 편, 왕충(王充, 27－91)의 『논형(論衡)』 초기(超奇)·어증(語增)·유증(儒增)·예증(藝增)·일문(佚文) 편 등과, 『시경』 모시서(毛詩序) 같은 곳에서는 상당히 구체적인 문학이론과 비평을 전개하고 있다. 확실히 한나라 때의 문학이론은 주(周)나라 때에 비하여 진일보 구체화한 것임엔 틀림없다. 그러나 한나라의 문학론은 그 이전이나 마찬가지로 유교의 이념을 바탕으로 한 덕성(德性)을 내세우며 문장의 교화적(敎化的) 효용을 강조하는 단계에서 벗어나지 못하였다. 그들은 아직 문학의 독립된 기능을 이해하지 못하였기 때문에 문학의 이론이나 평론에 문학으로서의 자율성이 전혀 없었다. 그뿐 아니라 이것들은 모두가 독립된 문학평론의 전문 저서도 아니었다. 한나라까지도 문학비평이란 모든 인간행위의 도덕적 규범이 되는 유교의 이념으로부터 글을 쓰는 행위가 벗어나지 않아야 된다는 원리를 강조하는 도덕론의 일부에 지나지 않았다. 그것은 문학 자체가 그 때까지는 사회를 올바로 교화하는 정치행위의 한 부분으로 밖에는 인식되지 않았음을 뜻한다.

본격적인 문학평론은 위(魏)나라・진(晋)나라 때에 문단이 성립되고 전문적인 작가들이 나옴으로써 비롯된다. 그 때 와서야 문학이 덕으로 나라를 다스리는 공용을 떠나 독립된 자기자세를 찾아내야 할 필요성이 느껴졌기 때문에 자율적으로 문학이란 무엇인가, 문학이란 어떠한 것인가를 탐색하지 않으면 안 되었다. 그렇다고 이 시기가 공용적인 문학론에서 순수문학론으로의 전환을 뜻하는 것이라고까지 말할 수는 없다. 이들은 전통적인 공용론을 바탕으로 하면서도 어느 정도 순수문학의 가능성을 인식하기 시작하고, 또 자율적인 문학의 존재를 모색하기 시작하였다는 뜻이다.

문학의 공용론 때문에 한나라 이후로도 중국인의 문학평론에 대한 개념이 뚜렷하지 않았다고 여겨진다. 기균(紀昀, 1724－1805)은 『사고전서총목제요(四庫全書總目提要)』 권 195 집부(集部) 시문평류(詩文評類)의 서론에서 역대의 평론가들을 다음과 같은 5종으로 분류하고 있다.

1) 문체의 원류(源流)를 추구하여 글을 잘 짓고 못 진 것을 비평한 것(예 : 梁 劉勰의 『文心雕龍』).
2) 작자의 우열에 등급을 매겨 분류하고 그 작풍(作風)의 내력을 추구한 것(예 : 梁 鍾嶸의 『詩品』).
3) 문장의 율법(律法)을 따져 기록한 것(예 : 唐 皎然의 『詩式』).
4) 작품에 관계되는 얘기를 수집 기록한 것(예 : 唐 孟棨의 『本事詩』).
5) 간단한 논설문의 체재를 겸한 것(예 : 宋 劉攽의 『中山詩話』, 宋 歐陽修의 『六一詩話』).

이 중 네 번째 같은 것은 문학평론과 무관한 것이며, 송(宋)나라 이후 크게 유행한 시화류(詩話類) 중에도 평론과 관계없는 잡기(雜記)가 상당히 많이 들어 있다. 청나라까지도 문학평론에 대한 인식이 이러했으므로 중국문학에서 평론을 얘기함에 있어 그러한 실정을 감안해야만 할 것이다.

제2절 위·진·남북조의 문학평론

중국에 있어 본격적인 문학평론서는 위(魏) 문제(文帝) 조비(曹丕, 220－226 재위)의 『전론(典論)』 논문(論文)에서 비롯된다. 『전론』은 없어지고 전하지 않으나 「논문」은 소명태자(昭明太子)의 『문선(文選)』에 수록되어 있다. 그는 먼저

> "대체로 문장이란 나라를 다스리는 위대한 사업(大業)이요 영원불후의 성대한 일이다."[1)]

고 선언하면서 문학을 정치와 도덕의 노예의 위치로부터 독립된 위대한 것으로 끌어 올렸다. 그리고 당시의 대표적 문사인 업하칠자(鄴下七子)[2)]들의 문장에 짧은 평을 가하고, 주의(奏議)·서론(書論)·명뢰(銘誄)·시부(詩賦) 등 네 종류의 문체의 특질을 논한 다음, 문장은 '기(氣)'를 위주로 해야만 한다는 이론을 제시하고 있다. 따라서 이 「논문」은 단순하기는 하지만 문학에 대한 비평·문체·이론의 세 방면에 걸친 논의가 전개되고 있는 것이다. 여기에서 '기(氣)'란 무엇이냐 하는 것 자체가 문제이기는 하지만, 적어도 이것 이 공용성에만 의존하던 태도에서 벗어나 문학의 자율적인 가치의 모색을 하는 과정에서 나온 이론임에는 틀림없다.

그러나 이러한 문학가치를 높이는 선언도 중요하지만 새로운 미적 가치의 창조를 자각하는 작가의 창작의식을 바탕으로 하여, 작품을 또 다른 방향의 창조의식에서 평가하고 검토할 때 비로소 진정한 문학평론은 성립될 수가 있는 것이다. 곧 작가의 창작의식과 창작과정이 검토되어 새로운 문학창조의 계기가 되는 문학이론을 건설해야만 하는 것이다. 진(晉)나라 육기(陸機, 261－303)의 『문부(文賦)』는 그런 뜻에서 중국문학사상 새로운 창조적 문학이론의 창출을 시도한 글이다. 그는 자기의 창작경험을 바탕으로 하여 다른 작가들의 창작경험을 추적 정리함으로써, 사상적인 내용과 예술적인 아름다운 표현 사이의 미묘한 상관관계를 논하고 있다. 그는 문체를 시(詩)·부(賦)·비(碑)·뢰(誄)·명(銘)·잠(箴)·송(頌)·논

1) "蓋文章, 經國之大業, 不朽之盛事."

2) 建安七子라고도 부르며, 東漢 建安年間(196－219)에 魏 曹操(155－220)를 중심으로 鄴中에서 활약한 문인들. 孔融·陳琳·王粲·徐幹·阮瑀·應瑒·劉楨의 일곱 사람들이다.

(論)・주(奏)・설(說)의 10종으로 나누어 그 특징을 설명하면서, 문장의 아름다운 표현을 통한 아름다움의 창조를 주장하고 그 내용으로는 정(情)을 크게 내세우고 있다.[3] 이는 전통적인 문학의 공용론과는 다른 방향의 문학이론으로 남북조의 형식적인 유미주의 문학조류의 앞잡이가 되었다고 할 수 있다.

진(晉)나라 지우(摯虞, ?－311)는 『문장유별집(文章流別集)』이란 시문선집을 편찬하였는데, 거기에는 『문장유별지론(文章流別志論)』이라는 시문선집에 수록된 문체에 대한 문학사적인 고찰을 바탕으로 한 문학 평론서가 붙어 있었다. 이 책들은 모두 전하지 않고 『문장유별지론』은 그 단편이 몇 대목 남아 전할 뿐이나 이것이 중국문학사상 최초의 문학평론의 전문적인 저서였던 것 같다.

한편 중국에 있어 시문선집은 본격적인 평론서 못지않게 문체론과 문장론 또는 문학의식을 제시하고 있다. 『수서(隋書)』 경적지(經籍志)의 총집(總集) 항목에 지우의 책들과 나란히 소명태자 소통(蕭統, 501－531)의 『문선(文選)』과 유협(劉勰, 464?－532?)의 『문심조룡(文心雕龍)』, 종영(鍾嶸, 468－518?)의 『시품(詩品)』 같은 문학평론의 전문 서적들이 들어 있는 것은 시문선집의 그러한 의의가 두드러지기 때문이다.

지우를 뒤이어 남북조로 들어와서는 문학평론의 전문 저서로는 유협의 『문심조룡』과 종영의 『시품』이 나왔고, 시문선집으로는 소명태자의 『문선』과 서릉(徐陵, 507－583)의 『옥대신영(玉臺新詠)』이 나왔다. 이들은 모두 중국문학사상 가장 두드러진 평론서요 시문선이다.

『문심조룡』은 원도(原道) 편에서 시작하여 서지(序志) 편으로 끝나는 50편으로 이루어진 체계적인 저서이다. 그 중 「서지」 1편을 제외한 나머지의 역학(易學)의 수 49편을 안분하여, 원도(原道)로부터 변소(辨騷)까지의 5편은 문학원론, 명시(明詩)로부터 서기(書記)까지의 20편은 문체론, 신사(神思)로부터 정채(情采)를 거쳐 정기(程器)에 이르는 24편은 창작방법・수사학・창작심리학・문학사론 등을 포함하는 문학이론으로 이루어져 있다. 유협은 문학의 자율성을 인식하면서도 그 시대의 수사를 중요시 하는 형식주의 문학풍조를 비판하며, 당시 문단에 우아한 사상과 융합된 빼어난 문체의 회복을 아울러 제창하였다. 이것은 소명태자의 『문선』 편찬의 고전적인 문학이론과 기본 방향이 같은 것이다. 『문심조룡』이 심약

---

3) 『文賦』 序 : "每自屬文, 尤見其情." 本文 ; "詩緣情而綺靡." "及其六情底滯, 志往神留, 兀若枯木, 豁若涸流." 『文心雕龍』 情采편에도 비슷한 이론이 보인다.

(沈約, 441－513)의 인정을 받고 그로부터 세상에 이름이 크게 알려졌다 하니[4] 유협이 소명태자의 밑으로 들어가 아낌을 받은 것은 그 이후일 것이다. 따라서 유협은 『문선』 편찬에도 많은 역할을 하여 『문심조룡』이 『문선』편찬의 기본지침이 되었는지도 모른다.

여하튼 그가 「원도」편에서 내세우고 있는 문장의 도(道)는 유가의 도가 아니다. 그의 도는 우리 우주자연이 생성 변화하는 절서와 법칙이나 같은 원리여서, 그 스스로가 그것을 "자연지도"라 부르고 있다.[5] 그는 이 도가 우주자연에서 드러내고 있는 마적 표현을 '문(文)'이라고 하는데, 이것은 인간의 심리현상에 있어서의 '심(心)'과 문학의 관계에 바로 적용되는 것으로 생각한 것이다. 도의 작용이 자연현상의 표현을 빌려 구성하는 미적 질서가 문학이라는 것이다. 따라서 문학은 미적 질서를 통하여 표현되어야 하지만, 그 질서는 올바른 '심'의 작용에 의하여 구성되지 않으면 안 된다. 이 '심'이 자연지도에 호응하는 것인 이상 그의 문학이론은 유가사상에 입각한 고전파나 수사만을 중시하는 당시의 형식주의와는 크게 다른 것이었다.

유협은 이를 통해서 "지(志)"와 "정(情)"의 개념통일에 의식적으로 노력하고 있다. 그것은 도와 문의 조화를 위한 것인 듯하나, 그가 말하는 정의 개념 뒤에는 지가 깃들여 있고 지의 개념을 말할 적에는 그 속에 정이 깃들여 있다. 사람의 마음의 작용에 있어 지는 도를 향하는 것이고, 정은 문을 들어나게 하는 것이라 생각한 때문인 것 같다. 어떻든 우리는 중국문학사상 처음으로 체계화된 자율적인 문학이론을 접하게 되는 것이다.

『시품』은 오언시를 대상으로 하여 역대 120명의 시 작가를 품평한 명저로, 『문심조룡』보다 약간 뒤늦게 같은 양(梁) 간문제(簡文帝)의 문학집단에 속해 있던 종영(鍾嶸)의 손을 통하여 나왔다. 그는 시에 있어 성운(聲韻)의 자연스런 해화(諧和)를 중시하면서도, 성률(聲律)을 정밀히 따지는 기교주의는 오히려 참된 아름다움을 손상시키는 것이라 비판하였다. 그는 심약(沈約)과 사조(謝朓, 464－499) 같은 사람들이 창출한 영명체(永明體)[6]라는 당시에 크게 유행하던 시체에 대한 반대자

---

4) 『梁書』 卷 50, 劉勰列傳 "旣成(『文心雕龍』), 未爲時流所稱. 勰自重其文, 欲取定於沈約. 約時貴盛, 無由自達. 乃負其書, 候約出, 干之於車前, 狀若貨鬻者. 約便命取讀, 大重之, 謂爲深得文理, 常陳諸几案."

5) 『文心雕龍』 原道 : "心生而言立, 言立而文明, 自然之道也."

6) 『南史』 陸厥傳 ; "永明時, 盛爲文章. 吳興沈約, 陳郡謝朓, 瑯琊王融, 以氣類相推轂, 汝南周顒善識聲韻. 約等文皆用宮商, 將平上去入四聲, 以此制韻, 有平頭, 上尾, 蜂腰, 鶴膝. 五字之中, 音韻

로 나선 것이다. 그는 개성적인 발상에 자연스런 표현을 통하여 참된 아름다움을 표현하는 데 자기의 문학의 지표를 두었다. 따라서 그는 시를 짓는 데 있어서 기교적인 성조에 따른 글자의 안배를 반대하는 한편 지나친 전고의 사용과 현실을 외면한 현풍(玄風)을 반대하였다. 그리고 그는 시인들을 상·중·하 삼품(三品)으로 품평하면서, 「국풍(國風)」·「소아(小雅)」·『초사(楚辭)』를 오언시의 삼대원천으로 내세우고, 조식(曹植)을 정점으로 하는 건안문학집단(建安文學集團)의 시풍의 살아 움직이는 것 같은 세상 일을 풍자하는 기력과 맑고 강한 흥취에서 이상적인 시의 규범을 구하고 있다.[7)]

이 밖에도 이충(李充, 300 전후)의 『한림론(翰林論)』, 임방(任昉, 460－508)의 『문장연기(文章緣起)』, 왕미(王微, 415－443)의 『홍보(鴻寶)』, 안연지(顔延之, 384－456)의 『논문(論文)』 등 수 많은 평론서가 나오고, 거의 모든 시인들이 평론에 참여하여, 이 시대는 한때 평론의 극성시기를 이루었다.

이 밖에 시문의 성조론(聲調論)으로서 심약(沈約, 441－513)의 『사성보(四聲譜)』 1권, 왕빈(王斌, ?)의 『오격사성론(五格四聲論)』, 진침(甄琛, ?)의 『책사성론(磔四聲論)』도 근체시의 완성을 위해 공헌한 주목할 만한 저작이나 모두 지금 전하지는 않는다.

『문선』은 소명태자 소통의 문학관이 잘 드러난 시문집이며, 후대 문학발전에도 큰 영향을 끼친 책이다. 그는 여기에 경전(經傳)이나 제자(諸子)들의 철학논문 또는 역사서 같은 실용적인 문장은 모두 빼고 이목을 즐겁게 하는 아름답고 잘 짜여진 시문들만을 뽑아 싣고 있다. 그러면서도 표현하려는 작품의 제재에 대하여 깊은 생각을 한 다음 그것을 아름다운 문장으로 표현한 것, 곧 아름다운 문장 표현에만 힘쓰지 않고 내용이나 사상에도 무게가 있는 글을 뽑고 있다. 그리고 문학의 시대성도 소홀히 하지 않았으므로 단순한 고전파의 이론이나 당시의 형식주의에 기우는 일이 없었다. 이것은 『문심조룡』의 문학이론과도 크게 안팎으로 상응하는 것으로 생각된다. 어떻든 『문선』의 편찬에서 보여 준 고전적인 문학평가 기준은 후세에까지도 문학의 인식에 큰 영향을 끼쳤고, 운문을 시(詩)·부

悉異, 兩句之內, 角徵不同, 不可增減, 世呼爲永明體."

7) 『詩品』 卷上 : "古詩, 其體原出於 國風…漢都尉李陵, 其原出於楚辭… 魏陳思王植, 其原出於國風…晋步兵阮籍, 其原出於小雅…" 又 總論 : "降及建安父子, 篤好斯文, 平原兄弟, 鬱爲文棟…永嘉時, 貴黃老, 稍尙虛談…淡乎寡味. 爰及江表, 微波尙傳, 孫綽·許詢·桓庾諸公, 詩皆平典似道德論, 建安風力盡矣…先是郭景純用儁上之才, 變創其體, 劉越石仗淸剛之氣, 贊成厥美…"

(賦)로 구분하여 앞머리에 놓고, 다음에 산문을 논(論)·서(序)·조(詔)·령(令)·서(書)·주(奏) ·애(哀)·제(祭)로 분류하여 놓은 것은 중국의 문체론을 한 층 더 심화시킨 업적으로 평가된다.

『옥대신영』에서는 한나라 이후 진(晋)나라 송(宋)나라를 거쳐 제(齊)나라 양(梁)나라에 이르는 시대의 작품들 중에서도, 수사에 빼어난 화려한 영물시(詠物詩)와 염정시(艶情詩)만을 뽑고 있다. 이것은 서릉(徐陵)이 『문선』 편찬의 정통적인 방법론을 의식하면서 당시의 문학사조에 더욱 밀착된 주정주의적(主情主義的)인 문학관을 내세우려는 의도를 드러낸 것이다.

이러한 위·진·남북조에 성행한 문학평론은 곧 뒤의 수(隋)나라 당(唐)나라에 시를 중심으로 하는 중국전통문학을 크게 발전케 하는 터전이 되었다고 할 수 있다.

제3절 당나라와 송나라의 문학평론

1. 산문론

이 시대의 산문론은 이른바 고문운동(古文運動)이 그 중심을 이룬다. 고문운동은 수(隋)나라의 이악(李諤, 584 전후)·왕통(王通, 584－618)에 싹이 터, 당나라 진자앙(陳子昂, 662－702)으로 이어지고 다시 원결(元結, 723－772)·독고급(獨孤及, 725－777)을 거쳐 한유(韓愈, 768－824)에 이르러 본격적으로 추진된다(제 2장 제 3절 참조). 그의 동지로는 유종원(柳宗元, 773－819)이 있고, 문인 이고(李翺, ?－844)와 장적(張籍, 765?－830)이 그를 계승한 다음, 송나라 구양수(歐陽修, 1007－1072)·왕안석(王安石, 1021－1086)·소식(蘇軾, 1036－1101) 등에 이르러 대성된다. 이러한 고문운동은 문학운동사론(文學運動史論)의 대상으로서도 충분한 의의를 지닐 수가 있는 것이다.

고문운동은 문체개혁운동에만 그치지 않고, 한유의 사위 이한(李漢, 812 전후)이 한유의 문집 서문에서 "문자관도지기(文者貫道之器)"라고 선언했듯이 일종의 사상개혁운동의 차원에서 전개되었다. 한유가 내세운 도란 바로 유교의 도이며, 그는 정치와 도덕을 앞세우고 문장이란 그것을 전달하는 수단이 되어야 한다고 생각하였다. 문장이 도 전달의 수단인 이상 그는 쓸데없는 문장의 수식이나 성운(聲韻)을 중시하는 변문(騈文)을 반대하지 않을 수가 없었을 것이다. 그의 이론에 따르면 문장이란 표현의 정확성과 형식의 간결성을 지니지 않으면 안 된다는 것이다.

이것은 곧 중당시대에 전개되었던 새로운 문학운동의 일환으로 이해하여야만 한다. 한유가 맹교(孟郊, 772－842) 등과 함께 추구하였던 개성적인 시, 백거이(白居易, 772－846)·원진(元稹 779－831) 등의 신악부(新樂府)운동, 이 시대 많은 시인들이 보여 준 서민들에 대한 관심 등이다. 그리고 이들은 모두 고문운동의 추진자이기도 하다. 특히 같은 시대의 백거이가 「여원구서(與元九書)」에서 세상을 다스리는 데 도움이 되는 풍유시(諷諭詩)를 자기 시를 짓는 첫째 지표로 삼고 있음을 선언하고 있는데,[8] 이것은 문학이론에 있어 고문운동과 안팎을 이루는 시론인 것이다.

송나라로 접어들어서는 문장론의 전문 저서도 몇 권 나왔다. 진규(陳騤, 1128－1203)의 『문칙(文則)』 2권은 선진(先秦)의 질박하고 간결한 고문(古文)을 숭상하여, 그 문체와 수사·용어의 방법을 쓰고 있는 책이다. 이기경(李耆卿)의 『문장정의(文章精義)』 1권은 공용론에 치우친 감이 있고, 왕정덕(王正德, 1182 전후)의 『여사록(餘師錄)』 4권은 송나라 사람들의 산문론에 관한 훌륭한 말들을 모은 것이다. 이 밖에 사륙문(四六文)을 논한 것으로 왕질(王銍, 1126 전후)의 『사륙화(四六話)』 2권, 사급(謝伋, 1147 전후)의 『사륙담주(四六談麈)』 1권 같은 것도 있다. 원(元)나라 사람의 저작 중에서는 진역증(陳繹曾, 1329 전후)의 『문설(文說)』 2권이 문장의 구조와 용어에 관하여 정세한 이론을 펴고 있다. 송나라 사람의 논시 논문의 훌륭한 말들을 모은 책으로 왕구(王構, 1245－1310)의 『수사감형(修詞鑑衡)』 2권이 있다.

8) 「與元九書」: "古人云 : 窮則獨善其身, 達則兼濟天下. 僕雖不肖, 常師此語… 故僕志在兼濟, 行在獨善. 奉而始終之, 則爲道 : 言而發明之, 則爲詩. 謂之諷諭詩, 兼濟之志也 : 謂之閒適詩, 獨善之義也."

2. 시 론

당나라의 시론은 대체로 고문운동과 나란히 진행되었다. 남북조에 닦이어진 아름다운 문장 표현에 다시 공용론의 제기가 조화를 이루는 사이 성당시의 장관이 이루어졌던 것으로 생각된다. 초당의 진자앙(陳子昂)은 남북조의 형식적 유미주의를 반대하고 시에는 풍골(風骨)이 있어야 하고, 흥기(興寄)가 표현되어야 함을 주장하였다.9) <풍골>이란 『문심조룡』 풍골편에 보이는 말로서 세상을 올바로 이끄는 효용이 있는 사상이나 내용을 뜻한다.10) <홍기>란 "시의 육의(六義)"에 있어서의 비흥(比興)의 활용, 곧 현실주의적인 풍유(諷諭)를 뜻하는 것이다. 이러한 진자앙의 주장은 형식주의에 젖어 있던 당시의 시풍을 현실주의적인 방향으로 돌려놓지는 못했지만, 문장의 아름다운 표현과 성률(聲律)만을 중시하던 남북조 이래의 시풍에 대한 반성의 계기는 마련해 주었다고 여겨진다.

성당과 중당에 이백(李白, 701－762)과 두보(杜甫, 712－770) 같은 대시인들이 나올 수 있었던 것도 화려한 수사에 알찬 내용을 담을 수 있었기 때문이다. 이백은 「고풍(古風)」시에서 "건안시대 이래로부터 아름다운 글은 소중히 여기지 않게 되었다(自從建安來, 綺麗不足珍)"고 하면서 제량시풍(齊梁詩風)을 반대하였으나, 두보는 "『문선』의 이치에 정통해야 한다(熟精文選理)(「宋武生日」)", "유신의 문장은 늙어 가며 더욱 성숙되어, 구름위로 치솟는 힘 있는 글에는 뜻이 종횡으로 드러나네(庾信文章老更成, 凌雲健筆意縱橫)(「戲爲六絶句」)" 등의 표현처럼 제량시풍을 정면으로 반대하지는 않았다. 그러나 이들의 시는 다 같이 아름다운 문장 표현이나 성률(聲律)만을 중시하지 않았고, 또 사회문제만을 노래하지도 않았다.

그러나 앞에서도 지적한 바와 같이 중당에 이르러 두보의 영향 아래 백거이(白居易)는 풍유시(諷諭詩)를 자기 시작의 지표로 내세우며, 한유(韓愈)의 <고문운동>과 안팎을 이루는 시론을 내세웠다. 이 뒤로 송나라에 이르기까지 <풍유>는 다시 시인들의 의식 밑바닥에 깊숙이 자리 잡게 된다. 특히 송나라 성리학자(性理

9) 『陳伯玉文集』 卷 1 : 與東方左史糾修竹篇敍 ; "文章道弊五百年矣. 漢魏風骨, 晋宋莫傳, 然而文獻有可徵者. 僕嘗暇時觀齊梁間詩, 采麗競繁, 而興寄都絶, 每以永歎, 竊思古人, 常恐逶迤頹廢, 風雅不作, 以耿耿也."

10) 『文心雕龍』 風骨篇 ; "詩總六義, 風冠其首, 斯乃化感之本源, 志氣之符契也. 是以怊悵述情, 必始乎風, 沈吟鋪辭, 莫先於骨, 故辭之待骨, 如體之樹骸 ; 情之含風, 猶形之包氣. 結言端直, 則文骨成焉 ; 意氣駿爽, 則文風淸焉."

學者)들에 이르러는 풍유의 내용이 고문의 경우와 같이 바로 도(道)의 표현이란 주장을 하게 된다.

그러나 시의 발달이 최고조에 달했던 당나라 시인들의 시론은 그처럼 간단하지만은 않았다. 왕유(王維, 701－761)・맹호연(孟浩然, 689－740)・이백・두보・백거이・한유 등 저명한 시인들은 모두 제각기 다른 시에 대한 견해와 시풍(詩風)을 지니고 있었다. 그러나 체계적인 평론서는 중당 초기 석교연(釋皎然, 760 전후)에게서 비로소 발견된다. 그의 저서로는 『시식(詩式)』 5권과 『시의(詩議)』 1권이 전하는데, 그의 시론은 수사와 내용의 균형을 통해서 자연스러울 것을 주장한다. 『시식』의 제1권에서는 시법(詩法)의 원리를 논하고 있고, 나머지 4권에서는 옛 사람들의 시구를 보기로 들면서 시를 5등급으로 구분하여 설명하고 있다. 그가 종영(鍾嶸)의 『시품』처럼 작가를 품평하지 않고 작품을 품평했다는 것은 그의 비평을 한층 정밀케 하는 계기가 되었다.

당나라의 시단에는 만당(晩唐)으로 접어들면서 순수문학적인 경향과 남북조시대와 비슷한 유미주의적인 취향이 짙어지는데, 이 시기의 시론을 집대성한 것으로 사공도(司空圖, 837－908)의 『이십사시품(二十四詩品)』이 있다. 그는 여기에서 시취(詩趣)를 웅혼(雄渾)・충담(冲淡)・섬농(纖穠)・침착(沈着)・고고(高古)・전아(典雅)・세련(洗鍊)・호방(豪放)・소야(疏野)・표일(飄逸) 등 24품(品)으로 분류하고, 그것을 각각 4언 12구의 운문으로 설명하고 있다. 그의 시론은 「여이생론시서(與李生論詩書)」・「여극포담시서(與極浦談詩書)」 등의 문장과 아울러 읽을 때 더욱 분명해진다. 그는 여기에서 "운외지치(韻外之致)"・"미외지지(味外之旨)"와 "상외지상, 경외지경(象外之象, 景外之景)"을 얘기하고 있는데, 청나라 시대의 왕사정(王士禎, 1637－1711)의 신운설(神韻說)도 이를 바탕으로 하여 이룩된 것으로 여겨진다.

이 밖에도 제기(齊己, 881 전후)의 『풍소지격(風騷旨格)』 1권과 장위(張爲, 874 전후)의 『시인주객도(詩人主客圖)』 1권 등의 시론서가 있고, 몇 권의 제명만 알려지고 있는 저술이 더 있다.

시론에 있어 무엇보다도 획기적인 것은 송나라에 들어와 구양수(歐陽修, 1007－1072)의 『육일거사시화(六一居士詩話)』가 나온데 뒤이어, 청나라에 이르기까지 무수한 시화(詩話)들이 나왔다는 것이다. <시화>란 단편적인 시에 관한 필기(筆記)를 모아 놓은 것 같은 형식의 것이어서, 『육일거사시화』의 첫머리에 구양수 자신이 "내가 여음(汝陰)에 물러나 살면서 이 글을 모아 한가할 때 하는 얘기의 자료로 삼고자 한 것"[11]이라 쓰고 있다. 그 내용을 보면 ① 시인들의 기발한 방법 같은 것 4조목, ② 시에 관한 고증(考證) 같은 것 2조목, ③ 멋진 글귀에 대하여 논한 것 14조목, ④ 시에 관한 메모 같은 것 6조목, ⑤ 속어 사용에 관한 것 3조목 등으로 되어 있다. 그러나 그가 여기에서 당나라 두보와 함께[12] 송나라 매요신(梅堯臣, 1002－1060)을 크게 내세움으로써 송시의 풍격형성에 이바지하고 있다는 것은 주목할 만한 일이다.

구양수의 뒤를 이어 사마광(司馬光, 1019－1086)의 『속시화(續詩話)』가 이루어졌고, 연이어 유분(劉攽, 1022－1088)의 『중산시화(中山詩話)』, 진사도(陳師道, 1053－1101)의 『후산시화(後山詩話)』, 위태(魏泰, 1082 전후)의 『임한은거시화(臨漢隱居詩話)』, 섭몽득(葉夢得, 1077－1148)의 『석림시화(石林詩話)』 등이 나와 제각기 자기가 속해 있는 시파의 견해를 대변하고 있다. 청나라 하문환(何文煥)편 『역대시화(歷代詩話)』에는 송나라 사람들의 시화 16종이 모아져 있고, 다시 민국에 들어와 엮어진 『속역대시화(續歷代詩話)」에는 12종의 송나라 사람들의 시화가 수록되어 있다. 그러니 시화의 저술이 얼마나 성행했는가를 알 수 있을 것이다. 소식(蘇軾, 1036－1101)의 경우처럼 본인은 직접 시화를 짓지 않았으나, 후세 사람이 그의 문집이나 어록(語錄)에서 시와 관계되는 글들을 모아 『동파시화(東坡詩話)』·『동파시담록(東坡詩談錄)』·『동파문담록(東坡文談錄)』 등 문학평론에 관한 전문서적을 편찬한 것도 있다.

남송에 나온 많은 시화들 중에서 가장 체계적인 문학론을 펴고 있는 것은 엄우(嚴羽, 1200 전후)의 『창랑시화(滄浪詩話)』이다. 이 책은 시변(詩辯)·시체(詩體)·시법(詩法)·시평(詩評)·시증(詩證)의 5부로 이루어져 있는데, 그의 시에 관한 주지(主旨)는 첫머리 「시변」 속에 들어 있다. 그는 선리(禪理)를 응용하여 시를 논하면서 묘오(妙悟)를 첫째로 내세우고 있다.[13] <묘오>란 말로 표현할 수 없는 시의 미묘한 경지와 깊고 여운 있는 내용을 뜻하는 말이다. 그리고 그는 <묘오>의 보기를 성당 시인들의 높은 성취(成就)에서 찾고 있다. 이것은 사공도(司空圖)의 순수예술적인 시론을 계승한 것으로 왕사정(王士禎)의 신운설(神韻說)은 직접 여기

---

11) "居士退居汝陰, 而集以資閒談也."

12) 歐陽修는 杜甫를 크게 좋아하지는 않았으나, 王安石·黃庭堅 등이 杜詩를 크게 尊崇함으로써 杜甫가 詩聖의 자리를 굳히게 되었다. 蔡夢弼(1247 前後)의 『草堂詩話』 2권에는 宋人이 杜詩를 논한 말 200餘條가 輯錄되어 있다. 張戒(1135 前後)의 『歲寒堂詩話』 2권을 보아도 卷下에는 杜詩를 논한 대목이 33條에 이른다.

13) 『滄浪詩話』: "大抵禪道惟在妙悟, 詩道亦在妙悟耳."

에서 나온 것이다. 그는 이렇게 말하고 있다.

> "시의 극치에 한 가지가 있는데, 그것은 입신(入神)하는 것이다. 시로써 입신한다는 것은 지극하고 더 없는 일이며, 여기에 무엇을 더 보탤 수는 없다."[14)]

<입신>은 곧 신운(神韻)의 체득을 뜻하는 것으로 풀이할 수도 있을 것이다. 또 그는 이런 말도 하고 있다.

> "시에는 특별한 재능이 있으니 책과는 무관한 것이며, 시에는 특별한 흥취가 있으니 이(理)와도 무관한 것이다. 그러나 책을 많이 읽고 궁리를 많이 하지 않으면 그 극치에 이룰 수는 없는 것이다."[15)]

이 말은 송시의 일반적인 병폐를 찌르고 있는 것이며, 특히 황정견(黃庭堅, 1045－1105)의 강서시파(江西詩派)의 까다롭고 미적 감흥이 없는 시풍을 바로잡자는 입장에서 나온 것이다.

금(金)나라에는 왕야허(王若虛, 1174－1243)가 소식(蘇軾)을 높이고 존경하며 자기 나름의 시론을 펴『호남시화(滹南詩話)』3권을 지었다. 원나라에도 여러 문인들이 시화를 남기고 있으나, 시를 짓는 것이나 마찬가지로 시론에 있어서도 원호문(元好問, 1190－1257)이 가장 뛰어난다. 그는 소식의 시를 공부하고도 그에 대한 불만을 표시하고 있고 선리(禪理)에 가까운 시론을 펴고 있다. 그의 「논시절구(論詩絶句)」 30수(『遺山集』)가 그의 시론을 대표한다고 할 것이다.

3. 사곡론(詞曲論)

사곡은 송나라 이후에 성행했으므로 그에 관한 저술도 자연히 송나라 이후의 일일 수밖에 없다. 사에 관한 최초의 저술은 남송 초 왕작(王灼, 1162 전후)의『벽계만지(碧溪漫志)』5권이다. 여기에서 왕작은 당송시대 가곡의 유래와 변천을 논하고 사에 대한 비평과 사를 짓는데 관계되는 여러 가지 얘기를 쓰고 있다. 그는 사에 있어 소식을 존숭하며 유영(柳永)을 공격하고 있다. 이 책의 가장 뛰어난 업적은 음악에 관한 연구라 할 것이다.

남송 말 심의보(沈義父, 1247 전후)의『악부지미(樂府指迷)』1권과 장염(張炎, 1248－

---

14)『滄浪詩話』: "詩之極致有一, 曰入神, 詩而入神, 至矣盡矣, 蔑以加矣, 惟李杜得之, 他人得之蓋寡也."

15)『滄浪詩話』: "夫詩有別材, 非關書也 ; 詩有別趣, 非關理也. 然非多讀書多窮理, 則不能極其至."

1320?)의 『사원(詞源)』 2권은 사를 짓는 요령을 쓴 것으로 후인에게 많은 참고가 되며, 『사원』은 사의 음악에 관해서도 논급되고 있다. 다만 심의보는 당시의 풍조대로 주방언(周邦彥)의 사를 높이 받들고 있는 데 비하여, 장염은 주방언과 함께 진관(秦觀)・고관국(高觀國)・강기(姜夔) 등의 장점도 아울러 배워야 한다는 입장을 취하고 있다. 원나라에서는 육소(陸韶)의 『사지(詞旨)』 1권이 나왔는데, 그는 장염의 제자여서 대체로 『사원』의 이론을 한 발자국도 벗어나지 않고 있다.

곡에 관한 전문 저서로는 원나라 주덕청(周德淸, 1314 전후)의 『중원음운(中原音韻)』 권 하에 들어 있는 「작사십법(作詞十法)」이 뛰어난다. 그 밖에 고영(顧瑛, 1310－1369)의 『제곡십육관(製曲十六觀)』이 있으나 이는 장염의 『사원』 권 하를 약간 수정하여 곡론에 맞춘 것으로 큰 학술적인 업적은 못 되지만 참고할 만한 책이다.

4. 시문선집

당나라에도 원결(元結, 723－772)의 『협중집(篋中集)』을 비롯하여 여러 가지 시가선집이 편찬되었다. 그러나 당나라 때의 것은 모두 그 시기의 파벌성(派閥性)이 뚜렷한 선집이어서 그것을 놓고 문학사적인 안목이나 문학평가를 논할 대상이 못 된다. 이백과 두보를 정점으로 하는 문학사적인 안목에서 일정한 평가기준 위에 편집된 시가선집의 정화(精華)는 송나라 이후로부터 나타난다.

그 중에서도, 송나라 왕안석(王安石, 1021－1086)의 『당백가시선(唐百家詩選)』, 금나라 원호문(元好問, 1190－1257)의 『당시고취(唐詩鼓吹)』, 원나라 방회(方回, 1227－1306)의 『영규율수(瀛奎律髓)』가 뛰어난다. 『당백가시선』은 당시 중에서도 순수하고 우아한 성당시에 초점을 두고, 중당 이후의 개성적인 경향을 보이는 작품들은 경시하고 있다. 왕안석에게는 따로 『사가집(四家集)』이 있는데, 두보를 첫머리에 놓고 다음으로 구양수・한유・이백의 순으로 시를 배치하고 있는 것은 그의 시관을 구체적으로 설명해 준다.

『당시고취』는 당나라 때의 칠언율시(七言律詩)를 대상으로 한정하고 있으나 자연스럽고도 웅건(雄健)하고 평담(平淡)한 시풍을 중시하고 있다. 작가로는 두보와 유종원・한유를 가장 높이 드러내고, 만당의 작가에 냉담한 것은 그의 문학사적인 입장을 설명해 준다.

『영규율수』는 당송시 중에서 오칠언 근체시(近體詩)를 선택의 대상으로 한정하고, 『문선』의 체례(體例)를 따라 시의 내용과 시를 지을 때의 사정에 따라 시를 분류하고 있다. 이 선집의 가장 큰 특성은 방회 자신이 서문에서 “주(注)를 단 것은 바로 시화(詩話)”라고 말하고 있듯이, 각 시에 가하여진 비평과 주석만을 따로 뽑아 모으면 방대한 한 권의 『시화』가 될 수 있는 내용이라는 것이다. 방회는 거기에서 자기가 뽑은 시에 대한 작가의 평가, 수사문제 등을 논하고 있으며, 특히 송시에 관한 견문이 가장 많이 실린 책으로 중시되고 있다. 그의 시론은 대체로 두보를 당시의 정점으로 삼는 한편, 송시에 있어서는 품격 높은 황정견 · 진사도의 작품과 비장강개(悲壯慷慨)한 시풍을 고취한 진여의(陳與義, 1090－1138)의 세 사람을 가장 높이 평가하여 일조삼종(一祖三宗)으로 추앙하고 있다. 송나라의 중요한 시인들은 모두가 강서시파(江西詩派)의 중심인물이라고 보는 게 특징이다.

이 밖에도 적지 않은 선집들이 있으며 이들이 모두 성당에 중점을 두고 있어, 이후 당시의 성행은 이들 선집에 크게 힘입었다 할 수 있다. 따라서 이들이 후세에 끼친 영향은 문학사적 관점에서 볼 때 여타 평론가들의 역할 못지않게 중요한 것이다.

산문에 있어서도 송나라에 여조겸(呂祖謙, 1137－1181)의 『고문관건(古文關鍵)』, 진덕수(眞德秀, 1178－1235)의 『문장정종(文章正宗)』, 사방득(謝枋得, 1226－1289)의 『문장궤범(文章軌範)』 등은 고문의 위치를 확정 짓는 데 공헌한 선집들이다.

이러한 송나라의 선집을 바탕으로 명나라에는 고병(高棅, 1350－1423)의 『당시품휘(唐詩品彙)』, 모곤(茅坤, 1512－1601)의 『당송팔가문초(唐宋八家文鈔)』 등이 나와 널리 읽힘으로써 후세 시문발전에 큰 영향을 끼쳤다.

제4절 명나라와 청나라의 문학평론

1. 명나라의 시문론

명나라와 청나라 시대에도 『역대시화(歷代詩話)』 · 『속역대시화(續歷代詩話)』 · 『청시화(淸詩話)』 등을 통하여 알 수 있듯이 무수한 시화들이 쏟아져 나와 활발한 문학에 대한 평론이 전개된 듯한 인상을 받는다. 그러나 실은 명나라와 청나라는 의고주의(擬古主義) 내지는 복고주의(復古主義) 문학의 시대여서 창조적인 문학론이나 문학사적인 안목에 입각한 평론을 발견하기는 쉽지 않다.

명나라 초기에는 송렴(宋濂, 1301－1381)・고계(高啓, 1336－1374) 등의 문학가가 나왔고, 뒤이어 이동양(李東陽, 1447－1516)을 중심으로 한 다릉시파(茶陵詩派)에 이어, 이몽양(李夢陽, 1472－1529)・하경명(何景明, 1483－1521) 등의 전칠자(前七子), 이반룡(李攀龍, 1514－1570)・왕세정(王世貞, 1526－1590) 등의 후칠자(後七子)가 나와 명 일대의 문단을 지배하였다. 그러나 이들의 문학론은 모두 선진에서 당나라 송나라에 이르는 이전 시대의 시문을 본뜨려는 것으로서, 이들 사이의 차이는 그들이 본뜨려는 시문의 시대가 어느 때인가의 차이밖에 없었다고 할 수 있을 정도이다.

그러나 명나라에 성행한 왕양명(王陽明, 1472－1528)의 자유주의적인 학문방법은 명나라 말엽 태주학파(泰州學派)[16]에서 더욱 낭만적인 사상으로 발전하면서 문학에도 영향을 주기 시작하였다. 이지(李贄, 1527－1602)・초횡(焦竑, 1541－1620)・서위(徐渭, 1521－1593)・탕현조(湯顯祖, 1550－1617)[17] 같은 사람들이 우선 의고주의에 대한 반기를 들고 개성적인 문학의 창조를 주장하고 나섰고, 뒤이어 그러한 이론은 원굉도(袁宏道, 1568－1610)를 중심으로 하는 공안파(公安派)의 문학이론으로 체계화 하였다.

그들은 먼저 문학의 시대성을 중시하면서 옛사람의 문학을 흉내 내는 것을 적극 반대하였다. 문학이란 시대적인 산물이어서 모두 시대에 따라 특성 있는 작품들을 생산하게 마련이나 무조건 옛것을 본뜨려고 해서는 안 된다는 것이다.[18] 그리고 문학은 개성적인 성령(性靈)의 표출이어야지 일정한 격투(格套)에 매여서는 안 된다고 하였다. 따라서 작품 속에는 작자의 진실한 감정과 순수한 사상이 담기어 있어야만 한다.[19] 그리고 「상정(觴政)」이란 글에서는 "전기(傳奇)로는 『수호전』・『금병매』가 빼어난 저술이다"(『袁中郎隨筆』)고 하면서 소설과 희곡의 문학

16) 『明儒學案』 卷25 泰州學案 참조. 이들은 王陽明左派라고도 불리었으며, 儒・禪을 구분하기 어려울 정도의 學問方法을 주장하여, 더욱 대담한 自由主義的이고 浪漫的인 사상을 조성하였다.

17) 李贄의 『童心說』(『李氏焚書』 卷 3), 焦竑의 『澹園集』 속의 「與友人論文書」를 비롯한 여러 문장, 徐渭의 『青藤書屋文集』의 「葉子肅詩序」・「與李友」 등 여러 문장, 湯顯祖의 『玉茗堂尺牘』・『玉茗堂文集』에 보이는 詩文을 논한 글들 참조.

18) 袁宏道 「雪濤閣集序」 : "文之不能不古而今也, 時使之也.…夫古有古之時, 今有今之時, 襲古人語言之迹, 而冒以爲古, 是處嚴冬而襲夏之葛也." (『袁中郎全集』 卷 1)

19) 袁宏道 「敍小修詩」 : "足跡所至, 幾半天下, 而詩文亦因之以日進. 大都獨抒性靈, 不拘格套, 非從自己胸臆流出, 不肯下筆.…" (『袁中郎全集』 卷 1) 又 「行素園存稿引」 : "物之傳者, 必以質. 文之不傳, 非曰不工, 質不至也. 樹之不實, 非無花葉也 ; 人之不澤, 非無膚髮也. 文章亦爾. 行世者必眞, 悅俗者必媚. 眞久必見, 媚久必厭, 自然之理也."

적인 가치를 높이 평가하였다.

그러나 <공안파>에 속하는 사람들의 시문창작은 그들의 이론과 완전히 합치되지 못하여 약간 가벼운 느낌을 주는 것 같다. 이에 종성(鍾惺, 1574－1624)과 담원춘(譚元春, 1586－1637) 등이 나와 이들의 작품을 깊이가 있으면서도 빼어난 방향으로 고쳐 보려고 노력하였다. 이들을 경릉파(竟陵派)라 부르는데, 이들의 문학이론은 거의 <공안파>와 다를 바가 없다. 어떻든 명나라 말엽에는 이러한 낭만주의 문학운동이 일어나 한때 세상을 휩쓸었지만 얼마 못 가 이 운동도 명 왕조의 멸망과 함께 사그라져 버리고 말았다.

2. 청나라의 시론

청나라의 문학은 청초부터 황종희(黃宗羲, 1610－1695)·고염무(顧炎武, 1613－1682)·왕부지(王夫之, 1619－1692) 같은 학자들에 의하여 제창된 실학(實學)으로 말미암아 대체로 복고주의적인 방향으로 흘렀다. 그러나 이런 속에서도 창조적인 문학을 모색한 이론들이 끊이지 않았다.

먼저 성령파(性靈派)라 불리우는 원매(袁枚, 1716－1797)를 중심으로 한 시파가 있다. 이 <성령>이란 공안파(公安派)의 중심이념을 계승한 것으로서, 그들은 격조파(格調派)의 옛날 것을 본뜨면서 글을 갈고 다듬는 수법을 반대하고 시가에 대한 도덕적인 제재(制裁)를 거부하는 한편 시란 진실한 감정과 개성의 표현이어야 함을 주장하였다.[20] 그는 과감히 공안파의 낭만주의 이론을 그대로 계승하여, 유가의 경전을 바탕으로 하여 도를 드러내야 한다는 주장을 내세우는 복고주의적 문학풍조와 싸웠다. 그리고 뒤에는 장학성(章學誠, 1738－1801)이 이에 가까운 이론을 바탕으로 자율적인 시론을 폈고, 다시 청나라 말엽에 가까워지면서 정섭(鄭燮, 1691－1764)·황경인(黃景仁, 1749－1783)·장문도(張問陶, 1764－1814) 등이 <성령파>의 시론을 바탕으로 창조적인 문학의 건설을 시도하였다.

<공안파>처럼 전통에 반항하지는 않고 타협하면서도 자율적인 시의 세계를

---

20) 袁枚「何南園詩序」:“楊誠齋曰：從來天分低劣之人, 好談格調而不解風趣. 何也? 格調是空架子, 有腔口易描. 風趣專寫性靈, 非天才不辨. 余深愛其言.”(『小倉山房文集』)

又「答友人論文第二書」:“三代而後, 聖人不生, 文之與道離也久矣. 然文人學士, 必有所挾持以占地步, 故一則曰明道, 再則曰明道, 直是文章家習氣如此, 而推究作者之心, 都是道其所道, 未必果文王周公之道也.”(『小倉山房文集』)

모색한 이들로 왕사정(王士禎, 1634－1711)이 대표하는 신운파(神韻派)가 있다. <신운>이란 송나라 엄우(嚴羽)의 『창랑시화』의 이론을 계승한 것으로, 문장의 표현 밖에 실린 신정(神情)과 운미(韻味)를 시의 최고 경계(境界)로 삼는 것이다. <신운>이란 정확히 어떤 것이라고 꼬집어 말하기는 어렵지만 근본적으로는 <성령>과 어긋나는 것은 아니다. 다만 그는 성당시, 특히 왕유(王維)·맹호연(孟浩然)의 시에서 그 규범을 취하려 하고 있으니 복고주의의 풍조를 벗어난 이론이라 보기는 어렵다. 그러나 그가 "격(格)이란 품격(品格)을 말하고, 운(韻)이란 풍선(風神)을 말한다"(『師友詩傳續錄』)[21]고, <격>과 <운>을 구별하고 있는 것을 보아 적어도 순수문학적인 자율적 시의 창작을 기도했던 것만은 인정할 수밖에 없다.

이 밖의 청나라 사람들의 시론과 시 창작은 모두 종당(宗唐)이나 종송(宗宋)의 복고주의를 벗어나지 않았다. 왕사정도 <종당파>의 일인이지만, 그 밖에 시윤장(施閏章, 1618－1683)·송완(宋琬, 1614－1673)·주이존(朱彝尊, 1629－1709·조집신(趙執信, 1662－1734) 등이 <종당>의 이론화를 위하여 격조(格調)를 주장하고, 『고시원(古詩源)』·『당시별재(唐詩別裁)』·『명시별재(明詩別裁)』·『국조시별재(國朝詩別裁)』 등의 선접을 내었다. 또 옹방강(翁方綱, 1733－1818)은 당시를 배움에 있어 <신운설>은 천박함에 빠지기 쉽다는 폐단을 절감하고 기리(肌理)를 주장하였다. <기리>란 시를 지을 적에 깊은 학문을 바탕으로 하여 시의 내용 또는 시의 골육을 이루어 겉으로 보기에는 텅빈 듯 하면서도 내용은 알찬 작품을 쓰자는 것이었다.

이와 반대로 송락(宋犖, 1634－1713)·사신행(查愼行, 1650－1727)·여악(厲鶚, 1692－1753) 등은 <종송>을 주장하였다. 그리고 조익(趙翼, 1727－1814) 같은 이는 왕사정의 <신운설>을 반대하면서 정식으로 <종송>을 표방하지는 않았지만 송시풍의 작풍과 시론을 보여 주었다. 대체로 <종당파>에 비하여 <종송파>가 현실사회에 대하여 보다 큰 관심을 보여 주고 있다.

그리고 청나라 말엽 하소기(何紹基, 1799－1873)가 대표하는 동광파(同光派)처럼 두보·한유·소식·황정견 등 당송시인을 아울러 본뜨려던 이들도 있다.

21) "格謂之品格, 韻謂之風神." 이 밖에 王士禎 자신이 <神韻>을 정의한 일은 없다.

3. 청대의 문론

산문에 있어서는 시론보다도 복고의 색채가 더욱 선명했다. 청나라 초기에 고염무・황종희・왕부지 같은 대학자들이 세상을 바로잡는 데 효용이 있는 문장을 주장하여,[22] 후방역(侯方域, 1618－1654)・위희(魏禧, 1624－1680)・왕완(汪琬, 1624－1690) 같은 이들이 모두 한유・구양수의 고문을 배우려 하였다. 그 뒤로 방포(方苞, 1668－1749)・유대괴(劉大櫆, 1698－1779)・요내(姚鼐, 1731－1815) 등에 의하여 청나라 일대를 휩쓸다시피 한 고문의 동성파(桐城派)를 이룩한다. <동성파>라고 해서 특수한 문학사상 또는 고문론이 있었던 것은 아니다. 그들은 시대에 따라 해이해진 유가의 도를 고문을 통해서 철저히 추구하려는 것이어서, 육경(六經)의 기초가 없는 소설 같은 문장은 모두 배척하였다.[23]

고문에는 속어는 물론 어체(語體)나 변문(騈文)식의 배어(俳語) 또는 시부(詩賦)의 딱딱하고 무거운 표현 같은 것도 써서는 안 되며, 고문의 의법(義法)을 따라 되도록 우아하고 깨끗하며 순조로운 형식을 갖추어야 한다는 것이다. 이것은 산문을 유학의 정통에 입각하여 더욱 성인(聖人)의 문이재도(文以載道)의 문학으로 다지려는 것이다. 요내가 편찬한 『고문사류찬(古文辭類纂)』은 고문의 교과서로 중국에 가장 널리 읽힌 책의 하나이다.

청나라 일대의 산문은 <동성파>가 지배하였지만 간혹 이와 다른 문론을 펴는 사람들도 나왔다. 첫째는 운경(惲敬, 1757－1817)과 장혜언(張惠言, 1761－1846)을 중심으로 한 양호파(陽湖派)다. 그들은 <동성파>의 지나치게 격하고 바른 의법(義法)을 반대하고 변문(騈文)의 배어(俳語)나 육경(六經) 이외의 자사잡가(子史雜家)들의 글도 취하여 깊고 두터우면서도 호쾌한 글을 지으려 하였다.

또 청나라 초기의 진유숭(陳維崧, 1625－1682)에게서 시작하여 완원(阮元, 1764－1846)에 이르러 기세를 떨쳤던 변문파(騈文派)도 있었고, 증국번(曾國藩, 1811－

---

22) 顧炎武『日知錄』卷 19 : "文之不可絶於天地間者, 曰明道也, 紀政事也, 察民隱也, 樂道人之善也. 若此者有益於天下, 有益於將來, 多一篇, 多一篇之益矣. 若夫怪力亂神之事, 無稽之言, 勦襲之說, 諛佞之文, 若此者有損於己, 無益於人, 多一篇, 多一篇之損矣."

23) 方苞「古文約選序例」: "蓋古文所從來遠矣, 六經・語・孟, 其根源也. 得其支流而義法最精者, 莫如左傳・史記."
又「評沈椒園文」: "南宋元明以來, 古文義法不講久矣. 吳越間遺老尤放恣, 或雜小說, 或沿翰林舊體, 無雅潔者. 古文中不可入語錄中語, 魏晋六朝人藻麗俳語, 漢賦中板重字法, 詩歌中集語, 南北史佻巧語."

1872)처럼 고문을 위주로 하되 변문도 아울러 지은 절충 파도 있었다. 증국번은 『경사백가잡초(經史百家雜鈔)』 26권을 편찬하여 새로운 문장의 교과서로 삼으려 하였다. 어떻든 청나라 사람들의 산문론은 그 누구도 복고의 테두리를 벗어나지는 못하였다.

4. 사곡론

명나라와 청나라 때에는 시화(詩話)의 예를 따라 수많은 수필체의 사화(詞話)와 곡화(曲話)가 나왔다. 양신(楊愼, 1488-1559)의 『사품(詞品)』, 왕세정(王世貞, 1526-1590)의 『사평(詞評)』(『藝苑巵言』 중의 1권)이 비교적 체계적인 비평을 한 저술이며, 진정(陳霆, 1515 전후)의 『저산당사화(渚山堂詞話)』도 유명하다. 청나라로 들어와서는 모기령(毛奇齡, 1623-1716)의 『서하사화(西河詞話)』, 심웅(沈雄, 1653 전후)의 『고금사화(古今詞話)』, 왕사정(王士禎, 1634-1716)의 『화초몽습(花草蒙拾)』, 팽손휼(彭孫遹, 1631-1700)의 『금속사화(金粟詞話)』, 방성배(方成培, 1808 전후)의 『향연거사주(香硏居詞麈)』, 오형조(吳衡照, 1771-?)의 『연자거사화(蓮子居詞話)』, 장돈복(蔣敦復, 1808-1867)의 『분타리실사화(奔陀利室詞話)』 등이 저명하다. 왕국유(王國維, 1877-1927)의 『인간사화(人間詞話)』는 소책자이면서도 사뿐만이 아니라 "시의 경계론(境界論)" 등을 논하여, 뛰어난 문학 논저로 유명하다. 서구(徐釚, 1636-1708)의 『사원총담(詞苑叢談)』 12권은 이전시대의 사의 품평·이론·작가와 작품에 관한 얘기 등을 모아 분류해 놓은 책 이어서 사연구에 매우 편리한 자료이다.

곡에 있어서는 명나라 초기 영헌왕(寧獻王) 주권(朱權, 1378-1448)의 『태화정음보(太和正音譜)』 앞머리의 「고금군영악부격세(古今羣英樂府格勢)」가 원나라에서 명나라 초기에 이르는 잡극 작가 및 산곡 작가 100여 명의 작품을 논하고 짧은 평을 가한 명저이다. 명나라 중엽 서위(徐渭, 1521-1593)의 『남사서록(南詞敍錄)』은 남곡(南曲)의 음악연구와 문학으로서의 희곡론이 보이는 명저이다. 왕기덕(王驥德, ?-1623)의 『곡률(曲律)』은 전기(傳奇)와 산곡(散曲)에 관한 곡론을 쓴 책이며, 여천성(呂天成, 1573?-1619?)의 『곡품(曲品)』은 격률파(格律派)의 입장에서 만력(萬曆) 연간(1573-1619) 이전의 전기(傳奇)를 평한 책이다. 그 밖에 왕세정(1526-1590)의 『예원치언(藝苑巵言)』의 부록인 『곡평(曲評)』과 심덕부(沈德符, 1578-1642)의 『고곡잡언(顧曲雜言)』은 곡론과 함께 희곡에 관계되는 얘기들을 기록 한 책이다.

청나라에 들어와서는 이어(李漁, 1611－1676)가 『한정우기(閒情偶寄)』 사곡부(詞曲部)에서 희곡의 작법과 특색을 논했고, 이조원(李調元, 1778 전후)의 『우촌곡화(雨村曲話)』, 양정남(梁廷枏, 1796－1861)의 『곡화(曲話)』, 양은수(楊恩壽, 1862 전후)의 『사여총화(詞餘叢話) 등은 잘 알려진 곡화이다. 그러나 희곡의 문학적인 연구와 이론은 청나라 말엽 오매(吳梅, 1884－1927)의 『고곡주담(顧曲塵談)』·『상애곡화(霜厓曲話)』·『사여강의(詞餘講義)』, 왕국유(王國維, 1877－1927)의 『송원희곡고(宋元戲曲考)』·『당송대곡고(唐宋大曲考)』·『곡록(曲錄)』·『녹곡여담(錄曲餘談)』 등에서 비로소 체계화되고 있다.

5. 소설론

소설비평은 명나라 중엽 양신(楊愼)이 『수당양조지전(隋唐兩朝志傳)』에 붙인 비평, 서위가 『수당연의(隋唐演義)』에 붙인 비평 등이 가장 빠른 것이다. 이보다 약간 늦게는 이지(李贄)의 『삼국지』·『수호전』 등의 비평이 나왔다. 이러한 비평은 문장의 옆이나 위에 간단히 비평하는 말을 써 넣어 독자의 주의를 환기시키는 것에 불과했다. 그러나 이러한 비평들이 소설의 문장가치의 인정에 큰 역할을 했다는 데 의의가 있다. 그리고 공용적이기는 하지만 풍몽룡(馮夢龍)의 『삼언소설(三言小說)』의 서문 같은 데에서는 비로소 소설을 문학으로 인정하는 소설론을 발견하게 된다.

본격적인 소설비평은 청나라에 들어와 김성탄(金聖歎, 1608－1661)에게서 발견된다. 그는 『수호전』에 뒤이어 『서상기』를 『이소(離騷)』·『장자(莊子)』·『사기(史記)』·『두시(杜詩)』와 같은 대열에 놓고 제육재자서(第六才子書)라 불렀다. 그리고 『수호전』의 서문에서는 소설을 "천하의 지극한 글"의 하나로 내세우는 그의 소설론이 전개되고 있다. 중간에 써넣은 평어들도 이론이 매우 정밀하다. 그 뒤로 모종강(毛宗崗, 1661 전후)은 『삼국지연의』를 비평하였고, 『홍루몽』이 나온 뒤에는 『홍루몽우설(紅樓夢偶說)』·『홍루평찬(紅樓評贊)』 등의 저작이 나왔으나 김성탄의 수준을 더 넘지는 못하였다.

청나라 말엽에 이르러 양계초(梁啓超)의 「소설여군치지관계(小說與群治之關係)」(『新小說』 창간호) 같은 논문들이 나와 세상 사람들을 크게 자극하였다. 그들은 소설을 지나치게 사회개혁의 용구로 규정하고는 있지만 근대적인 소설론의 출발이라 할 수 있다. 그보다도 왕국유(王國維)의 「홍루몽평론(紅樓夢評論)」은 엄숙한 태도로 문학비평의 원리를 따라 『홍루몽』을 분석한 평론서이며, 초경(楚卿)의 「논문학상소설지위치(論文學上小說之位置)」, 하수경(夏穗卿)의 「소설원리(小說原理)」 같은 청나라 말엽에 나온 논문은 한층 근대적 평론에 접근한 글들이다.

이미 제(齊)나라·양(梁)나라 시대에 유협(劉勰, 464?-520)의 『문심조룡(文心雕龍)』 같은 수준 높은 문학평론서를 내고서도 중국에서는 그 이후 문학평론이 더 이상 심화하지 못하고 있다. 그것은 남송 이후 시를 중심으로 하는 중국전통문학은 더 이상 발전을 못하고 발전이 정체(停滯)되는 현상을 보여주게 된 데 큰 원인이 있을 것이다. 그리고 대체로 중국의 전통문학이 시대적인 변화는 있었지만 처음부터 끝까지 면면히 같은 이념과 목표의 문학을 추구해 왔기 때문일 것이다. 문학자들은 더 이상 문학이란 무엇인가, 문학은 어떠한 것인가를 따져 볼 여지가 없었기 때문에 평론은 심화될 수가 없었다는 것이다. 그리고 그런 풍토에서는 문학비평을 전문적인 일로 볼 수도 없었다. 따라서 문학비평은 작가들의 여기(餘技)여서 그들로서는 수사론·문체론을 중심으로 한 간단한 작가와 작품에 대한 품평에 그치는 수밖에 없었다.

참고문헌

韓國『中國古典文學評論史』車相轅 汎學圖書 1971
韓國『鍾嶸詩品校證』車柱環 서울大學校
韓國『文心雖龍疏證』車柱環 서울大學校
韓國『詩品彙註』李徽教 嶺南大出版部 大邱 1983
韓國『漢詩批評의 體例硏究』李炳漢 通文館 1974
韓國『중국문학이론의 세계』김원중 을유문화사 2000
韓國『淸詩話硏究』유성준 國學資料院 1999
韓國『중국시화의 시론』유성준 푸른사상 2003
韓國『중국 초당시론』유성준 푸른사상 2003
韓國『중국 성당시론』유성준 푸른사상 2003
韓國『중국 중당시론』유성준 푸른사상 2003
韓國『중국고전문학풍격론』팽철호 사람과책 2001
韓國『중국문학사론』김학주 서울大學校 출판부 2001
中國『歷代詩話』何文煥 編 藝文印書館 影印本
中國『續歷代詩話』丁福保 編 藝文印書館 影印本
中國『淸詩話』丁福保 編 藝文印書館 影印本
中國『文學津梁』周鍾游 編 石印本
中國『詞話叢編』唐圭璋 編
中國『曲苑』古書流通所 編
中國『賦話』李調元 編 函海本
中國『四六叢話』孫梅 編
中國『文心雕龍』劉勰 撰 臺灣 開明書局 石印本
中國『中國文學批評史』羅根澤 人文書店 北京 1934
中國『中國文學批評史』郭紹虞 商務印書館 1934
中國『中國文學批評簡史』黃海章 廣東 人民出版社
中國『中國文學批評史』陳鍾凡 中華書局 1927
中國『中國古典文學理論批評史』郭紹虞 人民文學 北京 1959
中國『中國文學批評史大網』朱東潤 開明書店 臺北 1960
中國『中國詩話史』蔡鎭楚 湖南文學出版社 長沙 1988
中國『詩話史』蔡鎭楚 湖南文學出版社 長沙 1990
中國『中國歷代文論選』郭紹虞 中華書局 1963
中國『中國文學批評資料彙編』(先秦－淸) 12冊 成文出版社 臺北 1978
日本『支那詩論史』鈴木虎雄 弘文堂
日本『支那文學思想史』青木正兒
歐美 *The Literature Mind and the Carving of Dragons*, Tr. by Vincent Yu－chung Shih, New York, Columbia University Press, 1959.
歐美 *The Chinese Theories of Literature*, James J. Y. Liu, The University of Chicago Press, 1975.
歐美 *The Art of Chinese Poetry*, James J. Y. Liu, The University of Chicago Press, 1962.

제11장 현대문학(現代文學)

제1절 현대문학의 성립(1918－1920) • 359
제2절 문학사단의 활동(1921－1927) • 362
제3절 좌련(左聯)시기(1928－1936) • 369
제4절 항전시기(1937－1949) • 378
제5절 대전 이후(1949년 이후) • 382
참고문헌 • 405

제11장

현대문학(現代文學)

제1절 현대문학의 성립(1918－1920)

중국문학은 서양문학 이념의 도입으로 20세기 초에 현대문학으로 변신한다. 청나라 말엽 세계 열강의 침략이 잦아지면서 중국이라는 늙은 큰 나라는 서구의 새로운 문명 앞에 너무나도 무력한 자신을 발견하지 않을 수가 없었다. 특히 1840년에 일어났던 <아편전쟁>에서는 영국의 해군력 앞에 중국군대가 제대로 싸워 보지도 못하고 무릎꿇게 되자 중국 사람들의 머리 속에 수천 년 다져 있던 <중화사상>도 붕괴되기 시작했다. 뒤이어 일어난 1850년의 <태평천국의 난>, 1856년의 <알로우호 사건> 등은 서양문명의 위력을 더욱 실감케 하였고, 1894년의 <청일전쟁>과 1899년의 <의화단(義和團)의 난> 같은 것도 그나마 남아 있던 전통문화에 대한 중국 사람들의 미련을 깨끗이 쓸어 버렸다.

이에 강유위(康有爲, 1858－1927)와 양계초(梁啓超, 1873－1929)는 변법자강(變法自强)을 내세워 유신(維新)을 주장하였고, 이홍장(李鴻章) · 좌종당(左宗棠) 같은 이들은 서양의 과학문명을 배워다가 중국을 부강케 하자는 양무운동(洋務運動)을 일으켰다. 그리고 손문(孫文, 1866－1925)은 청제국을 타도하고 새로운 민주공화국을 건설하려는 혁명운동을 일으켰다.

이러한 서양에 대한 새로운 인식은 문학면에 있어서도 똑같이 나타났다. 담사동(譚嗣同, 1865－1898) · 하증우(夏曾佑, 1863－1924) 등이 1896－97년 무렵에 주장했던 '신학의 시(新學之詩)'와 '내 손으로 내 입에서 나오는 대로 쓴다(我手寫我口)'의 구호 아래 시계별창론(詩界別創論)을 주장한 황준헌(黃遵憲, 1848－1905)의 시론, 시와 산문 · 소설을 중심으로 하여 한때 양계초가 추진하였던 문학혁명운동,[1)]

양계초의 소설개혁론을 뒷받침하면서 나온 오옥요(吳沃堯, 1867－1910) 등의 이른바 견책소설(譴責小說) 같은 것은 모두 문학에 있어서의 <유신> 또는 <양무운동>이라 할 수 있다. 이것은 정치혁명이나 마찬가지로 뒤에 중국 문학혁명을 이룩케 하는 준비과정이라 할 수 있다.

또 하나 이 준비과정에서 중요한 역할을 한 것은 임서(林紓, 1852－1924)와 엄복(嚴復, 1853－1921)의 서양 명작의 번역소개이다. 임서는 부드러운 고문체로 듀마의 『춘희(椿姬)』를 비롯하여, 디킨스·셰익스피어·위고·발자크·톨스토이·입센 등 서양의 유명한 작가들을 비롯하여 시원찮은 작가들의 작품에 이르기까지 160종에 달하는 소설들을 외국어를 잘 아는 사람이 입으로 번역해 주는 것을 옮겨 쓰는 방식으로 번역 출판하였다. 어떻든 이 소설들은 중국사회에 대단한 반향을 일으켰고, 중국인들로 하여금 서양문학의 특성을 새삼 인식케 하였다. 한편 엄복은 소설보다도 헉슬리의 『진화와 윤리』, 애덤 스미스의 『국부론(國富論)』, 몽테스키외의 『법의 정신』 등 서양사상에 관한 명저들을 번역 소개하였다. 이로 인하여 중국지식인들 머리 속에 도입된 서양의 합리주의적인 사상은 중국의 전통적인 봉건사상과 예교주의를 근본적으로 뒤엎어 놓게 만들었다.

이런 풍토 속에 중국의 문학혁명에 불을 붙인 것은 미국에 유학 중이던 호적(胡適, 1891－1962)이다. 호적은 1917년 1월 『신청년(新青年)』지 2권 5호에 「문학개량에 관한 초보이론(文學改良芻議)」이라는 글을 발표하여 이른바 백화(白話)문학운동을 주장하였다. 그는 1918년에 「건설적 문학혁명론(建設的文學革命論)」을 다시 발표하였는데, 그의 이론은 문학의 문체개혁론의 범위를 크게 벗어나지 못하는 것이었다. 그러나 『신청년』의 편집인 진독수(陳獨秀, 1879－1942)가 「문학개량추의」에 호응하여 1918년에 「문학혁명론」을 발표하면서(『新青年』 2권 6호) 문학혁명의 이론이 구체화한다. 그는 첫째 : 형식적으로 깎고 다듬고 아첨하는 귀족문학을 타도하고, 쉽고도 서정적인 국민문학을 건설할 것. 둘째 : 진부하고 과장적인 고전문학을 타도하고 신선하고도 성실한 사실문학을 건설할 것. 셋째 : 뜻이 애매하고 까다로운 산림(山林)문학을 타도하고 명료하고 통속적인 사회문학을 건설할 것을 주장하였다.

진독수는 실상 <귀족문학>이나 <산림문학> 같은 데 대한 구체적인 개념을 지니고 있지 못하였던 것 같다. 그러나 문학혁명에 있어 타도하고 건설할 문학의

1) 「양계초(梁啓超)와 시계혁명(詩界革命)」 (졸저 『중국문학사론』(서울대출판부, 2001 소재) 참고 바람.

대상을 뚜렷이 했다는 데 큰 의의가 있다. 이에 뒤이어 주작인(周作人, 1885－1967)의 「인간의 문학(人的文學)」(1918)·「사상혁명(思想革命)」(1919) 같은 논문을 비롯하여 전현동(錢玄同, 1887－1938)·유복(劉復, 1891－1934)·유반농(劉半農, 1891－1934)·부사년(傅斯年, 1895－1951) 등이 문학혁명을 주장하는 글을 발표하며 문학혁명의 이론 건설에 참여함으로써 새로운 문학이 구체화되었다.

그러나 무엇보다도 작품의 창작을 통하여 신문학의 가능성을 입증함으로써 현대문학의 기원을 이룩한 것은 노신(魯迅, 1881－1936)의 「광인일기(狂人日記)」(1918년 5월호 「新青年」 제 4권 5호)였다. 그는 완전한 백화체의 문장으로 새로운 구성의 작품을 통하여 "사람이 사람을 잡아먹어 온" 중국의 봉건사회를 고발하였다. 그는 "일도견혈(一刀見血)"하는 무서운 필치와 풍자로 반 봉건 반 예교를 표방하여 중국의 장래를 위하여 "아이들을 구하라"고 외쳤던 것이다.

이에 앞서 호적은 「문학개량에 관한 기초이론」를 발표한 다음 1918년 1월호 『신청년』 2권 6호에 백화로 쓴 「비둘기(鳩)」라는 최초의 시를 발표하였다. 그를 뒤이어 심윤묵(沈尹默, 1882－1971)·유반농·주작인·노신·진독수 등이 백화시를 써서 『신청년』에 발표하기 시작했다. 이들은 처음에는 옛 시나 사의 형식을 그대로 따라 용어만을 백화로 바꾸어 쓰다가, 얼마 후에는 완전한 자유시를 발전시키게 된다. 어떻든 호적의 『상시집(嘗試集)』이 대표하는 이 무렵의 시들은 문체가 백화로 개혁되었다는 이외에, 내용에 있어서는 옛날의 시나 사의 감각을 크게 벗어나지 못하는 것이다. 따라서 노신의 소설이야말로 획기적이었다고 할 수밖에 없는 것이다.

그리고 노신은 1919년 5월 4일 북경대학을 중심으로 일어났던 민족운동인 5·4운동을 전후하여, 뒤에 단편집인 『부르짖음(吶喊)』 속에 엮어진 「공을기(孔乙己)」(1919. 3.)·「약(藥)」(1919. 4.)·「풍파(風波)」(1920. 10.) 등과 중편소설 「아Q정전(阿Q正傳)」(1921.)·「단오절(端午節)」(1922. 6.)·「사희(社戲)」(1922. 10.) 등을 연이어 발표하였다. 당시 이들 노신의 소설에 대한 사회적인 반향은 대단하였다. 그리고 노신을 뒤이어 5·4시기에 곽말약(郭沫若, 1892－1978)·모순(茅盾, 1896－1981)·섭소균(葉紹鈞, 1893－1988)·사빙심(謝冰心, 1900－) 같은 작가들이 나와 새로운 이념과 새로운 문장으로 소설과 시를 쓰기 시작하였다. 이로서 오랜 중국의 전통문학은 종말을 고하고 새로이 현대문학이 그 넓은 자리를 대신 차지하게 되는 것이다.

제2절 문학사단의 활동(1921－1927)

1921년 1월 북경에 주작인・정진탁(鄭振鐸, 1889－1958)・모순・섭소균 등 12명의 작가가 모여 문학연구회(文學硏究會)라는 모임을 이룩하였다. 처음에는 이 모임은 아무런 강령(綱領)도 없이, 문학잡지를 발행하여 창작을 발표하고 서양문학을 소개하고 구문학을 정리하는 작업에 서로 협력을 해 보자는 정도의 우호적인 모임에 불과했다. 그러나 이들이 상헤(上海) 상무인서관(商務印書館)에서 발행해 오던 오락잡지였던 『소설월보(小說月報)』를 인수받아 순수한 문학종합지로 개편하고, 상해 『시사신보(時事新報)』의 부록으로 『문학순간(文學旬刊)』을 내면서 함께 문학활동을 하는 동안 어느덧 그들대로의 문학활동 방향이 뚜렷해져 갔다. 그것은 "인생을 위한 예술"의 표방이었다. 그들은 "인생을 위한" "인생을 개조하는" 문학이어야 한다는 구호 아래 문학혁명의 계승을 자처하였다. 1922년에는 시전문지인 『시(詩)』를 발행하였고, 북경에서는 『신보부간(晨報副刊)』이란 기관지도 발행하였다. 이들은 톨스토이・투르게네프・입센・모파상 등의 작품과 진보적인 서양사상을 소개하는 데 열을 올리면서, 사빙심・노사(老舍, 1898－1966)・정령(丁玲, 1904－1986)・파금(巴金, 1904－)・주자청(朱自淸, 1898－1948) 같은 우수한 작가들을 등장시켜 현대문학발전에 공헌하였다.

1921년 여름엔 곽말약(郭沫若, 1892－1978)・욱달부(郁達夫, 1896－1945)・성방오(成仿吾, 1897－1984)・장자평(張資平, 1893－1959)・정백기(鄭伯奇, 1895－1979) 등 젊은 일본유학생들에 의하여 창조사(創造社)가 구성된다. 이들은 『창조계간(創造季刊)』(1922－1924)・『창조주보(創造週報)』(1923－1924)와 『중화일보(中華日報)』의 부간으로 낸 『창조일(創造日)』 등을 기관지로 발행하였다. 이들은 모두 문학혁명 이후에 뛰어나온 젊은이들이어서 <문학연구회>가 이전 시대의 어두운 그림자를 이끌고 발걸음이 느렸던 데 비하여, <창조사>는 성난 듯 젊은이들답게 멋대로 달리고 뛰었다. 이들은 예술지상의 바탕 아래 반봉건 반현실의 파괴 정신을 바탕으로 5・4운동이 퇴조한 뒤 방황하고 고민하던 청년들에게 큰 공감과 반향을 일으켰다. 그리고 그들은 <문학연구회>는 물론 호적이나 노신 등 모든 기성인들에 대한 공격을 서슴지 않았다. 1925년 오삼십사건(五・三十事件)[2] 이후 일반사회의 혁명조류에 대하여도 이들은 가장 민감하여, 문학에 있어서의 혁명 요구도 이들에 의해 제기된다. 1925년에는『홍수(洪水)』라는 반월간을 내었고, 1926년엔 다시『창조계간』을 복간하였는데, 이미 이때는 창조사에 변화가 일고 있었다. 그리고 왕독청(王獨淸, 1898－1940)・목목천(穆木天, 1900－1971)・전한(田漢, 1898－1968)을 비롯하여, 경은어(敬隱漁)・예이덕(倪貽德)・이초리(李初梨)・풍내초(馮乃超) 등의 우수한 작가들이 창조사로 들어 왔다.

이 밖에 우파(右派)로 호적・서지마(徐志摩, 1895－1931)・양실추(梁實秋, 1902－1988)・오치휘(吳稚暉, 1865－1953) 등은 이 무렵『현대평론(現代評論)』을 내었다.

좌파(左派)로는 노신이 1924년 어사사(語絲社)를 조직하여『어사주간(語絲週刊)』을 내었는데, 주작인(周作人, 1885－1967)・손복원(孫伏園, 1894－1966)・전현동(錢玄同, 1887－1939)・유반농(劉半農, 1891－1934)・유평백(兪平伯, 1899－)・풍문병(馮文炳, 1901－1967)・손복희(孫福熙, 1898－1962)・고힐강(顧頡剛, 1893－1980) 등이 이에 가담하였다.

1925년에는 노신이 지도하는 망원사(莽原社)가『망원주간(莽原週刊)』을 기관지로 내면서 생겨났다. 여기에는 위소원(韋素園, 1902－1932)・대정농(臺靜農, 1903－1990)・이제야(李霽野, 1904－)・위총무(韋叢蕪, 1905－1978)・고장홍(高長虹)・향배량(向培良)・고가(高歌)・상월(尙鉞) 등 젊은 작가들이 모였다. 1926년 노신이 북경을 떠난 뒤에는 고장홍 등이 상해에서 광표사(狂飆社)를 조직하여『광표월간(狂飆月刊)』을 내었다.

이 밖에도 1921년에 성립된 민중희극사(民衆戱劇社)는 현대문학 초기의 희극발전에 크게 공헌하였다. 모순(茅盾)・정진탁(鄭振鐸)・진대비(陳大悲, 1887－1944)・구양여천(歐陽予倩, 1889－1962)・왕중현(汪仲賢, 1888－1937)・웅불서(熊佛西, 1900－1965) 등이 동인이었고,『희극월간(戱劇月刊)』을 내었다.

1924년에 노신은 미명사(未名社)를 만들었고, 그 밖에도 서지마(徐志摩)가 중심이었던 신월사(新月社), 호산원(胡山源)이 중심이었던 미사사(瀰灑社), 진상학(陳翔鶴) 등이 모인 천초사(淺草社), 다시 이들이 개편한 침종사(沈鐘社) 등 수많은 문학사단이 이 무렵에 활동하였다.

1925년 <오삼십사건>의 자극을 받고 1926년 복간된『창조월간』에 곽말약이「혁

2) 五・三十事件은 "五卅慘案"이라고도 하며, 1925년 5월 30일 上海의 日本 內外綿織會社의 파업을 계기로 上海 公共租界에서 많은 中國人을 총으로 殺傷하였던 사건임.

명과 문학」이란 글을 발표한 것을 시작으로 욱달부·성방오·장광자(蔣光慈, 1901－1931) 등에 의하여 <창조사>는 문학혁명을 지양하고 혁명문학을 제창하였다.

이상과 같은 시기의 주요 작가의 작품활동은 대략 다음과 같다.

1. 시

1918년 1월『신청년』4권 1호에 호적이 최초의 백화시를 발표하고, 1920년에는 그 때까지의 시를 모아『상시집(嘗試集)』을 내었다. 그리고 노신·이대교(李大釗, 1888－1927)·진독수·심윤묵·주작인·강백정(康白情, 1896－1945)·유평백 등이 그와 함께 새로운 시를 쓰는데 가담했고, 그 뒤로 수많은 새로운 시인들이 <문학연구회>를 통하여 배출되었다.

그 중에서도 1922년엔 장시「훼멸(毁滅)」을 발표한 주자청(朱自淸, 1898－1948)은 중국현대시의 수준을 기교나 내용면에서 한층 비약시킨 작가이다. 그는 문학연구회 기관지인『시(詩)』를 내면서 시집『발자국(蹤跡)』과『눈 내린 아침(雪朝)』을 발표하였다. 또 서옥낙(徐玉諾, 1893－1958)은『장래의 화원(將來之花園)』이란 시접을 통하여 군벌들의 싸움 틈바구니에서 고통을 겪고 있는 농민을 대변하였다. 정진탁은 별로 많은 시를 쓰지는 않았지만 뚜렷한 반항의식을 보여 주고 있고, 인도의 시인 타고르의 시를 번역 소개하여(『飛鳥集』) 시단에 많은 영향을 끼쳤다. 그리고 호반시인으로 알려진 반막화(潘漠華, 1902－1934)·풍설봉(馮雪峰, 1903－1976)·응수인(應修人, 1900－1933)·왕정지(汪靜之, 1902－)의 네 청년시인들은『호수 가(湖畔)』라는 공동시집을 내었는데, 정열적이고 달콤한 서정 아래 반봉건적 기치를 뚜렷이 내걸고 있다. 타고르의 영향을 받은 여류시인 빙심(冰心, 1900－)은 1923년에『번성(繁星)』과『춘수(春水)』란 시집을 내었는데, 여자다운 섬세한 서정으로 많은 독자를 끌었다. 또 종백화(宗白華, 1897－1986)는『뜬 구름(流雲)』이란 시집을 냈는데, 철리(哲理)가 담긴 작품을 시도하고 있다.

<창조사> 쪽에서는 곽말약이 1921년에『여신(女神)』, 1923년에『성공(星空)』이란 시집을 내고 있는데, 그의 시가 표출하는 불만과 반항은 많은 젊은이들의 마음을 흔들어 놓았다. 그는 스스로 타고르·괴테·휘트먼·하이네 같은 시인들의 영향을 받았다고 말하고 있다. 1923년 이후의 시는『전모(前茅)』라는 시집 속에 실려 있는데, 진보적인 의식이 더욱 뚜렷하다. 그 밖에 성방오가『유랑(流浪)』이

라는 시집을, 장광자가 1912－1924년 사이의 시를 모아 『새로운 꿈(新夢)』, 1925－1927년 사이의 시를 모아 『중국을 슬퍼함(哀中國)』이란 시집을 내었다. 장광자는 러시아에 가서 좌익혁명의 영향을 많이 받고 와서 사회의식이 뚜렷한 것이 특징이나, 시의 수준은 시원치 않다.

1926년 4월 북경의 『신보(晨報)』에서 낸 『시전(詩鐫)』을 중심으로 또 다른 한 파의 시인들이 활약하였다. 문일다(聞一多, 1899－1946)·서지마(徐志摩, 1895－1931)·주상(朱湘, 1904－1933)·요맹간(饒孟侃, 1902－1967)·유몽위(劉夢葦, 1900－1926)·우갱우(于賡虞, 1902－1963) 등의 신월파(新月派)이다. 이들은 새로운 시의 격식과 운율을 추구하여, 중국어로 서양의 시와 같은 격률을 창조하려고 애썼다. 그러한 형식의 추구에서 가장 성공한 작가가 문일다와 서지마이다.

서지마는 1925년 『지마의 시(志摩的詩)』를 낸 데 이어 『비냉취의 일야(翡冷翠的一夜)』·『맹호집(猛虎集)』·『운유(雲遊)』 등의 시집을 내고, 문일다는 1923년 『붉은 촛불(紅燭)』을 낸 데 이어 『사수(死水)』라는 시집을 내었다. 이들은 시의 새로운 격률과 형식을 추구하여 중국시 발전에 공헌하였으나, 내용이 불성실하여 혁명문학파의 공격대상이 되었다.

이 밖에 이금발(李金髮, 1900－1976)이 상징파(象徵派)의 시를 도입하였고, <창조사>의 왕독청(王獨淸)·목목천(穆木天)·풍내초(馮乃超) 등도 상징적인 성격의 시를 썼다. <미명사>에서는 『군산(君山)』과 『빙괴(冰塊)』라는 시집을 낸 위총무(韋叢蕪, 1905－1978), <침종사>에서는 『어제의 노래(昨日之歌)』·『북유(北遊)』라는 시집을 낸 풍지(馮至, 1905－)가 가장 두드러진다.

2. 소 설

노신은 1918년부터 1922년 사이의 작품을 모아 『부르짖음(吶喊)』, 1923년부터 1925년 사이의 작품을 모아 『방황(彷徨)』이란 작품집을 내고 있다. 『부르짖음』에 실려있는 작품은 이미 앞에 소개되었다. 『방황』 속에는 「축복(祝福)」·「술집에서(在酒樓上)」·「행복한 가정(幸福的家庭)」·「비누(肥皂)」·「장명등(長明燈)」 등 11편의 소설이 들어 있다. 이것들은 『부르짖음』의 작품들보다 기교나 문장은 더욱 원숙해져 있지만 『부르짖음』만큼 큰 반향을 일으키지는 못하였다. 중국의 봉건사회를 비판하고 풍자하던 정열이 초기에 비하여 식었기 때문이다.

문학연구회 계열에서는 섭소균 이 5·4 무렵부터 소설을 쓰기 시작하여『격막(隔膜)』·『화재(火災)』·『선하(線下)」·『성중(城中)』·『미염집(未厭集)』등의 소설집을 연이어 내놓는 한편,『허수아비(稻草人)』·『고대영웅의 석상(古代英雄的石像)』이란 동화집도 내었다. 그는 소설에서 중국사회 각계의 소시민생활을 탐색하고 있으며, 건전하고 새로운 동화의 세계를 개척하는데 성공하고 있다. 사빙심은 1921년에 낸『초인(超人)』에 이어『빙심소설집(氷心小說集)』이란 소설집을 내었는데, 여류다운 깨끗한 필치로 어머니의 사랑을 바탕으로 한 인간의 추구에 성공하고 있어 문단의 주목을 받았다. 낙화생(落花生)이란 필명(筆名)을 쓴 허지산(許地山, 1893－1941)은『망을 치며 수고하는 거미(綴網勞蛛)』란 소설집을 내었는데 불교철학의 입장에서 인생을 추구하고 있다. 왕통조(王統照, 1897－1957)는『봄비오는 밤(春雨之夜)』·『상흔(霜痕)』이란 단편집과『황혼(黃昏)』·『일엽 (一葉)』이란 장편을 썼는데, 젊은 남녀의 고민을 추구하면서 반봉건의 의식을 뚜렷이 드러내고 있다. 여은(廬隱, 1889－1934)은『바닷가의 옛 친구(海濱故人)』·『만려(曼麗)』·『영해조석(靈海潮汐)』·『장미의 가시(玫瑰的刺)』 같은 단편집과『여인의 마음(女人的心)』·『상아반지(象牙戒指)』같은 장편을 쓴 여류작가로서, 자기 주변의 천구들과 그 애인들을 소재로 오사 무렵 중국 젊은이들의 정열과 고민과 방황하는 모습 등을 추구하고 있다. 이 밖에 허흠문(許欽文, 1897－1984)은 노신의『아Q정전』을 본떠『코흘리개 아이(鼻涕阿二)』를 쓴 외에『고향(故鄕)』·『조선생의 번뇌(趙先生的煩惱)』·『나비(蝴蝶)』·『귀가(回家)』등 자기고향 소흥(紹興) 일대의 시골사람들의 생활과 풍습을 주제로 한 작품을 내고 있다. 왕노언(王魯彦, 1901－1933)도『유자(柚子)」·『황금(黃金)」·『동년의 비애(童年的悲哀)』란 단편집이 있는데 중국의 농민생활을 잘 반영시키고 있다. 그 밖에『아침 안개(朝霧)』란 소설집을 낸 건선애(蹇先艾),『소설월보(小說月報)』를 통해 작품을 발표한 팽가황(彭家煌)·허걸(許傑)·왕임숙(王任叔)도 농촌을 배경으로 한 작품을 많이 썼다. <망원사> 계통의 대정농(臺靜農)도 1926년에 발표한『땅의 아들(地之子)』를 비롯하여『탑을 세우는 사람(建塔者)』등에서 민간생활, 특히 구습 아래 처참한 생활을 하고 있는 농민들의 모습을 생생하게 잘 반영시키고 있다.

창조사 계열에서는 욱달부(郁達夫)가『침륜(沈淪)』을 발표하면서 병태적인 사랑과 고민을 표현함으로써 문단을 자극했었다. 그에게는『달부전집(達夫全集)』이 있는데, 단편은『계륵집(鷄肋集)』·『한회집(寒灰集)』·『과거집(過去集)』·『미궐집

(薇蕨集)』 속에 각각 나누어 수록되었고, 장편 『길 잃은 양(迷羊)』·『신기루(蜃樓)』 및 『일기 구종(日記九種)』이 포함되어 있다. 곽말약(郭沫若)은 『감람(橄欖)』·『탑(塔)』 같은 단편과 『낙엽(落葉)』·『나의 유년(我的幼年)』·『반정 전후(反正前後)』 같은 장편을 썼다. 그의 정열과 반항은 소설에서도 두드러지지만 시만큼 집약되어 있지는 않다. 그 밖에 『바쁜 사람(忙人)』을 쓴 정백기(鄭伯奇), 『꿈 속의 미소(夢裏的微笑)』를 쓴 주전평(周全平), 『현무호의 가을(玄武湖之秋)』를 쓴 예이덕(倪貽德), 『권시(卷葹))』를 쓴 여류작가 풍원군(馮沅君), 『떠돌이 소년(少年飄泊者)』·『압록강 가에서(鴨綠江上)』를 쓴 장광자 등이 특출한 작가이다. <침종사>에 속하는 작가로는 『난로 옆(爐邊)』을 쓴 진위모(陳煒謨)와 『불안정한 영혼(不安定的靈魂)』을 쓴 진상학(陳翔鶴)이 기억할 만한 작가이다.

3. 희 곡

1918년 6월 『신청년』 4권 6호는 입센특집인데, 그 중에서도 『인형의 집』은 당시 중국사회에 큰 충격을 주었다. 호적이 시험삼아 쓴 최초의 백화희곡 『평생의 대사(終身大事)』는 바로 입센을 모방한 것이었다.

이 뒤로 민중희극사(民衆戱劇社)를 중심으로 많은 작가들이 나왔다. 구양여천(歐陽予倩)은 『집으로 돌아온 뒤(回家以後)』·『무지막지한 여인(潑婦)』 같은 사회극과 『반금련(潘金蓮)』·『양귀비(楊貴妃)」·『형가(荊軻)』 같은 역사극을 쓰는 한편, 실제 연극활동에도 열을 올렸다. 그보다도 창조사에 속해 있던 전한(田漢, 1898－1968)은 『커피점의 하루 밤(咖啡店之一夜)』·『점심 먹기 전(午飯之前)』·『호랑이를 잡은 날 밤(獲虎之夜)』·『꽃이 지는 시절(落花時節)』·『향수(鄉愁)』·『명우의 죽엄(名優之死)』·『황화강(黃花岡)』 등의 작품을 써서 중국희극 발전에 크게 공헌하였다. 특히 끝머리 두 개의 작품은 명극으로 알려졌다. 그의 작품은 반봉건·반제국주의적인 내용을 담고 있으면서도 시적인 표현이 담긴 아름다운 문구로 엮어져 있다. 그의 작품은 『전한희곡집(田漢戱曲集)』으로 한데 묶이어 있다. 곽말약(郭沫若)은 『세 반역적인 여성(三個叛逆的女性)』·『광한궁(廣漢宮)』·『고죽군의 두 아들(孤竹君之二子)』 등 문제의식이 짙은 역사극을 내었다. 홍심(洪深, 1894－1955)은 1922년에 미국에서 연극을 공부하고 돌아와 군벌(軍閥)의 내전을 주제로 한 『조염왕(趙閻王)』과 『오규교(五奎橋)』 등 사회의식이 짙은 작품을 써서 『홍심

희곡집』에 묶어 놓고 있다. 이 밖에 『병변(兵變)』·『흙인형(塑像)』 등이 담긴 『상원극본집(上沅劇本集)』을 낸 여상원(余上沅, 1897－1970), 『유란여사(幽蘭女士)』·『애국적(愛國賊)』·『평민의 은인(平民的恩人)』 등을 쓴 진대비(陳大悲, 1887－1944), 희극집 『청춘의 비애(靑春的悲哀)』와 『양장원(洋狀元)』·『일편 애국심(一片愛國心)』 등을 써 『불서희극(佛西戲劇)』 4책을 낸 웅불서(熊佛西, 1900－1965), 『압박(壓迫)』·『한 마리의 말벌(一隻馬蜂)』·『북경의 공기(北京的空氣)』·『친애하는 남편(親愛的丈夫)』 등 단막극을 많이 쓴 정서림(丁西林, 1893－1974) 등이 이 시기의 대표적인 희극 작가이다.

이 밖에도 섭소균(葉紹鈞)이 초기엔 『예술적 생활(藝術的生活)』·『간친회(墾親會)』 등 성실한 작품을 썼고, 호야빈(胡也頻, 1903－1931)이 『귀신과 인심(鬼神人心)』·『남의 행복(別人的幸福)』·『기와 장이의 집(瓦匠之家)』 등 문제극을 남겼으며, 정백기(鄭伯奇)도 『항쟁(抗爭)』·『위기(危機)』·『희생(犧牲)』 등의 희곡을 썼고, 양음심(楊蔭深, 1908－)이 『반석과 길대(盤石與蒲葦)』·『일진광풍(一陣狂風)』 등의 역사극을 남겼다.

4. 산 문

중국문학의 전통 탓인지는 몰라도 현대문학에 있어서도 수필형식 의 산문은 중국문학에 중요한 자리를 차지한다. 그것은 이런 산문이 문학혁명의 조류 속에서 무엇보다도 문화적인 전투임무를 수행하는 데 있어 편리한 무기가 되었기 때문일 것이다.

노신은 『신청년』 시대의 산문집으로 『열풍(熱風)』과 『분(墳)』이 있으며, 진독수와 전현동 등도 『신청년』에서 예리한 산문으로 봉건주의를 쳐부수었다. 노신은 그 뒤로도 『신보부간(晨報副刊)』·『어사(語絲)』·『망원(莽原)』을 통하여 계속 예리한 산문을 발표하였다. 1925－1927년 사이에 쓴 글들을 모아 『화개집(華蓋集)』·『화개집속편(華蓋集續編)』·『이이집(而已集)』으로 묶었고, 1924년부터 26년에 이르는 2년 동안에는 산문시라고 칭송되는 『야초(野草)』와 어릴 때의 회상을 쓴 『조화석습(朝花夕拾)』 10편을 썼다. 1932년에 출판된 『양지서(兩地書)』에 실린 글도 많은 부분이 1925－1927년 사이에 쓴 글들이라 한다.

그를 따라 구추백(瞿秋白)·섭소균(葉紹鈞)·유평백(兪平伯)·유반농(劉半農)·

정진탁(鄭振鐸)·곽말약(郭沫若) 등이 제각기 산문으로 문화투쟁을 전개하였다. 그리고 주작인(周作人)·욱달부(郁達夫)·임어당(林語堂, 1895－1976) 등은 투쟁적인 문장 이외에도 개성적인 수필을 썼으며, 주자청(朱自淸)과 여류작가 빙심(氷心)과 여은(廬隱)은 제각기 다른 성격의 서정이 담긴 아름다운 산문을 써서 많은 사람들에게 애독되었다.

이 산문들은 노신의 경우만 보더라도 수시로 느낀 감상을 적은 토막글에서 시작하여 수상문·논설적인 글·논쟁문 등 내용이 다양하여 수필이라 부르기도 어려운 실정이다. 그러나 산문에 담긴 작가들의 정신과 막대한 양에서 볼 때 산문은 중국문학에서 중시되지 않을 수가 없는 것이다.

제3절 좌련(左聯)시기(1928－1936)

1926년에 창조사가 혁명문학으로 방향을 돌린 뒤 1927년부터 국민당정부는 좌익을 본격적으로 탄압하기 시작했다. 그러나 이에 대한 반항은 지식인들 사이에 더욱 거세어져서 1928년에는 외국으로부터 돌아온 풍내초(馮乃超, 1901－1983)·이초리(李初梨, 1900－)·팽강(彭康, 1901－1968) 같은 사람들이 창조사에 가입하였다. 그리고 이들의 혁명문학의 제창은 더욱 거세어졌다.

그러나 이 때에는 혁명과 문학에 관한 의견이 통일되지 않아 혁명 자체를 비롯하여 창작방법과 문학의 대중화문제(大衆化問題) 등을 가지고 논쟁이 격렬하였다. 이 무렵 노신은 혁명에 있어서의 소자산계급과 지식인을 중시하는 태도와 함께 프로문학은 선전과 고함에 그치고 있다는 생각을 지녔기 때문에, 한때 우익은 물론 혁명문학계열로부터도 맹렬한 공격을 받았다.

창조사에서는 『창조월간(創造月刊)』·『홍수(洪水)』·『문화비판(文化批判)』 등을 통하여 혁명문학을 고취하였고, 장광자(蔣光慈)·전행촌(錢杏邨, 1900－1977)·맹초(孟超, 1902－1976)·양촌인(楊邨人, 1901－1955) 등은 1928년 1월 『태양월간(太陽月刊)』을 내어 혁명문학을 제창하였다. 한편 양실추(梁實秋)·서지마(徐志摩)·호적(胡適) 등의 『현대평론(現代評論)』 계열 사람들은 1928년 『신월월간(新月月刊)』을 내면서 "혁명문학"이란 말도 되지 않는 것이며 "일정하고 보편적인 인성(人性)"에 문학은 바탕을 두어야 함을 주장하였다. 이들은 이후 10년 좌익이 중국문단을 휩쓰는 동안 중국현대문학에 순수하고 자유로운 문학의 명맥을 유지하려고 노력한 일파가 되었다.

1929년 2월 국민당정부에 의하여 창조사의 해산명령이 내려지자, 1930년 2월에는 노신·전한·욱달부·정백기·반한년(潘漢年, 1906－1977)·심단선(沈端先) 등 52명이 모여 중국자유대동맹(中國自由大同盟)을 결성하고 작가들의 자유투쟁을 표방하였으나 공산당의 배후책동 때문에 정부의 탄압을 받고 곧 해산되었다. 그러나 1930년 3월에는 다시 노신·모순·욱달부·전한·심단선·풍설봉·장광자·전행촌·풍내초 등 50여 명이 모여 상해(上海)에서 중국좌익작가연맹(中國左翼作家聯盟)을 결성한다. 같은 해 8월에는 상해에 여러 극사(劇社)들의 대표가 모여 좌익극단연맹(左翼劇團聯盟)도 결성한다. 국민당정부는 이들에 대한 탄압을 계속하여 1931년 1월에는 유석(柔石, 1902－1931)·호야빈(胡也頻, 1903－1931)·이위삼(李偉森, 1903－1931) 등 여러 명의 작가들을 잡아다가 산채로 땅에 묻어 버리거나 총살을 하였다. 이 사건은 노신을 중심으로 한 <좌련>의 작가들을 더욱 자극하고 격분시키어 <좌련>의 단결과 투쟁을 촉진시키는 결과가 되었다. 이들은 『세계문화(世界文化)』·『맹아(萌芽)』·『척황자(拓荒者)』·『현대소설(現代小說)』·『대중문예(大衆文藝)』·『북두(北斗)』·『문학월보(文學月報)』·『문예신문(文藝新聞)』·『신문예강좌(新文藝講座)』 등을 하나하나 발행금지 당하는데 따라 연이어 다시 내면서 중국문단을 거의 지배하다시피 하였다.

한편 국민당계열에서는 왕평릉(王平陵, 1898－1964)·주응붕(朱應鵬)·황진하(黃震遐, 1907－1974) 등이 모여 1930년 6월에 「중국민족문예운동선언(中國民族文藝運動宣言)」을 발표하고 『전봉월간(前鋒月刊)』·『문예월간(文藝月刊)』 등을 내면서 민족주의적 문예를 제창하였다. 그들은 <좌련>처럼 문학을 계급의식 속에만 매어 둘 게 아니라 더 자유롭고 인간적인 입장에서 중국민족 특유의 문학을 창조해야 한다고 주장하였다. 다만 이들은 민족주의에 대한 개념이 뚜렷하지 못하여 크게 발전하지는 못한다.

1931년 9월 18일에는 구일팔사건(九一八事件) 또는 만주사변(滿洲事變)이라 부르는 일본군의 만주침략이 있었고, 1932년 1월 28일에는 일이팔사건(一二八事件) 또는 상해사변(上海事變)이라 부르는 일본군의 상해공격이 있었다. 이러한 사건들은 중국문인들의 관심을 좌우의 문제보다도 항일민족혁명(抗日民族革命) 쪽으로 기울게 만들었다. 그 결과 1932년 2월에 노신·모순 등 43명의 문인들이 「상해문화계에서 세계에 알리는 글(上海文化界告世界書)」을 발표하여 일본제국주의의 중국침략을 규탄하였고, 동년 2월 8일에는 과공진(戈公振)·왕례석(王禮錫)·정령(丁玲) 등에 의하여 중국저작가항일회(中國著作家抗日會)가 발족되었다.

이러는 중에도 임어당(林語堂, 1895－1976)은 1932년에 『논어(論語)』를 내면서 "유머"를 산문정신으로 내걸었고, 1933년에는 『인간세(人間世)』란 반월간을 내면서 한적(閒適)을 내용으로 하는 소품문(小品文)을 주장하여, 1934년에는 "소품년(小品年)"이라 일컬을 만큼 각 잡지와 신문에 많은 짧은 산문을 싣게 만들었다. 그러나 한편으로는 산문정신을 두고 격렬한 논쟁을 불러일으키기도 하였다. 좌익계열에서는 임어당을 현실도피라고 공격하였지만 임어당은 <좌련>의 계급의식을 공격하면서 계속 『우주풍(宇宙風)』 등을 내며 자기입장을 지켰다.

1935년 6월에는 모순·홍심·주양(周揚, 1908－)·섭소균·정진탁·왕통조(王統照, 1897－1957)·구양여천·정백기 총 120명의 작가들에 의하여 중국문예가협회(中國文藝家協會)가 성립되었다. 이들은 『광명(光明)』·『문학(文學)』 등을 내면서 항일국방문학(抗日國防文學)을 주장하였다. 이들은 계급투쟁이나 당파에 따른 내전을 중지하고 항일을 위한 민족통일전선을 형성하자는 것이었다. 한편 노신을 비롯하여 파금(巴金, 1904－)·근이(靳以, 1909－1959)·소군(蕭軍, 1907－1988)·소홍(蕭紅, 1911－1942)·구양산(歐陽山, 1908－)·호풍(胡風., 1902－1985)·장천익(張天翼, 1906－1985)·여열문(黎烈文, 1904－1972) 등 67명은 따로 1936년에 「중국문예공작자선언(中國文藝工作者宣言)」을 발표하고, 『작가(作家)』·『야앵(夜鶯)』·『현실문학(現實文學)』 등을 내면서 역시 민족통일전선의 형성을 주장하였다. 이들은 국방문학(國防文學)·민족혁명(民族革命)·대중문예(大衆文藝) 등의 개념을 두고 논쟁을 벌인 끝에 마침내는 의견이 서로 접근하여 1936년 10월에는 파금·왕통조·임어당·홍심·모순·곽말약·장천익·부동화(傅東華, 1893－1971)·하개존(夏丏尊, 1886－1946)·섭소균·정진탁·정백기·노신·여열문·사빙심 등의 서명을 얻어 「문예계동인들이 단결하여 치욕을 극복하고 언론자유를 추구하는 선언(文藝界同人爲團結御侮與言論自由宣言)」을 발표하게 된다. 이에 문학계는 통일전선이 이룩되어 곧 항전문학기로 접어들게 되는 것이다. 노신은 이 항전문학운동의 폭발을 눈앞에 보면서 1936년 10월 19일 상해에서 일생을 마쳤다.

이 <좌련>이 문단을 지배했던 시기에 나온 대표작가들의 활동은 대략 다음과 같다.

1. 시

<좌련>이 중심이 된 이 시기의 초반은 시의 창작이 별로 활발하지 못하고, 시가 혁명의 구호나 외침의 성격을 벗어나지 못하는 것 같은 경향이 있었다.

창조사 계열에서는 곽말약이 『회복(恢復)』, 장광자가 『향정집(鄉情集)』·『곡소(哭訴)』란 시집을 내고 있는데 여전히 반항적이고 열정적이다. 그 밖에 목목천(穆木天, 1900－1971)은 『유망자의 노래(流亡者之歌)』의 뒤쪽 부분인 『거국집(去國集)』을 이 시기에 썼고, 가중평(柯仲平, 1902－1964)은 『바다에서의 밤 노래소리(海夜歌聲)』·『풍화산(風化山)』 같은 시집을 내었는데 모두 혁명적인 입장이 뚜렷한 작품들이다. <태양사> 계통에서는 전행촌(錢杏邨, 1900－1977)의 『황토(荒土)』·풍헌장(馮憲章, 1910－1931)의 『몽후(夢後)』, 은부(殷夫, 1909－1931)의 『해아탑(孩兒塔)』, 호야빈(胡也頻, 1903－1931)의 『호야빈선집(胡也頻選集)』 등이 나왔다. 다시 문학연구회 계열에서는 왕통조만이 계속 시를 써서 1933년에는 『이 시대(這時代)』라는 시집을 내었다. 그는 이전의 『동심(童心)』에서 보여 준 감상을 벗어나 성실히 현실을 보고 느끼고 있다.

『신월(新月)』은 『북경신보(北京晨報)』의 『시전(詩鐫)』을 계승한 것인데, 다시 1930년에는 『시간(詩刊)』을 내어 <신월파>에서는 양적으로 가장 많은 작품을 내놓고 있다. 서지마(徐志摩)·요맹간(饒孟侃) 등 이외에도 새로 진몽가(陳夢家, 1911－1966)·방위덕(方瑋德, 1908－1935) 등의 작가가 나와 중국현대시의 형식과 감각 발전에 크게 기여하고 있다. 진몽가가 편찬한 『신월시선(新月詩選)』은 이들의 대표작을 한꺼번에 읽을 수 있어 편리하다. 이들은 아름다운 음절 및 구와 절의 균형 등 형식미의 추구에 크게 성공을 거두고 있다. 그러나 <신월파> 중에서도 변지림(卞之琳, 1910－)·이광전(李廣田, 1906－1968)·하기방(何其芳, 1912－1977)은 공동시집으로 『한원집(漢園集)』을 내고 있는데, 아름다운 형식과 정조(情藻)에 겸하여 현실을 어느 정도 반항적인 눈으로 반영시키고 있다. 변지림은 그 뒤 『삼추초(三秋草)』·『어목집(魚目集)』을 내고 있다.

『신월』에 뒤이어 1932년에 나온 『현대(現代)』를 중심으로 한 <현대파>에서는 대망서(戴望舒, 1905－1950)라는 특출한 시인이 나왔다. 그는 『나의 기억(我的記憶)』·『망서초(望舒草)』라는 시집을 냈는데, 프랑스 상징파의 영향을 많이 받은 듯하다. 그는 <신월파>처럼 형식미를 추구하지 않고, 감정의 흐름을 글자로 추구하기에 힘썼다. 내용이 애매하고 어렵다는 평을 많이 받고 있지만 중국시 발전에 크게 공헌했다고 보아야 할 것이다.

1932년 목목천·양소(楊騷, 1900－1957)·포풍(蒲風, 1911－1942)·임균(任鈞, 1909－) 등이 상해에 모여 중국시가협회(中國詩歌協會)를 창립하고 『신시가(新詩歌)』란 잡지를 내면서 <국방시가>를 제창하고 반제국주의와 민족혁명의 이념을 뚜렷이 내세웠다. 포풍의 『망망야(茫茫夜)』·『생활(生活)』·『강철의 노래(鋼鐵的歌唱)』 및 1937년에 출판한 『요람가(搖籃歌)』, 유천(柳倩, 1911－)의 『생명의 미흔(生命的微痕)』·『자기의 노래(自己的歌)』, 목목천의 『유망자의 노래(流亡者之歌)』, 양소의 『향곡(鄕曲)』, 임균의 『전가(戰歌)』 등이 그 대표적인 시집들이다.

뒤에는 마침내 <신월파>가 개발한 아름다운 형식에다 현실문제를 담은 시를 쓴 장극가(藏克家, 1905－)란 시인이 나왔다. 그는 1934년에 『낙인(烙印)』을 내고, 연이어 『죄악의 검은 손(罪惡的黑手)』·『운하(運河)』와 장시 『자기의 사진(自己的寫照)』 등을 내놓았다. 그에게서 중국시는 현실문제를 문학으로써 다룰 수 있는 본격적인 차원으로 제고되었다고 까지 말할 수가 있을 것이다. 그를 이어 1935년에는 전간(田間, 1916－1985)이 『미명집(未明集)』을 내었고, 뒤이어 『전투자에게 줌(給戰鬪者)』·『서사(誓辭)』·『나의 단시선(我的短詩選)』 같은 시집을 내었다. 다시 1936년에는 애청(艾靑, 1910－)이 『대언하(大堰河)』라는 시집을 내었다. 이들은 아름다운 음절과 형식을 바탕으로 반항과 전투정신을 살린 시를 써서 중국시의 새로운 가능성을 증명하였다.

2. 소 설

이 시기에 특출한 작가는 모순(茅盾)이다. 그는 1928년에 『환멸(幻滅)』·『동요(動搖)』·『추구(追求)』라는 『식(蝕)』 삼부작을 내어, 당시 지식청년들의 사랑과 방황 및 반항을 그려 대작으로서 대단한 평판을 받았다. 그는 연이어 장편 『무지개(虹)』, 중편 『삼인행(三人行)』·『길(路)』, 단편집 『들장미(野薔薇)』를 발표하였고, 1932년에는 장편 『자야(子夜)』와 단편집 『춘잠(春蠶)』·『포말(泡沫)』 및 『모순단편소설집(茅盾短篇小說集)』을 내어 일약 노신을 뒤 있는 중국현대문학을 대표할 소설가로 군림하게 되었다. 이 중 『자야』는 노신의 『눌함(吶喊)』 이후의 성공작으로 일컬어지며, 이 밖에도 중편 『다각관계(多角關係)』와 『표자두임충(豹子頭林

冲)』·『석갈(石碣)』·『대택향(大澤鄕)』이란 역사소설도 썼다.

노사(老舍, 1899－1966)도 이 시기에 두각을 나타낸 대가이다. 그는 장편『노장의 철학(老張的哲學)』·『조자왈(趙子曰)』 등 풍자와 유머가 섞인 북경의 시민생활을 소재로 한 작품을 써냈다. 그 밖에도 외국에서 쓴『이마(二馬)』·『소파의 생일(小坡的生日)』이 있고,『낙타상자(駱駝祥子)』도 뒤에 발표되었으나 항전시기 이전에 쓴 것이라 한다. 그는 특히 작품 속에서 북경 말을 잘 구사하며 북경의 어려운 계층의 생활상을 대변하였다.

1929년에는 파금(巴金)이『멸망(滅亡)』이란 작품을 가지고 혜성처럼 나타났다. 이어『신생(新生)』·『죽어 가는 태양(死去的太陽)』·『바다의 꿈(海的夢)』·『사정(砂丁)』·『눈(雪)』·『맹아(萌芽)』·『봄날 속의 가을(春天裏的秋天)』 등을 발표하였다. 그는 젊은이들의 사랑과 반항 또는 노동자들의 생활 등을 유려한 필치와 원숙한 기교로 잘 처리하고 있어, 그의 작품이 나오자마자 큰 반향을 일으켰다. 그는 또 애정삼부곡(愛情三部曲)인『안개(霧)』·『비(雨)』·『빈개(電)』를 쓰고, 격류삼부작(激流三部作)으로『집(家)』·『봄(春)』·『가을(秋)』의 명작을 내었다. 그 밖에『파금단편소설집』도 있다.

여류작가 정령(丁玲)도 남편 호야빈(胡也頻)을 잃고서도 대표작가 로 발돋움하였다. 1928년에 낸 단편집『암흑 속에서(在暗黑中)』에 실린『사비여사의 일기(莎菲女士的日記)』는 당시에 큰 반향을 일으켰다. 단편집으로『자살일기(自殺日記)』·『일개여성(一個女性)』이 있는데 거의 모두가 여성들의 고민과 정신적인 갈등을 주제로 한 작품들이다. 뒤에 또 혁명과 사랑을 주제로 한『위호(韋護)』·『1930년 봄 상해에서(一九三十年春在上海)』와 1931년의 홍수를 주제로 한 중편『물(水)』과, 단편집『야회(夜會)』, 미완성의 장편『모친(母親)』을 썼다.

섭소균(葉紹鈞)도 1929년에 소학교 교원의 생활을 주제로 한 대표작『예환지(倪煥之)』와 단편집『사삼집(四三集)』을 발표하였다. 그리고 왕노언(王魯彦)은 장편『야화(野火)』, 단편집『옥정하(屋頂下)』·『조그만 마음(小小的心)』·『상병여관(傷兵旅館)』을 썼다. 왕통조(王統照)는 장편『산우(山雨)』·『봄 꽃(春花)』와 단편집『상흔(霜痕)』을 발표하였다. 낙화생(落花生)이란 필명을 쓴 허지산(許地山, 1893－1941)은 단편집『해방자(解放者)』, 욱달부(郁達夫)는 장편『그 여인은 한 약한 여자였다(她是一個弱女子)』·『출분(出奔)』 등 그 시대를 반영하는 좋은 작품들이 나왔다.

도시의 여러 층의 생활을 주제로 한 작품으로는 근이(靳以)의 단편집『성형(聖

型)』·『군아(群鴉)』·『충식(蟲蝕)』·『푸른 꽃(靑的花)』 등과 심종문(沈從文)의 『입대 뒤(入伍後)』를 비롯한 여러 장편과 단편, 장천익(張天翼, 1906－1985)의 단편집 『공허로부터 충실에 이르기까지(從空虛到充實)』·『꿀벌(蜜蜂)』과 장편 『귀토일기(鬼土日記)』·『성안에서의 일년(一年在城市裏)』, 구양산(歐陽山, 1908－)의 단편집 『칠년기(七年忌)』·『삶의 번뇌(生的煩擾)』와 중편소설 『귀소(歸巢)』·『청년남녀(靑年男女)』 등이 수작이라 할 것이다.

농촌소설 특히 농촌의 파탄 등을 주제로 한 작품으로는 위금지(魏金枝, 1900－1972)가 1930년에 단편집 『칠편 편지의 자전(七封書信的自傳)』을 낸 데 이어 『유모(奶媽)』·『백기수(白旗手)』 등을 내었고, 팽가왕(彭家煌)의 단편집 『평담한 일(平淡的事)』·『조신묘에서(在潮神廟)』·『기쁜 소식가장(喜訊)』 등, 건선애(蹇先艾)의 단편집 『한 분의 영웅(一位英雄)』·『환향집(還鄕集)』·『술집(酒家)』·『저주집(躇躊集)』·『소금 얘기(鹽的故事)』 등과 1931년부터 소설을 쓰기 시작한 사정(沙汀)과 애무(艾蕪) 등의 작품이 있다.

장광자(蔣光慈)는 이 시기에도 『단고당(短褲黨)』·『야제(野祭)』·『여사의 애원(麗沙的哀怨)』·『구름을 뚫고 나온 달(衝出雲圍的月亮)』·『국분(菊芬)』·『최후의 미소(最後的微笑)』·『전야의 바람(田野的風)』 등 광범한 소재를 연애와 혁명에 연결시킨 혁명문학 작품을 썼다. 그 밖에도 전행촌(錢杏邨)의 『혁명의 얘기(革命的故事)』, 홍영비(洪靈菲)의 장편 『유망(流亡)』·『전변(轉變)』과 단편집, 유석(柔石)의 단편집 『삼자매(三姉妹)』·『구시대의 죽음(舊時代的死)』·『희망(希望)』·『이월(二月)』, 호야빈(胡也頻)의 단편집 『어디를 가나(往何處去)』·『성도시고(聖徒詩稿)』·『사주일(四星期)』 및 『우리 앞에 있는 광명(光明在我們前面)』 등이 혁명문학계열의 대표작이다. 다만 이들의 소설은 모두 연애와 혁명의 결합이라는 혁명소설의 타성에 빠져 있어, 작품으로는 특기할 만한 게 못 된다.

문학운동의 대가인 노신과 곽말약은 이 시기에는 주로 역사물에 손을 대고 있다. 노신은 『보천(補天)』 등 1922년부터 쓴 여러 편의 역사소설들을 모아 1936년에 『고사신편(故事新編)』을 내었고, 곽말약은 『가장사의 통곡(賈長沙痛哭)』·『맹부자출처(孟夫子出妻)』 등 여러 편의 소설을 모아 『지하의 웃음소리(地下的笑聲)』를 내고 있다. 이들은 역사의 소재를 빌려 반봉건 및 사회혁신의 이념을 표현하고 있다.

끝으로 일본군에 점령당한 만주 쪽에서도 항일의 풍조를 타고 그 들의 체험을 살려 쓴 수작들이 나왔다. 1935년에 소군(蕭軍)이 쓴 『팔월의 시골 마을(八月的鄕村)』이 외족에게 짓밟힌 만주의 참상을 토대로 한 첫 번째 장편소설이다. 뒤이어 그는 침략자에 대한 농민의 항거를 주제로 한 대작 『제삼대(第三代)』를 써서 문단의 호평을 받았다. 그는 단편집 『양(洋)』과 『강상(江上)』도 내놓았다. 그 밖에도 소홍(蕭紅)이 『생사장(生死場)』, 단편집 『우거상(牛車上)』을 썼고, 서군(舒群)·단목홍량(端木蕻良)·나봉(羅烽)·백랑(白朗) 등이 1936년 무렵에 나와 만주의 참상을 소재로 한 작품을 쓰고 있다. 특히 서군의 『조국이 없는 아이(沒有祖國的孩子)』란 소설은 한국아이가 만주에서 갖은 능멸과 압박을 당해 오다 일본장교를 죽여 버리는 줄거리의 작품이다.

3. 희 곡

전한(田漢)은 1928년부터 남국사(南國社)라는 연극단체를 이끌고 연극운동을 직접 실천하는 한편 『회춘지곡(回春之曲)』·『여명지천(黎明之前)』·『삶의 의지(生之意志)』·『소주야화(蘇州夜話)』·『명우의 죽음(名優之死)』·『제오호병실(第五號病室)』·『불의 춤(火之跳舞)』·『쓰레기통(拉圾桶)』·『난종(亂鐘)』·『소사(掃射)』·『폭풍우 중의 일곱 여성(暴風雨中的七個女性)』 등 수많은 작품을 썼다. 1931년경에는 또 누적이(樓適夷, 1905－)가 『활로(活路)』·『S. O. S.』, 백미(白薇, 1894－1987)가 『타출유령탑(打出幽靈塔)』·『가짜 양놈(假洋人)』·『적과 동지(敵同志)』 등을 써서 <좌련희극가연맹>의 산하극단들에 의하여 전한의 작품과 함께 공연되었다.

홍심(洪深)도 희극협사(戲劇協社)와 복단극사(復旦劇社)라는 연극단체를 전후로 이끌면서 『광명(光明)』이란 반월간을 통하여 국방희극(國防戲劇)을 제창하였다. 그는 작품으로 『오규교(五奎橋)』·『향도미(香稻米)』·『청룡담(靑龍潭)』의 농촌을 배경으로 한 삼부곡(三部曲)과 『개눈(狗眼)』·『여러 해 동안의 며느리(多年的媳婦)』·『밀수(走私)』 등과 영화 시나리오로 『겁후도화(劫後桃花)』를 썼다. 양으로는 전한을 못 따르지만 질에 있어서는 오히려 더 알찬 느낌이다.

이 시기에 구영여천(歐陽予倩)은 『청사장 속(靑紗帳裏)』·『함께 사는 세 집 사람들(同住的三家人)』을 쓰고, 전행촌(錢杏村)은 아영(阿英)이라는 필명으로 『춘풍추우(春風秋雨)』를 발표하였다.

1934년에 『뇌우(雷雨)』란 극본을 가지고 등장한 조우(曹禺, 1910－)가 이 시기에 가장 특출한 작가이다. 그는 연이어 『일출(日出)』·『원야(原野)』란 작품을 발표하였는데, 빈틈없는 짜임새와 세련된 대화의 운영과 사회적인 문제의식 등으로 문단의 큰 반향을 불러 일으켰다.

이 밖에 이건오(李健吾, 1906-1982)가 희곡집 『이건 봄날일 뿐(這不過是春天)』과 『이신작측(以身作則)』·『어머니의 꿈(母親的夢)』·『신학구(新學究)』·『양윤달(梁允達)』 등 많은 작품을 썼고, 원목지(袁牧之)는 『애신과 화살(愛神與箭)』·『영령(玲玲)』·『세 대학생(三大學生)』·『두 각색이 연출하는 연극(兩個角色演的戲)』 등의 희곡집을 남겼다. 웅불서(熊佛西)는 『서두건아(鋤頭健兒)』·『백정(屠戶)』·『과도(過渡)』와 『와신상담(臥薪嘗膽)』 등을 썼다.

1936년 <국방희극>이 제창된 이후로는 홍심의 『밀수(走私)』, 전한의 『에치오피아의 어머니(阿北西尼亞的母親)』 등에 뒤이어, 우령(于伶, 1907)의 『야광배(夜光杯)』·『꽃도 눈물을 흘리다(花濺淚)』·『장야행(長夜行)』, 장민(章泯, 1907-1975)의 희곡집 『우리의 고향(我們的故鄉)』, 송지적(宋之的)의 『낙흔(烙痕)』, 하연(夏衍)의 『새금화(賽金花)』·『자유혼(自由魂)』 등 무수한 항일을 주제로 한 작품들이 쏟아져 나오기 시작했다.

4. 산 문

먼저 노신은 이 시기에도 1932년에 『삼한집(三閑集)』·『이심집(二心集)』, 1933년엔 『위자유서(僞自由書)』·『남강북조집(南腔北調集)』, 1934년에는 『준풍월담(准風月談)』, 1935년에는 『집외집(集外集)』, 1936년에는 『노신서간(魯迅書簡)』 등을 내면서 산문을 통한 투쟁을 멈추지 않았다. 1936년 죽기 1년 전에 쓴 글은 부인 허광평(許廣平) 여사에 의하여 『차개정잡문말편(且介亭雜文末編)』과 『부집(附集)』으로 엮어졌다. 그 밖에 구추백(瞿秋白)이 노신과 비슷한 산문을 곳곳에 발표하였다.

주자청(朱自淸)은 자기의 서정적인 필치를 살려 유렵여행기인 『구유잡기(歐遊雜記)』·『윤돈잡기(倫敦雜記)』 등을 썼다. 그 밖에 욱달부(郁達夫)·심종문(沈從文) 등도 빼어난 국내외의 여행기를 남기고 있다.

임어당(林語堂)은 『논어(論語)』에 뒤이어 『인간세(人間世)』·『우주풍(宇宙風)』 등을 내면서 유머를 앞세운 소품문(小品文)을 계속 썼다. 그의 소품문에 동조했던 이로는 유복(劉復)·유평백(兪平伯) 같은 작가가 있다.

임어당의 이론에 찬동하지 않으면서도 한적한 생활을 즐기는 속에 여러 가지 감상을 쓴 주작인(周作人)도 산문작가로 뛰어나다. 모순(茅盾)은 산문시라 부를 만한 멋있고 가벼운 내용의 산문을 써서 많은 독자들을 확보했다.

끝으로 여자의 몸으로 북벌에 종군하면서 자기의 체험을 쓴 사빙영(謝冰瑩, 1906－)의 『종군일기(從軍日記)』는 당시 독서계에 큰 반향을 일으켰고, 즉시 여러 나라에서 외국어로 번역되었다.

제4절 항전시기(1937－1949)

1937년 7월 노구교(蘆溝橋)에서 일본군이 중일전쟁을 일으키자 좌우가 <항일민족통일전선>으로 갑자기 뭉쳐졌다. 그리고 북경·상해·남경 등의 주요 도시들이 모두 일본군에게 점령당하자 문인들은 1938년 3월 한구(漢口)에 모여 중화전국문예계항적협회(中華全國文藝界抗敵協會)를 조직했고, 연극인들은 따로 중화전국희극계항적협회(中華全國戲劇界抗敵協會)를 조직하였다.

이로부터 일부 작가들은 "붓을 버리고 종군하자"의 구호를 부르짖으며 전선주의(戰線主義)를 내세워 직접 종군을 하기도 했는데, 이러한 "문장입오(文章入伍)"와 함께 "문장하향(文章下鄕)" 또는 "문장진공장(文章進工場)"의 구호도 나왔다.

1939년에 들어와서는 국민당은 제한이당활동변법(制限異黨活動變法)을 제정 발표하여 항일을 앞세우면서 한편으로는 공산혁명을 책동하는 좌익진영의 활동을 규제하기 시작하였다. 이로부터 <민족통일전선>은 다시 깨어져 국민당은 항일과 함께 반공작업을 아울러 진행시켰고, 공산당은 항일과 함께 계급혁명운동을 동시에 진행시켰다.

1941년 12월 일본이 태평양전쟁을 일으키자 항전의 양상은 다시 달라졌다. 국민당은 항일전에 여념이 없었으나, 모택동(毛澤東)은 1942년 5월 「재연안문예좌담회상지강화(在延安文藝座談會上之講話)」를 발표하여 문예성과 정치성의 통일을 전제로 한 노동자·농민·군대를 위한 사회주의적 사실문학을 창조한다는 중국공산당의 문예노선을 분명히 하였다. 이로부터 이들은 항일보다는 공산혁명을 앞세운 문예활동을 전개하게 된다.

이 시기에 활동한 대표작가와 주요한 작품들은 대략 다음과 같다.

1. 시

항전운동이 전개되면서 시단에는 낭송시운동(朗誦詩運動)이 가장 먼저 벌어졌다. 시는 시인 개인의 감정표현일 뿐만 아니라 민중에 접근하지 않으면 안 되기 때문이었다. 그 결과 모든 집회와 방송 또는 기선(汽船) 같은 여러 사람들이 모이는 곳이면 어디서나 항일을 주제로 하는 시들이 낭송되었다. 무한(武漢)에서는『시조(時調)』·『시시대(詩時代)』·『오월(五月)』 등의 시전문지가 발간되었는데, 거기에는 시인들뿐만 아니라, 이제껏 시를 써 본 일이 없었던 많은 지식인들도 전쟁에 대한 분노와 항전의 열정을 쉽고 간략한 형식의 운문으로 발표하였다. 그리고 이 <낭송시운동>은 무한이 함락된 뒤 국민당의 중경(重慶)과 중공의 연안(延安)에 이르기까지 어디서나 계속되었다.

그 중에서도「향태양(向太陽)」·「취호자(吹號者)」·「그의 죽음은 두번째였다(他死在第二次)」 등의 장시와『광야(曠野)』라는 시집을 남긴 애청(艾靑), 가두시(街頭詩)와 전단시(傳單詩)를 주장하면서『전투자에게 줌(給戰鬪者)』·『항전시초(抗戰詩抄)』·『그녀도 살인을 해야 했다(她也要殺人)』 등의 시집을 남긴 전간(田間), 직접 전선에 뛰어들어『십년시선(十年詩選)』과 장시「회상음(淮上吟)」·「향조국(向祖國)」·「고목의 꽃덜기(古樹的花朶)」·「감정적 야마(感情的野馬)」 등을 쓴 장극가(臧克家) 등의 활약이 특히 뛰어난다.

이전에 <국방시가>를 제창했던 중국시가협회의 작가들도 더욱 활약을 보여 포풍(蒲風)은 시집『우리 깃발 아래에서(在我們的旗幟下)』·『가련한 벌레(可憐蟲)』·『취화자송(取火者頌)』 등을 남겼고, 임균(任鈞)은『승리를 위한 노래(爲勝利而歌)』·『전쟁송(戰爭頌)』·『후방소창(後方小唱)』 등의 시집을 남겼다.

그 밖에도 곽말약(郭沫若)의 시집『전성집(戰聲集)』, 노사(老舍)의 장시「검북편(劍北篇)」, 변지림(卞之琳)의 시집『위로편지집(慰勞信集)』 등이 이 시기에 나온 수작이다.

2. 소 설

이 시기에도 모순(茅盾)의 작품이 가장 두드러진다. 그는 전쟁에 휩쓸린 상해를 배경으로 한 『제일단계의 애기(第一段階的故事)』·『서리 내린 나무 잎이 한봄의 꽃처럼 붉다(霜葉紅似二月花)』·『부식(腐蝕)』 등의 장편과 함께 여러 편의 단편을 썼다. 그의 『청명 전후(淸明前後)』라는 희곡도 유명하다.

노사(老舍)는 이 시기에 장편 『화장(火葬)』과 단편집 『화차집(火車集)』·『빈혈집(貧血集)』 등의 항전작품을 썼고, 뒤에는 『사세동당(四世同堂)』이란 일본군 점령하의 북경의 대가족을 묘사한 대작을 내어 이름을 떨쳤다. 파금(巴金)은 삼부작 『불(火)』·『게원(憩園)』·『한야(寒夜)』와 『제사병실(第四病室)』, 단편집 『환혼초(還魂草)』·『소인소사(小人小事)』 등을 내어 대표작가로서의 자리를 굳히고 있다.

그 밖에 곽말약(郭沫若)의 단편집 『지하의 웃음소리(地下的笑聲)』, 장천익(張天翼)의 『속사삼편(速寫三篇)』, 하연(夏衍)의 장편 『봄 추위(春寒)』, 애무(艾蕪)의 장편 『풍요로운 원야(豐饒的原野)』·『강상행(江上行)』 및 단편집 『추목(秋牧)』·『황지(荒地)』 등이 특기할 만한 이 시기의 작품들이다.

정령(丁玲)은 7편의 단편을 실은 『내가 하촌에 있었던 때(我在霞村的時候)』를 썼고, 뒤에는 토지개혁을 주제로 한 『태양이 상건하 위를 비추고 있다(太陽照在桑乾河上)』란 장편을 썼는데, 모두 명작으로 알려져 있다. 1942년 모택동의 「문예강화(文藝講話)」 발표 이후 그 노선을 따른 작가로 조수리(趙樹理, 1906－1970)가 나와 민간 연예에 관한 연구를 바탕으로 『소이흑의 결혼(小二黑結婚)』·『이유재판화(李有才板話)』·『이가장의 변천(李家莊的變遷)』 등의 작품을 써서 한때 명성을 떨쳤다. 이 밖에도 모택동의 문예노선을 따른 수많은 작가들이 작품을 썼으나 모두 신파조(新派調)의 내용과 형식을 지닌 것들이어서 노동자나 농민들은 이해하기가 좋을지 모르지만 문학으로서는 객관적인 재평가를 받아야만 할 것이다.

3. 희 곡

항전운동이 전개되면서 중국극작자협회(中國劇作者協會)는 『노구교를 방위하자(保衛蘆溝橋)』란 3막극을 여러 사람 공동으로 창작하였다. 1938년 중국전국희극계항적협회(中華全國戲劇界抗敵協會)가 조직되자 연극은 더욱 농촌과 전선으로 파고들 것을 주장하면서, 가두극(街頭劇)·다방극(茶房劇)·활보극(活報劇) 등의 운동을 전개하였다. 그리고 작품의 공동제작이 『보위노구교』의 예를 따라 크게 유행하였다. 통계에 의하면 1939년 연극에 종사하고 있던 인원만도 13만 명이며, 1938년에 이미 124종의 항전극이 제작되었다.3)

그 중에서도 두드러진 작가로는 전한(田漢)이 항전초기에 『노구교(蘆溝橋)』·『최후의 승리(最後的勝利)』를 썼고, 뒤에는 새로운 가극에 열을 올려 『신천하제일교(新天下第一橋)』·『신아녀영웅전(新兒女英雄傳)』·『강한어가(江漢漁歌)』를 썼다. 이것은 경극의 전통적인 양식에다 새로운 가곡을 가며한 가극이다. 그 뒤 1942년에는 『추성부(秋聲賦)』란 5막의 화극을 썼다.

홍심(洪深)은 『비장군(飛將軍)』과 『쌀(米)』을 무한(武漢)에서 썼고, 뒤에는 『황백단청(黃白丹靑)』·『포득행(包得行)』·『오십년대(五十年代)』·『여인여인(女人女人)』·『계명조간천(鷄鳴早看天)』 등을 썼다.

노사도 이 시기에 『노사희극집(老舍戲劇集)』에 실린 여러 작품을 냈다. 그 중에도 『잔무(殘霧)』·『체면문제(面子問題)』·『장자충(張自忠)』·『대지용사(大地龍蛇)』·『귀거래혜(歸去來兮)』 등이 수작으로 알려져 있다.

조우(曹禺)는 이 시기에도 계속하여 『태변(蛻變)』·『북경인(北京人』 같은 명작을 냈다. 그리고 파금의 『가(家)』를 4막극으로 개작하기도 하였다. 하연(夏衍)은 『일년간(一年間)』·『심방(心防)』·『수성기(愁城記)』·『수향음(水鄕吟)』·『파시스트의 세균(法西斯細菌)』의 다섯 작품을 내놓았다. 곽말약은 이 시기에도 『당체지화(棠棣之花)』·『굴원(屈原)』·『호부(虎符)』·『고점리(高漸離)』 같은 빼어난 사극을 쓰고 있다. 구양여천(歐陽予倩)도 『싸움터의 원앙(戰地鴛鴦)』·『욕마(慾魔)』와 함께 『충왕 이수성(忠王李秀成)』이란 사극의 성공작을 남기고 있다. 이 밖에도 이 시기에는 이루 다 설명할 수 없을 만큼 많은 작가와 작품이 생산되었다.

모택동이 「문예강화」를 발표한 뒤 중공지구에서는 『앙가(秧歌)』4)를 비롯한 각 지방의 민간 연예의 형식을 빈 새로운 가극(歌劇)의 창작에 열을 올리게 되었다. 그 중에서도 하경지(賀敬之, 1924－)를 비롯한 여러 사람들의 합작으로 이루어진 『백모녀(白毛女)』와 마건령(馬健翎, 1907－1965)의 『혈루구(血淚仇)』·『궁인한(窮

3) 葛一紅 『戰時演劇論』 附錄 참조.

4) 秧歌 : 중국의 광대한 지역 농촌에 유행한 모 심을 적에 부르던 노래 와 춤. 악기의 반주도 있고, 간단한 故事를 연출하는 경우도 있다. 뒤에 중국에서는 이를 바탕으로 秧歌劇이란 간단한 歌舞劇을 발전시켰다.

人恨)』 등이 대표작이라 할 만한 것들이다. 그리고 화극도 자기네 민속극의 연출형식을 채용한 새로운 형식의 것을 발전시켰다.

산문은 이 시기에 들어와 피점령지구의 참상이나 전선의 모습을 적은 보고형식의 글이 크게 유행한다. 물론 일반적인 수필이나 유기와 잡문들도 계속 썼다.

제5절 대전 이후(1949년 이후)

중국은 1945년 제 2차 세계대전에서 승리를 거두었으나, 계속 국민당과 공산당 사이의 내전이 이어졌다. 그 결과 1949년 말에 국민당 정부인 중화민국은 대만으로 밀려나고, 대륙에는 공산당의 중화인민공화국이 건립되었다. 이에 중국은 통치 체제와 사상·이념을 달리하는 대륙과 대만으로 갈라져 문학도 이에 따라 서로 다른 발전을 보여주게 되었다.

흔히 <5·4운동> 무렵부터 1949년 10월 중화인민공화국이 수립되기 이전까지의 문학을 신문학(新文學) 또는 현대문학(現代文學)이라 부르고, 그 이후의 문학을 당대문학(當代文學)이라 구분하여 부르기도 한다. 곧 여기의 '대전 이후'의 문학이란 <당대문학>이라 불러도 좋은 것이다. 다만 이 당대문학은 아직 그것들에 대한 확고한 평가가 내려진 것이 아니고, 또 대부분 그 평가 작업이 진행 중인 것들이어서 평가를 내리기 어려운 성격의 것들이다. 여기서는 1949년 이후 1980년에 이르는 기간의 대륙과 대만 문학의 현황을 개략적으로 소개하는데 그칠 것이다.

1. 대륙의 문학

중국 대륙의 당대문학은 대략 다음과 같은 네 시기로 나누어 볼 수 있다.

제1기 : 1949－1956, 건국 초기의 사회주의 문학 건설의 길을 찾던 시기이다. 1949년 7월에 중화전국문학예술공작자제일차대표대회(中華全國文學藝術工作者第一次代表大會)가 열리어 사회주의 문예운동이 본격적으로 전개 된다. 다시 1953년 9월에는 제 2차 대회가 열리어 사회주의적 문학창작을 보다 적극적으로 밀고 나갈 것을 결의하였다.

1951년에는 영화 『무훈전(武訓傳)』[1]에 관한 토론이 전국 문예계에 걸쳐 진행되어, 본격적인 자산계급의 유심주의(唯心主義)에 대한 비판이 전개되었고, 1954년에는 『홍루몽(紅樓夢)』 연구에 대한 비판이 전개되어[2], 문학의 전통과 문화유산을 올바로 계승하는 방법이 모색되었으며, 1955년에는 호풍(胡風)의 문예사상에 대한 비판[3]이 전개되면서, 계속 올바른 사회주의 문예노선을 위한 투쟁이 전개되었다. 그러다가 1956년에는 마침내 모택동에 의하여 이른바 백화제방(百花齊放)·백가쟁명(百家爭鳴)이라는 방침이 제시되어 한 때 자유로운 문학 발전의 경향 같은 것이 보이기도 하였다. 따라서 이 시기는 문학이 광범하게 여러 각도로 발전한 새로운 문학의 황금시대라고도 할 수 있는 기간이다.

제2기 : 1957－1965, 중국의 사회주의 건설이 전면적으로 추진되었던 시기이다. <백화제방>의 방침에 따라 들어난 문예계의 모순을 극복하기 위하여 1957년에는 반우파투쟁(反右派鬪爭)이 전개되었고, 1958년부터 이른바 대약진(大躍進) 운동이 전개되면서 이에 상응하는 여러 가지 문예운동도 모색되었다. 1961년에 들어와서는 반우파투쟁과 대약진의 과오도 깨닫게 되어 새로운 당(黨)의 문예정책이 조정되어 다시 <백화제방>의 번영을 추구하는 듯도 하였다. 모택동이 유소기(劉少奇)와 혁명노선을 두고 자유화와 반자유화 토론의 물결을 높이기도 하였다. 그러나 1963년부터는 강청(江靑)·강생(康生) 등의 활약이 문예계에까지 영향을 미치어 뚜렷한 좌경의 경향을 보이기 시작한다. 이 시기는 사회주의 문예건설에 커다란 성과를 이룩하기는 하였으나, 끝에 가서는 문예의 말살을 뜻하는 <문화대혁명>의 씨가 뿌려지기도 했던 기간이다.

제3기 : 1966－1976, 이른바 <문화대혁명>이 진행되었던 시기이다. 문학까지도 문화대혁명에 의하여 말살되다시피 하였던 문예계의 암흑시기이다.

제4기 : 1977년 이후의 해빙과 개방의 시기이다. 1976년 모택동이 사망한 뒤 강청(江靑)을 비롯한 문화대혁명을 추진했던 세력이 쫓겨나고, 문예계가 다시 올바른 사회주의문학을 추구하기 시작한 시대이다.

---

1) 『武訓傳』이란 영화는 1948년 孫瑜의 감독아래 제작된 것인데, 解放 후에 수정을 가하여 다시 찍어 1950년 12월에 상연하였다. 武訓(1838－1896)은 山東 시골의 거지로 구걸을 하면서도 공부를 하였고, 뒤에는 義學을 일으키어 가난한 사람들을 가르친 苦操奇行의 인물이다. 이 영화에 표현된 "武訓精神"은 처음에는 많은 頌揚을 받았으나 1951년부터는 비판도 일기 시작하여 토론이 벌어졌던 것이다.

2) 『紅樓夢』 연구의 비판은 1954년의 兪平伯과 胡適의 硏究方法에 대한 비판에서 시작되고 있다.

3) 胡風은 1954년 30萬字에 달하는 意見書를 발표하여, 리얼리즘을 마르크스주의 보다 앞세워야 예술이 올바로 창작될 수 있다는 기본자세를 밝히면서 毛澤東의 「文藝講話」에 맞섰다. 그러자 곧 胡風集團에 대한 반격과 숙청을 벌인 것이 이른바 "胡風批判"이다.

(1) 제1기(1949－1956)의 문학

1) 시 : 1949년 신 중국이 들어서자 먼저 곽말약(郭沫若)의 「신화송(新華頌)」을 필두로 하여 새로운 중국의 탄생을 기리는 시들이 쏟아져 나왔다. 하기방(何其芳, 1912－77)의 「우리의 가장 위대한 명절(我們最偉大的節日)」, 가중평(柯仲平, 1902－64)의 「우리의 오성 붉은 기를 높이 들고(高擧着我們的五星紅旗)」, 장극가(臧克家, 1905－)의 「조국은 전진한다(祖國在前進)」 등이다. 1950년 한국전쟁이 터지자 이번에는 항미원조(抗美援朝)의 구호를 바탕으로 전쟁과 관계되는 시가 쏟아져 나왔다. 전간(田間, 1916－85)의 『부조시초(赴朝詩抄)』, 호소(胡昭)의 『영광스런 성운(光榮的星雲)』 등에 실려 있는 시들이 그 대표적인 것들이다.

곧 이어 신 중국 사회의 새 생활을 노래하는 이빙(李冰, 1925－)의 『유호란(劉胡蘭)』, 이계(李季, 1922－80)의 『전령 아가씨(報信姑娘)』, 교림(喬林)의 『백난화(白蘭花)』 등 장시가 대표하는 새로운 풍격의 작품들이 나오기 시작하였다. 새로운 공업건설을 노래한 미앙(未央)의 「비등하는 성(沸騰的城)」, 위강염(魏鋼焰)의 「육공리(六公里)」, 풍지(馮至, 1905－)의 「나는 안강을 노래한다(我歌唱鞍鋼)」 등과, 농촌활동을 배경으로 한 장지민(張志民, 1926－)의 「고향의 봄(家鄉的春天)」, 진잔운(陳殘雲)의 「농촌산곡(農村散曲)」 등이 나왔다. 특히 『방가집(放歌集)』에 담긴 시들을 쓴 하경지(賀敬之, 1924－)는 이 시기에 두각을 들어내기 시작한 시인이다.

변경과 소수민족의 변화를 시로 노래한 양상천(梁上泉)의 「시끄러운 고원(喧鬧的高原)」, 문첩(聞捷, 1923－)의 「천산목가(天山牧歌)」 등도 빼어난 작품이다. 어떻든 이 시기의 중국 시단은 새로운 기상이 넘쳐흐르면서 새로운 사회주의 시의 터전을 닦았던 기간이라 할 수 있다.

2) 소 설 : 이 시기에 나온 소설들은 대체로 두 갈래의 큰 흐름으로 나누이고 있다. 첫째는 그들이 체험한 민주혁명시기의 인민의 생활과 투쟁을 주제로 한 흐름이고, 둘째는 해방 후에 추진된 사회주의 개조 및 사회주의 건설에 몸 바치는 생활과 투쟁을 주제로 한 흐름이다.

신 중국이 서자마자 나온 유백우(劉白羽, 1916－)의 중편소설 『불빛 앞에서(火光在前)』가 첫째 흐름을 선도하였고, 뒤에 나온 두붕정(杜鵬程, 1921－)의 장편소설 『보위연안(保衛延安)』(1954)은 해방전쟁 시기의 생활을 광범하게 그려낸 이 시기의 대표작이라 할 수 있다. 서광요(徐光耀)의 『평원열화(平原烈火)』(1950)는 작자가 병사로서 체험한 유격전을 묘사했다. 이 밖에 유청(柳靑, 1916－78)의 『동장철벽(銅牆鐵壁)』(1951), 마가(馬加, 1910－)의 『시들지 않는 꽃송이(開不敗的花朶)』, 육주국(陸柱國)의 『결투(決鬪)』(1950), 손리(孫犁, 1913－)의 『풍운초기(風雲初記)』(1953) 등이 있는데, 모두 항일전쟁이나 국공내전을 배경으로 한 것이다. 왕원견(王愿堅, 1929－)의 단편집 『당비(黨費)』, 준청(峻靑, 1922－)의 『여명의 하변(黎明的河邊)』·『바다제비(海燕)』 등에 실린 단편들도 빼어난다.

이밖에 우리나라 <6·25 사변>을 다룬 기록 문학과 기사 그리고 단편소설이 나왔다. 이 가운데 양삭(楊朔, 1913－68)의 장편 『삼천리강산(三千里江山)』이 비교적 유명하다. 작자는 중공의 철도부대를 따라 북한에서 종군 작가로 활약하였는데, 위의 소설은 청천강(淸川江) 북쪽의 한 작은 마을에서 9개월에 걸쳐 집필한 철도 노동자의 활동상을 그린 것이다. 육주국(陸柱國)의 『상감령(上甘嶺)』도 한국전쟁을 다룬 것이다.

두번째 흐름의 작품들을 보면 먼저 농촌과 농민을 주제로 한 것들이 눈에 뜨인다. 농촌이 사회주의화함에 따라 개인과 집단과의 관계를 중심적인 테마로 다룬 것이 많아진다. 곧 농촌이 개인영농에서 합작사(合作社, 농업협동조합)로 되고, 합작사에서 인민공사(人民公社)로 되어 가는 집단화·사회주의화의 과정에서 일어나는 사건들과 농민의 의식 변혁을 다룬 것들이다. 임상(林霜)의 『신로(新路)』(1952), 엄숙(嚴肅)의 『수차(水車)』(1952), 오신가(吳晨笳)의 『서로 돕는 이야기(互助的故事)』(1953), 강탁(康濯)의 『함께 전진(一同前進)』(1953)·『제일보(第一步)』(1953), 사타(師陀)의 『전진곡(前進曲)』(1954), 서융(西戎, 1922－)의 『분규(紛糾)』, 이준(李准, 1928－)의 『그 길을 걸을 수 없다(不能走那條路)』(1954) 등이 이러한 소설들이다. 한 인물을 깊이 추구한 작품으로는 벽야(碧野, 1916－)의 『아선(阿禪)』(1952)과 석과(石果)의 『자갈 땅(石土地)』(1953)가 있고, 고옥보(高玉寶)가 쓴 자전적인 소설 『고옥보(高玉寶)』가 있다.

또 하나의 테마는 공업 건설과 노동자의 문제를 다룬 것으로, 이미 초명(草明, 1913－)의 『원동력(原動力)』·『기관차(火車頭)』 등이 나왔지만, 이 기간에도 좌개이(左介貽)의 『붉은 꽃 송이 송이 피다(紅花朶朶開)』(1952)가 나왔다.

이 기간에 새로운 현상은 몽고족·이족(彝族)·동족(僮族) 등의 소수민족 작가와 작품이 나타난 것이다. 몽고인 마라심부(瑪拉沁夫)의 『고르친 초원의 사람들(科爾沁草原的人們)』(1952), 이족의 이교(李喬)가 쓴 『환소하는 금사강(歡笑的金沙江)』

등이 그 대표적인 작품이다.

애무(艾蕪, 1904－)는 『새로운 집(新的家)』을 썼는데, 농촌으로부터 도시로 유입해 온 노동자를 테마로 하고 있다. 이 밖에 낙빈기(駱賓基)·진등과(陳登科)·마봉(馬烽) 등이 각각 단편소설을 내놓고 있다.

이 시기에 가장 주목해야 할 작품은 조수리(趙樹理, 1906－70)의 장편 『삼리만(三里灣)』(1955)이다. 이 작품은 그의 농촌을 배경으로 한 소설 가운데에서도 걸작으로 평가된다. 모두 34장으로 되어 있으며, 사건의 발단, 갈등의 진행, 해결이라는 세 부분으로 나뉘어져 평화식(評話式)의 얘기체로 서술되었다. 작자는 농촌의 사회주의화를 본격적으로 쓰기 위하여 산서(山西) 농촌을 답사했으며, 실제로 농촌생활을 하면서 농업 협동화에도 참여하였다. 이 장편은 그의 초기 작품보다 진일보한 것으로, 합작사를 추진하는 과정에서 생기는 충돌과 이를 둘러싼 인물들의 성격과 사회관계 등을 비교적 큰 스케일로 선명하게 부각시켰으며, 여섯 청년의 연애관계를 삽입하는 등 인물 묘시에 심혈을 기울였다.

조수리는 그 밖에 「등기(登記)」·「구우(求雨)」 등 주옥같은 단편소설도 이 기간에 썼다. 그러나 이 위대한 인민의 작가도 문화대혁명으로 인한 핍박으로 죽었다.

3) 희 곡 : 신 중국이 세워진 뒤 당과 정부는 무엇보다도 희극사업을 중시하여, 희극 창작과 함께 자기네 고전희곡에 대한 연구와 개혁작업이 적극적으로 추진되었다.

그 중에서도 중국 공산당의 장정(長征)을 배경으로 한 진기통(陳其通, 1916－)의 『만수천산(萬水千山)』(1955)은 반향이 대단하였던 작품이다. 호가(胡可, 1921－)가 지은 『전투 속의 성장(戰鬪裏成長)』(1950)도 인민들의 무장투쟁을 주제로 한 빼어난 작품이다.

신 중국의 공업건설과 노동자의 생활을 주제로 한 희곡으로는 1950년에 연출된 유창랑(劉滄浪, 1919－) 등 여러 사람들이 공동으로 제작했다는 『홍기가(紅旗歌)』와 두인(杜印) 등이 공동으로 창작했다는 『새로운 사물의 면전에서(在新事物面前)』(1951)가 좋은 평을 받았다. 이경승(李慶升) 등이 지은 『사십년의 소망(四十年的愿望)』, 천진(天津)의 부두 노동자들이 공동 제작했다는 『육호문(六號門)』 등이 있다.

농민생활을 반영하는 희극으로는 안파(安波, 1915－65)의 『봄바람이 낙민하에 불어오다(春風吹到諾敏河)』, 손후(孫芋)의 『부녀대표(婦女代表)』가 있다. 그 밖에 호단비(胡丹沸, 1913－)의 『춘난화개(春暖花開)』, 해묵(海黙)의 『통소횡취(洞簫横吹)』, 양리방(楊履方)의 『뻐꾹새가 다시 운다(布谷鳥又叫了)』 등이 있다.

지식분자들의 사상적인 변화 또는 인민들의 사상적인 변모를 주제로 한 조우(曹禺)의 『밝은 하늘(明朗的天)』, 악야(岳野)의 『동감공고(同甘共苦)』와 노사(老舍, 1899－1966)의 『용수구(龍鬚溝)』·『방진주(方珍珠)』 등이 있는데, 특히 『용수구』는 이 시기의 희곡을 대표할만한 작품이라 할 것이다.

끝으로 이 시기부터 쏟아져 나오기 시작한 여러 가지 문예지에도 주의를 기울여야 할 것이다. 중화전국문학예술공작자협회(中華全國文學藝術工作者協會)의 기관지로 『인민문학(人民文學)』이 문학 작품을 싣는 것을 목적으로 창간되어, 중국 문학계의 최고의 지도적인 문학잡지로 군림해 왔다. 이 밖에 문학예술의 이론지로 『문예보(文藝報)』가 반월간으로 간행되었다. 후에는 각 지방에서도 문학잡지가 간행되었고, 문학연구를 위해 1957년에 『문학연구(文學研究)』가 발간되었는데, 이것은 1959년에 『문학평론(文學評論)』으로 개칭되었다. 또 1957년부터 상해(上海)에서 파금(巴金)·근이(靳以)가 편집하는 문예잡지 『수확(收穫)』이 발간되었고, 외국문학의 번역 소개를 주로 하는 『세계문학(世界文學)』이 창간되었다. 이 밖에도 『문예학습(文藝學習)』·『문학유산(文學遺產)』·『민간문학(民間文學)』·『시간(詩刊)』·『해방군문예(解放軍文藝)』·『당대(當代)』·『시월(十月)』 등 무수한 잡지들이 쏟아져 나왔다.

(2) 제2기(1957－1965)의 문학

이 시기에는 <백화제방>의 방침에 따른 비교적 자유로웠던 문예활동에 대한 반동으로 1957년에 반우파투쟁(反右派闘爭)이 전개되고, 1958년의 <대약진> 운동에 따라 수정주의 문예사조의 비판운동이 전개되어 결과적으로 적지 않은 문학자들이 상처를 받았던 시기이다. 중국현대문학사상 뚜렷한 공적을 남기고 있는 풍설봉(馮雪峰)·정령(丁玲)·애청(艾青) 같은 대가들을 비롯하여, 특히 <백화제방>을 통하여 두각을 들어내었던 유빈안(劉賓雁)·왕몽(王蒙)·유소당(劉紹棠) 등의 청년작가들과 진조양(秦兆陽)·종점비(鍾惦棐)·전곡융(錢谷融) 등 평론가들이 비판을 받고 투쟁을 통하여 정리됨으로써 한 동안 글을 쓰지 못하였다.

그러나 한 편으로 "혁명적 현실주의와 혁명적 낭만주의의 결합"이 제창되면서, 대대적으로 각지의 민요와 민간문예가 발굴되고, 또 문예의 민간보급이 강조되기도 하였다.

곧 이어 반우경(反右傾) 과정 속에 들어난 좌경문예에 대한 비판도 일어나 1960년대로 들어와서는 새로이 당의 문예정책이 여러 가지로 조정되었다. 이 결과 문예창작은 다시 번영의 국면을 보여준다. 그러나 1963년 말엽부터는 다시 좌경이 강화되면서 문예창작이 위축되는 경향을 보여준다. <문화대혁명> 전야의 현상이었다.

[1961년 中國青年出版社에서 낸 장편소설 『홍암(紅岩)』의 표지]

이처럼 쉴 새 없는 곡절을 겪으면서도 사회주의 문학은 급속히 발전하고 그 기반은 더욱 굳어져 갔다. 신 중국의 문학을 대표할 수많은 작품이 이 기간에 나왔던 것은 결코 우연이 아니다.

1) 소 설 : 이 시기의 창작면에 있어서의 두드러진 특징은 인민의 혁명 투쟁을 광범위하게 묘사하면서 공·농·병의 형상을 만들어 내는데 힘을 기울였는데, 그 중에서도 무산계급의 전형적인 영웅 형상을 그려내는데 각별히 애썼다는 것이다. 이를 통하여 새로운 시대의 민족적인 예술 풍격을 추구하면서, 다양한 개개인의 풍격을 들어내는데도 성공한 작품들이 많다. 따라서 이 시기의 소설들은 중국의 민주혁명의 역사를 통해서 일어났던 풍운의 화폭 같다.

이 시기에 나온 소설들의 주제로는 농민의 혁명투쟁을 그린 것이 가장 두드러진다. 요설은(姚雪垠, 1910－)은 봉건시대의 농민기의의 곡절과 과정을 그린 『이자성(李自成)』 첫 권을 1963년에 내놓았는데, 모두 제 5권으로 이루어질 방대한 계획 아래 쓴 작품이라 한다. 농민이 자발적으로 지주들에게 반항하고 투쟁하면서 공산당이 영도하는 인민혁명의 큰 물결에 참여하는 모양을 그린 양빈(梁斌, 1914－)의 『홍기보(紅旗譜)』, 토지개혁 이후로 더욱 심각한 변혁을 일으키는 농민들의 생활과 사상의 모양을 그린 주립파(周立波, 1908－79)의 『산향거변(山鄉巨變)』 상·하 편(1959), 농촌에 있어서의 계급투쟁의 모순과 충돌의 과정을 주제로 한 호연(浩然, 1932－)의 『염양천(艷陽天)』 3부(1965), 합작화(合作化) 초기 농촌의 복잡한 계급투쟁을 주제로 하고 빈농과 혁명 간부들이 계급투쟁과 생산투쟁을 통하여 발휘하는 혁명영웅적인 인간상을 그려낸 진등과(陳登科, 1919－)의 『풍뢰(風雷)』(1964), 역시 농업합작화 운동 속에 발휘되는 농민들의 혁명정신을 들어내는데 주력한 유청(柳青, 1916－78)의 『창업사(創業史)』(1959) 같은 대작들은 중국의 사회주의 문예를 대표할만한 작품들이다. 이 밖에도 항일전쟁의 농촌을 배경으로 한 장뢰(張雷)의 『변천기(變天記)』, 풍덕영(馮德英)의 『고채화(苦菜花)』 등이 있고, 해방 후의 토지개혁운동을 반영한 작품으로는 육지(陸地)의 『아름다운 남방(美麗的南方)』, 왕서언(王西彦)의 『춘회지난(春回地暖)』이 있으며, 농업 합작화를 배경으로 한 작품으로는 호정(胡正)의 『분수장류(汾水長流)』, 이무영(李茂榮)의 『사람은 행복을 바라고 나무는 봄을 바란다(人望幸福樹望春)』, 왕행원(王杏元)의 『녹죽촌풍운(綠竹村風雲)』 등이 있다.

중국혁명의 무장투쟁을 주제로 한 소설도 나와 적지 않은 혁명 영웅들이 조성되었다. 나광빈(羅廣斌, 1924－67)과 양익언(楊益言, 1925－)은 공동으로 장편 『홍암(紅岩)』(1961)을 써냈는데, 해방전쟁 때 공산당 영웅들의 장렬한 투쟁을 묘사한 것으로 독자들의 큰 방향을 일으킨 작품이다. 양말(楊沫, 1914－)의 『청춘의 노래(青春之歌)』(1958)는 <9・18 사변>[4]에서 중일전쟁에 이르는 기간의 북경의 학생운동을 배경으로 하여, 공산당의 지하활동과 시대의 격랑 속에 부침하는 지식분자들의 모습을 그린 것이다. 오강(吳强)의 『홍일(紅日)』도 인민해방전쟁의 사시(史詩)라 볼 수 있는 작품으로, 주양(周揚)은 전쟁문학의 거작이라 평가했다.

장정(長征) 때의 영웅적인 얘기를 쓴 진정(陳靖)의 『금사강변(金沙江畔)』, 인민의 항일유격투쟁을 주제로 한 조수리(趙樹理, 1906－70)의 『영천동(靈泉洞)』과 풍지(馮至, 1905－)의 『적후무공대(敵後武工隊)』 등이 좋은 평가를 받았다. 곡파(曲波, 1924－)의 『임해설원(林海雪原)』은 동북지방에서 벌어진 인민유격전을 주제로 한 것인데, 만주 산림지대를 누비는 인민유격대의 활동이 박진감 있게 묘사되어 있다.

이 밖에 신해혁명 이래 중국 인민들의 여러 단계 혁명의 조류 속에서의 생활상과 그 변화의 모습을 주제로 한, 이할인(李劼人, 1891－1962)의 『대파(大波)』, 이륙여(李六如)의 『육십년의 변천(六十年的變遷)』, 구양산(歐陽山)의 『삼가항(三家巷)』과 『고투(苦鬪)』, 주이복(周而復, 1914－)의 『상해의 아침(上海的早晨)』 등이 주목할만한 작품이다.

사회주의 공업건설을 주제로 한 작품으로, 애무(艾蕪, 1904－)의 『백련성강(百煉成鋼)』, 초명(草明, 1913－)의 『승풍파랑(乘風波浪)』 등이 높은 평가를 받았다.

---

4) 1931년 9월 18일 밤 일본이 만주를 침략하기 시작하여 19일에는 沈陽을 함락시키고, 吉林・黑龍江省 등지로 진격했던 사변. 1932년에는 東北지방 전체가 일본군대 수중으로 들어가게 된다.

단편소설도 우수한 작품들이 쏟아져 나왔다. 특히 새 중국에 등장한 작가들의 이 시기 단편들은 중국 당대문학의 수준을 한 단계 높여 놓았다고 할 만하다. 이준(李准, 1928－)의 『이쌍쌍소전(李雙雙小傳)』과 『경운기(耕耘記)』, 마봉(馬烽, 1922－)의 『삼년 일찍이 알다(三年早知道)』·『나의 첫째 상급자(我的第一個上級)』 등, 왕문석(王汶石, 1921－)의 『새로 알게된 동료(新結識的伙伴)』, 왕원견(王愿堅, 1929－)의 『일곱 개비 성냥(七根火柴)』, 여지견(茹志鵑, 1925－)의 『백합화(百合花)』, 유진(劉眞)의 『길고 긴 유수(長長的流水)』 등이 그런 것들이다.

이전부터 이름이 났던 대가들도 이 시기에 적지 않은 좋은 단편들을 발표했다. 조수리(趙樹理)의 「단련단련(鍛鍊鍛鍊)」과 「장갑 끼지 않은 손(套不住的手)」, 주립파(周立波)의 「화장상(禾場上)」과 「산 저편의 인가(山那面人家)」, 마봉(馬烽)의 「나의 첫째 상급자(我的第一個上級)」, 사정(沙汀)의 「과도(過渡)」와 「야담(夜談)」, 애무(艾蕪)의 「들소 우리(野牛寨)」 등 무수히 많다.

1958년의 대약진 운동을 전후하여 많은 노동자 작가들이 나왔다는 것도 특기할만한 일이다. 만국유(萬國儒)·호만춘(胡萬春)·당극신(唐克新) 등이 대표적인 인물들이다. 만국유는 『채전령(踩電鈴)』을 발표했는데 이 소설의 주인공은 노동자로 지각과 결근을 많이 하고, 출근 때에는 벨 소리와 동시에 직장에 나오고, 퇴근 때에도 종이 울리자마자 퇴근하여 <채전령>이라는 별명이 붙었으나, 대약진 운동 중에 모범적인 인간으로 변했다는 얘기이다. 당극신은 『종자(種子)』·『제일과(第一課)』·『주인(主人)』 등 제사공장을 배경으로 노동자의 생활과 감정·사상을 묘사했다. 노동자 작가 중에서 가장 널리 알려진 작가는 호만춘이다. 그는 어려서부터 공장에 들어가 일을 하다가 1952년에 3천자 정도의 『압연기 수리(修好軋鋼車)』를 발표하고, 이어서 단편소설 「골육(骨肉)」·「청춘(靑春)」·「사랑의 시작(愛情的開始)」·「강철세가(鋼鐵世家)」 등을 발표하여 문단의 중시를 받았다.

2) 희 극 : 1957년에 와서는 <반우파투쟁>과 <대약진>으로 말미암아 사회 전반에 들어났던 "부과한 풍조(浮夸風)"·"공산만을 내세우는 풍조(共産風)"·"엉터리 지휘 풍조(瞎指揮風)" 등의 그릇된 풍조의 영향으로, 이 시기의 희극 창작은 보다 심한 곡절을 겪어야만 하였다. 특히 희극 창작에 있어서는 현실주의 정신을 그대로 발휘하기가 어려웠기 때문에 그 영향은 더욱 컸다.

부과(浮夸)한 경향이 약간 보이기는 하지만, 이 시기에도 괜찮은 작품들이 나오기는 하였다. 한 마을의 해방으로부터 인민공사화에 이르는 큰 변화를 극화한 호가(胡可, 1921－)의 『괴수장(槐樹莊)』, 인민들이 대약진의 정신으로 생산을 위하여 투쟁하는 모습을 극화한 왕련(王煉)의 『고목이 봄을 만나(枯木逢春)』, 젊은 여자들이 가정의 속박으로부터 벗어나 당의 지도아래 사회주의 건설공작에서의 자기 자리를 찾는 모습을 극화한 노사(老舍)의 『여점원(女店員)』 등이 빼어나는 작품이라 할 것이다.

어려운 현실로부터 머리를 돌려 역사 속에서 문제를 추구하려는 의식 때문에 역사극이 쏟아져 나왔던 것은 이러한 시기에 있어서는 당연하다고도 할 수 있는 경향이었다. 노사의 『차관(茶館)』은 무술정변(戊戌政變)으로부터 항일전쟁 승리에 이르는 약 50년간의 북경사회의 변화를 주제로 한 것이다. 변법유신 · 군벌혼전 · 항전승리 뒤의 국민당 통치의 삼단계 시대적인 변화를 그리면서, 변화할수록 악화되던 중국사회가 오직 팔로군의 해방에서 광명을 찾게 되는, 사회주의 혁명에 대한 뜨거운 소망을 표현한 것이다. 곽말약(郭沫若)의 『채문희(蔡文姬)』는 연극을 통하여 채문희와 함께 조조(曹操)의 중국문학사 및 중국역사에 있어서의 공적을 새로이 평가한 작품이어서, 특히 문화계에 큰 반향을 일으켰다. 그는 유물주의적인 관점에서 역사인물을 재평가한 『무칙천(武則天)』도 썼다. 전한(田漢)의 『관한경(關漢卿)』도, 원잡극의 대표적인 작가 관한경이 그의 작품 『두아원(竇娥冤)』을 창작하는 전후 과정을 대담한 상상을 통하여 재현함으로써, 정의를 위해서 정열적으로 싸우는 혁명적인 작가상을 만들어내는데 성공하고 있다. 그는 『문성공주(文成公主)』라는 역사극도 쓰고 있다. 이 밖에도 조우(曹禺, 1910－)가 우시지(于是之) · 매천(梅阡)과 합작한 『담검편(膽劍篇)』, 주조이(朱祖貽)와 이황(李恍)이 합작한 『갑오해전(甲午海戰)』, 유운(劉云) 등이 지은 『팔일풍폭(八一風暴)』, 조기양(趙起揚) 등이 지은 『성화료원(星火燎原)』이 빼어난 작품이다.

1960년 말엽에 들어와 당이 문예노선을 재조정하면서 문화대혁명이 일어나기 전 3 · 4년에 이르기까지의 기간은 다시 희극창작이 성황을 이루었던 시기이다. 이 4 · 5년 동안에 적지 않은 빼어난 희극 작품들이 나온다.

공업생산을 주재로한 작품으로 유천(劉川)의 『두번째 봄(第二個春天)』, 호만춘(胡萬春) 등이 합작한 『격류용진(激流勇進)』과 『한 집안 사람(一家人)』 등이 있으며, 농촌의 변화를 주제로 한 작품으로 장중명(張仲明)의 『청송령(靑松嶺)』, 강문(江文) 등이 합작한 『용강송(龍江頌)』, 남징(藍澄)의 『풍수한 뒤(豐收之後)』 등이 있다.

군대생활을 배경으로 한 작품으로 심서몽(沈西蒙) 등이 합작한 『네온등불 아래 보초(霓紅燈下的哨兵)』가 있는데, 해방 초기에 인민해방군이 상해(上海)의 남경로(南京路)를 수비하면서 발휘하는 복잡한 혁명투쟁 생활을 극화한 것으로, 대단한 호평을 받았다. 가륙(賈六) 등이 합작한 『뇌봉(雷鋒)』, 조환(趙寰)의 『남해장성(南海長城)』 등도 군대 또는 민병 생활을 극화한 수작이다. 중국 혁명투쟁의 역사를 반영하는 희극으로는 왕수원(王樹元)의 『두견산(杜鵑山)』, 마길성(馬吉星)의 『표자만전투(豹子灣戰鬪)』, 우령(于伶)의 『칠월류화(七月流火)』 등이 빼어난다.

젊은이들의 교육문제를 다룬 작품으로 진운(陳耘)의 『젊은 세대(年靑的一代)』도 큰 반향을 일으켰던 문제작이다. 중학교에서 고등학교·대학을 거쳐 직장인이 되기까지 젊은이로서 무산계급의 세계관과 자산계급의 세계관 사이에서 투쟁하며 커나가는 주변의 모습을 잘 표현하고 있다는 평가를 받았다. 총심(叢深)의 『네 건강을 빈다(祝你健康)』는 작품도 젊은이의 교육을 다룬 빼어난 희극이다.

신작 가극으로 호북성실험가극단(湖北省實驗歌劇團)이 공동 창작한 『홍호적위대(洪湖赤衛隊)』는 이 시기에 나온 성공작으로, 고도의 사상성과 선명한 민족색채를 담고 있어 신 중국의 가극을 대표할만한 작품으로 평가받고 있다. 장편소설 『홍암(紅岩)』을 염숙(閻肅)이 가극으로 개작한 『강저(江姐)』도 큰 반향을 일으켰던 작품이다. 주인공 강저는 젊은 중공의 지하당원으로 전 인류를 해방하겠다는 이상을 지니고, 그것을 위하여 고난에 굴치 않고 투쟁을 한다. 그 밖에 석한(石漢)의 『홍하(紅霞)』, 해정문공단(海政文工團)에서 공동 제작한 『홍산호(紅珊瑚)』, 진기통(陳其通)의 『가산홍일(柯山紅日)』 등도 민중의 환영을 받았던 빼어난 가극이다.

또 이 시기에는 자기네 전통희곡의 개혁공작도 보다 적극적으로 진행되었다. 현대생활을 극화하여 상해경극원(上海京劇院)이 공동 개편한 경극 『지취위호산(智取威虎山)』과 천진시경극단(天津市京劇團)이 개편한 『육호문(六號門)』·『옹우홍(翁偶虹)』과 아갑(阿甲)이 개편한 호극(滬劇) 『홍등기(紅燈記)』와 왕증기(汪曾祈) 등이 공동 개편한 『노탕화종(蘆蕩火種)』 등은 좋은 평가를 받았다. 또 신편 역사극으로는 문제작이 된 오함(吳晗)의 경극 『해서파관(海瑞罷官)』, 전한(田漢)의 경극 『사요환(謝瑤環)』, 맹초(孟超)의 곤극(崑劇) 『이혜낭(李慧娘)』 등이 성공적인 작품이라 평가되고 있다.

3) 시 : 이 시기의 시의 창작과 발전도 희극과 비슷한 곡절을 겪어야만 하였다. 1957년의 <반우파투쟁>에서는 애청(艾靑)·유사하(流沙河)·백화(白樺)·공류(公

劉)·소연상(邵燕祥) 등이 비판을 받고 좌절을 당해야만 하였다. 그 뒤로는 시의 창작이 크게 위축되고, 다만 민가의 창작에만 열을 올리는 현상을 들어내었다. 새로운 시는 인민군중과 결합되어야 함으로, 민가체야말로 중요한 현대시가의 형식이라 주장되었다. 따라서 창작된 양은 엄청나지만 질에 있어서는 보잘 것이 없었다. 이 시기에도 곽소천(郭小川, 1911－76)의 「별 하늘을 바라보며(望星空)」 같은 개성적이고 수준 높은 서정시가 간혹 나왔지마는 거친 비평을 당하기만 했을 따름이다.

1960년 무렵에 와서 시 창작에 대한 당의 방향이 조정되면서 다시 시는 성황기를 맞는다. 무엇보다도 먼저 빼어난 장편시들이 눈에 뜨인다. 인민군대 고급 장성을 형상화한 서사시 형식의 곽소천(郭小川)이 내놓은 『장군삼부곡(將軍三部曲)』과 민가와 고사(鼓詞)의 형식을 결합시켜 파란 많은 세월을 뚫고 계급투쟁을 한 인물을 노래한 이계(李季, 1922－80)의 『양고전(楊高傳)』은 한 때 대단한 반향을 일으켰던 작품이다. 이 밖에도 문첩(聞捷)의 『복수의 불꽃(復仇的火焰)』, 왕치원(王致遠)의 『호도파(胡桃坡)』, 과벽주(戈壁舟)의 『산가행(山歌行)』, 장극가(臧克家)의 『이대교(李大釗)』 등도 빼어난 장편시이다.

60년대로 들어오면서 서정시도 크게 유행하였다. 대체로 사회주의 중국인민들이 스스로의 힘으로 노력하고 투쟁하는 뜨거운 열정을 담아낸 아름다운 시들이다. 그 중에서도 곽소천(郭小川)의 「아모이 풍모(廈門風姿)」·「가을노래(秋歌)」·「사탕수수 밭－청사 포장(甘蔗林－青紗帳)」과 하경지(賀敬之)의 「뇌봉의 노래(雷鋒之歌)」·「십년송가(十年頌歌)」 및 이영(李瑛)의 「밤에 진주하를 지나며(夜過珍珠河)」 등의 작품과 이계(李季)의 「향곤륜(向崑崙)」 등은 이 시기의 빼어난 서정시들이다. 그 밖에도 문첩(聞捷)의 「나의 북경 생각(我思念北京)」, 장만서(張萬舒)의 「황산송(黃山松)」, 사백(沙白)의 「대강동거(大江東去)」, 위외(魏巍)의 「정강산만유(井岡山漫遊)」, 엄진(嚴陳)의 「겨울 노래(冬之歌)」 등 많은 좋은 작품이 나왔다.

소수민족 중에서도 몽고족 시인 납·새인조극도(納·賽因朝克圖)가 「광환의 노래(狂歡之歌)」 등 좋은 시들을 발표하였고, 그를 따라 여러 명의 시인들이 나와 활약하였다. 조선족으로는 장시 『그네(秋千)』를 쓴 김철(金哲)과 역시 장시 『연변의 노래(延邊之歌)』와 『홍색요람(紅色搖籃)』을 발표한 이욱(李旭)이 있다.

(3) 제 3기(1966-1976)의 문학

이 제 3기는 문화대혁명이 진행되었던 시기이다. 문화대혁명은 본시 1966년 모택동에 의하여 발동된 것으로, 특히 1950년대 후기로 오면서 두드러진 국내의 그릇된 좌경의 경향을 바로잡고, 이른바 주자파(走資派)[5]의 세력을 뿌리 뽑아 버리자는 정치적인 대 혁명 운동이었다. 그러나 임표(林彪)와 강청(江靑) 집단은 이 기회를 이용하여 정권을 검어 쥐고는 개인적인 원한의 보복운동으로 이를 돌려, 중국 전 인민이 큰 손상을 받게 하였다. 곧 이 운동을 가열시켜 모든 학교의 수업을 정지시키고 수천만 청소년들을 홍위병(紅衛兵)으로 동원시켜 군중대회를 열고 모든 낡은 사회를 공격하며 낙후되었다고 생각되는 모든 사람들을 늙은 이 젊은 이 가리지 않고 때리고 공격하며 모욕을 가하였다.

[1966년 여름 홍위병들의 행패모습]

1968년 여름이 되어서야 모택동은 사회 질서가 무너지는 것을 걱정하여 홍위병을 불러들이고 학교를 다시 열었다. 1969년에는 임표가 모택동을 음해하려는 음모가 들어 나기 시작하여 곧 모택동과 주은래(周恩來)에 의하여 그 반혁명 쿠테타의 획책이 발각되었다.

임표는 국외로 도망가다 비행기 사고로 죽었으나 강청은 장춘교(張春橋)·요문원(姚文元)·왕홍문(王洪文) 등과 손잡고 이른바 사인방(四人幫)을 이루어 혼란한 국면을 그대로 끌고 갔다. 1976년 모택동이 죽은 뒤에도 강청 집단은 최고 권력을 더 잡으려는 활동을 계속하였으나, 같은 해 10월 화국봉(華國鋒)·섭검영(葉劍英)·이선념(李先念) 등이 궁정병변(宮庭兵變)을 일으키어 강청 일당을 체포함으로써 문화대혁명은 끝을 맺었다.

---

5) 走資派란 共産黨안의 "走資本主義道路的當權派", 곧 공산당 내의 실권을 지닌 자들로서 자본주의 노선을 추구하던 일파를 가리키는 말임.

문학계에 있어서는 이미 1965년 오함(吳晗)의 신편 역사극 『해서파관(海瑞罷官)』에 대한 비판에서 문화대혁명이 시작되고 있다. 뒤이어 지난 날 창작된 수많은 혁명문학 작품들까지도 거의 모두가 "반당 반사회주의의 독초(毒草)"라는 무서운 비판을 받게 된다. 보기를 들면 양빈(梁斌)의 『홍기보(紅旗譜)』와 『파화기(播火記)』는 "그릇된 노선을 찬양하며 모주석의 혁명노선을 공격한 독초"라 하였고, 구양산(歐陽山)의 『삼가항(三家巷)』과 『고투(苦鬪)』 및 정령(丁玲)의 『태양이 상간하 위에 비치고 있다(太陽照在桑乾河上)』와 풍덕영(馮德英)의 『고채화(苦菜花)』 등은 "계급투쟁을 왜곡하고 계급조화론(階級調和論)과 인성론(人性論)을 선전하는 독초"라 하였으며, 오강(吳强)의 『홍일(紅日)』과 나광빈(羅廣斌)·양익언(楊益言)의 『홍암(紅岩)』, 주립파(周立波)의 『폭풍취우(暴風驟雨)』 등은 "노동자 농민 병사들의 형상을 우스꽝스럽게 만들고 반역자들은 칭송하는 독초같은 작품"이라 했고, 조수리(趙樹理)의 『삼리만(三里灣)』과 이준(李准)의 『이쌍쌍소전(李雙雙小傳)』과 주립파(周立波)의 『산향거변(山鄕巨變)』 등은 "중간 인물들을 크게 내세우고 노동자 농민과 병사들의 영웅 형상을 만들어내는 일을 반대한 큰 독초"라 비판하였다. 심지어 파금(巴金)의 『집(家)』, 노사(老舍)의 『낙타상자(駱駝祥子)』, 조우(曹禺)의 『뇌우(雷雨)』까지도 비판대상이었다.

문화대혁명은 이전의 수많은 혁명적이고 진보적인 문학자들에게 흑선인물(黑線人物)·삼반분자(三反分子)·반도(叛徒)·주자파(走資派)·반동문인(反動文人) 등의 딱지를 붙이고 매질과 욕질을 하며 구실을 붙여 감옥에 잡아 처넣기도 하였다. 이런 중에 얻어맞고 핍박을 당한 끝에 죽은 문인만도 노사(老舍)·전한(田漢)·조수리(趙樹理)·양삭(楊朔)·문첩(聞捷)·풍설봉(馮雪峰)· 주신방(周信芳)·유청(柳靑)·곽소천(郭小川)·주립파(周立波) 등 유명한 사람들이 백 명을 넘는다.

문화대혁명 기간의 문학의 특징을 가장 잘 반영하는 것은 희곡계라 할 수 있다. 강청 집단은 10년에 걸친 문화대혁명 기간에 이른바 경극의 혁명현대회(革命現代戲) 중에서 『홍등기(紅燈記)』·『노탕화종(蘆蕩火種)』·『사가빈(沙家濱)』·『지취위호산(智取威虎山)』 등을 골라 양판희(樣板戲)라 부르며 이것들은 직접 강청(江靑)의 지도 아래 이루어진 연극이라 내세웠다. 그리고 중국의 일체 문예는 이 <양판희>의 깨끗한 규범을 따라야만 한다고 강조하였다. 그들이 <양판희>를 근거로 내세운 문예창작의 원칙에는 삼돌출원칙(三突出原則)[6]·주제선행(主題先

6) 작품의 모든 인물 가운데엔 突出하는 正面人物이 있어야 하고, 정면인물 중엔 다시 돌출하는

行)[7] 등이 있었다. 강청 집단은 이 <양판희>를 통해서, 강청이 "문예혁명의 기수"임을 선전하고, 이전 무산계급혁명가들의 공적을 부정함으로써 당권을 완전히 자기들이 장악하고, 모든 문예창작을 자신들이 바라는 궤도대로 끌고 가려 하였다. 따라서 결국은 중국의 극장에서는 거의 <양판희>만이 연출되는 양상이 벌어지게 되었다.

이런 중에도 강청 집단의 노선을 충실히 반영하는 몇몇 작품들 사이에 끼어 문제작이 나왔다. 젊은 아마추어 작가인 장양(張揚)이 이 기간에 일곱 번이나 원고를 고쳐 썼다는 장편소설 『두번째 악수(第二次握手)』가 그 대표적인 것이다. 그의 소설은 고쳐 쓸 때마다 친구들이 가져가 1970년에는 각지에 다니며 읽혔고, 1976년에야 중국청년출판사(中國青年出版社)에 의하여 제대로 출판된 것이다. 이 『두번째 악수(第二次握手)』란 소설은 인민의 사랑과 미움을 소재로 하여 강청의 반혁명집단이 제시한 여러 가지 금지지시에 과감히 도전하면서 주은래(周恩來)의 위대한 공적을 찬양하는 내용이다. 작가 장양은 결국 반동작가로 체포되어 한 동안 감옥살이도 하였으나, 이 소설이 끼친 영향은 매우 컸다.

이심전(李心田, 1929－)이 전에 쓴 소설을 다시 고쳐 내놓은 중편소설 『반짝이는 붉은 별(閃閃的紅星)』도 이 시기에 나와 큰 반향을 일으켰던 문제작이다. 이 소설은 한 군인의 아들이 당 조직과 혁명 군중들의 교육아래 용감한 혁명전사로 성장하는 과정을 쓴 것인데, 등장인물의 심리묘사가 뛰어나 사상 교육적인 의의를 지닌 작품으로 평가되었다.

이 밖에도 극비(克非)가 이전에 썼던 것을 고쳐 내놓은 장편소설 『춘조급(春潮急)』, 이운덕(李云德)의 장편소설 『비등하는 산들(沸騰的群山)』의 제 2부와 제 3부, 여여청(黎汝青)의 장편 혁명역사소설 『만산홍편(萬山紅遍)』, 요설은(姚雪垠)의 장편 역사소설 『이자성(李自成)』의 제 2부, 곽소천(郭小川)이 쓴 『단박와의 가을(團泊洼的秋天)』 등이 이 시기에 나온 문제작이라 할 수 있다.

시는 소설보다도 더 창작이 위축되었다. 그러나 1976년 4월 초에 북경 시민들이 주은래의 추모행사를 빌미로 천안문 광장에 모여 강청 집단에 항의하는 활동을 전개하였는데, 이것이 유명한 <천안문사건>이다. 이 때 강청 집단은 무력으

英雄人物이 있어야 하고, 영웅인물 중에는 다시 돌출하는 主要英雄人物이 있어야 한다는 원칙.

7) 모든 창작은 먼저 主題思想을 확정한 뒤, 그것을 따라 人物形象을 정하고 그들의 생활 중에서 쓸 얘기를 골라야 한다는 원칙.

로 군중들을 진압하였는데, 군중들은 이 혼란 속에서 주은래를 추모하고 강청 집단을 비판하는 시들을 써서 사방에 붙이기도 하고 길에 뿌리기도 하였다. 이것을 북경 제이외국어학원(第二外國語學院)의 학생들을 비롯한 여러 사람들이 베끼고 수집 정리하여 1978년에 동회주(童懷周)란 이름 아래 인민문학출판사(人民文學出版社)에서 『천안문시초(天安門詩抄)』란 제명으로 출판하였다. 이 시집은 모두가 3집(輯)으로 구성되어 있는데, 제 1집에는 고정 형식의 시(詩)·사(詞)·곡(曲)·만련(挽聯)이 실려 있고, 제 2집에는 현대시, 제 3집에는 애도사(哀悼詞)·산문시(散文詩)·서사(誓詞) 등이 실려 있다. 여기의 시나 글에는 주은래에 대한 인민의 사랑과 추모의 뜨거운 정과 강청 일당에 대한 분노와 비판이 뜨겁고 참되게 표현되어 있다. 여기의 시들은 대개 짧으면서도 참되고 알기 쉽고 외우기 쉽고 적기 쉬워서 많은 인민들의 환영을 받았다. 주은래를 추모하는 「총리와 인민(總理和人民)」이란 시 한 편을 보기로 든다.

人民的總理人民愛,
人民的總理愛人民.
總理和人民同甘苦,
人民和總理心連心.

인민의 총리 인민이 사랑하고
인민의 총리 인민을 사랑했네.
총리와 인민 단맛 쓴맛 함께하고
인민과 총리 마음과 마음 이어져 있네.

(4) 제 4기(1977－1980)의 문학

1976년 9월에 모택동이 사망하고 문화대혁명을 주도하던 <사인방>[8]이 같은 해 10월에 체포되면서 문화대혁명이 완전히 종결되고 문예계에는 새로운 <백화제방>의 새 봄이 시작되었다.[9] 이에 따라 문화대혁명 기간에 거세되었던 수많은 작가들과 작품들이 복권되고, 수많은 문예지들이 복간되었다. 그리고 문혁기간에 해체되었던 전국문학예술공작자대표대회와 중국작가협회 등도 다시 조직되었다.

8) 四人幫은 王洪文·張春橋·江靑·姚文元의 네 사람.
9) 「無産階級文藝的春天」; "砸爛了文壇惡霸四人幇, ……無産階級文藝百花齊放, 一個萬紫千紅的新的明媚春天就要到來了."(『人民日報』 1976. 12. 30. 文藝短評)

그러나 이처럼 해방된 문학 분위기 속에서도 그동안 배양된 기반이 없었기 때문에 76·77년도에는 기성작가들의 창작과 과거 작품의 수정판들이 쏟아져 나왔다. 소설에 있어서는 곡파(曲波)의 『산호해소(山呼海嘯)』·『술악비(戌蕚碑)』, 장천민(張天民)의 『창업(創業)』, 섭원(葉元)의 『삼원리(三元里)』, 진잔운(陳殘雲)의 『산곡봉연(山谷烽煙)』, 양말현(楊沫現)의 『동방욕효(東方欲曉)』, 황경운(黃慶雲)의 『묘가화아홍(苗家花兒紅)』 하지(何芷)의 『현위서기(縣委書記)』·『적색규찰대(赤色糾察隊)』(修正版), 유청(柳靑)의 『창업사(創業史) 2부』(修正版) 등이 나왔다.

희곡은 장천민(張天民)의 『희망(希望)』 장준상(張俊祥)의 『신문팔이아이(賣報童)』 등이 있다.

이들은 대체로 중국 농촌의 혁명과 투쟁으로 인한 변화를 그린 것과 중공군의 국공전(國共戰)과 항일전에서의 전투양상을 제재로 한 것들이 많다. 그 밖에 <사인방>을 풍자하는 작품도 나오기 시작하였고, 유전개발이나 옛 농민혁명을 주제로 다룬 작품들도 있다.

1978년은 더욱 자유로운 발상에서 작품을 썼던 중요한 해이다. 주립파(周立波)의 『상강일야(湘江一夜)』, 등우매(鄧友梅)의 『우리의 군장(我們的軍長)』, 왕원견(王愿堅)의 『발자국(足迹)』 등 무산계급혁명가들의 형상을 그려낸 소설들이 나왔고, 다시 문제작으로 위외(魏巍)의 『동방(東方)』, 5권으로 계획된 요설은(姚雪垠)의 『이자성(李自成)』 제1권과 제2권의 수정본이 나왔다. 유심무(劉心武)의 『반주임(班主任)』, 노신화(盧新華)의 『상흔(傷痕)』, 왕아평(王亞平)의 『신성한 사명(神聖的使命)』, 막신(莫伸)의 『창구(窓口)』 등이 나왔다. <사인방>으로 인한 농촌의 파괴를 다룬 작품으로 성일(成一)의 『정릉하종(頂凌下種)』이 뛰어나고, 왕몽(王蒙)의 『가장 소중한 것(最寶貴的)』도 그 시대를 잘 반영하고 있다.

희곡은 백화(白樺, 1930－)의 『새벽 빛(曙光)』을 비롯하여, 소충비(邵冲飛) 등이 지은 『보동(報童)』, 소숙양(蘇叔陽)의 『단심보(丹心譜)』, 섬서화극단(陝西話劇團)의 『서안사변(西安事變)』, 정일삼(丁一三)의 『진의출산(陳毅出山)』 등의 우수작이 나왔다. 문화대혁명 시기의 문제를 다룬 풍자희극(喜劇)인 왕경우(王景愚)와 김진가(金振家)가 지은 『단풍잎이 붉어질 때(楓葉紅了的時候)』, 사회주의 건설문제를 다룬 조재웅(趙梓雄)의 『미래는 부르고 있다(未來在召喚)』, 최덕지(崔德志)의 『보춘화(報春花)』 등의 문제작들도 나왔다. 역사극으로 조우(曹禺)의 『왕소군(王昭君)』이란 빼어난 작품이 나와 많은 사람들의 찬탄을 자아내었다.

여기에서 가장 두드러진 현상은 단편소설을 들고 나온 신인들의 활약이다.[10] 특히 1978년 8월 11일 상해 『문회보(文匯報)』에 『상흔』이 개재되면서 문혁 기간 동안 중국사회의 모순 및 파괴와 공포를 폭로한 상흔문학(傷痕文學)이란 말이 생겨났고, 여기에 든 중단편들은 모두 그 대표작으로 당권파(當權派)들의 높은 평가를 받았다.

1979년에도 문예 자유화의 경향이 지속되었다. 여지견(茹志鵑)의 『잘못 잘라 모은 얘기(剪輯錯了的故事)』, 진세욱(陳世旭)의 『소진상의 장군(小鎮上的將軍)』, 장자룡(蔣子龍)의 『교창장상임기(喬廠長上任記)』[11], 노언주(魯彦周)의 『천운산전기(天雲山傳奇)』, 주극근(周克芹)의 『허무와 그의 딸들(許茂和他的女兒們)』, 유빈안(劉賓雁, 1925－)의 『인요지간(人妖之間)』, 김하(金河)의 『중봉(重逢)』, 장현(張弦)의 『기억(記憶)』, 왕몽(王蒙, 1934－)의 『포례(布禮)』·『유유촌초심(悠悠寸草心)』, 유심무(劉心武)의 『나는 모든 푸른 잎새를 사랑한다(我愛每一片綠葉)』, 장결(張潔)의 『사랑은 잊을 수 없는 것(愛是不能忘記的)』, 고효성(高曉聲, 1927－)의 『이순대조옥(李順大造屋)』 등의 소설이 쏟아져 나왔다. 여류작가 심용(諶容)은 중편 『영원한 봄(永遠的春天)』 및 『사람이 중년이 되니(人到中年)』 등의 문제작을 썼다.

희곡으로는 백화(白樺)의 『고련(苦戀)』이 영화화까지 되어 유명하다. 이들은 모두 어두웠던 자기네 사회의 일면들을 폭로한 작품들이어서 일부 평론가에 의하여 신현실주의(新現實主義)라 높이 평가되기도 하였다. 이는 <상흔문학>으로부터의 가일층 심화된 문학기교를 뜻할 것이다.

또 하나 특기할 일은 1978년 연말 제 11차 삼중전회(三中全會)에서 전략전변(戰略轉變)이 선언된 뒤, 중공의 문예노선으로서 30년 동안 경전으로 군림해온 모택동의 「연안문예강화」에 대신하여 오랜 동안 사장되어 온 주은래(周恩來)의 「문예강화」가 등장한 것이다. 그것은 주은래가 1961년에 행한 「문예공작좌담회와 극영화제작회의에서의 강화(在文藝工作座談會和故事片創作會議的講話)」로 1만 6천 어(語)에 달하는 분량이다. 이 「문예강화」가 1979년 초에 『문예보(文藝報)』·『인민일보(人民日報)』 등에 연속 발표된 것은, 중국 문예공작의 방향전환을 뜻하는 것

10) 1978년 10월 『人民文學』이 주최한 단편 현상에서 「班主任」·「神聖的使命」·「窓口」가 각각 1, 2, 3 등으로 당선되었다.

11) 이상 3편은 『人民文學』의 두 번째 단편 공모에, 2000편의 추천작품 중에서 3, 2, 1 등으로 뽑힌 것이다.

이었다. 곧 모택동이 제시한 문예의 금역으로부터 벗어나 소극적인 자유화 방향으로 움직여보겠다는 뜻을 천명한 것이었다.

1980년 초까지는 이전과 비슷한 창작 경향을 보였으나, 곧 자유로운 문학창작이 가져온 반혁명적인 추세는 중국공산당 지도부의 경계심을 불러일으키지 않을 수가 없었다. 1979년 겨울 등소평(鄧小平)은 제 4차 문대대회(文代大會) 축사에서 작가들의 <사회책임>과 작품의 <사회효과>를 물은데 이어, 1980년 1월 16일 다시 「목전의 형세와 임무(目前的形勢和任務)」란 보고를 통하여 결코 반혁명적인 언론이나 출판의 자유는 허용치 않겠다는 뜻을 천명하였다. 이에 따른 문예 정책의 변화 속에 자유로웠던 문예창작 풍토는 자연히 움추려들지 않을 수가 없었다. 이에 따라 새로운 문학창작도 현저히 자취를 감추게 된다.

그래도 연초에는 적지 않은 문제작들이 나왔다. 장일궁(張一弓)의 『범인 이동종의 애기(犯人李銅鐘的故事)』, 장현(張弦)의 『애정에서 잊혀진 모퉁이(被愛情遺忘的角落)』, 백화(白樺)의 『한 다발 편지(一束信札)』, 노용상(盧勇祥)의 『검은 장미(黑玫瑰)』, 애무(艾蕪)의 『산중역험기(山中歷險記)』, 요설은(姚雪垠)의 『이자성(李自成)』 제 4권, 손검(孫劍)의 『행운아(幸運兒)』, 왕몽(王蒙)의 『세객영문(說客盈門)』 등이 대표적인 소설이다.

시는 1977년부터 다시 기지개를 펴기 시작하는데, 그 중 두드러진 현상은 1976년의 『천안문시초(天安門詩抄)』에서 불이 붙어 여러 가지 지하 간행물을 통하여 성행된 저항시(抵抗詩)와 1980년 사면(謝冕)의 작품을 필두로 등장하기 시작한 난해한 몽롱시(朦朧詩)[12]이다. 저항시는 문혁을 위시한 중국 사회의 모순 때문에 폭발한 분노와 격렬한 비애를 표현한 것들로, 반전제·반탄압이 그 주류를 이룬다. 몽롱시는 정치사상의 표출을 막으며 자기의 뜻을 표현하려는 수단이란 면에서는 저항시와 상통되는 점도 있다. 그리고 몽롱시는 불분명한 표현으로 문제가 많기는 하지만, 중국에 있어서 시적 표현기교의 심화와 개성과 자유의 구가라는 점에서 높이 평가될 수 있는 것이다.

그러나 중국의 시·소설을 막론하고 80년 이후로는 다시 자유로운 경향에서 자아비판을 하며 오물어 들기 시작하였고, 몇 년 뒤에는 다시 자유세계에 대하여 개방정책으로 돌아서고 있다. 어떠한 작가들이 어떤 작품들을 남겼는가는 다시 두고 보아야 할 것이다. 다만 문학이 정치에 예속되어 있는 한 그 발전에 한계가

---

12) 古怪詩·難澀詩 등으로도 불린다.

있을 것만은 분명한 일이다.

2. 대만의 작가와 작품

국민당의 중화민국 정부가 대만으로 옮겨 온 이듬해인 1950년 5월에 그 곳의 문인들은 중국문예협회(中國文藝協會)를 결성하였다. 이 협회는 창립 선언문에서 "반공·전투문학"을 표방하여 창작활동의 방향을 정하였다. 정부를 따라 대만으로 온 기성작가로는 진기형(陳紀瀅)·사빙영(謝冰瑩)·왕평릉(王平陵)·소설림(蘇雪林) 등이 있었고, 신진작가로는 목중남(穆中南)·왕람(王藍)·맹요(孟瑤)·유심황(劉心皇) 등이 활약하였다. 국민당 정부는 반공(反共)이라는 입장에서 1930년대 이후의 문학을 좌경화 되어 있다는 이유로 금지시켰기 때문에 대만의 문학은 처음부터 다시 출발해야 했다. 대만의 문단 발전에 크게 기여한 것은 각종 신문의 부간(副刊, 문화면)과 문학 잡지였다. 모든 일간지는 문화면을 두어 문인의 작품을 실었고, 『황관(皇冠)』·『야풍(野風)』·『신문예(新文藝)』·『문예창작(文藝創作)』·『반월문예(半月文藝)』·『중화문예(中華文藝)』·『문단(文壇)』·『유사문예(幼獅文藝)』·『문학잡지(文學雜誌)』 등의 잡지가 작품의 발표와 함께 비평과 문학이론의 소개에 힘썼다.

1950년대 대만의 소설은 정치적·사회적 환경에 의해 공산당의 잔악함을 폭로하거나, 과거 항일전쟁의 무용을 묘사하여 민족의 강인함과 우월성을 강조하거나, 대륙을 향한 향수를 그리면서 반공대륙(反攻大陸)의 열의를 나타내거나, 정부의 정책을 찬양하는 작품이 주류를 이루었다. 항일전쟁 및 공산당의 잔혹한 인간성과 추악함을 폭로한 이 시기의 대표적인 소설로는 손릉(孫陵)의 『각성한 사람(覺醒的人)』(1958), 왕람(王藍)의 『남과 흑(藍與黑)』(1958), 반인목(潘人木)의 『여몽기(如夢記)』(1960), 강귀(姜貴)의 『선풍(旋風)』(1959), 장애령(張愛玲)의 『적지의 사랑(赤地之戀)』(1954), 진기형(陳紀瀅)의 『적지(赤地)』·『화하팔년(華夏八年)』(1960) 등이 있다. 또 이 시기에는 군인 출신의 작가들이 출현하여 문단을 이끌어 나가는데 큰 역할을 하였다. 이들은 대륙에서 학도병·청년군으로 징모되어, 대만으로 건너온 이후에 소설을 쓰기 시작한 사람들로 주서녕(朱西寧)·사마중원(司馬中原)·단채화(段彩華)·오동권(吳東權)·전원(田原) 등이 대표적 인물이다. 이들은 1950년대 후반 이후로 활발한 작품활동을 했는데, 모두 생활경험이 풍부하고 민족의식이 강한 작가들로, 현실을 미화시킨 이상주의나 연약하고 창백한 내용을 반대하여, 이들의 작품은 호방하고 비장한 풍격을 띠고 있다. 여류작가로는 소설림(蘇雪林)・사빙영(謝冰瑩)・임해음(林海音)・맹요(孟瑤)・장애령(張愛玲) 등이 활약했다. 그러나 이 시기의 소설은 정부의 정책에 순응하여 천편일률적인 반공문학으로 흐른 것이 많았다.

1950년대 후반과 1960년대에 들어서면서 서구의 모더니즘 문학이 문단의 주류를 형성하게 된다. 1950년대는 정치적・사상적인 제약으로 <5・4 운동> 이래의 문학작품은 서지마(徐志摩)・주자청(朱自淸) 등 극소수의 작가 및 대만으로 철수한 기성 작가의 작품 이외에는 거의가 좌경이라는 이유로 금서가 되었고, 당시 기성작가들은 거의가 회고(懷古)・반공(反共)문학으로 흘러서 문학도의 학습대상이 될 만한 작가가 없었다. 설사 <5・4> 시대의 작품을 볼 수 있다 하더라도 그것은 이미 2, 30년이 지난 묵은 것이어서 문학수업의 대상이 되기에는 부족하였다. 이러한 때, 미국의 원조로 경제부흥을 하게 된 대만은 경제뿐만 아니라 문화 전반에 걸쳐 활발히 서구화하기 시작했다. 실존주의 문학을 비롯하여 상징주의・초현실주의・모더니즘 등 서구의 현대문학이 "횡적이식(橫的移植)"되었다.

1960년대 모더니즘 문학을 주도한 잡지로는 『현대문학(現代文學)』이 있어서 서구의 작가・작품・문학이론을 소개하였고, 아울러 많은 신진 작가들의 창작 작품을 실었다. 이 밖에 『순문학(純文學)』・『문학계간(文學季刊)』・『작품(作品)』・『청계(靑溪)』 등이 모더니즘 문학을 옹호하고 보급시켰다. 모더니즘 문학이 풍성한 수확을 거둔 것은 1960년대 중・후반기로, 백선용(白先勇)의 단편집 『적선기(謫仙記)』・『유원경몽(遊園驚夢)』・『대북인(臺北人)』, 왕문흥(王文興)의 단편집 『용천루(龍天樓)』・『장난감권총(玩具手槍)』과 장편 『가변(家變)』, 구양자(歐陽子)의 단편집 『장발의 계집애(那長頭髮的女孩)』・『추엽(秋葉)』 등 많은 신인 작가들이 작품을 창작하였다. 이들의 작품 세계에 나타나 있는 공통적인 특징은 전통 관념에 대한 부정, 소시민 특히 젊은 지식인의 심적 갈등・방황 및 새로운 가치관의 추구를 그렸다는 점이다. 당시 문단에 있어서 모더니즘 문학의 유행은 대단한 것이어서, 정부는 국민의 민족문화와 반공 의식을 진작시키기 위하여 다각적인 노력을 하였으나 성과를 거두지 못했다.

모더니즘 문학의 조류 속에서 새로운 내용의 문학이 1960년대 후반부터 나타나기 시작하여 1970년대에 문학조류로 성숙하였으니 이른바 향토문학이라는 것이다. 1960년부터 1974년까지 대만은 계속적인 경제호황으로 미증유의 번영시대를 맞이하였으나, 한편 소득 분배문제, 공장 노동자의 작업조건, 직업병, 농촌·어촌·광산촌의 근대화에 따른 사회적 문제 등이 젊은 작가들의 관심을 끌었다. 또한 국제정치적으로 대만은 외교단절이란 쓰라림을 당하여 이제까지 침묵을 지켜온 대만 민중은 민족의식을 자각함과 동시에 사회·정치상의 개혁을 요구하게 되었다.

이에 전후 젊은 세대의 작가, 특히 대만 출신의 작가들은 애국적 정서와 민족주의에 입각하여 외래 경제와 문화의 지배하에서의 대만의 향촌과 민중의 곤경을 새로이 돌아보게 되었다. 이들은 세기말적(世紀末的)이고 현실사회와 동떨어져 개인적인 심적 갈등만을 묘사하는 모더니즘의 말류에 반대하고, 서구로부터 수입된 문학형식과 감정을 더 이상 빌리지 않고, 당면한 현실 사회 특히 농촌 사회의 문제와 현실 속에 살아가고 있는 인물들을 사실적으로 그리려 하였다. 특히 대만성 출신의 작가들은 그들이 태어나고 자라난 향토를 배경으로 그 속에서 살아가는 인물들의 애환을 사실적으로 그려내어, 그들의 작품 속에는 흙냄새 짙은 향토에의 애착과 순박한 인간에 대한 따뜻한 정이 흐르고 있어, 모더니즘 문학의 도시적이고 냉소적이며 상징적인 것과는 대조를 이루고 있다.

황춘명(黃春明)이 『사요나라·안녕(莎喲娜啦·再見)』을 통해 일본인의 기생관광과 비뚤어진 국민의식을, 『사과 맛(蘋果的滋味)』과 『작은 과부(小寡婦)』를 통해 서양을 좋아하는 사회 풍조를 비판하고, 근로자 출신인 양청촉(楊靑矗)이 『공창인(工廠人)』을 통하여 공장 근로자의 저임금, 나쁜 작업환경, 기업가의 횡포 등을 고발하고, 왕정화(王禎和)가 『소림 대북에 오다(小林來臺北)』·『그도 주문을 외울 줄 안다(伊會念咒)』를 통해 도시문명의 허구성·물질화 및 추악상을 폭로하고 향토로의 회귀를 외친 것 같은 것이 그 보기이다. 그 밖에도 여러 대만 출신의 작가들이 작품활동을 통하여 공상업사회(工商業社會)의 부조리, 농어촌의 제반 문제 및 향토에의 짙은 애정을 그렸다.

향토문학은 본래 1960년대 중반 이후 향토성·소박성·민속성을 띤 따뜻하고 흙냄새가 풍기는 문학으로 출발하였으나, 1970년대 초기의 국내외적 정치·사회 상황의 제 요인으로 점차 현실참여와 비판을 주장하는 문학으로 변모하게 되어, 1970년대 후반에 들면서부터 많은 기성작가의 비판의 대상이 되었다.

대만 시단의 발전도 소설과 비슷한 양상을 보이고 있다. 대륙에서 대만으로 옮겨온 초기의 시단에는 기성 시인인 담자호(覃子豪)·기현(紀弦)·종정문(鍾鼎文)을 비롯하여 이사(李莎)·묵인(墨人)·팽방정(彭邦楨)·종뢰(鍾雷)·상관여(上官予) 등이 활약하였다. 이들의 작품은 시대적인 상황 때문에 애국적인 정서와 반공을 내용으로 하는 것과 난리 중에 느끼는 감회와 향수를 노래한 것이 주류를 이루었다.

기현(紀弦)은 1953년『현대시(現代詩)』를 창간하여 프랑스의 보들레르 이래의 현대적 기법을 도입하고 시의 이론이나 창작에 있어서 서구의 모더니즘을 표방하였다. 담자호(覃子豪)는『남성주간(藍星週刊)』(후에 계간으로 됨)을 창간하여 자유시적인 기초 위에 중국적인 전통을 접목하려 했다. 장묵(張默)·낙부(洛夫)·아현(瘂弦) 등이 창간한『창세기(創世紀)』는『현대시』파와『남성』파의 일부 전위시인을 흡수하여 초현실적 기법을 운용하면서 현대시의 전위적 역할을 담당하였다.

1960년대에 들어와 이들 시지들은 부정기로 간행되거나 정간되었으며, 시인 중에는 시를 짓는 일에서 멀어지거나 해외로 이주하는 사람이 있어서, 시단은 일시 침체하였다. 그러나 1960년에『포도원(葡萄園)』, 1961년에는『남성(藍星)』이란 시지가 창간되고, 1964년에 대만 출신 시인들이 주축으로 이루어지는『입(笠)』, 같은 해 대체로 신인에 가까운 사람들에 의하여 이룩된『중국신시(中國新詩)』, 해외 화교 시인을 주축으로 편찬되는『성좌(星座)』 등이 창간되어 시단에 활력을 불어넣었다. 그러나 이 시기의 시인들은 시에 대한 태도가 각각 달라, 순수한 서정의 세계를 추구하기도 하고, 혹은 새로운 시를 시도하기도 했으며, 또 일부는 중국 전통시와 현대시의 융합을 모색하기도 했다.

참고문헌

韓國『中國現代文學史』金時俊 지식산업사 1992
韓國『中國現代文學史』권철・김제봉 청년사 1989
韓國『現代中國의 農民小說研究』李珠魯 서울大學位論文 1992
韓國『五四文學革命에서의 '新青年'의 역할에 관한 연구』金榮九 서울大學位論文 1992
韓國『周作人研究』金美廷 서울大學位論文 1995
韓國『矛盾文學思想』朴雲錫 大邱 嶺南大出版部 1991
韓國『郭沫若의 前期詩 研究』趙大浩 成均館大學位論文 1988
韓國『新文學 時期의 리얼리즘 理論에 대한 研究』全炯俊 서울大學位論文 1992
中國『中國新文學大系』(全10卷) 上海 良友復興圖書印刷公司 1935
中國『中國新文學大系續編』(全10卷) 香港 文學研究社 1968
中國『中國現代文學史』唐弢 主編 北京 人民文學出版社 1989
中國『中國現代文學史』李輝英 香港 文學研究社 1972
中國『中國現代文學發展史』黃修己 北京 中國青年山版社 1988
中國『中國現代文學史話』劉心皇 臺北 正中書局 1979
中國『中國當代文學史』吉林省 五院校編 吉林 人民出版社 1984
中國『中國當代文學思潮史』朱寨 主編 北京 人民文學出版社 1987
中國『中國當代文學史教程』上・下 馮光廉 等編 山東 教育出版社 1984
中國『現當代作家作品論』中山大中文系編 廣州 中山大學出版社 1984
中國『中國新文學史稿』王瑤 臺北 開明書店
中國『中國現代文學史略』易丁 北京 作家出版社
中國『中國新文學史』周錦 臺北 長歌出版社 1976
日本『中國新文學運動史』尾坂德司 法政大學出版局
日本『魯迅』丸山昇 平凡社
日本『中國現代文學史』菊池三郎 青木書店
日本『現代の中國文學』小野忍 毎日新聞社
日本『中國近代文學史』實勝遠 キリソ堂書店
日本『魯迅』竹內好 日本評論社
日本『中國新文學入門』島田政雄 ハト書房
歐美 *Modern Chinese Poetry*, Harold Action and Ch'en Shih-hsiang, London Duckworth. 1936
歐美 *Twentieth Century Chinese Poetry*. Hsu Kai-yu, New York, Doubleday, 1963
歐美 *Contemporary Chinese Poetry*, Robert Payne, New York, John Day, 1947
歐美 *New Chinese Poetry*. Yu Kwang-Chung, Taipei, Heritage Press, 1960.
歐美 *Selected Poems from the Goddesses*. Kuo Mo-jo Peking, Foreign Languages Press, 1959.
歐美 *Living China*, Modern Chinese Short Stories, Edgar Snow, New York, Reynal & Hitchcock, 1937.
歐美 *Contemporary Chinese Stories*, Wang Chi Chen, New York, Columbia University Press, 1944.
歐美 *Contemporary Chinese Short Stories*, Yuan Chia-hua and Robert Payne, London, Trans Atlantic Arts Co., 1946.

歐美 Lao She : *Rickshaw Boy*, Tr. by Evan King, New York, Reynal & Hitchcock, 1945.
歐美 *Selected Works of Lu Hsün*, 4 Vols. Tr. by Yang Hsien－yi and Gladys Yang, Peking, Foreign Language Press, 1956－60.
歐美 Mao Tun : *Midnight*, Tr. by Hsu Meng－hsiung, Peking, Foreign Languages Press, 1957.
歐美 Mao Tun : *Spring Silkworms and Other Stories*, Tr. by Sidney Shapiro, Peking, Foreign Languages Press, 1956.
歐美 Pa Chin : *The Family*, Tr. by Sidney Shapiro, Peking, Foreign Languages Press, 1958.
歐美 Kuo Mo－jo, *Chu yuan*, Tr. by Yarl Hsien－yi and Gladys Yang, Peking Foreign Languages Press, 1953.
歐美 *Ts'ao Yü, Sunrise*. Tr. by A.C. Barnes, Peking, Foreign Languages Press, 1960.
歐美 Ts'ao Yü, *Thunderstorm*, Tr. by Wang Tso－liang and A.C. Barnes, Peklng, Foreign Languages Press, 1958.
歐美 *A History of Modern Chinese Fiction*, C. T. Hsia, New Haven, Yale University Press, 1961
歐美 *The Chinese Renaissance*, Hu shih, Chicago, University of Chicago Press, 1934(Reprint ; New York, Paragon, 1963).
歐美 *Lu Hsün and the New Culture Movement of Modern China*. Huang Sung－k'ang, Amsterdam, Djambatan, 1957.
歐美 *Studies in Modern Chinese Literature*, Jaroslav Prusek, Berlin, Akademie Verlag, 1964.
歐美 *Art and Literature in Twentieth Century China*, A.C. Scott, New York, Doubleday, 1963.
歐美 *A Short History of Modern Chinese Literature*, Ting yi, Peking, Foreign Languages Press. 1959

찾아보기

10언 286
1930년 봄 상해에서(一九三十年春在上海) 374
5·4운동 366, 382, 402
5·4시기 361
5언 270
6·25 사변 385
7언 273, 277, 286, 294
9·18 사변 389
Changing Attitude Toward Chinese Fiction 301
David Hawkes 121
E. Clodd 25
L. Giles, Dated chinese Manuscripts in the Stein Collection. The Bulletin of the School of Oriental Studies 271
Literature, An Introductory Note 121
S. O. S. 376
The Legacy of China 121
The Story of the Alphabets 25

(ㄱ)
가(歌) 273
가(家) 381
가경(嘉慶) 229, 302
가곡 346
가극(歌劇) 381, 392
가극적(歌劇的) 246, 249
가두극(街頭劇) 381
가련한 벌레(可憐蟲) 379
가륙(賈六) 392
가면극 239
가면희 237, 241
가무(歌舞) 235, 236, 237, 240, 241, 246, 288, 289
가무곡 288
가무극(歌舞劇) 235, 237, 239, 241, 381
가무회 239
가무희(歌舞戲) 44, 46, 235, 237, 239, 240, 242, 243, 278, 283, 288, 289
가문(家門) 251
가변(家變) 402
가산홍일(柯山紅日) 392
가을(秋) 374
가을노래(秋歌) 393
가응총(賈應寵) 294, 295
가의(賈誼) 41, 42, 75, 117, 118, 124, 130, 144, 155
가의당일백이십명가제의(可儀堂一百二十名家制義) 167, 169
가인가(佳人歌) 66
가일수(歌一首) 74
가장 소중한 것(最寶貴的) 398
가장사의 통곡(賈長沙痛哭) 375
가정(嘉靖) 169, 224, 226, 246, 260, 275, 292
가중명(賈仲名) 259
가중평(柯仲平) 372, 384
가짜 양놈(假洋人) 376
가창(歌唱) 44, 269, 270, 274, 277, 282, 286, 301, 319, 322
각색(脚色) 60, 243, 249, 250, 252, 253, 254
각색명(脚色名) 242, 250, 292
각성한 사람(覺醒的人) 401
覺世明言 322
각저지희(角觝之戲) 238
간문제(簡文帝) 76, 147, 154, 339
간보(干寶) 311
간친회(墾親會) 368
갈고록(羯鼓錄) 176
갈담(葛覃) 59
葛一紅 381
갈홍(葛洪) 311
감람(橄欖) 367
감자목란화(減字木蘭花) 193, 280
감정적 야마(感情的野馬) 379
감주(甘州) 178
감천부(甘泉賦) 125, 126, 128
감택요(甘澤謠) 315, 317
감황은(感皇恩) 212, 248
갑골문(甲骨文) 26, 27, 29, 32
갑골문자 28, 30, 31
甲骨學六十年 27, 32
갑오해전(甲午海戰) 391
강 274
강경류(講經類) 286
강귀(姜貴) 401
강기(强起) 104
강기(姜夔) 186, 187, 191, 194, 347
강기 191
강남호(江南好) 192
강동백저(江東白苧) 224
강동입일사탄사(江東廿一史彈詞) 293
降魔變押座文 269
강문(江文) 391
강백정(康白情, 364
강사(講史) 284, 287, 301, 320, 321, 322, 323
강사류(講史類) 286
강사서(講史書) 284, 320
강사적(講史的) 282
강산풍월보(江山風月譜) 228
강상(江上) 376
강상음(江上吟) 78
강상행(江上行) 380
강생(康生) 383
강서시파(江西詩派) 95, 97, 346, 348
강설(講說) 44, 269, 270, 274, 282, 301, 319
강성자(江城子) 193
江式 28
강월황중산(江月晃重山) 194
강유사(江有汜) 55, 59
강유위(康有爲, 359
강저(江姐) 392
강조(腔調) 224, 263, 273, 278
강진지(康進之) 251
강창(講唱) 39, 44, 46, 93, 159, 207, 241, 243, 267, 269, 272, 273, 274, 275, 276, 278, 279, 280, 282, 284, 285, 286, 287, 288, 289, 290, 291, 292, 294, 301, 304, 319, 320, 321, 322, 325
강창문(講唱文) 269, 290
강창자 292
강창희(講唱戲) 242
강철세가(鋼鐵世家) 390
강철의 노래(鋼鐵的歌唱) 373
강청(江靑) 383, 394, 395, 396, 397
강총(江總) 76, 83, 84
강탁(康濯) 385
강한어가(江漢漁歌) 381
강해(康海) 224, 259
강회이인록(江淮異人錄) 317
강희(康熙) 15, 191, 199, 326
강희자전(康熙字典) 32
개(介) 254
개눈(狗眼) 376
개벽연역통속지전(開闢衍繹通俗志傳) 324

개원(開元) 176
개장(開場) 251, 254, 321
개장시(開場詩) 248
거(去) 219, 220, 253
거국집(去國集) 372
거란(契丹) 15
거란족(契丹族) 14
거성(去聲) 34, 37, 80, 92
거수만연지희(巨獸漫衍之戲) 237
거이록(居易錄) 318
건륭(乾隆) 15, 161, 166, 229, 246, 263, 295, 326
건무(巾舞) 239
건선애(蹇先艾) 366, 375
건설적 360
건안(建安) 연간 67
건안(建安)시기 72, 76
건안(建安)시대 131, 343
建安 340
건안문단(建安文壇) 18
건안문학(建安文學) 72
건안문학집단(建安文學集團) 340
建安七子 337
검기근(劍器近) 194
검무(劍舞) 288
검북편(劍北篇) 379
검은 장미(黑玫瑰) 400
겁후도화(劫後桃花) 376
게찬(偈讚) 270, 273, 276, 291
게찬사(偈讚詞) 273
겨울 노래(冬之歌) 393
격구(擊毬) 292
격구대(隔句對) 85, 148
격류삼부작(激流三部作) 374
격류용진(激流勇進) 391
격률격률(格律) 77, 82, 186, 205, 223, 225, 365
격률파(格律派) 185, 186, 224, 353
격막(隔膜) 366
격조(格調) 351
격조파(格調派) 350
격투(格套) 349
견책소설(譴責小說) 307, 328, 360
견호구집(堅瓠九集) 277
결승(結繩) 25
결투(決鬪) 385
경강(京腔) 263
경계(境界) 351
경계론(境界論) 23, 353
경극(京劇) 250
瓊劇 263
경극 255, 381, 392, 395
경동원(慶東原) 216
경련(頸聯) 86, 89
경루자(更漏子) 179, 196
경릉파(竟陵派) 350
경몽(驚夢) 252
경배악(傾杯樂) 195
경변(驚變) 254
경본통속소설(京本通俗小說) 275, 320, 321
경사백가간편(經史百家簡編) 166
경사백가잡초(經史百家雜鈔) 163, 166, 353
경서(經書) 301
경세통언(警世通言) 278, 280, 287, 305, 320, 321
경와기예(京瓦伎藝) 320
경외지경(景外之景) 344
경운기(耕耘記) 390
경은어(敬隱漁) 363
경음대고(京音大鼓) 295
경적지(經籍志) 300, 310, 312, 338
경전(經傳) 305, 340
경제(景帝) 115, 309
경차(景差) 115, 117, 119
경학(經學) 108
경희(京戲) 43, 246, 249, 263
계급투쟁 371
계급혁명운동 378
계륵집(鷄肋集) 366
계림상(桂林霜) 263
계명조간천(鷄鳴早看天) 381
계복(桂馥) 262
계사전(繫辭傳) 143, 146, 151
계신록(稽神錄) 317
癸辛雜識 275
계안록(啓顔錄) 312
계영인(稽永仁) 262
계원(憩園) 380
계포매진사문(季布罵陣詞文) 274, 286
고(孤) 251
고가(高歌) 363
고강(高腔) 263
고경기(古鏡記) 313
고계(高啓) 349
고곡잡언(顧曲雜言) 353
고곡주담(顧曲麈談) 220, 354
고관국(高觀國) 347
瞽曠 23
古怪詩 400
故宮博物院 29
고극(古劇) 235, 239, 249, 259
고극례(高克禮) 223
고금군영악부격세(古今羣英樂府格勢) 353
고금사화(古今詞話) 353
고금설해(古今說海) 318
고금소설(古今小說) 278, 284, 287, 321
고금운회(古今韻會) 92
古今注 64
고당부(高唐賦) 128
고대문학 35
고대영웅의 366
고대전(顧大典) 260
고도호총마행(高都護驄馬行) 76
고련(苦戀) 399
고렴(高濂) 261
고르친 초원의 사람들(科爾沁草原的人們) 385
고명(高明) 223, 245, 251, 253, 259, 277
고목산언(古木散人) 293
고목의 꽃덜기(古樹的花朵) 379, 391
고무담기(錮鉧潭記) 163
고문(古文) 31, 41, 135, 153, 155, 159, 160, 161, 164, 165, 166, 167, 342, 344, 348, 352
고문가 165, 166
고문관건(古文關鍵) 348
고문론 352
고문사류찬(古文辭類纂) 161, 166, 352
고문사파(古文辭派) 166
고문상서(古文尙書) 137
고문수(高文秀) 256
古文約選序例 352
고문운동(古文運動) 140, 152, 153, 154, 155, 156, 157, 158, 159, 164, 313, 341, 342, 343
고문원(古文苑) 67, 121
고문이론 156
고문자(古文字) 28, 32
고문자학도론 28, 30
고문체 29, 360
고미주(沽美酒) 248
고백행(古柏行) 76
고병(高棅) 348
孤本元明雜劇 250
고사(故事) 308
고사(鼓詞) 45, 46, 272, 273, 287, 292, 393
고사(古辭) 65, 66, 70

고사 66, 274, 276, 286, 289, 294
고사소설(鼓詞小說) 45
고사신편(故事新編) 375
고소설구침(古小說鉤沈) 312
古詩 340
고시 66, 67, 70, 71, 77
고시기(古詩紀) 62, 66, 67
고시십구수(古詩十九首) 64, 66, 67, 68, 70, 72
고시원(古詩源) 62, 351
고시팔수(古詩八首) 67
고시평측론(古詩平仄論) 79
고씨문방소설(顧氏文房小說) 316
고아행(孤兒行) 72
고악(高顎, 327
고악부(古樂府) 71, 184
고염무(顧炎武) 21, 68, 128, 140, 306, 350, 352
고영(顧瑛) 347
고옥보(高玉寶) 385
고운운동(古文運動) 41
고원경(顧元慶) 316, 318
고자사(鼓子詞) 44, 206, 242, 272, 274, 275, 278, 279, 280, 288
고장홍(高長虹) 363
고적령(鼓笛令) 196
鼓笛慢 193
고전문학 360
고전적 340
고전희곡 386
고절(古絶) 91
고점리(高漸離) 381
고정관(顧貞觀) 187
고조(高祖) 61, 74, 123, 238, 239
고종(高宗) 84, 176
고종경(顧從敬) 188
고죽군의 두 아들(孤竹君之二子) 367
고채(顧彩) 293
고채화(苦菜花) 389, 395
고체(古體) 62, 77, 147
고체시(古體詩) 40, 46, 49, 61, 62, 67, 73, 77, 79, 80, 85
고체절구(古體絶句) 91
고취곡(鼓吹曲) 65
고취곡사(鼓吹曲辭) 64, 65
고측(孤仄) 90
고투(苦鬪) 389, 395
고판(鼓板) 279, 294
고판지기(鼓板之伎) 275
고평(孤平) 90
고풍(古風) 62, 343
고항서회편(古杭書會編) 258
고항재인신편(古杭才人新編) 259
고향(故鄕) 366
고향의 봄(家鄕的春天) 384
고효성(高曉聲) 399
고힐강(顧頡剛, 363
곡(曲) 43, 44, 186, 201, 203, 204, 205, 206, 207, 208, 209, 216, 218, 219, 220, 224, 228, 235, 347, 353, 397
곡록(曲錄) 353, 354
곡률(曲律) 220, 221, 222, 223, 224, 225, 228, 245, 246, 258, 260, 262, 353
곡률파 261
곡보(曲譜) 206, 218
곡사(曲詞) 208
곡사(曲辭) 253, 258
곡소(哭訴) 372
곡옥관(曲玉管) 196
곡운(曲韻) 195, 222
곡의(谷倚) 152
곡자(曲子) 43, 175
곡자경(谷子敬) 259
곡조(曲藻) 205
곡조(曲調) 243, 272
곡조 274, 281
곡파(曲波) 389, 398
곡파(曲破) 44, 207, 242
곡패(曲牌) 207, 216, 217, 273
곡평(曲評) 353
곡품(曲品) 260, 353
곡화(曲話) 353, 354
곡황천(哭皇天) 248
곤강(崑腔) 224, 246, 260
곤곡(崑曲) 224, 225, 246, 260, 262, 263
곤극(崑劇) 392
곤륜노(崑崙奴) 315
곤산(崑山) 246, 260
곤산강(崑山腔) 224, 246, 260
곤산파(崑山派) 224
골계(滑稽) 243
골계전(滑稽傳) 69
골계희(滑稽戲) 44, 242
골령성수(鶻伶聲嗽) 208, 244
골육(骨肉) 390
골타토(鶻打兎) 279
공곡음(空谷音) 262
孔貴嬪 100
공류(公劉) 392
공막무(公莫舞) 238, 239, 241
공문경(孔文卿) 257
공산당(共産黨) 370, 378, 382, 386, 394, 401
공산혁명 378
공삼전(孔三傳) 280
공상임(孔尙任), 262, 295
공성작악(功成作樂) 235
공손승(公孫勝) 124
公孫弘卜式倪寬傳贊 116
공숙방쌍어선추전(孔淑芳雙魚扇墜傳) 278
공안국(孔安國) 137
공안파(公安派) 306, 349, 350
공영달(孔穎達) 19, 24, 26, 51, 60, 150
공용론 336, 338, 342
공용성(功用性) 305, 306, 307, 337
공용적 354
공우전(貢禹傳) 69
公劉 392
공융(孔融) 72, 145, 337
공을기(孔乙己) 361
공자(孔子) 19, 24, 30, 59, 138, 139, 142, 143, 155, 156, 236, 335
孔子世家 60, 138
孔雀東南飛 72
공전(孔傳) 137
공창인(工廠人 403
공치규(孔稚珪) 74
공해(空海) 81
공허로부터 충실에 이르기까지(從空虛到充實) 375
과(科) 44, 210, 239, 247, 249, 254
과강(過腔) 194
과거집(過去集) 366
과곡(過曲) 216, 252
과공진(戈公振) 371
과도(過渡) 377, 390
과두문(蝌蚪文) 29
과벽주(戈壁舟) 393
과보록(果報錄) 293
과재(戈載) 195
과진론(過秦論) 144
과편(過片) 190
郭景純 340
곽말약(郭沫若) 117, 361, 362, 363, 364, 367, 369, 372, 375, 379, 380, 381, 384, 391
곽무천(郭茂倩) 64, 240
곽소옥전(霍小玉傳) 315
곽소천(郭小川) 393, 395, 396
곽지현(郭知玄) 92

곽헌(郭憲, 310
곽회(郭懷) 240
관공(關公) 291
관공손대낭제자무검기행(觀公孫大娘弟子舞劍器行) 76
관당별집보유(觀堂別集補遺) 285
관당집림(觀堂集林) 29, 57
관대왕독부단도회 250
관동(管同) 166
관박(關撲) 292
관본잡극단수(官本雜劇段數) 243, 245, 281
관산월(關山月) 84
관악기 279
관운석(貫雲石) 212, 221, 222
關雲長義勇辭金 283
관원기(灌園記) 260
관음제도본원진경(觀音濟度本願眞經) 290
관자(管子) 139
관장현형기(官場現形記) 328
관저(關雎) 17, 56, 57, 58
관저시 37
관제(關帝) 291
관한경(關漢卿) 206, 210, 218, 221, 222, 249, 250, 255, 256, 257, 391
관현 275
괄이지(括異志) 317
광동신어(廣東新語) 293, 294
광동희(廣東戲) 263
廣陵月 261
광명(光明) 371, 376
광서(光緖) 170, 327
광소(廣騷) 125
광야(曠野) 379
광운(廣韻) 92, 195
광인일기(狂人日記) 361
광종(光宗) 244
광표사(狂飈社) 363
광표월간(狂飈月刊) 363
광한궁(廣漢宮) 367
광환의 노래(狂歡之歌) 393
괘금색(掛金索) 274
괘지아(掛枝兒) 227
傀儡兒 277
괴뢰희(傀儡戲) 44, 239, 276
괴뢰희조(傀儡戲條) 276
괴수장(槐樹莊) 391
괴테 364
교길(喬吉) 219, 222, 228, 257
교련주(巧連珠) 294, 326
교렵부 128
교림(喬林) 384
교묘가사(郊廟歌辭) 64
교방기(敎坊記) 44, 176, 177, 241
교사가(郊祀歌) 63
교사가십구장(郊祀歌十九章) 74
교아시(驕兒詩) 319
皎然 336
교창장상임기(喬廠長上任記) 399
구가(九歌) 119, 120, 121, 237, 270, 308
九歌章句 120
구거상동문(驅車上東門) 66
九曲歌 75
구당서(舊唐書) 176
구란(勾欄) 280
구란(构欄) 250
구름을 뚫고 나온 달(衝出雲圍的月亮) 375
구마라습(鳩摩羅什) 271
구명기원(九命奇冤) 328
구미귀(九尾龜) 328
구변(九辯) 121
구산서회편(九山書會編) 258
구시대의 죽음(舊時代的死) 375
구양산(歐陽山) 371, 375, 389, 395
구양수(歐陽修) 21, 94, 99, 132, 152, 158, 161, 162, 163, 165, 166, 180, 188, 279, 341, 344, 345, 347, 352, 336, 345
구양여천(歐陽予倩) 363, 367, 371, 381
구양자(歐陽子) 402
구어체(口語體) 33, 253, 273
구영여천(歐陽予倩) 376
구옹(邱雍) 92
구우(求雨) 386
구우(瞿佑) 318
구유(九儒) 203
구유잡기(歐遊雜記) 377
구의산(九疑山) 215
구일팔사건(九一八事件) 370
구장(九章) 119, 120, 122, 123
구준(寇準) 180
구준(邱濬) 259
구처기(丘處機) 192, 325
구추백(瞿秋白) 368, 377
구풍진(救風塵) 250, 256
국민당 378, 382, 391
국민당정부 369, 370
국민문학 360
국방문학(國防文學) 371
국방시가 373, 379
국방희극(國防戲劇) 376, 377
국부론(國富論) 360
국분(菊芬) 375
국상(國殤) 120
국어(國語) 40, 139
국조시별재(國朝詩別裁) 351
국풍(國風) 20, 42, 52, 53, 54, 56, 59, 118, 187, 235, 340
군벌혼전 391
군산(君山) 365
군서류요사림광기(羣書類要事林廣記) 275, 279
군아(群鴉) 375
굴대균(屈大均) 293
굴만리(屈萬里) 57, 60
굴사정의(屈辭精義) 123
굴송고음의(屈宋古音義) 123
굴원(屈原) 41, 42, 115, 116, 117, 119, 121, 130, 154, 155, 381
굴원가생열전(屈原賈生列傳) 117
굴원부(屈原賦) 115, 119
屈原硏究 121
굴원전(屈原傳) 115, 118
궁대용(宮大用) 255
궁인한(窮人恨) 381
궁정병변(宮庭兵變) 394
궁조(宮調) 43, 194, 195, 207, 208, 210, 212, 216, 247
궁조명 214
궁천정(宮天挺) 258
권세경문(勸世經文) 290
권시(卷葹)) 367
권여(權輿) 56
권이(卷耳) 59
권태로운 밤(倦夜) 107
귀가(回家) 366
귀거래(歸去來) 195
귀거래사(歸去來辭) 130
귀거래혜(歸去來兮) 381
귀새북(歸塞北) 192
귀서자(歸鋤子) 327
귀소(歸巢) 375
귀신과 인심(鬼神人心) 368
귀유광(歸有光) 162, 163, 166
귀전부(歸田賦) 130
귀족문학 360
귀토일기(鬼土日記) 375
규목(樛木) 56, 59
규성(叫聲) 278
규염객전(虬髥客傳) 315
귤송(橘頌) 120, 123
그 길을 걸을 수 없다(不能走那條

路) 385
그 여인은 한 약한 여자였다(她是一個弱女子) 374
그네(秋千) 393
그녀도 살인을 해야 했다(她也要殺人) 379
그도 주문을 외울 줄 안다(伊會念咒) 403
그의 죽음은 두번째였다(他死在第二次) 379
극비(克非) 396
근(近) 193
근고문자(近古文字) 28
근대곡사(近代曲辭) 64
근대문자(近代文字) 28
근세문자 31
근이(靳以) 371, 374, 387
근체(近體) 77, 79, 82, 91, 131, 147
근체시(近體詩) 34, 40, 41, 42, 46, 49, 62, 73, 76, 77, 79, 80, 82, 84, 85, 86, 90, 132, 153, 159, 175, 176, 196, 340, 347
근체풍 62
금(金) 15, 221, 208, 245
금(金)나라 14, 40, 44, 103, 205, 207, 209, 281, 346
금나라 185, 186, 204, 242, 243, 273, 275, 282
금가이수(琴歌二首) 75
금고기관(今古奇觀) 322
금곡가사(琴曲歌辭) 64
금당춘(錦堂春) 192
금대 281
금동옥녀(金童玉女) 259
금란(金鑾) 224, 228
금릉부회고자사(金陵府會鼓子詞) 279
금문(金文 또는 鐘鼎文) 26, 29, 30
금문상서(今文尙書) 137
금백정(錦帛亭) 326
금병매(金瓶梅) 304, 305, 322, 325, 326, 349
금병매사화(金瓶梅詞話) 276, 283, 288, 325
금사강변(金沙江畔) 389
금사초가(琴思楚歌) 75
금소보권(金鎖寶卷) 291
금속사화(金粟詞話) 353
金玉緣 327
금원 243
금원본 250
금인기(金印記) 226, 259
금잔아(金盞兒) 248
금전기(金錢記) 258
金主亮荒淫 320
금체(今體) 80, 147
금초엽(金蕉葉) 213
金海陵縱慾亡身 320
기(紀) 139
기(氣) 337
기관차(火車頭 385
기군상(紀君祥) 256
기균(紀昀) 301, 308, 318, 336
기론(氣論) 23
기리(肌理) 351
기린각(麒麟閣) 262
기문(紀聞) 317
기부서회일백운(夔府書懷一百韻) 90
기쁜 소식가장(喜訊) 375
기사(紀事) 40, 138, 143, 146, 161, 304
기사(幾社) 169
기승전결(起承轉結) 89, 91
기억(記憶) 399
기예인(技藝人) 278, 282
기와 장이의 집(瓦匠之家) 368
紀昀 325
기진륜(紀振倫) 277
기해잡시(己亥雜詩) 404
기현(紀弦) 404
길(路) 367, 373
길고 긴 유수(長長的流水) 390
김낙(金諾) 293
김성탄(金聖歎) 323
김성탄(金聖歎, 306, 324, 354
김소월(金素月) 58
김인걸(金人傑) 258
김진가(金振家) 398
김차봉전(金釵鳳傳) 318
김철(金哲) 393
김풍(金豐) 325
김하(金河) 399
김학주(金學主) 35, 44, 60, 93, 121
꽃도 눈물을 흘리다(花濺淚) 377
꽃이 지는 시절(落花時節) 367
꿀벌(蜜蜂) 375
꿈 속의 미소(夢裏的微笑) 367

(ㄴ)
나강원(羅江怨) 215, 226
羅貫 324
나관중(羅貫中) 3232, 302, 324
나관중본 323
나광빈(羅廣斌) 389, 395
나금당(羅錦堂) 221, 228, 301
羅羅腔 263
나는 모든 푸른 잎새를 사랑한다(我愛每一片綠葉) 399
나는 안강을 노래한다(我歌唱鞍鋼) 384
나무등(羅懋登) 325
나봉(羅烽) 376
나비(蝴蝶) 366
나송창(羅松窓) 295
나엽(羅燁) 324
나의 기억(我的記憶) 372
나의 단시선(我的短詩選) 373
나의 북경 생각(我思念北京) 393
나의 유년(我的幼年) 367
나의 첫째 상급자(我的第一個上級) 390
나진옥(羅振玉) 29, 269
나희(儺戲) 239
낙부(洛夫) 404
낙빈기(駱賓基 386
낙빈왕(駱賓王) 85
낙서(洛書) 26
낙신부(洛神賦) 131
낙엽(落葉) 367
낙인(烙印) 373
낙중기이(洛中紀異) 317
낙천(樂天) 179
낙타상자(駱駝祥子) 374, 395
낙화생(落花生) 366, 374
낙흔(烙痕) 377
난(亂) 75
난고주인(蘭皐主人) 327
난란전(鸞鸞傳) 318
난로 옆(爐邊) 367
난릉(蘭陵) 325
난릉왕(蘭陵王) 44, 196, 241
難澀詩 400
난왈(亂曰) 129
蘭亭會 261
난종(亂鐘) 376
난탄(亂彈) 43, 246, 263
난탄강(亂彈腔) 263
남가(南柯) 293
남가기(南柯記) 261
남가자(南歌子) 180, 193
남가자(南柯子) 189
남가태수전(南柯太守傳) 314
남가태수전 315
남강북조집(南腔北調集) 377
남곡(南曲) 17, 207, 208, 212, 215,

216, 217, 224, 244, 253, 258, 262, 272
남곡보(南曲譜) 216
남과 흑(藍與黑) 401
남관보권(藍關寶卷) 291
남구궁보(南九宮譜) 224
남구궁십삼조곡보(南九宮十三調曲譜) 245, 260
남국사(南國社) 376
남궁사기(南宮詞紀) 226
남당(南唐) 180, 188
남려일지화(南呂一枝花) 283
남북겸대(南北兼帶) 216, 217
남북곡(南北曲) 216, 228, 273, 274, 277
남북사(南北史) 153
남북송전(南北宋傳) 324
남북조(南北朝) 145, 165
남북조 15, 17, 41, 45, 68, 76, 80, 91, 92, 97, 100, 131, 132, 153, 158, 166, 175, 240, 241, 312, 313, 314, 316, 338, 343, 344
남북합투(南北合套) 212, 216, 217, 253, 258
남사(南史) 82, 91, 339
남사서록(南詞敍錄) 208, 209, 244, 249, 250, 258, 353
남사운선(南詞韻選) 224
남성(藍星) 404
남성주간(藍星週刊) 404
남송(南宋) 14, 40, 43, 44, 46, 93, 165, 184, 185, 186, 195, 205, 242, 243, 244, 245, 278, 280, 281, 289, 302, 324, 345, 346, 355
남송시대 185
남송화본목록(南宋話本目錄) 324
남유기(南遊記) 325
남의 행복(別人的幸福) 368
남조(南朝) 91
남징(藍澄) 391
남탁(南卓) 176
남해장성(南海長城) 392
남향자(南鄕子) 189, 193, 196
남희(南戲) 208, 244, 245, 259
남희고곡(南戲古曲) 259
납・새인조극도(納・賽因朝克圖) 393
납란성덕(納蘭成德) 187
낭도사(浪淘沙) 178, 188, 189, 193
낭도사만(浪淘沙慢) 191
낭만주의 350, 387
낭송시운동(朗誦詩運動) 379
낭영(郎瑛) 277
낭현산초(瑯嬛山樵) 327
내가 하촌에 있었던 때(我在霞村的時候) 380
내각문고(內閣文庫) 322
內閣文庫書目 324
내단(倈旦) 250
내득옹(耐得翁) 242, 275, 276, 279, 301
내아(倈兒) 251
내원축량(內園逐涼) 84
내집지(來集之) 261
내하천(柰何天) 262
냉장(冷場) 255
네 건강을 빈다(祝你健康) 392
네온등불 아래 보초(霓紅燈下的哨兵) 392
노(魯)나라 61
노강풍온전(盧江馮媪傳) 314
노구교(蘆溝橋) 378, 381
노구교를 방위하자(保衛蘆溝橋) 380
노기야(盧冀野) 204
노단(老旦) 250, 254
노문초(盧文弨) 169
노사(老舍) 362, 374, 379, 380, 381, 387, 391, 395
노사도(盧思道) 76
노사희극집(老舍戲劇集) 381
노산 산길을 가면서(魯山山行) 105
노생아(老生兒) 256
노송(魯碩) 55
노송(魯頌) 51, 55, 56
魯頌商頌述 55
노시(魯詩) 17, 19
노신(魯迅) 21, 284, 307, 308, 312, 316, 328, 361, 362, 363, 364, 365, 368, 369, 370, 371, 373, 375, 377
노신서간(魯迅書簡) 377
노신화(盧新華) 398
노언주(魯彦周) 399
노용상(盧勇祥) 400
노자(老子) 22, 40, 139, 146, 151
노잔유기(老殘遊記) 328
노장(老莊) 158
노장사상 312
노장의 철학(老張的哲學) 374
노전(盧前) 204
노조린(盧照鄰) 85
노지(盧摯) 221, 222
노지심(魯智深) 251
노탕화종(蘆蕩火種) 392, 395
녹곡여담(錄曲餘談) 354
녹교(鹿橋) 401
녹귀부(錄鬼簿) 221, 247, 255, 258, 282
녹명(鹿鳴) 58
鹿鳴爲小雅始 60
녹의정사운(綠漪亭詞韻) 195
녹주전(綠珠傳) 317
녹죽촌풍운(綠竹村風雲) 389
논공거소(論貢擧疏) 127
논문(論文) 18, 21, 23, 115, 337, 340
논문학상소설지위치(論文學上小說之位置) 355
논불골표(論佛骨表) 162
논소설여군치지관계(論小說與群治之關係) 307
논송시(論宋詩) 108
논시절구(論詩絶句) 346
논어(論語) 19, 24, 51, 118, 139, 142, 236, 299, 335, 371, 377
논형(論衡) 140, 335
농보백영(弄譜百詠) 278
농촌산곡(農村散曲) 384
뇌봉(雷鋒) 392
뇌봉의 노래(雷鋒之歌) 393
뇌봉탑 277
뇌우(雷雨) 376, 395
누루금(縷縷金) 279
누적이(樓適夷) 376
눈(雪) 364, 374
능몽초(凌濛初) 322
능엄경(愣嚴經) 95
능파선(凌波仙) 216

(ㄷ)

다각관계(多角關係) 373
다릉시파(茶陵詩派) 349
다방극(茶房劇) 381
단(旦) 13, 254, 261
단고당(短褲黨) 375
단구(斷句) 91
단도회 250
단련단련(鍛鍊鍛鍊) 390
단목홍량(端木蕻良) 376
단박와의 가을(團泊洼的秋天) 396
단백(旦白) 292
단본(旦本) 247
단성식(段成式) 179, 319

단소뇨가(短簫鐃歌) 65
단심보(丹心譜) 398
단아서(段兒書) 295
단안절(段安節) 44, 176, 239, 241
단오절(端午節) 361
단옥재(段玉裁) 169
段玉裁注 28
단음절(單音節) 37
단음절어 80
단정호(端正好) 247, 248
단조체(單調體) 188
단창 292
단채화(段彩華) 401
단편 320
단편소설 322
단편소설집 322
단풍잎이 붉어질 때(楓葉紅了的時候) 398
달부전집(達夫全集) 366
담검편(膽劍篇) 391
담경(談經) 320
담사동(譚嗣同) 359
談宋人說話的四家 284
澹園集 349
담원춘(譚元春) 350
담의가전(譚意歌傳) 317
담자호(覃子豪) 404
담화기(曇花記) 260
답객난(答客難) 128
答衢州鄭使君論文書 155
답배송서의(答裴送序意) 103
답사민사서(答謝民師書) 162
踏莎行 193
답양중승서(答楊中丞書) 162
답오충수재서(答吳充秀才書) 162
답요랑(踏搖娘) 44, 241
答友人論文第二書 350
답위중립론사도서(答韋中立論師道書) 157, 162
답유면도조서(答劉沔都曹書) 68
答李秀才書 156
답이익서(答李翊書) 157, 162
당(唐)나라 14, 15, 40, 41, 45, 51, 62, 73, 76, 84, 131, 178, 180, 181, 189, 196, 341
당나라 29, 34, 42, 44, 64, 79, 98, 99, 100, 106, 140, 147, 152, 153, 167, 175, 177, 188, 190, 191, 192, 207, 239, 257, 272, 273, 276, 280, 286, 289, 291, 300, 312, 313, 316, 318, 341, 344, 345, 347, 349
(隋)唐(五代) 46
당구대(當句對) 148
당권파(當權派) 399
唐闕史 316
당극신(唐克新) 390
당대(當代) 34, 44, 76, 90, 91, 92, 97, 241, 251, 269, 311, 387
당대문학(當代文學) 382, 390
당란(唐蘭) 28, 29, 30
당백가시선(唐百家詩選) 347
당복(唐復) 223
당비(黨費) 385
당산부인(唐山夫人) 61, 74, 123
당삼장(唐三藏) 243
당서지통속연의(唐書志通俗演義) 324
당송(唐宋) 44
당송대곡고(唐宋大曲考) 354
당송시 347
당송시대 346
당송시인 351
당송전기집(唐宋傳奇集) 316
당송파 166
당송팔가 166
당송팔가문초(唐宋八家文鈔) 348
당송팔대가(唐宋八大家) 161, 165
당순지(唐順之) 166
당시(唐詩) 49, 93, 97, 99, 103, 104, 106, 108, 109, 348, 351
당시고취(唐詩鼓吹) 347
당시별재(唐詩別裁) 351
당시품휘(唐詩品彙) 348
당오대 205, 210
당운(唐韻) 92
당인(唐寅) 224
당인소설(唐人小說) 316
당제국 158, 313
당체지화(棠棣之花) 381
대강동거(大江東去 393
대고(大鼓) 274, 288
대고서(大鼓書) 295
대곡(大曲) 44, 194, 207, 208, 212, 215, 242, 243, 278
대곡강노인일백운(代曲江老人一百韻) 90
大公報 271
대과곡(帶過曲) 210, 212, 214, 215, 216, 217, 211
대구(對句) 38, 41, 85, 131, 146, 150, 151, 165, 250
대구적(對句的) 141
대권(大卷) 235
대나(大儺) 239
대단(大旦) 250
대단원(大團圓) 255, 260
대당삼장취경시화(大唐三藏取經詩話) 286, 321, 325
대당삼장취경시화발(大唐三藏取經詩話跋) 285
대당진왕사화(大唐秦王詞話) 285, 287, 294
대덕가(大德歌) 206
대령(大令) 43, 212
대망서(戴望舒, 372
대면(代面) 241
대면(大面) 241
大明神宗顯皇帝實錄 302
대명흥륭전(大明興隆傳) 294
대목건련명간구모변문 270, 271
大目連緣起 270
대무(隊舞) 283
대무(大武) 57, 235, 236
대백저무가시(代白紵舞歌詩) 76
대부낭(大夫娘) 279
대북인(臺北人) 402
대사명(大司命) 120
대서시일백운기미지(代書詩一百韻寄微之) 90
대석조(大石調) 194
대선보(戴善甫) 257
대소(大韶) 235, 236
대송선화유사(大宋宣和遺事) 322, 324
대수요지(大廋腰肢) 295
대수지전(大隋誌傳) 324
대숙륜(戴叔倫) 176
대아(大雅) 52, 53, 54, 56, 103
대아당사종(大雅堂四種) 262
대아지당(大雅之堂) 303, 304, 308
대약진(大躍進)운동 383, 387, 390
대언하(大堰河) 373
대연(大淵) 235
大五義 328
대우(對偶) 85, 145, 146, 148, 165, 220, 223, 323
대운(大韻) 81, 82
대인부(大人賦) 119, 126
대장(大章) 235
대전(大篆) 29
대전덕(戴全德) 229
대정농(臺靜農) 363, 366
대조신안성미앙술(待詔臣安成未央術) 309
대조신요심술(待詔臣饒心術) 309

대주(對酒) 84
대중문예(大衆文藝) 370, 371
대중화문제(大衆化問題) 369
대지용사(大地龍蛇) 381
대책(對策) 162
대초(大招) 117, 123
대택향(大澤鄕) 374
대파(大波) 389
대편(大遍) 208
대풍가(大風歌) 61, 74, 123
대하(大夏) 235, 236
대호(大濩) 235
대희(大戲) 207, 241, 244
도(道) 304, 306, 339, 341, 344, 352
도가(道家) 18, 22
도가사상 23
도광(道光) 229
도교(道敎) 22, 23, 284, 291, 310
도덕경(道德經) 22
도로(都盧) 238
도로심장(都盧尋橦) 237
도륭(屠隆) 225, 260
도문(陶文) 29
도성기승(都城紀勝) 242, 275, 276, 278, 279, 283, 284, 301, 320
도연명(陶淵明) 23, 73, 130, 131, 155
도요(桃夭) 59
도정(道情) 60, 230
도정회(陶貞懷) 294
도종의(陶宗儀) 242, 283, 285, 313, 316, 318
도진(陶眞) 206, 242, 272, 273, 274, 275, 276, 277, 278, 289, 292
도진선수악부홍산집(陶眞選粹樂府紅珊集) 273, 274, 277
도통(道統) 156
도통론 156
도화선(桃花扇) 262, 295
도화원(桃花源) 262
독고급(獨孤及) 152, 154, 341
독백 248, 253
독사아(禿廝兒) 214
독이소(讀離騷) 262
돈황(敦煌) 44, 177
돈황곡교록(敦煌曲校錄) 177
돈황곡자사집(敦煌曲子詞集) 177
敦煌曲初探 177
돈황문권(敦煌文卷) 269
돈황사본 271
돈황영습(敦煌零拾) 269
돈황현(敦煌縣) 269
동감공고(同甘共苦) 387
동강별집(東江別集) 228
동경몽화록(東京夢華錄) 242, 320
동경부(東京賦) 126
동광(東光) 70
동광파(同光派) 351
동교요(董嬌嬈) 72
동군(東君) 120
동남행일백운(東南行一百韻) 90
동년의 비애(童年的悲哀) 366
동당사(東堂詞) 288
동문행(東門行) 65, 70, 72
동방(東方) 398
동방삭(東方朔) 42, 74, 117, 119, 124, 125, 128, 309
동방삭전(東方朔傳) 74, 309
동방욕효(東方欲曉) 398
동비백로가(東飛伯勞歌) 76
동사석(董士錫) 187
동산사(東山詞) 192
동산시집(童山詩集) 278
동선가(洞仙歌) 195
동성가(同聲歌) 72
동성노부전(東城老父傳) 315
동성파(桐城派) 166, 352
동수대(同數對) 84
동신(桐薪) 285
동심(童心) 372
童心說 306, 349
동열(董說) 325
동엽봉제변(桐葉封弟辯) 161
동영변(董永變) 274
동요(動搖) 373
동유기(東遊記) 325
동이족(東夷族) 15
董作賓 27, 32
동장철벽(銅牆鐵壁) 385
洞庭春色 193
동조(東調) 295
동족(僮族) 385
동주(東周) 14, 18, 40, 52
동중서(董仲舒) 74, 98, 137, 140, 155, 162
동진(東晋) 15
동진(東晋) 312
동치(同治) 326
동치일롱(童痴一弄) 227
동택기어채(東澤綺語債) 192
동파문담록(東坡文談錄) 345
동파시담록(東坡詩談錄) 345
동파시화(東坡詩話) 345
동한(東漢) 19, 25, 28, 29, 31, 32, 35, 40, 41, 42, 61, 66, 68, 70, 71, 75, 117, 128, 132 145, 146, 153, 165
동한유문(東漢遺文) 293
東海吾了翁 327
동해원(董解元) 243, 281, 282
동해황공(東海黃公) 237, 238, 239
동황태일(東皇太一) 120
동회주(童懷周) 397
두 각색이 연출하는 연극(兩個角色演的戲) 377
두견산(杜鵑山) 392
두광정(杜光庭, 315
두려낭(杜麗娘) 261
두목(杜牧) 179, 189
두문란(杜文瀾) 199
두번째 봄(第二個春天) 391
두번째 악수(第二次握手) 396
두보(杜甫) 72, 73, 76, 85, 87, 88, 90, 93, 95, 98, 103, 104, 343, 345, 347, 348, 351
두보유춘(杜甫遊春) 243
두붕정(杜鵬程 384
두시(杜詩) 306, 354
두아(竇娥) 256
두아원(竇娥寃) 256, 391
두우(杜佑) 235
두인(杜印) 386
두인걸(杜人傑) 221
두자춘(杜子春) 315
두창략선생묘지명(杜蒼略先生墓誌銘) 163
杜學知 25
杜蕙 274
듀마 360
득승두회(得勝頭回) 321
득승령(得勝令) 248
득일록(得一錄) 303
들소 우리(野牛寨) 390
들장미(野薔薇) 373
登科記考 90
등기(登記) 386
등루부(登樓賦) 131
등소평(鄧小平) 400
등악양루(登岳陽樓) 87
藤野岩夫 121
등예(鄧艾) 319
등옥빈(鄧玉賓) 221
등왕각(滕王閣) 76
등왕각서(滕王閣序) 147
등우매(鄧友梅) 398
등화파파(燈花婆婆) 285

디킨스 360
땅의 아들(地之子) 366
떠돌이 소년(少年飄泊者) 367
뜬 364

(ㄹ)
런던 271
런던박물관 269

(ㅁ)
마가(馬加) 385
마건령(馬健翎, 381
마길성(馬吉星) 392
마두조(馬頭調) 229
마드리드 228
마 심부(瑪拉沁夫) 385
마봉(馬烽) 386, 390
마속(馬謖) 302
마술 237
마융(馬融) 75
마조(馬調) 273
마중석(馬中錫, 318
마치원(馬致遠) 211, 221, 222, 224, 251, 257
막신(莫伸) 398
만(慢) 193
만강홍(滿江紅) 190
만곡(慢曲) 278
만국유(萬國儒 390
만년청(萬年靑) 328
만당(晩唐) 158, 179, 347, 344
만려(曼麗) 366
만력(萬曆) 169, 254, 274, 292, 302, 353
만력(萬歷) 226
만력 325
만사(慢詞) 181, 182, 189, 191, 192, 196
만산홍편(萬山紅遍) 396
만수(萬樹) 188, 193, 197, 199, 263
만수천산(萬水千山) 386
만연어룡(漫衍魚龍) 238
만정방(滿庭芳) 190
만주(滿洲) 15
만주사변(滿洲事變) 370
만주족 15, 16, 209
만청소설사(晩淸小說史) 328
말(末) 253, 254, 261
말니(末泥) 242
말본(末本) 247
망강남(望江南) 192
망강정중추절회단 250
망망야(茫茫夜) 373
망서초(望舒草) 372
망야(望野) 88
망원(莽原) 368
망원사(莽原社) 363, 366
망원주간(莽原週刊) 363
망원행(望遠行) 195
망을 치며 수고하는 거미(綴網勞蛛) 366
매고(枚皐) 119, 124, 125
매고전(枚皐傳) 125, 127
枚叔 68
매승(枚乘) 67, 68, 118, 124, 126, 128, 130
매승시(枚乘詩) 72
매옥랑(罵玉郎) 212, 248
매옥랑대감황은채다가(罵玉郎帶感皇恩採茶歌) 212
매요신(梅堯臣) 97, 99, 103, 105, 106, 345
매정조(梅鼎祚) 261
매증량(梅曾亮) 166
매천(梅阡) 391
매화성(賣花聲) 193, 215
매화인(梅花引) 194
맥산계(驀山溪) 190
맥상상(陌上桑) 72
맹강녀(孟姜女) 291
맹강선녀보권(孟姜仙女寶卷) 291
孟棨 336
맹교(孟郊) 99, 342
맹부자출처(孟夫子出妻) 375
맹아(萌芽) 370, 374
맹요(孟瑤) 401, 402
맹원로(孟元老) 242, 320
맹자(孟子) 116, 118, 139, 155, 156, 308, 335
맹자(孟子) 40, 118
맹초(孟超) 369, 392
맹한경(孟漢卿) 257
맹호연(孟浩然) 73, 100, 344, 351
맹호집(猛虎集) 365
勉行齋文 326
멸망(滅亡) 374
명(明)대 93
명가(名家) 18
명경과(明經科) 167
명곡 223
명교중인(名敎中人) 326
명(明) 40, 46, 92, 94, 123, 131, 253, 259, 275
명나라 16, 44, 45, 62, 162, 169, 186, 188, 195, 199, 223, 225, 228, 243, 245, 254, 259, 261, 267, 272, 274, 277, 278, 280, 283, 284, 286, 287, 288, 289, 290, 293, 294, 295, 301, 302, 303, 305, 311, 313, 318, 320, 321, 322, 326, 348, 349, 353, 354
명당위(明堂位) 236
명대 43, 208, 225
명말탄사(明末彈詞) 293
명사탄사(明史彈詞) 293
명상기(冥祥記) 311
명시별재(明詩別裁) 351
명우의 죽엄(名優之死) 367, 376
명유록(冥遊錄) 293
明儒學案 349
명이자설(名二子說) 162
明淸內閣史料 302
명초 244, 251, 254
모경진(毛慶臻) 302
모곤(茅坤, 348
모기령(毛奇齡, 325, 353
모더니즘 403, 404
모란정(牡丹亭) 261
모방(毛滂) 184, 288
모순(茅盾) 361, 362, 363, 370, 371, 373, 378, 380
모순단편소설집(茅盾短篇小說集) 373
모시(毛詩) 17, 19, 52, 55, 58, 60
모시서(毛詩序) 53, 54, 55, 335
모시정의(毛詩正義) 19, 57
모시정전(毛詩鄭箋) 335
毛詩草木鳥獸蟲魚疏 19
모어가(摸魚歌) 294
모연수(毛延壽) 251
모영전(毛穎傳) 163
모인(旄人) 237
모전(毛傳) 19, 52, 58
모종강(毛宗崗) 323, 354
모종강본 323
모진(毛晋) 311
모친(母親) 374
모택동(毛澤東) 378, 380, 381, 383, 394, 397, 399
모파상 362
毛亨 19
목공(穆公) 138
목란화(木蘭花) 189, 193
목련구모변문(目連救母變文) 291
목련구모출리지옥승천보권(目連救母出離地獄升天寶卷) 290

목목천(穆木天, 363, 365, 372, 373
목양기(牧羊記) 259
목어서(木魚書) 292, 294
목전의 형세와 임무(目前的形勢和任務) 400
목중남(穆中南) 401
목천자전(穆天子傳) 23, 301
목피산객고사(木皮散客鼓詞) 294, 295
몽강구(夢江口) 192
몽강남(夢江南) 188, 192
몽고(蒙古) 15, 256
몽고족 16, 203, 204, 205, 209, 385, 393
몽량록(夢粱錄) 242, 275, 276, 278, 281, 283, 284, 301, 320
몽롱시(朦朧詩 400
몽영연(夢影緣) 294
몽유록(夢遊錄) 293
몽테스키외 360
몽후(夢後) 372
묘가화아홍(苗家花兒紅) 398
묘당(廟堂) 236
묘영보권(妙英寶卷) 291
묘오(妙悟) 345
무(舞) 254
무(武) 57
무가(巫歌) 120, 121, 125
巫系文學論 121
무곡(舞曲) 57, 207, 289
무곡가사(舞曲歌辭) 64
무두(務頭) 220
武陵春 261
무림구사(武林舊事) 243, 281, 283, 320
무무(武舞) 236
무봉진은대곡(鄮峯眞隱大曲) 288
無産階級文藝的春天 397
무산계급혁명 398
무산십이봉(巫山十二峯) 215
무성부(蕪城賦) 131
무성자(務成子) 309
무술정변(戊戌政變) 391
무습(巫習) 237
무왕(武王) 13, 27, 52, 58, 82, 236
武王伐紂書 323
무왕벌주평화(武王伐紂平話) 286
무위사상 22
무위자연(無爲自然) 22
武林舊事 242
무장(武場) 255
繆荃孫 320
무제(武帝) 18, 39, 61, 62, 63, 66, 69, 70, 71, 74, 75, 76, 124, 125, 126, 130, 238, 240, 309, 310
무제(武帝)시대 118
무지개(虹) 373
무지막지한 여인(潑婦) 367
무칙천(武則天) 391
무한신(武漢臣) 256
무함(巫咸) 237
무행자(武行者) 324
무현(巫賢) 237
武訓 383
무훈전(武訓傳) 382, 383
묵가(墨家) 18
묵기영(万俟詠) 184
묵인(墨人) 404
묵자(墨子) 25, 40, 54, 139
문강(文康) 327
문경비부론(文鏡秘府論) 81
문경원앙회(刎頸鴛鴦會) 280
문곡자(聞哭者) 78
문기팔대지쇠(文起八代之衰) 165
문단(文壇) 401
문답체(問答體) 129
문대대회(文代大會) 400
문명소사(文明小史) 328
문무주공(文武周公) 156
문방소설(文房小說) 318
문부(文賦) 131, 164, 337, 338
문선(文選) 21, 64, 66, 121, 130, 337, 338
문선 66, 67, 68, 74, 338, 339, 340, 341, 343, 348
文選旁證 68
문설(文說) 342
문성공주(文成公主) 391
文心雕龍 339
문심조룡(文心雕龍) 21, 23, 67, 84, 115, 126, 336, 338, 339, 340, 343, 355
문언(文言) 35, 45, 253, 303, 304, 305, 313, 322, 329
문언문(文言文) 321
문언소설(文言小說) 303
문예강화(文藝講話) 380, 381, 383, 399
문예계 동인들이 단결하여 치욕을 극복하고 언론자유를 추구하는 선언(文藝界同人爲團結御侮與言論自由宣言) 371
문예공작좌담회와 극영화제작회의에서의 강화(在文藝工作座談會和故事片創作會議的講話) 399
문예노선 383, 399
문예보(文藝報 387, 399
문예신문(文藝新聞) 370
문예월간(文藝月刊) 370
문예창작(文藝創作) 401
문예학습(文藝學習) 387
문예혁명의 기수 396
문왕(文王) 58, 59
文王爲大雅始 60
문원영화(文苑英華) 316
문원전(文苑傳) 153
문이재도(文以載道) 140, 352
문일다(聞一多) 365
문자관도지기(文者貫道之器) 341
文字學綱目 25
文字學纂要 25, 28
문장(文場) 255
문장궤범(文章軌範) 348
문장론 338
문장연기(文章緣起) 340
문장유별지론(文章流別志論) 338
문장유별집(文章流別集) 338
문장입오(文章入伍) 378
문장정의(文章精義) 342
문장정종(文章正宗) 348
문장진공장(文章進工場) 378
문장하향(文章下鄕) 378
문제(文帝) 21, 118, 124, 137, 153, 309, 337
문집 345
문첩(聞捷) 384, 393, 395
문체개혁론 360
문체개혁운동 341
문체론 338, 355
문체명변(文體明辯) 40, 131
문추(門鎚) 275, 282
문칙(文則) 342
문학(文學) 116, 371
문학개량 360, 361
문학개량추의 360
문학개혁운동 314
문학계간(文學季刊) 402
문학사단 357, 362
문학사론 338
문학연구(文學研究 387
문학연구회(文學研究會) 362, 364, 366, 372
문학운동 342
문학운동사론(文學運動史論) 341
문학원론 338

문학월보(文學月報) 370
문학유산(文學遺産) 387
문학잡지(文學雜誌) 401
문학전(文學傳) 153
문학평론(文學評論) 387
문학혁명 360, 362, 364
문학혁명론 360
문학혁명운동 359
문화대혁명 383, 386, 388, 391, 394, 395, 397, 398
문화비판(文化批判) 369
문화유산 383
문회당사운(文會堂詞韻) 195
문회보(文匯報) 399
文姬入塞 261
물(水) 374
묵특선우(冒頓單于) 239
미(尾) 214
미궐집(薇蕨集) 366
미래는 부르고 있다(未來在召喚) 398
미련(尾聯) 86, 89
미명사(未名社) 363, 365
미명집(未明集) 373
미문의식 39, 41, 42
미범(尾犯) 195
미사사(瀰灑社) 363
미성(尾聲) 216, 217, 248, 252, 279, 281
味水軒日記 285
미앙(未央) 384
미앙가(未央歌) 401
미언대의(微言大義) 143
미염집(未厭集) 366
미외지지(味外之旨) 344
민가(民歌) 63, 64, 91, 120, 121, 393
민가조 91
민가풍 64, 67
민간가요 62, 178, 205, 206, 208, 235
민간고사 291
민간기예(民間技藝) 304, 387
민간문학(民間文學) 387
민간악곡 273, 283
민간연예 206
민간오락 280
민속극 382
민요풍 64
민족문화 402
민족운동 361
민족주의 370
민족통일전선 371, 378
민족혁명(民族革命) 371, 373
민주공화국 359
민주혁명 384
민중문학 221, 272
민중예술 93
민중오락 270, 301, 303
민중희극사(民衆戲劇社) 363, 367
밀수(走私) 376, 377

(ㅂ)

바다의 꿈(海的夢) 374
바다제비(海燕) 385
바닷가의 옛 친구(海濱故人) 366
바쁜사람(忙人) 367
박물지(博物志) 301, 311
박미적편(薄媚摘徧) 194
박안경기(拍案驚奇) 322
박판(拍板) 275, 282
반(般) 57
반경(盤庚) 27
반계사(磻溪詞) 192
반고(班固) 18, 19, 21, 24, 42, 72, 125, 128, 130, 139, 300, 309, 335
반고지당우전(盤古至唐虞傳) 324
반공대륙(反攻大陸) 401
반금련(潘金蓮) 367
반도(叛徒) 395
반동문인(反動文人) 395
반로수(畔牢愁) 125
반막화(潘漠華, 364
반법(反法) 89
반봉건적 362, 364, 367
반석과 갈대(盤石與蒲葦) 368
반악(潘岳) 73, 131, 154
반오관(反五關) 294
반우파투쟁(反右派鬪爭) 383, 387
반월문예(半月文藝) 401
반인목(潘人木) 401
반정 전후(反正前後) 367
반제국주의 367, 373
반주악장(盤洲樂章) 288
반주임(班主任) 398, 399
반짝이는 붉은 별(閃閃的紅星) 396
班婕妤 68
반한년(潘漢年) 370
반현실 362
발두(撥頭) 241
발로(李老) 251
발부단(撥不斷) 211
발자국(足迹) 398
발자국(蹤跡) 364
발자크 360
밝은 하늘(明朗的天) 387
밤에 진주하를 지나며(夜過珍珠河) 393
방가집(放歌集) 384
방공보권(龐公寶卷) 291
방뉴(傍紐) 82
방대(放隊) 288
방동수(方東樹) 166
방로(邦老) 251
방사(方士) 309
방성배(方成培) 353
방위덕(方瑋德) 372
방자강(梆子腔) 263
방장대(傍妝臺) 215
방중사악(房中祠樂) 61
방진주(方珍珠) 387
방천리(房千里) 315
방포(方苞) 163, 169, 170, 352
방황(彷徨) 365
방회(方回) 347, 348
배 안에서 달을 바라보며(舟中望月) 83
배계(裵啓) 312
배률(排律) 167, 211
배부(排賦) 131, 132
배송지(裵松之) 240
배어(俳語) 352
배월정(拜月亭) 251, 259
배자야(裵子野) 153
배형(裵鉶) 313, 315, 317
백(白) 44, 210, 239, 247, 248, 256
백가(百家) 309
백가쟁명(百家爭鳴) 383
백거이(白居易) 18, 21, 43, 72, 73, 77, 78, 79, 90, 97, 98, 103, 104, 158, 162, , 178, 188, 192, 313, 342, 343
백기수(白旗手) 375
백난화(白蘭花) 384
백낭자영진뢰봉탑(白娘子永鎭雷峰塔) 278
백락(伯樂) 160, 161
백랑(白朗) 376
백량대시(柏梁臺詩) 75
백량체(柏梁體) 76
백련교(白蓮敎) 290
백련서(白練序) 217
백련성강(百煉成鋼) 389
백말사여(百末詞餘) 228
백명달(白明達) 176

백모녀(白毛女) 381
백미(白薇) 376
백박(白樸) 221, 222, 251, 257
백분(白賁) 221
백사보권(白蛇寶卷) 291
백사전(白蛇傳) 293
백서(帛書) 31
백석도인가곡(白石道人歌曲) 191
백선용(白先勇) 402
백설유음(白雪遺音) 229
柏梁體 77
백저무가시(白紵舞歌詩) 76
백정(屠戶) 377
백조명(百鳥名) 292
백토기(白兎記) 259
백합화(百合花) 390
백행간(白行簡) 314, 318
백화(白樺) 33, 38, 45, 303, 318, 321, 322, 392, 398, 392, 398, 399, 400, 401
백화(白話)문학운동 360
백화명(百花名) 292
백화문 270, 271, 321, 326
백화문학(白話文學) 33
백화문학운동 33
백화소설 297, 303, 304, 319
백화시 361, 364
백화정(百花亭) 295
백화제방(百花齊放) 383, 387, 397
백화체 318, 361
백희(百戲) 237
번개(電) 374
번곡(番曲) 278
번성(繁星) 364
번승록(繁勝錄) 276, 320
번쾌배군난(樊噲排君難) 44, 241
범강(范康) 258
범거중(范居中) 258
범문약(范文若) 260
범성대(范成大) 101
범인 이동종의 얘기(犯人李銅鐘的故事) 400
범인(范因) 238
凡鳥(범조) 194
범중엄(范仲淹) 180
범청파적편(泛淸波摘徧) 194
법가(法家) 18
法駕導引 193
법곡(法曲) 194, 208, 243
법곡제이(法曲第二) 194
법곡헌선음(法曲獻仙音) 194
법언(法言) 140, 143, 335
법원주림(法苑珠林) 311, 312
법의 정신 360
法華經唱文 269
벽계만지(碧溪漫志) 280, 346
벽야(碧野 385
변 270
변려문(騈儷文) 131, 132, 135, 145
변려문 41, 146, 147, 148, 150, 151, 152, 153, 158, 159, 160, 161, 165, 166, 167, 270, 271
변면차(弁面釵) 326
변문(變文) 41, 44, 46, 159, 267, 269, 284, 289, 313, 319
변문(騈文) 179, 253, 342, 352
변문 42, 148, 153, 270, 271, 272, 273, 274, 276, 286, 290, 291, 314
변문파(騈文派) 352
변법유신 391
변법자강(變法自强) 359
변부(騈賦) 131
변소(辨騷) 338
변시(變詩) 58, 59, 60
變雅 59
변정(辯訂) 301
변지림(卞之琳) 372, 379
변천기(變天記) 389
변체(騈體) 158, 165
變風 59
별 하늘을 바라보며(望星空) 393
별모영가(別毛永嘉) 84
별조(別調) 175
병변(兵變) 368
보강총백원전(補江總白猿傳) 313
보권(寶卷) 46, 272, 273, 274, 290, 291, 289, 320
보동(報童) 398
보들레르 404
보명선사(普明禪師) 289
보명여래무위료의보권(普明如來無爲了義寶卷) 290
보문당서목(寶文堂書目) 278
보비연전(步飛煙傳) 315
보살만(菩薩蠻) 176, 178, 189, 193, 196
보수파 95
보위노구교 381
보위연안(保衛延安 384
보천(補天) 375
보최암수재서(報崔黯秀才書) 157
보춘화(報春花) 398
보홍루몽(補紅樓夢) 327
복거(卜居) 119
복건(服虔) 61
복건희(福建戲) 263
복고운동 161
복고주의(復古主義) 22, 348, 350, 351
복단극사(復旦劇社) 376
복당독목교체(福唐獨木橋體) 196
복로(卜老) 251
福祿壽仙官慶會 283
복사(復社) 169
복사(卜辭) 27
복산자(卜算子) 189
복생(伏生) 137, 138
복세신(卜世臣) 225, 260
복수의 불꽃(復仇的火焰) 393
복용체(複用體) 274
복잠(覆賺) 207, 242, 272, 273, 278, 279
복조부(服鳥賦) 75, 124, 130
복합사(複合詞) 32
복희(伏羲) 24, 26, 235
본기(本紀) 139
本事詩 336
봄 추위(春寒) 380
봄(春) 374
봄날 속의 가을(春天裏的秋天) 374
봄바람이 낙민하에 불어오다(春風吹到諾敏河) 386
봄비오는 밤(春雨之夜) 366
봉건론(封建論) 161
봉건사상 360
봉건사회 365
봉건시대 388
봉건주의 368
봉귀운(鳳歸雲) 195
봉선방설(封禪方說) 309
봉신전(封神傳) 325
봉쌍비(鳳雙飛) 293, 294
봉요(蜂腰) 81, 82
봉인추(鳳引雛) 216
봉천대고(奉天大鼓) 295
봉황대(鳳凰臺) 89
봉황산(鳳凰山) 293
봉황차(鳳凰釵) 294
부(賦) 35, 39, 41, 42, 57, 70, 75, 76, 113, 115, 118, 131, 146, 270, 337, 340
부 115, 124, 125, 126, 127, 128, 129, 130, 131, 132
부가모(富嘉謨) 152, 154
부곡(附曲) 228

부녀대표(婦女代表) 386
부단(副旦) 250
부동화(傅東華, 371
부래(扶來) 235
부르짖음(吶喊) 361, 365, 373
부말(副末) 242, 247, 250, 251, 254, 255
傅孟眞先生集 55
부모은중변문(父母恩重變文) 271
부병행(婦病行) 70, 72
부사년(傅斯年) 52, 55, 361
賦史大要 131
부식(腐蝕) 380
부오체(富吳體) 152
부용지작(芙蓉池作) 74
부의(傅毅) 68, 128
부이(芣苢) 59
부정(副淨) 251, 255
부조시초(赴朝詩抄) 384
부지(扶持) 235
부집(附集) 377
부체 131
負苞堂稿 276
부포당문집(負苞堂文集) 293
북 275
北京 295
북경대학 361
北京도서관 소장 270
북경삼걸(北京三傑) 152
북경신보(北京晨報) 372
북경의 공기(北京的空氣) 368
북경인(北京人 381
북곡(北曲) 17, 44, 208, 209, 212, 215, 216, 217, 224, 246, 253, 262, 272, 273
북당전(北唐傳) 294
북두(北斗) 370
北方眞武玄天上帝出身志傳 325
북사유문(北史遺文) 293
북산이문(北山移文) 74
북송(北宋) 14, 40, 46, 93, 184, 186, 189, 209, 241, 243, 277, 278, 320
북악부소령(北樂府小令) 228
북위(北魏) 15
북유(北遊) 365
북유기(北遊記) 325
북제(北齊) 241
북제서(北齊書) 153
북주(北周) 15, 84
북희(北戲) 245
분(墳) 368
분규(紛糾) 385
분수장류(汾水長流) 389
분접아(紛蝶兒) 248
분타리실사화(奔陀利室詞話) 353
불(火) 380
불경(佛經) 269, 271, 284, 289, 290
불곡(佛曲) 44, 269
불교 23, 157, 269, 273, 290, 291, 310
불복로남려일지화(不伏老南呂一技花) 218
불빛 앞에서(火光在前) 384
불사(佛寺) 291
불서희극(佛西戲劇) 368
불설원각보권(佛說圓覺寶卷) 290
불안정한 영혼(不安定的靈魂) 367
불의 춤(火之跳舞) 376
붉은 꽃 송이 송이 피다(紅花朶朶開) 385
붉은 촛불(紅燭) 365
비(比) 57
비(雨) 374
비가(悲歌) 71
비냉취의 365
비누(肥皂) 365
비당신(費唐臣) 257
비둘기(鳩) 361
비등하는 산들(沸騰的群山) 396
비등하는 성(沸騰的城) 384
비목어(比目魚) 262
비문화적(非文化的) 303
비유법(比喩法) 57
비장군(飛將軍) 381
飛鳥集 364
비파(琵琶) 275, 292
비파기(琵琶記) 226, 245, 251, 252, 253, 254, 259, 277
비파행(琵琶行) 77
비흥(比興) 343
비회풍(悲回風) 119, 120
蘋果的滋味 403
빈백(賓白) 248, 253, 286
빈풍(豳風) 60
빈혈집(貧血集) 380
빈희(賓戲) 128
빙괴(冰塊) 365
빙심(冰心) 364, 369
빙심소설집(冰心小說集) 366
뻐꾹새가 다시 운다(布谷鳥又叫了) 387
뻬리오(Paul Pelliot) 269

(ㅅ)

사(辭) 130
사(詞) 43, 46, 159, 173, 175, 204, 235, 248, 251, 286, 288, 397
사 44, 115, 159, 177, 178, 179, 180, 182, 184, 185, 186, 188, 189, 190, 191, 195, 196, 198, 205, 206, 207, 208, 209, 218, 219, 220, 228, 253, 275, 279, 281, 285, 288, 346, 347, 353, 361
사가(四家) 284, 320
사가빈(沙家濱) 395
사가집(四家集) 347
사계오경주운비(四季五更駐雲飛) 225
사고전서(四庫全書) 204
사고전서총목(四庫全書總目) 208
사고전서총목제요(四庫全書總目提要) 301, 308, 336
사곡(詞曲) 46, 207, 208, 273, 281, 288, 346
사곡론 353
사곡조(詞曲調) 243
사공도(司空圖) 23, 179, 344, 345
사과 맛(蘋果的滋味) 403
사관(史官) 35, 40, 138, 163
사광(師曠) 309
사마광(司馬光) 345
사괴옥(四塊玉) 210
사구경선(史九敬先) 257
사급(謝及) 342
사기(史記) 21, 22, 40, 51, 60, 69, 75, 115, 116, 117, 118, 121, 125, 128, 137, 138, 139, 166, 306, 310, 354
사달조(史達祖) 186
사대가(四大家) 259
사대각색(四大脚色) 251
사대기서(四大奇書) 304, 322
사람은 행복을 바라고 나무는 봄을 바란다(人望幸福樹望春) 389
사람이 중년이 되니(人到中年) 399
사랑은 잊을 수 없는 것(愛是不能忘記的) 399
사랑의 시작(愛情的開始) 390
사령운(謝靈運) 73, 100
사륙(四六) 165
사륙담주(四六談麈) 342
사륙문(四六文) 41, 141, 147, 152, 342

사륙화(四六話) 342
사률(詞律) 43, 187, 188, 193, 195, 197, 199
사률보유(詞律補遺) 199
사률습유(詞律拾遺) 199
사림일지(詞林一枝) 226
사림적염(詞林摘艷) 204, 226
사림정운(詞林正韻) 195
사마사(司馬師) 240
사마상여(司馬相如) 21, 42, 62, 75, 118, 119, 124, 125, 126, 128, 145, 154
사마상여전(司馬相如傳) 115, 125
사마중원(司馬中原) 401
사마천(司馬遷) 21, 22, 24, 60, 121, 40, 51, 137, 139, 145, 162, 163, 310
사면(謝冕) 400
사몽기(四夢記) 261
사미인(思美人) 120
사반(史槃) 225
사방득(謝枋得) 348
사백(沙白) 393
사범전매화(四犯剪梅花) 194
사보(詞譜) 187, 196, 199, 206
사부(辭賦) 42, 46, 75, 113, 115, 121, 131, 132, 154, 164
사비여사의 일기(莎菲女士的日記) 374
사빙심(謝冰心) 361, 362, 366, 371
사빙영(謝冰瑩) 378, 401, 402
사삼집(四三集) 374
사상혁명(思想革命) 361
사서(四書) 167
사서문(四書文) 167
사설(師說) 161
사설(詞說) 272, 285
사설(辭說) 283
사설 284
사성(四聲) 34, 131, 197
사성론(四聲論) 73, 80, 92
사성보(四聲譜) 80, 340
사성원(四聲猿) 261
사세동당(四世同堂) 380
사소아전(謝小娥傳) 314, 315
사수(死水) 365
사수시(四愁詩) 75
사시설(四始說) 60
사신행(查愼行) 351
사실문학 360
사십년의 소망(四十年的愿望) 386
사언(四言) 55, 61, 66
사언체(四言體) 121
사여강의(詞餘講義) 354
사여총화(詞餘叢話) 354
사요나라 · 안녕(莎喲娜啦 · 再見) 403
사요환(謝瑤環) 392
師友詩傳續錄 351
사우재총설(四友齋叢說) 245
사운 195
사운략(詞韻略) 195
사운서(詞韻書) 195
사운팔구(四韻八句) 85
사원(詞源) 190, 205, 347
사원죽(四園竹) 196
사원총담(詞苑叢談) 353
사유기(四遊記) 325
四六文 46
사인방(四人幫) 394, 397, 398
詞的啓源 177
사전문학(史傳文學) 139
사정(砂丁) 374
사정(沙汀) 390
사조(詞調) 191, 207, 243
사조(謝朓) 73, 80, 82, 339
사조 191, 192, 193, 194, 196, 199, 272, 273, 274, 279, 280
사조명(詞調名) 177, 178, 179
사주(史籒) 29, 32
사주일(四星期) 375
사지(詞旨) 347
사지춘(謝池春) 193
사천서(謝天瑞) 199
사체 193, 194, 199
사추낭(謝秋娘) 192
사탕수수 밭－청사 포장(甘蔗林－青紗帳) 393
사패(詞牌) 179, 191, 192
사평(詞評) 353
사품(詞品) 353
사학지남(辭學指南) 165
사학통론(詞學通論) 195
사현부(思玄賦) 75
사현추(四絃秋) 262
사호(史浩) 288
사화(詞話) 273, 283, 285, 289, 321, 353
사화(社火) 283
사화 274, 275, 276, 286, 287, 288, 294
사화본(詞話本) 286
사회문학 360
사회시 73, 103, 104, 313
사회시인 103
사회주의 문예운동 382
사회주의 382, 383
사회주의문학 383
사희(四川戲) 263
사희(社戲) 361
산 저편의 인가(山那面人家) 390
산가(山歌) 227, 229
산가행(山歌行) 393
산곡(散曲) 43, 46, 191, 201, 203, 217, 353
산곡 204, 205, 210, 214, 216, 221, 222, 223, 224, 225, 226, 228, 230, 235, 282, 353
산곡개론(散曲概論) 204
산곡봉연(山谷烽煙) 398
산곡총간(散曲叢刊) 204, 220
산귀(山鬼) 120
산대각주초사(山臺閣註楚辭) 121, 123
山東梆子 263
산동화랑(山東貨郎) 283
산림(山林)문학 360
산문 377
산문론 341
산문집 368
산사(散詞) 208
山西梆子 263
산설(散說) 274, 275, 285, 288
산수시인(山水詩人) 100
산악(散樂) 44, 237, 240
산우(山雨) 374
산재(山齋) 84
산중역험기(山中歷險記) 400
산투(散套) 43, 283
산해경(山海經) 301, 308
산향거변(山鄉巨變 388, 395, 404
산호해소(山呼海嘯) 398
살고 있는 정혜원 동쪽은 잡꽃이 산에 가득한데 오직 해당화는 한 그루가 있는데도 그곳 사람들은 귀한 줄을 모르더라(寓居定惠院之東, 雜花滿山, 有海棠一株, 土人不知貴也) 102
살구 꽃(杏花) 100
살구기(殺狗記) 259
삶의 번뇌(生的煩擾) 375
삶의 의지(生之意志) 376
三家詩 19
삼가촌로위담(三家村老委談) 293
삼가항(三家巷) 389, 395

삼국시대 183, 271, 240
삼국지(三國志) 240, 282, 294, 302, 319, 320
삼국지 287, 304, 319, 322, 323, 324, 354
삼국지연의(三國志演義) 286, 322, 323, 354
삼국지통속연의(三國志通俗演義) 323
삼년 일찍이 알다(三年早知道) 390
삼대(三臺) 176, 178, 191
삼대(三代) 40, 156
삼돌출원칙(三突出原則) 395
삼리만(三里灣) 386, 395
삼반분자(三反分子) 395
三寶太監西洋記通俗演義 325
삼부곡(三部曲) 376
삼부작 373, 380
三墳 24
삼선전야망산등(三善殿夜望山灯) 84
삼소인연(三笑姻緣) 293
삼수평요전(三遂平妖傳) 324, 325
삼십강(三十腔) 215
삼언(三言) 55, 61, 66, 292, 322
삼언소설(三言小說) 305, 322, 354
삼원기(三元記) 260
삼원리(三元里) 398
삼인행(三人行) 373
삼자매(三姉妹) 375
삼조(三曹) 72
삼중전회(三中全會) 399
삼천리강산(三千里江山) 385
삼첩(三疊) 191
삼추초(三秋草) 372
삼축(三丑) 251
삼한집(三閑集) 377
삼협오의(三俠五義) 328
삼황(三皇) 236
삽용체(揷用體) 275
상(商) 13
상(上) 219, 253
상(商) 26, 220
상(商)나라 27, 55, 138, 236
상감령(上甘嶺) 385
상강일야(湘江一夜) 398
상견환(相見歡) 192
상고감사정궁단정호(上高藍司正宮端正好) 212
상관여(上官予) 404
상관의(上官儀) 84
상군(湘君) 120
상도(商道) 282
상동왕(湘東王) 154
上洞八仙傳 325
상륜(常倫) 224
상림부(上林賦) 42, 124, 125, 126, 128
상마교(上馬嬌) 248
상무인서관(商務印書館) 362
상미(商謎) 320
상미(上尾) 81, 82
상병여관(傷兵旅館) 374
상부인(湘夫人) 120
상산채미무(上山採蘼蕪) 71
상서(尙書) 25, 24, 26, 137
상서(商書) 138
尙書大傳 137
상서정의(尙書正義) 26, 137
상성(上聲) 34, 37, 80, 92
상송(商頌) 51, 55, 56
상시집(嘗試集) 361, 364
상아반지(象牙戒指) 366
상앙(商鞅) 144
상애곡화(霜厓曲話) 354
상여(相如) 115
상외지상 344
상운악(上雲樂) 240, 241
상원극본집(上沅劇本集) 368
상월(湘月) 194
상월(尙鉞) 363
상위좌상이십운(上韋左相二十韻) 90
상인 237
상정(商梃) 221
상정(觴政) 349
상조조호로(商調醋葫蘆) 280
상주사파(常州詞派) 187, 188
상중원해(湘中怨解) 314
상중현(尙仲賢) 257
상징파(象徵派) 365, 372
상평성(上平聲) 34, 37
상해경극원(上海京劇院) 392
상해문화계에서 세계에 알리는 글(上海文化界告世界書) 370
상해사변(上海事變) 370
상해의 아침(上海的早晨) 389
상형문자 27, 33, 35, 142
상화가사(相和歌辭) 64, 65
상화시(賞花時) 247
상흔(霜痕) 366, 374
상흔(傷痕) 398, 399
상흔문학(傷痕文學) 399
새금화(賽金花) 377
새로 알게된 동료(新結識的伙伴) 390
새로운 사물의 면전에서(在新事物面前) 386
새로운 집(新的家) 386
새벽 빛(曙光) 398
색단(色旦) 250
嗇庵隨筆 307
생(生) 253, 254
생명의 미흔(生命的微痕) 373
생백(生白) 292
생사자(生査子) 189
생사장(生死場) 376
생창 292
생활(生活) 373
서(書) 139
서간(徐幹) 72, 140, 337
서강월(西江月) 189, 192, 194, 274, 288
書經 46
서경 37, 38, 39, 40, 137, 138, 141, 146, 150, 163, 236, 304, 335
西京記 316
서경부(西京賦) 126, 237
서경잡기(西京雜記) 238, 301, 310
서계(書契) 25
서곡(西曲) 91
서광요(徐光耀) 384
서구(徐釚, 353
서군(舒群) 376
書斷 29
서당전(西唐傳) 294
서대춘(徐大椿) 230
서두건아(鋤頭健兒) 377
서량기(西凉伎) 44, 241
서로 돕는 이야기(互助的故事) 385
서룡음(瑞龍吟) 191
서릉(徐陵) 66, 84, 154, 338, 341
서리 내린 나무 잎이 한봄의 꽃처럼 붉다(霜葉紅似二月花) 380
서명(西銘) 164
서문장일고(徐文長佚稿) 285, 287
서문행(西門行) 70, 71
서방노호(西方老胡) 240
서복조(徐復祚) 261, 293
서본립(徐本立) 199
서사(誓辭) 373
서사고자사(叙事鼓子詞) 273
서사도정(叙事道情) 273, 274

서사부(敍事賦) 130
서사시 271
서사연화락(敍事蓮花落) 273
서사증(徐師曾) 40, 131, 199
서사창본(敍事唱本) 274, 288
서산일굴귀(西山一窟鬼) 275, 285, 321
서상기(西廂記) 216, 243, 247, 257, 281, 282, 306, 354
서상기제궁조(西廂記諸宮調) 273, 277, 281, 282
서석기(徐石麒) 228, 261
敍小修詩 349
徐松 90
서안사변(西安事變) 398
서양기(西洋記) 325
서역전찬(西域傳贊) 238
서옥낙(徐玉諾, 364
서위(徐渭) 208, 244, 249, 250, 260, 285, 287, 349, 353
서위(舒位) 262
서위 208, 258, 261, 354
서유기(西遊記) 291, 304, 322, 325
서유기전(西遊記傳) 325
서유보(西遊補) 325
서융(西戎, 385
서자고(瑞鷓鴣) 193, 195
서재사(徐再思) 223
서정기(西征記) 271
서정부(西征賦) 130, 131
서조(西調) 263, 295
서주(西周) 15, 29, 35, 52
서주계(西周系)문자 30
서지(序志) 338
서지마(徐志摩) 363, 365, 369, 372, 402
서진(西晋) 67, 73, 131
서하(西夏) 14
서하사화(西河詞話) 353
서학선(瑞鶴仙) 196
서한(西漢) 학자들의 『시경』 해설에 대한 새로운 이해 270
서한(西漢) 19, 40, 60, 68, 132
서한 62, 66, 69, 70, 71, 75, 117, 165
서한대 31
서한유문(西漢遺文) 293
서향집(黍香集) 228
서현(徐鉉, 317
서호노인(西湖老人) 276
서호유람지여(西湖遊覽志餘) 275, 277, 292, 302
서호이집(西湖二集) 277
서홍유(徐鴻儒) 290
서희(徐 259
석간기(石澗記) 163
석갈(石碣) 374
석고문(石鼓文) 29
석과(石果) 385
석교연(釋皎然, 344
석군보(石君寶) 257, 275, 282
석도세(釋道世) 311
석두기(石頭記) 327
석두손립(石頭孫立) 324
석림시화(石林詩話) 345
석명(釋名) 25, 36, 142
惜分釵 193
석송(惜誦) 120
석송(釋頌) 54
석옥곤(石玉崑) 327
석온옥(石韞玉) 262
석왕일(惜往日) 119, 120
석자장(石子章) 257
석종산기(石鍾山記) 163
석한(石漢) 392
선권(宣卷) 289
선려조(仙呂調) 195
선리(禪理) 23, 345, 346
선비(鮮卑) 15
선비사략(先妣事略) 163
선왕(宣王) 14, 29, 32
선우추(鮮于樞) 221
선유록(仙遊錄) 293
선재행(善哉行) 66
선제(宣帝) 127, 309
선진(先秦) 342, 349
先秦說詩的風尙和漢儒以詩敎說詩的迂曲 60
선풍(旋風) 401
선하(線下) 366
선화(宣和) 208, 244
설강 295
설경(說經) 284, 289, 290, 291, 301
설공안(說公案) 284
설근연(薛近兗) 260
雪濤閣集 306
雪濤閣集序 349
설도형(薛道衡) 76, 92
설몽(說夢) 227
설문(說文) 142
설문해자(說文解字) 24, 26, 27, 28, 29
설문해자 25, 30, 31, 32, 36
설부(說郛) 316, 318
설비수(說肥瘦) 240
설사아(雪獅兒) 194
설삼분(說三分) 320
說商頌 55
설서(說書) 60, 269
說岳全傳 325
설용약(薛用弱) 317
설원(說苑) 309, 310
설원경(說諢經) 284, 320
설원화(說諢話) 320
설자(楔子) 246, 247
설조(薛調) 315
설참청(說參請) 284, 291, 301, 320
설창(說唱) 60, 282, 287
설철기아(說鐵騎兒) 284, 323
설화(說話) 45, 46, 159, 242, 312, 314, 319
설화 159, 283, 284, 301, 314, 319, 320
설화대본 327
설화사가(說話四家) 283, 301
설화인(說話人) 45, 301
설화인 284, 319, 321, 327
陝西梆子 263
섬서화극단(陝西話劇團) 398
섬아지 315
섬화(沈和) 258
섭강(涉江) 120
섭검영(葉劍英) 394
섭몽득(葉夢得) 185
섭몽득(葉夢得) 345
섭소균(葉紹鈞) 361, 368, 374
섭소균 362, 366, 371
섭신향(葉申薌) 195
섭원(葉元) 398
섭은랑(聶隱娘) 315
섭자기(葉子奇) 244
섭전(聶田) 317
섭헌조(葉憲祖) 260, 261
성공(星空) 364
성구사(聖求詞) 279
성남류(城南柳) 259
성당(盛唐) 40, 79, 85, 90
성당 90, 93, 152, 177, 271, 343, 345, 347, 348, 351
성당시(盛唐詩) 93, 343
성당시대 177, 178
盛唐以前 46
성도시고(聖徒詩稿) 375
성령(性靈) 349, 350, 351
성령설(性靈說) 23
성령파(性靈派) 350

성류(聲類) 80
성률(聲律) 91, 153, 219, 339, 343
성리학(性理學) 93, 94, 96, 159
성리학자(性理學者) 96, 343
성방오(成仿吾) 362, 364
성상(成相) 118, 270
성상잡사(成相雜辭) 118
醒世恆言 320
성세신성(盛世新聲) 226
성세인연전(醒世姻緣傳) 327
성세항언(醒世恒言) 284, 305, 321
성안에서의 일년(一年在城市裏) 375
성약왕(聖藥王) 214
성왕(成王) 13, 58
성운(聲韻) 33, 40, 80, 81, 92, 219, 223, 339, 342
성음조화 304
성일(成一) 398
성절고자사(聖節鼓子詞) 279
성제(成帝) 69, 126
성조(聲調) 33, 37, 85
성조(tone) 41, 80, 82, 196
성조도 141
성조론(聲調論) 340
성조보(聲調譜) 79
성좌(星座 404
성중(城中) 366
성형(聖型) 374
성화(成化) 169, 225
성화료원(星火燎原) 391
聖皇篇 28
세 대학생(三大學生) 377
세 반역적인 여성(三個叛逆的女性) 367
세가(世家) 139
세객영문(說客盈門) 400
세계문학(世界文學) 387
세계문화(世界文化) 370
世本 24
세산(細酸) 251
세설신어(世說新語) 301, 312
세조(世祖) 203
세종(世宗) 302
歲寒堂詩話 276, 345
셰익스피어 360
소(騷) 130
소(疏) 19, 24, 26, 115, 150
소가진설(小家珍說) 299
소고(小鼓) 276
소곡(小曲) 210, 225
소공(召公) 236
소공석(召公奭) 52
소공호(召公虎) 52
소군(蕭軍) 371, 376
昭君出塞 261
소금 얘기(鹽的故事) 375
소금산(小金山) 194
소남(召南) 21, 52, 55, 58, 59, 60, 118
소단(小旦) 250, 254
소덕상(蕭德祥) 258, 283
소도(小道) 299, 300
소도홍(小挑紅) 216
소령(小令) 43, 188, 192, 204, 208, 210, 217, 225, 247, 252
소령 205, 211, 212, 214, 215, 216, 217, 220
소루연원(小樓連苑) 192
소리시십수(蘇李詩十首) 67
소림 대북에 오다(小林來臺北) 403
소림(笑林) 310, 312
小林來臺北 403
소막차(蘇莫遮) 178, 241
소말(小末) 250
소매화(小梅花) 194, 196
昭明文選 300
소명태자(昭明太子) 66, 130, 337
소명태자 338, 339, 340
소무(蘇武) 67
韶舞 19
소무시(蘇武詩) 72
소무화번(蘇武和番) 243
소복지(蘇復之) 259
소사(小詞) 181, 205, 210
소사(掃射) 376
소사명(小司命) 120
少司命 120
소상(蘇庠) 185
瀟湘錄에서 316
소생(小生) 254
소석금강과의(銷釋金剛科儀) 290
소석만령호국료의지성가람보권(銷釋萬靈護國了意至聖伽藍寶卷) 291
소석인공실제보권(銷釋印空實際寶卷) 290
小說(短篇) 46
소설(小說) 45, 93, 283, 297, 299, 312, 313, 320
소설 272, 273, 275, 277, 284, 285, 287, 288, 289, 291, 292, 300, 301, 303, 305, 308, 309, 312, 318, 319, 320, 322, 323, 327, 328, 349, 352, 354, 359, 360, 361, 365, 366, 373, 375, 380, 384, 388, 389, 396, 398, 400, 403
소설가(小說家) 300, 301, 309, 335
소설가류(小說家類) 308
소설강경사(小說講經史) 283
소설개혁론 360
소설론 354, 355
소설류 311, 312
소설림(蘇雪林) 402
소설여군치지관계(小說與群治之關係) 354
소설원리(小說原理) 355
소설월보(小說月報) 362, 366
소설집 316
小說叢話 294
소소구성(簫韶九成) 236
소소생(笑笑生) 325
소손도(小孫屠) 249, 253, 258
소수민족 384, 385, 393
소숙양(蘇叔陽) 398
소순(蘇洵) 152, 161, 162
소순흠(蘇舜欽) 99
소식(消息) 194
소식(蘇軾) 43, 68, 94, 107, 132, 152, 158, 161, 183, 242, 341, 345, 346
소식 101, 102, 162, 163, 164, 165, 166, 184, 187, 346, 351
소실산방필총(少室山房筆叢) 285, 300
少室山房筆叢 243
소아(小雅) 52, 54, 56, 103, 340
소여보(嘯餘譜) 199
소연상(邵燕祥) 393
소영(疏影) 194
소영사(蕭穎士) 152
소오의(小五義) 328
소옹(邵雍) 96
소운(小韻) 81, 82
소원(笑苑) 312
소이흑의 결혼(小二黑結婚) 380
소인소사(小人小事) 380
소전(小篆) 28, 29, 31, 38
소주야화(蘇州夜話) 376
소중랑(蘇中郎) 44, 241
소중산령(小重山令) 192
소지현라삼재합(蘇知縣羅衫再合) 287
소지현보원(蘇知縣報寃) 287
소진상의 장군(小鎮上的將軍)

399
소찬(邵璨) 259
小倉山房文集 350
소철(蘇轍) 152, 158, 161, 165
소체(騷體) 130
소충비(邵冲飛) 398
소충정(訴衷情) 193
소통(蕭統) 21, 66, 130, 338, 340
소파의 생일(小坡的生日) 374
소품년(小品年) 371
소품문(小品文) 371, 377
소호(少皞) 235
소홍(蕭紅) 371, 376
소화(笑話) 320
소화산초(小和山樵) 327
속강(俗講) 44, 45, 159, 241, 269, 270, 314
속고문사류찬 166, 167
속곡(俗曲) 225, 226, 227, 229
속금병매(續金瓶梅) 273, 274, 326
俗文學 286
속문학 39, 42, 44, 45
續文獻通考 302
속사삼편(速寫三篇) 380
속서유기(續西遊記) 325
속설(俗說) 312
속소오의(續小五義) 328
속시화(續詩話) 345
속악(俗樂) 63
속역대시화(續歷代詩話) 345, 348
속입일사탄사(續廿一史彈詞) 293
속제해기(續齊諧記) 311
속현괴록(續玄怪錄) 317
속홍루몽(續紅樓夢) 327
손검(孫劍) 400
손경부(孫卿賦) 115, 118
손릉(孫陵) 401
손리(孫犁 385
손면(孫愐) 92
손문(孫文) 359
손복원(孫伏園) 363
손복희(孫福熙) 363
손사막(孫思邈) 291
손성연(孫星衍) 169
孫瑜 383
孫綽 340
손해제(孫楷第) 271, 284, 286
손후(孫芋) 386
宋(金) 46
송(頌) 51, 52, 57
송(宋) 54, 56, 76, 91
송(宋)나라 15, 73, 90, 131, 311, 336, 341
송(宋)대 43, 73, 98
송강(宋江) 302
송강임서(送江任序) 162
송기(宋祁) 180
송나라 16, 44, 45, 57, 59, 64, 68, 92, 93, 94, 99, 100, 101, 103, 104, 106, 107, 108, 152, 158, 164, 178, 180, 181, 182, 186, 188, 190, 191, 195, 196, 199, 205, 206, 207, 241, 267, 272, 273, 274, 275, 276, 278, 280, 282, 283, 285, 288, 289, 291, 294, 301, 318, 320, 321, 322, 341, 342, 343, 344, 345, 346, 347, 348, 349
宋代歌舞劇曲錄要 242
송락(宋犖) 351
송렴(宋濂) 349
송맹동야서(送孟東野序) 162
宋武生日 343
송부도문창사서(送浮圖文暢序) 162
송사(宋詞) 186, 203, 207, 208, 215
송서(宋書) 65
송시(宋詩) 49, 93, 94, 96, 97, 99, 101, 104, 106, 108, 109, 346, 348
頌也 60
송양걸(送楊傑) 101
송옥(宋玉) 41, 42, 115, 117, 119, 121, 128, 154
송옥비추(宋玉悲秋) 121
송완(宋琬, 351
송원구편(宋元舊編) 258
宋元伎藝雜考 284
송원대 245
宋元明講唱文學 242
송원희곡사(宋元戲曲史) 237
송원희곡고(宋元戲曲考) 219, 354
송원희곡사(宋元戲曲史) 207, 243, 256, 284
宋元戲文輯佚 245
송이원귀반곡서(送李愿歸盤谷序) 165
宋翊鳳 175
송인 101
송인사화 285
송인장(宋引章) 256
송자(宋子) 309
송자후(宋子侯) 72
송잡극 250
송조설화인적가수문제(宋朝說話人的家數問題) 284
송지문(宋之問) 85
송지적(宋之的) 377
송청전(宋淸傳) 316
솨령(耍令) 278
솨해아(耍孩兒) 274
쇄미(煞尾) 244, 248
수(隋) 62, 76, 84, 92
수(隋)나라 76, 153, 341
수경신(睢景臣) 223
隋나라 100
수나라 175, 291
수낙천동남행일백운(酬樂天東南行一百韻) 90
수녀보권(秀女寶卷) 291
수당(隋唐) 247
수당양조지전(隋唐兩朝志傳) 324, 354
수당연의(隋唐演義) 354
隋唐演義 324
수라한(數羅漢) 295
수련(首聯) 86, 89
수룡음(水龍吟) 190, 192, 196, 198
수루춘(樹樓春) 196, 198
수사(修辭) 343, 344
수사감형(修詞鑑衡) 342
수사론 355
수사학 338
수서(隋書) 153, 310, 312, 300, 338
수성기(愁城記) 381
수신기(搜神記) 301, 311
수신후기(搜神後記) 311
水龍吟 193
수장백(收場白) 248
수조가두(水調歌頭) 190
수차(水車) 385
수탑야사(繡榻野史) 326
수필 369
수필체 353
수한림백학사대서일백운(酬翰林白學士代書一百韻) 314, 319
수향낭(綉香囊) 293
수향음(水鄕吟) 381
수호전(水滸傳) 275, 285, 302, 306, 322
수호전 283, 287, 302, 304, 305, 307, 324, 325, 349, 354
수호전사화(水滸傳詞話) 286
수호전의 354
수확(收穫) 387
수훼음서국장정(收燬淫書局章程) 303

숙신(肅愼) 15
순(舜) 155, 156, 235, 236
순문학(純文學) 402
순수문학 344
순수문학적 351
순수예술적 345
舜임금 19
순자(荀子) 118, 139, 155, 299, 335
순자(筍子) 40
순자 270
순자지효변문(舜子至孝變文) 271
순전(舜典) 335
순치(順治) 294
순판만(楯板蠻) 238
술악비(戌蓴碑) 398
述異記 301
술집(酒家) 375
술집에서(在酒樓上) 365
술행부(述行賦) 128
숭고(崧高) 53
숭녕(崇寧) 289
숭정(崇禎) 169, 293, 322
슈타인(A. Steine) 269
스페인 228
승리를 위한 노래(爲勝利而歌) 379
승이지(乘異志) 317
승풍파랑(乘風波浪) 389
시(詩) 362, 364
시가선집 347
시간(詩刊) 372, 387
시경(詩經) 14, 17, 46, 49, 51
시경 18, 20, 37, 38, 39, 41, 42, 52, 55, 56, 57, 58, 59, 60, 62, 63, 64, 103, 116, 117, 118, 120, 122, 128, 137, 141, 146, 150, 153, 270, 304, 335
시경석의(詩經釋義) 57
시경통론(詩經通論) 56
시계별창론(詩界別創論) 359
시고미(詩古微) 57
시공안(施公案) 328
시교(詩敎) 60
시구(詩句) 319
시끄러운 고원(喧鬧的高原) 384
시내암(施耐庵) 286, 307, 324
시득서산연유기(始得西山宴遊記) 163
시들지 않는 꽃송이(開不敗的花朵) 385
시률(詩律) 73, 175
시문(時文) 167, 340, 349
시문집 316
시변 345
시보서(詩譜序) 58
시부(詩賦) 335, 337, 352
시사(詩詞) 321
詩詞散論 108
시사신보(時事新報) 362
시삼백(詩三百) 52
시상남북아조만화소곡(時尙南北雅調萬花小曲) 229
시서집의(詩序集義) 57
詩聖 345
시소신(施紹莘) 225, 228
시시대(詩時代) 379
시식(詩式) 336, 344
시여(詩餘) 43, 175
시여도보(詩餘圖譜) 199
시연(侍宴) 84
시월(十月) 387
시윤장(施閏章, 351
시의 육의(六義) 126, 343
시의(詩議) 344
시이수(詩二首) 67
시인소설(市人小說) 319
시인주객도(詩人主客圖) 344
시전(詩鐫) 365, 372
시접전(詩集傳) 59
시조(時調) 379
시지육의(詩之六義) 57, 60
시집전(詩集傳) 52, 54, 57
시찬(詩讚) 273, 274, 275, 277, 286, 294
시찬계(詩讚系) 272, 273, 274, 277, 288
시찬체(詩讚體) 274, 286
시품(詩品) 68, 72, 82, 336, 338, 339, 340, 344
시혜(施惠) 259
시화(詩話) 285, 286, 344, 345, 346, 348, 353
시화류(詩話類) 336
시황(始皇) 14
식(蝕) 373
신간요목관장탁기풍월금낭정잡양과(新刊耀目冠場擢奇風月錦囊正雜兩科) 228
신간적회기묘전가금낭속편(新刊摘滙奇妙全家錦囊續編) 228
신괴 318
신기루(蜃樓) 367
신기질(辛棄疾) 185, 187, 196
신녀부(神女賦) 128
신농(神農) 24, 235
신단(身段) 249
新唐書 310
신도(神道) 290, 291
新列國志 324
신로(新路) 385
신론(新論) 300
신마소설(神魔小說) 325
신문예(新文藝) 401
신문예강좌(新文藝講座) 370
신문팔이아이(賣報童) 398
신문학(新文學) 33, 361, 382
新變聲 64
신보(晨報) 365
신보부간(晨報副刊) 362, 368
신생(新生) 374
신서(新序) 117, 310
신선(神仙) 310, 311
신선사상 22, 23, 309, 310
신선세계 309
신선술 309, 311
신선전(神仙傳) 311
신성(新聲) 64, 70, 175
新聲曲 64
新聲變曲 64
신성이십팔해(新聲二十八解) 64
神聖的使命 399
신성한 사명(神聖的使命) 398
신소설(新小說) 307, 354
신수등왕각기(新修滕王閣記) 163
신수령(新水令) 248
신수주기(臣壽周紀) 309
신시가(新詩歌) 373
신아녀영웅전(新兒女英雄傳) 381
신악부(新樂府)운동 342
신악부사(新樂府辭) 64
신안과장루(新雁過將樓) 193
신연년(辛延年) 72
신운(神韻) 346, 351
신운설(神韻說) 24, 344, 345
신운파(神韻派) 351
신월(新月) 372
신월사(新月社) 363
신월시선(新月詩選) 372
신월월간(新月月刊) 369
신월파(新月派) 365, 372, 373
신유학(新儒學) 93
신이경(神異經) 309
신정(神情) 351
신종(神宗) 280, 302
신중루(蜃中樓) 262
신천하제일교(新天下第一橋) 381

신청년(新青年) 360, 361, 364, 367, 368
신편과부열녀시곡(新編寡婦烈女時曲) 225
신편오대사평화(新編五代史平話) 321
新平妖傳 285
신하엽(新荷葉) 279
신학구(新學究) 377
신학의 시(新學之詩) 359
신해혁명 389
신현실주의(新現實主義) 399
신화 308
신화송(新華頌) 384
심겸(沈謙) 195, 228
심경(沈璟) 216, 224, 245, 260
심기제(沈旣濟) 314
심단선(沈端先) 370
심덕부(沈德符) 326, 353
심덕잠(沈德潛) 62
심방(心防) 381
심사(沈仕) 224
심서몽(沈西蒙) 392
심수선(沈受先) 260
심아지(沈亞之) 314
심약(沈約) 73, 80, 81, 82, 92, 131, 312, 338, 339, 340
심양시고(潯陽詩稿) 229
심용(諶容) 399
심웅(沈雄) 353
심원춘(沁園春) 190, 193
심윤묵(沈尹默) 361, 364
심의보(沈義父) 205, 346
심자진(沈自晋) 225, 260
심전기(沈佺期) 85, 176
심종문(沈從文) 375, 377
심채(沈采) 259
十駕齋養新錄 68
십개(十丐) 203
십년송가(十年頌歌) 393
십년시선(十年詩選) 379
십삼경주소(十三經注疏) 19, 137
십오종군정(十五從軍征) 71
십육자령(十六字令) 198
십이루(十二樓) 322
십이시(十二時) 191
십이월(十二月) 212, 248
십이월고자사(十二月鼓子詞) 279
십이월대요민가(十二月帶堯民歌) 211
십주기(十洲記) 309
싸움터의 원앙(戰地鴛鴦) 381
쌀(米) 381
쌍관법(雙關法) 167, 168
쌍구대(雙句對) 148
쌍녀탈부(雙女奪夫) 282
쌍성(雙聲) 38
쌍성대(雙聲對) 84, 85
쌍어선추 277
쌍의대(雙擬對) 84, 85
쌍점간소경(雙漸趕蘇卿) 282
쌍점간소경 282
쌍점간소경제궁조 282
쌍점소경제궁조(雙漸蘇卿諸宮調) 282
쌍조(雙調) 188, 190, 194
쌍조체(雙調體) 188, 190
쓰레기통(拉圾桶) 376
佞幸傳 64
論佛骨表 156
뢰(賚) 57
뢰이빈(賴以邠) 199

(ㅇ)
아(雅) 54, 57
아갑(阿甲) 392
아녀영웅전(兒女英雄傳) 327
兒女英雄傳評話 328
아름다운 남방(美麗的南方) 389
아모이 풍모(廈門風姿) 393
아부(雅部) 246, 263
아선(阿禪 385
아송(雅頌) 51
아악(雅樂) 61, 63
아영(阿英) 328, 376
아침 안개(朝霧) 366
아편전쟁 359
아행기야(我行其野) 54
아현(瘂弦) 404
아Q정전(阿Q正傳) 361, 366
악곡(樂曲) 196, 247, 272, 274, 281, 291
악곡계(樂曲系) 272, 274
악기(樂記) 19, 36, 236
악률(樂律) 190
악무(樂舞) 235, 289
악백천(岳伯川) 244, 257
악부(樂府) 39, 42, 43, 46, 62, 63, 66, 70, 72, 74, 76, 175, 235, 218
악부고사(樂府古辭) 64, 65, 66, 70, 91, 106
악부군옥(樂府羣玉) 204, 216
악부민가 64
악부사(樂府詞) 184
악부사파(樂府詞派) 184
악부시(樂府詩) 39, 62, 63, 64, 67
악부시집(樂府詩集) 64, 65, 66, 240
악부시체(樂府詩體) 62
樂府新聲 283
악부아사(樂府雅詞) 288
樂府餘論 175
악부잡록(樂府雜錄) 44, 176, 239, 241
악부제(樂府題) 64
악부지미(樂府指迷) 205, 346
악비(岳飛) 185, 325
악사(樂史) 317
악야(岳野) 387
樂毅圖齊 323
악장집(樂章集) 194
악조(樂調) 247, 273, 272
악지(樂志) 65, 238, 240
안개(霧) 374
안공자(安公子) 195
안기도(晏幾道) 180
안록산(安祿山)의 난 158
안록산(安祿山) 251
안방지(安邦志) 293
안사지난(安史之亂) 313
안세방중가(安世房中歌) 74, 123
안수(晏殊) 180
안아락(雁兒落) 248
안연(顔淵) 19
안연지(顔延之) 73, 340
안자춘추(晏子春秋) 139
안지추(顔之推) 92
안파(安波) 386
알금문(謁金門) 207
알로우호 사건 359
알운요결(遏雲要訣) 279
암향(暗香) 194
암향소영(暗香疏影) 194
암흑 속에서(在暗黑中) 374
압록강 가에서(鴨綠江上) 367
압박(壓迫) 368
압연기 수리(修好軋鋼車) 390
압운(押韻) 89, 91, 219, 253, 281
압좌문(押座文) 269
앙가(秧歌) 60, 381
秧歌劇 381
애국적(愛國賊) 368
애덤 스미스 360
애무(艾蕪) 380, 386, 389, 390, 400
애사(涯詞) 206, 242, 272, 276
애신과 화살(愛神與箭) 377

애영(哀郢) 120, 121
애정삼부곡(愛情三部曲) 374
애정에서 잊혀진 모퉁이(被愛情遺忘的角落) 400
애제(哀帝) 63
애청(艾青) 373, 387, 392
앵가보권(鸚哥寶卷) 291
앵무부(鸚鵡賦) 129, 131
앵앵전(鶯鶯傳) 280, 281, 315
앵제서(鸚啼序) 191
앵제서(鶯啼序) 196
야광배(夜光杯) 377
야담(夜談) 390
야사(野史) 300, 315
야시원서목(也是園書目) 285
야앵(夜鶯) 371
야유사균(野有死麕) 59
야제(野祭) 375
야초(野草) 368
야풍(野風) 401
야화(野火) 374
야회(夜會) 374
野獲編 326
약(藥) 361
약명보권(藥名寶卷) 292
약사본원경(藥師本願經) 290
약사본원공덕보권(藥師本願功德寶卷) 290
약왕(藥王) 291
약왕구고충효보권(藥王救苦忠孝寶卷) 291
약왕보살(藥王菩薩) 291
얇은 장막을 통해 밝은 달을 바라보며(薄帷鑒明月) 83
양(洋) 376
양(梁) 66, 72, 76, 84, 91, 153, 339
양(梁)나라 82, 130, 147, 153, 240, 271, 311, 341, 355
양가장(楊家將) 294
양경부 126
양계초(梁啓超) 68, 121, 307, 354, 359, 360
양고전(楊高傳) 393
양과(楊果) 221
양귀비(楊貴妃) 257, 367
양덕승(梁德繩) 294
양도부(兩都賦) 42, 125
양도부 126, 128
양류지(楊柳枝) 178
양리방(楊履方) 387
양립재(楊立齋) 275, 282
양만리(楊萬里) 94, 98
양말(楊沫 389
양말현(楊沫現) 398
양무구(楊旡咎) 185
양무운동(洋務運動) 359, 360
양박(兩拍) 322
양보음(梁甫吟) 76
양빈(梁斌) 388, 395
양삭(楊朔) 385, 395
양산박(梁山泊) 324
양산박보권(梁山泊寶卷) 291
양상천(梁上泉) 384
양서(梁書) 153, 339
양선파(陽羨派) 187
楊誠齋曰 350
양소(楊騷) 373
양송분(楊松玢) 312
양순길(楊循吉) 224
양신(楊愼) 224, 286, 287, 292, 353, 354
양신어(梁辰魚) 260
양실추(梁實秋) 363, 369
楊氏女殺狗勸夫 283
양옥아(楊玉娥) 282
양왕(襄王) 138
양웅(揚雄) 32, 125, 126, 128, 130, 140, 143, 154, 335
양웅전(揚雄傳) 115, 127, 128
양윤달(梁允達) 377
양은수(楊恩壽) 228, 354
양을진(楊乙眞) 204
양음심(楊蔭深) 368
양익언(楊益言) 389, 395
梁章鉅 68, 167
양장원(洋狀元) 368
양정견(楊定見) 285, 324
양정남(梁廷枏) 354
양정화(楊廷和) 224
양조관(楊潮觀) 262
양조영(楊朝英) 223
양주(梁州) 178
양주(揚州) 294
양주령(梁州令) 194
양주령첩운(梁州令疊韻) 194
양주몽(揚州夢) 258
양주화방록(揚州畫舫錄) 263, 294
양지서(兩地書) 368
양지화(楊志和) 325
양진어(梁辰魚) 224, 293
양창전(楊娼傳) 315
양청촉(楊青矗) 403
양촌인(楊邨人) 369
양춘백설(陽春白雪) 204
양태진외전(楊太眞外傳) 317
양판희(樣板戲) 395, 396
양평사문집후서(楊評事文集後序) 157
양한(兩漢) 157
양현지(楊顯之) 256, 283
양형(楊炯) 85
양호파(陽湖派) 166, 352
양효왕(梁孝王) 83, 124, 126
어가오(漁家傲) 279
어가자(漁歌子) 178
어고(魚鼓) 292
어디를가나(往何處去) 375
어람관음보권(魚藍觀音寶卷) 291
어록(語錄) 345
어림(語林) 312
어머니의 꿈(母親的夢) 377
어목집(魚目集) 372
어부(漁父) 119
어부무(漁父舞) 289
어부사(漁父詞) 176
어사(語絲) 368
어사사(語絲社) 363
어사주간(語絲週刊) 363
어설(馭說) 272, 275, 282
어제의 365
어체(語體) 352
억강남(憶江南) 178, 179, 188, 192, 193
억고인(憶故人) 194
억진아(憶秦娥) 176, 177
言鯖 285
얼해화(孽海花) 328
엄기(嚴忌) 42, 117, 124
엄복(嚴復) 360
엄숙(嚴肅) 385
엄우(嚴羽) 23, 345, 351
엄조(嚴助) 124
엄조전(嚴助傳) 125, 127
엄진(嚴陳) 393
업언(立言) 146
업하칠자(鄴下七子) 337
에치오피아의 어머니(阿北西尼亞的母親) 377
여관자(女冠子) 195
여극포담시서(與極浦談詩書) 344
여동빈도철괴이악(呂洞賓度鐵拐李岳) 244
여동빈화월신선회(呂洞賓花月神仙會) 243
여러 해 동안의 며느리(多年的媳婦) 376

여명의 하변(黎明的河邊) 385
여명지천(黎明之前) 376
여몽기(如夢記) 401
여몽령(如夢令) 198
呂民春秋 24
여분(汝墳) 52, 59
여사록(餘師錄) 342
여사의 애원(麗沙的哀怨) 375
여산기(驪山記) 317
여상동왕논문서(與湘東王論文書) 147
여상두(余象斗) 325
여상원(余上沅) 368
여서창(黎庶昌) 166, 167
여소무시삼수(與蘇武詩三首) 67
여소어(余邵魚) 324
여신(女神) 364
여씨춘추(呂氏春秋) 139, 308
여악(厲鶚) 187, 228, 351
與楊德祖書 18
여여란광지(女如蘭壙志) 163
여여청(黎汝靑) 396
여열문(黎烈文) 371
여와보천(女媧補天) 308
與友人論文書 349
여원구서(與元九書) 18, 162, 342
여위로(呂渭老) 279
여은(廬隱) 366, 369
여음(餘音) 175
여이생론시서(與李生論詩書) 344
與李友 349
여인론시(與人論詩) 94
여인여인(女人女人) 381
여인의 마음(女人的心) 366
여장원(女狀元) 262
여장원춘도기(女狀元春桃記) 243
여점원(女店員) 391
여정(呂靜) 80, 92
여조겸(呂祖謙, 348
여조사도하선고인과권(呂祖師度何仙姑因果卷) 291
呂種玉 285
여지견(茹志鵑) 390, 399
여진(女眞) 15
여진족(女眞族) 14, 204, 205, 209
여천성(呂天成) 260, 353
여춘원(麗春園) 247
여치(余治) 303
여포댁시서(呂布宅詩序) 287
여후(呂后) 70
呂后斬韓信前漢書續集 323
역 146
역경(易經) 36, 140, 143, 151
역대사략십단금사화(歷代史略十段錦詞話) 286, 287, 292, 294
역대시화(歷代詩話) 345, 348
易餘龠錄 243
역염(酈炎) 72
역학(易學) 338
연(聯) 84, 86, 89
연가행(燕歌行) 76
揅經室一集 54
연구(聯句) 75
연기(緣起) 269
연면대(聯綿對) 85
연변의 노래(延邊之歌) 393
연분(煙粉) 284
연사가사(燕射歌辭) 64
연사사(蓮社詞) 280
연악이십팔조(燕樂二十八調) 247
연안문예강화 399
연악(燕樂) 175
연용체(連用體) 274
연의소설(演義小說) 45, 46, 297, 319, 321, 322, 326
연자거사화(蓮子居詞話) 353
연주대(連珠對) 84
연창사화(演唱詞話) 285
연청(燕青) 283
연탁(燕濯) 237
연투(聯套) 281
연형책(連衡策) 144
연화락(蓮花落) 60, 277
연환기(連環記) 259
열국지전(列國志傳) 324
열녀전(列女傳) 310
열미초당필기(閱微草堂筆記) 318
열자(列子) 308
열장(熱場) 255
열전(列傳) 139, 310
열풍(熱風) 368
염(念) 289
염노교(念奴嬌) 183, 190, 194, 285
염단(艷段) 242
염백(念白) 208
염숙(閻肅) 392
염양천(艷陽天) 388
염염고생죽(冉冉孤生竹) 66, 68
염우(嚴羽) 94
炎帝 24
염조(嚴助) 125
염철론(鹽鐵論) 140
葉德均 242
葉德輝 320
葉夢得 181
엽아악부(葉兒樂府) 228
葉玉華 243
葉子肅詩序 349
영(令) 193
영가잡극(永嘉雜劇) 208, 244
영경승평(永慶昇平) 328
영광스런 성운(光榮的星雲) 384
영괴(靈怪) 284
영규율수(瀛奎律髓) 347
영락대전(永樂大典) 249, 258, 253
영령(玲玲) 377
영류(詠柳) 84
영명(永明) 82
영명체(永明體) 73, 82, 339
鈴木虎雄 131
영물부(詠物賦) 130
영물적(詠物的) 76
영사(令詞) 178, 225
영사시(詠史詩) 72
影宋京本通俗小說金虜海陵王荒淫 320
영우락(永遇樂) 194
영웅대팔의(英雄大八義) 328
영웅소팔의(英雄小八義) 328
英雄人物 396
영원한 봄(永遠的春天) 399
영천동(靈泉洞) 389
영춘사(詠春詞) 275
영해조석(靈海潮汐) 366
영헌왕(寧獻王) 353
영호덕분(令孤德棻) 153
영화병풍시(詠畵屛風詩) 84
영회시(詠懷詩) 73
영희(影戱) 276
影戱詞 276
예교주의 22, 302, 360
예기(禮記) 19, 36, 140, 236
예랄(曳刺) 251
예문류취(藝文類聚) 66
예문지(藝文志) 18, 19, 32, 61, 63, 115, 118, 119, 128, 138, 300, 309, 311, 335
예부운략(禮部韻略) 92
예상속보(霓裳續譜) 229
예상중서제일(霓裳中序第一) 194
예서(隷書) 28, 31, 38
예술적 생활(藝術的生活) 368
예술지상 362
예악(禮樂) 19, 30
예악제도(禮樂制度) 14
예악지(禮樂志) 61, 62, 63, 65, 118,

237, 239
예원치언(藝苑卮言) 353
예이덕(倪貽德) 363, 367
예혼(禮魂) 120
예환지(倪煥之) 374
오강(吳强) 389, 395
오강파(吳江派) 224
오격(吳激) 186
오격사성론(五格四聲論) 340
오경(五經) 51, 117, 156
오경박사(五經博士) 18
오경재(吳敬梓, 307, 326
吳敬梓傳 326
오계선사사홍련(五戒禪師私紅蓮) 278
오공양(伍供養) 274
오교(吳喬) 101
오구수왕(吾丘壽王) 124, 125
오규교(五奎橋) 367, 376
오균(吳均) 84, 238
오균(吳均, 311
오기(吳綺) 187, 228
오대(五代) 43, 64, 177, 178, 180, 181, 189, 196, 286
오대사(五代史) 281, 282, 320
오대사평화(五代史平話) 286
오동권(吳東權) 401
오동우(梧桐雨) 251, 257
吳蘭 243
오랑(吳烺) 195
오륜전비(五倫全備) 259
오매(吳梅) 195, 204, 220, 261, 354
오문영(吳文英) 186
오병(吳炳) 261
오봉음(五鳳吟) 326
오삼십사건(五·三十事件) 362, 363
五卅慘案 363
오석기(吳錫麒) 228
오성곡(吳聲曲) 91
오소미(吳少微) 152, 154
오숙(吳淑) 317
오승은(吳承恩, 325
오신가(吳晨笳) 385
오십년대(五十年代) 381
오악산인주유앙지집(五岳山人周遊仰止集) 324
오야제(烏夜啼) 76, 192, 248
오언(五言) 42, 55, 66, 67, 69, 70, 72, 74, 75, 76, 79, 89, 91, 167
오언고시(五言古詩) 67, 69, 71, 76
오언배률(五言排律) 90
오언시(五言詩) 40, 69, 70, 72, 73, 81, 85, 86, 132, 339
오언율시 86, 87, 89, 189
오언절구(五言絶句) 89, 91
오여륜(吳汝綸) 166
오영(五英) 235
오옥요(吳沃堯, 328, 360
오왕(吳王) 124
오원태(吳元泰, 325
오월(五月) 379
오월춘추(吳越春秋) 310
오위업(吳偉業) 262
오음(吳音) 293
오음(五音) 80
오음계(五音系) 274
오응화(吳應和) 195
오인경(吳仁卿) 223
오입도원(誤入桃源) 259
오자목(吳自牧) 242, 275, 276, 278, 283, 301, 320
오자서변문(伍子胥變文) 270, 271
오자왕승복전(圬者王承福傳) 163
오정육제설(五情六際說) 60
오제(五帝) 236
오조(吳藻) 228
오조소설(五朝小說) 311
오조의(吳兆宜) 75
오질(吳質) 240
오질별전(吳質別傳) 240
오창령(吳昌齡) 257
오치휘(吳稚暉, 363
오칠언 347
오칠언시평측거우(五七言詩平仄擧隅) 79
오함(吳晗) 392, 395
오행지(五行志) 69
五顯靈官大帝華光天王傳 325
오형조(吳衡照) 353
오호십육국(五胡十六國) 15, 16
오호유(五湖遊) 262
오획강정(烏獲扛鼎) 237
옥곡조황(玉谷調簧) 226
옥교리(玉嬌李) 326
玉堂閒話 316
옥대신영(玉臺新詠) 66, 67, 68, 75, 91, 338, 341
옥련환(玉連環) 294
玉茗堂文集에 349
玉茗堂尺牘 349
옥정하(屋頂下) 374
옥지기(玉支磯) 326
옥청정(玉蜻蜓) 293
옥황대제(玉皇大帝) 291
溫室經講唱押座文 269
온정균(溫庭筠) 179, 180
온주잡극(溫州雜劇) 244
온천기(溫泉記) 317
옹방강(翁方綱) 79, 68, 169, 351
옹우홍(翁偶虹) 392
옹정(雍正) 302, 327
雍正上諭內閣 302
옹희악부(雍熙樂府) 204, 216, 226, 283
와사(瓦舍) 279
와사중기(瓦舍衆伎) 283
와시기예(瓦市伎藝) 276
와신상담(臥薪嘗膽) 377
와자(瓦子) 289
완계사(浣溪沙) 189, 193, 253
완대성(阮大鋮) 261
완사기(浣紗記) 260
완약(婉約) 180, 181, 183, 220, 224
완약파(婉約派) 180
완우(阮瑀) 72
완원(阮元) 54, 169, 352
완적(阮籍) 73
왕경우(王景愚) 398
왕계사(王季思) 208
王觀堂先生全集 55
왕괴(王魁) 208, 244, 245
왕괴삼향제(王魁三鄕題) 245
王宏撰 307
왕구(王構) 342
왕구사(王九思) 215, 224, 259
왕국유(王國維) 29, 55, 57, 207, 219, 237, 243, 256, 279, 284, 285, 353, 354, 355
왕기덕(王驥德) 220, 225, 260, 353
왕기손(王沂孫) 186
왕노언(王魯彦) 366, 374
왕도(王度) 313
왕도곤(汪道昆) 260, 261
왕도정치(王道政治) 19
왕독청(王獨淸) 363, 365
왕람(王藍) 401
왕련(王煉) 391
왕례석(王禮錫) 371
王明淸 283
왕몽(王蒙) 387, 398, 399, 400
왕문석(王汶石) 390
왕문흥(王文興) 402
왕미(王微) 340
왕반(王磐) 224, 228
왕발(王勃) 76, 85, 147, 154

왕백성(王伯成) 257, 281
왕벽강(王辟疆) 316
왕부지(王夫之, 350, 352
왕붕운(王鵬運) 188
왕빈(王斌) 340
왕사순(王思順) 255
왕사정(王士禎) 23, 79, 187, 318, 344, 345, 351, 353
왕서언(王西彦) 389
왕선겸(王先謙) 166, 167
왕세정(王世貞) 165, 205, 260, 349, 353
왕소군(王昭君) 257, 398
왕소군변문(王昭君變文) 271
왕수(王叟) 316
왕수원(王樹元) 392
왕숙(王肅, 195－256) 25
왕신중(王愼中) 166
왕실보(王實甫) 221, 222, 243, 247, 256, 281
왕실역사연구원(Royal Academia de la Historia) 228
왕아평(王亞平) 398
왕안석(王安石) 94, 100, 104, 107, 108, 152, 158, 161, 162, 163, 165, 184, 341, 345, 347
왕약허(王若虛, 346
왕양명(王陽明, 349
王陽明左派 349
왕염(王琰) 311
왕염손(王念孫) 169
왕엽(王曄) 223, 258
왕오(王鏊) 169
왕완(汪琬, 352
왕운(王惲) 275, 282
왕원견(王愿堅) 385, 390, 398
왕원형(王元亨) 223
왕월(王越) 224
왕유(王維) 73, 100, 344, 351
왕융(王融) 73, 80, 82
왕응린(王應麟) 165
왕의영(王懿榮) 27
왕인지(王引之) 169
왕인후(王仁煦) 92
왕일(王逸) 42, 75, 117, 119, 120, 121, 123, 124, 335
왕일화(王日華) 216
왕임숙(王任叔) 366
왕자단권렴기(王子端捲廉記) 243
왕자일(王子一) 223, 259
왕작(王灼) 280, 346
왕전(王田) 224
왕정(王鼎) 221
왕정눌(王廷訥) 261
왕정덕(王正德, 342
왕정지(汪靜之, 364
왕정화(王禎和) 403
왕제(王濟) 259
왕중문(王仲文) 257
왕중민(王重民) 177
왕중원(王仲元) 223
왕중현(汪仲賢, 363
왕증기(汪曾祈) 392
왕질(王銍) 342
王次仲 29
왕찬(王粲) 72, 115, 131, 337
왕찬전(王粲傳) 240
왕충(王充) 140, 335
왕치원(王致遠) 393
왕통(王通) 154, 341
왕통조(王統照) 366, 371, 374
왕평릉(王平陵) 370, 401
왕포(王褒) 42, 117, 127
왕포전(王褒傳) 118, 127
왕행원(王杏元) 389
왕혁청(王奕清) 199
왕형(王衡) 261
왕홍문(王洪文) 394, 397
왕희지(王羲之) 98
외(外) 254, 255
외단(外旦) 250
외담(猥談) 244
외말(外末) 250
외물(外物) 299
外戚傳 64
요(堯) 13, 138, 155, 156, 235
요(遼) 14, 15
요내(姚鼐) 21, 161, 163, 166, 352
요동요부(遼東妖婦) 240
요람가(搖籃歌) 373
요맹간(饒孟侃) 365, 372
요무량(姚茂良) 259
요문원(姚文元) 394, 397
요민가(堯民歌) 212, 248
요사렴(姚思廉) 153
요산당외기(堯山堂外紀) 277
요설은(姚雪垠) 388, 396, 398, 400
요수(姚燧) 221
요순(堯舜) 40
요언(謠諺) 69, 70, 75
요재이곡(聊齋俚曲) 273
요재지이(聊齋志異) 318
요전(堯典) 38, 141
요제항(姚際恒) 56
窈窕淑女 37
么篇 281
廖平 118
욕마(慾魔) 381
欲海回狂集 307
용강송(龍江頌) 391
용골(龍骨) 27
龍圖公案 328
용수구(龍鬚溝) 387
용우순(龍宇純) 28
용원사운(榕園詞韻) 195
容齋隨筆 68
용천루(龍天樓 402
우(禹) 26, 156, 235
우갱우(于賡虞, 365
우거상(牛車上) 376
우공고문(于公高門) 247
우동(尤侗) 228
우렵부(羽獵賦) 125, 126, 128
우령(于伶) 377, 392
우리 깃발 아래에서(在我們的旗幟下) 379
우리 앞에 있는 광명(光明在我們前面) 375
우리의 가장 위대한 명절(我們最偉大的節日) 384
우리의 고향(我們的故鄕) 377
우리의 군장(我們的軍長) 398
우리의 오성 붉은 기를 높이 들고(高擧着我們的五星紅旗) 384
우림랑(羽林郎) 72
우림령(雨霖鈴) 176, 182
우미인(虞美人) 189, 192, 196, 207
우사(右史) 138
우서(虞書) 138
우성악부(寓聲樂府) 192
우숙(牛肅) 317
우승유(牛僧孺) 315, 317
우시지(于是之) 391
우언(寓言) 308
우인백희(優人百戲) 292
友人會宿 106
우주풍(宇宙風) 371, 377
우초속지(虞初續志) 318
우초신지(虞初新志) 318
우초주설(虞初周說) 309
우촌곡화(雨村曲話) 354
우파(右派) 363
욱달부(郁達夫) 362, 364, 366, 369, 370, 374, 377
운경(惲敬) 166, 187, 352

운남희(雲南戲) 263
운률 84, 146
운몽(雲夢) 126
운문(雲門) 235
운미(韻味) 351
운봉산인(雲封山人) 326
운사외사(雲槎外史) 327
운서(韻書) 187, 195
운외지치(韻外之致) 344
운유(雲遊) 365
운율 85, 365
운중군(雲中君) 120
운집(韻集) 80
운하(運河) 373
鬱輪袍 261
울륜포 262
웅불서(熊佛西, 363, 368, 377
웅용봉(熊龍峯) 278
웅종곡(熊鍾谷) 324
원(元) 14, 40, 46, 221
원(元)나라 16, 43, 92, 205, 342
원 208, 222, 244, 245, 246, 253, 289, 321
원결(元結) 152, 154, 341, 347
원곡(元曲) 203, 207, 208, 219, 222, 223, 282
원곡사대가(元曲四大家) 257
원곡선(元曲選) 248, 286
원곡육대가(元曲六大家) 257
원굉도(袁宏道, 23, 306, 349
원교(袁郊) 315, 317
원교 315
원나라 44, 186, 203, 204, 207, 219, 221, 222, 224, 225, 228, 245, 257, 258, 267, 273, 275, 276, 277, 279, 281, 282, 283, 293, 313, 318, 322, 346, 347, 353
원대 44, 186, 206, 219, 247
원도(原道) 156, 161, 338, 339
원동력(原動力 385
원말 251, 254
원매(袁枚) 23, 350
원무유(元無有) 315
원미지최앵앵상조접련화(元微之崔鶯鶯商調蝶戀花) 280
원본(院本) 44, 46, 207, 209, 242, 243, 313
院本考 243
원본명목(院本名目) 243
원사(元史) 285
諢詞 313
원사시어(圓社市語) 279
원성(原性) 161
원신(袁信) 240
元氏長慶集 314
원야(原野) 377
阮瑀 337
원우령(袁于令) 260
원유(遠遊) 119
원인잡극서설(元人雜劇序說) 243
원인탄사(元人彈詞) 293
원잡극 243, 256, 259, 261, 391
阮籍 340
원제(元帝) 257
袁中郞隨筆 349
袁中郞全集 349
원진(袁晋) 225,
원진(元稹) 90, 98, 158, 280, 314, 315, 342
원진 318, 319
원풍(元豐) 280
阮咸注 24
원호문(元好問) 186, 221, 275, 346, 347
原化記 316
원화령(元和令) 248
월가(粵歌) 293
월구(粵謳) 229
粵劇 263
월명화상도유취(月明和尙度柳翠) 278
월임호(越恁好) 279
월조(越調) 194
월출(月出) 55
월풍(粵風) 229
위(魏) 21, 23, 25, 165, 240, 337
위(魏)나라 80, 115, 146, 336
위・진・남북조 310, 337, 341
위강염(魏鋼焰) 384
위고 360
僞孔傳 137
위금지(魏金枝) 375
위기(危機) 368
위나라 73, 310
偉大的愛國詩人－屈原 117
위량보(魏良甫) 224
위량보(魏良輔) 246, 260
위로시화(圍爐詩話) 101
위로편지집(慰勞信集) 379
위문제(魏文帝) 74
위문제어명진작시(魏文帝於明津作詩) 66
위서(魏書) 240
위소(韋昭) 237
위소원(韋素園, 363
위수인(魏秀仁, 328
위외(魏巍) 393, 398
위원(魏源) 56
위응물(韋應物) 100, 176
위자유서(僞自由書) 377
위장(韋莊) 180
위정(爲政) 335
위진(魏晋) 45, 68, 80
위진남북조(魏晋南北朝) 40, 46, 62, 64, 153
魏陳思王植 340
위징(魏徵) 153, 300
위촌퇴거일백운(渭村退居一百韻) 90
위총무(韋叢蕪, 363, 365
衛聚賢 118
위태(魏泰) 345
위호(韋護) 374
위희(魏禧) 352
유・불・도 303
유가(儒家) 18
유가 22, 23, 138, 140, 157, 339, 350, 352
유가경전 94
유가사상 339
유개(柳開) 164
유견오(庾肩吾) 84
유고양이씨장백회본수호전추측구본수호전(由高陽李氏藏百回本水滸傳推測舊本水滸傳) 286
유공안(劉公案) 328
유과(劉過) 185
유교 260, 335, 336, 341
유극장(劉克莊) 185, 196
유대괴(劉大櫆) 166, 352
유란여사(幽蘭女士) 368
유랑(流浪) 364
유림외사(儒林外史) 307, 326, 328
維摩押座文 269
維摩唱文 269
維摩唱文網領 269
유마힐경 271
유마힐경변문(維摩詰經變文) 270, 271
유망(流亡) 375
유망자의 노래(流亡者之歌) 372, 373
유머 371
유면(柳冕) 154, 162
유명록(幽明錄) 311

유모(奶媽) 375
유몽매(柳夢梅) 261
유몽위(劉夢葦) 365
유무(劉武) 124
유무쌍전(劉無雙傳) 315
유물주의 391
유미주의 223, 338, 343, 344
유미주의적 76, 82, 97, 153, 158
劉敓 336
유반농(劉半農) 361, 363, 368
유방(劉邦) 61, 123
유백우(劉白羽 384
유병충(劉秉忠) 221
유복(劉復) 361, 377
유분(劉敓) 345
유비(劉備) 240, 319
유비(劉濞) 124
유빈안(劉賓雁 387, 399
유사문예(幼獅文藝) 401
劉師培 26
유사하(流沙河) 392
遺山先生文集 275
遺山集 346
유상부인승천변문(有相夫人升天變文) 271
유상지전(有商誌傳) 324
유석(柔石) 370, 375
유선굴(遊仙窟) 313
유선시(遊仙詩) 118, 120
유세명언(喩世明言) 305, 321
유소기(劉少奇) 383
유소당(劉紹棠 387
유신(維新) 359
유신(庾信) 76, 83, 84, 154
유신 84, 343, 360
유심무(劉心武) 398, 399
유심주의(唯心主義) 383
유심황(劉心皇) 401
유씨전(柳氏傳) 315
유악(劉鶚, 328
유안(劉安) 118, 124, 140
유약시(劉鑰匙) 316
유양잡조(酉陽雜俎) 319
酉陽雜俎 301
유연(劉淵) 92
유연비(乳燕飛) 192
유영(柳永) 181, 182, 184, 185, 189, 190, 191, 196, 213, 346
劉永濟 242
유우석(劉禹錫) 43, 178, 179, 188
유운(劉云) 391
유원(遊園) 254
유원경몽(遊園驚夢) 402
유월(繆鉞) 108
유월(兪樾) 25, 328
劉越石 340
유유촌초심(悠悠寸草心) 399
유의경(劉義慶, 311, 312
유의전(柳毅傳) 314, 315
유의전서(柳毅傳書) 282
儒林傳 116
유자(柚子) 366
유자후묘지명(柳子厚墓誌銘) 163
유장성(兪長城) 169
유정(劉楨) 72, 154, 337
유정섭(兪正燮) 169
유정신(劉庭信) 223
유조(兪調) 273
유종원(柳宗元) 152, 157, 316, 341
유종원 155, 157, 158, 159, 160, 161, 162, 163, 164, 165, 166, 347
유지원제궁조(劉智遠諸宮調) 273, 281
유진(劉眞) 390
유진(劉臻) 92
유창랑(劉滄浪) 386
劉昶傳 91
유천(劉川) 391
유천(柳倩) 373
유천지명(維天之命) 57
유청(維淸) 57
유청(柳青 385, 388, 395, 398
유취 277
유치(劉致) 212, 221
유태(劉兌) 223, 259
劉澤華 13, 27
유통부(幽通賦) 125, 130
유파촉격(諭巴蜀檄) 163
유편초당시여(類編草堂詩餘) 188
유평백(兪平伯) 363, 364, 368, 377
유필(有駜) 55
유하지전(有夏誌傳) 324
유학 93, 156
유향(劉向) 41, 42, 117, 309, 310
유향녀보권(劉香女寶卷) 291
유협(劉勰) 21, 23, 67, 84, 115, 126, 336, 338, 339, 355
劉勰列傳 339
유호란(劉胡蘭) 384
유호로(油葫蘆) 248
유화몽평화(榴花夢評話) 294
유효조(劉效祖) 228
유후세가(留侯世家) 70
유흠(劉歆) 310
유희(劉熙) 25, 36, 142
유희재(劉熙載) 228
육가(陸賈) 118
육가부(陸賈賦) 115
육경(六莖) 235
육경(六經) 30, 352
육공리(六公里) 384
육국계(六國系)문자 30
육궐전(陸厥傳) 82
陸厥傳 339
육기(陸機) 19, 73, 131, 154, 337
육대(六對) 84
陸文衡 307
육법언(陸法言) 92
육서(六書) 27
六書略 26
육소(陸韶) 347
육십가소설(六十家小說) 284, 287
육십년의 변천(六十年的變遷) 389
육십사괘(六十四卦) 26
六十種曲 277
六譯館叢書 118
육요령(六幺令) 194
육요화십팔(六幺花十八) 194
육유(陸游) 95, 103, 185
육일거사시화(六一居士詩話) 344
육일사(六一詞) 279
六一詩話 336
육자설(鬻子說) 300, 309
육재자서(六才子書) 306
육주가두(六州歌頭) 191, 196
육주국(陸柱國) 385
육지(陸地) 389
육집(陸揖) 318
육채(陸采) 260
육추(六醜) 194
육호문(六號門) 386, 392
윤돈잡기(倫敦雜記) 377
윤사로묘지명(尹師魯墓誌銘) 163
윤상전(尹賞傳) 69
윤수(尹洙) 164
율(律) 273
율법 85, 219
율부(律賦) 131, 132
율시(律詩) 40, 80, 84, 85, 89, 90, 91, 271
율식(律式) 79
융경(隆慶) 169
은(殷) 27, 40, 55
은(殷)나라 13, 236
은기뢰(殷其靁) 59

은나라 237
은무(殷武) 55
은부(殷夫) 372
은상계(殷商系)문자 30
殷商貞卜文字考 29
은운(殷芸) 312
隱喩 57
은자생(銀子笙) 275
은자생(銀字笙) 284
은자아(銀字兒) 275, 301, 320
은자아 284, 320
은자필률(銀字觱篥) 284
은자필율(銀子觱篥) 275
은허(殷墟) 26, 30
음률 149, 184, 185, 205
음마장성굴행(飮馬長城窟行) 66
음악지(音樂志) 176
음양(陰陽) 219, 220
음양가(陰陽家) 18
음홍이총서(飮虹簃叢書) 204
응소(應劭) 239
응수인(應修人) 364
應瑒 337
응창(應瑒) 72
응한(應閒) 128
의고주의(擬古主義) 348, 349
의법(義法) 352
의성(倚聲) 191
의소리시십수(擬蘇李詩十首) 67
의춘향질(宜春香質) 326
의협(義俠) 315
의협소설(義俠小說) 327
의화단(義和團)의 난 359
이 시대(這時代) 372
이(理) 346
이가장의 변천(李家莊的變遷) 380
이각박안경기(二刻拍案驚奇) 322
이개선(李開先) 215, 224, 260
이건 봄날일 뿐(這不過是春天) 377
이건오(李健吾, 377
이견지(夷堅志) 317
夷堅志支志 275
이경(李璟) 180
이경량(李景亮, 314
이경부(二京賦) 126, 128
이경승(李慶升) 386
이계(李季 384, 393
이고(李翱) 158, 341
이공안(李公案) 328
이공좌(李公佐) 314, 315
이광전(李廣田) 372
이광지(李光地) 170
이교(李喬) 385
이규부형(李逵負荊) 251
이금발(李金髮, 365
이기경(李耆卿) 342
이남리인(二南里人) 325
이대교(李大釗) 364, 393
李敦柱 25
이동양(李東陽) 165, 349
이등(李登) 80
이랑묘(二郎廟) 285
이량년(李良年) 187
이류대(異類對) 84
이륙대(二六對) 89
이륙여(李六如) 389
이릉(李陵) 67, 68, 340
이마(二馬) 374
이말(二末) 250
이몽록(異夢錄) 314
이몽양(李夢陽) 165, 349
이무영(李茂榮) 389
이반룡(李攀龍) 165, 349
이방(李昉) 311, 316
이백(李白) 73, 76, 78, 89, 90, 93, 95, 106, 176, 177, 178, 241, 343, 347
이백약(李百藥) 153
이별난(離別難) 196
이보가(李寶嘉) 328
이부(李符) 187
이부언(李復言) 315, 317
이부인가(李夫人歌) 124
이빙(李冰) 384
이사(李斯) 28, 32
이사(李莎) 404
이사부동(二四不同) 89
離辭的作者－屈原與劉安 118
이상은(李商隱) 179, 319
이선(李善) 68, 74, 300
이선념(李先念) 394
이소(離騷) 115, 117, 118, 119, 120, 121, 122, 124, 187, 306, 308, 354
이소경(離騷經) 119
離騷의 性格 121
離騷以外的屈賦 118
離騷的時代及其他 118
離騷的作者 118
離騷贊序 128
李嘯倉 284
이수경(李壽卿) 257
이수경의결황정녀(李秀卿義結黃貞女) 287
이순대조옥(李順大造屋) 399
이신작측(以身作則) 377
이심전(李心田, 396
이심집(二心集) 377
이십년목도지괴현상(二十年目睹之怪現狀) 328
이십사시품(二十四詩品) 23, 344
이십일사탄사(二十一史彈詞) 292, 293
이쌍쌍소전(李雙雙小傳 390, 395
李氏焚書 349
이악(李諤) 153, 341
이악(夷樂) 237
李諤傳 153
이어(李漁) 220, 262, 322, 354
이연년(李延年) 62, 64, 66, 70
이연수(李延壽) 153
이엽(李曄) 179
이옥(李玉) 262
이와(李娃) 314
이와전(李娃傳) 314, 315, 318
이와행(李娃行) 314
이우(李尤) 75, 128
이욱(李煜) 180, 206
이욱(李旭) 393
이운덕(李云德) 396
이월(二月) 375
이위공정(李衛公靖) 315
이위삼(李偉森) 370
이유재판화(李有才板話) 380
이윤설(伊尹說) 300, 309
이이집(而已集) 368
李日華 285
이자성(李自成) 388, 396, 398, 400
이장무전(李章武傳) 314, 315
이정(二淨) 251
이정(李禎) 318
이제야(李霽野) 363
이조락(李兆洛) 188
이조원(李調元) 229, 278, 354
이조위(李朝威) 314
이족(彝族) 385
이주(離朱) 23
이주(伊州) 178
이준(李準 385, 390, 395
이지(李贄) 306, 324, 349, 354
이직부(李直夫) 257
이청조(李淸照) 184, 196
이초리(李初梨) 363, 369
이축(二丑) 251
이충(李充) 340

이취진(李取進) 257
이치원(李致遠) 219, 223
이하(李賀) 241
이학(理學) 93
이한(李漢) 155, 341
이할인(李劼人 389
이형(禰衡) 128
이형(禰衡) 131
이혜낭(李慧娘) 392
이호고(李好古) 257
이혼기(離魂記) 314, 315
이홍장(李鴻章) 359
이화(李華) 152, 154
이환(李渙) 195
이황(李恍) 391
이황조(二黃調) 263
李孝定 26
이후주(李後主) 188
익양강(弋陽腔) 260, 263
인(引) 217
인간사화(人間詞話) 353
인간세(人間世) 371, 377
인간의 361
인굴사(+窟詞) 279
인도 270
인민공사(人民公社) 385
인민문학(人民文學 387, 399
인민문학출판사(人民文學出版社) 397
인민일보(人民日報) 397, 399
인생을 위한 예술 362
인요지간(人妖之間) 399
인자(引子) 216, 252
인지지(麟之趾) 59
인형의 367
인호전(人虎傳) 314
인희(引戲) 242
일강풍(一江風) 215
일개여성(一個女性) 374
일곱 개비 성냥(七根火柴) 390
일기구종(日記九種) 367
일년간(一年間) 381
일도견혈(一刀見血) 361
일엽 366
일운도저격(一韻到底格) 77, 79
일이팔사건(一二八事件) 370
일전매(一剪梅) 207
일정잡기(一亭雜記) 302, 307
일조삼종(一祖三宗) 348
일지록(日知錄) 21, 68, 128, 140, 306, 352
일지화(一枝花) 248, 314
일진광풍(一陣狂風) 368
일출(日出) 377
일편 애국심(一片愛國心) 368
일편석(一片石) 262
日下新書 327
임(任) 237
임강선(臨江仙) 189
臨江驛瀟湘夜雨 283
임균(任鈞) 373, 379
任訥 220
임방(任昉) 340
임상(林霜) 385
임서(林紓) 329, 360
임신문선(壬申文選) 169
임씨전(任氏傳) 314, 315
임어당(林語堂) 369, 371, 377
임욱(任昱) 223
林雲銘 121
임이북(任二北) 177
임중민(任仲敏) 204
임천몽(臨川夢) 262
임춘각(臨春閣) 262
임표(林彪) 394
임학산인(臨鶴山人) 327
임한은거시화(臨漢隱居詩話) 345
임해설원(林海雪原 389
임해음(林海音) 402
임혜당집(林惠堂集) 부곡(附曲) 228
입(入) 253
입(笠) 404
입대(入隊) 288, 375
입성(入聲) 34, 37, 80, 81, 92, 195, 219, 248
입센 360, 362, 367
입신(入神) 346
입언(立言) 139, 161, 304
입언(立言)의 글 40
입언 140, 164
입원보권(立願寶卷) 290
입화(入話) 275

(ㅈ)

자갈 땅(石土地) 385
자고인증어설고수영사(鷓鴣引贈馭說高秀英詞) 282
자고천(鷓鴣天) 189, 192, 193, 274, 279, 285, 321
鷓鴣天詞 275
자금탁(紫金鐲) 294
자기의 노래(自己的歌) 373
자기의 사진(自己的寫照) 373
자라개두(紫羅蓋頭) 285
자사잡가(子史雜家) 352
자산계급 383, 392
자살일기(自殺日記) 374
자세질사부(刺世疾邪賦) 128
자소환(紫蘇丸) 279
자야(子夜) 373
자야가(子夜歌) 91, 193
자오선상(子午線上) 401
자유(子遊) 155
자유시 361
자유주의 349
自由主義的 349
자유혼(自由魂) 377
자장(子張) 299
자제서(子弟書) 274, 288, 295
자지무(柘枝舞) 288
자차기(紫釵記) 261
자하(子夏) 155
자허부(子虛賦) 42, 124, 125, 126, 128
자화아(紫花兒) 213
작(酌) 57
작가(作家) 371
작교(鵲橋) 295
작비집(昨非集) 228
작사십법(作詞十法) 347
作詞十法疏證 220
작소(鵲巢) 59
작은 과부(小寡婦) 403
작품(作品) 402
殘唐五代史演義 324
잔당오대사연전(殘唐五代史演傳) 324
잔무(殘霧) 381
잘못 잘라 모은 얘기(剪輯錯了的故事) 399
잠(賺) 279
잠규(箴規) 301
잠사(賺詞) 44, 275, 279, 288
잠연당문집(潛研堂文集) 302
잡(雜) 255
잡가(雜家) 18
잡가요사(雜歌謠辭) 64
잡곡가사(雜曲歌辭) 64, 66
雜劇(北曲) 46
잡극(雜劇) 43, 46, 93, 203, 207, 242, 313, 322, 324
잡극 44, 222, 242, 243, 244, 245, 246, 247, 248, 249, 250, 251, 252, 254, 258, 259, 261, 262, 275, 282, 283, 286, 289, 321, 353

잡극작가 257
잡기(雜技) 237
잡록(雜錄) 301
잡반(雜扮) 242
잡설(雜說) 161
잡시구수(雜詩九首) 67
잡희(雜戲) 242, 319
잡희(雜戲) 44
잡희 283
장가구(張可久) 215, 222, 224, 228
장가행(長歌行) 66
장갑 끼지 않은 손(套不住的手) 390
장건(張騫) 64
장견(張堅) 263
장결(張潔) 399
張戒 276, 345
장광자(蔣光慈) 364, 365, 369, 370, 372375
장국빈(張國賓) 257
장군방(張君房) 317
장군삼부곡(將軍三部曲 393
장군서(張君瑞) 257
장극가(臧克家) 373, 379, 384, 393
장기(蔣驥) 123
장기(張琦) 187
蔣驥 121
장난감권총(玩具手槍) 402
장단(裝旦) 242
장단구(長短句) 43, 55, 175, 248, 272, 286
장대기(蔣大器) 286
장도(張韜) 262
장돈복(蔣敦復, 353
장래의 364
張麗華 100
장뢰(張雷) 389
장륜(張掄) 280
장률(長律) 90
장만서(張萬舒) 393
장명등(長明燈) 365
장무순(臧懋循) 248, 276, 286, 293
장묵(張黙 404
장문도(張問陶, 350
장문부(長門賦) 124
장미의 가시(玫瑰的刺) 366
장민(章泯) 377
장발의 계집애(那長頭髮的女孩) 402
장방(蔣防) 315
蔣伯潛 25, 28
장봉익(張鳳翼) 224, 260
장비(張飛) 319
장사전(蔣士銓) 228, 262, 263
장사정(張思正) 317
장산래(張山來) 318
장삼이(張三異) 293
장상사(長相思) 192, 206
장생자해(張生煮海) 243
장생전(長生殿) 254, 262
장선(張先) 181, 183, 188, 189
장손눌언(長孫訥言) 92
長孫無忌 310
장수경(張壽卿) 257
장수선헌향첨수(長壽仙獻香添壽) 243
蔣淑貞刎頸鴛鴦會 280
장숙진(蔣淑珍) 280
장애령(張愛玲) 401, 402
장야행(長夜行) 377
장양(張揚) 396
장양부(長楊賦) 125, 126
장양호(張養浩) 211, 221
장연(張綖) 199
장염(張炎) 186, 187, 190, 198, 205, 346, 347
장오우(張五牛) 279, 282
장원간(張元幹) 185
장위(張爲) 344
장의조 271
장의조변문(張義潮變文) 271
장일궁(張一弓) 400
장일규(蔣一葵) 277
장자(莊子) 23, 40, 70, 118, 139, 143, 166, 299, 306, 308, 354
장자교(張子僑) 127
장자룡(蔣子龍) 399
장자충(張自忠) 381
장자탄고루(莊子嘆骷髏) 273, 274
장자평(張資平) 362
장작(張鷟) 313
장재(張載) 164
장적(張籍) 158, 341
장적부(長笛賦) 75
장정(長征) 386, 389
장정견(張正見) 83, 84
장제(章帝) 28
장조(長調) 188
장주몽(莊周夢) 243
장준상(張俊祥) 398
장중명(張仲明) 391
장즙(張輯) 192
장지민(張志民, 384
장지화(張志和) 176
장진주(將進酒) 76
장천민(張天民) 398
장천익(張天翼) 371, 375, 380
장첩(蔣捷) 186
장춘교(張春橋) 394, 397
장춘림(蔣春霖) 188
張湯傳 118
장편 320, 321, 325
장편소설 321
장학성(章學誠) 169, 350
장한가(長恨歌) 77
장한가전(長恨歌傳) 315
장현(張弦) 399, 400
장협(張協) 73
張協狀元 276
장협장원(張協狀元) 253, 258
장형(四愁詩) 75
장형(張衡) 72, 75, 125, 127, 130, 237
장형 126, 128
장혜언(張惠言) 166, 187, 352
장화(張華, 311
장회(章回) 322
장회(章回)소설 45
張懷瓘 29
장회소설(章回小說) 303, 318, 322
장효상(張孝祥) 185
장홍가중회진주삼(蔣興哥重會珍珠衫) 287
張希良 167
재생연(再生緣) 294
재신(財神) 291
재연안문예좌담회상지강화(在延安文藝座談會上之講話) 378
재자서(才子書) 323
쟁(箏) 275
저산당사화(渚山堂詞話) 353
저인호(褚人穫) 277
저주제일(低州第一) 194
저주집(躇躊集) 375
저항시(抵抗詩) 400
적(笛) 275
적군후(狄君厚) 257
적과 동지(敵同志) 376
적벽(赤壁) 183
적벽부(赤壁賦) 107, 132
적벽오병(赤壁鏖兵) 243
적벽회고(赤壁懷古) 183
적색규찰대(赤色糾察隊) 398
적선기(謫仙記 402
적안산인(荻岸山人) 326
適夷 384

적정대(的正對) 84
적조(摘調) 194, 208, 215, 217
적지(赤地) 401
적지의 사랑(赤地之戀) 401
적창(摘唱) 295
적척(摘齣) 295
적취백영소춘추(摘翠百詠小春秋) 216
적편(摘遍) 208
적호(翟灝) 277
摘紅英 193
적후무공대(敵後武工隊) 389
전(傳) 139
전(箋) 19
전가(戰歌) 373
전간(田間) 373, 379, 384
前腔 281
전고(典故) 41, 98, 150, 151
전곡융(錢谷融) 387
전국(戰國)시대 41, 116
전국문학예술공작자대표대회 397
전국시대 22, 24, 30, 115, 139, 309
전국책(戰國策) 139, 308
전국책목록서(戰國策目錄序) 162
전기(傳奇) 43, 45, 226, 245, 258, 259, 284, 297, 301, 308, 312, 314, 317, 349, 353
전기(희문) 251
傳奇 46
전기 252, 253, 254, 259, 260, 262, 295, 314, 315, 316, 318, 321
전기소설(傳奇小說) 159, 313
錢南揚 245
전달(纏達) 278
轉達 242
전답(轉踏) 44, 207, 242, 274
전당시(全唐詩) 176, 319
전대흔(錢大昕) 68, 169, 302, 325
전령 아가씨(報信姑娘) 384
전령(纏令) 278
전론(典論) 18, 21, 23, 115, 337
전림(錢林) 223
전모(前茅) 364
전변(轉變) 375
전봉월간(前鋒月刊) 370
전사(塡詞) 179
전사도보(塡詞圖譜) 199
전상삼국지평화(全相三國志平話) 322
전선주의(戰線主義) 378
전설 300, 308
전성남(戰城南) 65
전성집(戰聲集) 379
戰時演劇論 381
전야의 바람(田野的風) 375
전여성(田汝成) 275, 277, 278, 292, 302
전옥관음(碾玉觀音) 275, 285, 321
전욱(顓頊) 235
전원(田原) 401
전위(田爲) 184
전쟁송(戰爭頌) 379
전조(轉調) 193
轉調踏莎行 193
전조이랑신(轉調二郎神) 196
전중소감마군묘지명(殿中少監馬君墓誌銘) 163
전증(錢曾) 285
전진곡(前進曲) 385
전채(錢彩) 325
全椒志 326
전촉(前蜀) 180
전칠자(前七子) 165, 349
전통문학 39, 40, 41, 44, 137, 359, 361
전통시 404
전통희곡 392
전투 속의 성장(戰鬪裏成長) 386
전투문학 401
전투자에게 줌(給戰鬪者) 373, 379
전한(田漢) 363, 367, 370, 376, 377, 381, 391, 392, 395
전한지전(全漢志傳) 324
전한희곡집(田漢戲曲集) 367
전행촌(錢杏邨) 369, 370, 372, 375, 376
전현동(錢玄同, 361, 363, 368
전후칠자(前後七子) 93
전희언(錢希言) 285
절(絶) 273
절강희(浙江戲) 263
절구(絶句) 40, 80, 85, 91, 90, 95, 100
절박(節拍) 294
절서파(浙西派) 187
절양류(折揚柳) 84
절운(切韻) 92
折子戲 295
절회단 250
젊은 눈으로 청춘을 보라(少年見青春) 107
젊은 세대(年青的一代) 392
점강순(點絳唇) 189, 248, 279
점법(粘法) 89
점심 먹기 전(午飯之前) 367
접련화(蝶戀花) 189, 280, 285
접현빈(接賢賓) 194
정(淨) 250, 253, 254
정강산만유(井岡山漫遊) 393
정건(鄭騫) 204
정경(正經) 58, 59
貞觀 310
정광조(鄭光祖) 222, 257, 258
정국지(定國志) 293
정근(鄭僅) 288
정뉴(正紐) 82
정단(正旦) 247, 250, 252
정덕(正德) 223, 226, 259
정령(丁玲) 362, 371, 374, 380, 387, 395
정릉하종(頂凌下種) 398
정막(程邈) 28
정말(正末) 247, 250, 252, 254
정명(正名) 250, 299
정명(貞明) 271
정명대(正名對) 84
정명선(程明善) 199
정명세(程名世) 195
정백기(鄭伯奇) 362, 367, 368, 370, 371
정변설(正變說) 58, 59, 60
정복문(貞卜文) 27
정서림(丁西林) 368
정섭(鄭燮) 230, 350
鄭聲 19
정성우(鄭醒愚) 318
正眼法藏五十三參 327
정약용(鄭若庸) 224, 260
정영(程榮) 311
정요항(丁耀亢) 274, 326
正義 19, 60
정이기(旌異記) 311
정일삼(丁一三) 398
정자우요호(鄭子遇妖狐) 282
정잡극(正雜劇) 242
정장백(定場白) 248
정저인은병(井底引銀瓶) 282
鄭箋 19
정정옥(鄭廷玉) 256
定州三怪 320
程晋芳 326
정진탁(鄭振鐸) 177, 204, 205, 208, 225, 289, 290, 362, 363, 364, 368, 371

鄭樵 26
정춘파(鄭春波) 195
정충기(精忠記) 259
정충연의설본악왕전전(精忠演義說本岳王全傳) 325
정충전(精忠傳) 294, 325
정통문학 204, 230
정풍(正風) 52
정풍파(定風波) 195, 196
정현(鄭玄) 19, 25, 51, 58, 237, 299, 335
정형화(定形化) 67
제(齊) 82, 91
제갈량(諸葛亮) 162, 302
제강(提綱) 251
제곡(帝嚳) 235
제곡십육관(製曲十六觀) 347
제구양문충공문(祭歐陽文忠公文) 164
題歐陽生哀辭後 156
제궁조(諸宮調) 44, 207, 242, 243, 272
제궁조 243, 273, 274, 275, 276, 280, 281, 282
제궁조괘포아(諸宮調卦鋪兒) 281
제궁조패왕(諸宮調霸王) 281
제궁조풍월자운정(諸宮調風月紫雲亭) 282
諸宮調風月紫雲庭 275
제기(齊己) 344
제량시풍(齊梁詩風) 343
제례작악(制禮作樂) 58
제목(題目) 250, 252
제물론(齊物論) 143
제사(題辭) 66
제사병실(第四病室) 380
제삼대(第三代) 376
제서림벽(題西林壁) 95
제서상기영십이월새주운비(題西廂記詠十二月賽駐雲飛) 225
제성린(諸聖隣) 285, 287
齊詩 19
제신(帝辛, 紂王) 27
제십일단금탄사(第十一段錦彈詞) 293
제쌍점소경문답(題雙漸小卿問答) 216
제악어문(祭鱷魚文) 163
제언체(齊言體) 188
제오호병실(第五號病室) 376
제왕기(齊王紀) 240
제유자후문(祭柳子厚文) 164
제육재자서(第六才子書) 354
제의(制義) 167
制義叢話 167
제이비(第二碑) 262
제이외국어학원(第二外國語學院) 397
제일과(第一課) 390
제일단계의 얘기(第一段階的故事) 380
제일보(第一步) 385
제일재자서(第一才子書) 323
제자(諸子) 161, 340
제자략(諸子略) 300
제자백가(諸子百家) 18, 24, 40, 139
제자서(諸子書) 299
諸子平議 25
제전 277
제추녀(齊推女) 315
제풍(齊風) 59
제한이당활동변법(制限異黨活動變法) 378
조경심(趙景深) 281
조경희(趙慶熺) 228
조고(趙高) 32
조굉부(趙閎夫) 244
조국은 전진한다(祖國在前進) 384
조국이 없는 아이(沒有祖國的孩子) 376
조굴원부(弔屈原賦) 124, 130
조그만 마음(小小的心) 374
潮劇 263
조기양(趙起揚) 391
조남성(趙南星) 228
조단례(晁端禮) 184
조라포(皀羅袍) 215
조량무(曹亮武) 187, 195
조령치(趙令畤) 275, 280
조만리(趙萬里) 204
조명(調名) 192, 207
조명선(趙明善) 223
조명원(趙明遠) 257
조문은(趙文殷) 247
조병문(趙秉文) 186
조보지(晁補之) 184, 194, 288
조비(曹丕) 18, 21, 23, 72, 76, 115, 337
조비연별전(趙飛燕別傳) 317
조비파(弔琵琶) 262
조석불(曹錫黻) 262
조선경(趙善慶) 223
조선생의 번뇌(趙先生的煩惱) 366
조선족 393
조설근(曹雪芹) 302, 327
조소(調笑) 196
조소령(調笑令) 176, 178, 213
조소전답(調笑轉踏) 288
조수리(趙樹理 380, 386, 389, 390, 395
조숭조(趙崇祚) 180
조식(曹植) 18, 66, 72, 106, 131, 154, 155, 340
조신묘에서(在潮神廟) 375
조씨고아(趙氏孤兒) 256
조씨고아기(趙氏孤兒記) 259
조씨현효보권(趙氏賢孝寶卷) 291
조약(趙鑰) 195
조염왕(趙閻王) 367
조엽(趙曄) 310
조용(曹溶) 187
조우(曹禺) 376, 381, 387, 391, 395, 398
조율(晁瑮) 278
조이지(祖異志) 317
조익(趙翼, 351
조일(趙壹) 72, 128
조자번(趙滋蕃) 401
조자상(趙子祥) 247
조자왈(趙子曰) 374
조재웅(趙梓雄) 398
조정길(曹貞吉) 187
조정녀(趙貞女) 208, 244
조조(曹操) 18, 72, 183, 391, 337, 391
조조(晁錯) 145
조주제신문(潮州祭神文) 164
조주한문공묘비(潮州韓文公廟碑) 165
조진(曹眞) 240
조진진(趙眞眞) 282
조집신(趙執信) 79, 351
조추희(弔秋喜) 230
조충론(雕蟲論) 153
조충서(鳥蟲書) 29
조충지(晁冲之) 184
조화석습(朝花夕拾) 368
조환(趙寶) 392
종군일기(從軍日記) 378
종당(宗唐) 351
종당파 351
종뢰(鍾雷) 404
종백화(宗白華) 364

종사(螽斯) 59
종사성(鍾嗣成) 212, 221, 223, 247, 255, 282
종성(鍾惺) 324, 350
종송(宗宋) 351
종송파 351
종수곽탁타전(種樹郭橐駝傳) 163
종영(鍾嶸) 72, 82, 336, 338, 339, 344
종인(賓人) 238
종자(種子) 390
종점비(鍾惦棐) 387
종정문(鍾鼎文) 404
종횡가(縱橫家) 18
좌개이(左介貽) 385
좌경문예 388
좌구명(左丘明) 30
좌련(左聯)시기 357, 369, 370, 371
좌련희극가연맹 376
좌사(左史) 138
좌사(左思) 73
좌우 378
좌익 369
좌익극단연맹(左翼劇團聯盟) 370
좌익진영 378
좌익혁명 365
좌전(左傳) 40, 70, 118, 139, 142, 166, 236
좌종당(左宗棠) 359
좌파(左派) 363
죄악의 검은 손(罪惡的黑手) 373
주(紂) 238
주(周) 13, 15, 29, 40, 61, 166, 308, 335
周(秦) 46
주(籀) 29, 32
주 27, 29, 32, 52
주개(朱凱) 216, 258
주고(周考) 309
주공(周公) 13, 14, 58, 60, 155, 236
주공단(周公旦) 52
주권(朱權) 223, 242, 247, 251, 259, 353
주극근(周克芹) 399
주나라 138, 236
주남(周南) 21, 52, 56, 58, 59, 60, 118
주대무악장고(周大武樂章考) 57
주덕청(周德淸) 207, 220, 222, 223, 247, 347
주돈유(朱敦儒) 185, 195
朱東潤 118
주례(周禮) 27, 44, 57, 237
주례의서(周禮義序) 162
주립파(周立波) 388, 390, 395, 398, 404
주매신(朱買臣) 124
朱買臣傳 118, 124
주무왕(周武王) 235
주문(籀文) 31
주문질(周文質) 223
주밀(周密) 186, 242, 275, 281
주방언(周邦彦) 182, 184, 191, 347
주병중(朱秉中) 280
주보언(主父偃) 124
주사(周捨) 240
周思仁 307
주삭(朱鑠) 240
주상(朱湘, 365
주색(走索) 237
주서(周書) 138, 153
주서녕(朱西寧) 401
주서파(周西坡) 295
주선왕(周宣王) 52
주소(注疏) 169, 170
주송(周頭) 55
주송(周頌) 51, 56
주송설(周頌說) 52
주신방(周信芳) 395
주악(周樂) 61
주양(周揚) 371, 389
주역(周易) 25, 26
주역정의(周易正義) 25
주왕(紂王) 236
主要英雄人物 396
주운비 226
주유(周瑜) 183
주유돈(朱有燉) 223, 243, 259, 283
주은래(周恩來) 394, 396, 397, 399
주응붕(朱應鵬) 370
주응진(朱應辰) 225
주의(奏議) 337
주이복(周而復 389
주이존(朱彝尊) 70, 187, 228, 351
주인(主人) 390
走資本主義道路的當權派 394
주자청(朱自淸) 362, 364, 369, 377, 402
주자파(走資派) 394, 395
주작인(周作人) 361, 362, 363, 364, 369, 378
주전평(周全平), 367
주정주의적(主情主義的) 341
주제(周濟) 187
主題思想 396
주제선행(主題先行) 395
주조이(朱祖貽) 391
주조준(周朝俊) 261
주지기(周之琦) 188
주지육림(酒池肉林) 238
주집(周楫) 277
주천자(酒泉子) 196
주첨기(朱瞻基) 228
주춘원(駐春園) 326
주치렴(周稚廉) 263
주희(朱熹) 52, 54, 57, 59, 94, 123
죽간(竹簡) 31
죽간자(竹竿子) 289
죽리(竹裏) 100
죽림칠현(竹林七賢) 73
죽어 가는 태양(死去的太陽) 374
죽지사(竹技詞) 178
준전집(尊前集) 176, 178
준청(峻青) 385
준풍월담(准風月談) 377
증공(曾鞏) 152, 158, 379, 381, 385, 392, 399
증공군 398
중국 고대의 가무희 44
中國古代文學史 35
中國古代史(人民出版社) 13
中國古代史 27
중국극작자협회(中國劇作者協會) 380
中國大百科全書 言語文字(1988년 北京 中國大百科全書出版社印) 17
중국문예가협회(中國文藝家協會) 371
중국문예공작자선언(中國文藝工作者宣言) 371
중국문예협회(中國文藝協會) 401
중국문자학(中國文字學) 28
中國文學教科書 26
중국문학사 93
중국문학사론 60, 270, 360
중국민족문예운동선언(中國民族文藝運動宣言) 370
중국산곡사(中國散曲史) 221, 228
중국소설개론(中國小說概論) 284
중국소설사략(中國小說史略) 284, 307, 328
중국속문학사(中國俗文學史) 205, 206, 208, 225, 290
중국시가협회(中國詩歌協會) 373, 379

중국신시(中國新詩 404
중국을 슬퍼함(哀中國) 365
중국에 있어서의 설창(說唱)의 전통과 판소리 270
중국자유대동맹(中國自由大同盟) 370
중국작가협회 397
중국저작가항일회(中國著作家抗日會) 371
중국전국희극계항적협회(中華全國戲劇界抗敵協會) 380
중국좌익작가연맹(中國左翼作家聯盟) 370
中國之美文及其歷史 68
중국청년출판사(中國青年出版社) 396
중국현대문학 369
중국현대시 364
仲尼曰 142
중당(中唐) 90, 158, 313
중당 46, 90, 93, 152, 164, 178, 314, 316, 318, 319, 342, 343, 344, 347
중두(重頭) 215, 216, 217
중려조(中呂調) 195
중론(中論) 140
중문대사전(中文大辭典) 32
중봉(重逢) 399
중산랑전(中山狼傳) 318
중산시화(中山詩話) 336, 345
중설(中說) 154
중앙연구원(中央研究院) 27
中央研究院歷史語言研究所集刊 26
중원음운(中原音韻) 207, 220, 222, 247, 253, 347
중원음운 207
중일전쟁 378, 389
중조(中調) 188
중주(中主) 180
중주악부(中州樂府) 186
중항(仲恒) 195
중화문예(中華文藝) 401
중화민국 382
중화사상 359
중화인민공화국 382
중화일보(中華日報) 362
중화전국문예계항적협회(中華全國文藝界抗敵協會) 378
중화전국문학예술공작자제일차대표대회(中華全國文學藝術工作者第一次代表大會) 382
中華全國文學藝術工作者第一次代表大會 382
중화전국문학예술공작자협회(中華全國文學藝術工作者協會) 387
중화전국희극계항적협회(中華全國戲劇界抗敵協會) 378
中興碑詩 276
증공(曾鞏) 161
증공 162, 165
증국번(曾國藩) 163, 166, 352, 353
증박(曾樸) 328
증부시(贈婦詩) 72
증서(曾瑞) 222, 258
증이팔비서별삼십운(贈李八秘書別三十韻) 90
증조(曾慥) 288
지(志) 139
지겸(支謙) 271
志怪(文言) 46
지괴(志怪) 297, 300, 304, 308, 310
지괴(志怪)소설 45
지괴 312, 313, 314, 315, 316
지괴서 310, 311, 312
지구풍우류삼일(池口風雨留三日) 97
지마의 365
지방희(地方戲) 246, 255, 263
지세보살권(持世菩薩卷) 270
지옥변문(地獄變文) 271
지우(摯虞) 338
지이(志異) 317
지정(至正)시대 256
지정시대 258
지취위호산(智取威虎山) 392, 395
지치(至治) 322
지하의 웃음소리(地下的笑聲) 375, 380
직서법(直敍法) 57
직서체(直敘體) 129
直喩 57
진(晉) 23, 73, 80, 92, 146, 240, 336, 337, 338, 341
진(秦) 14, 138, 238, 308, 309
진(陳) 76, 84, 91
진가(秦嘉) 72
진간부(秦簡夫) 258
진강(秦腔) 263
진계(秦系)문자 30
진계문자 31
진관(秦觀) 182, 184, 288, 347
진규(陳騤) 342
진기세가(陳杞世家) 69
진기통(陳其通) 386, 392
진기형(陳紀瀅) 401
진나라 31, 310
진단생(陳端生) 294
진대비(陳大悲) 363, 368
진독수(陳獨秀) 360, 361, 364, 368
진등과(陳登科) 386, 388
진량(陳亮) 185
진림(陳琳) 72, 337
진매간(進梅諫) 247
진몽가(陳夢家, 372
進文字源流表 28
陳伯玉文集 343
秦併六國 323
진본례(陳本禮) 123
진사과(進士科) 90
진사도(陳師道) 345, 348
진삼(陳森) 328
진상학(陳翔鶴) 363, 367
진서(陳書) 153
진서(晋書) 238, 240
진서팔체(秦書八體) 29
진선성도기(晋宣成道記) 243
진세욱(陳世旭) 399
진소련(秦小蓮) 282
진소문(陳所聞) 226
진순(秦醇) 317
진시황(秦始皇) 28, 32, 309
진여교(陳與郊) 261
진여의(陳與義, 348
진역증(陳繹曾, 342
진옥련(秦玉蓮) 282
秦王演義 287
진운(陳耘) 392
진원정(陳元靚) 275, 279
진위모(陳煒謨) 367
진유숭(陳維崧) 187, 352
진의출산(陳毅出山) 398
진자룡(陳子龍) 94, 187
진자앙(陳子昂) 152, 154, 341, 343
진자침(秦子忱) 327
진잔운(陳殘雲) 384, 398
진재사(秦再思, 317
진전(秦篆) 28
진정(陳靖) 389
진정(陳霆) 353
진정사소(陳政事疏) 144
진제(陳第) 123
진조양(秦兆陽) 387
진종(眞宗) 92
진종(眞宗)시대 289
진주삼(珍珠衫) 288
진주탑(珍珠塔) 274, 291, 293, 294

진체비서(津逮秘書) 311
진침(甄琛) 340
진침(陳忱) 293
진탁(陳鐸) 224
진팽년(陳彭年) 92, 317
진평(陳平) 239
진풍(秦風) 55
진학해(進學解) 156, 165
진한(秦漢) 35, 44, 159, 161, 164
진한파(秦漢派) 166
진현우(陳玄祐, 315
진홍(陳鴻) 315
진화와 윤리 360
秦淮墨客 274
陳後主 100
질사시(疾邪詩) 72
집(家) 374, 395
집곡(集曲) 215, 217
집외집(集外集) 377
집으로 돌아온 뒤(回家以後) 367
집이기(集異記) 317
집현빈(集賢賓) 194
징 275

(ㅊ)
차개정잡문말편(且介亭雜文末編) 377
차관(茶館) 391
차단(搽旦) 250
차정(次淨) 242
착참최녕(錯斬崔寧) 321
참군(參軍) 250
참군희(參軍戲) 44, 241, 242, 251
참선(參禪) 284
참선오도(參禪悟道) 291
창(唱) 44, 60, 239, 247, 256
창 249, 252, 262, 274, 289, 295
창구(窓口) 398, 399
창랑시화(滄浪詩話) 23, 94, 345, 346, 351
창려선생집서(昌黎先生集序) 155
창문(唱文) 269
창본 287, 294
창사(唱詞) 284, 285, 286, 321
창사 276, 277, 285, 286, 288, 291, 294, 295, 321
창세기(創世紀 404
창업(創業) 398
창업사(創業史 388, 398
창우(倡優) 240
창우소설(倡優小說) 327
창원(唱諢) 285
창작심리학 338
창잠(唱賺) 278, 279
창조계간(創造季刊 362, 363
창조사(創造社) 362, 363, 364, 365, 366, 367, 369, 372
창조월간(創造月刊) 363, 369
창조일(創造日) 362
창조주보(創造週報)(1923－1924)와 362
창힐(蒼頡) 24
창힐(倉頡) 28, 29, 32
채다가(采茶歌) 212, 248
釵頭鳳 193
채련무(採蓮舞) 288
채련자(採蓮子) 178
蔡夢弼 345
채문희(蔡文姬) 391
채상자(採桑子) 178
채송년(蔡松年) 186
채옹(蔡邕) 28, 65, 66, 72, 128, 245
채이랑(蔡二郎) 244
채전령(踩電鈴 390
채호기(彩毫記) 260
책문(策問) 162
책사성론(磔四聲論) 340
처량범(凄凉犯) 196
척씨(戚氏) 191
척황자(拓荒者) 370
천거임고정(遷居臨皐亭) 94
천계(天啓) 274, 287
천고(串鼓) 283
천관(穿關) 249
천금기(千金記) 259
천녀이혼(倩女離魂) 258, 282
천뢰헌사운(天籟軒詞韻) 195
천마가(天馬歌) 75
천문(天問) 119, 121, 308
天問章句 123
천보유사제궁조(天寶遺事諸宮調) 273, 281
천불동(千佛洞) 269
천산목가(天山牧歌) 384
천안문 광장 396
천안문사건 396
천안문시초(天安門詩抄 397, 400
천우화(天雨花) 293, 294
천운산전기(天雲山傳奇) 399
천을(天乙 309
천이형표(薦禰衡表) 145
천정사(天淨沙) 219
천종록(千鍾祿) 295
천진시경극단(天津市京劇團) 392
천초사(淺草社), 363
천하락(天下樂) 248
천향인(天香引) 216
철경록(輟耕錄) 242, 283, 285, 313
철백구(綴白裘) 263
철화선사(鐵花仙史) 326
첩단(貼旦) 250, 254, 255
첩영체(疊詠體) 56
첩운(疊韻) 38
첩운대(疊韻對) 84, 85
첩자(疊字) 38, 193, 219
청(淸) 40, 46, 123
청(淸)나라 15, 32, 44, 45, 73, 123
청계(青溪) 402
청곡(淸曲) 210
청나라 21, 34, 40, 45, 54, 56, 61, 62, 79, 92, 128, 140, 152, 161, 166, 167, 187, 188, 191, 199, 228, 229, 243, 246, 262, 267, 272, 274, 275, 278, 285, 286, 288, 289, 291, 293, 301, 303, 305, 306, 308, 313, 318, 320, 321, 324, 326, 327, 328, 336, 344, 345, 348, 350, 351, 353, 354, 355, 359
청년남녀(青年男女) 375
청담(淸談) 312
청대 43, 255, 262, 352
青藤書屋文集 349
청려 222, 225
청려파 221, 222, 228
청려함 224
청룡담(青龍潭) 376
청루몽(青樓夢) 328
청루집(青樓集) 282
청면수(青面獸) 324
청명전후(淸明前後) 380
청목정아(青木正兒) 243
청묘(淸廟) 57
淸廟爲頌始 60
청사자(青史子) 309
청사장 속(青紗帳裏) 376
청상곡사(淸商曲辭) 64, 240
청송령(青松嶺) 391
청시화(淸詩話) 348
청일전쟁 359
청창(淸唱) 60
청초 293
청춘(青春) 390
청춘의 노래(青春之歌) 389
청춘의 비애(青春的悲哀) 368
청춘의 389

청탁(淸濁) 219
청평산당화본(淸平山堂話本) 280, 320
청평산당화본 278
청평악(淸平樂) 189
체말(砌末) 249
체면문제(面子問題) 381
초(楚) 41
초가(楚歌) 61, 62, 70, 74, 75, 118, 123, 124
楚歌及楚辭 118
초강정(楚江情) 215
초경(楚卿) 355
楚劇 263
초당(初唐) 90, 91, 153, 343
초당사걸(初唐四傑) 76, 85
草堂詩話 345
초명(草明 385, 389
초목자(草木子) 244
초사(楚辭) 17, 39, 41, 42, 46, 61, 62, 113, 115, 116, 340
초사 42, 64, 115, 116, 117, 118, 119, 121, 123, 124, 125, 128, 129, 130, 132, 166, 237, 270, 308
楚詞講義 118
楚辭燈 121
초사신주구확(楚辭新註求確) 123
楚詞研究 118
楚辭研究論文集 117
초사작어한대고(楚辭作於漢代考) 118
초사장구(楚辭章句) 117, 119, 124, 128, 335
초사집주(楚辭集註) 123
초서(草書) 31
초성(楚聲) 61, 118
焦循 243
초인(超人) 366
초자용(招子庸) 229
초조(楚調) 123
초중경처(焦仲卿妻) 72
초초견우성(迢迢牽牛星) 71
초충(草蟲) 59
초편(哨遍) 282
楚解章句 121
초혼(招魂) 121, 308
초혼 123
초횡(焦竑) 349
촉상(蜀相) 88
촉서(蜀書) 240
촉영요홍(燭影搖紅) 194
촌리아고(村里迓鼓) 248
총담(叢談) 301
총리와 인민(總理和人民) 397
총심(叢深) 392
총회선창(總會仙倡) 237
최갈(崔碣) 316
최기(崔琦) 128
최녕 321
최덕지(崔德志) 398
최도봉자호(崔韜逢雌虎) 282
최령흠(崔令欽) 44, 176, 177, 241
최술(崔述) 169
崔衙內白鷂招妖 320
최앵앵(崔鶯鶯) 257
최원(崔瑗) 128
최인(崔駰) 128
崔豹 64
최호알장(崔護謁漿) 282
최후의 미소(最後的微笑) 375
최후의 승리(最後的勝利) 381
추간선생대전문집(秋澗先生大全文集) 275, 282
추구(追求) 373
추녀연기(醜女緣起) 270, 271
추노아 193
추목(秋牧) 380
추봉치(鄒鳳熾) 316
추사(抽思) 120
추성부(秋聲賦) 132, 381
추양(鄒陽) 124
추엽(秋葉) 402
추우(騶虞) 59
추일가거(秋日家居) 97
추탄사(搊彈詞) 275
추풍사(秋風辭) 124, 130
추흥부(秋興賦) 131
축(丑) 251, 253, 254
축국(蹴踘) 279
축발기(祝髮記) 260
축백(丑白) 292
축복(祝福) 365
축윤명(祝允明) 224, 244
축창 292
춘거야(春去也) 192
춘광호(春光好) 176
춘난화개(春暖花開) 387
춘망(春望) 87
춘수(春水) 364
춘앵전(春鶯囀) 176
춘야독서감회(春夜讀書感懷) 103
춘야산정(春夜山庭) 84
春日醉起言志 106
춘잠(春蠶) 373
춘조급(春潮急) 396
춘추(春秋) 30, 40, 52, 138, 139, 143
춘추번로(春秋繁露) 137, 140
춘추시대 139
春秋緯演孔圖 60
춘추전국(春秋戰國) 14, 15, 18, 35
춘추전국시대 40, 139
춘풍추우(春風秋雨) 376
춘회지난(春回地暖) 389
춘희(椿姬) 360
출분(出奔) 374
출사표(出師表) 162
출새(出塞) 295
충말(沖末) 250
충식(蟲蝕) 375
충아당집(忠雅堂集) 부곡(附曲) 228
忠烈俠義傳 328
충왕 이수성(忠王李秀成) 381
충의수호전(忠義水滸傳) 294, 324
충의수호전서(忠義水滸全書) 324
충협(衝狹) 237
취봉래(醉蓬萊) 194
취옹담록(醉翁談錄) 324
취옹조(醉翁操) 196
취조(吹調) 263
취조(翠鳥) 72
취중천(醉中天) 248
취태평(醉太平) 217
취호자(吹號者) 379
취화자송(取火者頌) 379
측기식(仄起式) 86, 87, 88
측삼련(仄三連) 90
측성(仄聲) 37, 77, 79, 86, 89, 91, 149, 219
측성자 90
측운 196
측천무후(則天武后) 85
치어(致語) 279
친애하는 남편(親愛的丈夫) 368
친자(襯字) 218, 248, 253
칠격(七激) 128
칠견(七蠲) 128
칠관(七款) 128
칠국지(七國志) 282
七國春秋後集 323
칠년기(七年忌) 375
칠발(七發) 126, 128, 130
칠범영롱조(七犯玲瓏調) 215
칠변(七辯) 128
칠편 편지의 자전(七封書信的自

傳) 375
칠소(七蘇) 128
칠수유고(七修類稿) 277
칠언(七言) 42, 66, 74, 75, 79, 85, 89, 91, 270, 286, 292
칠언고시(七言古詩) 74, 75, 76
칠언고시체 76
칠언구 75
칠언근체도 85
칠언금가 74
칠언시(七言詩) 40, 75, 76, 79, 132, 248
칠언시찬(七言詩讚) 292
칠언시찬 277
칠언율시(七言律詩) 86, 88, 189, 347
칠언절구 91
칠월류화(七月流火) 392
칠의(七依) 128
칠자(七子) 72
칠협오의(七俠五義) 328
침륜(沈淪) 366
침종사(沈鐘社) 363, 365, 367
침중기(枕中記) 314, 315

(ㅋ)
커피점의 하루 밤(咖啡店之一夜) 367
코흘리개(鼻涕阿二) 366
쾌취이취련기(快嘴李翠蓮記) 287
큰 쥐(碩鼠) 53

(ㅌ)
타고르 364
타악기 276
타출유령탑(打出幽靈塔) 376
타판(打板) 283
탁고(托孤) 295
탁인월(卓人月) 261
탄도(吞刀) 237
탄사(彈詞) 45, 46, 72, 273, 274, 287, 288
탄사 274, 276, 278, 286, 289, 292, 293, 294
탄사소기(彈詞小紀) 293
탄사소설(彈詞小說) 45
탄서부(歎逝賦) 131
탄세무위경(嘆世無爲經) 290
탄세무위보권(嘆世無爲寶卷) 290
탄세보권(嘆世寶卷) 290
탄원사여(坦園詞餘) 228
탄창 278
탄창사화(彈唱詞話) 285
탄파(攤破) 193
탄파남향자(攤破南鄕子) 193
탄파완계사(攤破浣溪沙) 193
탄파추노아(攤破醜奴兒) 193
탑(塔) 367
탑을 세우는 사람(建塔者) 366
탕(湯) 156, 235
탕식(湯式) 223
탕현조(湯顯祖) 169, 251, 261, 293, 349
탕현조 254, 262
태공(太公) 236
태변(蛻變) 381
태사(太史) 29
태사(太姒) 59
태사 32
태사지적제(太師摯適齊) 295
태양사 372
태양월간(太陽月刊) 369
태양이 상간하 위에 비치고 있다(太陽照在桑乾河上) 380, 395
태음생광보조료의보권(太陰生光普照了義寶卷) 290
태일지가(太一之歌) 75
태조(太祖) 223, 259
태조야참석수신(太祖夜斬石守信) 247
태종(太宗) 176
泰州學案 349
태주학파(泰州學派) 349
태주해릉현주부허군묘지명(泰州海陵縣主簿許君墓誌銘) 163
태청무(太淸舞) 288
태평광기(太平廣記) 311, 312, 316
태평령(太平令) 248
태평시새새주운비(太平時賽賽駐雲飛) 225
태평악부(太平樂府) 282
태평양전쟁 378
태평어람(太平御覽) 311, 312
태평천국의 난 359
태현부(太玄賦) 130
태화(太和) 319
태화기(泰和記) 261
태화정음보(太和正音譜) 223, 242, 247, 353
토생희(土生戲) 263
토저(兎罝) 59
토지개혁 388
토지개혁운동 389
토지공공(土地公公) 291
토지보권(土地寶卷) 291
토지신(土地神) 291
토화(吐火) 237
톨스토이 360, 362
통소횡취(洞簫橫吹) 387
통속적 221, 290
통속편(通俗編) 277
통전(通典) 127, 235
통천대(通天臺) 262
투(套) 208
투곡(套曲) 43, 212, 247, 252
투곡 216, 217, 248, 283
투르게네프 362
투성목란화(偸聲木蘭花) 193
투수(套數) 43, 208, 210, 212, 217
투수 208, 210, 214, 216, 218, 281
투수집(套數集) 204
투암순(鬪鵪鶉) 212, 248

(ㅍ)
파(婆) 254
파금(巴金) 362, 371, 374, 380, 381, 387, 395
파금단편소설집 374
파라문(婆羅門) 178
파리 국립도서관 269
파리 271
破魔變押座文 269
파시스트의 세균(法西斯細菌) 381
파요기(破窰記) 247
파유(巴渝) 238
파유무(巴渝舞) 238, 239
把酒問月 106
파화기(播火記) 395
판다강(販茶舡) 247
판소리 45
板津七三郞 27
판향기(販香記) 287
판향기사화(販香記詞話) 287
팔고문(八股文) 167, 169, 170
팔괘(八卦) 26
팔기(八旗) 295
팔대(八對) 84
팔로군 391
팔범옥교지(八犯玉交枝) 194
팔병(八病) 81, 82, 131
팔병설(八病說) 73, 81
팔보장(八寶妝) 193
八相變文 270
팔상성도변(八相成道變) 270
팔상성도변문(八相成道變文) 271

팔월의 시골 마을(八月的鄕村) 376
팔육자(八六子) 189
팔음해(八音諧) 194
팔일(八佾) 335
팔일풍폭(八一風暴) 391
패(牌) 191
패명(牌名) 214
패자곡(牌子曲) 273
패조(牌調) 191
팽가왕(彭家煌) 375
팽가황(彭家煌) 366
팽강(彭康) 369
팽공안(彭公案) 328
팽방정(彭邦楨) 404
팽손휼(彭孫遹, 353
편작(扁鵲) 319
평(平) 219, 220, 253
평기식(平起式) 86, 87
평담(平淡) 347
평담 105, 106
평담한 일(平淡的事) 375
평두(平頭) 81, 82
평론(評論) 333, 335
평민의 은인(平民的恩人) 368
평산냉연(平山冷燕) 326
평삼련(平三連) 90
평상거(平上去) 195, 248
평생의 대사(終身大事) 367
평성(平聲) 34, 37, 77, 79, 80, 149
평성 79, 86, 91, 92, 219
평성운(平聲韻) 86, 89
평성자 90
평수운(平水韻) 92
평악관(平樂觀) 237
평왕(平王) 52
평요전(平妖傳) 294, 324, 325
평운 196
평원열화(平原烈火 384
평측(平仄) 86, 131, 141, 149, 160, 195, 196, 219
평측 79, 82, 84, 86, 90, 91, 150, 196, 198, 199, 219
評沈椒園文 352
평호조(平湖調) 273
平話(長篇) 46
평화(評話) 45, 277, 285, 286, 292, 294
평화식(評話式) 386
평회서비(平淮西碑) 163
폐제주(廢帝奏) 240
폐호(閉戶) 95
包公案이라 328
포도원(葡萄園) 404
포득행(包得行) 381
포례(布禮) 399
포말(泡沫) 373
포송령(蒲松齡) 273, 318, 327
포옹노인(抱甕老人) 322
포전기(抛磚記) 402
포조(鮑照) 73, 76, 131
포풍(蒲風) 379
포풍(蒲風) 373
폭서정집(曝書亭集) 70
폭풍우 중의 일곱 여성(暴風雨中的七個女性) 376
폭풍취우(暴風驟雨 395
표(表) 139
표유매(摽有梅) 59
표음문자 33, 142
표의(表意)문자 32
표자두임충(豹子頭林冲) 373
표자만전투(豹子灣戰鬪) 392
표창(嘌唱) 278
푸른 꽃(靑的花) 375
풀따기 58
품화보감(品花寶鑑) 328
풍(風) 20, 52, 53, 54, 57
풍간(諷諫) 21, 128
풍골(風骨) 343
풍내초(馮乃超) 363, 365, 369, 370
풍덕영(馮德英) 395
풍락정기(豐樂亭記) 163
풍뢰(風雷) 388
풍몽룡(馮夢龍) 225, 227, 260, 284, 285, 287, 305, 321, 322, 324, 325, 354
풍문병(馮文炳, 363
풍설봉(馮雪峰) 364, 370, 387, 395
풍소지격(風騷旨格) 344
풍속통(風俗通) 239
풍수한 뒤(豐收之後) 391
풍연사(馮延巳) 180
풍연전(馮燕傳) 314, 315
풍옥매단원(馮玉梅團圓) 321
풍요로운 원야(豐饒的原野) 380
풍우상생화랑단(風雨像生貨郞旦) 275, 283
풍운초기(風雲初記) 385
풍운회(風雲會) 262
풍원군(馮沅君) 367
풍월구풍진 250
풍월몽(風月夢) 328
풍월해부인(風月害夫人) 247
풍유(諷諭) 18, 21, 103, 157, 343
풍유눌(馮惟訥) 62, 66, 67
풍유민(馮惟敏) 224, 260, 261
풍유시(諷諭詩) 342, 343
풍자진(馮子振) 221, 222
풍지(馮至 365, 384, 389
풍파(風波) 361
풍헌장(馮憲章, 372
풍화산(風化山) 372
프랑스 372
프로문학 369
避暑錄話 181
필기(筆記) 344
필기(筆記)소설 310
필기소설(筆記小說) 45, 318
필생화(筆生花) 293, 294

(ㅎ)

하(夏) 13, 40
하개존(夏丏尊, 371
하경명(何景明) 165, 349
하경지(賀敬之) 381, 384, 393
하기방(何其芳) 372, 384
河南梆子 263
何南園詩序 350
하대복(何大復) 94
하도(河圖) 26
하동부(河東賦) 125, 126, 128
하량준(何良俊) 245
하륜(夏倫) 263
하모(下謨) 235
하문수보권(何文秀寶卷) 292
하문환(何文煥) 345
하방회사(賀方回詞) 192
하백(河伯) 120
하백화(夏伯和) 282
河北梆子 263
하삼련(下三連) 90
하서(夏書) 138
하소기(何紹基, 351
하수경(夏穗卿) 355
하신랑(賀新郞) 190, 192
하연(夏衍) 377, 380, 381
하엽배(荷葉杯) 196
하이네 364
하작(何焯) 61
하장시(下場詩) 252
하주(賀鑄) 182, 184, 192
하중(夏中) 99
하증우(夏曾佑, 359
하지(何芷) 398
하천행(何天行) 118

하초불황(何草不黃) 54
하평성(下平聲) 34, 37
하피농의(何彼襛矣) 52
학경(郝敬) 169
학송재사운(學宋齋詞韻) 195
학슬(鶴膝) 81, 82
학충천(鶴冲天) 194
한 다발 편지(一束信札) 400
한 마리의 말벌(一隻馬蜂) 368
한 분의 영웅(一位英雄) 375
한 집안 사람(一家人) 391
한(漢) 14, 18, 46, 51, 61, 62, 123, 166, 299, 309
한·중 두 나라의 가무와 잡희 44
한 39, 130, 239
한거부(閒居賦) 131
한고조(漢高祖) 61
한광(漢廣) 59
한궁추(漢宮秋) 251, 257
漢劇 263
한기(韓琦) 188
한나라 21, 23, 34, 36, 40, 41, 42, 45, 59, 63, 64, 65, 66, 67, 72, 74, 75, 106, 115, 116, 117, 118, 119, 121, 130, 132, 137, 139, 144, 146, 152, 159, 162, 175, 238, 239, 240, 257, 310, 312, 335, 336, 341
한뇨가십팔수(漢鐃歌十八首) 70
한단(邯鄲) 293
한단기(邯鄲記) 261
한단순(邯鄲淳) 310
한대 31, 32, 58, 66, 72, 140, 143
한대문학 35
한례(漢隸) 28
한림론(翰林論) 340
한림풍월(翰林風月) 258
한무고사(漢武故事) 23, 309
한무내전(漢武內傳) 309
한무명동기(漢武冥洞記) 309
한방경(韓邦慶, 328
한방정(韓邦靖) 224
한부(漢賦) 113, 116, 123, 144, 164
한부 115, 121, 124, 126, 129
한비자(韓非子) 40, 139, 308
한서(漢書) 24, 61, 115, 237, 335
漢書 18, 19, 21, 27, 29, 32, 62, 63, 64, 116, 118, 124, 128, 138
한서 63, 69, 74, 75, 115, 116, 118, 119, 125, 127, 138, 139, 238, 300, 309
漢書補註 61
한소창(韓小窓) 295
韓詩 19
한악(韓渥) 179
한안국(韓安國) 124
한야(寒夜) 380
韓延壽傳 118
한염(韓菼) 170
한원길(韓元吉) 196
한원집(漢園集) 372
한위시서(漢魏詩序) 94
한위총서(漢魏叢書) 311
한유(韓愈) 21, 41, 90, 97, 99, 140, 152, 313, 341, 343
한유 155, 157, 158, 159, 160, 161, 162, 163, 164, 165, 166, 168, 342, 347, 351, 352
한자개혁운동 33
漢字學總論 25
한정부(閒情賦) 131
한정우기(閒情偶寄) 220, 354
한초란(韓楚蘭) 282
한회집(寒灰集) 366
함께 사는 세 집 사람들(同住的三家人) 376
함께 전진(一同前進) 385
함련(頷聯) 86, 89
함분루신서분류목록(函芬樓新書分類目錄) 307, 328
함정죽(撼庭竹) 196
함지(咸池) 235
함풍(咸豐) 328
합리주의 360
합생(合生) 320
항로(行露) 55, 59
항마변문(降魔變文) 270, 271
항미원조(抗美援朝) 384
항백(項伯) 239
항우(項羽) 74, 123
項羽本紀 118
항일국방문학(抗日國防文學) 371
항일민족통일전선 378
항일민족혁명(抗日民族革命) 370
항일전쟁 385, 391, 401
항장(項莊) 239
항쟁(抗爭) 368
항전문학 371
항전승리 391
항전시기 357, 378
항전시초(抗戰詩抄) 379
항전운동 379, 380
항홍조(項鴻祚) 187
해련환(解連環) 194
薤露行 106
해묵(海默) 387
해방군문예(解放軍文藝) 387
해방자(解放者) 374
해상번화몽(海上繁華夢) 328
해상진천영(海上塵天影) 328
해상화열전(海上花列傳) 328
해서(楷書) 28, 31
해서파관(海瑞罷官 392, 395
해아탑(孩兒塔) 372
해야가성(海夜歌聲) 372
陔餘叢考 203
해염강(海鹽腔) 260
해이(解頤) 312
해정문공단(海政文工團) 392
해조(解嘲) 128
해중탕극(海中碭極) 238
해천홍설기(海天鴻雪記) 328
해하가(垓下歌) 61, 74, 123
행(行) 273
행로난(行路難) 76
행복한 365
행서(行書) 31
行素園存稿引 349
행운아(幸運兒) 400
행원지본(行院之本) 242
행장(行狀) 163
향곡(鄉曲) 373
향곤륜(向崑崙) 393
향남설북사(香南雪北詞) 228
향낭기(香囊記) 259
향도미(香稻米) 376
향라원(香羅怨) 215
향발(響鈸) 276
향배량(向培良) 363
향산보권(香山寶卷) 289, 290
향소주성곡(香消酒醒曲) 228
향수(鄉愁) 367
향연거사주(香研居詞麈), 353
향우(項羽) 61
향자인(向子諲) 185
향정집(鄉情集) 372
향조국(379
향조필기(香祖筆記) 318
향태양(向太陽) 379
향토문학 403
허걸(許傑) 366
허광치(許光治) 228
허무와 그의 딸들(許茂和他的女兒們) 399
허수아비(稻草人) 366

許詢 340
허신(許愼) 24, 25, 30, 31, 32, 36, 142
허요좌(許堯佐, 315
허자(許慈) 240
허자전(許慈傳) 240
허자창(許自昌) 261
허조(許潮) 261
허중림(許仲琳) 325
허지산(許地山) 366, 374
허흠문(許欽文) 366
헉슬리 360
헐지조(歇指調) 194
험윤(獫狁) 14, 16
혁명과 363
혁명노선 395
혁명문학 364, 369, 375
혁명문학파 365
혁명운동 359
혁명의 얘기(革命的故事) 375
혁명투쟁 392
혁명현대회(革命現代戲) 395
현괴록(玄怪錄) 317
현대(現代) 372
현대문학(現代文學) 357, 359, 361, 362, 363, 382, 402
현대소설(現代小說) 370
현대시(現代詩 404
현대파 372
현대평론(現代評論) 363, 369
현량대책(賢良對策) 162
현무호의 가을(玄武湖之秋) 367
현본(玄本) 235
현사(弦詞) 294
현색(絃索) 275
현세보권(現世寶卷) 291
현실문학(現實文學) 371
현실주의 343, 387, 390
현악기 276, 279, 294
현위서기(縣委書記) 398
현종(玄宗) 176, 257
현지시(見志詩) 72
현풍(玄風) 340
혈루구(血淚仇) 381
협객(俠客) 328
협운(叶韻) 219
협유록(俠遊錄) 293
협중집(篋中集) 347
형가(荊軻) 74, 367
형식주의 131, 132, 339
형차기(荊釵記) 251, 252, 255, 259
혜강(嵇康) 73
蕙風詞話 243
호가(胡可) 386, 391
호가장(呼家將) 294
호곡(胡曲) 205
호구전(好逑傳) 326
호극(滬劇) 392
호남시화(蟂南詩話) 346
호남희(湖南戲) 263
호녀아(好女兒) 279
호단비(胡丹沸) 386
호도파(胡桃坡) 393
호랑이를 잡은 날 밤(獲虎之夜) 367
호만춘(胡萬春 390, 391
호모경(胡母敬) 32
호문환(胡文煥) 195
호방(豪放) 183, 222, 225
호방파(豪放派) 183, 221, 223, 228
호법신(護法神) 291
호부(虎符) 381
호북성실험가극단(湖北省實驗歌劇團) 392
호북희(湖北戲) 263
호사근(好事近) 189
호산원(胡山源) 363
호소(胡昭) 384
호수 364
호악(胡樂) 64, 70
호야빈(胡也頻) 368, 370, 372, 374, 375
호야빈선집(胡也頻選集) 372
호연(浩然) 388
호응린(胡應麟) 243, 300
호잠(胡潛) 240
호적(胡適) 33, 177, 327, 360, 362, 363, 364, 367, 369, 383
胡適文存 327
호접매(蝴蝶媒) 326
호접배(蝴蝶盃) 294
호정(胡正) 389
호정신(胡正臣) 282
호준원(胡濬源) 123
호지휼(胡祇遹) 221
호천유성명(昊天有成命) 57
호풍(胡風 371, 383
호해아(好孩兒) 279
호회침(胡懷琛) 284
혼원교(混元教) 290
혼원교홍양중화보경(混元教弘陽中華寶經) 290
혼원문원돈교홍양법(混元門元沌教弘陽法) 290
홍괄(洪适) 288
홍기가(紅旗歌) 386
홍기보(紅旗譜 388, 395, 404
홍등기(紅燈記) 295, 392, 395
홍련 277
홍루몽(紅樓夢) 302, 326, 383
홍루몽 327, 328, 354, 355
紅樓夢考證 327
홍루몽보(紅樓夢補) 327
홍루몽영(紅樓夢影) 327
홍루몽우설(紅樓夢偶說) 354
홍루몽평론(紅樓夢評論) 355
홍루복몽(紅樓復夢) 327
홍루원몽(紅樓圓夢) 327
홍루중몽(紅樓重夢) 327
홍루평찬(紅樓評贊) 354
홍루환몽(紅樓幻夢) 327
홍루후몽(紅樓後夢) 327
홍매(洪邁) 68, 275, 317
홍무(洪武) 259
홍문지회(鴻門之會) 241
홍범구주(洪範九疇) 26
홍보(鴻寶) 340
홍불기(紅拂記) 260
홍산호(紅珊瑚) 392
홍색요람(紅色搖籃) 393
홍선(紅綫) 315
홍수(洪水) 363, 369
홍승(洪昇) 254, 262
홍심(洪深) 367, 371, 376, 377, 381
홍심희곡집 367
홍암(紅岩 388, 389, 392, 395
홍영비(洪靈菲) 375
홍위병(紅衛兵) 394
홍일(紅日 389, 395
홍청난제전(鴻淸難濟巓) 278
홍치(弘治) 223, 323
홍편(洪楩) 284, 287, 320
홍하(紅霞) 392
홍호적위대(洪湖赤衛隊) 392
홍혹가(鴻鵠歌) 61, 123
화가량원룡도보권(花枷良願龍圖寶卷) 292
화각연(畫閣緣) 326
화간집(花間集) 180
화간파(花間派) 180, 184
화개집(華蓋集) 368
화개집속편(華蓋集續編) 368
화광천왕전(華光天王傳) 291
화국봉(華國鋒) 394
화단(花旦) 250
화랑아(貨郎兒) 272, 273, 275, 282,

283, 289
화랑전조가(貨郎轉調歌) 283
화랑태평가(貨郎太平歌) 283
화몽유춘일백운(和夢遊春一百韻) 90
화무(花舞) 288
화본(話本) 45, 276, 284, 301, 318, 319
화본 292, 320, 321, 322, 323
화부(花部) 246, 263
화부희(花部戲) 43, 46, 246, 263
華山志 307
화성(和聲) 277
화식전(貨殖傳) 69
화아(貨兒) 283
화월흔(花月痕) 328
화장(火葬) 380
화장상(禾場上) 390
화재(火災) 366
화죽재(和竹齋) 84
火車頭 385
화차집(火車集) 380
화초몽습(花草蒙拾) 353
화하팔년(華夏八年) 401
화형양왕추야(和衡陽王秋夜) 84
화화상(花和尙) 324
환(桓) 57
환검(丸劍) 237
환관(桓寬) 140
환금득자보권(還金得子寶卷) 291
환담(桓譚) 300
환두(換頭) 190, 198, 218
환멸(幻滅) 373
환문자제착립신(宦門子弟錯立身) 247, 249, 258, 259
환소하는 금사강(歡笑的金沙江) 385
환운(換韻) 219
환운격(換韻格) 77
桓庾 340
환향집(還鄕集) 375
환혼기(還魂記) 251, 252, 254, 261, 262
환혼초(還魂草) 380
활로(活路) 376
활보극(活報劇) 381
황경운(黃慶雲) 398
황경인(黃景仁) 188, 350
황공소(黃公紹) 92
황관(皇冠) 401
황금(黃金) 366
황백단청(黃白丹靑) 381
황보매(皇甫枚) 315
황보송(皇甫松) 179, 188
황보식(皇甫湜) 158
황산송(黃山松) 393
황섭청(黃燮淸) 263
황아(黃娥) 224
황의(皇矣) 54
황정견(黃庭堅) 95, 182, 184, 345, 346
황정견 97, 196, 348, 351
황제(黃帝) 24, 235
황제설(黃帝說) 309
황조(皇鳥) 54
황종궁(黃鐘宮) 194
황종쇄(黃鍾煞) 218
황종희(黃宗羲) 350, 352
況周頤 243
황준헌(黃遵憲) 229, 359
황지(荒地) 380
황진하(黃震遐, 370
황총첩(黃驄疊) 176
황춘명(黃春明) 403
황토(荒土) 372
황혼(黃昏) 366
황화강(黃花岡) 367
회계도정 230
회구부(懷舊賦) 131
회남소산(淮南小山) 42, 117, 124
회남왕(淮南王) 118, 124, 140
淮南王安及其作品 118
회남자(淮南子) 140, 308
회문대(回文對) 85
회방록(繪芳錄) 328
회복(恢復) 372
회본 275
회사(懷沙) 120
회상음(淮上吟) 379
회왕(懷王) 119
회원(獪園) 285
회진기(會眞記) 315, 318
회춘지곡(回春之曲) 376
회파악(回波樂) 176
회해장단구(淮海長短句) 288
횡취곡사(橫吹曲辭) 64
효경(孝經) 20
후(后) 254
후방소창(後方小唱) 379
후방역(侯方域) 352
후백(侯白) 311, 312
후산시화(後山詩話) 345
후서유기(後西遊記) 325
후십구일부상재상서(後十九日復上宰相書) 168
후주(後主) 180, 241
후첩(後疊) 281
후청록(侯鯖錄) 275, 280
후촉(後蜀) 180
후치(侯寘) 279
후칠자(後七子) 165, 349
후토부인사문(后土夫人詞文) 286
후한 239
후한서(後漢書) 239
후홍루몽(後紅樓夢) 327
훈찬(訓纂) 32
훼멸(毁滅) 364
揮塵三錄 283
휘트먼 364
흉노(匈奴) 16
흑백위(黑白衛) 262
흑선인물(黑線人物) 395
흑선풍(黑旋風) 324
흙인형(塑像) 368
흠정사보(欽定詞譜) 191, 196, 199
흠정사서문(欽定四書文) 169
홍(興) 57, 58
홍기(興寄) 343
홍룡절집영전연악어(興龍節集英殿宴樂語) 242
희곡(戲曲) 43, 60, 233, 235, 270, 285, 313
희곡 235, 239, 258, 259, 262, 272, 289, 292, 305, 312, 313, 318, 349, 353, 354, 367, 376, 380, 386, 398
희곡계 395
희곡론 353
희공(僖公) 55
희극 390
희극월간(戲劇月刊) 363
희극협사(戲劇協社) 376
희기보권(希奇寶卷) 291
희녕(熙寧) 280
희망(希望) 375, 398
戲文(南曲) 46
희문(戲文) 207, 241, 244, 276, 289
희문(戲文) 43, 44
희문 244, 245, 253, 254, 258
희반(戲班) 263
희생(犧牲) 368
戲爲六絶句 343
희장(戲場) 248
희주만(熙州慢) 194
褚人穫 324

김학주(金學主)

서울대학교 문리대 중문과 졸업
대만대학교 중문연구소(문학석사)
美國 Princeton대학에서 중문학 연구
서울대학교 대학원(문학박사)
현재 서울대학교 명예교수, 연세대 특별초빙 교수

저서
「중국문학사」「중국문학개론」「중국문학서설」
「漢代의 文人과 詩」「樂府詩選」「陶淵明시선」 外 다수

중국문학의 이해

1판 1쇄 발행 _ 1989년 9월 20일
2판 4쇄 발행 _ 2016년 9월 10일

저　　자 · 김 학 주
발 행 인 · 정 현 걸
발　　행 · 신 아 사
인　　쇄 · 토탈프로세스
주　　소 · 서울특별시 은평구 통일로 59길 4 (2층)
전　　화 · (02) 382-6411 팩 스 · (02) 382-6401
홈페이지 · www. shinasa. co. kr
E-mail · shinasa@daum.net
출판등록 · 1956년 1월 5일(제9-52호)

ISBN: 978-89-8396-573-8(93820)

정가 *16,000* **원**